넥서스

넥서스

1판 1쇄 발행 2024. 10. 11.
1판 30쇄 발행 2025. 2. 13.

지은이 유발 하라리
옮긴이 김명주

발행인 박강휘
편집 박민수, 이혜민 | 디자인 이경희 | 마케팅 김새로미 | 홍보 이한솔
발행처 김영사
등록 1979년 5월 17일(제406-2003-036호)
주소 경기도 파주시 문발로 197(문발동) 우편번호 10881
전화 마케팅부 031)955-3100, 편집부 031)955-3200 | 팩스 031)955-3111

값은 뒤표지에 있습니다.
ISBN 979-11-94330-42-4 03900

홈페이지 www.gimmyoung.com   블로그 blog.naver.com/gybook
인스타그램 instagram.com/gimmyoung   이메일 bestbook@gimmyoung.com

좋은 독자가 좋은 책을 만듭니다.
김영사는 독자 여러분의 의견에 항상 귀 기울이고 있습니다.

넥서스

석기시대부터 AI까지, 정보 네트워크로 보는 인류 역사

유발 하라리 | 김명주 옮김

Yuval Noah Harari

Nexus

김영사

일러두기

1. 원서에서 이탤릭체로 강조된 것은 고딕체로 옮겼다.

2. 번역 과정에서 이해를 돕기 위해 추가된 부연은 '옮긴이'로 표시했다.

3. 원문의 'holy book'은 여러 종교의 경전뿐만 아니라 교리 해설서까지 포함하는 개념이기에 'Bible'(《성경》)과 구별하여 '거룩한 책'으로 옮겼다.

사랑을 담아 이치크에게,
그리고 지혜를 사랑하는 모든 이에게.
천 개의 꿈이 놓인 길 위에서
우리는 현실을 찾고 있다.

우리는 우리 종을 호모 사피엔스라고 부른다. 지혜로운 사람이라는 뜻이다. 하지만 우리가 이 이름에 얼마나 걸맞은 존재인지는 논란의 여지가 있다.

지난 10만 년 동안 우리 사피엔스는 실로 막대한 힘을 갖게 되었다. 우리가 해낸 발견, 발명, 정복을 나열하는 것만으로도 책을 쓸 수 있을 정도다. 하지만 힘은 지혜가 아니라서, 10만 년 동안 발견하고 발명하고 정복한 후 인류는 스스로를 실존적 위기에 밀어 넣었다. 즉 우리는 생태적 붕괴 직전에 있는데, 이는 우리가 가진 힘을 오용한 탓이다. 또한 우리는 인공지능AI과 같은 새로운 기술을 만들어내는 데 여념이 없는데, 이런 기술들은 우리의 통제를 벗어나 우리를 노예로 만들거나 전멸시킬지도 모른다. 하지만 우리 종은 이런 실존적 위협에 대처하기 위해 힘을 합칠 생각이 없어 보인다. 국제적 긴장이 날로 고조되고, 세계적 협력은 점점 요원해지기만 하고, 국가들은 저마다 종말을 부르는 무기를 비축하고 있으며, 새로운 세계대전도 불가능해 보이지만은 않으니 말이다.

우리가 정녕 지혜로운 사람이라면, 왜 이토록 자기 파괴적일까?

근본적인 수준에서 보면, 우리는 DNA 분자부터 먼 은하까지 모든 것에 대해 수많은 정보를 축적했지만 이 정보들은 인생의 큰 질문들에 답을 주지 못하는 것 같다. 우리는 누구인가? 무엇을 추구해야 하는가? 잘 사는 게 무엇인가? 어떻게 살아야 하는가? 우리가 이용할 수 있는 정보가 이렇게나 많은데도 우리는 환상과 망상에 우리 조상들만큼이나 쉽게 빠진다. 나치즘과 스탈린주의는 인류 사회를 집어삼킨 수많은 집단 광기 중 두 가지 최근 사례에 불과하며, 현대 사회조차 예외가 아니다. 오늘날 인간이 석기시대 인간보다 훨씬 더 많은 정보와 힘을 보유하고 있다는 사실에는 아무도 이의를 제기하지 않지만, 우리가 우리 존재와 우주에서의 우리 역할을 훨씬 잘 이해하고 있는지는 의문이다.

왜 우리는 정보와 힘을 축적하는 데는 이렇게 뛰어나면서 지혜를 얻는 데는 그다지 성공하지 못했을까? 역사를 통틀어 많은 종교적, 철학적 전통의 공통된 믿음은, 인간 본성에 치명적인 결함이 있어서 우리가 제어할 수 없는 힘을 가지려는 유혹에 빠진다는 것이다. 그리스 파에톤 신화는 자기가 태양신 헬리오스의 아들임을 알게 된 소년에 대한 이야기다. 파에톤은 신의 자식임을 증명하고 싶어서 헬리오스에게 태양 마차를 몰게 해달라고 조른다. 헬리오스는 파에톤에게 태양 마차를 끄는 천상의 말들은 인간이 통제할 수 없다고 경고한다. 그럼에도 파에톤이 고집을 부리자 결국 태양신은 마음이

약해진다. 하늘로 자랑스럽게 올라간 후 파에톤은 실제로 마차에 대한 통제력을 잃는다. 태양이 경로를 이탈하여 초목을 모조리 불태우고 수많은 생명을 죽인 후 지구 자체를 태워버리려는 찰나, 제우스가 개입하여 파에톤을 벼락으로 내리친다. 교만한 인간은 불길에 휩싸인 채 별똥별처럼 하늘에서 떨어지고, 신들은 하늘의 통제권을 되찾아 세상을 구한다.

2,000년 후 산업혁명이 첫발을 내딛으며 수많은 일에서 기계가 인간을 대체하기 시작했을 때, 요한 볼프강 폰 괴테는 〈마법사의 제자〉라는 교훈적인 이야기를 발표했다. 이 시(훗날 미키마우스가 나오는 월트 디즈니 애니메이션으로 유명해졌다)에서 늙은 마법사는 젊은 제자에게 작업장을 맡기며 자신이 없는 동안 강에서 물을 길어 오는 것과 같은 몇 가지 잡일을 하도록 시킨다. 제자는 일을 쉽게 하기로 결심하고, 마법사의 주문 중 하나로 빗자루에 마법을 걸어 자기 대신 물을 길어 오게 한다. 하지만 제자는 빗자루를 멈추는 방법을 모르고, 빗자루는 점점 더 많은 물을 길어 와 작업장을 물바다로 만들 태세다. 겁에 질린 제자는 마법에 걸린 빗자루를 도끼로 두 동강 내지만, 반토막 난 빗자루 조각은 각각 또 다른 빗자루가 된다. 이제 마법에 걸린 두 개의 빗자루가 길어 오는 물로 작업장이 잠기고 있다. 늙은 마법사가 돌아오자 제자는 도와달라고 애원한다. "제가 불러낸 영혼들, 이제 다시는 떨쳐낼 수 없군요." 마법사는 즉시 주문을 풀고 물난리를 멈춘다. 제자와 인류에게 주는 교훈은 분명하다. 통제할 수 없는 힘을 함부로 불러내면 안 된다.

마법사의 제자와 파에톤에 관한 교훈적인 우화는 21세기를 사는 우리에게 무엇을 말할까? 우리가 그 이야기들의 경고를 귀담아듣지 않은 것은 확실하다. 우리는 이미 지구의 기후를 불안정하게 만들었고, 마법에 걸린 빗자루, 드론, 챗봇, 그리고 우리의 통제력을 벗어나 우리가 의도하지 않은 결과의 홍수를 일으킬지도 모르는 알고리즘 영혼을 수십억 개나 불러냈다.

그렇다면 우리는 어떻게 해야 할까? 앞의 우화들은 신이나 마법사가 와서 우리를 구해줄 때까지 기다리라는 것 외에는 뾰족한 답을 내놓지 않는다. 이것은 물론 엄청나게 위험한 메시지다. 사람들에게 책임을 내팽개치고 대신 신과 마법사를 믿으라고 부추기기 때문이다. 게다가 마차, 빗자루, 알고리즘과 마찬가지로 신과 마법사도 다름 아닌 인간이 만들어낸 발명품이라는 사실을 깜박한다. 실제로, 우리가 강력한 무언가를 만들어 의도하지 않은 결과를 초래하는 행동 패턴을 보이기 시작한 것은 증기기관이나 AI가 생겼을 때가 아니라 종교가 생겼을 때였다. 예언자들과 신학자들은 강력한 영혼들을 소환했지만 이 영혼들은 가져다준다던 사랑과 기쁨 대신 때때로 세상을 피로 물들였다.

파에톤 신화와 괴테의 시가 유용한 조언이 되지 못하는 이유는 그 이야기들이 인간이 힘을 얻는 방식을 잘못 이해했기 때문이다. 두 우화에서 모두 한 인간이 막대한 힘을 얻고 나서 교만과 탐욕에 빠진다. 따라서 결론은, 개인의 심리적 결함이 힘을 남용하게 만든다는 것이다. 이 단순한 분석은 인간의 힘이 개인의 노력만으로 얻어진 결과가 아니라는 점을 간과한다. 힘은 항상 많은 사람들이 협력할 때 나온다.

따라서 인간이 힘을 남용하는 원인은 개인 심리에 있지 않다. 인간은 탐욕스럽고 교만하고 잔인하지만, 동시에 사랑, 연민, 겸손, 기쁨도 느낄 수 있다. 물론 최악의 구성원들 사이에서는 탐욕과 잔혹함이 가장 중요한 덕목이라서 악의를 품은 행위자들은 권력을 남용할 마음을 쉽게 먹는다. 그렇다면 왜 인간 사회는 최악의 구성원에게 권력을 맡기는 선택을 할까? 예를 들어 1933년에 독일인 대부분은 사이코패스가 아니었다. 그렇다면 그들은 왜 히틀러에게 투표했을까?

통제할 수 없는 힘을 불러내는 인간의 경향은 개인 심리에서 나오는 게 아니라 대규모로 협력하는 우리 종의 독특한 특징에서 비롯한다. 이 책의 핵심 논지는, 인간은 대규모 협력 네트워크를 구축함으로써 막대한 힘을 얻지만 바로 네트워크를 구축하는 그 방식 때문에 애초에 힘을 지혜롭게 사용하기가 쉽지 않다는 것이다. 즉 우리의 문제는 네트워크 문제다.

더 구체적으로는 정보 문제다. 정보는 네트워크를 하나로 결속시키는 접착제다. 하지만 사피엔스는 수만 년 동안 신, 마법에 걸린 빗자루, AI 같은 것들에 대한 허구, 환상, 집단 망상을 꾸며내고 퍼뜨리는 방법으로 대규모 네트워크를 구축하고 유지해왔다. 인간 개개인은 자신과 세상에 대한 진실을 추구하는 경향이 있어도, 대규모 네트워크는 허구와 환상에 의존하여 사회 구성원들을 묶고 질서를 유지한다. 나치즘과 스탈린주의는 이렇게 탄생한 것이다. 두 체제는 이례적인 망상으로 결속된 이례적으로 강력한 네트워크였다. 조지 오웰이 남긴 유명한 말처럼 무지가 힘이 된 것이다.

나치와 스탈린주의 체제는 잔혹한 환상과 뻔뻔한 거짓말에 기초했지만, 두 체제가 그 점에서 역사적 예외였던 것도, 그 때문에 붕괴할 운명이었던 것도 아니다. 나치즘과 스탈린주의는 인간이 만들어낸 가장 강력한 네트워크 중 하나였다. 1941년 말과 1942년 초, 추축국은 제2차 세계대전의 승리를 눈앞에 두고 있었다. 하지만 결국 스탈린이 전쟁의 승자가 되었다.[1] 그리고 1950년대와 1960년대에 그와 그의 후계자들은 냉전의 최종 승자가 될 것처럼 보였다. 하지만 1990년대에는 자유민주주의가 우위를 차지했다. 그런데 지금은 이 역시 일시적인 승리로 보인다. 21세기에 새로운 전체주의 정권이 히틀러와 스탈린이 실패한 곳에서 성공할 수도 있다. 즉 모든 것을 통제하는 네트워크를 만들어, 후손들이 그들의 거짓과 허위를 폭로할 엄두조차 내지 못하게 만들지도 모른다. 망상에 기반한 네트워크는 필패한다고 가정해서는 안 된다. 그런 네트워크의 승리를 막고 싶다면 적극적으로 노력해야 한다.

정보에 대한
순진한 관점

우리가 망상에 기반한 네트워크의 힘을 과소평가하게 되는 이유는 대규모 정보 네트워크(망상적이든 그렇지 않든)가 작동하는 방식에 대한 널리 퍼진 오해 때문이다. 이런 오해를 나는 한마디로 '정보에 대한 순진한 관점'이라고 부른다. 파에톤 신화나 〈마법사의 제자〉 같은 우화들은 인간 개개인의 심리에 대해 지나치게 비관적인 관점을 제시하는 반면, 정보에 대한 순진한 관점은 대규모 인간 네트워크에 대한 지나치게 낙관적인 관점을 유포한다.

순진한 정보관의 주장에 따르면, 개인보다 훨씬 더 많은 정보를 수집하고 처리할 수 있는 대규모 네트워크는 의학, 물리학, 경제학, 기타 수많은 분야를 더 잘 이해할 수 있고 그 결과 강력해질 뿐만 아니라 지혜로워진다. 예를 들어, 제약 회사와 의료 서비스는 병원체에 대한 정보를 수집함으로써 많은 질병의 진정한 원인을 알아낼 수 있으며, 그 결과 더 효과적인 의약품을 개발할 뿐만 아니라 의약품 사용에 대해 더 지혜로운 결정을 내릴 수 있다. 이 관점은 정보의 양이 충분히 많으면 진실로 이어지고, 진실은 다시 힘과 지혜로 이어진다고 가정한다. 반면 무지는 아무런 결과도 내지 못하는 것처럼 보인다. 역사적 위기의 순간에 이따금 망상적이거나 기만적인 네트워크가 등장할 수 있지만, 이런 네트워크는 장기적으로 더 통찰력 있고 정직한 네트워크에 패배할 수밖에 없다. 병원체에 대한 정보를 무시하는 의료 서비스나, 고의적으로 허위 정보를 퍼뜨리는 거대 제약 회사는 결국 정보를 더 지혜롭게 사용하는 경쟁자에게 밀려날 것이다. 따라서 순진한 정보관에 따르면, 망상에 기반한 네트워크는 변칙일 뿐이고, 대규모 네트워크는 일반적으로 힘을 지혜롭게 사용할 것이라고 믿어도 된다.

정보에 대한 순진한 관점

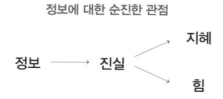

물론 순진한 관점은 정보에서 진실로 이어지는 도중 많은 것이 잘못될 수 있다는 점을 인정한다. 우리는 정보를 수집하고 처리하는 과정에서 자신도 모르게 실수를 저지를 수 있다. 탐욕이나 증오에 사로잡힌 악의적인 사람들이 중요한 사실을 숨기거나 우리를 속이려고 시도할 수도 있다. 이 때문에 정보가 때때로 진실이 아닌 오류를 만들어내기도 한다. 예를 들어 불완전한 정보, 잘못된 분석, 또는 허위 정보 등으로 인해 전문가들조차 특정 질병의 진짜 원인을 잘못 파악할 수 있다.

하지만 순진한 정보관은 우리가 정보를 수집하고 처리하는 과정에서 맞닥뜨리는 문제들 대부분은 훨씬 더 많은 정보를 수집하고 처리하면 해결된다고 본다. 오류를 완전히 피할 수는 없지만, 대체로는 정보가 많을수록 정확성이 높아진다는 것이다. 의사 한 명이 환자 한 명을 진찰하여 전염병의 원인을 파악하는 것보다 의사 수천 명이 환자 수백만 명의 데이터를 수집할 때 성공할 가능성이 높다. 의사들이 공모하여 진실을 숨길 경우, 의료 정보를 대중과 탐사 보도 기자들에게 더 자유롭게 공개하면 사기가 드러날 것이다. 이 관점에 따르면, 정보 네트워크는 규모가 커질수록 진실에 더 가까워지는 것이 틀림없다.

당연한 말이지만, 우리가 정보를 정확하게 분석하여 중요한 진실을 발견한다고 해서 그 결과물을 지혜롭게 사용한다는 보장은 없다. 지혜는 흔히 '올바른 결정을 내리는 것'을 의미하지만, 무엇이 '올바른' 것인지는 사람, 문화, 이념에 따라 다를 수 있다. 새로운 병원체를 발견한 과학자는 아마 사람들을 보호하기 위해 백신을 개발할 것이다. 하지만 만일 그 과학자나 그의 정치적 지배자가 일부 인종은 열등하므로 전멸시켜야 한다는 인종차별주의를 믿는다면, 새로운 의학 지식이 수백만 명을 죽이는 생물학 무기를 개발하는 데 쓰일 수도 있다.

이 경우에도 정보에 대한 순진한 관점은 더 많은 정보가 있으면 문제가 적어도 일부는 해결된다고 주장한다. 순진한 정보관에 따르면, 가치관의 차이는 실제로는 정보 부족이나 고의적인 허위 정보 때문에 생긴다. 다시 말해, 인종차별주의자들은 생물학과 역사에 대한 사실들을 잘 모르는 정보가 어두운 사람들인 것이다. 그들은 '인종'이 유효한 생물학적 범주라고 생각하며, 가짜 음모론에 세뇌되어 있다. 그러므로 인종차별주의는 사람들에게 더 많은 생물학적, 역사적 사실을 제공하면 해결된다. 시간이 걸릴 수는 있지만, 자유로운 정보 시장에서는 결국 진실이 승리할 것이다.

물론 순진한 정보관은 이보다는 복잡하고 신중하지만, 이 관점의 핵심 신조는 정보는 본질적으로 좋은 것이라서 많이 가질수록 좋다는 것이다. 충분한 정보와 시간이 주어지면 우리는 바이러스 감염부터 인종차별적 편향에 이르기까지 다양한 사안에 대한 진실을 밝힐 수 있으며, 그 결과 힘뿐만 아니라 그 힘을 잘 사용하기 위해 필요한 지혜도 생긴다.

이런 순진한 정보관은 더욱 강력한 정보 기술 개발을 정당화함으로써 컴퓨터 시대와 인터넷 세계의 준공식적인 이데올로기가 되었다. 베를린장벽과 철의 장막이 무너지기 몇 달 전인 1989년 6월, 로널드 레이건 대통령은 이렇게 선언했다. "전체주의적 통제라는 골

리앗은 마이크로칩이라는 다윗에 의해 빠르게 무너질 것"이고 "최고의 빅 브라더도 통신 기술 앞에 점점 무력해지고 있습니다. (…) 정보는 현대 사회의 산소입니다…… 정보는 가시철조망으로 덮인 벽 속으로 스며들고, 전기가 흐르고 부비트랩이 설치된 국경을 넘나듭니다. 전자빔의 산들바람은 철의 장막을 그것이 마치 레이스인 양 뚫고 들어옵니다."[2] 2009년 11월 버락 오바마는 상하이를 방문했을 때 중국인들에게 같은 취지의 말을 했다. "나는 기술의 신봉자이며 정보의 흐름에 관한 한 개방성을 믿습니다. 나는 정보가 자유롭게 흐를수록 사회가 튼튼해진다고 생각합니다."[3]

사업가들과 기업들도 정보 기술에 대해 비슷한 장밋빛 전망을 내놓는다. 이미 1858년에 〈뉴 잉글랜더The New Englander〉의 사설은 전신의 발명에 대해 "지구상의 모든 국가가 서로 생각을 교환할 수 있는 도구가 만들어진 지금, 오래된 편견과 적대감은 더 이상 설 자리가 없다"고 논평했다.[4] 거의 두 세기와 두 번의 세계대전을 거친 후 마크 저커버그는 페이스북의 목표는 "사람들이 더 많은 것을 공유하도록 도움으로써 세상을 더 개방적으로 만들고, 사람들 사이의 이해를 촉진하는 것"이라고 말했다.[5]

저명한 미래학자이자 기업가인 레이 커즈와일은 2024년에 출간한 저서 《특이점이 더 가까워졌다The Singularity Is Nearer》(《특이점이 온다》의 후속작―옮긴이)에서 정보 기술information technology의 역사를 개관하며 "기하급수적으로 발전하는 기술 덕분에 삶의 거의 모든 측면이 점점 나아지고 있는 것이 현실"이라고 결론 내린다. 인류 역사의 장대한 흐름을 되돌아보고 나서 그는 인쇄술의 발명과 같은 사례들을 들며 정보 기술은 본질적으로 "문해력, 교육, 부, 위생, 건강, 민주화, 폭력 감소 등 인간 삶의 거의 모든 측면을 발전시키는 선순환"을 낳는 경향이 있다고 주장한다.[6]

순진한 정보관을 가장 간명하게 요약한 말을 꼽자면 "전 세계의 정보를 정리하여 모두가 편리하게 이용할 수 있도록 하는 것"이라는 구글의 사명 선언문일 것이다. 괴테의 경고에 대한 구글의 답변은 이렇다. 스승의 비밀 주문 책을 슬쩍한 한 명의 제자는 재앙을 초래할 수 있지만, 많은 제자들이 전 세계 모든 정보에 자유롭게 접근할 수 있을 때 그들은 일을 도와줄 마법의 빗자루를 만들어낼 뿐만 아니라 그것을 지혜롭게 다루는 방법도 배울 것이다.

구글
대 괴테

물론 인간이 더 많은 정보를 가짐으로써 세상을 더 잘 이해하고 힘을 더 지혜롭게 사용할 수 있었던 사례가 무수히 많다는 점을 잊어서는 안 된다. 예를 들어 유아 사망률의 극적인 감소를 생각해보라. 요한 볼프강 폰 괴테는 7남매 중 맏이였지만, 그와 그의 여동생 코르넬리아만이 일곱 번째 생일을 맞이할 수 있었다. 병마가 남동생 헤르만 야코프를 여섯 살에 데려갔고, 여동생 카타리나 엘리자베트를 네 살에, 요한나 마리아는 두 살에, 게오르크 아돌프는 8개월일 때 데려갔으며, 다섯 번째 동생은 이름도 없이 사산되었다. 코르넬리아도 스물여섯 살에 병으로 사망하면서 요한 볼프강은 살아남은 유일한 자녀가 되었다.[7]

요한 볼프강 폰 괴테 본인은 이후 다섯 자녀를 두었는데, 그중 장남 아우구스트만 빼고 모두가 생후 2주를 넘기지 못하고 사망했다. 모든 가능성을 고려할 때 원인은 괴테와 그의 아내 크리스티아네의 혈액형 부적합이었을 것이었다. 첫 임신에 성공한 후 산모에게 태아의 혈액에 대한 항체가 생겼기 때문이다. Rh 질환으로 알려져 있는 이 질환은 지금은 효과적으로 치료할 수 있어서 치사율이 2퍼센트 이하이지만, 1790년대에는 평균 치사율이 50퍼센트에 달했고, 괴테의 둘째 아이부터 다섯째 아이까지 네 자녀에게 그것은 사형선고와 같았다.[8]

18세기 후반 독일의 부유한 가정이었던 괴테 가문에서도 총 아동 생존율은 25퍼센트로, 암울할 정도로 낮았다. 열두 아이 중 셋만 성인이 되었다. 이 끔찍한 통계는 이례적인 것이 아니었다. 괴테가 〈마법사의 제자〉를 쓴 1797년에 독일 어린이의 약 50퍼센트만이 열다섯 살까지 살아남았다.[9] 세계 대부분의 지역이 같은 상황이었을 것이다.[10] 반면에 2020년에는 전 세계에서 태어난 아이의 95.6퍼센트가 열다섯 살 생일을 넘겼고,[11] 독일은 그 수치가 99.5퍼센트에 달했다.[12] 혈액형 등의 문제들에 대한 방대한 양의 의료 데이터를 수집하고 분석하고 공유하지 않았다면 이런 획기적인 성과는 불가능했을 것이다. 따라서 이 경우에는 순진한 정보관이 옳았다.

하지만 순진한 정보관은 전체 그림의 일부만 본다. 근대사를 제대로 이해하기 위해서는 아동 사망률의 감소 외에도 많은 것을 고려해야 한다. 최근 몇 세대 동안 인류의 정보 생산은 양과 속도에서 공히 전례 없는 증가를 보였다. 모든 스마트폰은 고대 알렉산드리아 도서관보다 더 많은 정보를 담고 있으며,[13] 휴대폰 소유자를 전 세계 수십억 명의 사람들과 즉시 연결시킨다. 하지만 숨 막힐 듯 빠른 속도로 유통되는 이 모든 정보 때문에 인류는 그 어느 때보다 자멸에 가까이 와 있다.

엄청난 양의 데이터에도 불구하고, 아니 어쩌면 그 때문에 우리는 지금도 계속해서 온실가스를 대기로 방출하고, 강과 바다를 오염시키고, 숲을 벌채하고, 서식지를 파괴하고, 수많은 종을 멸종으로 내몰고, 인류의 생태적 기반마저 위태롭게 만들고 있다. 또한 우리는 열핵폭탄부터 종말 바이러스에 이르기까지 점점 더 강력한 대량 살상 무기를 생산하고 있다. 위험성을 경고하는 정보는 부족하지 않지만, 우리 지도자들은 해결책을 찾기 위해 협력하는 대신 세계대전에 점점 더 가까이 가고 있다.

정보가 더 많으면 상황이 나아질까? 아니면 더 나빠질까? 우리는 머지않아 알게 될 것이다. 현재 수많은 기업과 정부가 역사상 가장 강력한 정보 기술인 AI 개발 경쟁에 뛰어들고 있다. 미국의 투자가 마크 앤드리슨과 같은 몇몇 선도적인 기업가들은 AI가 마침내 인류의 모든 문제를 해결할 것이라고 믿는다. 2023년 6월 6일 앤드리슨은 〈AI가 세상을 구하는 이유〉라는 제목의 에세이를 발표하며 "좋은 소식을 가져왔다. AI는 세상을 파괴하지 않을 것이고 오히려 세상을 구할 것이다"라든지 "AI는 우리가 소중히 여기는 모든 것을 더 좋게 만들 수 있다"와 같은 대담한 진술을 쏟아냈다. 그의 결론은 이렇다. "AI의 발전과 확산은 우리가 두려워해야 할 위험이기는커녕 우리 자신과 자녀들, 그리고 우리 미래를 위한 도덕적 의무다."[14]

레이 커즈와일도 이에 동조하며 《특이점이 더 가까워졌다》에서 "AI는 질병과 빈곤, 환경 파괴 등 인간의 모든 약점을 극복하는 것을 포함해 우리에게 닥친 시급한 문제들을 해결할 수 있는 중추적인 기술이다. 우리는 이 신기술의 약속을 실현해야 할 도덕적 의무가 있다"고 주장한다. 커즈와일은 AI 기술의 잠재적 위험을 예리하게 인지하고 자세히 분석하지만, 이 위험은 충분히 완화할 수 있는 것이라고 믿는다.[15]

회의적인 시선도 있다. 철학자들과 사회과학자들뿐만 아니라 요슈아 벤지오, 제프리 힌튼, 샘 알트만, 일론 머스크, 무스타파 술레이만 같은 AI 분야를 선도하는 많은 전문가들과 기업가들이 AI가 인류 문명을 파괴할 가능성이 있다고 대중에게 경고해왔다.[16] 벤지오와 힌튼 등 여러 전문가들이 공동 집필한 2024년의 한 기사는 "견제받지 않는 AI 발전은 생명과 생물권의 대규모 손실은 물론, 인류의 소외와 절멸을 부를 가능성이 있다"고 지적한다.[17] 2,778명의 AI 전문가들을 대상으로 실시된 2023년 설문 조사에서 3분의 1 이상이 발전된 AI가 인류의 멸종처럼 나쁜 결과를 초래할 확률이 10퍼센트 이상이라고 응답했다.[18] 2023년에 중국, 미국, 영국 등 약 30개국 정부가 블레츨리 선언에 서명하며, "AI 모델의 가장 중요한 기능들에는 심각하거나 심지어 파멸적인 피해를 초래할 잠재력이 내재되어 있다"는 사실을 인정했다.[19] 전문가들과 정부들은 이런 종말론적 문구를 사용할 때 반항적인 로봇이 거리를 활보하며 인간을 총으로 쏘는 할리우드 영화 속 장면을 불러내고 싶은 마음이 전혀 없다. 그런 시나리오는 실현 가능성이 낮으며, 실제 위험으로부터 사람들의 시선을 돌릴 뿐이다. 오히려 전문가들은 두 가지 시나리오에 대해 경고한다.

첫째, AI의 힘은 기존의 인간 갈등을 증폭하여 인류를 분열시킬 가능성이 있다. 20세기에 철의 장막이 냉전 시대 경쟁 강국들을 분열시켰듯이, 21세기에는 가시철조망 대신 실리콘칩과 컴퓨터 코드로 만들어진 실리콘 장막이 새로운 세계 갈등을 일으켜 경쟁 강국들을 분열시킬지도 모른다. AI 군비경쟁으로 점점 더 파괴적인 무기가 생산될 테니, 작은 스파크만 일어도 파멸적인 화재로 번질 수 있을 것이다.

둘째, 실리콘 장막은 인간을 한 집단과 다른 집단으로 분리하는 것이 아니라, 모든 인간을 인간의 새로운 지배자 AI와 분리할지도 모른다. 우리는 어디에 살든 불가해한 알고리즘으로 짜인 거미줄 속에 갇히게 될 것이다. 이 알고리즘들이 우리의 삶을 관리하고, 우리의 정치와 문화를 재편하며, 심지어 우리의 몸과 마음까지 재설계하는 동안 우리는 우리를 통제하는 힘을 멈추기는커녕 더 이상 이해할 수 없게 될 것이다. 만일 21세기의 전체주의 네트워크가 세계 정복에 성공한다면, 그때 전체주의를 운영하는 주체는 인간 독재자가 아니라 비인간 지능일 것이다. 중국이나 러시아 또는 민주주의 이후의 미국을 전체주의 악몽의 불씨로 꼽는 사람들은 위험을 잘못 이해하고 있는 것이다. 실제로는 중국인, 러시아인, 미국인, 그 밖의 모든 인간이 비인간 지능의 전체주의적인 잠재력에 함께 위협받고 있다.

위험의 규모를 고려하면 AI는 모든 인간이 관심을 가져야 할 문제다. 모두가 AI 전문가가 될 수는 없지만, AI는 스스로 결정을 내리고 스스로 새로운 아이디어를 구상할 수 있는 역사상 최초의 기술임을 우리 모두 명심해야 한다. 이제껏 인간이 만든 발명품들이 인간에게 힘을 실어준 이유는 새로운 도구가 아무리 강력해도 그것을 어디에 쓸지 결정하는 것은 항상 우리 몫이었기 때문이다. 칼과 폭탄은 누구를 죽일지 스스로 결정하지 않는다. 그것들은 정보를 처리하고 독립적인 결정을 내리는 데 필요한 지능을 갖추지 못한 바보 도구일 뿐이다. 반면 AI는 스스로 정보를 처리할 수 있고 따라서 인간을 대신하여 결정을 내릴 수 있다. AI는 도구가 아니라 행위자다.

또한 AI는 정보를 자유자재로 활용하여 스스로 음악부터 의료에 이르는 다양한 분야에서 새로운 아이디어를 생성할 수 있다. 축음기는 음악을 재생했고 현미경은 세포의 비밀을 보여주었지만, 축음기가 새로운 교향곡을 작곡하거나 현미경이 신약을 합성할 수는 없었다. AI는 이미 스스로 예술을 창조하고 과학적 발견을 할 수 있다. 그리고 앞으로 몇십 년 내에 AI는 유전 코드를 작성하거나 아니면 비유기적 존재를 살아 움직이게 하는 비유기적 코드를 작성함으로써 새로운 생명 형태를 창조할 수 있을 것이다.

AI 혁명의 초기 단계인 지금 이 순간에도 컴퓨터는 이미 우리에게 대출을 해줄지, 우리를 직장에 고용할지, 교도소에 보낼지와 같은 결정을 내린다. 이런 추세는 앞으로 더욱 강화되고 가속화될 것이고, 그러면 우리는 자신의 삶을 이해하기가 더욱 어려워질 것이다. 과연 컴퓨터 알고리즘이 지혜로운 결정을 내리고 더 나은 세상을 만들 것이라고 믿을 수 있을까? 그것은 빗자루에 주문을 걸면 물을 길어 올 것이라는 믿음보다 훨씬 더 위험한 도박이다. 그리고 이 도박에 우리가 거는 것은 단지 인간의 삶만이 아니다. AI는 우리 종의 역사뿐만 아니라 모든 생명 형태의 진화 경로를 바꿀 가능성이 있다.

정보의
무기화

　　2016년에 나는 새로운 정보 기술이 인류에게 가져올 위험들 중 일부를 조명한 책《호모 데우스》를 출간했다. 그 책에서 나는 역사의 진짜 주인공은 호모 사피엔스가 아니라 언제나 정보였으며, 과학자들은 역사 외에 생물학, 정치, 경제도 점점 정보 흐름의 관점에서 이해하고 있다고 주장했다. 동물, 국가, 시장은 모두 정보 네트워크로, 환경에서 데이터를 흡수하여 결정을 내리고 그 데이터를 다시 내보낸다. 또한 나는 그 책에서 우리는 더 나은 정보 기술이 건강, 행복, 힘을 가져다줄 거라고 기대하지만 실제로는 우리의 힘을 빼앗고 우리의 육체적, 정신적 건강을 파괴할지도 모른다고 경고했다.《호모 데우스》에서 나는 인간은 조심하지 않으면 거센 강물 속의 흙덩어리처럼 정보의 급류에 휩쓸려 허물어질 것이며, 결국 인류는 우주의 데이터 흐름 속의 잔물결에 불과했던 존재로 판명 날지도 모른다는 견해를 제시했다.

　《호모 데우스》가 출간된 후 수년 동안 변화의 속도는 오직 가속화되었을 뿐이며, 힘은 실제로 인간에게서 알고리즘으로 이동하고 있다. 예술을 창조하고 인간인 척 가장하는 알고리즘, 우리 삶에 큰 영향을 미치는 중요한 결정을 내리고 우리에 대해 우리보다 더 많은 것을 아는 알고리즘처럼 2016년에는 과학소설처럼 들렸던 시나리오들이 2024년에 이르러 일상이 되었다.

2016년 이후 그 밖에도 많은 것이 변했다. 생태 위기는 심해졌고, 국제적 긴장이 고조되었으며, 포퓰리즘 물결은 가장 견고한 민주주의 사회의 결속마저 훼손했다. 포퓰리즘은 또한 정보에 대한 순진한 관점에 급진적인 도전을 제기했다. 도널드 트럼프와 자이르 보우소나루 같은 포퓰리스트 지도자들, 그리고 큐어넌QAnon과 백신 반대론자 같은 포퓰리즘 운동과 음모론의 주장에 따르면, 정보를 수집하여 진실을 발견한다는 주장으로 권위를 얻는 모든 전통 기관은 실제로는 거짓말을 하고 있는 것이다. 관료, 판사, 의사, 주류 언론인, 학계 전문가 들은 진실에는 관심이 없고 '국민'을 희생시켜 권력과 특권을 얻기 위해 고의적으로 허위 정보를 퍼뜨리는 엘리트 카르텔이다. 트럼프 같은 정치인과 큐어넌 같은 음모단이 등장한 데는 2010년대 말 미국의 독특한 상황이라는 정치적 맥락이 있다. 하지만 포퓰리즘을 반체제적인 세계관으로 이해한다면 그것은 트럼프가 등장하기 훨씬 전부터 존재했으며, 현재와 미래의 수많은 역사적 맥락과 관련이 있다. 한마디로 포퓰리즘은 정보를 무기로 간주한다.[20]

정보에 대한 포퓰리즘적 관점
정보 ⟶ 힘

더 극단적인 형태의 포퓰리즘은 객관적 진실은 존재하지 않으며 모든 사람은 각자 '자기만의 진실'을 가지고 그것을 경쟁자를 항복시키기 위한 무기로 사용한다고 가정한다. 이 세계관에 따르면 권력이 유일한 현실이다. 인간은 오직 권력에만 관심이 있기 때문에 모든 사회적 상호작용은 권력투쟁이다. 진실이나 정의 등 다른 것에 관심이 있다는 주장은 권력을 얻기 위한 계략에 지나지 않는다. 포퓰리즘이 정보를 무기로 보는 관점을 유포하는 데 성공할 때마다 언어가 훼손된다. '사실' '정확한' '진실한' 같은 단어들은 의미가 모호해진다. 이 단어들은 더 이상 공통의 객관적 현실을 가리키지 않는다. 오히려 '사실'이나 '진실'에 대해 이야기를 나눌 때 적어도 일부 사람들에게 "지금 누구의 사실, 누구의 진실을 말하고 있나요?"와 같은 질문을 하게 만든다.

그런데 권력에 초점을 맞추는 지독히 회의적인 정보관은 새로운 현상이 아니며, 백신 반대론자, 지구 평면론자, 보우소나루 지지자, 또는 트럼프 지지자가 만들어낸 것이 아니라는 점을 강조해두고 싶다. 2016년보다 훨씬 이전부터 비슷한 관점이 퍼졌고, 그 장본인들 중에는 인류의 가장 훌륭한 지성도 있다.[21] 예를 들어 20세기 후반, 미셸 푸코와 에드워드 사이드 같은 급진 좌파 지식인들은 병원이나 대학과 같은 과학 기관이 시대를 초월하는 객관적인 진실을 추구하는 것이 아니라, 자본주의와 식민주의 엘리트의 이익을 위해 무엇을 진실로 간주할지 결정하는 데 권력을 사용하고 있다고 주장했다. 이런 급진적인 비판은 '과학적 사실'은 자본주의 또는 식민주의적 '담론'에 불과하며, 권력을 쥔 사람들은 진실에는 전혀 관심이 없으므로 자신들의 실수를 인정하고 바로잡을 수 없다는 주장으로까지 나아가기도 했다.[22]

급진 좌파 사상의 이 특정한 흐름은 카를 마르크스에게로 거슬러 올라간다. 19세기 중반에 그는 권력만이 유일한 현실이며, 정보는 무기이고, 진실과 정의를 수호한다고 주장하는 엘리트는 실제로는 편협한 계급적 특권을 추구한다고 주장했다. 1848년《공산당 선언》에는 이런 말이 나온다. "지금까지 존재한 모든 사회의 역사는 계급투쟁의 역사다. 자유민과 노예, 귀족과 평민, 영주와 농노, 장인과 도제 등 억압하는 자와 억압받는 자는 서로 끊임없이 대립하는 관계였으며, 때로는 숨기고 때로는 공개했을 뿐 끊임없는 전쟁을 치렀다." 역사에 대한 이런 이분법적 해석은 인간의 모든 상호작용이 억압하는 자와 억압받는 자 사이의 권력투쟁임을 암시한다. 따라서 누군가가 무슨 말을 할 때마다 던져야 할 질문은 "무슨 말입니까? 그게 사실입니까?"가 아니라 "누가 그렇게 말합니까? 누구의 특권을 위한 것입니까?"이다.

물론 트럼프와 보우소나루 같은 우파 포퓰리즘 성향의 정치인들이 푸코나 마르크스의 책을 읽었을 리 없고, 실제로 그들은 열렬한 반마르크스주의자임을 자처한다. 또한 그들이 조세와 복지 같은 분야에서 제안한 정책들은 마르크스주의와는 거리가 멀다. 하지만 사회와 정보에 대한 그들의 기본 관점은 인간의 모든 상호작용을 억압하는 자와 억압받는 자 사이의 권력투쟁으로 보는 마르크스주의와 놀랍도록 비슷하다. 예를 들어 트럼프는 2017년 취임사에서 "국민이 비용을 부담하는 동안 미국 수도에 있는 작은 집단이 정부의 혜택을 다 가져갔다"고 선언했다.[23] 이런 수사는 포퓰리즘의 단골 메뉴다. 정치학자 카스 무데는 포퓰리즘은 "사회가 궁극적으로 '순수한 국민'과 '부패한 엘리트'라는 두 개의 상호 적대적인 동질적 집단으로 나뉜다고 생각하는 이데올로기"라고 설명했다.[24] 마르크스주의자들이 언론은 자본가 계급의 대변인이고 대학과 같은 과학 기관들은 자본주의 지배를 영구화하기 위해 허위 정보를 퍼뜨린다고 주장한 것처럼, 포퓰리스트들은 이런 기관들이 '부패한 엘리트'의 이익을 위해 '국민'을 희생시킨다고 비난한다.

하지만 오늘날의 포퓰리스트들도 이전 세대의 급진적인 반체제 운동을 괴롭혔던 것과 똑같은 모순에 봉착한다. 권력이 유일한 현실이고 정보는 무기에 불과하다면, 포퓰리스트 본인들은 어떻게 되는가? 본인들도 권력에만 관심이 있고 권력을 얻기 위해 우리에게 거짓말을 하고 있는 것인가?

포퓰리스트들은 이 궁지에서 벗어나기 위해 두 가지 방법을 동원했다. 일부 포퓰리즘 운동은 자신들이 현대 과학의 이상과 회의적인 경험주의 전통을 따른다고 주장한다. 이들은 사람들에게 권력을 가진 기관이나 인물을 절대 신뢰해서는 안 된다고 말한다. 물론 포퓰리즘 정당과 정치인을 자처하는 기관과 인물도 믿어서는 안 된다. 그 대신 '직접 연구하고' 자기 눈으로 직접 확인할 수 있는 것만 믿어야 한다.[25] 이런 급진적인 경험주의 입장은 정당, 법원, 신문, 대학과 같은 대규모 기관은 신뢰할 수 없는 반면 노력하는 개인은 스스로 진실을 찾을 수 있다고 암시한다.

이런 접근 방식은 과학적으로 들릴 수 있고 자유로운 영혼을 가진 사람에게 매력적으로 다가오지만, 대규모 제도적 조직이 필요한 '의료 시스템을 구축하거나 환경 규제를 통과시키는 일에서 인간 공동체가 어떻게 협력할 수 있는가'라는 질문에는 답하지 못한다. 지구의 기후가 뜨거워지고 있는 것이 사실인지, 그렇다면 어떻게 해야 하는지 판단하는 데 필요한 연구를 한 개인이 할 수 있을까? 지난 수 세기 동안의 신뢰할 만한 기후 데이터를 확보하는 일은 말할 것도 없고 전 세계 기후 데이터를 수집하는 일을 한 사람이 할 수 있을까? '직접 연구한 것'만 믿으라는 말은 언뜻 과학적으로 들리지만 사실상 객관적 진실은 존재하지 않는다는 말과 같다. 4장에서 살펴보겠지만, 과학은 개인적인 탐구가 아니라 제도적인 협업이다.

포퓰리즘이 궁지에서 빠져나오기 위해 동원하는 또 다른 방법은 '연구'를 통해 진실을 찾으려는 현대 과학의 이상을 포기하고 대신 신의 계시나 신비주의에 의존하는 시대로 돌아가는 것이다. 기독교, 이슬람교, 힌두교와 같은 전통 종교들은 일반적으로 인간을, 전지전능한 신의 개입을 통해서만 진실에 접근할 수 있는, 권력에 굶주린 믿을 수 없는 존재로 간주해왔다. 2010년대와 2020년대 초반, 브라질에서 튀르키예, 미국에서 인도에 이르기까지 포퓰리즘 정당들은 이런 전통 종교의 입장에 동조했다. 이들은 현대 제도에 대한 급진적 의구심을 표명하는 반면 고대 경전에 대해서는 완전한 믿음을 선언했다. 포퓰리스트들은 〈뉴욕 타임스〉나 《사이언스》에 실린 기사는 권력을 얻기 위한 엘리트의 계략에 불과하지만, 《성경》《쿠란》《베다》에 쓰인 내용은 절대적 진리라고 주장한다.[26]

이 주장의 변형된 버전은 트럼프와 보우소나루 같은 강력한 지도자를 신뢰하라고 부추긴다. 지지자들은 이런 정치인을 신의 메신저[27] 또는 '국민'과 신비로운 유대로 묶인 존재로 묘사한다. 평범한 정치인들은 권력을 얻기 위해 국민을 속이지만, 이런 카리스마 넘치는 지도자는 국민의 오류 없는 대변자로서 그런 거짓말을 낱낱이 폭로한다.[28] 포퓰리즘의 반복되는 역설 중 하나는 모든 엘리트가 권력에 위험할 정도로 굶주려 있다고 경고하는 것으로 시작하지만 대개 야심 가득한 한 명의 지도자에게 모든 권력을 맡기는 것으로 끝난다는 것이다.

포퓰리즘에 대해서는 5장에서 더 자세히 살펴볼 것이다. 여기서는 이것만 기억해두면 된다. 포퓰리스트들은 하필이면 인류가 생태계 붕괴, 세계대전, 통제 불능의 기술과 같은 실존적 도전에 직면한 이때 대규모 기관과 국제 협력에 대한 신뢰를 흔들고 있다. 포퓰리스트들은 복잡한 인간의 기관을 신뢰하는 대신, 파에톤 신화와 〈마법사의 제자〉가 건네는 것과 똑같은 조언을 한다. "신이나 위대한 마법사가 개입하여 모든 것을 바로잡을 것이라고 믿어라." 이 조언을 받아들인다면 우리는 단기적으로는 권력에 굶주린 최악의 인간의 손아귀에 잡히게 되고, 장기적으로는 새로운 AI 지배자의 손아귀에 잡히게 될 것이다. 아니면 지구가 인간이 살기 힘든 곳이 되어 우리는 아무 데도 존재할 수 없을지도 모른다.

카리스마 넘치는 지도자나 불가해한 AI에게 권력을 넘겨주고 싶지 않다면, 먼저 정보가 무엇인지, 정보가 인간 네트워크의 구축을 어떻게 돕는지, 정보가 진실이나 권력과 어떤 관계인지 이해할 필요가 있다. 포퓰리스트들이 순진한 정보관을 의심하는 것은 옳지만, 권력이 유일한 현실이며 정보는 무기에 불과하다는 생각은 잘못되었다. 정보는 진실의 원재료가 아니지만 단순히 무기인 것도 아니다. 이런 양극단 사이에서 우리는 인간의 정보 네트워크와 힘을 현명하게 다루는 인간의 지혜에 대한 복합적이고 희망적인 관점을 충분히 찾을 수 있다. 이 책은 그런 중간 지대를 탐색하려고 한다.

길잡이

이 책의 1부에서는 인간의 정보 네트워크가 그동안 어떻게 발전해왔는지 알아본다. 문자, 인쇄술, 라디오 같은 정보 기술을 연대별로 포괄적으로 설명하지는 않을 것이다. 그보다는 몇 가지 사례를 검토하면서 어떤 시대든 사람들이 정보 네트워크를 구축하며 직면했던 주요 딜레마를 살펴본다. 그리고 이런 딜레마에 대한 서로 다른 해법이 대조적인 인간 사회의 형성에 어떤 영향을 주었는지 검토한다. 우리가 보통 이념적, 정치적 갈등으로 여기는 것은 많은 경우 대조적인 정보 네트워크들의 충돌이다.

1부는 대규모 인간 네트워크에 필수적인 두 가지 원리인 신화와 관료제를 살펴보는 것으로 시작한다. 2장과 3장에서는 고대 왕국부터 현대 국가에 이르기까지 대규모 정보 네트워크가 어떻게 신화 제작자들과 관료들에게 의존해왔는지 설명한다. 예를 들어,《성경》의 이야기들은 기독교 교회를 만들고 유지하는 데 필수적이었지만, 교회 관료들이 이 이야기들을 선별하고 편집하여 전파하지 않았다면《성경》은 존재하지 않았을 것이다. 모든 인간 네트워크가 직면하는 어려운 딜레마는 신화 제작자와 관료가 서로 다른 방향으로 나아가는 경향이 있다는 것이다. 따라서 기관과 사회의 성격은 신화 제작자와 관료의 상충하는 요구 사이에서 균형을 어떻게 잡느냐에 달려 있다. 기독교 교회는 가톨릭교회와 개신교 교회 같은 라이벌 교회로 분열되었는데, 두 교회는 신화와 관료제 사이에서 서로 다른 균형점을 찾았다.

4장에서는 잘못된 정보의 문제와, 독립적인 법원이나 동료 심사 학술지 같은 자기교정 장치를 유지하는 것의 장단점을 중점적으로 다룬다. 그리고 가톨릭교회처럼 약한 자정 장치에 의존하는 기관들과 과학 분야처럼 강력한 자정 장치를 개발한 기관들을 대조해서 살펴볼 것이다. 약한 자정 장치는 때때로 근대 초기 유럽에서 일어난 마녀사냥과 같은 역사적 재앙을 초래하는 반면, 강력한 자정 장치는 내부에서 네트워크를 불안정하게 만들 수 있다. 가톨릭교회는 자정 장치가 비교적 약함에도 불구하고, 아니 어쩌면 그 때문에 수명이나 전파력, 힘의 측면에서 인류 역사상 가장 성공적인 기관이 되었다.

신화와 관료제의 역할을 검토하고 강한 자정 장치와 약한 자정 장치를 대비한 후, 마지막 5장에서는 분산형 정보 네트워크와 중앙 집중형 정보 네트워크를 대조하면서 역사적 조사를 마무리할 것이다. 민주주의 체제는 정보가 여러 독립적인 채널을 따라 자유롭게 흐르도록 허용하는 반면, 전체주의 체제는 정보를 하나의 허브에 집중시키려고 시도한다. 각각의 선택에는 장단점이 있다. 미국과 소련 같은 정치 체제를 정보 흐름의 관점에서 이해하면 두 체제의 서로 다른 궤적에 대해 많은 것을 설명할 수 있다.

이 책의 역사 부분은 현재 전개되고 있는 상황과 미래 시나리오를 이해하는 데 대단히 중요하다. AI의 등장은 분명 역사상 가장 큰 정보혁명일 것이다. 하지만 이전 혁명들과 비교하지 않으면 이 혁명을 제대로 이해할 수 없다. 역사는 과거를 연구하는 것이 아니라 변화를 연구하는 것이다. 역사는 우리에게 무엇이 그대로이고, 무엇이 변하며, 어떻게 변하는지 가르쳐준다. 이 원리는 다른 모든 종류의 역사적 변화와 마찬가지로 정보혁명에도 적용된다. 따라서 오류가 없다고 주장하는 《성경》이 어떤 과정을 통해 정경화正經化되었는지 이해하면, AI는 오류가 없다는 현재의 주장이 무엇을 의미하는지 귀중한 통찰을 얻을 수 있다. 마찬가지로, 근대 초기의 마녀사냥과 스탈린의 집단화 운동에 대해 알면, 21세기에 사회에 대한 통제권을 AI에게 넘겨줄 경우 무엇이 잘못될 수 있는지 경각심을 갖게 될 것이다. 또한 역사에 대한 깊은 지식은 현재의 정보 기술인 AI의 무엇이 새로운지, 그것이 과거의 인쇄술이나 라디오와 어떻게 근본적으로 다른지, 그리고 미래의 AI 독재가 어떤 면에서 우리가 과거에 본 어떤 것과도 완전히 다를 수 있는지 이해하는 데도 중요하다.

이 책에서 나는 과거를 알면 미래를 예측할 수 있다고 주장하지 않는다. 앞으로도 계속 강조하겠지만 역사는 결정되어 있지 않으며, 미래의 모습은 우리가 앞으로 어떤 선택을 하느냐에 달려 있다. 이 책의 핵심 목적은 우리가 정보에 입각한 선택을 함으로써 최악의 결과를 막을 수 있다는 점을 보여주는 것이다. 미래를 바꿀 수 없다면 미래를 논하는 데 시간을 낭비할 필요가 있을까?

1부의 역사적 조사를 바탕으로 2부 '비유기적 네트워크'에서는 오늘날 우리가 만들어내고 있는 새로운 정보 네트워크에 대해 살펴볼 텐데, 특히 AI의 등장이 갖는 정치적 함의에 초점을 맞춘다. 6~8장에서는 AI가 이전의 모든 정보 기술과 어떤 면에서 다른지 설명하기 위해 전 세계의 최근 사례들을 검토할 것이다. 한 예는

2016~2017년 미얀마에서 소셜 미디어 알고리즘이 소수민족에 대한 폭력을 선동한 사건이다. 2020년대가 아니라 2010년대 사례를 주로 선택한 이유는 2010년대 사건들에 대해서는 우리가 약간의 역사적 관점을 얻었기 때문이다.

2부에서는 우리가 그 함의를 제대로 생각해보지도 않은 채 완전히 새로운 종류의 정보 네트워크를 만들어내고 있다고 주장한다. 특히 우리가 유기적 정보 네트워크에서 비유기적 정보 네트워크로 이동하고 있다는 점을 강조한다. 로마제국, 가톨릭교회, 소련은 모두 탄소 기반의 뇌에 의존해 정보를 처리하고 결정을 내렸다. 새로운 정보 네트워크를 지배하는 실리콘 기반의 컴퓨터들은 근본적으로 다른 방식으로 작동한다. 좋든 나쁘든 실리콘칩은 탄소 기반 뉴런의 유기화학적 한계에서 대체로 자유롭다. 실리콘칩은 잠을 자지 않는 스파이, 절대 잊어버리지 않는 금융업자, 영원히 죽지 않는 독재자를 만들어낼 수 있다. 이것이 사회, 경제, 정치를 어떻게 변화시킬까?

마지막인 3부 '컴퓨터 정치'에서는 각기 다른 종류의 사회들이 비유기적 정보 네트워크의 위협과 가능성을 어떻게 다룰지 살펴본다. 우리처럼 탄소에 기반한 생명체가 새로운 정보 네트워크를 이해하고 통제할 수 있을까? 앞에서 언급했듯이 역사는 결정되어 있지 않고, 적어도 몇 년 동안은 우리 사피엔스에게 아직 미래의 모습을 결정할 힘이 있다.

따라서 9장에서는 민주주의가 비유기적 네트워크에 어떻게 대처할 것인지 살펴본다. 예를 들어, 금융 시스템이 점점 AI에 의해 통제되고 돈의 의미 자체가 불가해한 알고리즘에 의해 정의된다면, 인간 정치인들이 어떻게 재무 결정을 내릴 수 있을까? 우리가 대화를 나누고 있는 대상이 또 다른 인간인지 아니면 인간인 척 가장하는 챗봇인지 더 이상 알 수 없다면, 민주주의 사회는 어떻게 금융이나 젠더 같은 특정 주제에 대한 공개 대화를 계속해나갈 수 있을까?

10장에서는 비유기적 네트워크가 전체주의에 미칠 수 있는 영향을 살펴본다. 독재자들은 모든 공론장을 없애고 싶겠지만, 그들도 AI를 두려워해야 할 이유가 있다. 전제 정권은 공포와 검열을 통해 권력을 유지한다. 하지만 인간 독재자가 어떻게 AI를 공포에 떨게 하고, AI의 불가해한 과정을 검열하고, AI가 스스로 권력을 장악하는 것을 막을 수 있을까?

마지막으로 11장에서는 새로운 정보 네트워크가 세계적 차원에서 민주주의 사회와 전체주의 사회 사이의 힘의 균형에 어떤 영향을 줄 것인지 살펴본다. AI는 힘의 균형을 한쪽 진영으로 확실히 기울일까? 아니면 세계가 적대적인 진영들로 나뉘고, 진영 간 경쟁 구도가 우리 모두를 통제가 불가능한 AI의 쉬운 먹잇감으로 만들까? 혹은 우리가 공동의 이익을 위해 단결할 수 있을까?

하지만 정보 네트워크의 과거, 현재, 그리고 가능한 미래들을 살펴보기 전에, 간단해 보이지만 실제로는 복잡한 질문으로 시작할 필요가 있다. 정보란 정확히 무엇인가?

차례

제3부 컴퓨터 정치

제 1 부

인간
네트워크들

1

정보란 무엇인가?

　기본 개념을 정의하는 것은 항상 어렵다. 그다음에 이어지는 모든 것의 토대가 되지만, 기본 개념 자체의 토대는 없어 보인다. 물리학자들은 물질과 에너지를 정의하느라, 생물학자들은 생명을 정의하느라, 철학자들은 실재를 정의하느라 진땀을 뺀다.

　정보는 점점 더 많은 철학자들과 생물학자들에게 현실의 가장 기본적인 단위로 간주되고 있으며, 심지어는 일부 물리학자들에게도 물질과 에너지보다 더 기초적인 단위로 여겨진다.[1] 따라서 정보를 어떻게 정의할지, 정보가 생명의 진화 또는 엔트로피나 열역학법칙, 양자 불확실성 원리와 같은 물리학의 기본 개념들과 어떤 관계인지에 대해 많은 논쟁이 벌어지고 있는 것은 자연스러운 일이다.[2] 나는 이 책에서 이런 논쟁을 해결하려고 하지 않을 것이며, 심지어 설명조차 하지 않을 것이다. 또한 물리학과 생물학, 그리고 그 밖의 모든 학문 분야에 적용할 수 있는 보편적인 정보의 정의를 제시하려고 하지도 않을 것이다. 이 책은 인간 사회가 과거에 어떠했고 앞으로 어떻게 될 것인지 알아보는 역사책이므로, 역사적 맥락에서 정보의 정의와 역할이 무엇인지에 초점을 맞출 것이다.

일상 용법에서 정보는 말이나 글처럼 인간이 만든 기호와 관련이 있다. 예를 들어 '셰르 아미와 잃어버린 대대'의 이야기를 생각해보자. 1918년 10월, 미국 원정군AEF이 독일군으로부터 프랑스 북부를 해방시키기 위해 싸우고 있었을 때, 500여 명의 미군 병사들로 구성된 대대가 적진에 고립되었다. 그들에게 엄호 사격을 하려던 미국 포병대는 그들의 위치를 오인하고 그들 바로 위에 포격을 퍼부었다. 그 대대의 지휘관 찰스 휘틀시 소령은 본부에 자신의 실제 위치를 급히 알려야 했지만 어떤 전령도 독일 전선을 뚫고 나갈 수 없었다. 여러 증언에 따르면, 휘틀시 소령은 최후 수단으로 군용 통신 비둘기 셰르 아미에게 의지했다. 작은 종잇조각에 그는 이렇게 썼다. "우리는 276.4와 평행한 도로변에 있습니다. 우리 군의 포병대가 우리를 겨냥해 포격을 퍼붓고 있습니다. 제발 멈춰주십시오." 이 종이를 셰르 아미의 오른쪽 다리에 매단 작은 깡통에 넣고 새를 날려 보냈다. 대대의 병사 중 한 명인 존 넬 일병은 수년 후 이렇게 회상했다. "이것이 마지막 기회라는 데는 의심의 여지가 없었다. 만일 그 외롭고 겁먹은 비둘기가 집을 찾지 못하면 우리의 운명은 끝이었다."

나중에 목격자들은 셰르 아미가 어떻게 독일군의 맹렬한 포화 속으로 날아 들어갔는지 묘사했다. 포탄이 셰르 아미 바로 밑에서 터져 다섯 명의 병사가 죽고 비둘기는 심각한 부상을 입었다. 파편 하나가 셰르 아미의 가슴을 찢고 지나갔고, 오른쪽 다리는 힘줄에 간신히 매달려 있었다. 하지만 비둘기는 임무를 완수했다. 부상당한 비둘기는 중요한 메시지가 담긴 통을 아직 붙어 있는 오른쪽 다리에 매달고, 40킬로미터를 날아 약 45분 만에 사단본부에 도착했다. 정확한 세부 사항에 대해서는 논란이 좀 있지만, 분명한 사실은 미군 포병대가 포격 위치를 조정했고, 미군의 반격으로 잃어버린 대대가 구출되었다는 것이다. 셰르 아미는 군의관에게 치료를 받고 영웅이 되어 미국에 송환되었으며, 수많은 기사, 단편소설, 동화책, 시, 심지어 영화의 소재가 되었다. 비둘기는 자신이 전달하고 있는 정보가 무엇인지 몰랐지만, 그 다리에 매달린 종이 위의 기호들 덕분에 수백 명의 병사가 죽음과 포획을 피할 수 있었다.[3]

하지만 정보가 꼭 인간이 만든 기호들로 구성될 필요는 없다.《성경》의 홍수 신화에 따르면 노아는 자신이 방주에서 날려 보낸 비둘기가 입에 올리브나무 가지를 물고 돌아온 것을 보고 마침내 물이 빠졌다는 사실을 알았다. 그때 신이 다시는 세상을 홍수로 파멸시키지 않겠다는 약속의 증표로 구름 사이에 무지개를 띄웠다. 비둘기, 올리브나무 가지, 무지개는 그때부터 평화와 관용의 상징이 되었다. 무지개보다 훨씬 멀리 있는 것들도 정보가 될 수 있다. 은하의 형태와 운동은 천문학자들에게 우주의 역사에 대한 중요한 정보가 된다. 북극성은 항해자들에게 어느 쪽이 북쪽인지 알려준다. 별은 점성술사들에게 개인과 사회 전체의 미래에 대한 정보를 전달하는 우주의 대본이다.

물론 어떤 것을 '정보'로 정의할 수 있는지는 관점의 문제다. 천문학자나 점성술사는 천칭자리를 '정보'로 여기겠지만, 인간 관측자들에게는 이런 멀리 있는 별들이 단순한 게시판 이상의 의미를 갖는다. 저 위에는 우리가 그들의 집에서 수집한 정보와 그들에 대해 나누는 이야기들을 까맣게 모르는 외계 문명이 있을지도 모른다. 마찬가지로 잉크 얼룩이 찍힌 종이는 군부대에는 중요한 정보지만 흰개미 가족에게는 저녁 식사일 것이다. 어떤 사물이든 정보가 될 수도, 되지 않을 수도 있다. 정보가 무엇인지 정의하는 것이 어려운 이유다.

정보의 모호성은 군사 첩보 활동의 역사에서 중요한 역할을 했다. 스파이는 정보를 몰래 전달해야 하기 때문이다. 제1차 세계대전 당시 격전지였던 곳은 프랑스 북부만이 아니었다. 1915년부터 1918년까지 영국과 오스만제국은 중동을 장악하기 위해 싸웠다. 영국군은 시나이반도와 수에즈운하에서 오스만제국의 공격을 격퇴한 후 오스만제국을 침공했지만, 베르셰바에서 가자까지 이어지는 오스만의 강화된 방어선 탓에 1917년 10월까지 더 이상 진격하지 못했다. 방어선을 뚫으려고 시도한 영국군은 제1차 가자 전투(1917년 3월 26일)와 제2차 가자 전투(1917년 4월 17~19일)에서 격퇴당했다. 한편 팔레스타인에 거주하던 친영국계 유대인들은 오스만 군대의 동태를 영국군에 알리기 위해 NILI(닐리)라는 암호명으로 스파이 네트워크를 구축했다. 이들이 영국군 특수부대원들과 교신하기 위해 개발한 방법 한 가지는 창문 셔터였다. 닐리 지휘관이었던 사라 아론손은 지중해가 바라다보이는 집을 소유하고 있었다. 그녀는 사전에 정한 암호에 따라 특정 셔터를 닫거나 여는 방법으로 영국 함선에 신호를 보냈다. 오스만 병사들을 포함해 많은 사람들이 그 셔터를 볼 수 있었지만, 닐리 요원들과 영국군 특수부대원들 외에는 아무도 그것이 중요한 군사 정보라는 사실을 몰랐다.[4] 그렇다면 셔터는 언제 그냥 셔터이고 언제 정보인가?

오스만제국은 결국 뜻밖의 사고 덕분에 닐리 스파이 조직의 꼬리를 잡았다. 닐리는 셔터 외에도 통신 비둘기를 이용해 암호화된 메시지를 전달했다. 1917년 9월 3일, 비둘기 중 한 마리가 경로를 이탈하여 하고많은 장소 중 하필이면 오스만 장교의 집으로 들어왔다. 장교는 암호화된 메시지를 발견했지만 해독할 수는 없었다. 그럼에도 불구하고 비둘기 자체가 중요한 정보였다. 통신 비둘기의 존재는 오스만군에 스파이 조직이 그들 코앞에서 활동하고 있다는 사실을 알려주었다. 마셜 매클루언이 말했듯이 비둘기가 메시지였다. 닐리 요원들은 비둘기가 붙잡혔다는 사실을 알고는 즉시 그들이 소유한 나머지 비둘기들을 죽여서 묻었다. 이제는 통신 비둘기를 보유하고 있다는 사실 자체가 죄를 입증하는 정보였기 때문이다. 하지만 비둘기 대학살이 닐리를 구하지는 못했다. 한 달 만에 스파이 네트워크가 발각되어 여러 요원이 처형되었고, 사라 아론손은 고문을 견디다못해 닐리의 비밀을 누설하지 않기 위해 자살했다.[5] 비둘기는 언제 그냥 비둘기이고 언제 정보일까?

정보를 특정 유형의 사물로 정의할 수 없는 것은 분명하다. 별, 셔터, 비둘기 등 어떤 사물이든 적절한 맥락이 갖추어지면 정보가 될 수 있다. 그렇다면 정확히 어떤 맥락에서 그런 사물들이 '정보'로 정의될까? 순진한 정보관은 진실 추구라는 맥락에서 사물이 정보로 정의된다고 주장한다. 사람들이 그것을 이용해 진실을 알아내려고 시도하면 그것은 정보다. 이 정보관은 정보 개념을 진실 개념과 연결하고, 정보의 주된 역할이 현실 재현이라고 생각한다. 즉 '저 밖에' 현실이 존재하고, 정보는 그 현실을 재현하는 무언가로 우리는 그것을 통해 현실에 대해 알 수 있다. 예를 들어 닐리가 영국군에 제공한 정보는 오스만군의 동태라는 현실을 나타내기 위한 것이었다. 만일 오스만군이 그들의 방어 중심부인 가자에 1만 명의 병사를 집결시켰다면, '1만'과 '가자'를 나타내는 기호가 적힌 종이는 영국군이 전투에서 승리하는 데 도움이 되는 중요한 정보였을 것이다. 반면 가자에 실제로는 2만 명의 오스만 병사가 있었다면, 그 종이는 현실을 정확하게 나타내지 않은 것이고, 따라서 영국군은 치명적인 군사적 실수를 범할 수 있었다.

　다시 말해 순진한 정보관은 정보가 현실을 재현하려는 시도이며 이 시도가 성공할 때 우리는 그것을 진실이라고 부른다고 주장한다. 이 책에서 나는 순진한 정보관에 대해 많은 문제를 제기하지만, 진실이 현실을 정확하게 표현하는 것이라는 점에는 동의한다. 하지만 이 책의 입장은 정보의 대부분은 현실을 재현하려는 시도가 아니며 정보를 정의하는 기준은 완전히 다른 무언가라는 것이다. 인간 사회는 물론 다른 생물 시스템과 물리적 시스템에서도 정보의 대부분은 아무것도 나타내지 않는다.

　이 복잡하고 중요한 주장은 이 책의 이론적 토대이기 때문에 좀 더 자세히 다루어보려고 한다.

무엇이
진실인가?

이 책 전체에서 '진실'은 현실의 특정 측면을 정확하게 나타내는 무언가를 뜻한다. 진실이라는 개념의 기저에는 하나의 보편적인 현실이 존재한다는 전제가 깔려 있다. 북극성부터 닐리의 통신 비둘기, 점성술에 관한 웹페이지까지 지금까지 존재했거나 앞으로 존재할 무언가는 이 단일한 현실의 일부다. 따라서 진실 찾기는 보편적 프로젝트다. 사람, 국가, 문화에 따라 다양한 신념과 감정을 지닐 수는 있지만, 모두가 보편적인 현실을 공유하므로 진실은 오직 하나뿐이어야 한다. 보편주의를 거부하는 사람은 진실을 거부하는 것이다.

그럼에도 불구하고 진실과 현실은 다르다. 어떤 진술이 아무리 진실에 충실하다 해도 현실의 모든 측면을 표현할 수는 없기 때문이다. 만일 닐리 요원이 가자 지구에 1만 명의 오스만 병사가 있다고 기록했고 실제로 그곳에 1만 명이 있었다면, 이 기록은 현실의 특정 측면은 정확하게 지적했지만 많은 다른 측면들을 무시했다. 사과든 오렌지든 병사든 어떤 존재의 수를 셀 때는 어쩔 수 없이 존재들 간의 유사성에 주목하고 차이는 무시해야 한다.[6] 예를 들어 가자 지구에 1만 명의 오스만 병사가 있다고만 말했다면, 숙련된 베테랑이 몇 명이고 신병은 몇 명인지는 무시한 것이다. 신병 1,000명과 노병 9,000명이 있는 것은 신병 9,000명과 노련한 베테랑 1,000명이 있는 것과는 사뭇 다른 군대 현실이다.

병사들 사이에는 그 밖에도 많은 차이점이 있었다. 일부는 건강했고 일부는 병약했다. 오스만군 중에서도 어떤 부대는 튀르키예

민족으로 구성되었고 또 어떤 부대는 아랍계, 쿠르드계, 유대인계로 구성되었다. 누군가는 용감했고 누군가는 겁쟁이였다. 사실 병사 개개인은 각기 다른 부모와 친구가 있고 저마다 다른 두려움과 희망을 지닌 독특한 인간이었다. 윌프리드 오언과 같은 제1차 세계 대전 시인들은 군대 현실 중에서 후자의 측면을 표현하려고 시도한 것으로 유명한데, 이런 측면은 통계 수치만으로는 정확하게 전달할 수 없다. 그렇다면 "1만 명의 병사"라는 표현은 현실을 왜곡하는 것이고, 1917년 당시 가자 지구의 군사 상황을 묘사하려면 모든 병사의 고유한 개인사와 성격을 일일이 명시해야 할까?

현실을 표현하려고 시도할 때 생기는 또 하나의 문제는 현실을 바라보는 관점이 여러 가지라는 것이다. 예를 들어 지금의 이스라엘인, 팔레스타인인, 튀르키예인, 영국인은 영국의 오스만제국 침공, 닐리 비밀 조직, 사라 아론손의 활동에 대해 서로 다른 관점을 가지고 있다. 물론 별개의 현실이 여러 개 존재한다는 말은 아니다. 역사적 사실은 존재하지 않는다는 말도 아니다. 단 하나의 현실이 존재하지만 그것이 복잡하다는 뜻이다.

현실에는 사람들의 믿음에 좌우되지 않는 객관적 사실들로 이루어진 객관적인 차원이 있다. 예를 들어 사라 아론손이 1917년 10월 9일에 스스로 가한 총상으로 사망했다는 것은 객관적 사실이다. "사라 아론손이 1919년 5월 15일 비행기 추락 사고로 사망했다"고 말하는 것은 오류다.

현실에는 다양한 사람들의 신념과 감정 같은 주관적인 사실들로 구성된 주관적 차원도 있지만, 이 경우에도 사실과 오류를 구별할

인 간
네 트 워 크 들

수 있다. 예를 들어 이스라엘인들이 아론손을 국가 영웅으로 간주하는 것은 사실이다. 아론손이 자살하고 3주 후, 닐리가 제공한 정보 덕분에 영국군은 마침내 베르셰바 전투(1917년 10월 31일)와 제3차 가자 전투(1917년 11월 1~2일)에서 오스만군의 방어선을 뚫을 수 있었다. 1917년 11월 2일 영국 외무 장관 아서 밸푸어는 밸푸어 선언을 발표하여 영국 정부는 "팔레스타인에 유대인 국가를 건설하는 것을 지지한다"고 선언했다. 이스라엘 사람들은 이것이 닐리와 사라 아론손 덕분이라고 생각하며 아론손의 희생을 기린다. 한편 팔레스타인 사람들이 이 일을 매우 다르게 평가하는 것도 사실이다. 그들은 아론손에 대해 들어본 적도 없겠지만 들어봤다 해도 그녀를 기리기는커녕 제국주의 요원으로 여긴다. 지금 우리는 주관적인 견해와 감정을 다루고 있지만 여전히 진실을 거짓과 구별할 수 있다. 견해와 감정은 별이나 비둘기와 마찬가지로 보편적 현실의 일부이기 때문이다. "사라 아론손은 오스만제국을 물리치는 데 기여한 공로로 모든 사람에게 존경받는다"고 말하는 것은 현실에 부합하지 않는 오류다.

국적만이 사람들의 관점에 영향을 미치는 건 아니다. 이스라엘 남성과 이스라엘 여성은 아론손을 다르게 볼 수 있고, 좌파와 우파, 정통파 유대인과 세속 유대인도 마찬가지다. 유대교 종교법에서는 자살을 금지하기 때문에 정통파 유대인은 아론손의 자살을 영웅적 행위로 보기 어렵다(실제로 아론손은 유대인 묘지의 신성한 땅에 묻히지 못했다). 궁극적으로 각 개인은 서로 다른 세계관을 가지며, 그것은 그 사람의 성격과 인생사가 교차하며 형성된다. 그렇다면 현실을 기술할 때는 항상 관련된 모든 관점을 나열해야 할까? 예를 들어 사라 아론손의 진실한 전기를 쓰려면 이스라엘과 팔레스타인의 모든 개인이 아론손에 대해 어떻게 느끼는지 명시해야 할까?

정확성을 추구하는 시도가 극단으로 치달으면 호르헤 루이스 보르헤스의 단편소설 〈과학의 정확성에 관하여〉(1946)에서처럼 세상을 1 대 1 비율로 재현하는 지경에까지 이를 수 있다. 보르헤스는 이 소설에서 한 가공의 고대 제국이 제국 영토를 최대한 정확하게 표현하는 지도를 만들려고 집착하다가 결국 1 대 1 축적의 지도를 만들기에 이르는 이야기를 들려준다. 결국 제국 전체가 제국의 지도로 덮였고, 이 야심 찬 재현 사업에 너무 많은 자원을 낭비한 나머지 제국은 멸망한다. 그러자 지도도 해체되기 시작했고, "지도의 찢어진 조각들만이 서쪽 사막에 남아 이따금 짐승이나 거지에게 쉼터를 제공한다"[7]고 보르헤스는 이야기한다. 1 대 1 비율의 지도는 현실의 궁극적 재현으로 보일지도 모르지만, 의미심장하게도 그것은 더 이상 재현이 아니라 현실 자체다.

요지는, 현실을 최대한 사실 그대로 기술해도 현실을 온전히 담아낼 수 없다는 것이다. 모든 재현에는 무시되거나 왜곡되는 측면이 있기 마련이다. 따라서 진실은 현실을 1 대 1 비율로 재현하는 것이 아니다. 오히려 진실은 현실의 특정 측면을 알리고 다른 측면은 어쩔 수 없이 무시하는 것이다. 현실에 대한 어떤 기술도 100퍼센트 정확하지 않지만, 그럼에도 불구하고 일부 기술은 다른 것들보다 진실에 가깝다.

정보는 무엇을
하는가

앞에서 지적했듯이 순진한 정보관은 정보를 현실을 재현하려는 시도로 본다. 이 관점은 일부 정보가 현실을 제대로 재현하지 않는다는 사실을 알지만 그것을 '오정보'나 '허위 정보'의 불행한 사례로 치부한다. 오정보는 누군가가 현실을 재현하려다가 어긋났을 때 발생하는 정직한 실수다. 반면 허위 정보는 누군가가 현실에 대한 우리의 시각을 의식적으로 왜곡하려 할 때 발생하는 고의적인 거짓말이다.

순진한 정보관은 나아가 오정보와 허위 정보가 초래하는 문제에 대한 해결책은 더 많은 정보라고 믿는다. 때때로 '반론권 원리'라고도 불리는 이 생각은 미국 연방대법원 판사 루이스 D. 브랜디스와 관련이 있다. 그는 〈휘트니 대 캘리포니아 판결문〉(1927)에, 거짓 발언을 해결하는 방법은 더 많은 발언이며, 장기적으로 자유로운 토론을 보장하면 결국 거짓과 오류가 드러날 수밖에 없다고 썼다. 만일 모든 정보가 현실을 재현하려는 시도라면, 세상에 정보가 많아질수록 어쩌다 생기는 거짓과 오류가 잘 드러나고, 그 결과 우리는 세상에 대한 더 진실된 이해를 얻을 것이다.

이 책은 이 중요한 문제에 대한 순진한 정보관의 주장에 강력히 반대하는 입장이다. 현실을 재현하려는 시도에 성공하는 정보도 분명히 있지만, 이것은 정보의 결정적인 특징이 아니다. 몇 페이지 앞에서 나는 별을 정보로 언급하며 무심코 점성술사를 천문학자와 동일 선상에 놓았다. 순진한 관점을 고수하는 사람들은 아마 그 대목을 읽을 때 당황하여 안절부절못했을 것이다. 순진한 관점에 따르면, 천문학자들은 별에서 '진짜 정보'를 도출하는 반면 점성술사들이 별자리에서 읽을 수 있다고 상상하는 정보는 '오정보'이거나 '허위 정보'이기 때문이다. 우주에 대한 정보가 더 많이 주어지면 사람들은 분명 점성술을 완전히 포기할 것이라고 순진한 정보관은 주장한다. 하지만 실제로 점성술은 수천 년 동안 역사에 엄청난 영향을 미쳤으며, 지금도 수백만 명의 사람들이 무엇을 공부할지, 누구와 결혼할지 같은 인생 중대사를 결정하기 전에는 별자리 운세를 확인한다. 2021년 기준으로 전 세계 점성술 시장의 규모는 128억 달러에 달했다.[8]

점성술 정보가 정확한가에 대한 논쟁과는 별개로, 우리는 점성술이 역사에서 중요한 역할을 했다는 사실을 인정해야 한다. 점성술은 연인을 연결해주었고, 심지어는 제국 전체를 연결하기도 했다. 로마 황제들은 결정을 내리기 전에 항상 점성술사에게 자문을 구했다. 실제로 점성술의 권위가 매우 높았기 때문에 재임 중인 황제의 별점을 치는 것은 사형에 처해질 수 있는 중죄였다. 짐작건대 그런 별점을 치는 사람은 황제가 언제 어떻게 죽을지 예언할 수 있었기 때문일 것이다.[9] 일부 국가의 통치자들은 여전히 점성술을 진지하게 취급한다. 2005년에 미얀마 군사정권은 점성술의 조언에 따라 양곤에서 네피도로 수도를 이전했다고 전해진다.[10] 점성술의 역사적 중요성을 설명할 수 없는 정보 이론은 분명히 부적절하다.

점성술의 예는 오류, 거짓말, 환상, 허구도 정보라는 것을 보여준다. 순진한 정보관이 주장하는 것과 달리, 정보는 진실과 딱히 관련이 없으며, 정보가 역사에서 하는 역할은 실존하는 현실을 그대로 재현하는 것이 아니다. 오히려 정보가 하는 일은 별개의 것들을 하나로 묶어서 연인이든 제국이든 새로운 현실을 만들어내는 것이다. 정보의 결정적인 특징은 재현이 아니라 연결이며, 따라서 정보란 서로 다른 지점들을 네트워크로 연결하는 무언가다. 정보가 꼭 어떤 것들에 대해 무언가를 알릴 필요는 없다. 오히려 정보는 서로 다른 것들을 무언가로 묶는 역할을 한다. 별자리 운세는 연인을 별점으로 묶고, 선전 방송은 유권자를 정치적으로 묶고, 군가는 병사들을 군사 대형으로 묶는다.

대표적인 예로 음악을 살펴보자. 대부분의 교향곡, 멜로디, 선율은 무언가를 재현하지 않는다. 따라서 그것이 사실인지 거짓인지 묻는 것은 의미가 없다. 지금까지 사람들은 좋지 않은 음악을 많이 만들었지만 가짜 음악을 만들지는 않았다. 아무것도 재현하지 않지만 그럼에도 음악은 많은 수의 사람들을 연결하고 그들의 감정과 움직임을 동기화하는 놀라운 일을 해낸다. 음악은 병사들이 대형을 이루어 행진하게 하고, 클럽에 간 사람들이 함께 몸을 흔들게 하고, 교회 신도들이 리듬에 맞추어 손뼉을 치게 하고, 스포츠 팬들이 일제히 응원 구호를 외치게 만들 수 있다.[11]

어떤 것들을 연결하는 정보의 역할은 물론 인류 역사에만 국한된 것이 아니다. 생물학에서도 정보의 주된 역할은 연결이라고 주장할 수 있다.[12] 유기체를 만들어내는 분자 정보인 DNA를 생각해보라. 음악과 마찬가지로 DNA는 현실을 재현하지 않는다. 수 세대의 얼룩말들이 사자에게서 도망쳤지만 얼룩말 DNA에서 '사자'를 나타내는 염기 서열이나 '도피'를 나타내는 염기 서열은 찾을 수 없다.

마찬가지로 얼룩말 DNA에는 태양, 바람, 비 등, 얼룩말이 외부 환경에서 마주치는 현상을 나타내는 염기 서열도 없다. 또한 DNA는 신체 기관이나 감정 같은 내부 현상을 나타내지도 않는다. 심장이나 두려움을 표현하는 염기 서열은 존재하지 않는다.

DNA는 이미 존재하는 것을 나타내는 대신 완전히 새로운 것을 생산한다. 예를 들어 다양한 DNA 염기 서열은 아드레날린을 생산하는 세포 내 화학 과정을 개시한다(A, G, C, T 네 종류의 DNA 염기가 특정 순서로 연결된 유전 정보를 토대로 아드레날린 합성에 필요한 효소들이 합성되고, 합성된 효소들이 '티로신'이라는 아미노산을 여러 단계의 화학 반응을 거쳐 아드레날린으로 변환한다―옮긴이). 아드레날린도 어떤 방식으로든 현실을 재현하지 않는다. 오히려 아드레날린은 몸 전체를 순환하면서, 심박수를 높이고 근육으로 더 많은 혈액을 보내는 또 다른 화학 과정들을 개시한다.[13] DNA와 아드레날린은 이런 식으로 심장, 다리, 기타 신체 부위에 있는 수조 개 세포들을 네트워크로 연결하는 역할을 하고, 이 네트워크는 사자로부터 도망치는 것과 같은 놀라운 일을 할 수 있다.

만일 DNA가 현실을 나타낸다면 우리는 '얼룩말 DNA가 사자 DNA보다 현실을 더 정확하게 나타내는가?' 또는 '이 얼룩말의 DNA는 얼룩말에게 세상에 대한 진실을 알려주지만 저 얼룩말은 가짜 DNA에게 속고 있는가?'와 같은 질문을 할 수 있었을 것이다. 물론 말도 안 되는 질문이다. 우리는 DNA를, 그 DNA가 만들어낸 유기체의 적합도(특정 환경에서 개체가 생존하고 번식하여 유전자를 다음 세대에 전달하는 능력―옮긴이)로 평가할 수는 있어도 진실성으로 평가할 수는 없다. DNA '오류'라는 말을 흔히 하는데, 이는 현실을 정확하게 나타내는 데 실패했다는 뜻이 아니라, 단순히 DNA 복제 과정에서 발생하는 돌연변이를 가리키는 것이다. 아드레날린 생산을 저해하는 유전자 돌연변이는 특정 얼룩말의 적합도를 떨어뜨려 궁극적으로 세포 네트워크를 붕괴시킨다. 예를 들어 적합도가 떨어져 사자에게 잡아먹힌 얼룩말의 수조 개 세포들은 연결이 끊겨 분해될 것이다. 하지만 이런 종류의 네트워크 실패는 허위 정보 때문에 일어나는 것이 아니라, 생물학적 네트워크 자체의 해체를 뜻한다. 국가, 정당, 뉴스 네트워크도 마찬가지다. 이들의 존재도 현실을 부정확하게 표현할 때보다 구성 요소들 간의 연결이 끊길 때 위험에 처한다.

그런데 DNA 복제 오류가 적합도를 떨어뜨리기만 하는 것은 아니라는 점이 중요하다. 어쩌다 한 번씩은 적합도를 높인다. 그런 돌연변이가 없다면 진화 과정은 일어나지 않을 것이다. 모든 생명 형태는 유전자 '오류' 덕분에 존재한다. 진화라는 기적이 일어날 수 있는 것은 DNA가 현존하는 현실을 재현하지 않고 새로운 현실을 만들어내기 때문이다.

잠시 멈추고 이것이 무엇을 암시하는지 생각해보자. 정보는 서로 다른 지점들을 네트워크로 연결하여 새로운 현실을 만들어내는 것이라는 말에도 여전히 정보를 재현으로 보는 관점이 포함되어 있다. 때로는 현실 그대로의 재현이 사람들을 연결할 수 있다. 예를 들어 1969년 7월, 6억 명의 사람들이 텔레비전 앞에 앉아 닐 암스트롱과 버즈 올드린이 달 위를 걷는 모습을 지켜보았을 때가 그런 경우다.[14] 텔레비전 화면에 나오는 이미지는 38만 4,000킬로미터 떨어진 곳에서 일어나는 일을 정확하게 재현했고, 그것을 보는 사람들은 경외심, 자부심, 인류애를 느끼며 하나로 연결되었다.

그런데 이런 인류애는 다른 방식으로도 생길 수 있다. 연결에 초점을 맞추면, 현실을 충실하게 재현하지 않는 다른 많은 유형의 정보가 보인다. 가끔은 현실에 대한 잘못된 재현도 사회를 연결하는 장치가 될 수 있다. 예를 들어 수백만 명의 음모론 추종자들이 달 착륙은 실제로 일어나지 않았다고 주장하는 유튜브 동영상을 시청할 때처럼 말이다. 이런 동영상 이미지는 현실을 잘못 재현한 것이지만, 그럼에도 기득권에 대한 분노나 그들만의 지혜에 자부심을 느끼게 만들어 응집력 있는 새로운 집단을 탄생시킬 수 있다.

때로는 정확하게든 허위로든 현실을 전혀 재현하지 않는 정보도 네트워크를 연결할 수 있다. 유전 정보가 수조 개 세포를 연결하거나 감동적인 음악 작품이 수천 명의 사람들을 연결할 때가 그런 경우다.

마지막 예로, 마크 저커버그의 메타버스 비전을 살펴보자. 메타버스는 완전히 정보로만 이루어진 가상 우주다. 호르헤 루이스 보르헤스가 상상한 가공의 제국이 만든 1 대 1 지도와 달리, 메타버스는 세계를 재현하려는 시도가 아니라 오히려 세계를 증강하거나 심지어 대체하려는 시도다. 메타버스는 부에노스아이레스나 솔트레이크시티의 디지털 복제본을 제공하는 것이 아니라, 사람들을 불러들여 새로운 경관과 규칙을 지닌 새로운 가상 공동체를 건설하게 한다. 2024년 시점에 메타버스는 허황된 몽상처럼 보이지만,

20~30년 내에 수십억 명의 사람들이 그곳으로 이주하여 증강된 가상현실에서 인생의 대부분을 보내고 그곳에서 사회생활과 직업 활동의 대부분을 할지도 모른다. 사람들은 원자가 아니라 비트로 이루어진 환경에서 인간관계를 맺고, 사회운동에 참여하고, 직업을 갖고, 감정 기복을 경험하게 될 것이다. 아마 몇몇 외딴 사막에만 오래된 현실의 낡은 조각들이 남아 이따금 짐승이나 거지에게 쉼터를 제공할 것이다.

인류 역사 속의
정보

정보를 사회적 연결 고리nexus로 보면, 정보를 재현으로 보는 순진한 정보관을 가진 사람들을 난처하게 만드는 인류 역사의 여러 측면을 이해하는 데 도움이 된다. 이 관점은 점성술뿐만 아니라 《성경》처럼 훨씬 더 중요한 것들의 역사적 성공을 설명할 수 있다. 점성술을 인류 역사의 이색적인 곁가지 사건으로 치부하는 사람들은 있어도, 《성경》이 중요한 역할을 해왔다는 사실은 누구도 부정할 수 없다. 정보의 주된 역할이 현실을 정확하게 재현하는 것이었다면, 《성경》이 역사상 가장 영향력 있는 텍스트 중 하나가 된 이유를 설명하기 어려웠을 것이다.

《성경》은 인간사를 기술하는 대목에서나 자연 과정을 기술하는 대목에서나 많은 심각한 오류를 범한다. 창세기는 칼라하리사막의 산족과 호주 원주민을 포함한 모든 인간 집단이 약 4,000년 전 중동에 살았던 한 가족의 후손이라고 주장한다.[15] 창세기에 따르면 홍수 이후 노아의 모든 자손들이 메소포타미아에서 함께 살았지만 바벨탑이 파괴된 후 그들은 네 방향으로 흩어져 현존하는 모든 인간의 조상이 되었다. 하지만 사실 산족의 조상들은 수십만 년 동안 아프리카를 떠난 적이 없으며, 호주 원주민의 조상들은 최소 5만 년 전에는 호주에 정착했다.[16] 유전자 증거로 보나 고고학 증거로 보나 남아프리카공화국과 호주의 고대 집단들이 약 4,000년 전 홍수로 전멸한 후 중동 이민자들이 이 지역에 들어와 정착했다는 주장은 신빙성이 없다.

훨씬 더 심각한 왜곡은 전염병에 관한 사실에 있다. 《성경》은 전염병을 인간의 죄에 대한 신의 처벌로 묘사하고[17] 전염병을 멈추거나 예방하기 위해서는 기도와 종교 의식이 필요하다고 주장한다.[18] 하지만 전염병은 당연히 병원체 때문에 발생하고, 전염병을 멈추거나 예방하려면 위생 규칙을 준수하고 약과 백신을 사용해야 한다. 이 사실은 오늘날 교황 같은 종교 지도자들조차 받아들이는 상식이다. 교황은 코로나19 팬데믹 기간 동안 사람들에게 모여서 기도하는 대신 자가 격리할 것을 권고하기도 했다.[19]

그런데 《성경》은 인간의 기원, 이주, 전염병의 현실을 제대로 표현하는 데는 실패했지만, 그럼에도 불구하고 수십억 명의 사람들을 연결하고 유대교와 기독교를 탄생시키는 데는 매우 효과적이었다. DNA가 수십억 개 세포를 유기적 네트워크로 묶는 화학 과정을 개시하듯이, 《성경》은 수십억 명의 인간을 종교 네트워크로 묶는 사회적 과정을 개시했다. 그리고 세포 네트워크가 하나의 세포가 할 수 없는 일들을 할 수 있듯이, 종교 네트워크도 사원을 짓고 법체계를 유지하고 기념일을 축하하고 성전을 치르는 등 개인이 할 수 없는 일을 할 수 있다.

요컨대, 정보는 현실을 재현하기도 하고 재현하지 않기도 한다. 하지만 정보는 항상 연결한다. 이것이 정보의 근본적인 특징이다. 따라서 역사에서 정보가 어떤 역할을 했는지 조사할 때 우리는 '현실을 얼마나 잘 표현하는가? 진실인가 거짓인가?'를 물어야 할 때도 있지만, 대개 더 중요한 질문은 '사람들을 얼마나 잘 연결하는가? 어떤 새로운 네트워크를 만들어내는가?'이다.

하지만 정보를 재현으로 보는 순진한 관점을 거부한다고 해서 진실이라는 개념을 거부해야 하는 것도, 정보를 무기로 보는 포퓰리즘적 관점을 수용해야 하는 것도 아니라는 점을 강조하고 싶다. 정보는 항상 연결하는 역할을 하지만, 과학책부터 정치 연설까지 몇 가지 유형의 정보는 현실의 특정 측면을 정확하게 표현함으로써 사람들을 연결하려고 시도한다. 하지만 이는 특별한 노력을 필요로 하는 일이며, 대부분의 정보는 그런 노력을 기울이지 않는다. 더 강력한 정보 기술을 만들어내기만 하면 세상을 더 정확하게 이해할 수 있다고 믿는 순진한 관점이 틀린 이유가 여기 있다. 저울을 진실 쪽으로 기울이기 위해 따로 노력을 기울이지 않는다면, 정보의 양과 속도가 증가할수록 비교적 드물고 값비싼 진실한 정보가 그보다 훨씬 흔하고 값싼 유형의 정보에 파묻힐 가능성이 높다.

따라서 석기시대부터 실리콘 시대까지 정보의 역사를 살펴보면, 연결은 지속적으로 증가했지만 진실이나 지혜도 함께 증가하지는 않았다. 순진한 정보관의 믿음과 달리 호모 사피엔스가 세계를 정복한 이유는 정보를 현실의 정확한 지도로 바꾸는 데 탁월한 재능이 있어서가 아니었다. 오히려 사피엔스의 성공 비결은 정보를 활용하여 많은 개인을 연결하는 일에 탁월한 재능을 발휘한 것이다. 하지만 안타깝게도 이 능력은 거짓, 오류, 환상을 믿는 것과도 밀접한 관련이 있다. 나치 독일과 소련처럼 기술적으로 진보한 사회에서조차 사람들이 망상에 쉽게 빠진 이유가 거기에 있다. 하지만 그런 망상이 사회를 약하게 만든 것만은 아니었다. 오히려 나치즘과 스탈린주의가 주입한 인종과 계급에 대한 망상에 집단적으로 빠진 덕분에 수천만 명의 사람들이 일사불란하게 행진할 수 있었다.

2~5장에서는 정보 네트워크의 역사를 좀 더 자세하게 살펴볼 것이다. 인간이 수만 년에 걸쳐 다양한 정보 기술을 발명했지만 그것이 인간을 연결하고 협력하게 하는 데는 도움이 되었어도 세상을 정확하게 표현하는 데는 도움이 되지 않은 이유를 알아보자. 수백 년 전, 또는 수천 년 전에 발명된 이 정보 기술들은 인터넷과 AI 시대에도 여전히 우리가 사는 세상에 영향을 준다. 우리가 살펴볼 첫 번째 정보 기술은 인간이 개발한 최초의 정보 기술이기도 한 '이야기'다.

2

이야기: 무한한 연결

우리 사피엔스가 세상을 지배하는 것은 우리가 지혜로워서가 아니라 대규모로 유연하게 협력할 수 있는 유일한 동물이기 때문이다. 나는 이전 저서《사피엔스》와《호모 데우스》에서 이 생각에 대해 이미 설명했지만, 여기서 간략하게 요약하고 넘어갈 필요가 있다.

대규모로 유연하게 협력하는 사피엔스의 능력은 다른 동물들에서도 선례를 찾아볼 수 있다. 침팬지처럼 사회생활을 하는 몇몇 포유류는 협력 방식에서 상당한 유연성을 보이고, 개미와 같은 일부 사회적 곤충은 대규모로 협력한다. 하지만 침팬지도 개미도 제국, 종교, 무역망을 만들지는 않는다. 사피엔스가 그런 것들을 할 수 있는 이유는 침팬지보다 훨씬 더 유연하게, 그리고 개미보다 훨씬 더 큰 규모로 협력할 수 있기 때문이다. 사실 협력할 수 있는 사피엔스의 수에는 상한선이 없다. 가톨릭교회는 약 14억 명의 신도를 보유하고 있다. 중국은 약 14억의 인구를 보유하고 있다. 세계 무역망은 약 80억 명의 사피엔스를 연결한다.

인간 개개인이 장기적으로 친밀한 관계를 맺을 수 있는 사람의 수가 몇백 명을 넘지 못한다는 사실을 감안하면 놀라운 일이다.[1] 누군가의 성격과 인생사를 알고 신뢰와 애정에 기반한 유대감을 키우려면 수년간의 공통된 경험이 필요하다. 따라서 사피엔스의 네트워크가 개인간의 인맥으로만 연결되었다면 매우 작은 규모에 그쳤을 것이다. 우리 사촌인 침팬지가 그런 경우다. 일반적인 침팬지 공동체는 20~60마리로 구성되고, 드물게는 150~200마리까지 늘어나기도 한다.[2] 고인류인 네안데르탈인과 고대 사피엔스의 경우도 비슷했을 것이다. 한 무리는 몇십 명으로 구성되었고, 무리들끼리 협력하는 경우는 드물었다.[3]

약 7만 년 전 호모 사피엔스는 무리들끼리 협력하는 전례 없는 능력을 보이기 시작했다. 다른 무리들과 무역을 시작하고, 예술이 출현했으며, 인류의 고향 아프리카에서 지구 전체로 빠르게 확산하기 시작한 데서 그것을 알 수 있다. 사피엔스 무리들 사이의 협력이 가능해진 것은 허구적 이야기를 말하고, 믿고, 그런 이야기에 깊이 감동받을 수 있게 되면서부터였다. 이런 능력은 아마도 진화 과정에서 뇌 구조와 언어 능력에 변화가 일어나면서 생겼을 것이다. 네안데르탈인처럼 사람과 사람의 연결만으로 네트워크를 구축하는 대신, 호모 사피엔스는 인간과 이야기의 연결이라는 새로운 유형의 사슬을 갖게 되었다. 사피엔스는 이제 서로를 개인적으로 알지 못해도 협력할 수 있었다. 똑같은 이야기를 알고 있기만 하면 되었다. 그리고 그 똑같은 이야기를 수십 억 명이 공유할 수 있었다. 이렇듯

이야기는 많은 사람들이 무제한으로 접속할 수 있는 무제한의 콘센트를 제공하는 중앙 연결 장치가 될 수 있다. 예를 들어 가톨릭교회의 14억 신도들을 연결하는 장치는 《성경》과 기독교의 핵심 이야기들이다. 중국의 14억 국민을 연결하는 장치는 공산주의 이념과 중국 민족주의에 대한 이야기들이다. 그리고 세계 무역망의 80억 구성원을 연결하는 장치는 화폐, 기업, 상표에 관한 이야기들이다.

수백만 명의 추종자를 거느리는 카리스마 있는 지도자들조차도 이 규칙을 보여주는 사례일 뿐 예외가 아니다. 고대 중국의 황제들, 중세 가톨릭 교황들, 현대 기업 거물들의 경우 그들을 추종하는 수백만 명의 사람들을 연결하는 역할을 하는 것은 이야기가 아니라 한 명의 인간인 것처럼 보인다. 하지만 이 중 어느 경우에도 지도자와 개인적 유대로 연결된 추종자는 거의 없었다. 오히려 추종자들을 연결하는 장치는 지도자에 대한 정교한 이야기였고, 추종자들이 믿은 것은 이런 이야기였다.

타의 추종을 불허하는 개인 우상화를 통해 수많은 사람들을 연결했던 이오시프 스탈린은 이야기의 힘을 잘 이해하고 있었다. 문제아였던 그의 아들 바실리가 사람들에게 두려움과 외경심을 불러일으키기 위해 아버지의 이름을 이용하자 스탈린은 아들을 꾸짖었다. 아들이 "저도 스탈린이에요"라고 항의했다. 그때 스탈린은 "아냐, 너는 아니야"라고 대답했다. "너는 스탈린이 아니고, 나도 스탈린이 아니야. 스탈린은 소련 권력이야. 스탈린은 신문과 초상화에 등장하는 사람이지 네가 아니야. 나도 아니고!"[4]

오늘날 인플루언서와 셀럽도 스탈린의 말에 동의할 것이다. 일부는 수억 명의 팔로어를 보유하고 있으며, 소셜 미디어를 통해 그들과 매일 소통한다. 하지만 개인 간의 진짜 연결은 거의 존재하지 않는다. 소셜 미디어 계정은 전문가 팀이 운영하고, 모든 이미지와 말은 '브랜드'라는 것을 창조하기 위해 전문가가 공들여 제작하고 선별한 것이다.[5]

브랜드는 특정 종류의 이야기다. 상품을 브랜딩한다는 것은 그 상품에 대한 이야기를 들려준다는 뜻이다. 이야기는 상품의 실제 품질과는 거의 관계가 없지만 소비자들은 그것을 듣고 해당 상품을 떠올린다. 예를 들어 코카콜라사는 수십 년 동안 코카콜라 음료에 대한 이야기를 반복적으로 들려주는 광고에 수백억 달러를 투자했다.[6] 사람들은 그 이야기를 하도 많이 보고 들어서 특정 재료로 맛을 낸 물을 볼 때마다 재미나 행복, 젊음을 떠올리게 되었다(충치, 비만, 플라스틱 쓰레기가 아니라). 이것이 브랜딩이다.[7]

스탈린이 잘 알았듯이 상품만이 아니라 개인도 브랜딩할 수 있다. 부패한 억만장자에게 가난한 사람들의 대변자 이미지를, 무능한 바보에게 실수 없는 천재 이미지를, 추종자들을 성추행하는 영적 지도자에게 순결한 성인의 이미지를 씌울 수도 있다. 사람들은 자신이 특정인과 연결된다고 생각하지만 실제로는 그 사람에 대한 이야기와 연결되는 것이고, 이야기와 실제 인물 사이에는 대개 거대한 간극이 존재한다.

심지어 비둘기 영웅 셰르 아미의 이야기조차 어느 정도는 미국 육군 비둘기 부대에 대한 대중적 이미지를 개선하기 위한 브랜딩 작업의 산물이었다. 2021년에 발표된 역사학자 프랭크 블라지치의 수정주의 연구에 따르면, 셰르 아미가 메시지를 실어 나르는 도중 프랑스 북부 어딘가에서 심한 부상을 입은 것은 확실하지만, 이야기의 몇몇 핵심 부분은 의심스럽거나 부정확하다. 첫째, 블라지치는 당시의 군 기록을 토대로, 본부가 잃어버린 대대의 정확한 위치를 비둘기가 도착하기 약 20분 전에 알았다는 것을 증명했다. 잃어버린 대대를 괴멸하던 아군의 오인 사격을 중지시킨 것은 비둘기가 아니었다. 훨씬 더 중요한 사실은 휘틀시 소령의 메시지를 실어 나른 비둘기가 셰르 아미였다는 증거가 없다는 것이다. 실제로는 다른 비둘기였을 가능성이 있고, 셰르 아미는 몇 주 후 전혀 다른 전투에서 부상을 입었을지도 모른다.

블라지치에 따르면, 셰르 아미 이야기가 군대의 이미지를 좋게 만들고 대중에게 감동을 주면서 이야기의 사실 여부나 모순은 중요하지 않게 되었다. 그 이야기는 오랜 시간에 걸쳐 수없이 회자되면서 무엇이 사실이고 무엇이 허구인지 구별할 수 없을 정도로 뒤엉켰다. 기자, 시인, 영화감독 들은 비둘기가 다리만이 아니라 눈도 잃었으며 수훈십자장을 받았다는 등 독창적인 허구를 덧붙였다. 1920년대와 1930년대에 셰르 아미는 세계에서 가장 유명한 새가 되었다. 셰르 아미가 죽었을 때 사람들은 사체에 특별한 보존 처리를 하여 스미스소니언 박물관에 전시했으며, 그곳은 미국의 애국 시민과 제1차 세계대전 참전 용사들의 순례지가 되었다. 이야기는 전해지면서 점점 살이 붙어 급기야 잃어버린 대대에 속했던 생존자들의 기억마저 장악했고, 이들조차 대중적인 이야기를 액면 그대로 믿게 되었다. 블라지치는 잃어버린 대대의 장교였던 셔먼 이거의 사례를 들려준다. 장교는 전쟁 수십 년 후 자녀들을 스미스소니언 박물관에 데려가 셰르 아미를 보여주면서 아이들에게 이렇게 말했다. "너희 모두 저 비둘기 덕분에 여기 있는 거야." 사실이 무엇이든 자신을 희생한 날개 달린 구원자의 이야기는 저항할 수 없을 만큼 매력적이었다.[8]

훨씬 더 극단적인 사례인 예수를 보자. 2,000년에 걸친 스토리텔링이 예수를 너무 두툼한 고치로 감싸서 우리가 실제 역사적 인물을 복원하는 것은 불가능하다. 사실 수백만 명의 독실한 기독교인들에게는 실존 인물이 이야기와는 다를 수 있다는 가능성을 제기하는 것 자체가 신성모독이다. 우리가 아는 한, 실제 예수는 설교를 하고 병자를 치료하면서 소규모 추종자를 모은 전형적인 유대인 설교자였다. 하지만 사후에 예수는 역사상 가장 인상적인 브랜딩 작업의 대상이 되었다. 짧은 생애 동안 몇 안 되는 제자들을 모았을 뿐이며 결국에는 잡범으로 처형된 한 지역의 무명에 가까운 종교 지도자는 죽고 나서 우주를 창조한 신의 화신으로 거듭났다.[9] 예수의 당대 초상화는 현재 남아 있지 않고 《성경》에도 그의 외모가 묘사되어 있지 않지만, 상상으로 그려진 예수의 초상은 세상에서 가장 유명한 아이콘이 되었다.

예수 이야기가 고의적인 거짓말은 아니었다는 점을 강조해두고 싶다. 사도 바울, 테르툴리아누스, 성 아우구스티누스, 마르틴 루터 같은 사람들은 작정하고 누군가를 속이지 않았다. 그들은 자신의 절실한 바람과 감정을 예수라는 인물에게 투영했을 뿐이다. 우리가 자신의 감정을 부모나 연인 또는 지도자에게 투영하는 것과 마찬가지다. 브랜딩 작업은 때때로 허위 정보를 퍼뜨리는 뒤틀린 활동이지만, 역사의 빅 스토리들은 대부분 감정 투사와 희망적 사고의 산물이었다. 모든 주요 종교와 이데올로기의 등장 뒤에는 열렬한 신봉자들의 중요한 역할이 있었고, 예수 이야기가 역사를 바꾼 것은 열렬한 신자들을 엄청나게 많이 확보했기 때문이다.

수많은 신봉자를 확보한 덕분에 예수 이야기는 예수 개인보다 역사에 더 큰 영향을 미칠 수 있었다. 예수라는 실존 인물은 이 마을 저 마을 돌아다니며 사람들과 이야기를 나누고, 함께 먹고 마시고, 아픈 사람들의 몸에 손을 얹었다. 그는 로마의 작은 속주에 사는 수천 명 정도의 삶을 변화시켰을 뿐이다. 반면 예수 이야기는 처음에는 가십과 일화, 소문의 날개를 타고 퍼졌고, 그다음에는 양피지 두루마리와 그림, 조각상을 통해 퍼졌으며, 결국에는 블록버스터 영화와 인터넷 밈이 되어 전 세계로 퍼져나갔다. 수십억 명의 사람들이 예수 이야기를 단지 들어보는 것을 넘어 믿게 되면서 세계에서 가장 크고 영향력 있는 네트워크 중 하나가 탄생했다.

예수 이야기와 같은 이야기들은 생물학적 유대 관계의 외연을 확장하는 수단이 될 수 있다. 가족은 인간이 아는 가장 강력한 유대 관계다. 이야기가 낯선 사람들 사이에 신뢰를 구축하는 한 가지 방법은 서로를 가족으로 상상하게 만드는 것이다. 예수 이야기는 예수를 모든 인류의 부모처럼 묘사하면서 수억 명의 기독교인들에게 서로를 형제자매로 여기도록 권하고 공동의 가족 기억을 만들어냈다. 대부분의 기독교인들은 최후의 만찬에 직접 참석하지 않았지만, 그 이야기를 수없이 듣고 그 사건을 수없이 떠올려서 실제로 참석한 가족 만찬보다 더 생생하게 '기억'하고 있다.

예수의 최후의 만찬이 유대인의 유월절 식사였다는 점은 흥미로운 대목이다. 복음서에 따르면 예수는 십자가에 못 박히기 직전 제자들과 그 저녁 식사를 함께 했다. 유대교 전통에서 유월절의 목적은 인위적인 기억을 만들고 재현하는 것이다. 유대인 가족들은 매년 유월절 전날 저녁에 함께 모여 음식을 먹으면서 '자신들의' 이집트 탈출을 떠올린다. 그들은 야곱의 자손들이 이집트에서의 노예 생활로부터 어떻게 벗어났는지 이야기해야 할 뿐만 아니라, 어떻게 자신들이 이집트인들에게 **몸소** 고통받았고, 어떻게 홍해가 갈라지는 것을 **직접** 보았고, 어떻게 시나이산에서 여호와에게 **몸소** 십계명을 받았는지 기억해야 한다.

유대 전통은 이 문제를 돌려 말하지 않는다. 유월절 의식에 대한 책《하가다》은 "모든 세대의 유대인은 마치 자신이 직접 이집트에서 탈출한 것처럼 생각해야 할 의무가 있다"고 강력하게 주장한다. 누군가는 그것이 허구이며 자신들이 직접 이집트에서 나온 건 아니라고 반박할 수도 있다. 그럴 경우에 대비하여 유대교 현자들이 준비해둔 대답이 있다. 그들은 역사에 존재한 모든 유대인의 영혼은 태어나기 오래전에 여호와가 창조했으며 이 모든 영혼은 시나이산에 있었다고 주장한다.[10] 유대인 소셜 미디어 인플루언서인 살바도르 리트박은 2018년 자신의 온라인 팔로어들에게 다음과 같이 설명했다. "여러분과 나는 그곳에 함께 있었습니다…… 마치 우리가 직접 이집트를 떠난 것처럼 여기는 의무를 다할 때 그것은 단지 은유가 아닙니다. 우리는 이집트 탈출을 상상하지 않고 그것을 기억합니다."[11]

그래서 매년 유대력에서 가장 중요한 축제가 찾아올 때마다 수백만 명의 유대인들은 자신들이 직접 목격하지 않았고 십중팔구 일어나지도 않았을 일을 마치 기억하고 있는 것처럼 연극한다. 현대의 수많은 연구가 보여주듯이, 가짜 기억을 반복적으로 말하다 보면 결국에는 진짜 기억으로 받아들이게 된다.[12] 서로를 모르는 두 유대인이 처음 만나도 그들은 자신들이 같은 가족이고 이집트에서 함께 노예 생활을 했으며 시나이산에 함께 있었다고 느낄 수 있다. 이런 유대감이 수백 년 동안 여러 대륙에 걸친 유대인 네트워크를 지탱해주었다.

상호주관적
현실

유대인의 유월절 이야기는 생물학적 유대 관계의 외연을 넓힘으로써 대규모 네트워크를 구축한다. 즉 수백만 명으로 이루어진 상상의 가족을 만들어낸다. 하지만 이야기가 네트워크를 구축하는 훨씬 더 혁명적인 방법이 있다. DNA처럼 이야기도 완전히 새로운 존재를 창조할 수 있다. 사실 이야기는 완전히 새로운 차원의 현실도 창조할 수 있다. 우리가 아는 한, 이야기가 등장하기 전에는 우주에 두 가지 차원의 현실만 있었다. 이야기가 여기에 세 번째 차원을 추가했다.

스토리텔링 이전에 있었던 두 차원의 현실은 객관적 현실과 주관적 현실이다. 객관적 현실은 돌과 산, 소행성 같은 것들로 이루어져 있다. 즉 우리가 그 존재를 알든 모르든 관계없이 존재하는 것들이다. 예를 들어 지구를 향해 돌진하는 소행성은 저 밖에 그것이 존재한다는 사실을 아무도 몰라도 존재한다. 그다음에는 **주관적 현실**이 있다. 고통과 즐거움, 사랑처럼 '저 밖'이 아니라 '이 안에' 있는 것들이다. 주관적인 것들은 우리가 그것을 인지하는 순간 생긴다. 느껴지지 않는 통증은 모순어법이다.

하지만 어떤 이야기는 세 번째 차원의 현실을 창조할 수 있다. 바로 **상호주관적 현실**이다. 통증과 같은 주관적 현실은 한 개인의 마음속에 존재하는 반면, 법이나 신, 국가나 기업, 화폐와 같은 상호주관적인 현실은 수많은 사람들의 마음을 연결하는 곳에 존재한다. 구체적으로 말하면, 상호주관적 현실은 사람들이 서로에게 말하는 이야기 속에 존재한다. 사람들이 상호주관적인 현실에 대해 주고받는 정보는 정보 교환 전부터 존재하던 무언가를 나타내지 않는다. 오히려 정보를 교환할 때 상호주관적 현실이 생긴다.

내가 당신에게 아프다고 말한다고 해서 없던 통증이 생기지는 않는다. 또 내가 통증에 대해 이야기하지 않는다고 해서 있던 통증이 사라지는 것도 아니다. 마찬가지로 내가 당신에게 소행성을 봤다고 말한다고 해서 소행성이 생기지는 않는다. 소행성은 사람들이 그것에 대해 이야기하든 말든 존재한다. 하지만 법이나 신, 화폐는 많은 수의 사람들이 그것에 대해 이야기를 나누면 생기고, 이야기하지 않으면 사라진다. 즉 상호주관적 현실은 정보를 교환할 때 생긴다.

좀 더 자세히 살펴보자. 피자의 칼로리는 우리가 어떻게 믿느냐에 따라 달라지지 않는다. 피자 한 판의 열량은 보통 1,500~2,500칼로리다.[13] 반면 돈과 피자의 금전적 가치는 전적으로 우리가 어떻게 믿느냐에 달려 있다. 1달러 또는 1비트코인으로 피자를 몇 판이나 구매할 수 있을까? 2010년에 라스즐로 핸예츠가 1만 비트코인으로 피자 두 판을 샀다. 그것은 비트코인으로 이루어진 최초의 공식적인 상거래였고, 이제와 생각해보면 세상에서 가장 비싼 피자였다. 2021년 11월에 1비트코인의 가치는 6만 9,000달러가 넘었다. 따라서 핸예츠가 피자 두 판의 값으로 지불한 비트코인의 가치는 6억 9,000만 달러였다. 피자 몇백만 판을 살 수 있는 금액이다.[14] 피자의 열량은 2010년에나 2021년에나 변함없는 객관적 현실이지만, 비트코인의 금전적 가치는 같은 기간 동안 비트코인에 대해 사람들이 말하고 믿는 이야기에 따라 극적으로 변한 상호주관적 현실이다.

다른 예를 들어보겠다. 내가 "네스호 괴물이 존재하나요?"라고 묻는다고 가정해보자. 이 질문은 현실의 객관적 차원에 대해 묻는 것이다. 어떤 사람들은 네스호에 공룡처럼 생긴 동물이 실제로 살고 있다고 믿는다. 또 어떤 사람들은 그것을 환상이나 날조로 취급한다. 이 논쟁에 종지부를 찍기 위해 수년에 걸쳐 음파탐지기와 DNA 조사 같은 과학적 방법을 동원한 조사가 이루어졌다. 어떤 거대한 동물이 실제로 네스호에 살고 있다면 음파탐지기에 잡혀야 하고 DNA 흔적을 남겨야 한다. 확보한 증거를 토대로 내려진 과학적 결론은 네스호 괴물은 존재하지 않는다는 것이다. (2019년에 실시된 DNA 조사에서 3,000종의 유전물질이 발견되었지만 그중 괴물은 없었다. 네스호에는 기껏해야 5킬로그램 정도 되는 뱀장어가 몇 마리 살고 있을 뿐이다.[15]) 그럼에도 불구하고 많은 사람들이 네스호 괴물이 존재한다고 계속 믿지만, 그것을 믿는다고 객관적 현실이 바뀌지는 않는다.

동물의 경우는 객관적 검증을 통해 그 존재를 입증하거나 반증할 수 있지만, 국가는 상호주관적인 현실이다. 우리는 보통 때는 상호주관적 현실을 의식하지 못한다. 미국, 중국, 러시아, 브라질의 존재를 모두가 당연하게 받아들이기 때문이다. 하지만 특정 국가가 존재하는지에 대해 사람들의 의견이 일치하지 않는 경우가 있는데, 그럴 때 국가가 상호주관적 현실임을 의식하게 된다. 예를 들어 이스라엘-팔레스타인 분쟁은 이 문제를 중심으로 전개된다. 일부 사람들과 정부는 이스라엘의 존재를 인정하지 않으려 하는 반면, 또다른 사람들과 정부는 팔레스타인의 존재를 인정하려 하지 않기 때문이다. 예를 들어 2024년 기준으로 브라질과 중국 정부는 이스라엘과 팔레스타인이 둘 다 존재한다고 주장하고, 미국과 카메룬 정부는 이스라엘의 존재만 인정한다. 반면 알제리와 이란 정부는 팔레스타인의 존재만 인정한다. 그 밖에도 다양한 사례가 있는데, 예를 들어 코소보는 2024년에 유엔 회원국 193개국 중 약 절반만 국가로 인정한다.[16] 압하지야의 경우, 거의 모든 정부가 조지아의 주권 영토로 간주하고, 러시아와 베네수엘라, 니카라과, 나우루, 시리아만 국가로 인정한다.[17]

사실 거의 모든 국가는 독립 투쟁 과정에서 적어도 일시적으로 존재가 논란에 휩싸이는 시기를 거친다. 미국은 1776년 7월 4일에 존재하게 되었을까, 아니면 프랑스와 마침내 영국까지 다른 국가들이 승인했을 때 비로소 존재하게 되었을까? 1776년 7월 4일에 미국이 독립을 선언한 시점부터 1783년 9월 3일 파리조약이 체결될 때까지, 조지 워싱턴을 포함한 몇몇 사람들은 미국이 존재한다고 믿은 반면, 영국 왕 조지 3세 등 다른 사람들은 미국이 존재한다는 생각을 격렬하게 거부했다.

국가의 존재에 대한 논란은 DNA 조사나 음파탐지기 같은 객관적 검사로 해결할 수 있는 문제가 아니다. 동물과 달리 국가는 객관적 현실이 아니다. 특정 국가가 존재하는지 여부를 물을 때 우리는 상호주관적 현실을 다루고 있는 것이다. 충분한 사람들이 특정 국가가 존재한다는 데 동의한다면 그 국가는 존재하게 된다. 그러면 그 국가는 다른 국가는 물론 NGO 및 민간 기업과 법적 구속력이 있는 협정을 체결하는 것 같은 일을 할 수 있다.

이야기의 모든 장르 중에서 상호주관적 현실을 만들어내는 이야기가 대규모 인간 네트워크를 구축하는 데 가장 중요했다. 가짜로 가족 기억을 심는 것은 확실히 도움이 되지만, 어떤 종교와 제국도 신, 국가, 법전, 화폐의 존재를 믿지 않고는 오래 버틸 수 없었다. 예를 들어 기독교 교회가 형성되는 과정에서 사람들이 최후의 만찬에서 예수가 한 말을 기억하는 것도 중요했지만, 중요한 단계는 예수를 그저 영감을 주는 랍비가 아닌 신으로 믿게 만드는 것이었다. 유대교가 형성되는 과정에서도 마찬가지로, 유대인들이 이집트의 노예 생활에서 어떻게 벗어났는지 함께 '기억'하는 것이 도움이 되었지만, 결정적 단계는 모든 유대인에게 똑같은 유대교 유법인 **할라카**Halakha를 따르도록 만드는 것이었다.

법이나 신, 화폐와 같은 상호주관적 현실은 특정 정보 네트워크 안에서는 엄청나게 강력한 힘을 발휘하지만 네트워크 밖에서는 전혀 의미가 없다. 한 억만장자가 전세기가 추락하여 지폐와 채권으로 가득 찬 슈트 케이스와 함께 무인도에 달랑 혼자 남겨졌다고 가정해보자. 그가 상파울루나 뭄바이에 있었을 때는 이 종이들만 주면 다른 사람들이 먹여주고, 입혀주고, 보호해주고, 전세기도 만들어주었다. 하지만 정보 네트워크의 다른 구성원들로부터 단절되는 즉시 지폐와 채권은 무용지물이 된다. 무인도의 원숭이들에게 그 종이들을 주면서 음식을 달라거나 뗏목을 만들어달라고 할 수는 없다.

이야기의 힘

이야기는 가짜 기억을 심고 허구적 관계를 형성하고 상호주관적 현실을 창조하는 것을 통해 대규모 인간 네트워크를 짰다. 이런 네트워크들은 세상의 힘의 균형을 완전히 바꿔놓았다. 이야기를 바탕으로 짜인 네트워크를 구축한 사피엔스는 사자와 매머드는 물론 네안데르탈인 같은 고인류 종들에 비해서도 결정적인 우위를 점함으로써 지구상에서 가장 강한 동물이 되었다.

네안데르탈인들은 소규모 무리를 이루어 무리끼리 고립되어 살았으며, 우리가 아는 한 무리들 간의 협력은 있었다 해도 드물었으며 제대로 이루어지지도 않았다.[18] 석기시대 사피엔스들도 몇십 명 규모로 작은 무리를 이루고 살았지만, 스토리텔링이 등장하고부터는 더 이상 다른 무리들과 단절되어 살지 않았다. 무리들은 존경스러운 조상, 토템 동물, 수호 정령 등에 대한 이야기들을 통해 서로 연결되었다. 이야기와 상호주관적 현실을 공유하는 무리들은 하나의 부족을 이루었다. 각 부족은 수백 명, 심지어는 수천 명의 개인들을 연결하는 네트워크였다.[19]

큰 부족에 속하면 분쟁이 발생했을 때 확실히 유리했다. 사피엔스 500명이 힘을 합치면 네안데르탈인 50명쯤은 거뜬히 이길 수 있었다.[20] 하지만 부족 네트워크에는 그 밖에도 많은 이점이 있었다. 만일 50명씩 무리를 이루어 다른 무리들과 단절되어 살면, 심각한 가뭄이 닥칠 경우 많은 사람이 굶어 죽을 수 있다. 다른 곳으로 이주하려 해도 그곳에 사는 집단이 받아줄 리 없고, 식량과 물, (도구를 만들기 위한) 부싯돌을 구하기도 녹록지 않을 것이다. 하지만 무리가 부족 네트워크에 소속되어 있으면, 어려움이 닥칠 때 적어도 무리의 일부는 멀리 사는 친구들에게 갈 수 있다. 부족에 대한 소속감이 강하면, 다른 무리 사람들을 기꺼이 받아주고 현지의 위험과 기회에 대해 알려줄 것이다. 이런 호의는 10년 또는 20년 후 되돌려 받게 된다. 따라서 부족 네트워크는 보험과 같은 역할을 했다. 더 많은 사람들에게 위험을 분산시키는 방법으로 위험을 최소화한 것이다.[21]

평화로운 시기에도 사피엔스는 무리의 구성원 몇십 명이 아니라 부족 네트워크 전체와 정보를 교환함으로써 엄청난 이익을 얻을 수 있었다. 부족에 소속된 무리들 중 하나가 창촉을 만드는 더 나은 방법을 알아내거나, 어떤 희귀한 약초로 상처를 치료하는 방법을 알아내거나, 옷을 꿰매는 바늘을 발명했다면, 그 지식은 부족 내의 다른 무리들에게 빠르게 전해질 수 있었다. 설령 사피엔스 개개인은 네안데르탈인보다 지능이 뛰어나지 않았을지 몰라도 500명의 사피엔스가 힘을 합치면 50명의 네안데르탈인보다 훨씬 높은 지능을 발휘할 수 있었다.[22]

이 모두는 이야기 덕분에 가능한 일이었다. 유물론적 역사 해석은 대개 이야기의 힘을 놓치거나 부정한다. 특히 마르크스주의자들은 이야기를 근본적인 권력관계와 물질적 이해관계를 가리는 연막으로 보는 경향이 있다. 마르크스주의 이론에 따르면 사람들은 항상 객관적인 물질적 이해관계에 따라 움직이며, 이해관계를 감추고 경쟁자를 혼란스럽게 할 때만 이야기를 이용한다. 예를 들어 십자군 전쟁, 제1차 세계대전, 이라크 전쟁은 모두 종교, 민족, 자유주의 이상 때문이 아니라 힘 있는 엘리트의 경제적 이익 때문에 일어났다. 이런 전쟁을 이해하려면 신, 애국심, 민주주의 같은 신화의 무화과 잎을 모조리 걷어내고 권력관계를 적나라하게 봐야 한다.

하지만 이런 마르크스주의 관점은 냉소적일 뿐만 아니라 틀렸다. 물질적 이해관계가 십자군 전쟁, 제1차 세계대전, 이라크 전쟁 등 인간의 분쟁들 대부분에 중요한 역할을 한 것은 분명하지만, 그렇다고 종교, 민족주의, 자유주의 이상이 아무 역할도 하지 않은 건 아니다. 게다가 물질적 이해관계만으로는 경쟁 진영 각 측의 정체성을 설명할 수 없다. 12세기에 프랑스와 북아프리카의 지주들과 상인들이 이탈리아를 정복하기 위해 연합하는 대신, 프랑스, 독일, 이탈리아의 지주들과 상인들이 레반트 땅을 점령하여 그 지역을 통과하는 주요 무역로를 장악하기 위해 연합한 것을 어떻게 설명해야 할까? 또한 2003년에 미국과 영국이 노르웨이의 가스전이 아닌 이라크의 유전을 장악하려 한 일은 어떻게 설명해야 할까? 이 사례들을 사람들의 종교적, 이념적 믿음에 전혀 의지하지 않고 순전히 물질적 고려만으로 설명할 수 있을까?

사실 대규모 인간 집단들의 관계는 모두 이야기를 매개로 형성된다. 이런 집단들의 정체성 자체가 이야기를 통해 형성되기 때문이다. 누가 영국인이고 누가 미국인이며, 누가 노르웨이인 또는 이라크인인지 결정하는 객관적인 정의는 없다. 이런 정체성은 끊임없이 재해석되고 수정되는 민족적, 종교적 신화들을 통해 형성된다. 마르크스주의자들은 대규모 집단은 이야기와 무관한 객관적인 정체성과 이해관계를 가지고 있다고 주장할 것이다. 정말 그렇다면, 부족이나 국가, 종교와 같은 대규모 집단이 인간에게만 있고 침팬지에게는 없는 이유를 어떻게 설명할 수 있을까? 따지고 보면 침팬지들도 인간과 똑같은 객관적인 물질적 이해관계에 얽매인다. 마시고, 먹고, 질병으로부터 자신을 보호해야 하고, 섹스와 사회적 권력을 원한다. 하지만 침팬지들이 대규모 집단을 유지할 수 없는 이유는 큰 집단을 연결해주고 집단의 정체성과 이해관계를 결정하는 이야기를 만들어낼 수 없기 때문이다. 마르크스주의 이론과 달리, 역사에서 대규모 집단의 정체성과 이해관계는 항상 상호주관적인 현실이었지 객관적 현실이었던 적은 없다.

　다행스러운 일이다. 오직 물질적 이해관계와 권력투쟁만이 역사의 경로를 결정한다면, 의견이 다른 사람들과 대화해봐야 소용이 없을 테니 말이다. 어떤 분쟁이든 원인을 파고들면 결국 객관적인 권력관계로 귀결될 것이고, 이는 대화를 나눈다고 바꿀 수 있는 문제가 아니다. 특히 특권층이 자신들의 특권을 공고히 하는 것들만 보고 믿을 수 있다면, 특권을 포기하고 신념을 바꾸도록 그들을 설득할 방법이 폭력 말고 또 있을까? 다행히도 역사는 상호주관적인 이야기들을 통해 형성되기 때문에 때로는 대화를 통해 각 측이 믿는 이야기를 바꾸거나 쌍방이 받아들일 수 있는 새로운 이야기를 만들어냄으로써 분쟁을 피하고 평화를 지킬 수 있다.

예를 들어 나치즘의 등장을 생각해보라. 수백만 명의 독일인들이 히틀러를 지지하게 된 배경에는 분명히 물질적 이해관계도 있었다. 1930년대 초의 경제 위기가 아니었다면 아마 나치는 권력을 잡지 못했을 것이다. 하지만 제3제국이 근본적인 권력관계와 물질적 이해관계가 낳은 필연적인 결과라고 생각하는 것은 잘못이다. 히틀러가 1933년 선거에서 승리할 수 있었던 이유는 경제 위기 때 수백만 명의 독일인이 다른 이야기가 아니라 나치 이야기를 믿게 되었기 때문이다. 이는 독일인들이 물질적 이익을 추구하고 특권을 지키려는 과정에서 필연적으로 발생한 결과가 아니라, 비극적인 실수였다. 오늘날 우리는 그다음에 무슨 일이 일어났는지 알고 있기 때문에 그것이 실수였으며 독일인들이 더 나은 이야기를 선택할 수 있었다고 자신 있게 말할 수 있다. 12년간의 나치 통치는 독일인들의 물질적 이익을 증진하지 못했다. 나치즘은 독일을 파괴하고 수백만 명의 목숨을 앗아 갔다. 그들의 삶이 지속적으로 개선된 것은 나중에 독일인들이 자유민주주의를 채택했을 때였다. 독일인들이 실패한 나치 실험을 건너뛰고 좀 더 빨리 1930년대에 자유민주주의에 대한 믿음을 가질 수는 없었을까? 이 책의 입장은 그럴 수 있었다는 것이다. 역사의 경로는 결정론적인 권력관계보다는, 매력적이지만 유해한 이야기를 믿는 데서 비롯되는 비극적인 실수에 의해 결정되는 경우가 많다.

이야기를 연결 장치로 이해하면 우리 종의 힘이 어디서 나오는지 알 수 있고, 왜 힘이 커진다고 지혜도 함께 커지지 않는지도 설명할 수 있다. 정보에 대한 순진한 관점은 정보가 진실로 이어지며 사람들이 진실을 알면 힘뿐 아니라 지혜도 생긴다고 말한다. 물론 안심이 되는 말이다. 진실을 무시하는 사람은 힘을 별로 갖지 못하는 반면, 진실을 존중하는 사람은 큰 힘을 얻으면서도 지혜로 힘을 조절할 수 있다는 말이니까. 예를 들어 인간에 대한 생물학적 진실을 무시하는 사람들은 인종차별적인 신화를 믿지만 효과적인 약과 생물학 무기는 만들 수 없는 반면, 생물학을 이해하는 사람들은 그럴 힘을 갖지만 그 힘을 인종차별에 사용하지 않을 것이다. 정말 그렇다면, 우리는 대통령, 성직자, 기업 CEO가 지혜롭고 정직할 것이라고 믿고 숙면을 취할 수 있을 것이다. 특정 정치인, 사회운동, 국가가 어쩌다 한 번씩 거짓말과 속임수를 써서 성공할 수도 있겠지만 장기적으로 그것은 자기 파괴적인 전략이 될 테니 말이다.

하지만 안타깝게도 우리가 사는 세상은 그렇지 않다. 역사 전체를 봤을 때 힘은 진실을 아는 것만으로 얻어지지 않는다. 많은 사람들 사이에서 사회질서를 유지할 수도 있어야 한다. 당신이 원자폭탄을 만들고 싶다고 치자. 만드는 데 성공하려면 당연히 정확한 물리학 지식이 필요하다. 하지만 우라늄 광석을 채굴할 사람, 원자로를 만들 사람, 건설 노동자, 광부, 물리학자에게 음식을 제공할 사람들도 필요하다. 맨해튼 프로젝트는 직접적으로만 약 13만 명을 고용했으며, 그 프로젝트를 위해 일한 사람을 다 합치면 수백만 명이 넘는다.[23] 로버트 오펜하이머가 방정식에만 전념할 수 있었던 것은 캐나다 북부의 엘도라도 광산과 벨기에령 콩고의 신콜로브웨 광산에서 우라늄을 채굴하는 수천 명의 광부들이 있었기 때문이다.[24] 그의 점심 식사를 위해 감자를 재배한 농부들은 말해 뭐 하겠는가. 원자폭탄을 만들고 싶은 사람이라면 수백만 명의 협력을 이끌어낼 방법을 찾아야 한다.

인간이 수행하는 모든 야심 찬 프로젝트가 마찬가지다. 석기시대에 매머드 사냥에 나서는 무리는 당연히 매머드에 대한 정확한 사실을 알아야 했다. 그들이 주문을 외워서 매머드를 죽일 수 있다고 믿었다면 사냥 원정은 실패했을 것이다. 하지만 매머드에 대한 사실을 아는 것만으로는 충분하지 않았다. 사냥에 나서는 사람들은 죽음을 감수하고 큰 용기를 발휘할 필요도 있었다. 그런데 그들이 어떤 주문을 외우면 죽은 사냥꾼들이 사후에 좋은 곳으로 갈 수 있다고 믿었다면 사냥 원정의 성공 확률이 훨씬 높았을 것이다. 설령 주문이 객관적으로는 효력이 없었고 죽은 사냥꾼들에게도 실질적인 도움이 되지 않았을지라도, 살아 있는 사냥꾼들의 용기와 연대 의식을 북돋워 사냥의 성공에 결정적 기여를 했을 것이다.[25]

만일 당신이 폭탄을 만들 때 물리학적 사실을 무시한다면 그 폭탄은 폭발하지 않을 것이다. 하지만 이데올로기를 구축할 때는 물리학적 사실을 무시해도 이데올로기는 여전히 폭발적인 결과를 가져올 것이다. 힘은 진실과 질서 모두에서 나오지만, 현실에서 폭탄 제조법이나 매머드 사냥법을 아는 사람들에게 지시를 내리는 쪽은 대개 이데올로기를 구축하고 질서를 유지하는 방법을 아는 사람들이다. 실제로 로버트 오펜하이머가 프랭클린 델러노 루스벨트에게 복종했지 그 반대가 아니었다. 마찬가지로 베르너 하이젠베르크가 아돌프 히틀러에게 복종했고, 이고리 쿠르차토프는 이오시프 스탈린의 결정을 따랐으며, 현대 이란의 핵물리학 전문가들은 이슬람교의 시아파 신학 전문가들의 명령을 따른다.

핵물리학자는 모르지만 권력 꼭대기에 있는 사람들이 알고 있는 사실은, 우주에 대한 진실을 알리는 일은 많은 사람들 사이에서 질서를 유지하는 최선의 방법이 아니라는 것이다. $E=mc^2$은 사실이고 우주에서 일어나는 많은 일을 설명해주지만, $E=mc^2$을 안다고 해서 정치적 갈등이 해소되는 것도, 사람들이 공동의 대의를 위해 희생하는 것도 아니다. 오히려 인간 네트워크를 묶어주는 것은 허구적인 이야기, 그중에서도 특히 신과 돈, 국가와 같은 상호주관적 현실에 대한 이야기들인 경우가 많다. 사람들을 결속시키는 데 허구는 진실에 비해 두 가지 고유한 이점을 가지고 있다. 첫째, 허구는 얼마든지 간단하게 만들 수 있지만 진실은 대체로 복잡하다. 진실이 표현해야 하는 현실이 복잡하기 때문이다. 예를 들어 민족에 대해 생각해보라. 민족이 집단적 상상 속에만 존재하는 상호주관적 현실이라는 것을 이해하기는 쉽지 않다. 정치인이 대중 연설에서 그런 말을 하는 것을 별로 들어보지 못했을 것이다. 오히려 민족은 창조주로부터 특별한 사명을 위임받은 선택된 사람들이라고 믿는 쪽이 훨씬 쉽다. 이스라엘부터 이란, 미국부터 러시아에 이르기까지 수많은 정치인들이 이 단순한 이야기를 반복해서 해왔다.

둘째, 진실은 고통스럽고 불편한 경우가 많은데 그렇다고 그것을 편안하고 듣기 좋게 만들면 더 이상 진실이 아니게 된다. 반면 허구는 지어내기 나름이다. 모든 민족의 역사에는 당사자들이 인정하고 싶어 하지 않으며 떠올리기 싫어하는 어두운 과거가 있다. 어떤 이스라엘 정치인이 선거 유세에서 이스라엘의 점령으로 팔레스타인 민간인들이 겪은 비극을 자세히 이야기한다면 표를 별로 얻지 못할 것이다. 반대로, 불편한 진실은 무시한 채 유대인 역사에서 영광스러웠던 순간에 초점을 맞추고 필요에 따라 현실을 미화하면서 민족 신화를 만들어내는 정치인은 권력을 잡을 가능성이 높다. 이스라엘 뿐만 아니라 모든 국가에서 마찬가지다. 자기 민족에 대한 있는 그대로의 진실을 듣고 싶어 하는 이탈리아인이나 인도인이 몇 명이나 될까? 오직 진실만을 고집하는 것은 과학 발전에 필수적이고 훌륭한 영적 수행이지만, 선거에서 승리하는 전략은 아니다.

플라톤은 이미 《국가》에서 이상적인 국가의 헌법은 '고귀한 거짓말'에 기반해야 한다고 상상했다. 고귀한 거짓말은 사회질서의 기원에 대한 허구적 이야기로, 시민의 애국심을 확보하고 헌법에 의문을 품지 못하게 만든다. 플라톤은 시민들에게 이렇게 말해야 한다고 주장했다. 모든 사람은 흙에서 태어났으니 땅이 어머니이고 따라서 모국에 효심을 가져야 한다. 또한 사회 구성원들이 잉태될 때 신들이 금, 은, 동, 철 등 다양한 금속을 섞어 만들었기 때문에 금으로 된 통치자와 동으로 된 하인들 사이의 위계는 태생적인 것이다. 플라톤의 유토피아는 실제로 실현되지 않았지만, 여러 시대의 수많은 정치체제가 시민들에게 이 고귀한 거짓말의 다양한 버전을 들려주었다. 플라톤이 고귀한 거짓말을 권했다고 해서 모든 정치인이 거짓말쟁이라거나 모든 민족의 역사가 사기라고 단정해서는 안 된다. 진실을 말하거나 거짓을 말하거나 둘 중 하나를 선택해야 하는 건 아니다. 세 번째 선택지가 있다. 허구적 이야기가 거짓말이 되는 경우는 현실을 있는 그대로 말하는 것처럼 가장할 때다. 그런 가식을 피하고, 이 이야기는 객관적 현실을 표현하는 것이 아니라 새로운 상호주관적 현실을 창조하는 것이라고 솔직히 인정한다면 그것은 거짓말이 아니다.

미국 헌법의 예를 보자. 1787년 9월 17일 제헌 회의에서 헌법이 채택되어 1789년 발효되었다. 미국 헌법은 세상에 대한 현존하는 진실을 말하고 있지 않았지만, 중요한 건 거짓이 아니었다는 점이다. 헌법의 입안자들은 플라톤의 권고를 따르지 않고 그 텍스트의 기원을 솔직하게 밝혔다. 그들은 헌법이 하늘이 내려준 것이거나 신의 영감을 받아 작성된 것처럼 속이지 않았다. 그들은 미국 헌법이 오류를 범할 수 있는 인간에 의해 만들어진 매우 창조적인 법적 허구임을 인정했다.

미국 헌법은 그 기원에 대해 "우리 합중국 국민은 더 완전한 연방을 형성하기 위해 (…) 이 헌법을 제정하고 확립한다"고 밝힌다. 인간이 만든 법적 허구임을 인정했음에도 미국 헌법은 강력한 연방을 형성하는 데 성공했다. 그 문서는 두 세기 넘게 다양한 종교적, 인종적, 문화적 집단에 속한 수백만 명의 사람들 사이에서 놀라운 수준의 질서를 유지했다. 미국 헌법은 마치 무언가를 사실 그대로 기술한다고 주장하지 않으면서도 수많은 사람들이 질서 있게 협력하게 만드는 선율처럼 기능해왔다.

여기서 '질서'를 공정이나 정의와 혼동해서는 안 된다. 미국 헌법을 통해 확립되고 유지되는 질서는 노예제, 여성의 종속된 지위, 원주민 토지의 몰수, 극심한 경제적 불평등을 묵인했다. 미국 헌법의 비범함은, 그것이 인간이 만든 법적 허구임을 인정함으로써 합의를 통해 그것을 개정하고 불의를 바로잡을 장치를 마련했다는 데 있다(5장에서 더 자세히 살펴보겠다). 미국 헌법 제5조는 수정안을 제안하고 비준하는 절차를 자세히 설명하며, 이런 절차를 거쳐 비준된 수정안은 "모든 의도와 목적에 따라 이 헌법의 일부로서 유효하다"고 선언한다. 이 헌법은 작성되고 한 세기도 지나지 않아 수정 헌법 제13조를 통해 노예제를 폐지했다.

이 점에서 미국 헌법은 십계명처럼 허구적 성격을 부정하고 신적 기원을 주장하는 이야기와는 근본적으로 달랐다. 미국 헌법과 마찬가지로 십계명도 노예제를 지지했다. 십계명에는 "네 이웃의 집을 탐내지 못한다. 네 이웃의 아내나 남종이나 여종을 탐내지 못한다"(〈출애굽기〉 20:17)고 되어 있다. 즉, 신은 사람들이 노예를 소유하는 것은 전혀 개의치 않으며 다른 사람의 노예를 탐내는 것만 반대한다는 뜻이다. 하지만 미국 헌법과 달리 십계명은 아무런 수정 장치도 마련하지 않았다. "3분의 2 이상의 찬성으로 계명을 수정할 수 있다"고 말하는 열한 번째 계명은 존재하지 않는다.

두 문서의 이 중요한 차이는 첫 대목부터 분명하게 드러난다. 미국 헌법은 "우리 합중국 국민은"이라고 시작한다. 인간이 작성한 것임을 인정함으로써 수정할 권한을 인간에게 부여한다. 십계명은

"너희 하느님은 나 야훼다"로 시작한다. 즉 신적 기원을 주장함으로써 인간이 수정할 여지를 차단한다. 그 결과 《성경》 텍스트는 지금도 여전히 노예제를 지지한다.

인간의 모든 정치체제는 허구에 기반하지만, 어떤 체제는 그 점을 인정하고 어떤 체제는 인정하지 않는다. 사회질서가 어디서 나오는지 솔직하게 인정하면 질서를 수정하는 것이 쉬워진다. 우리 같은 인간이 만든 것이라면 우리가 그것을 고칠 수도 있다는 뜻이니까. 하지만 그런 솔직함에는 대가가 따른다. 사회질서가 인간이 만든 것임을 인정하면 모든 사람들에게 그것을 받아들이라고 설득하기가 어렵다. 우리 같은 인간이 만든 것을 반드시 따라야 할 이유가 있을까? 5장에서 살펴보겠지만, 18세기 말까지만 해도 대규모 통신 기술이 없었기 때문에 수백만 명의 사람들이 사회질서를 유지하는 규칙에 대해 공개적으로 토론하기는 극히 어려웠다. 따라서 러시아의 차르, 무슬림의 칼리프, 중국의 천자天子는 질서를 유지하기 위해 사회의 기본 규칙은 하늘에서 내려준 것이며 따라서 인간이 수정할 수 없다고 주장했다. 21세기 초에도 여전히 많은 정치체제가 그런 초인적 권위를 주장하며, 원치 않는 변화를 초래할 수 있는 공개 토론을 반대한다.

영원한
딜레마

　　　　　　역사에서 허구가 핵심적 역할을 했다는 것을 이해하면, 순진한 정보관과 포퓰리스트의 비판을 모두 뛰어넘는 더 완전

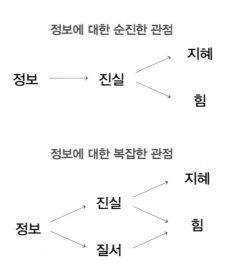

정보에 대한 순진한 관점

정보 ——→ 진실 → 지혜

→ 힘

정보에 대한 복잡한 관점

진실 → 지혜

정보 → 힘

질서 →

한 정보 네트워크 모델을 제시할 수 있다. 순진한 관점이 주장하는 것과 달리 정보는 진실의 원재료가 아니며, 인간의 정보 네트워크는 진실을 발견하는 것만이 목표가 아니다. 그렇다고 해서 포퓰리스트의 관점처럼 정보가 무기에 불과한 것도 아니다. 오히려 인간의 정보 네트워크가 성공하기 위해서는 진실 발견과 질서 유지라는 두 가지 일을 동시에 해야 한다. 따라서 역사가 전개됨에 따라 인간의 정보 네트워크는 별개의 두 가지 기술을 개발해왔다. 한편으로 네트워크는 순진한 정보관의 예상대로 약제, 매머드, 핵물리학 같은 것들을 더 정확하게 이해하기 위해 정보를 처리하는 방법을 배웠다. 동시에 네트워크는 더 많은 사람들 사이에서 더 강력한 사회 질서를 유지하기 위해서는 정보를 어떻게 활용해야 하는지도 배웠다. 즉, 사실 그대로 전달하는 것 외에도 허구, 환상, 선전, 때로는 새빨간 거짓말까지 이용하게 되었다.

정보가 많다고 해서 진실이나 질서가 보장되는 것은 아니다. 정보를 사용하여 진실을 발견하는 동시에 질서를 유지하는 것은 쉬운 일이 아니다. 설상가상으로, 허구를 통해 질서를 유지하는 것이 더 쉽기 때문에 두 과정은 종종 충돌한다. 미국 헌법처럼 허구적 이야기가 허구적 본질을 인정하는 경우도 가끔 있지만, 대체로는 부인한다. 예를 들어 종교는 항상 그것이 인간이 지어낸 허구적 이야기가 아니라 객관적이고 영원한 진리라고 주장한다. 이 경우 진실을 추구하면 사회질서가 흔들리게 된다. 따라서 많은 사회가 구성원들에게 그들이 속한 사회의 본질을 모르도록 요구한다. 즉 무지가 힘이 된다. 사람들이 진실에 불안할 정도로 가까이 다가가면 어떻게 될까? 같은 정보가 세상에 대한 중요한 사실을 알리는 동시에 사회를 결속시키는 고귀한 거짓말을 방해하면 어떻게 될까? 그런 경우 사회는 진실 추구를 제한하여 질서를 유지하려고 할 것이다.

대표적인 예가 다윈의 진화론이다. 진화를 이해하면 호모 사피엔스를 포함한 종들의 기원과 생물학적 사실을 이해하는 데 큰 도움이 되지만, 다른 한편으로는 수많은 사회에서 질서를 유지하는 신화가 흔들리게 된다. 많은 정부와 교회가 진화 교육을 금지하거나 제한하면서 질서를 위해 진실을 희생시키는 쪽을 선택하는 데는 그만한 이유가 있다.[26]

이와 관련한 또 다른 문제는, 정보 네트워크가 진실 추구를 허용하고 심지어 장려하되 이런 조치를 권력 창출에 도움이 되지만 사회질서는 위협하지 않는 특정 분야로 한정하는 것이다. 이 경우 힘은 막강하지만 지혜가 절대적으로 부족한 네트워크가 탄생할 수 있다. 예를 들어 나치 독일은 화학, 광학, 공학, 로켓 과학 분야에서 세계 최고의 전문가들을 양성했다. 훗날 미국인들이 달에 갈 수 있었던 것도 대부분 나치의 로켓 과학 덕분이었다.[27] 이 과학적 힘 덕분에 나치는 매우 강력한 전쟁 기계를 구축할 수 있었지만, 이 기계는 잔혹하고 광기 어린 신화를 실현하는 데 사용되었다. 나치 치하의 독일인들은 로켓을 마음껏 개발할 수 있었지만, 생물학과 역사에 대한 인종주의 이론에 의문을 제기할 자유는 없었다.

인간 정보 네트워크의 역사가 단순히 승리의 진군이 아니었던 주된 이유가 여기 있다. 수 세대에 걸쳐 인간 네트워크는 점점 강력해졌지만 점점 지혜로워진 것은 아니었다. 네트워크가 진실보다 질서를 우선시할 경우 막강한 힘을 가질 수 있지만 대신 그 힘을 지혜롭게 사용하지 못하기 쉽다.

인간 정보 네트워크의 역사는 승리의 진군이라기보다는 진실과 질서 사이에서 균형을 맞추는 아슬아슬한 줄타기였다. 21세기에 우리는 석기시대 조상들보다 균형을 잘 맞춘다고 보기 어렵다. 구글과 페이스북 같은 기업들의 사명 선언문이 암시하는 것과 달리, 단순히 정보 기술의 속도와 효율을 높인다고 해서 더 나은 세상이 되는 것은 아니다. 오히려 진실과 질서 사이의 균형을 맞추는 일이 더 시급해질 뿐이다. 우리는 이미 수만 년 전에 이야기를 발명했을 때 이 교훈을 얻었다. 그리고 인류가 두 번째 위대한 정보 기술인 '문서'를 생각해냈을 때 이 교훈을 다시 얻게 되었다.

3

문서: 종이호랑이의 위협

이야기는 인간이 개발한 최초의 중요한 정보 기술이었다. 이야기는 인간이 대규모로 협력할 수 있는 토대를 마련했으며, 인간을 지구상에서 가장 강한 동물로 만들어주었다. 하지만 이야기는 정보기술로서 나름의 한계가 있었다.

왜 그런지 이해하기 위해 스토리텔링이 민족 형성에 어떤 역할을 하는지 생각해보자. 많은 민족이 시인들의 상상 속에서 처음 잉태되었다. 사라 아론손과 닐리 지하조직은 오늘날 이스라엘인들에게 1910년대에 팔레스타인에 유대인 국가를 세우기 위해 목숨을 걸었던 최초의 시오니스트로 기억되는데, 그러면 닐리 요원들은 팔레스타인에 유대인 국가를 건설한다는 아이디어를 처음에 어디서 얻었을까? 그들은 테오도어 헤르츨과 하임 나흐만 비알릭 같은 이전 세대 시인, 사상가, 몽상가 들에게서 영감을 받았다.

우크라이나 출신의 유대인인 비알릭은 1890년대와 20세기 초반

10년 동안 수많은 시와 이야기를 통해 유럽의 유대인들이 박해받으며 나약해지고 있는 현실을 한탄하면서 그들에게 운명을 스스로 개척할 것을 촉구했다. 그는 유대인들에게 무력으로 스스로를 지키고, 팔레스타인으로 이주하여 그들만의 국가를 세우라고 호소했다. 가장 감동적인 시 중 하나는 유대인 49명이 살해되고 수십 명이 부상당한 1903년의 키시뇨프 포그롬(당시 제정러시아의 영토였던 키시뇨프에서 발생한 유대인 학살 사건—옮긴이)에 뒤이어 쓰였다.[1] 〈학살의 도시에서In the City of Slaughter〉라는 제목이 붙은 그 시는 잔학 행위를 저지른 살인적인 반유대인 폭도들을 비난하면서도, 동시에 유대인들의 평화주의와 무력함을 비판했다.

가슴 아픈 한 장면에서 비알릭은 유대인 여성들이 집단 강간을 당하는 동안 남편들과 형제들이 두려움 때문에 나서지 못하고 근처에 숨어 있는 모습을 묘사했다. 그 시는 유대인 남성들을 겁에 질린 쥐에 비유하면서 그들이 신에게 기적을 일으켜달라고 조용히 기도했으나 기도는 이루어지지 않았다고 읊조린다. 시는 이어서, 포그롬이 끝난 후에도 생존자들이 무장할 생각은 하지 않고 강간당한 여성들이 율법상 '더럽혀진' 것인지 아니면 여전히 '순결한' 것인지에 대한 《탈무드》 논쟁을 벌였다고 이야기한다. 이 시는 오늘날 많은 이스라엘 학교에서 필수적으로 읽어야 하는 작품이다. 또한 2000년 동안 역사상 가장 평화주의적인 집단 중 하나였던 유대인들이 어떻게 세계에서 가장 강력한 군대를 갖게 되었는지 이해하고 싶은 사람이라면 반드시 읽어야 할 시다. 비알릭을 괜히 이스라엘 민족 시인이라고 부르는 게 아니다.[2]

비알릭은 우크라이나에 살았고 따라서 동유럽의 아슈케나지 유대인들이 받은 박해에 대해서는 잘 알았던 반면 팔레스타인의 상황은 거의 알지 못했는데, 이 사실이 뒤이어 일어난 유대인과 아랍인의 분쟁에 기여했다. 비알릭의 시들에 영감을 받은 유대인들은 스스로를, 군사력을 키워 유대인 나라를 건설해야 하는 절박한 처지의 피해자로 여겼지만, 팔레스타인의 아랍인 거주자들, 또는 중동에 터를 잡고 살아가는 미즈라히 유대인 공동체에 미칠 재앙적인 결과는 거의 고려하지 않았다. 1940년대 말 아랍-이스라엘 갈등이 폭발했을 때, 수십만 명의 팔레스타인인과 수십만 명의 미즈라히 유대인이 조상 대대로 살던 중동의 터전에서 쫓겨났다. 이는 어느 정도는 반세기 전 우크라이나에서 쓰인 시 때문이었다.[3]

비알릭이 우크라이나에서 시를 쓰는 동안, 헝가리계 유대인 테오도어 헤르츨은 1890년대부터 20세기 초까지 시온주의 운동을 조직하느라 바쁜 나날을 보냈다. 헤르츨은 그의 정치적 운동의 주축이 된 두 권의 책을 출간했다.《유대인 국가The Jewish State》(1896)는 팔레스타인에 유대인 국가를 건설하자는 그의 생각을 요약한 선언문이었고,《오래된 새 땅The Old New Land》(1902)은 1923년을 배경으로 번영하는 유대인 국가에 대한 이상을 묘사한 유토피아 소설이었다. 역시 태생적으로 팔레스타인 땅의 현실을 무시하기 쉬웠던 두 권의 책은 시온주의 운동을 조직하는 데 막대한 영향을 주었다.《오래된 새 땅》의 히브리어 번역본은《텔아비브Tel Aviv》라는 제목으로 출판되었다(텔아비브는 '오래된 새 땅'을 히브리어로 대강 번역한 것이다). 그 책이 출간되고 7년 후 건설된 텔아비브시의 도시명은 이 책의 제목을 딴 것이다. 비알릭이 이스라엘의 민족 시인이라면, 헤르츨은 이스라엘 국가의 비전을 제시한 사람으로 알려져 있다.

비알릭과 헤르츨이 엮은 이야기들은 당대 현실에 대한 많은 중요한 사실, 그중에서도 특히 1900년 무렵 팔레스타인 지역에서 유대인은 전체 인구 약 60만 명 중 겨우 6~9퍼센트에 불과했다는 사실을 무시했다.[4] 비알릭과 헤르츨은 그런 인구 통계학적 사실은 무시한 채 신화, 그중에서도 《성경》의 이야기들에 큰 중요성을 부여했다. 그 이야기들이 없었다면 현대 시오니즘은 상상할 수 없었을 것이다. 비알릭과 헤르츨은 19세기에 유럽의 거의 모든 민족이 창조한 민족주의 신화의 영향도 받았다. 일찍이 시인 타라스 셰프첸코가 우크라이나 민족주의를 위해,[5] 산도르 페퇴피가 헝가리 민족주의를 위해,[6] 그리고 아담 미츠키에비치가 폴란드 민족주의를 위해[7] 했던 일을 우크라이나계 유대인인 비알릭과 헝가리계 유대인인 헤르츨은 시오니즘을 위해 했다. 주변의 다른 민족주의 운동이 성장하는 것을 지켜본 헤르츨은 민족은 "꿈과 노래와 환상에서" 탄생한다고 썼다.[8]

하지만 꿈, 노래, 환상이 민족국가에 영감을 준다 해도, 그것만으로는 제대로 기능하는 민족국가를 만들 수 없다. 비알릭은 수 세대 유대인 전사들에게 영감을 주었지만, 군대를 무장하고 유지하려면 세금을 걷고 총도 구매해야 한다. 헤르츨의 유토피아 비전이 담긴 책은 텔아비브시의 토대를 마련했지만, 도시를 계속 유지하려면 하수도를 파는 것도 필요했다. 따지고 보면 애국심의 본질은 조국의 아름다움에 대한 감동적인 시를 암송하는 것이 아니며, 외국인과 소수민족에 대한 혐오 발언을 하는 것은 확실히 아니다. 오히려 애국심은 나와는 생각이 다른 국가 구성원들도 하수도뿐 아니라 안보, 교육, 의료의 혜택을 누릴 수 있도록 세금을 내는 것이다.

이 모든 서비스를 관리하고 거기에 필요한 세금을 걷기 위해서는 어마어마한 양의 정보를 수집하고 저장하고 처리해야 한다. 즉 재산, 지불, 면제, 할인, 부채, 재고, 배송, 예산, 청구서, 급여 등에 관한 정보가 필요하다. 하지만 이런 것들은 감동적인 시나 매력적인 신화로 바꿀 수 있는 종류의 정보가 아니다. 오히려 세금 기록은 단순한 항목별 기록부터 정교한 표와 스프레드시트까지 다양한 형식의 목록으로 제공된다. 이런 데이터세트는 아무리 복잡해도 서술을 배제하고 납부할 금액과 납부한 금액을 건조하게 나열하는 것이 좋다. 시인은 그런 평범한 사실들을 무시해도 되지만 세금 징수원은 그럴 수 없다.

목록은 국가의 조세 시스템뿐만 아니라 거의 모든 복잡한 금융기관에서도 중요하다. 기업, 은행, 주식시장은 목록 없이는 존재할 수 없다. 수입과 지출을 맞추려는 교회, 대학, 도서관은 이야기로 사람들을 매료할 수 있는 성직자와 시인 외에도 다양한 형식의 목록을 다룰 줄 아는 회계사가 필요하다는 사실을 깨닫게 된다.

목록과 이야기는 상보적이다. 민족 신화는 세금을 정당화하지만, 세금 기록은 꿈과 희망이 담긴 이야기를 학교나 병원처럼 구체적인 것으로 바꾸는 데 도움이 된다. 금융 분야에서도 비슷한 일이 일어난다. 달러, 파운드화, 비트코인은 모두 사람들에게 어떤 이야기를 믿게 함으로써 존재하게 되며, 은행가와 재무 장관, 투자 전문가가

들려주는 이야기는 통화의 가치를 높이거나 낮춘다. 미국 연방준비제도 의장이 인플레이션을 억제하고 싶거나, 재정 장관이 새 예산을 통과시키고 싶거나, 기술 기업가가 투자자를 유치하고 싶을 때 그들 모두는 스토리텔링에 의지한다. 하지만 은행, 예산, 또는 스타트업을 실제로 관리하려면 목록이 필수다.

목록이 가진 큰 문제점이자 이야기와 결정적으로 다른 점은 목록은 이야기보다 훨씬 지루한 경향이 있다는 것이다. 그래서 우리는 이야기는 쉽게 기억해도 목록은 기억하기 어려워한다. 이것은 인간 뇌의 정보 처리 방식과 관련이 있는 중요한 사실이다. 우리 뇌는 아무리 많은 양의 정보도 이야기 형태로 만들면 쉽게 흡수하고 기억하고 처리하도록 진화했다. 힌두 신화의 토대를 이루는 이야기 중 하나인 《라마야나Ramayana》는 2만 4,000송頌에 이르고 현대판은 약 1,700페이지에 달하지만, 이 엄청난 분량에도 불구하고 수 세대 힌두인들은 그것을 암송할 수 있었다.[9]

20세기와 21세기에 걸쳐 《라마야나》는 영화와 텔레비전용으로 여러 차례 각색되었다. 1987~1988년에 방영된 78부작(약 2,730분 분량)은 세계에서 가장 많이 시청된 텔레비전 시리즈로, 6억 5,000만 명 이상이 보았다. BBC 보도에 따르면, 드라마가 방영되는 시간이면 "거리가 텅 비고, 상점들은 문을 닫았으며, 사람들은 집에서 목욕재계하고 TV를 신줏단지처럼 모셨다". 2020년 코로나19로 거리두기가 시행되는 동안 이 시리즈가 재방영되자 또다시 세계 최고 시청률을 기록했다.[10] 현대의 텔레비전 시청자들은 더 이상 텍스트를 외울 필요가 없지만, 그들이 대서사극, 형사 스릴러물, 멜로드라마의 복잡한 줄거리를 쉽게 따라가며 등장인물들 각각이 누구인지, 그들이 수많은 극중 인물들과 무슨 관계인지 기억한다는 것은 실로 놀라운 일이다. 우리는 그런 기억의 묘기를 부리는 데 너무도 익숙해져서 그것이 얼마나 대단한 일인지 거의 생각하지 않는다.

우리가 서사시와 장편 텔레비전 시리즈를 잘 기억하는 이유는 인간의 장기 기억이 이야기를 보유하도록 특별히 적응되어 있기 때문이다. 켄들 헤이븐이 2007년에 출간한 저서 《스토리 프루프: 이야기의 놀라운 힘을 뒷받침하는 과학Story Proof: The Science Behind the Startling Power of Story》에서 썼듯이, "인간의 마음은 (…) 삶을 이해하고, 의미를 부여하고, 기억하고, 계획하기 위한 로드맵으로서 주로 이야기와 이야기 형식을 활용한다. (…) 삶이 이야기와 비슷한 것은 우리가 이야기의 관점에서 생각하기 때문이다". 헤이븐은 120편이 넘는 학술 논문을 언급하면서, "이 연구들은 이야기가 사실적, 개념적, 정서적, 암묵적 정보를 전달하는 매우 효율적인 수단이라는 압도적이고, 설득력 있으며, 한결같은 증거를 제공한다고" 결론짓는다.[11]

그런 반면 대부분의 사람들은 목록을 외우는 것을 힘들어하고, 텔레비전에서 인도의 납세 기록이나 연간 예산을 암송하는 것을 보고 싶어 하는 사람은 거의 없다. 우리는 항목들을 나열한 목록을 암기하기 위해 종종 항목들로 줄거리를 짜서 목록을 이야기로 만드는 기억술을 이용한다.[12] 하지만 그런 기억 장치의 도움을 받는다 해도, 어느 누가 국가의 세금 기록이나 예산을 외울 수 있을까? 이런 정보는 시민들이 누리는 의료, 교육, 복지 서비스의 질을 결정하는 데 필수적이지만, 우리 뇌는 그런 것들을 기억하도록 적응되어 있지 않다. 우리 뇌에 저장할 수 있는 민족주의 시나 신화와 달리, 복잡한 조세와 행정 시스템이 제대로 작동하기 위해서는 독특한 비유기적 정보 기술이 필요하다. 이 기술이 바로 문서다.

빚을
죽이다

문서는 여러 시대, 여러 장소에서 발명되었다. 초기 사례 중 일부는 고대 메소포타미아에서 발견된다. 우르의 슐기 왕 통치 41년(기원전 2053/4년경) 열 번째 달 28일에 작성된 쐐기문자 점토판에는 그달 납품된 양과 염소가 기록되어 있다. 2일에 양 열다섯 마리가 납품되었고, 3일에 일곱 마리, 4일에 열한 마리, 5일에 219마리, 6일에 마흔일곱 마리, 중간 생략하고 28일에 세 마리가 납품되었다. 그 점토판의 기록에 따르면, 그달에 총 896마리의 동물이 들어왔다. 백성들이 왕에게 복종하는지 감시하고 왕국의 가용 자원을 추적하기 위해서는 이 모든 납품 기록을 기억할 필요가 있었다. 한 개인의 머리로 기억하려면 보통 일이 아니었겠지만, 숙련된 서기가 점토판에 기록하는 것은 쉬운 일이었다.[13]

이야기와 그동안의 역사에 존재했던 모든 정보 기술이 그랬던 것처럼, 문서도 현실을 정확하게 표현한 것만은 아니었다. 예를 들어 우르의 점토판에는 실수가 있었다. 그달에 총 896마리의 동물을 받았다고 기록되어 있지만, 현대 학자들이 개별 항목을 모두 합산해보니 실제로는 898마리였다. 기록한 서기가 집계할 때 실수를 한 모양이고, 점토판에 이 실수가 영원히 보존되었다.

하지만 사실이든 거짓이든 문서는 새로운 현실을 만들어냈다. 재산, 세금, 지불 내역을 기록하자 행정 시스템, 왕국, 종교 기관, 무역망을 만드는 것이 훨씬 쉬워졌다. 구체적으로 말하면, 문서는 상호주관적 현실을 만들어내는 방법을 바꾸었다. 구전 문화에서는 많은 사람들이 머리로 기억하여 입에서 입으로 전달하는 이야기를 통해 상호주관적 현실이 생겨났다. 결과적으로 뇌 용량이 인간이 창조할 수 있는 상호주관적 현실의 종류를 제한했다. 인간은 뇌가 기억할 수 없는 상호주관적 현실은 만들 수 없었다.

하지만 문서를 작성함으로써 이런 한계를 넘을 수 있었다. 문서는 객관적인 경험적 현실을 나타내지 않았고, 오히려 문서 자체가 현실이었다. 나중에 살펴보겠지만, 문서는 결국 컴퓨터가 사용하게 될 선례와 모델을 제공했다. 상호주관적 현실을 만들어내는 컴퓨터의 힘은 따지고 보면 점토판과 종이가 가진 힘의 연장延長이다.

대표적인 예로 소유권을 생각해보자. 문서가 없던 구전 공동체에서 소유권은 공동체 구성원들의 말과 행동을 통해 생겨나는 상호주관적 현실이었다. 밭을 소유한다는 것은 당신이 그 밭의 주인이라는 데 이웃들이 동의하고 그에 따라 행동한다는 뜻이었다. 이웃들은 당신 허락 없이는 그 밭에 오두막을 짓거나, 자신의 가축을 풀어놓거나, 그곳에서 과일을 따지 않았다. 소유권은 공동체 구성원들이 지속적으로 주고받는 말과 신호를 통해 생겨나고 유지되었다. 따라서 소유권을 정하는 일은 지역 공동체 소관이 되었고, 멀리 있는 중앙행정 당국이 모든 토지의 소유권을 통제하는 데는 한계가 있었다. 어떤 왕, 재상, 성직자도 멀리 있는 수백 개 마을에서 누가 어떤 밭을 소유하는지 기억할 수 없었다. 그러다 보니 개인이 절대적인 재산권을 주장하고 행사하는 데도 한계가 있었고, 따라서 다양한 형태의 공동 재산권이 존재했다. 예를 들어 당신의 이웃들은 당신이 특정한 밭을 경작할 권리는 인정해도 그것을 외지인에게 팔 권리는 인정하지 않을 수 있었다.[14]

문자를 사용하는 국가에서 밭을 소유한다는 것은 어떤 점토판, 대나무 줄기, 종이, 또는 실리콘칩에 당신이 그 밭의 주인이라고 적혀 있다는 것을 의미하게 되었다. 예를 들어 마을 사람들이 수년 동안 어떤 땅에 마음대로 양을 풀어놓았는데 그중 누구도 그 땅의 주인이라고 말한 적이 없다고 치자. 이때 당신이 그 땅이 당신 것이라는 공식 문서를 어떤 식으로든 만들 수 있다면 소유권을 행사할 수 있을 가능성이 높다. 반대로 어떤 밭이 당신 것이라는 데 모든 이웃이 동의하지만 소유권을 증명하는 공식 문서가 없다면 소유권을 행사할 수 있을 가망이 별로 없다. 소유권은 여전히 정보를 교환함으로써 생기는 상호주관적 현실이지만, 이제 그 정보는 사람들이 주고받는 말과 몸짓을 통해서가 아니라 문서(또는 컴퓨터 파일)를 통해 교환된다. 즉 이제 소유권은 관련 문서를 만들고 보관하는 중앙 기관이 결정하게 되었다는 뜻이다. 또한 이웃들의 허락을 받지 않아도 중요한 문서를 양도하기만 하면 밭을 팔 수 있다는 뜻이기도 하다.

고대 아시리아의 방언은 문서를 죽일 수도 있는 생명체로 취급함으로써, 상호주관적 현실을 창조하는 문서의 힘을 멋지게 표현했다. 그들은 빚이 상환되면 차용 계약서를 '죽였다'(두아쿰duākum). 방법은 점토판을 파괴하거나, 어떤 표식을 추가하거나, 봉인을 뜯는 것이었다. 차용 계약서는 현실을 재현하는 것이 아니라 현실 자체였다. 만일 누군가가 빚을 상환했지만 '문서를 죽이지' 않았다면 빚은 그대로였다. 반대로 누군가가 빚은 상환하지 않았지만 문서를 어떤 식으로든 '죽였다'면(가령 개가 문서를 먹어 치웠다면) 빚은 청산되었다.[15] 돈도 마찬가지다. 개가 100달러짜리 지폐를 먹어 치우면 그 100달러는 세상에서 사라진다.

슐기 왕 시대의 우르, 고대 아시리아, 그리고 뒤따라 등장한 수많은 정치체제에서 사회적, 경제적, 정치적 관계를 결정한 것은 단순히 현실을 재현하기보다는 현실을 창조한 문서였다. 헌법이나 평화 조약, 또는 상업 계약서를 작성할 때 변호사, 정치인, 사업가 들은 단어 하나를 놓고 몇 주씩, 심지어는 몇 달씩 논쟁을 벌인다. 그들은 이 종잇조각이 얼마나 큰 힘을 발휘할 수 있는지 알기 때문이다.

관료제

모든 새로운 정보 기술에는 예상하지 못한 병목(시스템의 성능이나 속도를 저해하는 요인—옮긴이)이 있다. 다시 말해 새로운 정보 기술은 오래된 문제를 해결하지만 새로운 문제도 일으킨다. 기원전 1730년대 초 메소포타미아 도시 시파르에서 활동했던 여사제 나람타니는 (점토판에) 편지를 써서 친척에게 그 집에 보관하고 있는 점토판 몇 개를 보내달라고 부탁했다. 나람타니는 자신이 상속 분쟁에 휘말렸는데 그 문서가 없으면 법정에서 자신의 주장을 증명할 수 없다고 설명했다. 그녀는 편지 마지막에 이렇게 간청했다. "내 부탁을 외면하지 마세요!"[16]

그다음에 어떻게 됐는지는 모르지만, 친척이 집을 샅샅이 뒤졌는데도 점토판을 찾을 수 없었다면 어떤 상황이 벌어졌을지 상상해보자. 사람들이 문서를 점점 많이 생산하게 되자 문서를 찾는 일이 만만치 않게 되었다. 특히 왕이나 성직자, 상인처럼 기록 보관소에 수천 개의 문서를 보관해둔 사람에게 문서 찾기는 보통 문제가 아니었다. 당신은 세금 기록이나 지불 영수증 또는 사업 계약서가 필요할 때 해당 문서를 어떻게 찾는가? 문서는 특정 유형의 정보를 인간의 뇌보다 훨씬 잘 기록했다. 하지만 새롭고 매우 까다로운 문제가 나타났다. 바로 '검색'이다.[17]

뇌는 수백억 개의 뉴런과 수조 개의 시냅스로 이루어진 네트워크에 저장된 정보를 검색하는 작업을 놀랍도록 효율적으로 해낸다. 우리 뇌는 사생활, 국가의 역사, 종교 신화 등에 대한 수많은 복잡한 이야기를 보관하지만 건강한 사람은 원하는 정보를 1초 이내에 검색할 수 있다. 아침으로 무엇을 먹었나? 첫사랑이 누구였나? 우리 나라가 언제 독립했나?《성경》의 첫 구절이 무엇인가?

뇌는 이 모든 정보 조각을 어떻게 검색했을까? 관련된 뉴런과 시냅스를 활성화하여 필요한 정보를 빠르게 불러오는 메커니즘이 무엇일까? 신경 과학자들은 기억에 대한 연구에서 얼마간 진전을 이루었지만, 아직까지 기억이 무엇인지, 기억이 정확히 어떻게 저장되고 검색되는지 잘 모른다.[18] 수백만 년의 진화를 통해 뇌의 검색 과정이 간소화되었다는 것 정도만 밝혀졌을 뿐이다. 하지만 유기적인 뇌에서 비유기적 문서로 기억을 아웃소싱하자, 인간은 더 이상 간소화된 생물학 시스템을 활용할 수 없었다. 수백만 년에 걸쳐 진화한 채집 능력도 소용없었다. 인간은 기록 보관소에서 문서를 찾기보다는 숲에서 과일과 버섯을 찾도록 진화했기 때문이다.

채집인들이 숲에서 과일과 버섯을 잘 찾는 이유는, 진화 과정에서 숲이 식별 가능한 유기적 질서에 따라 정리되었기 때문이다. 과일나무는 광합성을 하므로 햇빛이 필요하다. 버섯은 보통 땅속에 있는 죽은 유기물을 먹는다. 그래서 버섯은 일반적으로 지표면 아래쪽에서 자라는 반면 과일은 더 높이 자라는 것이다. 또 다른 일반 규칙은 사과는 사과나무에 열리고 무화과는 무화과나무에 열린다는 것이다. 따라서 당신이 사과를 찾고 있다면 먼저 사과나무를 찾고 그다음에 위를 올려다봐야 한다. 숲에 살 때 인간은 이런 유기적 질서를 학습한다.

기록 보관소는 전혀 다르다. 문서는 유기체가 아니라서 생물학 법칙을 따르지 않으며, 진화에 의해 질서 있게 정리되어 있지도 않다. 세금 신고서는 세금 신고서 선반에서 열리지 않는다. 세금 신고서는 누군가가 그 선반에 가져다놓아야 한다. 그러기 위해서는 먼저 정보를 선반별로 분류하는 아이디어를 생각해내야 하고, 어떤 문서를 어느 선반에 둘지 결정해야 한다. 단순히 숲에 존재하는 질서를 발견하기만 하면 되는 채집자들과 달리, 기록 관리자는 세상의 새로운 질서를 고안해야 한다. 그 질서를 관료제라고 부른다.

대규모 조직에 속한 사람들이 검색 문제를 해결하여 더 크고 강력한 정보 네트워크를 만들어낼 수 있었던 비결이 바로 관료제였다. 하지만 신화와 마찬가지로 관료제도 질서를 위해 진실을 희생시키는 경향이 있다. 새로운 질서를 만들어 그것을 세상에 도입하는 과정에서 관료제는 관료제만의 특징적인 방식으로 사람들이 세상을 보는 관점을 왜곡했다. 사람들에게 잘못된 꼬리표를 붙여 차별하는 편향된 알고리즘이나, 인간의 필요와 감정을 무시하는 경직된 프로토콜 등 21세기 정보 네트워크가 안고 있는 문제들 대부분은 컴퓨터 시대에 새로 생긴 것이 아니다. 이런 문제들은 컴퓨터라는 것을 상상조차 못 했던 때부터 존재해온 전형적인 관료주의적 문제들이다.

관료제와
진실 추구

관료제bureaucracy는 말 그대로 '책상에 의한 통치'라는 뜻이다. 이 용어는 18세기에 프랑스에서 생겨났는데, 당시 전형적인 관료들은 서랍이 달린 책상인 뷔로bureau 옆에 앉아 업무를 보았다.[19] 따라서 관료제 질서의 중심에는 서랍이 있다. 관료제는 세상을 서랍으로 나누고 어떤 문서가 어느 서랍에 들어가는지 파악함으로써 검색 문제를 해결하려고 한다.

즉 '분리하여 통치하라'는 것이다. 이 원칙은 문서를 서랍에 넣든, 선반이나 바구니, 항아리, 컴퓨터 폴더, 또는 그 밖에 어떤 용기에 넣든 관계없이 적용된다. 세상을 여러 개의 용기로 나누고 문서가 섞이지 않도록 용기들을 분리하여 보관해야 한다. 하지만 이 원칙에는 대가가 따른다. 관료제는 세상을 있는 그대로 이해하는 데 초점을 맞추는 대신, 세상에 새로운 인위적 질서를 도입하는 데 몰두한다. 관료들은 먼저 다양한 서랍을 만들어내는데, 이 서랍들은 현실 세계의 어떤 객관적인 분류 기준에도 완벽하게 들어맞지 않는 상호주관적 현실이다. 따라서 관료들은 세상을 이 서랍들에 억지로 끼워 맞추고, 잘 맞지 않으면 더 세게 구겨 넣는다. 공문서 양식을 작성해본 사람이라면 잘 알 것이다. 양식을 작성할 때 나열된 선택지 중 자신에게 해당하는 것이 하나도 없으면, 양식을 나에게 맞추는 게 아니라 내가 양식에 맞춰야 한다. 복잡하게 얽힌 현실을 한정된 수의 고정된 서랍으로 환원하면 관료들이 질서를 유지하는 데는 도움이 되지만 그 대가로 진실이 희생된다. 관료들은 현실이 훨씬 더 복잡한데도 자신들이 만든 서랍에 집착하기 때문에 세상을 왜곡된 눈으로 보기 쉽다.

또한 관료들은 현실을 경직된 서랍으로 나누는 데 급급하기 때문에, 자신들의 행동이 미칠 광범위한 영향은 고려하지 못하고 좁은 목표를 추구하게 된다. 산업 생산량을 늘리는 업무를 담당하는 관료는 환경문제는 자기 소관이 아니라는 이유로 무시할 가능성이 높다. 그러면 유독성 폐기물이 근처 강에 버려져 하류 지역에 생태 재앙이 일어날 것이다. 그래서 정부가 오염을 막는 업무를 담당하는 새로운 부서를 만들면, 그 부서의 관료들은 상류 지역에 경제적 재앙을 초래한다 해도 더 엄격한 규제를 추진할 가능성이 높다. 이상적으로는 다양한 문제와 측면을 종합적으로 판단할 수 있는 사람이 있어야 하지만, 그런 총체적 접근 방식이 가능하려면 관료 조직의 분업을 초월하거나 폐지해야 한다.

정부 기관과 민간 기업뿐만 아니라 과학 분야도 관료제에 의한 현실 왜곡을 피해 갈 수 없다. 예를 들어, 대학이 여러 학부와 학과로 나뉘어 있다는 사실을 생각해보라. 역사는 생물학과 분리되어 있고, 수학하고도 분리되어 있다. 왜일까? 분명 이런 구분은 객관적인 현실을 반영하지 않는다. 그것은 학계 관료들이 고안한 상호주관적 현실이다. 예를 들어, 코로나19 팬데믹은 역사적 사건인 동시에 생물학적 사건이며, 또 동시에 수학적인 사건이었다. 하지만 팬데믹에 대한 학술 연구는 역사학과, 생물학과, 수학과 등 여러 분야로 나뉘어 진행된다. 학위를 따려는 학생은 이 학과들 중 하나를 선택해야 한다. 전공을 결정하면 수강할 수 있는 과목이 제한되고, 이는 결국 그 학생의 세계관에 영향을 미친다. 수학을 전공하는 학생들은 현재의 감염률에서 미래의 질병 부담(이환율, 유병률, 심각도를 모두 포함하는 개념—옮긴이)을 예측하는 방법을 배우고, 생물학을 전공하는 학생들은 바이러스가 시간이 흐르면서 어떻게 변이하는지 배우며, 역사를 전공하는 학생들은 사람들의 종교적, 정치적 신념이 정부 지침을 준수하려는 의향에 어떤 영향을 미치는지 배운다. 코로나19를 완전히 이해하려면 수학적, 생물학적, 역사적 현상을 모두 고려해야 하지만, 학계 관료주의는 이런 전체적인 접근을 장려하지 않는다.

학계의 사다리를 올라갈수록 전문화에 대한 압력은 커질 뿐이다. 학계는 '논문을 발표하지 못하면 도태된다'는 법칙이 지배한다. 일자리를 얻고 싶다면 동료 심사 학술지에 논문을 발표해야 한다. 하지만 학술지도 전공별로 나뉘며, 생물학 학술지에 바이러스 변이에 관한 논문을 발표할 때 따라야 하는 관례는 역사 학술지에 팬데믹의 정치학에 관한 논문을 발표할 때 따라야 하는 관례와 다르다. 전문용어도 다르고, 인용 규칙도 다르고, 저자에게 기대하는 바도 다르다. 역사학자는 문화에 대한 깊은 이해가 있어야 하며, 역사 문서를 읽고 해석하는 방법을 알아야 한다. 생물학자는 진화에 대한 깊은 이해가 있어야 하며, DNA 분자를 읽고 해석하는 방법을 알아야 한다. 범주들 사이에 있는 문제인 '인간의 정치 이념과 바이러스 진화의 상호작용' 같은 것들은 대개 다루어지지 않는다.[20]

학계가 어떻게 어수선하고 유동적인 세상을 경직된 관료주의적 범주에 끼워 맞추는지 이해하기 위해, 생물학이라는 특정 분야를 좀 더 자세히 살펴보자. 다윈이 종의 기원을 설명하기 전, 칼 린네와 같은 초기 학자들은 먼저 종이 무엇인지 정의하고, 모든 살아 있는 유기체를 종으로 분류해야 했다. 사자와 호랑이가 고양잇과 공통 조상에서 진화했다고 주장하려면 먼저 '사자'와 '호랑이'를 정의해야 한다.[21] 하지만 이것은 어렵고 끝이 없는 작업이었다. 동물과 식물, 그리고 여타 유기체는 종종 할당된 서랍의 경계를 넘나들기 때문이다.

진화는 관료주의적 도식에 잘 들어맞지 않는다. 진화의 핵심은 종이 끊임없이 변한다는 것이므로, 각각의 종을 하나의 고정된 서랍에 넣는다는 사실 자체가 생물학적 현실을 왜곡하는 것이다. 예를 들어, 언제 호모 에렉투스가 끝나고 호모 사피엔스가 시작되었는지는 아직 밝혀지지 않았다. 최초의 사피엔스 아이를 낳은 두 에렉투스 부모가 있었을까?[22] 게다가 종은 계속 섞인다. 별개의 종처럼 보이는 동물들도 서로 교배할 뿐만 아니라 생식력 있는 자손을 낳는다. 오늘날 대부분의 사피엔스는 약 1~3퍼센트의 네안데르탈인 DNA를 가지고 있는데,[23] 이는 과거에 아버지가 네안데르탈인이고 어머니가 사피엔스인(또는 그 반대인) 아이가 있었음을 암시한다. 그렇다면 사피엔스와 네안데르탈인은 같은 종일까 아니면 다른 종일까? '종'은 생물학자들이 발견하는 객관적 현실일까 아니면 생물학자들이 도입한 상호주관적 현실일까?[24]

할당된 서랍을 부수고 나오는 동물의 예는 그 밖에도 무궁무진해서, 깔끔한 관료주의적 구분으로는 고리종, 융합종, 잡종을 정확하게 분류할 수 없다.[25] 회색곰grizzly bear과 북극곰polar bear은 때때로 피즐리베어pizzly bear와 그롤라베어grolar bear를 낳는다.[26] 사자와 호랑이는 라이거와 타이건을 낳는다.[27]

포유류와 기타 다세포생물에서 단세포 세균과 고세균古細菌의 세계로 시선을 옮기면, 무정부 상태가 대세다. 단세포생물은 수평 유전자 이동이라는 과정을 통해 친척 종뿐만 아니라 완전히 다른 속, 목, 계, 심지어 다른 도메인(가장 큰 분류 단계로, 세균, 고세균, 진핵생물 도메인으로 나뉜다—옮긴이)의 생물하고도 일상적으로 유전 물질을 교환한다. 세균학자들은 이런 키메라를 추적하느라 애를 먹는다.[28]

그다음에 생명의 가장자리로 가서 SARS-CoV-2(코로나19를 유발하는 바이러스)와 같은 바이러스들을 살펴보면 상황은 훨씬 더 복잡해진다. 바이러스는 생물과 무생물의 이른바 고정된 경계 사이에 걸쳐 있다. 즉 생물과 화학 사이에 존재한다. 박테리아와 달리 바이러스는 단세포생물이 아니다. 바이러스는 사실 세포도 아니라서 자체 세포 기관을 가지고 있지 않다. 바이러스는 먹지도 대사하지도 않으며 스스로 번식할 수도 없다. 바이러스는 유전정보가 담긴 아주 작은 주머니로, 세포에 침투하여 숙주의 세포 기관을 장악하고 외래 유전 코드의 사본을 더 많이 만들라고 지시한다. 새로운 사본들은 세포를 터트리고 나와 더 많은 세포를 감염시켜서 그 안의 세포 기관을 장악한다. 외래 유전 코드는 이런 식으로 빠르게 퍼져나간다. 과학자들은 바이러스를 생명체로 간주해야 하는지, 아니면 바이러스가 생명의 경계 밖에 있는 것인지에 대해 끝없는 논쟁을 벌인다.[29] 하지만 이 경계는 객관적인 현실이 아니라 상호주관적인 관례다. 생물학자들이 바이러스가 생명체라는 합의에 이른다 해도, 바이러스가 행동하는 방식은 바뀌지 않으며 인간이 바이러스에 대해 생각하는 방식만 바뀔 뿐이다.

물론 상호주관적 관례 자체는 현실의 일부분이다. 인간의 힘이 커질수록 인간의 상호주관적 믿음은 인간 정보 네트워크 밖의 세계에 더 큰 영향을 미치게 된다. 예를 들어, 과학자들과 입법자들은 종을 멸종 위협의 정도에 따라 '관심 필요'에서부터 '취약' '위기'를 거쳐 '절멸'에 이르는 범주로 분류해왔다. 동물의 특정 집단을 '위기 종'으로 정의하는 것은 인간이 도입한 상호주관적 관례지만, 이 관례는 해당 동물을 사냥하거나 서식지를 파괴하는 행위에 법적 제약을 가하는 것 등으로 광범위한 영향을 미칠 수 있다. 특정 동물을 '위기 종' 서랍에 넣을지 아니면 '취약 종' 서랍에 넣을지에 대한 관료 조직의 결정은 동물의 입장에서는 생사가 걸린 일이다. 이어지는 장들에서 반복해서 살펴보겠지만, 관료 조직이 당신에게 특정 꼬리표를 붙이면 설령 그 꼬리표가 순전히 관례에 불과할지라도 당신의 운명을 결정할 수 있다. 관료가 살아 숨 쉬는 동물 전문가든 살아 숨 쉬는 인간 전문가든, 아니면 아예 유기체가 아닌 AI든 마찬가지다.

막후의
관료들

관료제를 변호하자면, 관료제는 때때로 진실을 희생시켜 세상에 대한 우리의 이해를 왜곡하기도 하지만 이는 대개 질서를 유지하기 위해서이며, 질서가 없다면 어떤 대규모 네트워크도 유지되기 어렵다는 사실을 간과해서는 안 된다. 관료주의는 결코 완벽하지 않지만, 대규모 네트워크를 관리할 방법으로 관료주의보다 더 나은 대안이 있을까? 예를 들어, 우리가 학부와 학과, 각 분야의 전문 학술지 등 학계의 모든 관례적인 칸막이를 폐지한다면, 의학 지망생도 몇 년간 역사 공부를 필수적으로 해야 할까? 흑사병이 기독교 신학에 미친 영향을 연구한 사람이 바이러스 전문가로 간주될까? 그렇게 하면 의료 시스템이 더 나아질까?

전체론적 접근 방식을 선호하여 세상의 모든 관료제를 폐지하기를 꿈꾸는 사람이라면 병원도 관료 조직이라는 사실을 떠올려볼 필요가 있다. 병원은 다양한 분과로 나뉘고, 분과마다 위계, 프로토콜, 작성해야 하는 수많은 양식이 있다. 병원은 많은 관료주의적 병폐를 안고 있지만, 그럼에도 불구하고 많은 생물학적 질병을 잘 치료해낸다. 학교부터 하수도 시스템까지 우리 삶을 더 낫게 만드는 다른 모든 서비스도 마찬가지다.

당신이 변기 물을 내리면 폐기물은 어디로 갈까? 지하의 관료들에게로 간다. 거미줄처럼 얽힌 파이프, 펌프, 터널이 집 아래 지면 밑을 지나가면서 폐기물을 수거하고, 그것을 식수 공급과 분리한 후 처리하거나 안전하게 폐기한다. 누군가는 그 지하 그물망을 설계하고, 건설하고, 유지해야 하고, 그물망의 구멍을 막고, 오염 수치를 감시하고, 작업자에게 임금을 지불해야 한다. 이것도 관료의 업무이다. 이 일을 담당하는 부서를 없애면, 우리는 많은 불편을 겪을 뿐만 아니라 잘못하면 죽을 수도 있다. 하수와 식수는 항상 섞일 위험이 있지만 다행히도 그것을 분리하는 관료들이 있다.

현대 하수 시스템이 구축되기 전에는 전 세계에서 이질과 콜레라 같은 수인성 전염병으로 수백만 명이 목숨을 잃었다.[30] 1854년에 런던 주민 수백 명이 콜레라로 죽기 시작했다. 비교적 규모가 작은 유행이었지만, 이 사건은 콜레라 역사, 더 일반적으로는 전염병과 하수도의 역사에서 전환점이 되었다. 당시 우세했던 의학 이론은 콜레라 유행이 '나쁜 공기' 때문이라고 주장했다. 하지만 의사 존 스노는 상수도 공급을 의심했다. 그는 알려진 모든 콜레라 환자, 그들의 거주지, 식수 공급원을 꼼꼼하게 추적하여 목록으로 만들었다. 그 데이터를 통해 그는 소호의 브로드 스트리트에 설치된 물 펌프가 유행의 진원지임을 확인했다.

데이터를 수집하고, 분류하고, 시각화하는 것은 지루한 관료 업무였지만, 그것이 생명을 구했다. 스노는 조사 결과를 지역 공무원들에게 설명하며 브로드 스트리트의 펌프 가동을 중단하도록 설득했고, 그 조치로 유행이 종식되었다. 후속 조사에서 브로드 스트리트 펌프에 물을 공급하는 우물이 콜레라균에 오염된 오수 구덩이에

서 1미터도 채 떨어져 있지 않은 곳에 있었다는 사실이 밝혀졌다.[31]

스노의 발견과 그 이후 많은 과학자, 공학자, 변호사, 공무원의 노력으로 오수 구덩이, 물 펌프, 하수관을 관리하는 거대한 관료 조직이 탄생했다. 오늘날 잉글랜드에서 우물을 파고 오수 구덩이를 만들려면 서류를 작성하고 허가를 받아야 한다. 이는 누군가가 오수 구덩이 옆에 우물을 파서 식수를 오염시키는 일을 방지해준다.[32]

이 시스템이 잘 작동할 때는 그것이 존재한다는 사실을 잊기 쉽지만, 1854년 이후로 이 시스템은 수백만 명의 목숨을 구했고, 지금은 현대 국가가 제공하는 가장 중요한 서비스 중 하나다. 2014년에 인도 총리 나렌드라 모디는 화장실 부족을 인도의 가장 큰 문제 중 하나로 인식했다. 노상 배변은 콜레라, 이질, 설사와 같은 질병을 퍼뜨리는 주된 원인일 뿐만 아니라, 여성과 소녀를 성폭력에 노출시킨다. 모디는 자신의 주력 사업인 '깨끗한 인도 사업'의 일환으로 모든 인도 국민이 화장실을 사용할 수 있게 하겠다고 약속했고, 인도 정부는 2014년부터 2020년까지 그 사업에 약 100억 달러를 투자하여 1억 개가 넘는 화장실을 새로 지었다.[33] 하수도는 서사시의 소재는 아니지만, 잘 작동하는 국가의 시금석이다.

생물학적
드라마

신화와 관료제는 모든 대규모 사회를 떠받치는 두 개의 기둥이다. 하지만 신화는 매혹을 불러일으키는 반면 관료제는 의심을 사는 경향이 있다. 관료제가 제공하는 서비스에도 불구하고, 이로운 관료제조차 대체로는 대중의 신뢰를 얻지 못한다. 관료제라는 단어 자체가 많은 사람들에게 부정적인 어감을 준다. 이는 관료제가 이로운지 해로운지 아는 것이 본질적으로 어렵기 때문이다. 이롭든 해롭든 모든 관료제는 인간이 이해하기 어렵다는 핵심적인 공통점을 가지고 있다.

어떤 아이라도 친구와 불량배를 구별할 수 있다. 누가 점심을 나눠주는지 빼앗는지 안다. 하지만 세금 징수원이 당신의 소득에서 일정 부분을 가져갈 때, 그것이 새로운 공공 하수 시스템을 건설하는 데 쓰이는지, 아니면 대통령의 새로운 개인 별장을 짓는 데 쓰이는지 어떻게 알 수 있을까? 관련 정보를 모두 찾기도 어렵고 그 정보를 해석하기는 더 어렵다. 학생이 학교에 어떻게 입학하는지, 환자가 병원에서 어떻게 치료받는지, 쓰레기가 어떻게 수거되고 재활용되는지를 결정하는 관료 절차도 이해하기 어렵기는 마찬가지다. 관료 조직의 편향이나 사기, 또는 부패 의혹을 '트윗' 하는 데는 1분이면 되지만, 그것을 입증하거나 반박하려면 몇 주 동안 고생해야 한다.

문서, 기록 보관소, 서식, 면허, 규제 등의 관료 절차는 사회에서 정보가 흐르는 방식을 바꾸었고, 이와 함께 권력이 작동하는 방식도 바꾸었다. 그 결과 권력에 대해 이해하기가 훨씬 더 어려워졌다. 사무실과 기록 보관소의 닫힌 문 뒤에서 어떤 일이 벌어지고 있을까? 그곳에서 익명의 공무원들이 서류 더미를 분석하고 정리하여 펜 한 번 휘두르는 것으로, 또는 마우스 클릭 한 번으로 우리의 운명을 결정한다.

문서와 관료제가 없는 부족사회에서는 인간 네트워크가 오직 인간과 인간, 인간과 이야기의 연결로만 구성된다. 권력은 다양한 연결을 잇는 교차점을 통제하는 사람들에게 있다. 교차점에 해당하는 것은 부족의 기본 신화들이다. 카리스마 있는 지도자, 연설가, 신화 제작자는 집단의 정체성을 만들고 동맹을 구축하고 감정을 움직이기 위해 이런 이야기들을 이용하는 방법을 알고 있다.[34]

고대 우르부터 현대 인도에 이르기까지 문서와 관료 절차로 연결된 네트워크에서는 사회가 어느 정도 인간과 문서의 상호작용에 의존한다. 이런 사회는 인간과 인간, 인간과 이야기의 연결 외에도 인간과 문서의 연결로 유지된다. 관료제 사회가 작동하는 방식을 관찰해보면, 여전히 인간이 다른 인간에게 이야기를 들려주는 것을 볼 수 있다. 수백만 명의 인도인이 〈라마야나〉 시리즈를 시청하는 것처럼 말이다. 하지만 인간이 다른 인간에게 문서를 전달하는 것도 볼 수 있다. 예를 들어 텔레비전 방송국은 방송 허가를 신청하고 세금 보고서를 작성해야 한다. 그런데 어떤 관점에서 보면, 문서가 인간에게 다른 종류의 문서들과 관계를 맺도록 강요하는 것처럼 보인다.

그 결과 권력 이동이 일어났다. 문서가 많은 사회적 사슬을 잇는 중요한 연결 고리가 되면서 문서에 상당한 힘이 부여되었고, 문서의 난해한 논리를 다루는 전문가들이 새로운 권력층으로 떠올랐다. 행정가, 회계사, 변호사는 읽고 쓰기뿐만 아니라 서식을 작성하고, 서랍을 분류하고, 기록 보관소를 관리하는 데도 능숙해졌다. 관료제에서는 많은 경우 예산상의 모호한 허점을 이용하는 방법과 사무실, 위원회, 소위원회의 미로를 헤쳐나가는 방법을 아는 데서 힘이 나온다.

이런 권력 이동은 세상의 힘의 균형을 바꾸었다. 좋든 나쁘든 문서를 다룰 줄 아는 관료 집단은 일반 시민을 희생시켜 중앙정부의 권한을 강화하는 경향이 있었다. 문서와 기록 보관소 덕분에 중앙에서 세금을 부과하고, 재판하고, 징집하는 것이 더 쉬워진 면이 있었지만 그게 전부는 아니었다. 관료 권력의 작동 방식을 이해하기 어려워지면서 대중의 입장에서는 정부에 영향을 미치거나 저항하거나 그것을 회피하는 것이 더 어려워졌다. 관료제가 사람들에게 하수도, 교육, 안전을 제공하는 선의의 힘이었을 때도 여전히 관료제는 지배자와 피지배자 사이의 격차를 넓히는 경향이 있었다. 관료제 덕분에 중앙정부는 국민에 대한 정보를 더 많이 수집하고 기록할 수 있었지만, 국민은 시스템 자체가 어떻게 작동하는지 이해하기 어려운 처지가 되었다.

삶의 다양한 측면을 이해하는 데 도움이 되는 예술도 관료제를 이해하는 데는 그다지 도움이 되지 않았다. 시인, 극작가, 영화제작자 들은 때때로 관료 권력이 어떻게 작동하는지에 초점을 맞추기도 했다. 하지만 이것은 전달하기 몹시 어려운 이야기였다. 예술가들은 보통 우리의 생물학적 본능에 뿌리를 둔 몇 가지 유형의 한정된 줄거리를 다루는데, 이런 생물학적 드라마는 관료제의 작동 방식을 제대로 조명하지 못한다. 이는 생물학적 드라마의 각본이 문서와 기록 보관소가 등장하기 수백만 년 전에 진화에 의해 작성되었기 때문이다. '생물학적 드라마'가 무엇이고, 왜 그것이 관료제를 이해하는 길잡이로 적절하지 않은지 알기 위해, 인류 최고의 예술 작품 중 하나인《라마야나》의 줄거리를 자세히 살펴보자.

《라마야나》의 중심 줄거리 중 하나는 라마 왕자와 그의 아버지 다샤라타 왕, 그리고 계모 카이케이 왕비의 관계다. 장자인 라마가 왕국의 정당한 후계자이지만, 카이케이 왕비는 왕을 설득하여 라마를 황야로 추방하고 대신 자신의 아들 바라타에게 왕위 계승권을 넘겨준다. 이 줄거리의 밑바탕에는 수억 년 전 포유류와 조류가 진화할 때부터 시작된 몇 가지 생물학적 드라마가 깔려 있다.

모든 포유류와 조류의 새끼는 생애 첫 단계에 부모에게 의존하면서 부모의 보살핌을 갈구하고, 부모의 방임이나 적대감을 두려워한다. 생사는 풍전등화와 같다. 둥지에서 너무 일찍 밀려난 새끼는 굶어 죽거나 잡아먹히기 십상이다. 인간 세계에서도 부모에게 방치되거나 버림받는 것에 대한 두려움은《백설공주》《신데렐라》《해리 포터》와 같은 동화뿐만 아니라 매우 영향력 있는 민족 신화와 종교 신화의 기본 틀을 이룬다.《라마야나》는 결코 유일한 사례가 아니다. 기독교 신학에서 영원한 벌이란 어머니 교회와 하늘의 아버지와 연결해주는 모든 접촉을 잃는 것이다. 지옥은 사라진 부모를 찾아 울부짖는 길 잃은 아이와 같다.

이와 관련된 또 하나의 생물학적 드라마가 있다. 이 역시 인간의 아이와 포유류 및 조류의 새끼들이 잘 아는 것으로, '아빠는 너보다 나를 더 사랑해'다. 생물학자들과 유전학자들은 동기간 경쟁이 진화의 핵심 과정 중 하나라고 본다.[35] 형제자매는 먹을 것과 부모의 관심을 두고 항상 경쟁하며, 일부 종의 경우 서로 죽이는 일도 흔하다. 점박이하이에나 새끼의 약 4분의 1이 형제자매에게 죽임을 당하고, 살아남은 새끼는 그 결과 부모의 보살핌을 더 많이 받는다.[36] 모래뱀상어의 경우 암컷은 자궁에 여러 배아를 품는다. 가장 먼저 약 10센티미터 길이에 도달하는 배아가 나머지 모두를 잡아먹는다.[37] 동기간 경쟁의 역학은 《라마야나》 외에도 카인과 아벨, 리어왕, TV 시리즈 〈석세션Succession〉 등 수많은 신화에 등장한다. 유대 민족처럼 민족 전체가 '우리는 아버지가 가장 사랑하는 자식이다'라는 주장에 기반하여 정체성을 형성하는 경우도 있다.

《라마야나》의 두 번째 중심 줄거리는 라마 왕자와 그의 연인 시타, 그리고 시타를 납치한 악마왕 라바나가 이루는 삼각관계다. '소년과 소녀의 만남'과 '소녀를 차지하기 위한 소년들 간의 싸움'도 수억 년간 수많은 포유류, 조류, 파충류, 어류가 연기해온 생물학적 드라마다. 우리가 이런 이야기에 매료되는 이유는 그것을 이해하는 것이 우리 조상들의 생존에 필수적이었기 때문이다. 호메로스와 셰익스피어, 그리고 《라마야나》의 저자로 알려진 발미키와 같은 인간 이야기꾼들은 생물학적 드라마를 변주하여 정교한 이야기를 만들어내는 놀라운 재주를 보여주었지만, 그중 가장 위대하고 시적인 이야기들조차 기본 줄거리는 진화 핸드북을 그대로 따른다.

《라마야나》에 반복적으로 등장하는 세 번째 주제는 순수함과 불순함 사이의 긴장이다. 시타는 힌두 문화에서 순수함의 표상이다. 순수함에 대한 이런 문화적 집착은 오염을 피하기 위한 진화적 투쟁에 뿌리를 두고 있다. 모든 동물은 새로운 먹이를 먹어보고 싶은 욕구와 독에 오염되는 것에 대한 두려움 사이에서 갈등한다. 따라서 동물들은 호기심을 갖는 동시에 독이 있거나 그 밖에 다른 방식으로 위험한 대상을 접할 때 혐오감을 느끼도록 진화했다.[38] 정치인들과 예언자들은 이런 혐오 메커니즘을 이용하는 방법을 터득했다. 민족 신화와 종교 신화에서 국가나 교회는 불순한 침입자에게 오염될 위험에 처한 생물학적 육체처럼 묘사된다. 수 세기 동안 편협한 사람들은 소수민족과 소수 종교가 질병을 퍼뜨리고,[39] 성 소수자는 오염의 근원이며,[40] 여성은 불순하다는 말을 했다.[41] 1994년 르완다 대학살 당시 후투족은 투치족을 바퀴벌레라고 선동했다. 나치는 유대인을 쥐에 비유했다. 침팬지들도 다른 무리의 낯선 침팬지를 보면 혐오감을 느낀다는 것이 실험 결과 밝혀졌다.[42]

아마 힌두 문화만큼 그 속에서 '순수함 대 불순함'이라는 생물학적 드라마가 극단적으로 전개된 예는 없을 것이다. 힌두 문화는 순수함의 정도에 따라 서열을 매기는 상호주관적인 계급 제도를 만들었다. 이 제도는 순수한 브라만을 꼭대기에 놓고, 불순하다고 간주되는 달리트(과거에는 '불가촉천민'이라고 했다)를 밑바닥에 놓는다. 직업, 도구, 일상생활도 순도에 따라 결정되며, '불순한' 사람은 '순수한' 사람과 결혼해서도, 그들을 만져서도, 그들을 위해 음식을 준비해서도 안 되며, 심지어 근처에 가서도 안 된다.

현대 인도는 삶의 거의 모든 측면에 영향을 미치는 카스트의 유산으로 인해 지금도 어려움을 겪는다. 예를 들어, 불순함에 대한 두려움은 앞에서 언급한 '깨끗한 인도 사업'을 추진하는 과정에서 다양한 문제를 야기했다. 이른바 '순수한' 사람들이 화장실을 짓고 관리하고 청소하는 것과 같은 '불순한' 활동에 참여하거나 이른바 '불

순한' 사람들과 공중화장실을 공유하는 것을 꺼렸기 때문이다.[43]
2019년 9월 25일 인도 바크헤디 마을에서 달리트 계급의 두 어린이(열두 살의 로시니 발미키와 열 살짜리 친척 아비나시)가 더 높은 야다브 계급의 가족이 사는 집 근처에서 용변을 봤다는 이유로 린치를 당했다. 두 아이는 집에 제대로 된 화장실이 없어서 그럴 수밖에 없었다. 지역 관계자의 설명에 따르면, 이 아이들의 가정은 마을에서 가장 가난했음에도 화장실 건설을 위한 정부 지원 목록에서 제외되었다. 이 아이들은 그 밖에도 다른 아이들을 "오염시키지" 않도록 학교에 별도의 매트와 식기를 가져와야 하고 다른 학생들과 떨어져 앉아야 하는 등 계급에 따른 차별을 일상적으로 겪었다.[44]

우리의 감정 버튼을 누르는 생물학적 드라마의 목록에는 그 밖에도 '누가 대장이 될 것인가?' '우리와 남' '선과 악' 같은 몇 가지 고전이 포함된다. 이런 드라마들 역시 《라마야나》에서 중요하게 다루어지는데, 이 모두는 인간 사회뿐만 아니라 늑대 무리와 침팬지 무리에서도 흔히 발견된다. 이런 생물학적 드라마는 인간의 거의 모든 예술과 신화의 근간을 이룬다. 하지만 생물학적 드라마에 의존하는 예술가들은 이 때문에 관료제의 작동 방식을 설명하는 데 어려움을 겪어왔다. 《라마야나》는 대규모 농경 왕국을 배경으로 하지만, 그런 왕국이 어떻게 재산을 등록하고, 세금을 징수하고, 기록 보관소를 체계화하고, 전쟁 자금을 조달하는지에는 거의 관심이 없다. 동기간 경쟁과 삼각관계는 형제자매도 연인도 없는 문서의 작동 방식을 이해하는 데 좋은 길잡이가 되지 못한다.

관료제가 인간의 삶에 종종 초현실적인 방식으로 영향을 미친다는 사실에 주목한 프란츠 카프카와 같은 이야기꾼들은 새로운 비생물학적 플롯을 개척했다. 카프카의 소설《소송 Der Prozess》에서 은행원 K는 알 수 없는 기관에서 나온 정체불명의 공무원들에게 죄목도 모른 채 체포된다. 그는 자신이 할 수 있는 모든 노력을 다 하지만, 자신에게 무슨 일이 벌어지고 있는지 이해하지도, 자신을 괴롭히는 기관의 의도가 무엇인지 밝히지도 못한다. 이 소설을 우주에서의 인간 조건과 신의 불가해성을 나타내는 실존적, 신학적 은유로 해석하기도 하지만, 일상적인 차원에서 이 이야기는 관료제의 악몽 같은 특성을 조명한다. 보험공사에서 변호 일을 했던 카프카는 그것을 너무도 잘 알고 있었다.

관료제 사회에서는 평범한 사람들의 삶이 종종 알 수 없는 기관의 정체 모를 공무원들에 의해 이해할 수 없는 이유로 뒤집히곤 한다.《라마야나》부터 스파이더맨에 이르기까지 괴물에 맞서 싸우는 영웅들의 이야기는 포식자 및 연적과의 대결이라는 생물학적 드라마를 재포장하지만, 카프카식 이야기의 독특한 공포는 위협의 불가해성에서 온다. 우리 마음은 호랑이로 인한 죽음을 이해하도록 진화했다. 그래서 문서로 인한 죽음을 이해하는 것이 무척 어렵다.

관료제를 풍자한 작품들도 있다. 1961년에 발표된 조지프 헬러의 대표작《캐치-22》는 전쟁에서 관료제가 하는 중요한 역할을 풍자적으로 보여주었다. 이 소설에서 가장 큰 권력을 가진 인물 중 하나는 일등병이었다가 강등된 우편 담당 병사 윈터그린이다. 그는 자신의 권력 기반인 우편실에서 어떤 편지를 전달하고 어떤 편지를 없앨지 결정한다.[45] 1980년대 영국 시트콤 〈네, 장관님 Yes Minister〉과

〈네, 총리님Yes, Prime Minister〉은 공무원들이 어떻게 난해한 규정, 모호한 소위원회, 문서 더미를 이용해 정치적 보스를 조종하고 통제하는지 보여준다. 2015년에 개봉한 영화 〈빅 쇼트The Big Short〉(마이클 루이스의 2010년 소설이 원작)는 2007~2008년 금융 위기의 관료주의적 뿌리를 파헤쳤다. 이 영화의 최종 빌런은 인간이 아니라 부채담보부증권이다. 부채담보부증권은 투자은행가들이 만들어낸 금융상품으로, 전 세계에서 관계자 외에는 누구도 이해하지 못한다. 이런 관료제 괴물은 은행 포트폴리오 깊숙한 곳에서 눈에 띄지 않고 잠들어 있다가 2007년에 갑자기 나타나 대규모 금융 위기를 일으키며 수십억 명의 삶에 큰 피해를 끼쳤다.

이런 예술 작품들은 관료 권력이 어떻게 작동하는지 알리는 데 일부 성공을 거두었지만, 이 작업은 지난한 싸움일 수밖에 없다. 우리 마음은 석기시대부터 줄곧 관료제 드라마가 아니라 생물학 드라마에 몰두하도록 맞춰져 있었기 때문이다. 대부분의 할리우드와 발리우드 블록버스터는 부채담보부증권을 다루지 않는다. 오히려 21세기에도 대부분의 블록버스터는 사실상 영웅이 여자를 구하기 위해 괴물과 싸우는 석기시대 이야기다. 마찬가지로 〈왕좌의 게임Game of Thrones〉〈더 크라운The Crown〉〈석세션〉과 같은 텔레비전 시리즈에서 정치권력의 작동 방식을 묘사할 때도 초점은 왕조 권력을 유지하고 때로는 억제하는 관료 조직의 미로가 아니라, 왕실 가족 간의 암투에 맞춰져 있다.

변호사를

모조리 죽이자

관료제의 현실을 묘사하고 이해하는 것이 어렵다는 사실은 불행한 결과를 가져왔다. 한편으로는 카프카의 소설 《소송》의 주인공처럼, 이해할 수 없는 유해한 권력 앞에서 무력감을 느끼게 만든다. 다른 한편으로는 관료제가 실제로는 의료, 안전, 정의를 제공하는 이로운 힘일 때도 악의적인 음모라는 인상을 남긴다.

16세기 시인 루도비코 아리오스토는 불화Discord라는 우화적 인물을 "가난한 사람들을 더욱 불안하게 만드는 소환장과 영장 뭉치, 반대신문과 위임장, 변호인단의 의견서와 판례, 산더미처럼 쌓인 법률 해석"을 몰고 다니고 "앞뒤 양옆을 공증인들과 변호사들이 에워싸고 있는" 여성으로 묘사했다.[46]

셰익스피어는 《헨리 6세》 2부에서 잭 케이드의 반란(1450)을 묘사하면서, '백정 딕'이라는 평민 반란군을 등장시켜 관료제에 대한 반감의 끝을 본다. 딕은 더 나은 사회질서를 확립하기 위해 계획을 세운다. "우리가 가장 먼저 할 일은 변호사를 모조리 잡아 죽이는 거다." 딕은 이렇게 조언한다. 반란군 지도자 잭 케이드는 딕의 제안을 받아들이고 관료제, 특히 문서를 강력 비난한다. "참으로 한탄스러운 일이 아닌가, 그놈들은 죄 없는 어린 양의 가죽으로 양피지를 만들고, 그 양피지에다 무엇인가 갈겨 써놓고는 사람을 골로 가게 한단 말이야! 사람들이 벌에는 독침이 있다고 하지만, 내가 말하거니와 독이 있는 건 밀랍이란 말이지. 왜냐하면 한번 그 밀랍에 도장을 누르면 다시는 내가 나 자신의 것이 되지 못하니 말이다." 바로 그때 반란군이 서기를 붙잡아 글을 읽고 쓸 줄 아는 것은 죄라고 비난한다. 짧은 신문을 통해 "범죄"를 확인한 후 케이드는 부하들에게 "그의 목에 펜과 잉크병을 걸어 목매달아라"라고 명령한다.[47]

잭 케이드의 반란이 일어나기 70년 전, 훨씬 더 큰 규모의 1381년 농민반란이 일어났을 때 반란군은 관료들뿐만 아니라 문서에도 분풀이를 했다. 반란군은 수많은 기록 보관소를 파괴하고, 법정 기록, 헌장, 행정 및 법률 기록을 불태웠다. 한번은 케임브리지 대학교의 기록물을 모아놓고 불을 피우기도 했다. 마거리 스타라는 이름의 노파는 그 재를 바람에 날려 보내며 "글을 아는 사람들의 지식아, 저리 가라. 저리 가!"라고 울부짖었다. 수도원의 기록 보관소가 파괴되는 것을 목격한 세인트 올번스 수도원의 수도사 토머스 월싱엄은 어떻게 반란군이 "모든 법정 기록과 공문서에 불을 질렀는지" 묘사했다. "그들은 이런 식으로 고대 봉건제의 기록을 없앰으로써 훗날 영주들이 자신들에게 어떤 권리도 주장할 수 없도록 했다."[48] 문서를 죽이면 부채도 사라졌다.

기록 보관소를 공격하는 행위는 그 밖에도 수많은 반란에서 나타난 특징이었다. 예를 들어 서기 66년 유대인 대봉기 당시 반란군이 예루살렘을 점령하고 가장 먼저 한 일 중 하나가 중앙 문서 보관소에 불을 질러 부채 기록을 없앰으로써 민중의 지지를 얻은 것이었다.[49] 1789년 프랑스혁명 당시에도 지역과 지방의 수많은 기록 보관소가 비슷한 이유로 파괴되었다.[50] 반란군 중 다수가 문맹이었을지 모르지만 그들은 그 문서가 없으면 관료 절차가 작동할 수 없다는 것을 알았다.

나는 정부 관료와 공문서의 효력을 불신하는 사람들의 심정을 이해할 수 있는데, 내 가족에게도 공문서가 중요한 역할을 했기 때문이다. 내 외할아버지는 정부 인구조사 때 중요한 문서를 찾지 못해 인생이 뒤바뀌었다. 할아버지 브루노 루팅거는 1913년 체르니우치에서 태어났다. 지금은 우크라이나에 있는 도시이지만 1913년에는 합스부르크제국에 속했다. 브루노는 아버지가 제1차 세계대전 때 실종되어 어머니 차야펄의 손에 자랐다. 전쟁이 끝나고 체르니우치는 루마니아에 합병되었다. 1930년대 말 루마니아에 파시스트 독재 정권이 들어서면서 새로운 반유대주의 정책의 중점 사업으로 유대인 인구조사를 실시했다.

1936년의 공식 통계에 따르면, 루마니아에 거주하는 유대인은 75만 8,000명으로, 전체 인구의 4.2퍼센트를 차지했다. 같은 통계에 따르면, 소련에서 온 난민의 수는 유대인과 비유대인을 합쳐서 약 1만 1,000명이었다. 1937년에 옥타비안 고가 총리가 이끄는 새로운 파시스트 정권이 집권했다. 고가는 정치인일 뿐만 아니라 시인으로도 유명했지만, 애국적인 시를 등지고 가짜 통계와 억압적인 관료제로 빠르게 전향했다. 고가 총리와 그 일당은 공식 통계를 무시하고 수십만 명의 유대인 난민이 루마니아로 밀려들어 오고 있다고 주장했다. 여러 인터뷰에서 고가는 50만 명의 유대인이 불법으로 루마니아에 입국했으며, 루마니아에 머물고 있는 유대인은 총 150만 명에 이른다고 주장했다. 정부 기관, 극우 통계학자, 신문은 이보다 훨씬 높은 수치를 정기적으로 인용했다. 예를 들어 파리 주재 루마니아 대사관은 루마니아에 100만 명의 유대인 난민이 있다고 주장했다. 기독교도인 루마니아 국민은 자신들이 곧 유대인이 주도하는 나라에서 밀려나거나 소수가 될 것이라는 집단 히스테리에 사로잡혔다.

고가 정부는 이렇게 선전을 통해 가공의 문제를 만들어내고는 문제를 해결하겠다며 나섰다. 1938년 1월 22일 정부는 법령을 발표하여, 루마니아의 모든 유대인에게 루마니아 영토에서 태어났으며 루마니아 시민권을 받을 자격이 있다는 증거 문서를 제출하라고 명령했다. 증거를 제출하지 못하는 유대인은 시민권과 함께 거주와 취업에 대한 권리를 잃게 되었다.

루마니아의 유대인들은 하루아침에 관료제 지옥에 던져졌다. 많은 유대인이 관련 서류를 찾기 위해 출생지를 찾아갔지만, 기록 보관소가 제1차 세계대전 때 파괴되었다는 사실을 알게 되었을 뿐이다. 체르니우치처럼 1918년 이후 루마니아에 합병된 영토에서 태어난 유대인들은 특수한 문제에 직면했다. 그들에게는 루마니아 출생증명서가 없었고, 가족에 관한 다른 문서들도 부쿠레슈티가 아닌 옛 합스부르크 수도였던 빈과 부다페스트에 보관되어 있었기 때문이다. 어떤 문서를 찾아야 하는지조차 모르는 유대인도 허다했는데, 어떤 문서가 충분한 '증거'로 간주되는지 인구조사법에 명시되어 있지 않았기 때문이다.

날벼락을 맞은 유대인들이 관련 문서를 손에 넣기 위해 거액의 뇌물을 주겠다고 제안하면서 사무원과 기록 보관소는 수익성 높은 새로운 수입원을 얻게 되었다. 뇌물이 아니라도 서류를 발급받는 절차 자체가 비용이 많이 들었다. 서류를 요청하고 당국에 시민권 신청서를 제출하려면 수수료를 지불해야 했기 때문이다. 서류를 제대로 갖춰서 제출한다고 해서 끝나는 것도 아니었다. 출생증명서에 기재된 이름과 시민권 서류에 기재된 이름이 서로 철자 하나만 달라도 당국은 시민권을 취소할 수 있었다.

많은 유대인들이 관료제의 허들을 넘지 못해서 시민권을 신청조차 하지 못했다. 시민권을 신청한 사람들 중에서도 겨우 63퍼센트만이 승인을 받았다. 총 75만 8,000명의 루마니아 유대인 중 36만 7,000명이 시민권을 상실했다.[51] 내 할아버지 브루노도 그중 한 명이었다. 부쿠레슈티에서 새로운 인구조사법이 통과되었을 때만 해도 브루노는 그것을 대수롭지 않게 여겼다. 그는 체르니우치에서 태어나 평생을 그곳에서 살았으니까. 관료에게 자신이 외국인이 아니라는 것을 증명해야 한다니 어이가 없었다. 게다가 1938년 초 그의 어머니가 병에 걸려 돌아가신 터라, 브루노는 서류를 찾아다닐 여력이 없었다.

그러던 중 1938년 12월, 브루노의 시민권을 취소한다는 공문이 부쿠레슈티에서 도착했고, 졸지에 외국인이 된 그는 다니던 체르니우치의 라디오 가게에서 즉시 해고되었다. 브루노는 이제 혼자이고 실직자였을 뿐만 아니라, 취업할 가망이 없는 무국적자가 되었다. 아홉 달 후 제2차 세계대전이 터지자 서류가 없는 유대인에게 더 큰 위험이 닥쳤다. 1938년에 시민권을 상실한 루마니아 유대인의 대다수는 향후 몇 년 동안 루마니아 파시스트와 나치 동맹국의 손에 죽임을 당했다(시민권을 보유한 유대인은 생존율이 훨씬 높았다).[52]

할아버지는 점점 조여오는 올가미에서 벗어나려고 여러 번 시도했지만 서류 없이는 어려웠다. 몇 번은 기차와 배에 몰래 오르기도

했는데 번번이 잡혀서 체포되었다. 1940년에 지옥문이 닫히기 직전 그는 가까스로 팔레스타인으로 떠나는 마지막 배에 승선할 수 있었다. 팔레스타인에 도착하자마자 그는 영국군에게 불법 이민자로 체포되어 투옥되었다. 수감되고 두 달이 지났을 때 영국 당국이 그에게 거래를 제안했다. 감옥에 있다가 추방당하거나, 그게 싫으면 영국군에 입대하여 팔레스타인 시민권을 얻으라는 것이었다. 할아버지는 그 제안을 덥석 받아들여 1941년부터 1945년까지 북아프리카와 이탈리아 전투에서 영국군으로 복무했다. 그 대가로 그는 서류를 얻어냈다.

서류 보관은 우리 가족에게 신성한 의무가 되었다. 은행 명세서, 전기 요금 청구서, 만료된 학생증, 시에서 온 공문 등 공공 기관의 직인으로 보이는 것이 찍혀 있으면 일단 찬장에 있는 많은 폴더 중 하나에 보관했다. 이 문서들 중 어느 것이 훗날 우리의 목숨을 구할지 몰랐으니까.

기적의
문서

우리는 관료주의 정보 네트워크를 반겨야 할까 아니면 증오해야 할까? 내 할아버지가 겪은 일은 관료 권력에 내재된 위험을 보여준다. 런던 콜레라 유행에 관한 이야기는 관료제가 유익할 수 있다는 것을 보여준다. 모든 강력한 정보 네트워크는 좋은 일도 나쁜 일도 할 수 있다. 중요한 것은 네트워크를 어떻게 설계하고 사용하는가다. 단순히 네트워크의 정보량이 늘어난다고 해서 네트워크가 이롭게 쓰이는 것은 아니며, 진실과 질서 사이에서 적절한 균형을 맞추는 일이 더 쉬워지는 것도 아니다. 이는 21세기에 새로운 정보 네트워크를 개발하고 사용하는 사람들이 새겨들어야 할 중요한 역사적 교훈이다.

미래의 정보 네트워크, 특히 AI에 기반한 네트워크는 많은 면에서 이전 네트워크들과는 다를 것이다. 1부에서는 어떻게 신화와 관료제가 대규모 정보 네트워크에 필수적인 역할을 해왔는지 살펴봤다면, 2부에서는 어떻게 AI가 관료와 신화 제작자의 역할을 차지하고 있는지 살펴볼 것이다. AI 시스템은 데이터를 찾고 처리하는 방법을 인간 관료들보다 잘 알고, 이야기를 지어내는 능력도 대부분의 인간보다 나아지고 있다.

하지만 21세기의 새로운 AI 기반 정보 네트워크를 살펴보기 전에, 그리고 AI 신화 제작자와 AI 관료의 위험과 가능성을 알아보기 전에, 정보 네트워크의 장기적인 역사에 대해 한 가지 더 이해해야 할 것이 있다. 지금까지 살펴보았듯이 정보 네트워크는 진실을 최대화하기보다는 진실과 질서 사이의 균형을 찾으려고 한다. 관료제와 신화는 모두 질서를 유지하는 데 필수적이며, 둘 다 질서를 위해 진실을 기꺼이 희생시킨다. 그렇다면 어떤 메커니즘이 관료제와 신화가 진실을 완전히 놓치지 않도록 보장하고, 어떤 메커니즘이 정보 네트워크가 약간의 무질서를 감수하고라도 스스로의 실수를 찾아 수정할 수 있게 만들까?

다음 두 장에 걸쳐 인간의 정보 네트워크들이 오류 문제를 다루는 방식을 살펴볼 것이다. 먼저 또 다른 정보 기술인 '거룩한 책'의 발명에 대해 생각해보는 것으로 시작한다. 《성경》이나 《쿠란》과 같은 거룩한 책들은 일종의 정보 기술로, 사회가 필요로 하는 모든 중요한 정보를 담고 있으면서도 오류 가능성이 전혀 없도록 기획되었다. 정보 네트워크 스스로 어떤 오류도 없다고 가정할 때 어떤 일이 벌어질까? 무오류의 책으로 일컬어지는 거룩한 책의 역사는 모든 정보 네트워크가 가진 한계들 가운데 몇 가지를 명확하게 보여주고, 21세기에 오류 없는 AI를 창조하려고 시도하는 사람들에게 중요한 교훈을 준다.

4

오류: 무오류성이라는 환상

성 아우구스티누스는 "실수하는 것은 인간적이지만 실수를 고치지 않는 것은 악마적이다"[1]라는 유명한 말을 남겼다. 인간의 오류 가능성과 그 오류를 바로잡을 필요성은 어느 신화에서나 핵심적인 역할을 했다. 기독교 신화에 따르면 역사 자체가 아담과 하와의 원죄를 바로잡으려는 시도다. 마르크스-레닌주의 사상에 따르면 노동자 계급도 압제자에게 속아 자신의 이익을 잘못 판단할 가능성이 있으며, 이 때문에 현명한 당 지도부의 리더십이 필요하다. 관료 조직 또한 잘못 배치된 문서부터 비효율적인 절차에 이르는 오류들을 지속적으로 감시한다. 복잡한 관료 조직은 대개 자체 징계 기구를 갖추고 있으며, 군사적 패배나 금융 위기와 같은 중대한 재난이 발생하면 조사 위원회가 설치되어 무엇이 잘못되었는지 파악하고 같은 실수가 되풀이되지 않도록 조치한다.

자정 장치가 제대로 작동하기 위해서는 정당성이 필요하다. 인간이 오류를 범하기 쉬운 존재라면, 자정 장치가 오류를 범하지 않을 것이라고 어떻게 장담하는가? 끝이 없어 보이는 이 순환 고리를 벗어나기 위해 인간은 자신들의 실수를 찾아 바로잡는 일을 믿고 맡길 수 있는, 오류로부터 완전히 자유로운 초인적 장치를 꿈꾸었다. 오늘날 누군가는 AI가 그런 장치를 제공할 수 있기를 바랄지도 모른다. 한 예로 2023년 4월 일론 머스크는 "나는 우주의 본질을 이해하려고 시도하는 일종의 최대 진리 추구 AI, 즉 트루스GPT를 시작할 것"이라고 선언했다.[2] 이것이 왜 위험한 환상인지는 나중에 살펴보기로 하자. 그런 환상이 이전 시대에는 '종교'라는 다른 형태로 나타났다.

개인적 수준에서 종교는 위안을 주고 생명의 미스터리를 설명하는 등 많은 다양한 기능을 수행할 수 있다. 하지만 역사적으로 종교의 가장 중요한 기능은 사회질서에 초인적 정당성을 부여하는 것이었다. 유대교, 기독교, 이슬람교, 힌두교 같은 종교들은, 그 종교의 사상과 규칙은 오류 없는 초인적인 권위자가 만든 것이기 때문에 오류 가능성이 전혀 없으며 그러므로 오류를 범할 수 있는 인간이 그것을 의심하거나 변경해서는 안 된다고 주장한다.

고리에서
인간을 빼다

모든 종교의 중심에는 오류 없는 초인적 지능과 연결되고자 하는 환상이 자리하고 있다. 8장에서 다루겠지만 종교의 역사를 아는 것이 오늘날의 AI 논쟁과 밀접한 관련이 있는 이유가 여기 있다. 종교의 역사에서 반복적으로 등장하는 문제는 특정 교리가 실제로 오류 없는 초인에게서 왔다는 것을 사람들에게 어떻게 납득시키느냐다. 신의 뜻을 기꺼이 따르고야 싶지만 신이 실제로 무엇을 원하는지 어떻게 아는가?

그동안의 역사에서 많은 사람들이 신의 메시지를 전달한다고 주장했지만 그 메시지들은 모순되기 일쑤였다. 어떤 사람은 꿈에 신이 나타났다고 하고, 어떤 사람은 천사가 찾아왔다고 하고, 또 어떤 사람은 숲에서 정령을 만났다고 하면서 저마다 다른 메시지를 전했다. 인류학자 하비 화이트하우스는 1980년대 말 뉴브리튼섬의 바이닝족Baining과 함께 지내며 현지 연구를 하던 중 있었던 일을 들려준다. 타노트카라는 청년이 병에 걸렸는데 고열로 인한 섬망 상태에서 그가 "나는 우트카Wutka다" "나는 기둥이다"와 같은 알아들을 수 없는 말을 하기 시작했다. 이 진술들은 주로 타노트카의 형인 바닝게만 들었고, 바닝게는 다른 사람들에게 이 이야기를 전하며 창조적으로 해석하기 시작했다. 바닝게는 동생 몸에 조상의 영혼인 우트카가 들어왔으며, 집이 중앙 기둥으로 떠받쳐지듯이 자신의 동생이 신으로부터 공동체의 중앙 기둥으로 선택받았다고 말했다.

타노트카는 회복 후에도 계속 우트카의 암호 같은 메시지를 전달했고, 이 메시지들은 바닝게를 통해 점점 더 정교한 방식으로 해석되었다. 그러다 바닝게는 스스로 꿈을 꾸기 시작했고 그것이 신의 또 다른 메시지라고 주장했다. 바닝게는 세상의 종말이 임박했다면서, 다가오는 종말에 대비해 공동체를 준비시킬 수 있도록 독재 권력을 달라고 많은 지역 주민들을 설득했다. 바닝게는 사치스러운 연회와 의식에 공동체의 자원을 탕진하다시피 했다. 종말은 실현되지 않았고 주민들이 굶어 죽기 직전이 되었을 때 바닝게의 권력이 무너졌다. 그때도 일부는 바닝게와 타노트카가 신의 전령이라고 계속 믿었지만, 많은 사람들은 두 사람이 사기꾼이거나 어쩌면 악마의 하수인일지도 모른다고 결론지었다.[3]

오류를 범할 수 있는 인간이 꾸며낸 이야기나 상상을 신의 진정한 뜻과 구별할 방법이 있을까? 직접 신의 계시를 받지 않는 한, 신이 무슨 말을 했는지 안다는 것은 타노트카나 바닝게처럼 실수하는 인간이 신이 말했다고 주장하는 것을 믿는다는 뜻이었다. 하지만 인간을, 특히 개인적으로 알지 못하는 사람을 어떻게 믿을 수 있을까? 종교는 실수할 수 있는 인간을 배제하고 오류 없는 초인적 계율에 직접 접근할 수 있기를 바라지만, 결국 이런저런 인간을 믿는 것으로 끝났다.

이 문제를 우회하기 위해 종교는 신의 전령임을 자처하는 사람들을 심사하는 기관을 만들기로 했다. 이미 부족사회에서도 부족의 정령과 같은 초인적 존재와 소통하는 일은 주로 종교 전문가들의 영역이었다. 바이닝족의 경우 전통적으로 아궁가라가agungaraga라는 전문 영매가 정령과 소통하며 질병부터 흉작에 이르는 각종 불운의 숨은 원인을 알아내는 임무를 맡았다. 아궁가라가는 공인된 기관에 소속되어 있었기 때문에 타노트카나 바닝게보다 신뢰할 수 있었고, 그들의 권위는 더 굳건하게 유지되고 널리 인정받았다.[4] 브라질의 칼라팔로 부족에서는 아네타웅anetaü이라는 세습되는 의식 담당자들이 종교 의식을 주관하고 진행했다. 고대 켈트족과 힌두교 사회에서도 드루이드와 브라만이 비슷한 임무를 전담했다.[5] 인간 사회가 커지고 복잡해질수록 종교 기관도 커지고 복잡해졌다. 사제와 신탁을 전하는 사람은 신을 대리하는 중요한 임무를 수행하기 위해 오랫동안 힘든 훈련을 받아야 했다. 이제 사람들은 더 이상은 천사를 만났다거나 신의 메시지를 전한다고 주장하는 평범한 사람을 무턱대고 믿을 필요가 없었다.[6] 예를 들어 고대 그리스에서는 신이 무슨 말을 하는지 알고 싶다면 델포이에 있는 아폴론 신전의 여사제 피티아와 같은 공인된 전문가를 찾아갔다.

그러나 신탁소와 같은 종교 기관을 오류를 범할 수 있는 인간이 운영하는 한, 그런 기관도 오류나 부패에서 자유로울 수 없었다. 헤로도토스에 따르면, 폭군 히피아스가 아테네를 통치할 때 친민주주의 세력이 피티아에게 자신들을 도와달라며 뇌물을 주었다고 한다. 스파르타인들이 공적이든 사적이든 신의 자문을 구하기 위해 피티아를 찾아올 때마다, 피티아는 스파르타인들이 먼저 아테네를 폭군으로부터 해방해야 한다는 똑같은 대답을 반복했다. 히피아스와 동맹 관계였던 스파르타인들은 결국 기원전 510년에 피티아에게 전해 들은 신의 뜻에 따라 아테네에 군대를 보내어 히피아스를 몰아냈고, 이는 아테네 민주주의를 확립하는 길을 열었다.[7]

인간 예언자가 신의 말을 위조할 수 있는 한, 신전이나 사제단 같은 종교 기관을 마련하는 것으로는 종교의 핵심 문제를 해결할 수 없었다. 사람들이 오류 없는 신에게 접근하기 위해서는 여전히 오류를 범할 수 있는 인간을 믿어야 했다. 어떻게든 인간을 완전히 우회하는 것이 가능했을까?

오류 없는
기술

　　　　《성경》이나 《쿠란》 같은 거룩한 책들은 인간의 오류를 우회하기 위한 기술인 셈이고, 인간이 만든 이 기술을 중심으로 책의 종교인 유대교, 기독교, 이슬람교가 형성되었다. 이 기술이 어떻게 작동하도록 설계되었는지 이해하려면, 먼저 책이 무엇이고 책이 다른 종류의 텍스트와 어떻게 다른지 알아야 한다. 책은 내용에 변화가 없는 고정된 텍스트(장章, 이야기, 레시피, 편지 등)를 엮은 것으로, 항상 덩어리째 움직이고 동일한 사본이 여럿 존재한다. 따라서 책은 구전되는 이야기와도, 관공서의 공문서와도, 기록 보관소와도 차별된다. 구전되는 이야기는 말할 때마다 조금씩 달라질 수 있고, 많은 사람들이 오랜 시간에 걸쳐 전달하다 보면 상당히 달라질 수밖에 없다. 반면에 책의 사본들은 원칙적으로 모두 동일하다. 관공서의 공문서는 비교적 짧은 경향이 있으며, 대개 한 기록 보관소에 한 부만 존재한다. 분량이 긴 문서의 사본 여러 부가 수많은 기록 보관소에 보관되어 있는 경우 우리는 보통 그것을 책이라고 부른다. 마지막으로, 많은 텍스트를 포함하고 있는 책도 기록 보관소와는 다르다. 기록 보관소들은 저마다 보관하고 있는 텍스트 목록이 다른 반면, 책의 사본들은 모두 동일한 장, 동일한 이야기, 또는 동일한 레시피를 포함하기 때문이다. 따라서 책은 다른 시대와 장소에 있는 많은 사람들이 동일한 데이터베이스에 접근할 수 있게 해준다.

　　책은 기원전 1000년기에 중요한 종교 기술이 되었다. 신이 수만 년 동안 샤먼, 사제, 예언자, 신탁, 기타 인간 전령을 통해 메시지를 전한 후 마침내 유대교와 같은 새로운 운동이 일어나 신이 책이라는 새로운 기술을 통해 말한다고 주장하기 시작했다. 우주의 창조부터 음식 규정까지 모든 것에 대한 신의 말씀이 여러 장에 걸쳐 담겨 있는 책이 있다. 그러니 이제는 어떤 사제와 예언자, 그리고 인간의 기관도 이 신성한 말씀을 잊거나 변경할 수 없다. 오류를 범할 수 있는 인간이 말하는 것은 무엇이든 오류가 없는 책에 기록된 내용과 언제든지 비교할 수 있기 때문이다.

하지만 책의 종교에는 나름의 문제들이 있었다. 무엇보다도, 그 거룩한 책에 무엇을 포함할지 누가 결정할까? 최초의 한 권은 하늘에서 내려오지 않았다. 그것은 인간이 편찬해야 했다. 이는 해결하기 쉽지 않은 문제였지만 신자들은 이번 기회에 최종적이고도 확실하게 해결하기를 바랐다. 만일 가장 지혜로우며 신뢰할 수 있는 사람들을 모을 수 있고 그들이 그 거룩한 책의 내용에 동의할 수 있다면, 그 순간부터는 인간을 완전히 배제할 수 있고, 인간은 영원히 신의 말씀에 손을 대지 못할 터였다.

이 절차와 관련하여 여러 가지 반론이 있을 수 있다. 가장 지혜로운 인간을 누가 선택하는가? 어떤 기준으로 선택하는가? 지혜로운 사람들이 합의에 이르지 못하면? 그들이 나중에 마음을 바꾸면? 그럼에도 불구하고 《히브리어 성경》과 같은 거룩한 책을 편찬하는 데 이 절차가 사용되었다.

《히브리어 성경》의
제작

기원전 1000년기에 유대인 예언자, 사제, 학자 들은 방대한 분량의 이야기, 문서, 예언, 시, 기도문, 연대기를 만들어냈다. 하지만 한 권의 책으로 된 《성경》은 성경 시대(《성경》에 기록된 사건들이 일어난 시대─옮긴이)에는 존재하지 않았다. 다윗 왕이나 예언자 이사야는 《성경》을 본 적이 없었다.

현존하는 가장 오래된 《성경》의 사본은 사해문서에 있는 것이라는 주장이 있지만 이는 잘못된 사실이다. 사해문서는 약 900개의 두루마리로 이루어져 있는데, 기원전 마지막 두 세기 동안 주로 작성되었고, 사해 근처 마을인 쿰란 주변의 여러 동굴에서 발견되었다.[8] 대부분의 학자들은 이 두루마리들이 근처에 살았던 한 유대교 종파에게 일종의 기록 보관소였다고 생각한다.[9]

중요한 사실은 어떤 두루마리에도 《성경》 한 권이 통째로 담겨 있지 않으며 어떤 두루마리에도 《구약》을 구성하는 24권의 책이 하나의 완전한 데이터베이스로 간주되었다는 증거가 없다는 것이다. 일부 두루마리에 오늘날 정경으로 간주되는 《성경》에 포함된 텍스트들이 기록되어 있기는 하다. 예를 들어 열아홉 개 두루마리와 몇몇 조각난 필사본에 〈창세기〉의 일부가 보존되어 있다.[10] 하지만 많은 두루마리에는 훗날 《성경》에서 제외된 텍스트들이 기록되어 있다. 예를 들어 스무 개 이상의 두루마리와 일부 조각난 필사본에는 〈에녹〉 일부분이 보존되어 있다. 〈에녹〉은 노아의 증조부인 족장 에녹이 썼다고 추정되는 책으로, 메시아의 도래에 대한 예언뿐만 아니라 천사와 악마의 역사가 담겨 있다.[11] 쿰란의 유대인들은 〈창세기〉와 〈에녹〉에 큰 중요성을 부여한 것으로 보이고, 따라서 그들이 〈창세기〉는 정경으로 치고 〈에녹〉은 외경으로 쳤을 것 같지는 않다.[12] 실제로 지금도 일부 에티오피아 유대교와 기독교 분파는 자신들의 정경에 〈에녹〉을 넣는다.[13]

훗날 정경에 포함되는 텍스트가 기록된 두루마리들조차 현재의 정경 버전과 다른 경우가 있다. 예를 들어 〈신명기〉 32장 8절의 경우, 정경 텍스트에는 신이 지상의 나라들을 "이스라엘의 아들들의 수"에 따라 나누었다고 적혀 있다. 그러나 사해 두루마리에는 "신의 아들들의 수"라고 되어 있다. 이는 당시 유대인들이 신에게 아들이 여럿 있었다는 사뭇 놀라운 개념을 가지고 있었음을 암시한다.[14] 〈신명기〉 8장 6절의 경우, 정경 텍스트에는 신을 **두려워하라**고 적혀 있는 반면, 사해 버전에는 신을 **사랑하라**고 되어 있다.[15] 몇몇 부분은 단순히 이곳저곳에서 단어 하나가 바뀐 것보다 훨씬 큰 차이를 보인다. 〈시편〉 두루마리에는 현재 정경으로 인정되는 《성경》에는 없는, 여러 편의 완전한 시편이 포함되어 있다(대표적으로 〈시편〉 151, 154, 155편).[16]

마찬가지로 기원전 3세기에서 1세기 사이에 완성된 가장 오래된 《성경》 번역본인 《70인역》도 나중에 정경으로 인정된 버전과 많은 면에서 차이가 있다.[17] 예를 들어 《70인역》에는 〈토비트〉 〈유딧〉 〈시라〉 〈마카베오〉 〈솔로몬의 지혜서〉 〈솔로몬의 시편〉, 그리고 시편 151편이 포함되어 있다.[18] 또한 〈다니엘〉과 〈에스델〉은 분량이 더 길다.[19] 〈예레미야〉는 정경에 실린 버전보다 15퍼센트 짧다.[20] 마지막으로 〈신명기〉 32장 8절의 경우 《70인역》은 필사본의 대부

분에 '이스라엘의 아들들'이 아니라 '신의 아들들' 또는 '신의 천사들'이라고 되어 있다.[21]

수 세기에 걸쳐 '랍비'라 불리는 학식 있는 유대인 현자들이 갑론을박한 끝에 마침내 정경 데이터베이스가 추려졌다. 즉 세상에 돌아다니는 많은 텍스트 중 여호와의 공식 말씀으로 《성경》에 어느 것을 넣고 뺄지 결정되었다. 예수 시대에는 텍스트 대부분에 대한 합의가 이루어졌을 가능성이 높지만, 그로부터 한 세기가 지난 후에도 여전히 랍비들은 〈아가〉를 정경에 넣어야 하는지를 두고 논쟁을 벌이고 있었다. 일부 랍비들은 〈아가〉가 세속적인 연애시라고 비판한 반면, 랍비 아키바(서기 135년에 사망함)는 솔로몬 왕이 신에게서 영감을 받아 쓴 작품이라며 옹호했다. 아키바는 "〈아가〉는 지성소 중의 지성소"라는 유명한 말을 남겼다.[22] 서기 2세기 말에는 유대인 랍비들 사이에서 정경에 넣을 텍스트와 제외할 텍스트에 대한 폭넓은 합의가 이루어진 것으로 보이지만, 이 문제와, 각 텍스트의 정확한 문구, 철자, 발음에 대한 논쟁은 마소라 시대(서기 7~10세기)에 와서야 최종적으로 해결되었다.[23]

이런 정경화 과정에서 〈창세기〉는 여호와의 말씀인 반면 〈에녹〉 〈아담과 하와의 생애〉 〈아브라함의 언약〉은 인간의 위조로 판정되었다.[24] 다윗왕의 〈시편〉은 정경으로 인정되었지만(151~155편 제외), 〈솔로몬 왕의 시편〉은 그리되지 않았다. 〈말라기〉는 승인을 받았지만 〈바룩〉은 받지 못했다. 〈역대기〉는 포함되었고, 〈마카베오〉는 탈락되었다.

그런데 《성경》 자체에도 언급된 일부 책들이 정경에 들어가지 못했다는 것은 흥미로운 대목이다. 예를 들어 〈여호수아〉와 〈사무엘〉은 둘 다 〈야살〉이라는 아주 오래된 성스러운 텍스트를 언급한다(〈여호수아〉 10:13, 〈사무엘상〉 1:18). 〈민수기〉는 〈야훼의 전쟁사기〉(21:14)(고대의 전쟁 시를 모은 책─옮긴이)를 언급한다. 그리고 〈역대기하〉는 솔로몬 왕의 통치 시기를 다룰 때 "솔로몬의 나머지 행적은 처음부터 마지막까지 예언자 나단의 기록과 실로 사람 아히야의 예언서, 느밧의 아들 여로보암의 장래를 내다보고 쓴 선견자 이도의 환상록에 기록되어 있다"(9:29)고 마무리한다. 〈야살〉과 〈야훼의 전쟁사기〉뿐만 아니라 〈이도의 환상록〉 〈아히야의 예언서〉 〈나단의 기록〉도 현재 정경에 빠져 있다. 이 책들은 일부러 제외했다기보다는 분실된 것으로 보인다.[25]

정경이 확정된 후 대부분의 유대인들은 《성경》을 편찬하는 혼란스러운 과정에서 인간의 기관이 했던 역할을 서서히 잊었다. 정통 유대교는 하느님이 시나이산에서 모세에게 유대교 경전의 첫 부분인 〈모세5경〉의 완전한 텍스트를 직접 전했다고 주장했다. 많은 랍비들은 나아가 하느님께서 태초에 〈모세5경〉을 창조했고, 따라서 모세 이전에 살았던 노아와 아담 같은 성경 시대 인물들도 그것을 읽고 공부했다고 주장했다.[26] 《성경》의 나머지 부분들 역시 신이 창조했거나 신에게서 영감을 받아 작성된 텍스트로, 평범한 사람이 편찬한 것과는 질적으로 다르다고 생각했다. 그 거룩한 책의 내용이 확정되자, 유대인들은 이제부터는 오류를 범하는 인간이나 부패한 기관이 삭제하거나 변경할 수 없는 여호와의 정확한 말씀을 직접 들을 수 있을 것으로 기대했다.

블록체인(데이터를 분산 저장하는 기술. 이런 구조는 데이터의 위변조를 어렵게 만들어 높은 보안성을 제공하고, 데이터가 여러 곳에 분산되어 저장되기 때문에 특정 블록이 손상되거나 삭제되더라도 다른 블록을 통해 데이터를 복원할 수 있다—옮긴이) 개념을 2,000년 앞서 예견한 유대인들은 거룩한 법전의 사본을 무수히 많이 생산하기 시작했고, 모든 유대인 공동체는 회당이나 베트 미드라시bet midrash(학문의 집)에 그것을 적어도 한 권 이상 가지고 있어야 했다.[27] 이는 두 가지 목적을 달성하기 위한 것이었다. 첫째는 거룩한 책의 사본을 널리 보급함으로써 종교를 대중화하고, 독재를 꿈꾸는 사람의 힘을 엄격하게 제한하는 것이었다. 이집트 파라오와 아시리아 왕의 기록 보관소들이 대중을 희생시키고 왕실의 이해할 수 없는 관료 조직에 힘을 실어주었다면, 유대인의 거룩한 책은 대중에게 힘을 부여하는 것처럼 보였다. 대중은 이제 가장 뻔뻔한 지도자에게도 신의 법에 따라 책임을 물을 수 있었기 때문이다.

더 중요한 두 번째 목적은 같은 책을 여러 부 갖추어둠으로써 텍스트에 손을 대는 것을 막는 것이었다. 많은 장소에 수천 권의 동일한 책이 있다면 거룩한 법전에서 단 한 글자만 바꾸어도 쉽게 사기로 드러날 수 있었다. 먼 지역에서도 《성경》의 사본을 쉽게 구할 수 있게 되면서 유대인들은 인간의 독재를 신의 주권으로 대체했다. 이제 책이라는 무오류 기술이 사회질서를 완벽하게 보장해줄 터였다. 적어도 그렇게 보였다.

기관의
반격

《성경》을 정경화하는 과정이 완료되기도 전에 성경 프로젝트는 또 다른 어려움에 부딪혔다. 거룩한 책의 정확한 내용에 합의하는 것만이 이 무오류 기술의 유일한 문제는 아니었다. 또 다른 명백한 문제는 텍스트 복제였다. 거룩한 책이 마법을 발휘하려면 유대인들이 사는 곳에는 어디에든 많은 사본이 있어야 했다. 유대인의 중심 무대가 팔레스타인뿐만 아니라 메소포타미아와 이집트에도 생겨나고 새로운 유대인 공동체가 중앙아시아부터 대서양까지 확장된 상황에서, 수천 킬로미터 떨어진 곳에서 작업하는 필경사들이 고의로든 실수로든 책의 내용을 바꾸지 않을 것이라고 어떻게 장담하는가?

그런 문제를 미연에 방지하기 위해 《성경》을 정경화한 랍비들은 그 거룩한 책을 복제할 때 지켜야 하는 까다로운 규칙을 만들었다. 예를 들어 필경사는 필사 과정에서 중요한 특정 순간에는 멈추면 안 된다. 신의 이름을 적을 때 필경사는 "왕이 인사를 건네도 대답하지 않아도 된다. 신의 이름을 두세 번 연달아 적어야 할 경우에는 그사이에 잠시 멈추고 대답할 수 있다".[28] 랍비 이시마엘(서기 2세기)은 한 필경사에게 이렇게 말했다. "너는 천국의 일을 하고 있으니, 글자 하나만 빼거나 덧붙여도 온 세상을 파괴하는 것이다."[29] 실제로는 필사 오류가 일어났지만 그렇다고 온 세상이 파괴되지는 않았다. 고대 《성경》은 어떤 두 권도 똑같지 않았다.[30]

훨씬 더 큰 두 번째 문제는 해석이었다. 책의 신성함과 정확한 문구에 합의하더라도 같은 단어를 다른 방식으로 해석할 수 있었다.

《성경》은 안식일에 일을 해서는 안 된다고 말한다. 하지만 무엇이 '일'에 해당하는지는 명확하게 밝히지 않는다. 안식일에 밭에 물을 줘도 될까? 화분이나 염소 떼에게 물을 주는 건 어떨까? 안식일에 책을 읽어도 괜찮나? 책을 쓰는 건 어떨까? 종이를 찢는 건? 랍비들은 책 읽기는 일이 아니지만 종이 찢기는 일이라고 판정했다. 이 때문에 오늘날 정통파 유대인들은 안식일에 사용할 화장지를 미리 뜯어 포개놓는다.

또 거룩한 책에는 새끼 염소를 그 어미의 젖에 요리해서는 안 된다고 나와 있다(《출애굽기》 23:19). 어떤 사람들은 이 구절을 문자 그대로, 도축한 새끼 염소를 친어미의 젖에 요리하면 안 된다고 해석했다. 하지만 어미가 아닌 염소의 젖이나 암소의 젖에 요리하는 것은 괜찮다. 어떤 사람들은 이 금지 규정을 훨씬 더 넓게 해석하여 육류와 유제품을 섞지 말아야 한다는 뜻으로 해석했다. 따라서 프라이드치킨을 먹은 후 밀크셰이크를 마시면 안 된다. 믿기 어렵겠지만, 대부분의 랍비들은 닭이 포유동물이 아님에도 불구하고 두 번째 해석이 옳다고 판결했다.

책이라는 기술은 거룩한 말씀을 고치지 못하게 하는 데는 성공했을지 몰라도 책 밖의 세상은 계속 돌아갔기에 새로운 상황에 오래된 규칙을 적용할 방법이 분명하지 않았고 이는 또 다른 문제들을 낳았다. 대부분의 《성경》 텍스트는 팔레스타인의 언덕 지대와 성스러운 도시 예루살렘에서 양을 치고 농사를 짓던 유대인 목자와 농부의 삶에 초점이 맞춰져 있었다. 하지만 서기 2세기 무렵에는 대부분의 유대인이 다른 곳에 살고 있었다. 특히 로마제국의 가장 부유한 메트로폴리스 중 하나였던 항구도시 알렉산드리아에서 대규모 유대인 공동체가 성장했다. 알렉산드리아에 거주하는 유대인 선박왕은 《성경》의 법들이 자신의 삶과 딱히 관련이 없다는 사실을 알게 되었을 것이다. 그가 당면한 문제들 대부분은 그 거룩한 텍스트에 명확한 답이 나와 있지 않았다. 예를 들어 그는 예루살렘 성전에서 예배를 드리라는 계명을 따를 수 없었는데, 그가 예루살렘 근처에 살지 않았을뿐더러 예루살렘 성전은 더 이상 존재하지 않았기 때문이다. 또한 안식일에 로마로 향하는 곡물선을 운항해도 되는지 궁금해서 안식일 규정이 담긴 〈레위기〉와 〈신명기〉를 찾아보았지만, 두 책의 저자들은 먼 바다로 항해하는 일은 고려하지 않았다.[31]

이 거룩한 책은 필연적으로 수많은 해석을 낳았고, 이는 책 자체보다 훨씬 더 큰 영향을 미쳤다. 유대인들 사이에서 《성경》의 해석을 둘러싼 논쟁이 활발해짐에 따라 랍비들의 권세가 높아졌다. 고대 사제들의 힘을 제한하기 위해 여호와의 말씀을 기록했지만, 그 결정은 결과적으로 랍비들에게 힘을 실어주게 되었다. 랍비들은 기술자주의(합리적인 사고방식을 가진 기술자에게 정치권력을 맡기면 이상 사회가 실현된다는 주장—옮긴이)를 표방하는 엘리트로 떠올랐고, 수년간의 철학 토론과 법적 논쟁을 통해 논리와 수사 기술을 키웠다. 새로운 정보 기술에 의존해 오류가 있는 인간의 기관을 우회하려던 시도는 거룩한 책을 해석하는 기관의 필요성을 낳는 엉뚱한 결과를 불렀다.

랍비들이 마침내 《성경》을 해석하는 방법에 대해 어느 정도 합의에 이르렀을 때, 유대인들은 오류를 범하는 인간의 기관을 다시 한 번 없앨 수 있는 기회를 보았다. 합의된 해석을 새로운 거룩한 책에 기록하고 사본을 많이 만들어두면 더 이상 인간과 신의 법전을 중재하는 기관이 필요 없을 터였다. 그리하여 어떤 랍비의 의견을 포함하고 어떤 랍비의 의견을 무시할지 다시 한번 옥신각신한 끝에, 서기 3세기에 새로운 거룩한 책 《미시나》가 정경화되었다.[32]

《미시나》가 《성경》의 일반 텍스트보다 더 권위를 가지게 되면서 유대인들은 《미시나》를 인간이 만들었을 리 없다고 믿기 시작했다. 《미시나》도 여호와로부터 영감을 받아 작성했거나 무오류의 신이 직접 작성한 것이 틀림없었다. 오늘날 많은 정통파 유대인은 여호와가 시나이산에서 모세에게 직접 《미시나》를 전달했으며 그것이 세대를 건너 구전으로 전승되다가 서기 3세기에 기록되었다고 굳게 믿는다.[33]

하나 이 일을 어쩌나! 《미시나》가 정경화되어 사본이 만들어지자마자 유대인들은 《미시나》의 올바른 해석을 두고 논쟁하기 시작했다. 마침내 《미시나》의 해석에 대한 합의가 이루어져 5, 6세기에 세 번째 거룩한 책 《탈무드》로 정경화되었지만, 유대인들은 또다시 《탈무드》의 해석에 동의하지 못했다.[34]

오류 있는 인간의 제도를 거룩한 책의 기술을 통해 우회하려던 꿈은 결코 실현되지 않았다. 이런 상황이 반복될 때마다 랍비 제도의 힘만 커졌을 뿐이다. "무오류의 책을 신뢰하라"는 특명은 "책을 해석하는 인간을 신뢰하라"로 바뀌었다. 유대교는 《성경》보다 《탈무드》의 영향을 훨씬 더 많이 받았고, 《탈무드》 자체보다 《탈무드》 해석에 대한 랍비들의 주장이 훨씬 더 중요해졌다.[35]

세상이 계속 변하기 때문에 이는 불가피한 일이다. 《미시나》와

《탈무드》는 《성경》에서 분명한 답을 찾지 못한 2세기 유대인 선박 왕들의 질문들을 다루었다. 현대인들 역시 《미시나》와 《탈무드》에 명쾌한 답이 나와 있지 않은 많은 문제에 부딪힌다. 예를 들어 20세기에 전기 제품이 개발되었을 때 유대인들은 안식일에 전기로 작동하는 엘리베이터 버튼을 눌러도 되는가와 같은 전례가 없는 수많은 문제들에 대해 고민해야 했다.

정통파 유대교의 대답은 '안 된다'이다. 앞에서 언급했듯이 《성경》은 안식일에 일하는 것을 금지하는데 랍비들은 전기 버튼을 누르는 것도 '일'이라고 주장했다. 왜냐하면 전기는 불과 비슷하며 오래전부터 불을 붙이는 것은 '일'이었기 때문이다. 그렇다면 브루클린의 고층 아파트에 사는 유대인 노인들은 안식일에 일하지 않기 위해 100개의 계단을 걸어 올라가야 할까? 이 문제를 해결하기 위해 정통파 유대인들은 '안식일 엘리베이터'를 발명했다. 이 엘리베이터는 건물을 끊임없이 오르내리며 모든 층에서 멈추기 때문에 사람이 전기 버튼을 누르는 '일'을 할 필요가 없다.[36] AI의 등장으로 이 오래된 문제에 반전이 일어났다. AI는 안면 인식을 이용해 엘리베이터를 당신이 사는 층으로 순식간에 데려다줄 수 있다. 따라서 당신은 안식일에 신성모독을 저지를 필요가 없다.[37]

이런 많은 텍스트와 많은 해석은 시간이 흐르면서 유대교에 근본적인 변화를 일으켰다. 원래 유대교는 사제와 성전의 종교로, 의식과 희생 제물에 초점을 맞추었다. 성경 시대 유대교의 전형적인 모습은 피 튀긴 로브를 입은 사제가 여호와의 재단에 양을 바치는 것이었다. 하지만 유대교는 수 세기에 걸쳐 텍스트와 해석에 집착하는 '정보 종교'가 되었다. 일군의 랍비들이 텍스트의 해석을 놓고 논쟁하는 모습은 2세기 알렉산드리아부터 21세기 브루클린에 이르기까지 유대교의 전형적인 장면이 되었다.

《성경》어디에도 누군가가 어떤 텍스트의 해석에 대해 논하는 장면이 나오지 않는다는 점을 고려하면, 이런 변화는 상당히 놀라운 것이었다. 해석 논쟁은 원래는 성경 문화가 아니었다. 예를 들어 고라와 그의 추종자들이 모세가 이스라엘 백성을 이끌 권리가 있는지 이의를 제기하며 더 공평한 권력 분할을 요구했을 때, 모세는 학문적인 토론을 하거나 어떤 경전 구절을 인용하는 것으로 대응하지 않았다. 오히려 모세는 신에게 기적을 일으켜달라고 청했고, 그가 말을 마치자마자 땅이 갈라지더니 "흙이 입을 벌려 이들과 그 딸린 식구들을 함께 삼켰다"(《민수기》 16:31-32). 바알의 선지자 450명과 아세라의 선지자 400명이 엘리야에게 이스라엘 백성 앞에서 공개적으로 시험을 받으라고 했을 때, 엘리야는 하늘에서 불을 불러오는 기적을 행하여 이교도 선지자들을 죽임으로써 여호와가 바알과 아세라보다 우월하다는 것을 증명했다. 아무도 《성경》을 읽지 않았고, 아무도 이성적인 토론에 참여하지 않았다(《열왕기상》 18장).

유대교는 희생 제물을 텍스트로 대체하면서 자연스럽게 정보를 현실을 구성하는 가장 기본적인 단위로 보는 관점을 가지게 되었다. 이는 물리학과 컴퓨터 과학의 정보 중심적 관점을 예견하는 것이었다. 랍비들이 생산하는 방대한 텍스트들은 밭을 갈거나 빵을 굽거나 성전에 양을 바치는 것보다 더 중요한 것이 되었으며, 심지어는 더 현실적인 것으로 여겨졌다. 예루살렘 성전이 로마인들의 손에 파괴되고 성전 의식이 전부 중단된 후에도 랍비들은 여전히 성전 의식을 수행하는 올바른 방법에 관한 텍스트를 쓰느라 여념이 없었으며, 그다음에는 이런 텍스트의 올바른 해석을 놓고 논쟁하느라 바빴다. 성전이 사라진 지 수 세기가 지났는데도 현실에 존재하지도 않는 의식들에 대한 정보의 양은 계속 늘어만 갔다. 랍비들은 텍스트와 현실 사이의 괴리를 모르지 않았다. 도리어 그들은 의식에 관한 텍스트를 쓰고 그 텍스트에 대해 논쟁하는 것이 의식을 실제로 수행하는 것보다 훨씬 더 중요하다고 주장했다.[38]

결국 랍비들은 우주 전체가 일종의 정보 생태계라고 믿기에 이르렀다. 그곳은 단어들로 구성되고 히브리 문자의 알파벳 코드로 운영되는 곳이었다. 나아가 랍비들은 이 정보의 우주가 유대인이 텍스트를 읽고 해석에 대해 논쟁할 수 있도록 창조되었고, 따라서 만일 유대인이 텍스트를 읽고 해석에 대해 논쟁하는 것을 중단하면 우주가 사라질 것이라고 주장했다.[39] 이 관점을 일상생활에 적용하면, 랍비들에게는 텍스트 속의 단어가 실제 세상의 사실들보다 훨씬 더 중요했다는 뜻이다. 더 정확히 말하면, 신성한 텍스트에 어떤 단어가 등장하느냐가 세상에 관한 가장 중요한 사실이 되어 개인의 삶과 공동체 전체의 삶을 형성했다.

쪼개진
《성경》

앞에서 《성경》의 정경화와 《미시나》와 《탈무드》의 탄생에 대해 설명했는데, 그 설명에는 아주 중요한 사실 하나가 빠져 있다. 여호와의 말씀을 정경화하는 과정에서 텍스트 체인이 하나가 아니라 여러 개가 만들어져 서로 경쟁했다는 사실이다. 여호와를 믿지만 랍비는 믿지 않는 사람들이 있었다. 이 반대파의 대부분은 《성경》 체인의 첫 번째 블록은 받아들였고 그것을 《구약》이라고 불렀다. 하지만 반대파는 랍비들이 이 블록을 확정하기도 전에 랍비 제도의 권위를 거부했고, 이에 따라 《미시나》와 《탈무드》도 거부하게 되었다. 이 반대파는 기독교인들이었다.

서기 1세기에 기독교가 등장했을 때 그것은 통일된 종교가 아니었고 오히려 유대교의 다양한 운동을 가리키는 말이었다. 이들은 여호와의 말씀을 해석하는 최종 권한을 랍비 제도가 아닌 그리스도에게 맡긴다는 점 외에는 많은 부분에서 의견이 달랐다.[40] 기독교도들은 〈창세기〉 〈사무엘〉 〈이사야〉 같은 텍스트의 신성함을 인정했지만, 랍비들이 이 텍스트들을 잘못 이해했으며 오직 예수와 그의 제자들만이 "주께서 몸소 징조를 보여주시리니, 처녀almah가 잉태하여 아들을 낳고 그 이름을 임마누엘Immanuel이라 하리라"(〈이사야〉 7:14)와 같은 구절의 진짜 의미를 안다고 주장했다. 랍비들은 알마almah가 '젊은 여인', 임마누엘은 '하느님께서 우리와 함께 계시다'(히브리어로 임마누immanu는 '우리와 함께'라는 뜻이고 엘el은 '하느님'을 뜻한다)를 의미한다고 생각했고 따라서 전체 구절을 압제적인 제국에 맞서 투쟁하는 유대 민족을 돕겠다는 신의 약속으로 해석했다. 반면 기독교인들은 알마는 '처녀'라는 뜻이고 임마누엘은 신이 문자 그대로 인간들 사이에서 태어난다는 뜻이라서 전체 구절은 신인 예수가 지상에서 동정녀 마리아에게서 태어날 것임을 예언한다고

주장했다.[41]

하지만 기독교인들은 랍비 제도를 거부하는 동시에 새로운 신의 계시가 있을 가능성을 받아들임으로써 혼돈의 문을 열었다. 서기 1세기에 다양한 기독교인들이 신의 많은 새로운 메시지들뿐만 아니라 〈창세기〉와 〈이사야〉 같은 책들에 대한 완전히 새로운 해석을 내놓았으며 2세기와 3세기에는 더했다. 그런데 기독교인들은 이미 랍비의 권위를 거부했고, 예수는 죽었으니 심판을 볼 수가 없었으며, 통일된 기독교 교회는 아직 없던 상황에서 이 모든 해석과 메시지 중 어느 것이 신의 영감을 받은 것인지 누가 결정할 수 있었을까?

그러다 보니, 세상의 종말을 묘사하는 묵시록(〈요한의 묵시록〉)을 쓴 사람은 요한 하나가 아니었다. 그 시대에 많은 묵시록이 쓰였다. 예를 들어 〈베드로의 묵시록〉〈야고보의 묵시록〉, 심지어 〈아브라함의 묵시록〉도 있었다.[42] 초기 기독교인들은 예수의 생애와 가르침에 대해 네 권의 복음서 〈마태오의 복음서〉〈마르코의 복음서〉〈루가의 복음서〉〈요한의 복음서〉 외에도 〈베드로의 복음서〉〈마리아의 복음서〉〈진리의 복음서〉〈구세주의 복음서〉 등 많은 복음서를 보유하고 있었다.[43] 마찬가지로 〈사도행전〉 외에도 〈베드로 행전〉〈안드레 행전〉 등 최소 열두 가지 행전이 있었다.[44] 편지는 훨씬 더 많았다. 오늘날 대부분의 기독교 《성경》에는 바울이 쓴 열네 편의 편지, 요한이 쓴 세 편의 편지, 베드로가 쓴 두 편의 편지, 야고보와 유다가 쓴 편지가 각 한 편씩 포함되어 있다. 고대 기독교인들은 바울의 또 다른 편지들(예컨대 〈라오디게아인들에게 보내는 편지〉)뿐만 아니라 다른 제자들과 성인들이 썼다고 추정되는 수많은 편지들

도 알고 있었다.[45]

기독교인들이 점점 더 많은 복음서, 편지, 예언서, 비유, 기도서 및 기타 텍스트를 작성함에 따라, 어느 것에 집중해야 하는지 알기는 더 어려워졌다. 선별(큐레이션) 기관이 필요했다. 《신약》은 바로 그런 선별 과정을 통해 탄생했다. 유대교 랍비들이 논쟁하며 《미시나》와 《탈무드》를 만들고 있던 때와 대략 같은 시점에 기독교 성직자, 주교, 신학자 들은 서로 논쟁하며 《신약》을 만들고 있었다.

알렉산드리아의 아타나시우스 주교는 서기 367년에 쓴 편지에서 신앙심 깊은 기독교인들이 반드시 읽어야 할 27개 텍스트를 추천했다. 주교의 추천 목록은 다양한 시대와 장소에서 다양한 사람들이 쓴 이야기, 편지, 예언을 취사선택한 것이었다. 아타나시우스는 〈요한의 묵시록〉을 추천했지만 〈베드로의 묵시록〉이나 〈아브라함의 묵시록〉은 추천하지 않았다. 바울의 편지들 중에서는 〈갈라디아인들에게 보낸 편지〉는 포함했지만 〈라오디게아인들에게 보낸 편지〉는 포함하지 않았다. 또 〈마태오의 복음서〉〈마르코의 복음서〉〈루가의 복음서〉〈요한의 복음서〉를 추천했지만, 〈도마의 복음서〉와 〈진리의 복음서〉는 퇴짜를 놓았다.[46]

한 세대 후 히포 공의회(393)와 카르타고 공의회(397)에서 주교들과 신학자들이 모여 이 추천 목록을 공식적으로 정경화했고 이것이 《신약》으로 알려지게 되었다.[47] 기독교인들이 《성경》이라고 할 때는 《구약》뿐만 아니라 《신약》도 포함한다. 반면 유대교는 《신약》을 인정하지 않으며, 따라서 《성경》이라고 할 때 그들이 말하는 것은 오직 《구약》뿐이며, 부족한 부분은 《미시나》와 《탈무드》로 보완한다. 흥미롭게도, 히브리어에는 지금도 《구약》과 《신약》을 모두 포함하는 기독교의 거룩한 책을 표현하는 말이 없다. 유대인의 사고는 《구약》과 《신약》을 서로 무관한 두 권의 책으로 보며, 둘을 아우르는 하나의 책이 존재할 수 있다는 사실을 받아들이지 않는다. 설령 그 책이 세상에서 가장 흔한 책이라 해도 말이다.

《신약》을 만든 사람들은 《신약》에 포함된 27개 텍스트의 저자가 아니었다는 사실에 주목할 필요가 있다. 그들은 큐레이터였다. 그 시기의 증거가 부족한 탓에 우리는 아타나시우스가 작성한 목록이 그의 개인적인 판단인지 아니면 초기 기독교 사상가들의 의견을 반영한 것인지 확실히 알 수 없다. 우리가 확실히 아는 사실은 히포 공의회와 카르타고 공의회가 열리기 전에 기독교인들에게 추천하는 목록이 여러 개 있었다는 것이다. 가장 오래된 목록은 2세기 중반 시노페의 마르키온이 엮은 것이다. 마르키온 정경은 〈루가의 복음서〉와 바울의 편지 열 편만을 포함했다. 이 11개 텍스트도 나중에 히포 공의회와 카르타고 공의회에서 정경화된 버전과는 다소 차이가 있었다. 마르키온은 〈요한의 복음서〉와 〈요한의 묵시록〉 같은 다른 텍스트를 알지 못했거나, 아니면 그런 텍스트들을 그다지 중요하게 생각하지 않았을 것이다.[48]

아타나시우스 주교와 동시대 인물인 교부 성 요한 크리소스톰은 스물두 권을 추천했고, 〈베드로의 둘째 편지〉 〈요한의 둘째 편지〉 〈요한의 셋째 편지〉 〈유다의 편지〉 〈요한의 묵시록〉은 목록에서 제외했다.[49] 중동의 일부 기독교 교회는 지금까지도 크리소스톰의 짧은 목록을 따른다.[50] 아르메니아 교회는 〈요한의 묵시록〉을 정경에 넣기까지는 약 1,000년을 고민했으면서도, 가톨릭교회와 개신교 교회 등 다른 교회들이 위조문서로 간주하는 〈고린토인들에게 보낸 셋째 편지〉는 처음부터 정경에 포함했다.[51] 에티오피아 교회는 아타나시우스의 목록을 모두 승인했지만, 거기에 네 권을 추가했다. 〈시노도스〉〈클레멘트〉〈언약서〉〈디다스칼리아〉다.[52] 또 다른 목록들은 아타나시우스의 선택에 들지 못한 클레멘트의 편지 두 편, 〈헤르마스의 목자〉〈바나바 서신〉〈베드로의 묵시록〉 및 기타 다양한 텍스트를 승인했다.[53]

왜 교회, 교회 공의회, 교부 들이 저마다 특정 텍스트를 승인하거나 거부했는지 우리는 정확히는 모른다. 하지만 그 결정의 파급력은 대단했다. 교회가 텍스트를 선별하는 동안 텍스트 자체가 교회의 성격을 빚었다. 대표적인 예로 교회에서 여성의 역할을 생각해보라. 초기 기독교의 일부 지도자들은 여성을 지적으로나 윤리적으로 남성보다 열등한 존재로 보았고, 그러므로 사회와 기독교 공동체에서 여성에게는 부수적인 역할만을 맡겨야 한다고 주장했다. 이런 견해는 〈디모테오에게 보낸 첫째 편지〉와 같은 텍스트에 반영되었다.

사도 바울이 썼다고 추정되는 이 텍스트의 한 구절에는 이렇게 적혀 있다. "여자는 조용히 복종하는 가운데 배워야 합니다. 나는 여자가 남을 가르치거나 남자를 지배하는 것을 허락하지 않습니다. 여자는 침묵을 지켜야 합니다. 먼저 아담이 창조되었고 하와는 그 다음에 창조된 것입니다. 아담이 속은 것이 아니라 하와가 속아서 죄에 빠진 것입니다. 그러나 여자가 자녀를 낳아 기르면서 믿음과

사랑과 순결로써 단정한 생활을 계속하면 구원을 받을 것입니다.″
(2:11-15) 하지만 현대 학자들뿐만 아니라 마르키온 등 몇몇 고대
기독교 지도자들은 이 편지를 2세기에 작성된 위조문서로 간주했
다. 즉 사도 바울이 썼다고 알려졌지만 실제로는 다른 누군가가 작
성했다는 뜻이다.[54]

〈디모테오에게 보낸 첫째 편지〉와 달리 서기 2세기, 3세기 그리
고 4세기에 여성을 남성과 동등한 존재로 보고 나아가 여성이 지도
자 역할을 맡을 수 있다고 인정한 중요한 기독교 텍스트가 있었다.
예를 들어 〈마리아의 복음서〉[55]와 〈바울과 테클라의 행전〉이 그렇
다. 후자의 텍스트는 〈디모테오에게 보낸 첫째 편지〉와 거의 같은
시기에 쓰였고 한동안 큰 인기를 끌었다.[56] 그 책은 사도 바울과 그
의 여제자 테클라의 모험에 대해 이야기하고 있으며, 테클라가 어
떻게 수많은 기적을 행했을 뿐만 아니라 자기 손으로 자신에게 직
접 세례를 하고 종종 설교도 했는지 묘사한다. 수 세기 동안 테클라
는 가장 존경받는 기독교 성인 중 하나였으며, 여성이 세례와 설교
를 하고 기독교 공동체를 이끌 수 있다는 증거로 간주되었다.[57]

히포 공의회와 카르타고 공의회가 열리기 전에도 〈디모테오에게
보낸 첫째 편지〉가 〈바울과 테클라의 행전〉보다 더 권위 있는 책이
었는지는 확실치 않다. 하지만 공의회에 모인 주교들과 신학자들은
〈디모테오에게 보낸 첫째 편지〉를 추천 목록에 넣고 〈바울과 테클
라의 행전〉은 빼기로 결정하면서 지금까지 이어지고 있는 기독교
인이 여성을 대하는 태도를 결정했다. 만일 《신약》에 〈디모테오에
게 보낸 첫째 편지〉가 아니라 〈바울과 테클라의 행전〉이 포함되었

다면 기독교가 어떤 모습이었을지 우리는 추측만 할 수 있을 뿐이다. 아마 아타나시우스와 같은 교부들에 더하여 교모도 있었을 것이고, 여성 혐오는 보편적 사랑이라는 예수의 메시지를 왜곡하는 위험한 이단으로 낙인찍혔을지도 모른다.

랍비들이 《구약》을 선별했다는 사실을 대부분의 유대인이 잊었듯이, 대부분의 기독교인들도 교회 공의회가 《신약》을 편찬했다는 사실을 잊고 단순히 그것을 오류 없는 하나님 말씀으로 여기게 되었다. 하지만 그 거룩한 책이 권위의 궁극적 원천으로 간주된 반면, 책을 선별하는 과정에서 실질적인 힘을 쥐게 된 것은 선별 기관이었다. 유대교가 《구약》과 《미시나》를 정경화하는 과정에서 랍비 제도가 탄생했듯이, 기독교에서도 《신약》을 정경화하는 과정에서 통합된 기독교 교회가 탄생했다. 기독교인들은 자신들이 신뢰하는 《신약》에 그렇게 하라고 적혀 있기 때문에 아타나시우스 주교와 같은 교회 성직자들을 신뢰했지만, 기독교인이 애초에 《신약》을 신뢰하게 된 이유는 주교들이 그 책을 읽으라고 권했기 때문이다. 오류 없는 초인적 기술에 모든 권위를 몰아주려는 시도는 교회라는 새롭고 매우 강력한 인간의 기관을 등장시켰다.

반향실

해석의 문제가 점점 중요해지면서 거룩한 책들과 교회 사이의 힘의 균형이 점점 교회 쪽으로 기울었다. 유대교의 거룩한 책들을 해석해야 할 필요성이 랍비들에게 힘을 실어준 것처럼, 기독교의 거룩한 책들을 해석해야 할 필요성이 교회에 힘을 실어주었다. 예수가 한 똑같은 말, 바울의 편지에 있는 똑같은 말도 사람에 따라 다양한 방식으로 이해할 수 있었고, 어떤 해석이 옳은지 결정하는 것은 교회라는 인간의 기관이었다. 결과적으로 교회는 거룩한 책을 해석하는 권한을 두고 갈등을 겪으며 반복적으로 흔들렸다. 이는 교회의 분열을 가져왔다. 한 예가 서방 가톨릭교회와 동방 정교회의 분열이었다.

모든 기독교인은 〈마태오의 복음서〉의 산상수훈을 읽으며 우리는 원수를 사랑해야 하고, 다른 뺨까지 내밀어야 하며, 온유한 자가 땅을 물려받을 것이라고 배웠다. 하지만 그 구절들이 진정으로 의미하는 것이 무엇일까? 기독교인들은 그것을 군사력의 사용[58] 또는 사회적 위계[59]를 완전히 거부하라는 뜻으로 해석했다. 그러나 가톨릭교회는 그런 평화주의적이고 평등주의적인 해석을 이단으로 간주했다. 오히려 예수의 말씀을 유럽에서 가장 부유한 지주가 되고 폭력적인 성전을 일으키고 잔인한 종교재판소를 세워도 된다는 뜻으로 해석했다. 가톨릭 신학은 예수가 원수를 사랑하라고 말씀하셨다는 사실을 받아들였지만, 이단자를 화형시키는 것이 사랑의 행위라고 설명했다. 그렇게 하면 사람들이 이단적 견해를 채택하지 않을 테니, 결과적으로 그들을 지옥불에서 구원할 수 있다는 논리였다. 14세기 초 프랑스의 종교재판관 자크 푸르니에는 산상수훈에 대한 논문에서 산상수훈이 이단자를 잡아들이는 것을 어떻게 정당화하는지 설명했다.[60] 푸르니에의 견해는 과격한 비주류의 생각이 아니었다. 그는 나중에 교황 베네딕트 12세가 된 사람이다(1334~1342).

종교재판관으로서 그리고 훗날 교황으로서 푸르니에의 임무는 그 거룩한 책에 대한 가톨릭교회의 해석이 널리 받아들여지게 만드는 것이었다. 그러기 위해 푸르니에와 동료 주교들은 그 해석을 폭력적으로 강요했을 뿐만 아니라 책 생산까지 통제했다. 15세기에 유럽에 인쇄술이 등장하기 전에는 책의 사본을 많이 생산하는 것이 부유한 개인과 기관을 제외하고는 불가능한 일이었다. 가톨릭교회는 교회의 권력과 부를 이용해 자신들이 선호하는 텍스트의 사본을 보급하는 동시에 잘못되었다고 생각하는 텍스트의 생산과 보급을 금지했다.

물론 가끔 자유사상가가 나타나 이단적인 견해를 내세우는 것까지 막을 수는 없었다. 하지만 교회는 중세 정보 네트워크의 핵심 노드(네트워크에서 정보를 주고받는 개별적인 지점이나 장치를 '노드'라고 한다—옮긴이)였던 필사 공방, 기록 보관소, 도서관 등을 장악하고 있었기 때문에 그런 이단자가 자신의 책 사본을 100권씩 만들어 배포하는 것을 막을 수 있었다. 1050년 레오프릭 주교가 엑서터 대성당에 부임했을 때 대성당 도서관에 책이 겨우 다섯 권밖에 없었다는 사실은 이단적인 견해를 퍼뜨리려고 시도하는 저자가 직면했을 어려움을 짐작게 한다. 주교는 즉시 대성당에 필사 공방을 설치했지만, 1072년에 사망할 때까지 22년 동안 그의 필경사들은 겨우 66권밖에는 생산하지 못했다.[61] 13세기에 옥스퍼드 대학교 도서관의 장서는 고작 세인트메리 교회 지하 창고에 보관된 몇 권이 전부였다. 1424년에 케임브리지 대학교 도서관에 소장된 책은 총 122권에 불과했다.[62] 1409년 옥스퍼드 대학교의 한 법령에 따르면 대학에서 사용하는 "모든 최신 교재"는 "대주교가 임명한 12인의

신학자들로 구성된 패널"에서 만장일치로 승인되어야 했다.[63]

교회는 사회를 일종의 반향실反響室 안에 가두고 교회를 지지하는 책만 보급할 수 있게 했고, 보급된 책들은 거의 모두 교회를 지지하는 책이었으니 사람들은 당연히 교회를 지지했다. 심지어 글을 몰라서 책을 읽지 못하는 평신도들도 이 귀한 텍스트를 낭독하는 소리나 내용에 대한 설명을 들으며 경외심을 느꼈다. 《신약》과 같은 이른바 무오류의 초인적 기술에 대한 믿음은 이런 식으로, 모든 반대 의견을 '잘못된 것'으로 억압하고 아무도 교회의 견해에 의문을 제기하지 못하게 하는, 극도로 강력하지만 오류를 범하는 인간의 기관인 가톨릭교회를 등장시켰다.

자크 푸르니에와 같은 가톨릭의 정보 전문가들은 사도 바울의 편지를 아우구스티누스가 해석한 것을 다시 토마스 아퀴나스가 해석한 텍스트를 읽고 거기에 자신의 해석을 추가하면서 하루를 보냈다. 이 모든 상호 관련된 텍스트는 현실을 재현하지 않았으며, 유대교 랍비들이 만들어낸 것보다 훨씬 더 크고 강력한 새로운 정보 생태계를 탄생시켰다. 중세 유럽인들은 그 안에 갇혀 있었고, 텍스트에 관한 텍스트에 관한 텍스트가 그들의 일상생활, 생각, 감정을 빚었다.

인쇄술, 과학, 마녀

오류 없는 텍스트에 권위를 몰아줌으로써 인간의 오류를 우회하려던 시도는 결코 성공하지 못했다. 그것이 유대교 랍비들이나 가톨릭 신부들만의 어떤 결점 탓이라고 생각할까봐 덧붙이자면, 개신교 종교개혁 역시 같은 실험을 몇 번이고 반복했지만 그때마다 결과는 같았다. 루터와 칼뱅 그리고 그들의 후계자들은 평범한 사람들과 거룩한 책 사이에 오류를 범할 수 있는 인간의 기관이 개입할 필요가 없다고 주장했다. 이들은 기독교인에게《성경》에 기생하여 성장한 모든 관료 조직을 폐지하고 하나님의 본래 말씀을 직접 들으라고 말했다. 하지만 하나님 말씀은 자체적으로 해석을 제공하지 않았다. 이 때문에 루터교와 칼뱅주의뿐만 아니라 수많은 다른 개신교 종파들도 결국 자체 교회 기관을 설립하여 그 기관에 텍스트를 해석하고 이단을 심판할 수 있는 권한을 부여하게 되었다.[64]

오류 없는 텍스트에 권위를 부여한 결과가 오류를 범하는 억압적인 교회의 등장이라면, 인간의 오류 문제를 어떻게 다루어야 할까? 정보에 대한 순진한 관점은 교회와 정반대되는 정보의 자유 시장이 해결책이라고 생각한다. 즉 정보의 자유로운 흐름을 방해하는 것을 모두 없애면 필연적으로 오류가 드러나고 진실이 그 자리를 대체하게 된다는 것이다. 프롤로그에서 지적했듯이 이는 희망적 사고다. 왜 그런지 이해하기 위해 좀 더 깊이 들어가보자. 구체적인 사례로, 정보 네트워크의 역사에서 가장 기념비적인 시대인 유럽 인쇄 혁명 당시 무슨 일이 일어났는지 살펴보자. 15세기 중엽 유럽에 인쇄술이 도입되자 텍스트를 비교적 빠르고 저렴하게 대량 생산할 수 있었고, 가톨릭교회가 승인하지 않을 경우에도 비밀리에 생산할 수 있었다. 1454년부터 1500년까지 46년 동안 유럽에서 1,200만 부 이상의 책이 인쇄된 것으로 추정된다. 반면 이전 1,000년 동안 손으로 필사된 책은 약 1,100만 부에 불과했다.[65] 1600년에는 이단자, 혁명가, 초기 과학자 등 모든 비주류가 자신의 저술을 이전보다 훨씬 더 빨리, 널리, 쉽게 전파할 수 있었다.

정보 네트워크의 역사에서 근대 초 유럽에서 일어난 인쇄혁명은 가톨릭교회의 정보 네트워크 독점을 깨뜨린 승리의 순간으로 평가된다. 사람들이 정보를 전보다 훨씬 더 자유롭게 교환할 수 있게 되면서 과학혁명으로 이어졌다는 주장이 있다. 어느 정도 맞는 말이다. 인쇄술이 없었다면 분명 코페르니쿠스와 갈릴레오 그리고 그 동료들이 생각을 발전시키고 전파하는 데 많은 어려움을 겪었을 것이다.

하지만 인쇄술은 과학혁명의 근본 원인이 아니었다. 인쇄기가 한 일은 텍스트를 충실하게 복제한 것뿐이다. 인쇄기는 스스로 새로운 아이디어를 생각해낼 수 없었다. 인쇄술을 과학과 연관 짓는 사람들은 단순히 더 많은 정보를 생산하여 퍼뜨리기만 하면 사람들을 저절로 진실로 이끌 수 있다고 가정한다. 사실 인쇄술은 과학적 사실만이 아니라 종교적 환상, 가짜 뉴스, 음모론도 빠르게 확산시켰다. 후자의 가장 악명 높은 사례가 아마 사탄을 숭배하는 마녀들이 세계적인 음모를 꾸미고 있다는 믿음일 것이다. 이 믿음은 근대 초반에 유럽을 휩쓴 마녀사냥 광풍으로 이어졌다.[66]

마법과 마녀에 대한 믿음은 시대와 장소를 가리지 않고 모든 인간 사회의 특징이었지만, 각 사회가 마녀를 상상하고 마녀에 반응한 방식은 매우 달랐다. 어떤 사회에서는 마녀가 영혼을 조종하고, 죽은 자와 대화하며, 미래를 예측한다고 믿었고, 다른 사회에서는

인 간
네 트 워 크 들

155

마녀가 소를 훔치고, 숨겨진 보물의 위치를 알고 있다고 상상했다. 어떤 마을에서는 마녀가 병을 일으키고, 옥수수를 말라 죽게 하며, 사랑의 묘약을 제조한다고 생각했고, 또 어떤 마을에서는 마녀가 밤에 가정집에 들어가 집안일을 해주고 우유를 훔쳐 먹는다고 생각했다. 어떤 지역에서는 마녀는 주로 여성이라고 생각했고, 다른 지역에서는 마녀는 일반적으로 남성이라고 상상했다. 어떤 문화에서는 마녀를 두려워하여 폭력적으로 박해한 반면, 다른 문화에서는 마녀를 용인하고 나아가 존경하기까지 했다. 마지막으로, 마녀라는 존재에 크게 신경 쓰지 않는 사회도 시대와 장소를 가리지 않고 존재했다.[67]

중세 대부분의 시기에 대부분의 유럽 사회는 마지막 범주에 속했으며 마녀에 대해 크게 신경 쓰지 않았다. 중세 가톨릭교회는 마녀를 인류에게 해를 끼치는 중대한 위협으로 간주하지 않았고, 일부 성직자들은 마녀사냥을 적극적으로 반대했다. 마법에 대한 중세 교회의 공식 입장이 담긴 문서로 자주 인용되는 10세기 문헌《주교 법령Canon Episcopi》에 따르면, 마법으로 일컬어지는 것은 대부분 환상이며 마법에 대한 믿음은 기독교 교리에 어긋나는 미신이었다.[68] 유럽의 마녀사냥 광풍은 중세적 현상이라기보다는 근대적 현상이었다.

1420년대와 1430년대에 알프스 지역에서 주로 활동하던 성직자들과 학자들은 기독교 종교와 지역 전설, 그리고 그리스-로마 유산에서 추출한 요소들을 융합해 마법에 대한 새로운 이론을 만들어냈다.[69] 이전에는 마녀가 두려운 존재로 여겨졌을 때조차도, 지역 사회 내에서 발생하는 작은 문제로 인식될 뿐이었다. 즉 마녀는 개인적인 악의 때문에 마법을 사용해 도둑질과 살인을 저지르는 단독 범죄자였다. 반면 새로운 학문적 모델은 마녀를 사회에 대한 훨씬 심각한 위협으로 보았다. 사탄이 주도하는 마녀들의 세계적인 음모가 존재하며, 이는 단순히 개인적인 행위가 아니라 기독교에 대항하는 조직적인 종교의 형태를 갖추고 있다고 주장했다. 이 조직의 목적은 다름 아닌 사회질서와 인류를 완전히 파괴하는 것이었다. 마녀들은 밤에 대규모 악마 집회를 열어 사탄을 숭배하고, 아이들을 죽이고, 인육을 먹고, 난교를 벌이며, 폭풍과 전염병, 기타 재앙을 일으키는 주문을 외운다고 알려졌다.

이런 생각에 영감을 받아 1428년에서 1436년 사이에 서부 알프스의 발레 지역에서 최초의 대규모 마녀사냥과 마녀재판이 지역 성직자들과 귀족들의 주도로 일어났고, 이로 인해 200명 이상의 남녀가 마녀로 몰려 처형되었다. 이 알프스 심장부에서부터 유럽의 다른 지역들로 마녀들의 세계적 음모에 대한 소문이 조금씩 흘러들어갔지만 그런 믿음은 여전히 주류와는 거리가 멀었으며, 가톨릭 교단이 이를 받아들이지 않았기 때문에 다른 지역들에서는 발레 지역에서와 같은 대규모 마녀사냥이 시작되지 않았다.

1485년, 도미니크수도회 수도사이자 종교재판관인 하인리히 크라머가 또 다른 알프스 지역인 오스트리아 트롤에서 마녀사냥 원정에 나섰다. 크라머는 세계적인 사탄 음모론의 광신도가 되었다.[70] 그는 정신적으로 불안정했던 것으로 보이고, 사탄의 마법을 비난하는 그의 말은 원색적인 여성 혐오와 이상한 성적 집착으로 얼룩져 있었다. 브릭센 주교가 이끄는 지역 교회 당국은 크라머의 주장을 믿지 않았으며 그의 활동에 놀라움을 금치 못했다. 그들은 크라머의 종교재판을 중단시키고 그가 체포한 용의자들을 풀어준 후 그를 지역에서 추방했다.[71]

크라머는 인쇄술을 통해 반격에 나섰다. 추방된 지 2년 만에 그는 《마녀의 망치Malleus Maleficarum》를 엮어 출판했다. 이 책은 마녀 색출과 처단에 관한 DIY 안내서로, 크라머는 세계적인 사탄의 음모에 대해 설명하며 정직한 기독교인이 마녀를 색출하고 물리칠 수 있는 방법을 자세히 소개했다. 특히 그는 마녀로 의심되는 사람에게서 자백을 받아내기 위해 끔찍한 고문 방법을 사용할 것을 권장했으며, 유죄판결을 받은 마녀에게 내릴 처벌은 오직 처형뿐이라고 단호하게 주장했다.

크라머는 이전의 이론과 이야기를 정리하여 체계화한 다음, 증오로 가득한 비옥한 상상력으로 많은 세부 사항을 추가했다. 〈디모테오에게 보낸 첫째 편지〉와 같은 고대 기독교의 여성 혐오적 가르침에 의존해 크라머는 마법을 성적으로 대상화했다. 그는 마녀들이 주로 여성인 이유는 마법이 여성에게 더 강하다고 알려진 욕정에서 비롯되기 때문이라고 주장했다. 그는 독자들에게 성관계는 독실한 여성을 마녀로 만들고 그 남편을 마법에 걸리게 한다고 경고했다.[72]

크라머는 《마녀의 망치》의 한 장을 온전히 할애하여 마녀들이 남성의 음경을 훔치는 이야기를 풀어놓는다. 크라머는 마녀들이 실제로 남성의 음경을 떼어 갈 수 있는지, 아니면 남성의 마음속에 거세 환상을 일으킬 수 있을 뿐인지를 자세하게 설명한다. 크라머는 이렇게 묻는다. "이런 식으로 남성의 음경을 최대 20~30개까지 엄청나게 많이 수집하여 그것들을 새 둥지에 넣거나 상자에 넣어두는 마녀들에 대해 어떻게 생각해야 하는가? 상자 안에서 그것들이 살아 있는 음경처럼 움직이며 귀리와 옥수수를 먹는 모습을 많은 사람이 목격했다." 이어서 그는 한 남성에게 들은 이야기를 들려준다. "그는 음경을 잃고 유명한 마녀를 찾아가 음경을 돌려달라고 부탁했다. 마녀는 괴로워하는 남성에게 어떤 나무에 올라가서 둥지에 있는 여러 개 중 마음에 드는 것을 가져가라고 말했다. 그래서 남성이 큰 것을 가져가려고 하자 마녀는 '그건 교구 신부 것이니 가져가면 안 돼'라고 말했다."[73] 마녀가 주로 여성이라느니, 마녀들이 난교를 벌인다느니, 아이들을 죽이고 사지를 자른다느니 하는 오늘날에도 여전히 통용되는 마녀에 대한 수많은 통념은 크라머의 책을 통해 정식으로 모양새를 갖추었다.

브릭센의 주교와 마찬가지로 다른 성직자들도 처음에는 크라머의 터무니없는 생각을 믿지 않았으며, 교회 전문가들도 그 책에 비판적인 입장을 보였다.[74] 하지만 《마녀의 망치》는 근대 초에 유럽최고의 베스트셀러 중 하나가 되었다. 그 책은 사람들의 마음속 깊은 곳에 있는 두려움을 건드렸을 뿐만 아니라 난교나 식인, 아동 살해, 사탄의 음모에 대한 선정적인 관심을 충족시켜주었다. 그리하여 1500년까지 8판을 찍었고, 1520년까지 추가로 5판, 1670년까지 다시 16판을 더 찍었으며, 여러 지역 방언들로도 번역되었다.[75] 《마녀의 망치》는 마법과 마녀사냥에 관한 책의 결정판이 되었고, 그 책을 모방하거나 더욱 발전시킨 수많은 책이 나왔다. 크라머의 명성이 높아지자 교회 전문가들도 그의 책을 받아들였다. 크라머는 1500년에 교황의 대리인으로 임명되어 보헤미아와 모라비아 지역의 종교재판관이 되었다. 크라머의 사상은 지금도 세상에 영향을 미치고 있으며, '큐어넌'을 포함해 세계적인 사탄의 음모를 주장하는 많은 이론은 크라머의 환상에서 영감을 받아 그 환상을 지속시키고 있다.

인쇄술의 등장이 유럽의 마녀사냥 광풍을 **초래했다**고 주장한다면 과장이겠지만, 인쇄술은 사탄 음모론을 빠르게 확산시키는 데 중추적 역할을 했다. 크라머의 음모론이 인기를 얻자, 인쇄기는 《마녀의 망치》의 무수히 많은 사본과 아류작뿐만 아니라 값싼 한 쪽짜리 팸플릿도 대량으로 찍어냈다. 이런 팸플릿들은 선정적인 텍스트와 함께 악마에게 공격당하는 사람이나 기둥에 묶여 화형당하는 마녀를 묘사하는 삽화를 실었다.[76] 또한 이런 출판물들은 마녀들이 꾸미는 음모의 규모를 추산하면서 현실과는 동떨어진 통계를 제공했다. 예를 들어 부르고뉴 지역의 판사이자 마녀사냥꾼이었던 앙리 보게(1550~1619)는 프랑스에서만 30만 명의 마녀가 활동하고 있으며, 유럽 전체에는 180만 명의 마녀가 있다고 추측했다.[77] 그런 주장은 집단 히스테리를 불러일으켰고, 그 결과 16세기와 17세기에 4~5만 명의 무고한 사람들이 마녀로 고발되어 고문과 처형을 당했다.[78] 피해자는 다양한 배경과 연령대의 사람들을 아울렀고 다섯 살짜리 어린이들도 있었다.[79]

사람들은 희박한 증거를 가지고 서로를 마녀라고 비난하기 시작했는데, 대개는 개인적인 원한을 갚거나 경제적, 정치적 이득을 얻으려는 속셈이었다. 일단 공식 조사가 시작되면 피고는 빠져나갈 수 없었다. 《마녀의 망치》가 권장한 심문 방법은 그야말로 악마적이었다. 피고가 마녀라고 자백하면 즉시 처형하고 그의 재산을 고발자, 처형자, 심문관 들이 나누어 가졌다. 피고가 자백을 거부하면 고집을 악마의 증거로 간주해 손가락을 부러뜨리고, 뜨거운 집게로 살을 베고, 몸을 찢어질 때까지 늘이거나 끓는 물에 담그는 등 끔찍한 방법으로 고문했다. 피고는 곧 고문을 견디지 못하고 자백했고 그러면 그를 정당하게 처형했다.[80]

한 예로 1600년 뮌헨에서는 마법을 행했다는 혐의로 일가족이 체포되었다. 그들은 파펜하이머 가족으로, 아버지 파울루스, 어머니 안나, 장성한 두 아들, 그리고 열 살짜리 소년 한셀이었다. 종교 재판관들은 어린 한셀부터 고문하기 시작했다. 뮌헨 기록 보관소에서 지금도 열람할 수 있는 심문 프로토콜에 한 심문관의 열 살짜리 소년에 대한 메모가 남겨져 있다. "죽도록 고문하면 소년이 어머니의 죄를 털어놓을 것이다."[81] 파펜하이머 가족은 형언할 수 없는 방법으로 고문을 당하다가 결국 자신들이 마법으로 265명을 살해하고 열네 번의 파괴적인 폭풍을 일으키는 등 수많은 범행을 저질렀다고 자백했다. 가족 모두가 사형에 처해졌다.

빨갛게 달구어진 집게로 성인 가족 네 명의 몸을 찢고, 남자들의 팔다리를 바퀴에 묶어 부러뜨렸으며, 아버지를 말뚝에 꽂고, 어머니의 가슴을 도려냈다. 그러고 나서 모두를 산 채로 불태웠다. 열 살짜리 한셀은 이 모든 장면을 강제로 지켜봐야 했다. 네 달 후 한셀도 처형되었다.[82] 마녀사냥꾼들은 악마와 그 공범들을 찾아내기 위해 눈에 불을 켜고 수색했다. 하지만 마녀사냥꾼들이 정말로 악마의 악행을 찾고 싶었다면 거울을 들여다보기만 하면 됐을 것이다.

구조에 나선 스페인

종교재판관

마녀사냥이 한 사람이나 한 가족을 죽이는 것으로 끝나는 경우는 좀처럼 없었다. 처음부터 세계적 음모를 전제로 시작되었기 때문에, 마녀로 고발된 사람들은 공범을 말할 때까지 고문당했다. 이렇게 얻어진 정보는 다른 사람들을 감금하고 고문하고 처형하는 데 사용되었다. 만일 어떤 공직자나 학자, 또는 성직자가 이런 터무니없는 방법에 이의를 제기하면, 이는 그들 역시 마녀가 틀림없다는 증거로 간주되어 체포와 고문을 당했다.

예를 들어, 사탄의 음모에 대한 믿음이 막 퍼지기 시작하던 1453년에 기욤 에들랭이라는 프랑스의 신학 박사는 음모론이 본격적으로 확산되기 전에 진압하려고 시도했다. 그는 중세의 《주교 법령》에 나오는 대로 마법은 환상이며 마녀가 밤에 날아가서 사탄을 만나 계약을 맺는다는 소문은 사실이 아니라고 주장했다. 그 후 에들랭은 마녀로 고발되어 체포되었다. 그는 고문에 못 이겨 결국 자신이 직접 빗자루를 타고 날아가 악마와 계약을 맺었으며, 마법은 환상이라고 말하라고 시킨 자가 바로 사탄이라고 자백했다. 재판관이 인정을 베푼 덕분에 에들랭은 처형을 면하고 대신 종신형을 선고받았다.[83]

마녀사냥은 정보 생태계 탄생의 어두운 면을 잘 보여준다. 《탈무드》에 대한 랍비들의 토론과 기독교 경전에 대한 스콜라철학자들의 토론이 그랬듯이, 마녀사냥을 부추긴 원동력은 현실을 재현하기보다는 새로운 현실을 창조하며 점점 확장되는 정보의 바다였다. 마녀는 객관적 현실이 아니었다. 근대 초 유럽인들 중 누구도 사탄과 성관계하지 않았으며, 빗자루를 타고 날아다니며 폭풍을 일으킬 수도 없었다. 하지만 마녀는 상호주관적 현실이 되었다. 돈의 경우와 마찬가지로, 마녀에 대한 정보를 교환하면서 마녀가 현실이 된 것이다.

마녀사냥에 나선 관료 조직 전체가 이런 정보 교환에 몸담았다. 신학자, 변호사, 종교재판관, 인쇄기 소유자 들은 모두 마녀에 대한 정보를 수집하고, 생산하고, 마녀의 종류를 분류하고, 마녀의 행동을 조사하고, 마녀를 찾아내 굴복시키는 방법을 추천하는 일로 생계를 유지했다. 전문 마녀사냥꾼들은 거액의 수수료를 받고 정부와 시 당국에 서비스를 제공했다. 기록 보관소에는 마녀사냥 원정에 대한 상세한 보고서, 마녀재판 프로토콜, 마녀 용의자에게 받아낸 장문의 자백서가 차고 넘쳤다.

전문 마녀사냥꾼들은 이 모든 데이터를 이용해 자신들의 이론을 더욱 정교하게 발전시켰다. 학자들이 경전의 올바른 해석을 놓고 논쟁하듯, 마녀사냥꾼들도 《마녀의 망치》와 같은 영향력 있는 책들의 올바른 해석을 두고 논쟁했다. 마녀사냥을 담당하는 관료 조직은 관료 조직이 흔히 하는 일을 했다. 즉 '마녀'라는 상호주관적 범주를 만들어 현실 세계에 들이밀었다. 심지어는 고발장 양식까지 만들었다. 거기에는 마법으로 고발당한 사람들에게 일반적으로 적용되는 혐의 내용과 자백해야 할 내용이 적혀 있었고, 날짜와 이름,

피고의 서명을 적을 수 있는 빈칸만 남겨두었다. 이 모든 정보는 특정인이 권위를 얻고 사회 전체가 구성원을 규율하는 수단으로 사용되면서 많은 질서와 권력을 생산했다. 하지만 진실과 지혜는 조금도 생산하지 않았다.

마녀를 사냥하는 관료 조직이 점점 더 많은 정보를 생산할수록 그 모든 정보를 순전히 환상으로만 치부하기는 더욱 어려워졌다. 마녀사냥에 관한 데이터 창고에 단 한 톨의 진실도 들어 있지 않을 수가 있을까? 학식 있는 성직자들이 쓴 그 모든 책은 또 어떤가? 존경받는 판사들이 판결한 그 모든 재판 기록은? 기록으로 남겨진 수만 건의 자백은?

이 새로운 상호주관적 현실은 너무도 설득력이 있어서 마녀로 고발당한 사람들도 일부는 자신이 실제로 사탄의 세계적 음모에 가담했다고 믿게 되었다. 모두가 그렇다고 말한다면 사실임이 틀림없었다. 2장에서 보았듯이 인간은 가짜 기억을 갖기 쉽다. 적어도 근대 초 유럽인들 중 일부는 악마를 소환하고, 사탄과 성관계하고, 마법을 행하는 몽상에 빠지거나 그런 환상을 품었고, 마녀로 고발당하면 몽상과 환상을 현실로 혼동했다.[84]

결과적으로, 17세기 초에 마녀사냥이 점점 끔찍해지며 극으로 치달았을 때 많은 사람들이 뭔가 분명히 잘못되었다고 의심하기 시작했지만 그때도 모든 것을 순전한 환상으로만 치부하기는 어려웠다. 근대 초기 유럽에서 최악의 마녀사냥 사건 중 하나는 1620년대 말 독일 남부 도시인 밤베르크와 뷔르츠부르크에서 발생했다. 밤베르크는 당시 인구가 1만 2,000명이 채 되지 않는 도시였지만[85]

1625년부터 1631년까지 무려 900명의 무고한 사람들이 처형되었다.[86] 뷔르츠부르크에서도 약 1만 1,500명의 인구 가운데 1,200명이 고문을 당하고 처형되었다.[87] 1629년 8월, 뷔르츠부르크 대주교를 보좌하는 한 고위 관리가 친구에게 보낸 편지에는 당시 진행되고 있던 마녀사냥에 대한 묘사와 의구심이 담겨 있다. 이 편지는 길게 인용할 가치가 있다.

마녀 사건에 대해 말하자면…… 그것은 다시 시작되었고, 어떤 말로도 제대로 표현할 수 없습니다. 아, 정말 슬프고 비극적인 일입니다. (…) 이 도시에는 혐의가 상당해서 언제든 체포될 수 있는 사람들이 아직 400명이나 있습니다. 신분 고하와 계층, 성별을 가리지 않고, 심지어는 성직자도 있습니다. (…) 대주교님께는 곧 목사가 될 40여 명의 학생이 있는데, 그중 열서너 명이 마녀라고 합니다. 며칠 전 학장 한 명이 체포되었고, 소환된 다른 두 명은 도망쳤습니다. 어제는 우리 교회 법원의 공증인인 학식이 높은 분이 체포되어 고문을 당했습니다. 한마디로 도시의 3분의 1이 깊이 연루되어 있습니다. 성직자 중 가장 부유하고 매력적이며 저명한 사람들은 이미 처형되었습니다. 일주일 전 열아홉 살 처녀가 처형되었는데, 그녀는 이 도시에서 가장 아름다웠고 모든 사람에게 겸손과 순수함의 표본으로 여겨졌던 사람입니다. 뒤를 이어 일고여덟 명의 가장 훌륭하고 매력적인 사람들이 처형될 것입니다. (…) 이렇게 많은 사람들이 신을 부정하고 마녀의 무도회에 참석했다는 이유로 죽임을 당합니다. 그들에게 피해를 입었다는 사람이 아무도 없는데도 불구하고 말입니다.

이 비극적인 일에 대한 이야기를 끝맺으며 마지막으로 하나만 더 말씀드리자면, 악마와 성관계를 가졌다고 알려진 서너 살짜리 아이들이 300명이나 됩니다. 저는 일곱 살 난 아이들, 열 살, 열두 살, 열네 살, 열다섯 살의 유망한 학생들이 처형되는 것을 보았습니다. (…) 하지만 저는 이 비극에 대해 더는 쓸 수 없고 써서도 안 됩니다.

이 고위 관리는 그러고 나서 다음과 같은 흥미로운 추신을 덧붙였다.

놀랍고도 끔찍한 일들이 많이 일어나고 있지만, 프라우렝베르크라는 곳에서 악마가 직접 8,000명의 추종자들을 모아놓고 미사를 집전하며, 청중들(즉 마녀들)에게 성체 대신 순무의 껍질과 깎아낸 부분을 나누어준 것은 의심의 여지가 없는 사실입니다. 그곳에서 역겨울 뿐만 아니라 정말 끔찍하고 흉측한 신성모독이 자행되었는데, 그것에 대해 쓰는 것조차 끔찍합니다.[88]

이 고위 관리는 뷔르츠부르크에서 벌어지고 있는 광란의 마녀사냥을 지켜보는 끔찍한 심정을 털어놓은 후, 그럼에도 불구하고 사탄을 숭배하는 마녀들의 음모가 실제로 존재한다는 확고한 믿음을 표명했다. 그는 마법을 직접 목격하지 않았지만, 마녀에 대한 무수히 많은 정보가 유포되고 있었기 때문에 모든 것을 의심하기는 어려웠다. 마녀사냥은 유해한 정보의 확산이 부른 재앙이었다. 마녀사냥은 어떤 문제가 정보 때문에 발생하여 더 많은 정보를 통해 악화되는 현상의 대표적 사례다.

현대 학자들뿐만 아니라 당시 통찰력 있는 몇몇 관찰자들도 그런 결론을 내렸다. 17세기 초 스페인 종교재판관 알론소 데 살라사르 프리아스는 마녀사냥과 마녀재판을 철저히 수사했다. 그는 "마법 행위가 실제로 일어났다고 추론할 만한 단 하나의 증거도, 심지어 아주 사소한 단서조차 찾지 못했다"며 "심문하여 자백을 받아내기 전까지는 마녀도, 마법에 걸린 사람도 없었다"고 결론 내렸다.[89] 살라사르 프리아스는 상호주관적 현실의 의미를 잘 이해하고 있었고, 마녀사냥이라는 산업 전체가 일종의 상호주관적인 정보 생태계라는 것을 정확하게 파악했다.

근대 초 유럽을 휩쓴 마녀 광풍의 역사는 정보 흐름의 장벽을 없앤다고 해서 진실된 정보가 확산된다는 보장은 없다는 것을 보여준다. 거짓과 환상이 확산되어 유해한 정보 생태계가 만들어지기도 그만큼이나 쉽다. 더 구체적으로 말하면, 아이디어의 완전한 자유 시장은 진실을 희생시키고 분노와 선정주의의 확산을 부추길 수 있다. 왜 그런지 이해하기는 어렵지 않다. 인쇄업자들과 서적상들은 코페르니쿠스의 《천구의 회전에 관하여》에 나오는 지루한 수학보다는 《마녀의 망치》의 선정적인 이야기로 훨씬 더 많은 돈을 벌었다. 전자의 책은 근대 과학을 정립한 텍스트 중 하나였다. 그 책은 우리 행성을 우주의 중심에서 쫓아냄으로써 코페르니쿠스 혁명을 촉발한, 세상을 뒤흔든 발견으로 평가받는다. 하지만 1543년에 처음 출판되었을 당시 찍은 초판 400권은 다 팔리지 않았으며, 인쇄 부수가 비슷했던 두 번째 판은 1566년에야 출판되었다. 세 번째 판은 1617년에 나왔다. 아서 케스틀러의 말마따나 그것은 '역대급' 워스트셀러였다.[90] 과학혁명의 진정한 촉매는 인쇄술도, 정보의 완전한 자유 시장도 아닌, 인간의 오류 가능성에 접근하는 새로운 방법이었다.

무지의
발견

인쇄술과 마녀사냥의 역사에서 알 수 있듯이, 정보 시장의 규제를 없앤다고 해서 사람들이 스스로의 오류를 찾아내 바로잡는다는 보장은 없다. 자유로운 정보 시장에서는 진실보다 분노가 우세할 가능성이 높기 때문이다. 진실이 승리하려면, 균형추를 '팩트' 쪽으로 기울일 수 있는 힘을 가진 큐레이션 기관을 설치해야 한다. 하지만 가톨릭교회의 역사에서 보았듯이, 그런 기관은 큐레이션 권한을 이용해 자신에 대한 비판을 틀어막을 가능성이 있다. 즉 다른 의견은 무조건 잘못된 것으로 낙인찍고 기관의 오류가 드러나 수정될 기회를 차단할지도 모른다. 주어진 권한을 더 많은 권한을 갖기 위해 사용하지 않고 진실 추구에 사용하는 더 나은 큐레이션 기관을 만드는 것이 가능할까?

근대 초기 유럽에 그런 큐레이션 기관의 토대가 있었고, 과학혁명의 기틀을 다진 것은 인쇄술이나《천구의 회전에 관하여》와 같은 특정 책이 아니라 바로 이런 기관들이었다. 이 중요한 큐레이션 기관은 대학이 아니었다. 과학혁명을 이끈 주요 인물들 대부분은 대학교수가 아니었다. 니콜라우스 코페르니쿠스, 로버트 보일, 튀코 브라헤, 르네 데카르트는 교수직을 맡고 있지 않았다. 스피노자, 라이프니츠, 로크, 버클리, 볼테르, 디드로, 루소도 마찬가지였다.

과학혁명에 핵심적인 역할을 한 큐레이션 기관들은 대학 안팎의 학자들과 연구자들을 연결하여 유럽 전체, 결국에는 전 세계를 잇는 정보 네트워크를 구축했다. 과학혁명이 속도를 내기 위해서는 과학자들이 먼 곳의 동료들이 발표한 정보를 신뢰하는 것이 필수였다. 한 번도 만난 적이 없는 사람들의 연구에 대해 보여주는 이런 종류의 신뢰는 1660년에 설립된 자연 지식의 증진을 위한 런던 왕립 학회Royal Society of London for Improving Natural Knowledge와 프랑스 과학 아카데미Académie des Sciences(1666) 같은 과학 협회들,《왕립 학회 철학 회보Philosophical Transactions of the Royal Society》(1665)와《왕립 과학 아카데미의 역사Histoire de l'Académie Royale des Sciences》(1699) 같은 과학 학술지들, 그리고《백과전서Encyclopédie》(1751~1772)의 제작자와 같은 과학 출판사들에서 분명하게 확인된다. 이런 기관들은 경험적 증거를 토대로 정보를 선별함으로써 크라머의 환상이 아닌 코페르니쿠스의 발견에 관심을 불러 모았다.《왕립 학회 철학 회보》에 논문 한 편이 제출되면 편집자들이 가장 먼저 던지는 질문은 "얼마나 많은 사람들이 이 논문을 사서 볼까?"가 아니라 "그것이 사실이라는 증거가 있는가?"였다.

처음에는, 이런 새로운 기관들이 거미줄처럼 허약해 보였다. 인간 사회를 근본적으로 변화시키는 데 필요한 힘을 가지고 있지 않았기 때문이다. 마녀사냥 전문가들과 달리《왕립 학회 철학 회보》

의 편집자들은 누군가를 고문하고 처형할 수 없었다. 그리고 가톨릭교회와 달리 프랑스 과학 아카데미는 거대한 영토를 소유하지도 막대한 예산을 운영하지도 않았다. 하지만 과학 기관들은 신뢰를 얻는 매우 독창적인 접근 방식 덕분에 영향력을 높일 수 있었다. 교회는 절대 진리가 담긴 무오류의 거룩한 책을 내세우며 사람들에게 교회를 믿으라고 말했다. 반면 과학 기관은 기관 자체의 오류를 찾아내 고치는 강력한 자정 장치를 토대로 권위를 얻었다. 과학혁명의 원동력은 인쇄술이 아니라 바로 이런 자정 장치였다.

다시 말해, 과학혁명은 무지를 발견하는 것에서 시작되었다.[91] 책의 종교들은 자신들이 오류 없는 지식의 원천에 접근할 수 있다고 가정했다. 기독교인에게는 그것이 《성경》이었고, 무슬림에게는 《쿠란》이었고, 힌두교도에게는 《베다》였으며, 불교도에게는 《티피타카三藏》였다. 과학 문화에는 거룩한 책에 해당하는 것이 없으며, 과학 영웅들 중 아무도 자신이 오류를 범하지 않는 예언자나 성인, 또는 천재라고 주장하지 않았다. 과학이라는 사업은 무오류성이라는 환상을 버리고 오류를 불가피한 것으로 받아들이는 정보 네트워크를 구축하는 데서 시작한다. 코페르니쿠스, 다윈, 아인슈타인 같은 사람들의 천재성에 대해 많이들 이야기하지만, 그들 중 누구도 오류 없는 존재로 간주되지 않는다. 그들 모두가 실수를 했으며, 심지어는 가장 칭송받는 과학 논문에도 오류와 누락이 분명히 존재한다.

천재들도 확증 편향에 시달리기 때문에 그들이 실수를 스스로 바로잡는다는 보장은 없다. 하지만 과학은 개별 과학자나 오류 없는 한 권의 책이 아니라 제도적 협력에 의존하는 협업이다. 물론 기관도 오류를 범할 수 있다. 하지만 과학 기관은 순응주의보다는 회의주의와 혁신을 장려한다는 점에서 종교 기관과는 다르다. 과학 기관은 자기 회의를 장려한다는 점에서 음모론과도 다르다. 음모론자들은 기존에 이루어진 합의를 의심의 눈초리로 보는 경향이 있지만, 스스로가 믿는 것에 대해서는 회의주의를 내팽개치고 확증 편향에 빠진다.[92] 과학의 트레이드마크는 무조건적인 회의가 아니라 자기 회의이며, 모든 과학 기관의 중심에는 강력한 자정 장치가 있다. 양자역학이나 진화론 같은 특정 이론의 정확성에 대해 과학 기관들이 폭넓은 합의에 도달했다는 것은 해당 이론이 외부인뿐만 아니라 기관 내부 구성원들의 끊임없는 반증 시도를 견뎌냈다는 뜻이다.

인 간
네 트 워 크 들

자정
장치

자정 장치는 거룩한 책과는 정반대로 작동하는 정보 기술이다. 거룩한 책은 오류가 없어야 하지만, 자정 장치는 오류가 생길 가능성을 받아들인다. **자정** 장치self-correcting mechanism란 누군가가 자신의 오류를 스스로 바로잡는 데 사용하는 메커니즘을 뜻한다. 교사가 학생의 에세이를 고쳐주는 것은 자기 교정이 아니다. 학생이 자신이 쓴 에세이를 스스로 고치는 게 아니기 때문이다. 판사가 범죄자를 교도소에 보내는 것도 자기 교정이 아니다. 범죄자가 자신의 범행을 스스로 밝히는 것이 아니기 때문이다. 연합군이 나치 정권을 물리치고 무너뜨린 것도 자기 교정이 아니다. 그들에게만 맡겨두었다면 독일은 나치 정권에서 벗어나지 못했을 것이다. 하지만 어떤 과학 학술지가 이전 논문의 실수를 바로잡는 논문을 발표할 때 이 학술지는 자체 오류를 스스로 바로잡는 기관에 해당한다.

자정 장치는 자연에 흔하다. 아이들은 이런 장치 덕분에 걷는 법을 배운다. 몸을 잘못 움직여 넘어지면 실수에서 교훈을 얻어 약간 다르게 움직여본다. 때때로 부모나 교사가 아이에게 손을 빌려주거나 조언을 해주기도 하지만, 외부 교정에만 의존하거나 실수에서 배우기는커녕 변명으로 일관하는 아이는 제대로 걷기 어려울 것이다. 사실 성인도 걸을 때마다 복잡한 자기 교정을 거친다. 우리 몸이 공간 속을 이동하는 동안 뇌, 팔다리, 감각기관 사이에 내부 피드백 고리가 작동하여 다리와 손을 적절한 위치에 유지하고 균형을 똑바로 잡는다.[93]

다른 많은 신체 과정에서도 자기 교정이 지속적으로 일어난다. 혈압, 체온, 혈당 수치 등 수많은 생리 지표는 상황 변화에 따라 오르내릴 수 있어야 하지만 특정 임계점을 넘거나 밑돌아서는 안 된다. 혈압은 우리가 달릴 때는 올라가고 잠잘 때는 떨어져야 하지만, 항상 일정한 범위 내로 유지되어야 한다.[94] 우리 몸은 정교하게 짜인 춤과 같은 이 생화학 과정들을 수많은 자기 교정 메커니즘을 통해 관리한다. 혈압이 너무 높아지면 자기 교정 메커니즘이 혈압을 낮춘다. 혈압이 위험할 정도로 낮으면, 자기 교정 메커니즘이 혈압을 높인다. 자기 교정 메커니즘이 고장 나면 우리는 죽을 수도 있다.[95]

기관도 자기 교정 메커니즘이 없으면 죽는다. 이런 메커니즘은 인간이 실수와 부패를 저지를 수 있다는 사실을 인정하는 데서 출발한다. 하지만 기관은 인간에게 절망하여 인간을 우회할 방법을 찾는 대신 적극적으로 실수를 찾아 바로잡는다. 몇 년 이상 버텨낸 기관은 모두 그런 메커니즘을 가지고 있지만, 기관마다 자기 교정 장치의 강도와 선명성에는 큰 차이가 있다.

예를 들어 가톨릭교회는 비교적 약한 자기 교정 장치를 지닌 기관이다. 가톨릭교회는 무오류성을 주장하므로 기관의 실수를 인정할 수 없다. 이따금 일부 구성원의 탈선이나 죄를 인정하기도 하지만, 기관 자체는 여전히 완벽하다고 주장한다. 예를 들어 1964년 제2차 바티칸공의회에서 가톨릭교회는 다음과 같이 인정했다. "그리스도는 교회가 이 땅에 머무는 동안 끊임없이 개혁해야 한다고 요구하십니다. 교회는 지상에 있는 인간의 기관인 한은 항상 개혁이 필요합니다. 여러 시대와 상황에서 도덕적 행위나 교회 규율, 심지어는 교회 가르침이 공식화되는 방식에 결함이 있었다면, 물론 이런 결함을 교회의 본질적인 가르침인 '신앙의 유산'과는 신중하게 구별해야 하지만, 그런 결함을 적절한 시기에 바로잡을 수 있고 또 바로잡아야 합니다."[96]

이는 희망적으로 들리지만 악마는 디테일에 있다. 즉 가톨릭교회는 '신앙의 유산the deposit of faith'에 어떤 결함이 존재할 가능성을 받아들이지 않는다. 가톨릭 교리에서 '신앙의 유산'이란, 교회가 경전과 경전을 해석하는 신성한 전통에서 얻은 계시된 진리의 총체를 가리킨다. 가톨릭교회는 성직자도 오류를 범할 수 있는 인간이라서 죄를 짓기도 하고 교회 가르침을 공식화하는 방식에서 실수도 저지른다는 점을 인정한다. 하지만 거룩한 책 자체는 절대로 오류가 있을 수 없다. 그렇다면 오류를 범할 수 있는 인간과 오류 없는 텍스트를 결합하는 기관인 교회 자체는 어떨까?

가톨릭 교리에서는《성경》의 무오류성과 신의 인도가 인간의 부패보다 우선하므로, 교회의 구성원은 실수하고 죄를 지어도 기관으로서의 가톨릭교회는 절대 틀릴 수 없다. 교회의 주장에 따르면, 그동안의 역사에서 신은 교회 지도자들이 거룩한 책을 해석하는 과정에서 대다수가 심각한 실수를 저지르도록 내버려둔 적이 결코 없었다. 이 원리는 많은 종교의 공통점이다. 정통파 유대교는《미시나》와《탈무드》를 편찬한 랍비들이 개인적인 문제에서는 실수할 수 있어도 랍비들이 종교 교리를 선포할 때는 신이 절대 실수하지 않도록 지켜준다고 주장한다.[97] 이슬람교에도 이즈마Ijma(율법 문제에 만장일치로 동의하는 것—옮긴이)라는 비슷한 원리가 있다. 한 중요한《하디스》에 따르면, 무함마드는 "나의 공동체가 결코 오류에 동의하지 않도록 알라가 막아줄 것이다"라고 말했다.[98]

가톨릭교에서 이른바 기관의 완벽성을 가장 분명하게 명시하고 있는 것이 교황 무오류성 원리다. 이 원리는 교황이 개인적인 문제에서는 실수할 수 있지만 제도적 역할에서는 결코 오류가 있을 수 없다고 말한다.[99] 예를 들어 교황 알렉산데르 6세는 독신 서약을 어기고 정부를 두어 여러 자녀를 낳는 잘못을 저질렀지만, 윤리나 신학 문제에 관한 교회의 공식 가르침을 정의할 때는 실수가 있을 수 없었다.

이런 관점에 따라, 가톨릭교회는 교회 구성원의 사적인 문제를 감독하는 자기 교정 장치는 마련해도《성경》을 수정하거나 '신앙의 유산'을 수정하기 위한 장치는 절대 만들지 않았다. 이런 태도는 가톨릭교회가 과거 행위의 잘못을 인정한 몇 안 되는 공식 사과에서 분명하게 드러난다. 최근 몇십 년 동안 여러 교황들이 유대인, 여성, 비가톨릭 기독교인, 원주민 문화를 학대한 사실에 대해 잇달아 용서를 구했고, 1204년의 콘스탄티노플 약탈과 가톨릭 학교에서의 아동 학대와 같은 구체적인 사건들에 대해서도 사과했다. 가톨릭교회가 사과를 했다는 것 자체는 칭찬할 만하다. 종교 기관은 좀처럼 사과하지 않기 때문이다. 그럼에도 이 모든 사례에서 교황들은 신중을 기하여 책임을 경전과 교회로부터 다른 데로 돌렸다. 잘못은 경전을 잘못 해석하여 교회의 참된 가르침에서 벗어난 개별 성직자들에게 있었다.

예를 들어 2000년 3월, 교황 요한 바오로 2세는 유대인, 이단자, 여성, 원주민에게 저지른 많은 역사적 범죄에 대해 용서를 구하는 특별한 의식을 거행했다. 교황은 "일부 구성원들이 진리를 위해 폭력을 사용한 일"에 대해 사과했다. 그의 단어 선택은 그런 폭력이 교회가 가르치는 진리를 제대로 이해하지 못한 "일부" 잘못된 개인의 탓임을 암시한다. 잘못을 저지른 개인들이 교회의 가르침을 정확하게 이해했을지도 모르고, 교회의 가르침이 진리가 아닐 수도 있지만, 교황은 그런 가능성은 받아들이지 않았다.[100]

마찬가지로 2022년에 프란치스코 교황은 캐나다의 교회가 운영하는 기숙학교들에서 발생한 원주민 학대 행위에 대해 사과하면서 이렇게 말했다. "무엇보다도 교회의 많은 구성원들이 (⋯) 문화 파괴와 강제 동화 프로젝트에 (⋯) 협력한 방식에 대해 용서를 구합니다."[101] 그가 어떻게 책임을 신중하게 전가하는지 보라. 잘못은 교회와 교회의 가르침이 아니라 '교회의 많은 구성원들'에게 있었다. 마치 원주민 문화를 파괴하고 사람들을 강제로 개종시키는 것이 교회의 공식 교리인 적이 없었다는 듯 말이다.

사실 십자군 전쟁을 시작하고, 유대인과 여성을 차별하는 법을 시행하고, 전 세계 토착 종교를 조직적으로 말살한 것은 소수의 일탈한 성직자들이 아니었다.[102] 많은 존경받는 교부들의 저술과 많은 교황과 교회 공의회의 공식 법령을 가득 채우고 있는 문단들은 '이교도'와 '이단' 종교를 헐뜯고, 그런 종교를 파괴할 것을 촉구하고, 그런 종교의 신자들을 차별하고, 사람들을 기독교로 개종시키기 위해 폭력을 사용하는 것을 정당화한다.[103] 예를 들어 1452년에 교황 니콜라스 5세는 포르투갈 왕 아폰수 5세와 여타 가톨릭 군주들을 향해 둠 디베르사스Dum Diversas라는 교황령을 발표했다. 교황은 "짐은 이 문서를 통해 사도적 권위로 그대들에게 이르노니, 사라센인과 이교도, 기타 그리스도를 믿지 않는 모든 자들과 그리스도의 적들이 어디에 있든 그들의 왕국, 공국, 백작령, 영지 및 기타 재산을 침략하고 수색하고 포획하고 예속시킬 수 있으며 (…) 그들의 신분을 영구적인 노예 상태로 만들 수 있는 전권을 부여한다"라고 말했다.[104] 뒤를 이은 교황들이 수차례 반복한 이 공식 포고는 유럽 제국주의와 전 세계의 원주민 문화 파괴를 정당화하는 신학적 근거를 마련했다. 교회가 공식적으로 인정하지는 않지만, 당연히 시간이 흐름에 따라 교회의 구조, 핵심 가르침, 경전 해석에도 변화가 일어났다. 오늘날 가톨릭교회의 반유대주의와 여성 혐오는 중세와 근대 초기에 비하면 정도가 훨씬 덜하다. 프란치스코 교황은 니콜라스 5세보다 원주민 문화에 훨씬 관대하다. 이는 제도적인 자정 메커니즘이 작동하고 있기 때문이며, 이 메커니즘은 외부 압력뿐만 아니라 내부 성찰에도 반응한다. 하지만 가톨릭교회와 같은 기관들의 자정 장치는 자정이 일어나도 그 사실을 크게 선전하기보다는 부인하는 것이 특징이다. 교회의 가르침을 바꿀 때 첫 번째 규칙은 '교회의 가르침을 바꾼다는 사실을 절대 시인하지 말라'다.

교황이 전 세계를 향해 "우리 전문가들이 방금 《성경》에서 정말로 큰 오류를 발견했습니다. 우리는 곧 개정판을 발행할 것입니다"라고 발표할 일은 없을 것이다. 대신 교황은 유대인과 여성에게 교회가 더 관대한 태도를 보여줄 수는 없는지에 대해 질문을 받으면, 가톨릭교회는 항상 **그렇게** 하라고 가르쳤지만 일부 성직자들이 메시지를 제대로 이해하지 못했다는 의중을 내비친다. 자기 교정의 존재를 부정한다고 해서 자기 교정이 완전히 멈추는 것은 아니지만 대신 약화되고 느려질 수는 있다. 교회가 과거의 실수를 바로잡은 사실을 널리 알리기는커녕 인정하지도 않은 결과, 신자들은 교회나 교회 가르침에서 또 다른 심각한 문제를 발견해도 영원하고 오류 없는 무언가를 건드리는 것이 두려워 무력해진다. 신자들은 선례의 도움을 받을 수 없다.

예를 들어 현재 프란치스코 교황과 같은 가톨릭교도들이 동성애에 대한 교회의 가르침을 재고하고 있지만,[105] 그들은 단순히 과거의 실수를 인정하고 가르침을 바꾸는 것을 어려워한다. 미래의 어떤 교황이 마침내 성 소수자를 학대한 일에 대해 사과할 경우에도 복음을 잘못 이해한 일부 열성적인 개인들에게 책임을 전가할 수밖

에 없을 것이다. 가톨릭교회는 종교적 권위를 유지하기 위해 자정
장치의 존재를 부정할 수밖에 없었다. 교회는 무오류성의 덫에 빠
진 것이다. 일단 무오류성을 주장하며 종교적 권위를 얻으면, 비교
적 사소한 문제에서 기관의 실수를 공개적으로 시인해도 권위가 완
전히 무너질 수 있다.

DSM과
《성경》

　　　　　　근대 초기 유럽에서 등장한 과학 기관은 가톨릭교회
와 달리 강력한 자정 장치를 중심으로 구축되었다. 과학 기관은 특
정 시기 대부분의 과학자가 사실이라고 믿는 이론이라도 결국 부
정확하거나 불완전한 것으로 밝혀질 수 있다는 입장을 고수한다.
19세기에는 대부분의 물리학자가 뉴턴 물리학을 거의 모든 자연현
상을 설명할 수 있는 포괄적인 이론으로 받아들였지만, 20세기에
상대성이론과 양자역학이 등장하면서 뉴턴 모델의 부정확성과 한
계가 드러났다.[106] 과학사에서 가장 큰 경사는 바로 통념이 뒤집히
고 새로운 이론이 탄생하는 일이다.

　무엇보다도 과학 기관은 중대한 실수와 범죄가 일어날 경우 기관
의 책임을 기꺼이 시인한다. 예를 들어 오늘날 대학에서는 19세기
와 20세기 대부분의 생물학, 인류학, 역사학 연구가 범했던 조직적
인 인종차별과 성차별을 알리는 강의를 정기적으로 개설하고 학술
지들은 그런 논문을 정기적으로 싣는다. 터스키기 매독 연구와 같
은 개별 사례에 대한 연구, 그리고 백호주의 정책부터 홀로코스트

에 이르는 정부 정책들에 대한 연구는 어떻게 주요 과학 기관에서 나온 잘못된 생물학, 인류학, 역사학 이론들이 차별, 제국주의, 심지어 대학살을 정당화하고 조장하는 데 이용되었는지 반복적이고도 광범위하게 다뤄왔다. 이런 범죄와 오류는 소수의 잘못된 학자들 탓이 아니라 학문 분야 전체의 제도적 실패로 간주된다.[107]

과학이 비교적 빠른 속도로 발전하고 있는 것은 제도적 실수를 기꺼이 시인하는 태도 덕분이다. 일단 증거가 확인되면 정설로 인정되던 이론이 몇 세대 내에 폐기되고 새로운 이론으로 대체된다. 21세기 초 대학에서 생물학, 인류학, 역사학을 전공하는 학생들이 배우는 내용은 한 세기 전에 배웠던 것과는 판이하게 다르다.

정신의학 분야는 강력한 자기 교정 메커니즘의 수많은 유사 사례를 제공한다. 대부분의 정신과 의사들의 서가에는《정신 질환 진단 및 통계 편람Diagnostic and Statistical Manual of Mental Disorders》인 DSM이 있다. DSM은 정신과 의사들의 바이블로 통하지만, DSM과《성경》사이에는 중요한 차이가 있다. 1952년에 처음 출판된 DSM은 10년 또는 20년마다 개정되어 2013년에는 5판이 나왔다. 그동안 많은 질환의 정의가 바뀌었으며, 새로운 질환이 추가된 한편 삭제된 질환도 있다. 예를 들어 동성애는 1952년에는 사이코패스 성격 장애로 등재되었지만 1974년에 DSM에서 삭제되었다. DSM에서 이 오류가 수정되는 데 걸린 시간은 불과 22년이었다. 거룩한 책이 아니라 과학 텍스트라서 가능한 일이다.

오늘날 정신의학 분야에서 1952년에 내려진 동성애의 정의를 좋은 쪽으로 재해석하려는 시도는 찾아볼 수 없다. 오히려 1952년의 정의를 명백한 오류로 간주한다. 더 중요한 사실은 그 오류를 동성애를 혐오하는 소수의 전문가들 책임으로 돌리지 않는다는 것이다. 오히려 그런 오류가 정신의학 분야 깊숙이 내재된 제도적 편향의 결과임을 인정한다.[108] 과거에 일어난 제도적 오류를 인정한 선례 덕분에 정신의학자들은 비슷한 오류를 범하지 않기 위해 더욱 조심하게 된다. 트랜스젠더와 자폐 스펙트럼에 대한 열띤 논쟁은 그런 노력을 보여주는 증거다. 물론 아무리 조심해도 정신의학자들은 제도적 실수를 저지를 수 있다. 하지만 그런 실수를 인정하고 바로잡을 수도 있다.[109]

발표하지 않으면
도태된다

과학의 자정 장치가 특히 잘 작동하는 이유는 과학 기관이 내부의 오류와 무지를 기꺼이 인정할 뿐만 아니라 적극적으로 밝혀내려고 하기 때문이다. 과학 기관의 인센티브 구조에서 그 점이 분명하게 드러난다. 종교 기관의 인센티브 구조는 기존 교리를 잘 따르고 새로운 사상을 의심하도록 설계되어 있다. 구성원들은 교리에 충실하겠다고 공언하면 랍비, 이맘, 사제가 될 수 있으며, 전임자를 비판하거나 급진적인 새로운 사상을 내놓지 않아도 교황이나 수석 랍비 또는 대아야톨라가 될 수 있다. 실제로 교황 베네딕토 16세, 이스라엘의 수석 랍비 다비드 라우, 이란의 아야톨라 하메네이 등 최근 권위 있는 종교 지도자들 상당수가 새로운 사상과 페미니즘 같은 트렌드와 엄격하게 거리를 둠으로써 명성과 지

지를 얻었다.[110]

　과학계는 이와는 반대로 돌아간다. 과학 기관에서는 '발표하지 않으면 도태된다'는 원리에 따라 채용과 승진이 이루어지며, 권위 있는 학술지에 논문을 발표하기 위해서는 기존 이론의 오류를 찾아내거나 선배나 스승이 몰랐던 무언가를 발견해야 한다. 이전 학자들이 말한 것을 충실하게 되풀이하고 모든 새로운 과학 이론에 반대하는 것으로 노벨상을 받은 사람은 없다.

　물론 종교 기관에도 자기 교정이 작동할 여지가 있듯이 과학계에도 순응주의가 작동할 여지가 있다. 과학은 제도적 사업이며 과학자들은 기관에 의존해 연구 활동을 한다. 예를 들어, 중세와 근대 초기의 유럽인들이 마법에 대해 어떻게 생각했는지 내가 어떻게 알았을까? 나는 관련된 기록 보관소를 일일이 방문하지 않았으며, 관련 자료를 빠짐없이 읽지도 않았다. 사실 나는 그 자료들을 직접 읽으려야 읽을 수도 없다. 필요한 언어를 모두 알지 못하고, 중세와 근대 초기의 필체를 해독하는 데 능숙하지 않기 때문이다. 대신 나는 다른 학자들이 출판한 책과 기사에 의존했다. 예를 들어 2017년 예일 대학교 출판부에서 펴낸 로널드 허튼의 저서 《마녀: 공포의 역사The Witch: A History of Fear》가 그중 하나였다.

　나는 브리스톨 대학교의 역사학 교수인 로널드 허튼을 직접 만난 적이 없으며, 허튼 교수를 고용한 브리스톨 대학교 관계자나 그의 책을 출판한 예일 대학교 편집부를 개인적으로 알지도 못한다. 그럼에도 내가 허튼의 책에서 읽은 내용을 신뢰하는 이유는 브리스톨 대학교와 예일 대학교 출판부 같은 기관들이 어떻게 운영되는지 알기 때문이다. 이 기관들이 갖추고 있는 자정 장치에는 두 가지 중요한 특징이 있다. 첫째는 자정 장치가 시스템의 주변기기가 아니라 핵심에 내장되어 있다는 점이다. 둘째는 이 기관들은 자기 교정이 이루어지고 있다는 사실을 부정하지 않고 오히려 널리 알린다는 점이다. 물론 허튼의 책에서 얻은 정보의 일부가 부정확할 수 있고, 내가 잘못 해석했을 가능성도 있다. 하지만 그런 실수가 있다면, 바라건대 허튼의 책을 읽었고 지금 이 책《넥서스》을 읽고 있는 마법의 역사에 대한 전문가들이 실수를 발견하여 알려줄 수 있을 것이다.

과학 기관을 비판하는 포퓰리스트들은 과학 기관이 사실은 이설을 억압하고 반대자들을 마녀사냥하는 데 권력을 사용한다고 받아칠지도 모른다. 실제로 한 분야의 정설에 이론異論을 제기했다가 좋지 않은 일을 당하는 학자들도 있다. 논문이 거절되고, 연구비가 끊기고, 인신공격이 가해지고, 드물게는 직장에서 해고되기도 한다.[111] 그런 고통이 대수롭지 않다는 것이 아니다. 하지만 신체적 고문이나 화형을 당하는 것과는 차원이 다르다.

한 예로 화학자 댄 셰흐트만의 이야기를 생각해보자. 1982년 4월, 전자현미경으로 시료를 관찰하던 중 셰흐트만은 당시 화학 이론으로는 존재할 수 없는 것을 보았다. 알루미늄과 망간이 섞인 시료의 원자들이 5중 회전대칭 패턴으로 결정화되어 있었다. 당시 과학자들은 결정이 이룰 수 있는 다양한 대칭 구조를 알고 있었지만, 5중 회전대칭은 자연법칙에 위배된다고 알려져 있었다. 셰흐트만은 훗날 준결정이라고 불리게 된 것을 발견했지만, 그것이 너무 얼토당토않은 소리로 들렸기 때문에 동료 심사 학술지들 중 이 발견을 실어줄 곳을 찾기가 어려웠다. 당시 셰흐트만이 경력이 얼마 없는 과학자였다는 점도 도움이 되지 않았다. 심지어 그는 자신의 연구실도 없어서 다른 사람의 시설에서 연구하고 있었다. 하지만 결국 1984년에 《피지컬 리뷰 레터스Physical Review Letters》라는 학술지에서 편집자들이 증거를 검토한 후 셰흐트만의 논문을 실어주었다.[112] 그러자 셰흐트만의 표현을 빌리면 "난리가 났다".

동료들 대부분이 셰흐트만의 주장을 일고의 가치도 없다고 여기며, 셰흐트만이 실험을 엉터리로 했다고 비난했다. 그의 실험실 책임자도 셰흐트만에게서 등을 돌렸다. 그 사람은 셰흐트만의 책상 위에 극적인 몸짓으로 화학 교과서를 내려놓으며 이렇게 말했다. "대니, 이 책을 읽어보면 자네가 말하는 것이 불가능하다는 것을 알 수 있을 거야." 셰흐트만은 자신은 준결정을 책이 아니라 현미경에서 보았다고 대담하게 응수했다. 그 일로 그는 연구실에서 쫓겨났다. 그것으로 끝이 아니었다. 노벨상을 두 차례나 받은 20세기의 가장 저명한 과학자 중 한 명인 라이너스 폴링이 셰흐트만에 대한 잔인한 인신공격을 주도했다. 수백 명의 과학자가 참석한 학회에서 폴링은 이렇게 외쳤다. "대니 셰흐트만이 헛소리를 떠들고 다니는데, 세상에 준결정은 존재하지 않아요. 준과학자만 존재할 뿐이지요."

그렇다 해도 셰흐트만은 투옥되거나 처형당하지는 않았다. 그는 다른 연구소에 자리를 구했고, 결국 그가 제시한 증거가 기존 화학 교과서나 라이너스 폴링의 견해보다 더 설득력 있다는 사실이 밝혀졌다. 여러 동료들이 셰흐트만의 실험을 반복한 끝에 셰흐트만과 같은 결과를 얻었다. 셰흐트만이 현미경을 통해 준결정을 관찰한 지

불과 10년 만에 결정학 분야의 최고 과학 협회인 국제 결정학회는 결정의 정의를 수정했다. 이에 따라 화학 교과서도 수정되었으며, 준결정학이라는 완전히 새로운 과학 분야가 등장했다. 2011년에 셰흐트만은 준결정을 발견한 공로를 인정받아 노벨 화학상을 수상했다.[113] 노벨 위원회는 "그의 발견은 많은 논란을 불러일으켰지만 결국 과학자들은 물질의 본질에 대한 개념을 재고할 수밖에 없었다"고 평가했다.[114]

셰흐트만의 이야기는 과학계에서 특별한 예외가 아니다. 과학의 연대기에는 비슷한 사례들이 수두룩하다. 상대성이론과 양자역학도 20세기 물리학의 초석이 되기 전까지 격렬한 논란을 불러일으켰으며, 물리학 원로들은 새로운 이론을 지지하는 사람들에게 인신공격을 가했다. 마찬가지로 19세기 말 게오르크 칸토어가 20세기 수학의 기초가 된 무한수 이론을 발표했을 때도, 앙리 푸앵카레와 레오폴트 크로네커 등 당대 최고의 수학자들에게 인신공격을 당했다. 포퓰리스트들은 과학자들도 다른 모든 사람들과 마찬가지로 편향에 치우치기 쉽다고 생각하는데, 이는 옳은 지적이다. 하지만 과학자들은 제도적인 자정 장치 덕분에 이런 편향을 극복할 수 있다. 충분한 경험적 증거가 마련되면, 이설이 정설을 뒤집고 새로운 합의로 자리 잡기까지 대개 몇십 년밖에 걸리지 않는다.

다음 장에서 살펴보겠지만, 과거에 과학의 자정 장치가 작동을 멈추어, 학문적 이견을 제기하면 신체적 고문과 투옥, 심지어 죽임을 당할 수 있었던 시대와 장소가 있었다. 예를 들어 소련에서는 경제학, 유전학, 역사학 등 어떤 분야의 공식 도그마에 의문을 제기하면 파면당하는 것은 물론이고 심지어 몇 년을 강제 노동 수용소에서 보내거나 사형 집행관의 총에 맞을 수 있었다.[115] 농학자 트로핌 리센코의 엉터리 이론이 일으킨 일련의 사건들은 유명한 예다. 그는 주류 유전학과 자연선택에 의한 진화를 거부하고 독특한 이론을 발전시켰다. 그의 이론에 따르면 "재교육"을 통해 동식물의 형질을 바꿀 수 있으며 심지어는 한 종을 다른 종으로 변형할 수도 있었다. 리센코주의는 스탈린의 눈에 쏙 들었다. 스탈린에게는 "재교육"의 거의 무한한 잠재력을 믿어야 할 이념적, 정치적 이유가 있었다. 리센코의 이론에 반대하고 자연선택에 의한 진화를 계속 지지하던 수천 명의 과학자가 직장에서 해고되었고, 일부는 투옥되거나 처형되었다. 리센코의 멘토였다가 비판자로 전향한 식물학자이자 유전학자인 니콜라이 바빌로프는 1941년 7월 식물학자 레오니드 고보로프, 유전학자 게오르기 카르페첸코, 농학자 알렉산드르 본다렌코와 함께 재판에 넘겨졌다. 뒤의 세 사람은 총살되었고, 바빌로프는 1943년 사라토프의 한 수용소에서 사망했다.[116] 독재자의 압력을 받던 레닌 전연방 농업과학 아카데미는 1948년 8월, 앞으로 소련 기관들은 리센코주의를 유일한 정설로 가르치겠다고 발표했다.[117]

하지만 바로 이 때문에 레닌 전연방 농업과학 아카데미는 과학 기관으로서 기능을 멈추었고, 소련의 유전학 도그마는 과학이 아니라 이데올로기였다. 기관은 무엇이든 원하는 이름으로 자신을 부를 수 있지만, 강력한 자정 장치가 없다면 과학 기관은 아니다.

자기 교정의
한계

　　　　　그렇다면 자정 장치는 인간의 정보 네트워크를 오류와 편향으로부터 지켜줄 마법의 탄환일까? 불행히도 상황은 훨씬 더 복잡하다. 가톨릭교회와 소련공산당 같은 기관들이 강력한 자정 장치를 마련하지 않은 데는 그만한 이유가 있다. 자정 장치는 진실 추구에 필수적이지만 질서 유지 측면에서는 손해이기 때문이다. 강력한 자정 장치는 의구심, 논쟁, 갈등, 분열을 일으키고 사회질서를 유지하는 신화의 힘을 약화하는 경향이 있다.

　물론 질서가 반드시 좋은 것만은 아니다. 예를 들어 근대 초반에 유럽의 사회질서는 마녀사냥을 지지했을 뿐만 아니라, 소수의 귀족에 의한 수백만 농민의 착취, 여성에 대한 조직적인 학대, 유대인과 무슬림 등 소수 집단에 대한 광범위한 차별을 부추겼다. 하지만 사회질서가 아무리 억압적이어도 질서를 무너뜨린다고 세상이 좋아지는 것은 아니다. 오히려 혼란과 더 심한 억압이 발생할 수 있다. 정보 네트워크의 역사는 항상 진실과 질서 사이의 균형 맞추기였다. 질서를 위해 진실을 희생시키는 데는 대가가 따르듯이, 진실을 위해 질서를 희생시키는 데도 대가가 따른다.

　과학 기관이 강력한 자정 장치를 갖출 수 있었던 이유는 사회질서를 유지하는 어려운 임무를 다른 기관에 맡기기 때문이다. 화학 실험실에 도둑이 들거나 정신과 의사가 살해 협박을 받으면, 그들은 동료 심사 학술지에 호소하지 않고 경찰에 신고한다. 그렇다면 학문 분야 외의 기관에서도 강력한 자정 장치를 유지할 수 있을까? 특히 경찰, 군대, 정당, 정부처럼 사회질서를 유지하는 임무를 맡는 기관들에 그런 장치가 존재할 수 있을까?

이 질문은, 정보 흐름의 정치적 측면에 초점을 맞추어 민주주의와 독재의 역사를 검토하는 다음 장의 주제다. 곧 살펴보겠지만, 민주주의는 정치 영역에서도 강력한 자정 장치를 유지할 수 있다고 믿는다. 독재는 그런 장치를 거부한다. 그래서 냉전이 한창일 때 민주주의 국가인 미국의 신문들과 대학들은 미국이 베트남에서 저지른 전쟁범죄를 공개적으로 폭로하며 비판했다. 전체주의 소련의 신문들과 대학들도 미국의 범죄를 기꺼이 비판했지만, 소련이 아프가니스탄 등지에서 저지른 범죄에 대해서는 입을 다물었다. 소련의 침묵은 과학적으로 정당화될 수 없었지만 정치적으로는 이해할 수 있는 일이었다. 베트남전쟁에 대한 미국의 자기비판은 지금까지도 계속 미국 대중을 분열시키고 미국의 평판을 훼손하는 반면, 아프가니스탄 전쟁에 대한 소련과 러시아의 침묵은 기억을 희미하게 만들고 평판 손실을 최소화하는 데 도움이 되었다.

AI의 등장이 가져올 혁명적 영향을 제대로 탐구하기 위해서는 고대 아테네, 로마제국, 미국, 소련과 같은 과거 시스템에서 정보 흐름이 정치에 어떤 영향을 미쳤는지 이해해야 한다. AI가 민주주의 자정 기능을 강화할지 아니면 약화할지가 AI와 관련된 가장 중요한 질문 중 하나이기 때문이다.

5

결정: 민주주의와 전체주의의 간략한 역사

민주주의와 독재는 일반적으로 상반된 정치적, 윤리적 시스템으로서 논의된다. 이 장에서는 논의의 틀을 바꾸어, 대조적인 유형의 정보 네트워크라는 관점에서 민주주의와 독재의 역사를 재조명해 보려고 한다. 민주주의와 독재 체제에서 정보는 어떻게 다르게 흐르고, 새로운 정보 기술의 발명이 각 정치체제의 성공에 어떤 도움이 될까?

독재적 정보 네트워크는 고도로 중앙 집중화되어 있다.[1] 이는 두 가지 의미를 내포한다. 첫째, 중앙이 무제한의 권한을 가지며, 따라서 정보는 가장 중요한 결정이 내려지는 중앙 허브로 흐르는 경향이 있다. 로마제국에서는 모든 길이 로마로 통했고, 나치 독일에서는 모든 정보가 베를린으로 흘러갔으며, 소련에서는 모스크바로 흘렀다. 때때로 중앙정부가 모든 정보를 독점하고 모든 결정을 직접 내림으로써 국민의 삶 전체를 통제하려고 시도하기도 한다. 히틀러와 스탈린 같은 사람들이 시행했듯이, 이렇게 모든 것을 통제하는 형태의 독재를 전체주의라고 한다. 하지만 모든 독재가 전체주의는 아니다. 많은 독재자가 기술적 어려움 때문에 전체주의자가 되지 못한다. 예를 들어 로마 황제 네로는 먼 속주에 사는 수백만 농민의 삶을 세세하게 관리할 수 있는 기술을 가지고 있지 않았다. 따라서 많은 독재 정권에서 개인, 기업, 지역사회에 실제로는 상당한 자율성이 주어진다. 하지만 독재자는 언제든지 국민의 삶에 개입할 권한을 가지고 있다. 네로 황제 시대 로마에서 자유는 이상적인 가치가 아니라 정부가 전체주의적 통제를 실행할 능력이 없어서 생긴 부산물이었다.

독재 네트워크의 두 번째 특징은 중앙에는 오류가 있을 수 없다고 가정하는 것이다. 따라서 독재 네트워크는 중앙의 결정에 도전하는 것을 싫어한다. 소련은 스탈린을 오류를 범하지 않는 천재로 선전했고, 로마는 황제들을 신적인 존재로 선전했다. 스탈린이나 네로가 명백히 재앙적인 결정을 내렸을 때도 소련이나 로마제국에는 실수를 밝혀내 더 나은 방향으로 이끌 수 있는 강력한 자정 장치가 없었다.

고도로 중앙 집중화된 정보 네트워크도 이론상으로는 독립적인 법원이나 선출되는 입법기관과 같은 강력한 자정 장치를 유지하려고 시도할 수 있다. 하지만 그런 장치가 제대로 작동한다면 중앙 권력에 도전하여 정보 네트워크를 분산시킬 것이다. 독재자는 항상 독립적인 권력 허브를 위협으로 간주하며 무력화하려고 한다. 로마 원로원도 일련의 황제들을 거치며 권력이 약화되다가 결국 황제의 변덕을 무비판적으로 승인하는 거수기로 전락했다.[2] 소련의 사법 기관도 공산당의 뜻을 감히 거역하지 못하고 같은 운명을 맞았다. 스탈린주의 시대의 공개 재판show trial은 이름에서 알 수 있듯이 결과가 정해져 있는 연극이었다.[3]

요컨대, 독재는 강력한 자정 장치가 없는 중앙 집중화된 정보 네트워크다. 반면 민주주의는 강력한 자정 장치를 갖춘 분산된 정보 네트워크다. 민주주의 정보 네트워크에도 허브가 있기는 하다. 정부는 민주주의에서 가장 중요한 행정 권력이고 따라서 정부 기관은 방대한 양의 정보를 수집하고 저장한다. 하지만 그 외에도 많은 정보 채널들이 수많은 독립적인 노드들을 연결한다. 입법기관, 정당, 법원, 언론, 기업, 지역사회, NGO, 시민 개개인은 직접 자유롭게 소통하므로 대부분의 정보는 어떤 정부 기관도 거치지 않으며, 많은 중요한 결정이 정부 외의 다른 곳에서 내려진다. 개인은 어디에 살고, 어디에서 일하고, 누구와 결혼할지를 스스로 선택한다. 기업은 어디에 지점을 열지, 특정 사업에 얼마를 투자할지, 상품과 서비스의 가격을 얼마로 책정할지를 스스로 선택한다. 지역사회는 자선단체, 스포츠 행사, 종교 축제를 자체적으로 조직한다. 자율은 정부가 무능해서 생기는 결과가 아니라, 민주주의의 이상적 가치로서 보장된다.

설령 국민의 삶을 세세하게 관리하는 데 필요한 기술이 있다 해도, 민주주의 정부는 국민이 스스로 선택할 수 있는 여지를 가능한 한 많이 남긴다. 민주주의에서 모든 것이 다수결로 결정된다는 생각은 흔한 오해다. 오히려 민주주의에서는 중앙정부가 결정할 것을 최소한으로 줄이고, 꼭 중앙에서 처리해야 하는 비교적 소수의 결정에만 다수의 의사를 반영해야 한다. 민주주의에서는 국민의 99퍼센트가 특정 방식으로 옷을 입고 특정 신을 숭배한다 해도, 나머지 1퍼센트는 여전히 다르게 입고 다른 신을 숭배할 자유가 보장되어야 한다.

물론 중앙정부가 국민의 삶에 전혀 개입하지 않고 안보와 같은 기본적인 서비스도 제공하지 않는다면 그것은 민주주의가 아니라 무정부 상태다. 모든 민주주의 국가의 중앙정부는 세금을 걷고 군대를 유지하며, 대부분의 현대 민주주의 국가에서 중앙정부는 최소한의 의료, 교육, 복지 서비스도 제공한다. 하지만 국민의 삶에 어떤 식으로든 개입하려면 반드시 설명이 필요하다. 타당한 이유가 없는 한 민주주의 정부는 국민이 스스로 알아서 하도록 맡겨야 한다.

민주주의의 또 다른 중요한 특징은 모든 사람이 오류를 범할 수 있다고 가정하는 것이다. 따라서 민주주의는 중앙정부에 몇 가지 중요한 결정을 내릴 권한을 주는 한편, 중앙 권력에 이의를 제기할 수 있는 강력한 장치도 갖추고 있다. 제임스 매디슨 대통령의 말을 빌리자면, 인간은 오류가 있기 때문에 정부가 필요하지만, 정부도 오류가 있기 때문에 선거를 정기적으로 실시하고, 언론의 자유를 보장하고, 정부 권력을 행정부, 입법부, 사법부로 분리하는 등 오류를 찾아내고 바로잡을 장치가 필요하다.

따라서 독재는 중앙 정보 허브가 모든 것을 지시하는 네트워크인 반면, 민주주의는 다양한 정보 노드 사이의 지속적인 대화다. 노드들은 영향을 주고받지만, 대부분의 문제에서 꼭 합의에 도달할 의무가 없다. 개인, 기업, 지역사회는 계속해서 저마다 다른 방식으로 생각하고 행동할 수 있다. 물론 모두가 똑같이 행동해야 하고 다양성은 용인되지 않는 경우도 있다. 예를 들어 2002~2003년 미국인들은 이라크 침공에 대해 다른 의견을 가졌지만, 마지막에는 최종 결정을 따라야 했다. 어떤 미국인은 사담 후세인과 사적인 평화를 유지하고 또 어떤 미국인은 전쟁을 선포하는 것은 있을 수 없는 일이었다. 이라크를 침공하기로 결정이 내려진 이상, 모든 미국 시민은 좋든 싫든 그 결정에 책임을 져야 했다. 국가 기반 시설을 건설하려고 할 때나 형사 범죄를 정의할 때도 마찬가지다. 모든 사람이 별도의 철도망을 깔고 살인을 자기 나름대로 정의할 수 있다면 어떤 국가도 제대로 기능할 수 없을 것이다.

그런 집단적 문제에 대해 결정할 때는 먼저 전국적인 공론화 과정을 거쳐야 하고, 그다음에는 자유롭고 공정한 선거에서 선출된 국민의 대표들이 선택을 한다. 하지만 선택이 내려진 뒤에도 재검토를 통해 오류를 바로잡을 여지를 열어두어야 한다. 이미 내려진 선택을 바꿀 수는 없지만 다음번에는 다른 정부를 선출할 수 있다.

다수
독재

민주주의를 강력한 자정 장치를 갖춘 분산된 정보 네트워크로 보는 관점은 민주주의를 선거와 동일시하는 흔한 오해와 극명한 대조를 이룬다. 선거는 민주주의 도구 상자의 핵심 부품이지만 그 자체가 민주주의는 아니다. 다른 자정 장치들이 없다면 선거는 쉽게 조작될 수 있다. 선거가 완전히 자유롭고 공정하게 실시된다 해도, 선거만으로는 민주주의를 보장할 수 없다. 민주주의는 다수 독재가 아니기 때문이다.

자유롭고 공정한 선거에서 투표자의 51퍼센트가 선택한 정부가 투표자의 1퍼센트를, 다수가 싫어하는 소수 종교를 믿는다는 이유로 죽음의 수용소로 보낸다고 가정해보자. 이것이 민주적일까? 분명히 그렇지 않다. 대학살이 정당화되려면 51퍼센트 이상의 특별한 과반수가 필요하다는 말이 아니다. 정부가 투표자의 60퍼센트, 75퍼센트, 심지어 99퍼센트의 지지를 얻어도 죽음의 수용소가 민주적인 기관이 되지는 않는다. 민주주의는 다수가 인기 없는 소수를 죽이기로 결정할 수 있는 제도가 아니다. 민주주의는 중앙 권력에 분명한 제한이 있는 제도다.

투표자의 51퍼센트가 선택한 정부가 나머지 49퍼센트, 또는 단 1퍼센트의 투표권을 박탈한다고 가정해보자. 이것이 민주적인 결정일까? 이번에도 대답은 '아니요'다. 민주주의는 숫자와는 아무 관계가 없다. 정치적 견해가 다르다고 권리를 박탈하는 것은 민주적 네트워크에 필수적인 자정 장치 중 하나를 해체하는 것과 같다. 선거는 민주적 네트워크가 "우리가 실수했으니 다른 것을 시도해보자"고 말하는 장치다. 하지만 중앙정부가 국민의 권리를 마음대로 박탈할 수 있다면 이 자정 장치는 무력화될 것이다.

앞의 두 가지 예가 황당하게 들릴지도 모르지만, 불행히도 얼마든지 가능한 일이다. 히틀러는 민주적 선거를 통해 집권한 지 몇 달 만에 유대인들과 공산주의자들을 강제수용소에 보내기 시작했으며, 미국에서도 민주적으로 선출된 많은 정부가 아프리카계 미국인, 아메리카 원주민, 기타 억압받는 집단의 투표권을 박탈했다. 물론 민주주의에 대한 공격은 대체로 이보다는 교묘하게 진행된다. 블라디미르 푸틴, 빅토르 오르반, 레제프 타이이프 에르도안, 로드리고 두테르테, 자이르 보우소나루, 베냐민 네타냐후와 같은 권위적이고 강압적인 지도자들의 정치적 행보는 민주주의를 이용해 권력을 잡은 지도자가 그다음에 자신의 권력을 이용해 어떻게 민주주의를 망가뜨리는지 보여준다. 에르도안은 "민주주의는 전차와 같다. 타고 가다가 목적지에 도착하면 내리면 된다"고 말했다.[4]

강압적인 지도자들이 민주주의를 망가뜨리기 위해 사용하는 가장 흔한 방법은 자정 장치를 차례로 공격하는 것이다. 대개 법원과 언론부터 시작한다. 전형적인 독재형 지도자들은 법원의 권한을 박탈하거나 법원을 자기 사람으로 채우고, 모든 독립적인 언론 매체를 폐쇄하는 한편 전방위적 선전 기계를 구축한다.[5]

법원이 더 이상 법적 수단으로 정부 권력을 견제할 수 없게 되고, 언론은 정부의 말을 무비판적으로 받아 적기만 하면, 정부에 감히 반대하는 기관이나 개인은 모조리 반역자, 범죄자, 또는 외국 스파이로 매도되어 박해받을 수 있다. 학술 기관, 지방자치체, NGO, 민간 기업은 해체되거나 정부의 통제를 받는다. 이 단계에 이른 정부는 선거도 마음대로 조작할 수 있다. 예를 들어 인기 있는 야당 지도자를 구속하거나, 야당이 선거에 참여하는 것을 방해하거나, 선거구를 제멋대로 고치거나, 유권자의 투표권을 박탈할 수 있다. 이런 반민주적인 조치들을 고발하면, 정부가 심어놓은 판사들이 이를 기각한다. 이런 조치들을 비판하는 기자와 학자는 해고된다. 살아남은 언론 매체, 학술 기관, 사법 당국은 이러한 조치들이 반역자와 외국 스파이로부터 국가와 '민주주의' 시스템을 지키기 위한 필수적인 조치라며 찬양한다. 보통 독재형 지도자들은 선거를 완전히 없애버리는 마지막 단계는 밟지 않는다. 대신 푸틴의 러시아처럼 선거를 의례적 절차로 남겨두고 정권의 정당성을 얻는 동시에 민주주의의 외관을 유지하는 데 이용한다.

강력한 지도자를 지지하는 사람들은 보통 이런 과정을 반민주적이라고 생각하지 않는다. 선거에 승리한다고 무제한적인 권력이 주어지는 것은 아니라는 말을 들으면 그들은 진심으로 당황한다. 오히려 선출된 정부의 권력을 어떤 식으로든 견제하려는 시도를 민주적이지 않은 것으로 본다. 하지만 민주주의는 다수에 의한 통치를 뜻하지 않는다. 오히려 모두가 자유와 평등을 누린다는 뜻이다. 민주주의는 아무리 다수라도 빼앗을 수 없는 특정한 자유들을 모두에게 보장하는 제도다.

민주주의는 다수의 대표들에게 정부를 구성하여 다양한 분야에서 그들이 선호하는 정책을 추진할 자격을 부여하는 제도라는 점에 이의를 제기하는 사람은 아무도 없다. 만일 다수가 전쟁을 원하면 국가는 전쟁을 한다. 다수가 평화를 원하면 국가는 평화를 추구한다. 다수가 세금을 올리기를 원하면 세금은 인상된다. 다수가 세금을 낮추기를 원하면 세금은 인하된다. 외교, 국방, 교육, 조세 등 수많은 정책에 대한 주요 결정이 다수의 손에 달려 있다.

하지만 민주주의에는 다수라도 침해할 수 없는 두 가지 권리 범주가 존재한다. 첫 번째 범주는 인권이다. 설령 인구의 99퍼센트가 나머지 1퍼센트를 제거하고 싶어 한다 해도 민주주의에서는 그것이 금지되는데, 이는 가장 기본적인 인권인 생명권을 침해하기 때문이다. 인권 범주에는 생명권 외에도 노동권, 사생활 권리, 이동의 자유, 종교의 자유 등 다양한 권리가 포함된다. 이런 권리들은 분권화라는 민주주의의 본질을 명문화한 것으로, 사람들이 타인에게 해를 끼치지 않는 한 자신이 원하는 방식으로 살 수 있도록 보장한다.

두 번째 중요한 권리 범주는 시민권이다. 시민권은 민주주의 게임의 기본 규칙으로, 민주주의의 자정 기능을 명문화한 것이다. 가장 분명한 예가 투표권이다. 만일 다수가 소수의 투표권을 박탈할 수 있다면 민주주의는 한 번의 선거로 끝날 것이다. 다른 시민권으로는 언론의 자유, 학문의 자유, 집회의 자유 등이 있으며, 이런 권리들 덕분에 독립 언론, 대학, 정부에 반대하는 시민 단체가 정부를 비판할 수 있다. 시민권은 독재형 지도자들이 침해하려고 하는 핵심적인 권리들이다. 물론 때에 따라서는 투표권을 확대하고, 언론을 규제하고, 사법제도를 개혁하는 등 국가의 자정 장치를 손볼 필요가 있지만, 그런 변화는 반드시 다수 집단과 소수 집단을 아우르는 광범위한 합의를 바탕으로 이루어져야 한다. 만일 과반을 겨우 넘는 다수가 일방적으로 시민권을 변경할 수 있다면, 선거도 얼마든지 조작할 수 있으며, 권력을 견제하는 다른 모든 장치도 없앨 수 있다.

인권과 시민권에서 공히 놓치지 말아야 할 중요한 점은 이 권리들이 중앙정부의 권력을 수동적으로 제한하는 데 그치지 않고 중앙정부에 여러 적극적인 의무도 부여한다는 것이다. 민주주의 정부는 인권과 시민권을 침해하지 않도록 조심하는 것만으로는 충분하지 않다. 여기서 한 걸음 더 나아가 두 종류의 권리를 확실히 보장하는 조치를 취해야 한다. 예를 들어 생명권은 정부에 범죄적 폭력으로부터 시민을 보호할 의무를 부여한다. 정부가 누군가를 죽이지는 않지만 그렇다고 살인으로부터 시민을 보호하기 위해 아무 노력도 하지 않는다면 그것은 민주주의가 아니라 무정부 상태일 것이다.

국민
대 진실

물론 모든 민주주의 사회에서 인권과 시민권의 정확한 한계에 대한 논의가 오랫동안 진행되어왔다. 생명권에도 한계가 있다. 미국처럼 사형 제도를 시행함으로써 일부 범죄자의 생명권을 부정하는 민주주의 국가들도 있다. 그리고 모든 국가는 국민들이 죽이고 죽임을 당할 수 있는 전쟁을 선포할 특권을 부여받는다. 그렇다면 생명권은 정확히 어디서 끝날까? 두 가지 범주에 포함되어야 할 권리들이 무엇인지에 대해서도 복잡한 논의가 진행되어왔다. 누가 종교의 자유를 기본적인 인권으로 결정했는가? 인터넷 이용을 시민권으로 정의해야 할까? 동물권은 어떤가? AI의 권리는?

이런 문제들은 여기서 해결할 수 없다. 인권과 시민권은 모두 인간이 발견한 것이 아니라 발명한 상호주관적인 관습이고, 보편적인 이성보다는 역사적 우연에 따라 결정된다. 민주주의 사회들은 저마다 조금씩 다른 권리 목록을 채택할 수 있다. 적어도 정보 흐름의 관점에서 한 정치체제를 '민주주의'로 정의하는 기준은 하나뿐이다. 즉 중앙정부가 무제한적인 권한을 갖지 않고 중앙의 실수를 바로잡을 수 있는 견고한 장치를 갖추고 있다는 것이다. 민주주의 네트워크는 모두가 오류를 범할 수 있다고 가정하며, 선거의 승자와 다수에 속하는 유권자들도 그 점에서는 예외가 아니다.

무엇보다도 선거는 진실을 발견하는 방법이 아니라는 점을 잊어서는 안 된다. 선거는 오히려 사람들의 상충하는 욕구를 조정하여 질서를 유지하는 방법이다. 선거는 진실이 무엇인지가 아니라 국민의 다수가 원하는 것이 무엇인지 확인하는 절차다. 그리고 국민은 종종 실제와 다른 것이 진실이기를 바란다. 그렇기 때문에 민주주의 네트워크는 아무리 다수의 뜻이라 해도 그것으로부터 진실을 보호하기 위해 몇 가지 자정 장치를 유지한다.

예를 들어 9·11 테러 공격이 일어난 직후인 2002~2003년 미국에서 이라크 침공이 정당한지를 두고 찬반 논쟁이 벌어졌을 때, 부시 행정부는 사담 후세인이 대량 살상 무기를 개발하고 있으며 이라크 국민들은 미국식 민주주의를 열망하여 미국을 해방의 전사로 환영할 것이라고 주장했다. 이 주장은 결국 받아들여졌다. 2002년 10월, 의회에서 미국 국민의 선출된 대표들은 압도적인 표차로 이라크 침공을 승인했다. 그 결의안은 하원에서는 296 대 133(69퍼센트), 상원에서는 77 대 23(77퍼센트)의 다수결로 통과되었다.[6] 전쟁 초반이던 2003년 3월에 실시된 여론조사에서, 선출된 대표들의 의견이 실제로 유권자 대다수의 뜻과 일치하며 미국 시민의 72퍼센트가 침공을 지지하는 것으로 나타났다.[7] 미국 국민의 뜻은 분명했다.

하지만 실제로 밝혀진 진실은 정부가 말하고 다수가 믿은 것과 달랐다. 전쟁이 진행됨에 따라 이라크에는 대량 살상 무기가 없으며 많은 이라크 국민은 미국인의 손을 빌려 '해방'되거나 민주주의를 수립할 마음이 없다는 사실이 분명해졌다. 2004년 8월 실시된 또 다른 여론조사에서는 미국인의 67퍼센트가 이라크 침공이 잘못된 가정을 근거로 결정되었다고 생각하는 것으로 나타났다. 시간이 흐르면서 대부분의 미국인은 침공 결정이 재앙적인 실수였음을 인정했다.[8]

민주주의 사회에서는 전쟁을 시작하는 일 같은 중대한 결정을 내릴 전권을 다수가 갖는다. 여기에는 중대한 오류를 범할 권리도 포함된다. 하지만 다수 집단은 적어도 자신들의 오류 가능성을 인정해야 하며, 소수 집단이 반대 견해를 보유하고 공표할 자유를 보장해야 한다. 이런 견해가 나중에 옳은 것으로 밝혀질 수도 있기 때문이다.

또 다른 예로, 강력한 지도자가 부패로 고발당했다고 생각해보자. 그의 충성스러운 지지자들은 당연히 그 혐의가 거짓이기를 바랄 것이다. 하지만 대부분의 유권자가 지지한다고 해서 이들의 바람이 판사가 지도자의 혐의를 조사하여 진실을 밝히는 것을 방해해서는 안 된다. 과학적인 문제도 마찬가지다. 투표자의 다수가 기후변화의 현실을 부정하는 상황도 있을 수 있다. 하지만 그렇다고 그들이 과학적 진실을 좌지우지하거나, 과학자들이 불편한 사실을 조사하여 발표하는 것을 막아서는 안 된다. 의회와 달리, 환경을 연구하는 학문 분야는 다수의 의사를 반영해서는 안 된다.

물론 기후변화에 대한 정책을 결정할 때는 민주주의 사회에서는 유권자의 의사를 최우선에 놓아야 한다. 기후변화의 현실을 인정하는 것과 해결 방법을 찾는 것은 다른 문제다. 우리에게는 항상 여러 가지 선택지가 있으며, 그중에서 무엇을 선택하느냐는 진실의 문제가 아니라 욕망의 문제다. 예를 들어 경제성장이 둔화되는 것을 감수하고라도 온실가스 배출량을 즉시 줄이는 것이 한 가지 선택지가 될 수 있다. 이렇게 하면 지금 당장은 힘들어도, 2050년에 사람들이 더 심각한 고난을 겪지 않아도 되고, 섬나라 키리바시가 물에 잠기지 않을 것이며, 북극곰의 멸종도 막을 수 있다. 두 번째로, 그동안 하던 대로 계속하는 선택지도 있을 수 있다. 이렇게 하면 지금은 더 편하게 살 수 있지만 다음 세대의 삶은 더 어려워질 것이고, 키리바시는 물에 잠길 것이며, 북극곰을 비롯해 수많은 동물들이 멸종으로 내몰릴 것이다. 두 선택지 중 무엇을 선택하느냐는 욕망의 문제이고, 따라서 제한된 전문가 집단이 아닌 모든 유권자가 결정에 참여해야 한다.

하지만 어떤 경우에도 선거에서 제시되어서는 안 되는 선택지가 있는데, 그것은 진실을 숨기거나 왜곡하는 것이다. 만일 다수 집단이 미래 세대나 다른 환경적 고려를 무시한 채 화석연료를 마음껏 소비하기를 원한다면 그들은 그런 정책에 투표할 권리가 있다. 하지만 이 다수 집단이 기후변화는 날조이며 기후변화를 믿는 모든 교수를 해고하는 법을 통과시킬 권리를 가져서는 안 된다. 우리는 원하는 것을 선택할 수 있지만 선택의 진정한 의미를 부정해서는 안 된다.

당연히 학술 기관, 언론, 사법부도 부패나 편향, 오류에 빠질 수 있다. 하지만 그렇다고 그런 기관들을 '진실부'라는 정부 부처에 종속시키면 상황이 더 악화될 수 있다. 선진국에서 정부는 이미 가장 막강한 기관이며, 불편한 사실을 왜곡하거나 감춤으로써 얻을 수 있는 이익이 막대하다. 정부에 진실 추구를 감독하라고 하는 것은 여우에게 닭장을 지키라고 하는 꼴이다.

진실을 발견하기 위해서는 두 가지 다른 방법에 의존하는 것이 더 낫다. 첫째, 학술 기관, 언론, 사법부가 자체적으로 갖추고 있는 자정 기능에 의존하는 것이다. 이 기관들은 내부 자정 기능을 통해 부패를 막고, 편향을 바로잡고, 오류를 찾아낸다. 학계에서는 동료 심사를 거치는 학술지가 정부의 감독 기관보다 오류를 훨씬 잘 체크한다. 학계에서 높은 직위로 올라가려면 과거의 실수를 찾아내고 알려지지 않은 사실을 발견해야 하기 때문이다. 언론에서는 자유경쟁이 보장되므로 한 언론사가 자사의 이익을 위해 스캔들을 폭로하지 않기로 결정해도 다른 언론사가 특종을 잡기 위해 뛰어들 가능성이 높다. 사법부에서는 판사조차 뇌물을 받으면 다른 시민들과 마찬가지로 재판받고 처벌받을 수 있다.

둘째, 각기 다른 방식으로 진실을 추구하는 독립적인 기관을 여럿 두고 서로를 견제하며 잘못을 바로잡게 하는 것이다. 만일 막강한 기업이 충분한 수의 과학자를 매수하여 동료 심사 메커니즘을 무력화한다면, 탐사 언론과 법원이 주범을 찾아 처벌할 수 있을 것이다. 만일 언론이나 법원이 일관되게 인종차별적인 편향을 보인다면, 사회학자, 역사학자, 철학자 들이 그런 편향을 밝혀내는 임무를 맡을 것이다. 이 중 어떤 메커니즘도 오류에서 완전히 자유롭지 않지만, 그렇게 치면 인간의 모든 기관이 마찬가지다. 정부는 말할 나위도 없다.

포퓰리즘의
공격

이 모든 이야기가 너무 복잡한 소리로 들린다면 그것은 민주주의는 원래 복잡해야 하는 것이기 때문이다. 단순함은 모든 것을 중앙에서 지시하고 모두가 말없이 따르는 독재 정보 네트워크의 특징이다. 독재자의 일방적인 독백을 따라가는 것은 쉽다. 반면 민주주의는 수많은 당사자 간의 대화이며 그중 다수는 동시에 말한다. 그런 대화를 따라가기는 쉽지 않다.

게다가 가장 중요한 민주주의 기관들은 거의 모두 거대한 관료 조직이다. 사람들은 왕실과 대통령궁에서 벌어지는 생물학적 드라마는 흥미진진하게 지켜보지만, 의회와 법원, 신문과 대학이 어떻게 돌아가는지는 잘 이해하지 못한다. 포퓰리스트 지도자들은 이 틈을 파고든다. 즉 대중의 불만을 이용해 민주주의 기관들을 공격하고 자정 장치를 모조리 해체한 후 권력을 독점하려 한다. 우리는 프롤로그에서 순진한 정보관에 대한 포퓰리스트들의 반론을 설명하면서 포퓰리즘에 대해 간략하게 살펴보았다. 이 대목에서 포퓰리즘을 다시 살펴보며, 포퓰리즘 세계관을 좀 더 폭넓게 이해하고, 포퓰리즘이 반민주적인 독재형 지도자에게 매력적으로 다가오는 이유를 알아보자.

'포퓰리즘'이라는 말은 '국민the people'을 뜻하는 라틴어 포풀루스populus에서 유래했다. 민주주의에서는 정당한 정치권력이 오직 '국민'에게서만 나온다. 오직 국민의 대표만이 전쟁을 선포하고, 법을 통과시키고, 세금을 인상할 권한을 갖는다. 포퓰리스트들은 이 기본적인 민주주의 원리를 소중히 여기지만, 이 원리로부터 한 정당이나 한 명의 지도자가 모든 권력을 독점해야 한다는 납득할 수 없는 결론에 도달한다. 포퓰리스트들은 흠잡을 데 없어 보이는 민주주의 원리를 바탕으로 전체주의적 목표인 무제한적인 권력 추구를 정당화하는 기발한 정치적 연금술을 부린다. 이것이 어떻게 가능할까?

포퓰리스트들의 가장 놀라운 주장은 자신들만이 진정으로 국민을 대변한다는 것이다. 민주주의에서는 오직 국민만이 정치권력을 가질 수 있는데 포퓰리스트 정당만이 국민을 대변하므로 포퓰리스트 정당이 모든 권력을 가져야 한다는 것이다. 포퓰리스트가 아닌 다른 정당이 선거에서 승리했다고 해서 그 정당이 국민의 신임을 얻었고 정부를 구성할 자격이 있다는 뜻은 아니다. 오히려 이는 선거가 조작되었거나, 국민이 속아서 자신들의 진정한 의사를 반영하지 못하는 방식으로 투표했다는 뜻이다.

여기서 강조하고 싶은 점은 많은 포퓰리스트들이 선전 전략상 이렇게 말하는 것이 아니라 정말로 그렇게 믿는다는 것이다. 포퓰리스트들은 표를 많이 받지 못해도 여전히 자신들만이 국민을 대변한다고 믿는다. 유사 사례로 공산당을 들 수 있다. 예를 들어 영국 공산당CPGB은 총선에서 0.4퍼센트 이상 득표한 적이 없지만,[9] 그럼에도 자신들만이 진정으로 노동자 계급을 대변한다고 단호하게 주장했다. 수백만 명의 영국 노동자들이 영국 공산당에 투표하지 않고 노동당이나 심지어 보수당에 투표하는 것은 '허위의식' 때문이다. 그들은 언론, 대학 및 기타 기관을 장악한 자본가들이 노동 계급을 속여 그들의 진정한 이익에 반하는 투표를 하도록 만들었으며 오직 CPGB

만이 이 속임수를 간파할 수 있다고 주장했다. 포퓰리스트들도 마찬가지로, 국민의 적들이 국민을 속임으로써, 포퓰리스트만이 대변하는 진정한 국민의 뜻에 반하는 투표를 하도록 조종했다고 믿고 있다.

포퓰리즘의 이런 신조는 '국민'이 다양한 이해관계와 의견을 지닌 실존하는 개인들의 집합이 아니라 '국민의 뜻'이라는 하나의 의사를 지닌 정체불명의 통합체라는 믿음에서 비롯된다. 이런 종교에 가까운 믿음이 가장 악명 높고 극단적인 형태로 드러난 예가 바로 나치의 슬로건인 "아인 폴크, 아인 라이히, 아인 퓌러Ein Volk, ein Reich, ein Führer"일 것이다. "하나의 국민, 하나의 국가, 하나의 지도자"라는 뜻이다. 나치 이데올로기에 따르면 국민Volk은 하나의 의사를 지니고 있으며, 그런 국민의 의사를 진정으로 대변하는 유일한 대표가 지도자Führer였다. 지도자는 무오류의 직관을 통해 국민이 어떻게 느끼고 무엇을 원하는지 꿰뚫어 볼 수 있었다. 일부 독일 국민이 지도자의 생각에 동의하지 않는다면 그건 지도자가 틀렸다는 의미가 아니라, 그런 반대자들이 국민에 속하지 않는 반국가 세력(유대인, 공산주의자, 자유주의자 등)이기 때문이다.

나치는 물론 극단적인 사례이며, 모든 포퓰리스트를 학살 성향을 지닌 심증적 나치로 비난하는 것은 지나치게 불공평하다. 하지만 많은 포퓰리스트 정당들과 정치인들은 '국민'이 다양한 의견과 이익집단을 포함할 수 있다는 것을 부정한다. 그들은 진짜 국민은 오직 하나의 의사를 가지고 있으며 자신들만이 그 의사를 대변한다고 주장한다. 반면 그들의 정치적 라이벌은, 그 사람이 상당한 대중적 지지를 받고 있더라도 '국민과 괴리된 엘리트'로 묘사된다. 예를 들어 우고 차베스는 베네수엘라 대통령 선거에 출마하면서 "차베스가 국민이다!"라는 슬로건을 내걸었다.[10] 튀르키예 대통령 에르도안은 국내 비판자들을 비난하며 마치 비판자들은 국민이 아닌 것처럼 "우리가 국민이다. 당신들은 누구인가?"라고 말했다.[11]

그렇다면 누가 국민이고 누가 국민이 아닌지를 어떻게 알 수 있을까? 간단하다. 지도자를 지지하면 국민이다. 독일 정치철학자 얀 베르너 뮐러에 따르면 그것이 포퓰리즘의 핵심이다. 즉 포퓰리스트는 자신만이 국민을 대변하며 의견이 다른 사람은 누구든 (국가 관료든, 소수 집단이든, 심지어 과반수의 투표자일지라도) 허위의식을 가지고 있거나 진짜 국민이 아니라고 주장하는 사람들이다.[12]

포퓰리즘이 민주주의에 치명적인 위협인 이유가 여기에 있다. 민주주의는 국민만이 권력의 정당한 원천이라는 데 동의하지만, 국민은 결코 단일한 실체가 아니며 따라서 단일한 의사를 지닐 수 없다는 이해에서 출발한다. 독일인이든, 베네수엘라인이든, 튀르키예인이든 모든 국민은 다양한 의견, 의사, 대표자를 지닌 다양한 집단으로 구성된다. 다수 집단을 포함해 어떤 집단도 다른 집단을 국민에서 배제할 권리가 없다. 이래서 민주주의를 대화라고 하는 것이다. 대화를 나누려면 여러 정당한 목소리가 존재한다는 전제가 필요하다. 하지만 국민의 정당한 목소리가 오직 하나뿐이라면 대화는 불가능하다. 오히려 그 하나의 목소리가 모든 것을 지시하게 된다. 따라서 포퓰리즘은 '국민의 힘'이라는 민주주의 원리를 따르는 것처럼 보이지만 실제로는 민주주의를 유명무실하게 만들고 독재 정권을 수립하려고 한다.

포퓰리즘은 좀 더 교묘하지만 위험하기는 매한가지인 또 다른 방법으로 민주주의를 훼손한다. 국민의 유일한 대변자임을 자처하는 포퓰리스트들은 국민이 단순히 정치적 권위만이 아니라 **모든** 권위가 나오는 유일하게 정당한 원천이라고 주장한다. 국민의 의사가 아닌 다른 무언가에서 권위를 얻는 모든 기관은 반민주적이다. 이에 따라, 스스로 국민의 대변자라고 주장하는 포퓰리스트들은 정치적 권위를 포함해 모든 종류의 권위를 독점하고 언론 매체, 법원, 대학 등의 기관들을 장악하려 든다. 포퓰리스트들은 '국민의 힘'이라는 민주주의 원리를 극단으로 끌고 가서 전체주의자로 변모한다.

사실 민주주의는 **정치 영역**에서 권위가 국민으로부터 나온다는 뜻일 뿐 그 외의 영역에서는 권위의 다른 원천이 있을 수 있다는 사실을 부정하지 않는다. 앞에서 살펴보았듯이 민주주의에서 독립 언론, 법원, 대학은 다수의 의사에 반할 때조차도 진실을 보호하는, 민주주의에 필수적인 자정 장치들이다. 생물학 교수들이 인간은 유인원에서 진화했다고 주장하는 이유는 다수가 그렇지 않기를 바란다 해도 증거가 그것을 뒷받침하기 때문이다. 언론인은 인기 정치인이 뇌물을 받았다고 폭로할 수 있으며, 판사는 법정에 유력한 증거가 제출되면 국민 대부분이 이 혐의를 믿고 싶어 하지 않아도 해당 정치인을 감옥에 보낼 수 있다.

포퓰리스트들은, 객관적 진실을 내세우며 이른바 국민의 의사를 무시하는 기관들을 의심한다. 그들은 진실 추구를 엘리트들이 정당하지 않은 권력을 갖기 위해 이용하는 연막으로 보는 경향이 있다. 이 때문에 포퓰리스트들은 진실 추구에 회의적이며, 프롤로그에서 보았듯이 '권력이 유일한 현실'이라고 주장한다. 결국 그들은 자신들에게 반대할 가능성이 있는 독립 기관의 권위를 훼손하거나 도용하려고 한다. 그 결과는, 세상은 정글이고 인간은 오직 권력에만 집착하는 존재라는 암울하고 냉소적인 세계관이다. 모든 사회적 상호작용은 권력투쟁이고, 모든 기관은 구성원들의 이익을 도모하는 패거리 집단이다. 포퓰리스트들의 상상 속에서 법원은 정의에는 관심이 없고 단지 판사들의 특권을 보호할 뿐이다. 판사들이 정의를 자주 거론하는 것은 사실이지만 이는 어디까지나 권력을 장악하기 위한 계략일 뿐이다. 신문사는 사실에는 관심이 없다. 신문들은 오히려 기자들과 그들에게 자금을 대는 비밀 조직의 이익을 위해 가짜 뉴스를 퍼뜨려 사람들을 오도한다. 심지어 과학 기관조차 진실에 헌신하지 않는다. 생물학자, 기후학자, 전염병학자, 경제학자, 역사학자, 수학자 들은 모두 국민을 희생시켜 자신들의 이익을 챙기는 또 다른 이익집단일 뿐이다.

이는 전체적으로 인간에 대한 꽤나 불쾌한 시각이지만, 그럼에도 많은 사람들에게 매력적으로 다가오는 이유가 두 가지 있다. 첫째, 이처럼 모든 상호작용을 권력투쟁으로 환원하면 현실이 단순해져서 전쟁, 경제 위기, 자연재해 등 아무리 복잡한 사건도 쉽게 해석할 수 있다. 일어나는 모든 일은 심지어 팬데믹조차도 권력을 추구하는 엘리트의 문제로 귀결된다. 둘째, 포퓰리즘적 관점이 매력적인 이유는 때때로 맞기 때문이다. 모든 인간의 기관은 실제로 오류를 범하고 어느 정도 부패한다. 일부 판사는 뇌물을 받고, 일부 언론인은 의도적으로 대중을 오도한다. 학문 분야들도 편향이나 족벌

인 간
네트워크들

주의에서 완전히 자유롭지 않다. 이 때문에 모든 기관에는 자정 장치가 필요한 것이다. 하지만 포퓰리스트들은 권력이 유일한 현실이라고 확신하기 때문에, 법원이나 언론 매체, 또는 어떤 학문 분야가 진실이나 정의와 같은 가치를 지키기 위해 <u>스스로 오류를 바로잡는</u>다는 사실을 받아들이지 못한다.

많은 사람들은 포퓰리즘이 인간 현실을 정직하게 설명한다고 생각해서 받아들이지만, 독재형 지도자들은 다른 이유로 포퓰리즘에 끌린다. 포퓰리즘은 그런 지도자들에게 민주주의자인 척하면서 독재자가 될 수 있는 이념적 기반을 제공한다. 포퓰리즘은 특히 민주주의의 자정 장치를 무력화하거나 사유화하려고 할 때 유용하게 쓰인다. 판사, 언론인, 교수는 진실보다는 정치적 이익을 추구하는 사람들이므로 국민의 대변자인 강력한 지도자는 이런 직책들이 국민의 적에게 넘어가지 않도록 통제해야 한다. 마찬가지로 선거를 주관하고 결과를 공표하는 책임을 맡은 공직자들조차 사악한 음모에 가담하고 있을지 모르니 충성스러운 사람들로 교체해야 한다.

제대로 기능하는 민주주의에서는 시민들이 선거 결과, 법원의 판결, 언론 보도, 과학 분야의 연구 결과를 신뢰한다. 시민들은 이런 기관들이 진실을 추구한다고 믿기 때문이다. 하지만 일단 사람들이 권력이 유일한 현실이라고 생각하게 되면, 이 모든 기관에 대한 신뢰가 무너지고, 민주주의는 붕괴하며, 강력한 지도자가 모든 권력을 장악할 수 있다.

물론 포퓰리즘이 강력한 권력자 본인에 대한 신뢰마저 훼손하면 전체주의가 아닌 무정부 상태로 이어질 수 있다. 어떤 사람도 진실이나 정의에 관심이 없다면 무솔리니와 푸틴이라고 다를까? 어떤 기관도 효과적인 자정 장치를 갖출 수 없다면, 무솔리니의 국가파 시스트당이나 푸틴의 통합러시아당도 마찬가지가 아닐까? 모든 엘리트와 제도에 대한 뿌리 깊은 불신과 특정 지도자와 정당에 대한 무조건적인 지지가 어떻게 양립할 수 있을까? 이것이 바로 포퓰리스트들이 '강한 지도자는 국민의 의사를 완벽하게 구현한다'는 신비주의적 개념에 의존하게 되는 이유다. 선거관리위원회, 법원, 신문 등의 관료 조직이 유독 신뢰받지 못할 때 질서를 유지하는 유일한 방법은 신화에 더 많이 의존하는 것이다.

민주주의의
척도

국민을 대변한다고 주장하는 독재형 지도자들은 민주적인 수단을 통해 권력을 잡을 수 있으며, 그 후에도 종종 민주주의자의 가면을 쓰고 통치한다. 이들이 압도적 다수를 얻도록 조작된 선거는 지도자와 국민 사이의 신비로운 유대를 입증하는 증거로 쓰인다. 따라서 어떤 정보 네트워크가 얼마나 민주주의적인지는 선거가 정기적으로 실시되는가와 같은 단순한 잣대로는 판단할 수 없다. 푸틴의 러시아, 이란, 심지어 북한에서도 선거는 꼬박꼬박 치러진다. 그보다 우리는 다음과 같은 더 복잡한 질문을 던져야 한다. '중앙정부가 선거를 조작하지 못하도록 방지하는 제도가 있는가?' '주요 언론 매체가 정부를 어느 정도나 안전하게 비판할 수 있는가?' '중앙정부가 얼마나 많은 권한을 사유화하는가?' 민주주의와 독재는 양극단이 아니라 연속체다. 한 네트워크가 이 연속체에서 민주주의에 더 가까운지 독재에 더 가까운지 판단하려면, 네트워크 내에서 정보가 어떻게 흐르고, 무엇이 정치적 대화에 영향을 미치는지 이해할 필요가 있다.

만일 한 사람이 모든 결정을 내리고 최측근조차 두려워서 반대 의견을 내지 못한다면 어떤 대화도 이루어지지 않을 것이다. 그런 네트워크는 스펙트럼의 독재 쪽 끝에 해당한다. 만일 아무도 비주류적 견해를 공개적으로 말할 수 없지만 비공개적인 자리에서 소규모 정당 지도부나 고위 공직자들이 자유롭게 의견을 표현할 수 있다면 독재에 해당하기는 하지만 민주주의 쪽으로 한 걸음 나아간 것이다. 만일 아테네와 같은 고대 도시국가나, 부유한 백인 남성만 정치적 권리를 누렸던 건국 초기의 미국에서와 같이 인구의 10퍼센트가 자신의 의견을 말하고 공정한 선거에서 한 표를 행사하고 공직에 출마하는 등 정치적 대화에 참여한다면, 이는 제한적인 민주주의로 볼 수 있다. 정치적 대화에 참여하는 사람들의 비율이 높아질수록 네트워크가 민주적으로 변한다.

초점을 선거가 아니라 대화에 맞추면 수많은 흥미로운 질문들이 나올 수 있다. 예를 들어 '그런 대화가 어디서 이루어지는가?'라고 물을 수 있다. 북한의 경우는 평양에 있는 만수대 의사당에서 최고인민회의 대의원 687명이 모여 대화를 나눈다. 그런데 최고인민회의는 북한의 공식 입법기관으로 알려져 있고 5년마다 대의원 선거가 치러지지만, 실질적인 권한 없이 다른 어딘가에서 내려진 결정을 승인하는 거수기 역할만 한다. 형식적인 대화는 그저 정해진 각

본에 따라 진행될 뿐, 어떤 사안에 대한 누군가의 마음을 바꾸기 위한 것이 아니다.[13]

평양에 중요한 대화가 이루어지는 다른 비공개 회의장이 있을까? 정치국 위원들이 공식 회의에서 김정은의 정책을 감히 비판할 수 있을까? 혹시 비공식 만찬이나 비공식 싱크탱크에서는 비판할 수 있을까? 북한은 정보가 심하게 집중화되어 있고 통제가 매우 엄격하기 때문에 우리는 이런 질문들에 분명하게 답할 수 없다.[14]

미국에 대해서도 비슷한 질문을 할 수 있다. 미국에서는 북한에서와 달리 사람들이 말하고 싶은 거의 모든 것을 자유롭게 말할 수 있다. 정부에 대한 신랄한 공개적 비판은 일상이다. 하지만 중요한 대화가 일어나는 공간은 어디이고 그곳에는 누가 참석할까? 미국 의회는 이 중요한 기능을 수행하도록 설계되었고, 국민의 대표들이 모여 대화하며 서로를 설득하기 위해 노력하는 곳이다. 그런데 가장 최근에 미국 의회에서 한 정당의 의원들이 다른 정당 의원들을 대화로 설득한 것이 언제였던가? 미국 정치를 이루는 중요한 요소인 그런 대화가 요즘은 어디서 이루어지는지 모르지만 의회는 확실히 아니다. 민주주의는 사람들이 자유롭게 대화할 수 없을 때만이 아니라 사람들이 들으려 하지 않거나 들을 수 없을 때도 죽는다.

석기시대
민주주의

앞에서 정의한 민주주의 개념을 바탕으로, 이제부터는 역사 기록을 살펴보면서 정보 기술과 정보 흐름의 변화가 민주주의의 역사에 어떤 영향을 미쳤는지 살펴보자. 고고학과 인류학 증거로 판단하면, 고대 수렵채집인 사회의 가장 전형적인 정치체제는 민주주의였다. 석기시대 수렵채집인 무리들은 선거나 법원, 언론과 같은 정식 민주주의 제도가 없었지만, 정보 네트워크는 일반적으로 분산되어 있었고 스스로를 바로잡을 기회도 충분히 있었다. 무리는 고작 몇십 명으로 구성되었으니 모든 구성원이 정보를 쉽게 공유할 수 있었고, 어디에 야영지를 만들지, 어디서 사냥할지, 다른 무리와의 갈등에 어떻게 대처할지 등을 결정할 때 무리의 모든 구성원이 대화에 참여하여 논쟁할 수 있었다. 각 무리는 다시 수백 명에서 많게는 수천 명으로 구성된 더 큰 부족에 소속되어 있었지만, 이 정도 규모에서는 전쟁을 할지 말지와 같이 부족 전체에 영향을 미치는 중요한 선택을 해야 할 때 부족의 많은 구성원들이 얼마든지 한 장소에 모여 대화를 나눌 수 있었다.[15]

무리나 부족에 최고 지도자가 있었다 해도 이들은 일반적으로 제한된 권한만 행사했다. 지도자는 상비군과 경찰력, 관료 조직을 휘하에 두지 않았기 때문에 자신의 의사를 무력으로 관철할 수 없었다.[16] 또한 사람들이 삶을 꾸려나가는 경제적 기반을 통제하기도 쉽지 않았다. 현대에 블라디미르 푸틴이나 사담 후세인 같은 독재자들은 유정油井과 같은 경제적 자산을 독점함으로써 정치권력의 기반을 공고히 한다.[17] 중세와 고대에 중국 황제, 그리스 참주, 이집트 파라오는 곡창지대, 은광, 관개수로를 장악함으로써 사회를 지배했다. 반면 수렵채집 경제에서는 그런 식으로 중앙에서 경제를 통제하는 것이 특수한 상황에서만 가능했다. 예를 들어, 북아메리카 북서부 해안의 일부 수렵채집인 경제는 대량의 연어를 잡고 저장하는 것을 중심으로 돌아갔다. 연어의 회귀는 특정한 개울과 강에서 몇 주 동안만 최고조에 이르기 때문에 강력한 족장이 이 자산을 독점할 수 있었다.[18]

하지만 그건 예외적인 경우였다. 대부분의 수렵채집인 경제는 훨씬 다양화되어 있었다. 한 명의 지도자가 사바나에 울타리를 치고 그곳에서는 식물 채집과 동물 사냥을 못 하게 하는 것은 몇몇 협력자의 도움을 받는다 해도 불가능했다. 달리 선택지가 없는 경우 수렵채집인은 발로 투표할 수 있었다. 그들은 소유물이 거의 없었고 가장 중요한 자산은 개인 기술과 친구들이었으므로, 족장이 독재자로 변하면 그곳을 떠나면 그만이었다.[19]

아메리카 북서해안의 연어잡이 무리에서와 같이 독재적인 족장의 지배를 받는 경우라도 수렵채집인들은 적어도 족장을 만날 수는 있었다. 그는 먼 요새에서 불가해한 관료 조직과 무장한 경비병으로 둘러싸인 채 살지 않았다. 따라서 불평이나 제안을 하고 싶으면 족장이 직접 들을 수 있는 곳까지 갈 수 있었다. 족장은 여론을 통제할 수도, 여론을 듣지 않으려고 귀를 막을 수도 없었다. 다시 말해, 모든 정보가 중앙을 통해 흘러가도록 강제할 방법도, 사람들이 서로 대화를 나누며 자신을 비판하거나 반란을 조직하는 것을 막을 방법도 없었다.[20]

농업혁명 이후 수천 년 동안, 특히 문자의 발명으로 대규모 관료 조직을 갖춘 정치체제가 등장하고부터는, 정보 흐름을 중앙에 집중시키기는 쉬워진 반면 민주적인 대화를 유지하기는 어려워졌다. 고대 메소포타미아와 그리스의 작은 도시국가들에서 움마의 루갈자게시나 아테네의 페이시스트라토스와 같은 전제군주들은 관료와 기록 보관소 그리고 상비군에 의존해 중요한 경제적 자산과 소유권, 세금, 외교, 정치에 관한 정보를 독점했다. 그런 한편 대규모 시민들이 직접 소통하기는 더 어려워졌다. 신문이나 라디오 같은 대중매체는 없었고, 토론을 위해 수만 명의 시민을 중심 광장에 밀어 넣기도 쉽지 않았다.

초기 수메르와 고대 그리스의 역사가 보여주듯이 그래도 작은 도시국가에서는 아직 민주주의가 선택지에 있었다.[21] 하지만 고대 도시국가의 민주주의는 원시 수렵채집인 무리의 민주주의보다 덜 포용적인 경향이 있었다. 민주주의를 운영한 고대 도시국가의 가장 유명한 예가 기원전 5세기와 4세기의 아테네일 것이다. 시민권을 가진 모든 성인 남성은 아테네 의회에 참여하여 공공 정책에 투표하고 공직에 출마할 수 있었다. 그러나 여성, 노예, 시민권이 없는 거주자는 이런 특권을 누리지 못했다. 아테네 성인 인구의 약 25~30퍼센트만이 완전한 정치적 권리를 누렸다.[22]

정치 단위의 크기가 계속 증가하고 도시국가들이 더 큰 왕국과 제국으로 대체됨에 따라 아테네식 부분 민주주의마저 사라졌다. 고대의 유명한 민주주의 사회는 모두 아테네와 로마 같은 도시국가들이다. 반면 대규모 왕국이나 제국이 민주주의 노선을 따라 운영된 사례는 우리가 알기로는 없다.

예를 들어 기원전 5세기에 아테네가 도시국가에서 제국으로 확장되었을 때 아테네는 피정복민에게 시민권과 정치적 권리를 부여하지 않았다. 아테네 시에서는 제한된 민주주의가 계속 운영되었지만, 규모가 훨씬 큰 아테네제국은 중앙에서 전제적으로 통치되었다. 세금, 외교적 동맹, 군사 원정에 대한 모든 중요한 결정은 아테네에서 내렸다. 낙소스와 타소스 같은 속주들은 아테네 민회와 선출직 공직자들의 명령에 따라야 했고, 낙소스인과 타소스인은 민회에서 투표하거나 공직에 선출될 수 없었다. 또한 낙소스와 타소스 같은 속주들이 연합하여 아테네제국의 결정에 조직적으로 반대하기도 어려웠으며, 그런 시도를 했다 해도 아테네로부터 무자비한 보복을 당했을 것이다. 아테네제국에서 정보는 아테네로 향하고 아테네에서 나왔다.[23]

로마 공화국이 제국을 건설한 후 이탈리아반도에서 시작해 지중해 유역 전체를 정복했을 때 로마인들은 조금 다른 경로를 택했다. 로마는 피정복민에게까지 점차적으로 시민권을 확대했다. 가장 먼저 라티움 주민들에게 시민권을 부여했고, 그다음에는 다른 이탈리아 지역 주민들에게 부여했으며, 마지막으로 갈리아와 시리아 같은 먼 속주의 주민들에게도 시민권을 부여했다. 하지만 시민권이 더 많은 사람들에게로 확대될수록 시민들의 정치적 권리는 제한되었다.

고대 로마인들은 민주주의가 무엇인지 분명하게 이해하고 있었고, 처음에는 민주주의의 이상을 실현하기 위해 최선을 다했다. 기원전 509년에 로마의 마지막 왕을 쫓아낸 후 로마인들은 군주제에 대한 깊은 반감을 품었고, 한 개인이나 기관에 무제한적인 권력을 부여하는 것을 두려워하게 되었다. 따라서 그들은 최고 행정 권력을 두 **사람**에게 나누어주며 서로 협의하도록 했다. 두 집정관은 자유선거를 통해 시민들이 선출했다. 임기는 1년이었고, 민회와 원로원, 그리고 호민관 같은 다른 선출직 공직자들의 견제를 추가로 받았다.

그러나 로마가 시민권을 라티움 사람, 이탈리아인, 그리고 마침내 갈리아인과 시리아인에게까지 확대하면서 민회와 호민관, 원로원, 최후에는 두 집정관의 권한마저 서서히 축소되다가, 결국 기원전 1세기 후반 카이사르 가문이 전제적 통치를 시작했다. 아우구스투스는 푸틴 같은 오늘날의 강한 지도자들이 하고 있는 것을 몇천년 앞서 실행했다. 즉 왕이 되지 않고 로마가 여전히 공화정인 것처럼 행동한 것이다. 원로원과 민회는 계속 소집되었고, 시민들은 매년 집정관과 호민관을 선출했다. 하지만 이 기관들은 실질적인 권한이 없었다.[24]

서기 212년, 북아프리카 페니키아 가문의 후손인 카라칼라 황제는 언뜻 획기적으로 보이는 조치를 시행했다. 즉 광대한 제국 전역의 모든 자유민 성인 남성에게 로마 시민권을 자동으로 부여하기로 한 것이다.[25] 하지만 그 무렵 모든 중요한 결정은 선출되지 않은 황제 혼자서 내렸다. 집정관은 매년 의례적으로 선출되었지만, 카라칼라는 내전에서 승리하여 황제가 된 자신의 아버지 셉티미우스 세베루스에게서 권력을 물려받았다. 카라칼라가 자신의 통치를 공고히 하기 위해 취한 가장 중요한 조치는 동생이자 라이벌이었던 게타를 살해한 것이다.

카라칼라는 게타를 살해하라는 명령을 내릴 때도, 파르티아 제국에 전쟁을 선포할 때도, 로마 시민권을 수백만 명의 브리튼인, 그리스인, 아랍인 들에게로 확대할 때도 로마 시민들에게 허락을 구할 필요가 없었다. 로마의 자정 장치들은 이미 무력화된 지 오래였다. 카라칼라가 외교나 국내 정책에서 오류를 범해도, 원로원이나 공직자들(집정관과 호민관)은 반란을 일으키거나 황제를 암살한다면 모를까 달리 바로잡을 방법이 없었다. 그리고 217년 카라칼라가 실제로 암살당했을 때도 일련의 새로운 내전 끝에 새로운 전제군주가 등장했을 뿐이다. 마담 드 스탈의 말을 빌리면, 서기 3세기의 로마는 18세기 러시아와 마찬가지로 "교살로 담금질되는 전제군주국"이었다.

서기 3세기까지 로마제국뿐만 아니라 지구상의 모든 대규모 인간 사회가 강력한 자정 장치를 갖추지 않은 중앙 집중화된 정보 네트워크였다. 페르시아의 파르티아 제국과 사산 제국, 인도의 쿠샨 제국과 굽타 제국, 그리고 중국의 한나라와 그 뒤의 삼국시대도 마찬가지였다.[26] 비교적 규모가 작은 수천 개 사회들은 3세기 이후에도 계속 민주적으로 운영되었지만, 분산된 민주주의 네트워크는 대규모 사회와는 양립할 수 없는 것처럼 보였다.

카이사르를
대통령으로!

고대 세계에서는 대규모 민주주의가 정말로 불가능했을까? 아니면 아우구스투스와 카라칼라 같은 전제군주들이 고의적으로 민주주의를 방해한 것일까? 이 질문은 고대 역사를 이해하는 데만 중요한 것이 아니라, AI 시대에 민주주의가 맞게 될 운명을 예측하는 데도 중요하다. 민주주의가 실패하는 것이 강력한 지도자의 방해 때문인지, 아니면 훨씬 더 근본적인 구조적, 기술적 이유가 있는지 어떻게 알 수 있을까?

이 질문에 답하기 위해 로마제국을 좀 더 자세히 들여다보자. 민주주의적 이상은 분명 로마인들에게 익숙한 것이었고 카이사르 가문이 권력을 잡은 후에도 여전히 중요했다. 그렇지 않았다면 아우구스투스와 그의 후계자들이 원로원을 유지하거나 매년 집정관 같은 공직을 선출하는 등 겉으로나마 민주적인 제도를 유지하려고 애쓰지 않았을 것이다. 그러면 왜 권력이 선출되지 않은 황제에게 넘어갔을까?

이론상 로마 시민권이 지중해 지역 전역의 수천만 명에게로 확대된 후에도 제국 전체 선거를 치러 황제를 선출할 수 있지 않았을까? 물론 그런 선거를 치르려면 매우 복잡한 물류 과정이 필요했을 것이고, 선거 결과를 알기까지는 몇 달이 걸렸을 것이다. 그런데 정말 이런 문제 때문에 민주주의가 실패했을까?

여기서의 오해는 민주주의를 선거와 동일시하는 것이다. 수천만 명의 로마 시민들은 이론상 이런저런 황제 후보에 투표할 수 있었을 것이다. 하지만 정작 중요한 질문은, 수천만 명의 로마인들이 제국 전체에 걸친 정치적 대화를 지속적으로 나눌 수 있었는가 하는 것이다. 현재 북한에서는 사람들이 자유롭게 말할 수 없기 때문에 민주적인 대화가 이루어지지 않지만, 우리는 남한처럼 표현의 자유가 보장되는 상황을 충분히 상상해볼 수 있다. 현재 미국에서 민주적인 대화가 위기에 처한 이유는 정치적 경쟁자의 말을 존중하지도 들으려고도 하지 않기 때문인데, 이는 아마도 바로잡을 수 있는 문제일 것이다. 반면에 로마제국에는 민주적 대화를 진행하거나 지속할 수 있는 방법 자체가 없었다. 왜냐하면 그런 대화를 진행할 기술적 수단이 존재하지 않았기 때문이다.

대화를 하려면 말할 자유와 듣는 능력만으로는 부족하다. 두 가지 실질적 조건이 갖추어져야 한다. 첫째, 대화를 나눌 사람들이 서로의 가청 범위 내에 있어야 한다. 따라서 미국이나 로마제국 크기의 영토에서 정치적 대화를 나눌 방법은 사람들의 말을 먼 곳으로 신속하게 전달할 수 있는 정보 기술의 도움을 받는 것뿐이다.

둘째, 대화 당사자들이 대화의 주제에 대해 적어도 기초적으로는 이해하고 있어야 한다. 그러지 않으면 소음을 내는 것일 뿐 의미 있는 대화가 될 수 없다. 사람들은 보통 자신이 직접 경험한 정치적 이슈는 잘 이해한다. 예를 들어 가난한 사람들은 가난에 대해서 경제학 교수가 하지 못하는 많은 통찰력 있는 생각을 할 수 있고, 소수민족은 인종차별을 겪어보지 않은 사람들보다 인종차별 문제를 훨씬 더 깊이 이해한다. 하지만 산 경험이 있어야만 중요한 정치적 쟁점을 이해할 수 있다면 대규모 정치 대화는 불가능할 것이다. 모든 집단이 자신이 경험한 문제에 대해서만 의미 있는 말을 할 수 있기 때문이다. 더 나쁘게는, 누군가가 무슨 말을 하면 본인 외에는 아무도 이해하지 못할 수도 있다. 산 경험이 지식의 유일한 원천이라면, 다른 사람의 산 경험에서 나온 통찰을 듣는 것으로는 아무것도 배울 수 없을 것이다.

다양한 집단의 사람들이 대규모 정치 대화를 나눌 수 있으려면, 직접 경험하지 않은 일도 어느 정도 이해할 수 있어야 한다. 대규모 정치체제에서 사람들에게 직접 겪지 않은 일들에 대한 정보를 제공하는 역할은 주로 교육과 언론이 맡는다. 이런 역할을 수행하는 교육제도나 미디어 플랫폼이 없다면 의미 있는 대규모 대화는 불가능할 것이다.

인구 몇천 명의 작은 신석기 마을에서는 사람들이 자기 생각을 말하기를 두려워하거나 다른 의견을 들으려 하지 않았을 수는 있어도 의미 있는 대화를 나누기 위한 실질적인 조건을 갖추기는 비교적 쉬웠다. 첫째, 서로 가까이 살았기 때문에 공동체 구성원들이 언제든 만나 목소리를 들을 수 있었다. 둘째, 마을에 위험이나 기회가 오면 온 마을 사람들이 다 알았다. 적이 쳐들어오고 있다면, 모두가 그것을 볼 수 있었다. 강이 넘쳐 논밭이 잠기면, 모두가 그 경제적 영향을 목격했다. 전쟁과 기아에 대해 이야기하면, 모두가 직접 겪어봤기에 무슨 말인지 이해할 수 있었다.

기원전 4세기만 해도 도시국가 로마는 비교적 규모가 작아서, 비상 상황이 발생하면 많은 시민이 포럼에 모여 존경받는 지도자의 말을 듣고 당면 문제에 대해 개인적인 견해를 말할 수 있었다. 기원전 390년 갈리아 침략자들이 로마를 공격했을 때, 로마에는 알리아 전투의 패배로 친족을 잃은 사람들이 수두룩했으며 승리한 갈리아인들의 약탈에 많은 로마인들이 재산을 잃었다. 절망한 로마인들은 마르쿠스 카밀루스를 독재관으로 임명했다. 로마에서 독재관은 비상시 임명되는 공직으로 무제한의 권력을 가졌지만 이 권력은 사전에 정해진 짧은 기간 동안만 유지되었으며 그 후에는 그동안의 행동에 책임을 져야 했다. 카밀루스가 로마인들을 승리로 이끌었을

때 비상 사태가 끝났다는 것을 모두가 알 수 있었고, 카밀루스는 자리에서 물러났다.[27]

그에 반해 서기 3세기에 로마제국은 인구가 6,000만~7,500만 명으로 불어났고[28] 영토는 500만 제곱킬로미터에 이르렀다.[29] 하지만 로마에는 라디오나 일간지 같은 대중매체가 없었다. 성인의 20~30퍼센트만 글을 읽을 수 있었고,[30] 제국의 지리와 역사, 경제에 대한 정보를 제공할 수 있는 체계화된 교육제도도 없었다. 물론 제국 전역의 많은 사람들이 어떤 문화적 사상을 공유하고 있었다. 예를 들어 로마 문명이 야만인들보다 우월하다는 강한 믿음처럼 말이다. 이런 공동의 문화적 신념은 질서를 유지하고 제국을 결속시키는 데 중요한 역할을 했다. 하지만 정치적인 문제에는 딱히 도움이 되지 않았으며, 막상 위기가 닥쳤을 때 한자리에 모여 대책을 논의하는 건 불가능했다.

시리아의 상인, 영국의 목동, 이집트의 시골 사람들이 어떻게 중동에서 일어나고 있는 전쟁이나 다뉴브강 유역에서 불거지고 있는 이민 문제에 대해 서로 대화를 나눌 수 있었겠는가? 의미 있는 공개 대화가 이루어지지 않은 것이 아우구스투스, 네로, 카라칼라 같은 황제들 탓은 아니었다. 그들은 로마 민주주의를 가로막지 않았다. 로마제국의 규모와 당시의 정보 기술을 고려하면 민주주의는 단순히 불가능했다. 플라톤과 아리스토텔레스 같은 고대 철학자들도 이미 이 사실을 인정하고, 민주주의는 소규모 도시국가에서만 작동할 수 있다고 주장했다.[31]

로마에 민주주의가 존재하지 않았던 것이 단지 특정 전제군주 탓이었다면 적어도 사산 제국, 페르시아 제국, 인도의 굽타 제국, 중국의 한나라 중 어딘가에서는 대규모 민주주의가 융성했어야 한다. 하지만 현대 정보 기술이 등장하기 전에는 어디서도 대규모 민주주의가 실행된 예가 없다.

그런데 눈길을 끄는 점은 대규모 전제군주국에서도 지역 문제는 민주적으로 관리되는 경우가 많았다는 것이다. 로마 황제는 제국 전역의 수백 개 도시들을 세밀하게 관리할 수 있을 만큼 충분한 정보를 갖추지 못했던 반면, 각 도시의 현지 시민들은 지역 정치 현안에 대해 계속해서 의미 있는 대화를 나눌 수 있었다. 결과적으로, 로마제국이 전제군주국이 되고 한참이 지나서도 많은 도시가 계속해서 지역 의회와 선출직 공직자들의 통치를 받았다. 로마에서 집정관 선거가 의례적인 행사가 된 무렵에도 폼페이 같은 작은 도시에서는 지방 공직 선거가 여전히 치열했다.

폼페이는 티투스 황제 시대인 서기 79년 베수비오 화산 폭발로 파괴되었다. 고고학자들은 폐허에서 선거운동과 관련된 1,500여 점의 낙서를 발굴했다. 당시 경쟁이 치열했던 공직 중 하나는 폼페이시의 인프라와 공공건물을 관리하는 행정관인 조영관造營官, aedile 이었다.[32] 루크레티우스 프론토의 지지자들은 "정직하게 사는 것을 추천한다면, 루크레티우스 프론토에게 한 표를 던져라"라고 낙서했다. 그의 경쟁자 중 한 명인 가이우스 율리우스 폴리비우스는 "가이우스 율리우스 폴리비우스를 조영관으로! 그는 삶을 풍족하게 해준다"는 슬로건으로 출마했다.

종교 집단과 전문가 연합의 지지 선언도 있었다. 예를 들어 "이시스의 숭배자들은 그나이우스 헬비우스 사비누스를 지지한다"거나, "노새 마부들은 가이우스 율리우스 폴리비우스를 지지한다"고 선언했다. 비방전도 있었다. 확실히 마르쿠스 세리니우스 바티아는 아닌 누군가는 "주정뱅이들은 마르쿠스 세리니우스 바티아를 지지한다" "좀도둑들은 바티아를 지지한다"는 낙서를 남겼다.[33] 이런 열띤 선거운동은 폼페이에서 조영관이 위세 등등한 직책이었으며 로마에 있는 황제에 의해 임명되지 않고 비교적 자유롭고 공정한 선거를 통해 선출되었음을 시사한다.

통치자가 민주주의자인 척조차 하지 않는 제국에서도 지방에서는 여전히 민주주의가 꽃필 수 있었다. 예를 들어 제정러시아에서도 농촌 공동체들은 수백만 농민의 일상을 직접 관리했다. 적어도 11세기까지만 해도 각 농촌 공동체에는 보통 1,000명 미만의 사람들이 살았다. 이들은 지주들에게 종속되어 있었고 영주와 제정러시아 중앙정부에 많은 의무를 졌지만, 지역 문제를 관리하거나, 세금을 납부한다든지 신병을 제공하는 등 제국에 대한 의무를 이행하는 방법을 결정하는 데서는 상당한 자율성을 가졌다. 공동체는 지역 분쟁을 중재하고, 긴급 구호를 제공하고, 사회규범을 시행하고, 개별 가구에 대한 토지 분배를 감독하고, 숲과 목초지 같은 공유 자원의 이용을 규제했다. 중요한 문제에 대한 결정은 공동체 회의에서 이루어졌는데, 지역의 가장들이 자신의 의견을 표명하고 공동체의 장로를 뽑았다. 결의안은 적어도 다수의 의사를 반영하려고 시도하기는 했다.[34]

제정러시아의 마을과 로마의 도시에서 어떤 식으로든 민주주의

인 간
네 트 워 크 들

가 가능했던 것은 의미 있는 공개 토론이 가능했기 때문이다. 서기 79년 폼페이는 약 1만 1,000명이 사는 도시였다.[35] 따라서 모든 시민이 루크레티우스 프론토가 정직한 사람인지, 마르쿠스 세리니우스 바티아가 주정뱅이 도둑인지 스스로 판단할 수 있었을 것이다. 하지만 수백만 명 규모의 민주주의는 현대에 와서 대중매체가 대규모 정보 네트워크의 성격을 바꾸었을 때 비로소 가능해졌다.

대중매체가 대중민주주의를
가능하게 하다

대중매체는 수백만 명의 사람들을 그들이 아무리 멀리 떨어져 있어도 빠르게 연결할 수 있는 정보 기술이다. 인쇄술은 중요한 첫걸음이었다. 인쇄술 덕분에 책과 소책자를 낮은 비용으로 빠르게 대량 생산할 수 있었고, 그 결과 더 많은 사람들이 자신의 목소리를 낼 수 있었으며, 시간이 좀 걸리기는 해도 넓은 영토 반대편에서도 그 목소리를 들을 수 있었다. 1569년의 폴란드-리투아니아 연방, 1579년의 네덜란드 공화국 같은 최초의 대규모 민주주의 실험은 인쇄술의 뒷받침이 있었기에 가능했다.

이런 정치체제를 '민주주의'로 규정하는 것에 반대하는 사람들도 있을 것이다. 아무래도 소수의 비교적 부유한 시민들만이 완전한 정치적 권리를 누렸으니 말이다. 폴란드-리투아니아 연방에서는 귀족 계층의 성인 남성들인 슐라흐타szlachta에게만 정치적 권리가 주어졌다. 이들은 많아야 30만 명으로 성인 인구의 약 5퍼센트를 차지했다.[36] 슐라흐타의 특권 중 하나는 왕을 선출하는 것이었지만, 투표를 하려면 투표장까지 장거리를 이동해야 했기 때문에 실제로 권리를 행사한 사람은 극소수였다. 16세기와 17세기에 왕을 선출하는 선거에 참여한 사람은, 1만 1,271명이 참여한 1669년 선거를 제외하고는 보통 3,000명에서 7,000명 사이였다.[37] 21세기 기준으로는 그다지 민주적으로 보이지 않지만, 20세기까지 모든 대규모 민주주의가 정치적 권리를 비교적 부유한 남성들에게로 제한했다는 사실을 잊어서는 안 된다. 민주주의는 결코 전부 아니면 아무것도 아닌 문제가 아니다. 민주주의는 연속체이고, 16세기 말 폴란드인과 리투아니아인은 그 연속체에서 이전에는 알려지지 않았던 영역을 탐색했다.

왕을 투표로 선출한 것 외에도 폴란드-리투아니아 연방은 선출직 의회(세임Sejm)를 두었다. 의회는 새로운 법률을 승인하거나 저지했으며, 세금과 외교 문제에 대한 왕의 결정에 거부권을 행사할 수 있었다. 게다가 시민들은 집회의 자유와 종교의 자유 등 침해할 수 없는 권리들을 누렸다. 유럽 대부분의 지역이 극심한 종교 갈등과 박해로 고통받던 16세기 말과 17세기 초에 폴란드-리투아니아 연방은 가톨릭, 그리스정교회, 루터교, 칼뱅주의, 유대교, 심지어 무슬림까지도 비교적 조화롭게 공존하는 관용적인 피난처였다.[38] 1616년에는 연방 내에 100개가 넘는 모스크(회교 사원)가 있었다.[39]

하지만 폴란드-리투아니아 연방의 분권화 실험은 결국 실행 가능하지 않은 것으로 판명 났다. 이 연방은 유럽에서 (러시아에 이어) 두 번째로 큰 국가로 면적이 거의 100만 제곱킬로미터에 달했으며,

지금의 폴란드, 리투아니아, 벨라루스, 우크라이나 영토 대부분을 포함했다. 하지만 발트해부터 흑해까지 드넓은 지역에 흩어져 사는 폴란드 귀족, 리투아니아 귀족, 우크라이나 코사크(준군사 조직 ─ 옮긴이), 유대인 랍비들이 서로 의미 있는 정치적 대화를 나누기 위한 필수 조건인 정보, 통신, 교육 시스템이 없었다. 또한 권력을 견제하는 자정 장치는 너무 소모적이어서 중앙정부의 힘을 마비시켰다. 특히 세임의 모든 의원에게 주어진 의회 법안에 대한 거부권이 정치적 교착상태를 초래했다. 규모가 크고 다양한 구성원으로 이루어진 정치집단과 약한 중앙정부의 결합은 치명적이었다. 폴란드-리투아니아 연방은 원심력을 견디지 못하고 분리되었고, 분리된 조각들은 중앙 집중화된 전제군주국인 러시아, 오스트리아, 프로이센이 서로 나누어 가졌다.

네덜란드의 실험은 이보다는 성공적이었다. 네덜란드 공화국은 몇 가지 측면에서 폴란드-리투아니아 연방보다 중앙 집중화 정도가 훨씬 덜했다. 군주 없이 자치권을 가진 일곱 개의 독립적인 주로 이루어진 연합이었고, 각 주를 구성하는 마을들과 도시들도 각기 자치로 운영되었다.[40] 이런 분권화된 성격은 영어로 the Netherlands, 프랑스어로 Les Pays-Bas, 스페인어로 Los Países Bajos 등, 네덜란드의 복수형 국가명에 반영되어 있다.

하지만 네덜란드 공화국은 일곱 개 주를 합쳐도 폴란드-리투아니아 연방보다 면적이 25배 작은 데다, 지역들을 긴밀하게 연결하는 훨씬 더 나은 정보, 커뮤니케이션, 교육 시스템을 갖추고 있었다.[41] 또한 앞으로 중요한 역할을 하게 되는 새로운 정보 기술을 개척했다. 1618년 6월 암스테르담에는 《이탈리아, 독일 등지에서 온 소식Courante uyt Italien, Duytslandt & c.》이라는 제목의 소책자가 등장했다. 제목에서 알 수 있듯이 이 소책자는 이탈리아반도와 독일 등지에서 온 소식을 실었다. 책자 자체는 특별할 것이 없었지만, 꾸준히 새로운 호가 발행되었다는 점이 주목할 만한 특징이었다. 《이탈리아, 독일 등지에서 온 소식》은 1670년까지 정기적으로 발행되다가 다른 정기 간행물들과 합쳐져 〈암스테르담 신문Amsterdamsche Courant〉이 되었다. 이 신문은 1903년까지 발행되다가 오늘날 네덜란드 최대 일간지인 〈텔레그라프De Telegraaf〉에 합병되었다.[42]

신문은 정기적으로 발행되는 소책자로, 훨씬 강력한 자정 기능을 갖추고 있었다는 점에서 이전의 일회성 소책자와는 달랐다. 주간지나 일간지는 일회성 간행물과 달리 실수를 바로잡을 기회가 있었을 뿐 아니라, 대중의 신뢰를 얻으려면 그렇게 해야 했다. 《이탈리아, 독일 등지에서 온 소식》이 등장한 직후 〈다양한 지역에서 온 소식Tijdinghen uyt Verscheyde Quartieren〉이라는 경쟁 신문이 첫선을 보였다. 발행하기 전 사실 확인을 위해 노력한 《이탈리아, 독일 등지에서 온 소식》이 전반적으로 더 신뢰할 만하다는 평가를 받았다. 〈다양한 지역에서 온 소식〉의 경우는 지나치게 애국적이며 네덜란드에 유리한 뉴스만 보도한다는 비난을 받았다. 그럼에도 불구하고 두 신문 모두 살아남았는데, 한 독자가 설명했듯이 "한 신문에서 다른 신문에는 없는 소식을 항상 발견할 수 있기 때문"이었다. 이후 몇십 년 동안 네덜란드에서 수십 종의 신문이 추가로 발행되었고,

네덜란드는 바야흐로 유럽의 언론 중심지가 되었다.[43]

널리 신뢰를 얻는 데 성공한 신문들은 여론의 설계자이자 대변자가 되었다. 신문은 정보에 밝고 정치에 적극적으로 참여하는 대중을 탄생시켰고, 이는 처음에는 네덜란드에서, 나중에는 전 세계에서 정치의 성격을 바꾸었다.[44] 신문의 정치적 영향력이 상당했기 때문에 신문 편집자가 정치 지도자가 되는 경우도 많았다. 장폴 마라는 프랑스혁명기에 〈인민의 친구L'Ami du People〉를 창간하고 편집하다가 권력의 자리에 올랐고, 에두아르트 베른슈타인은 〈사회민주주의자Der Sozialdemokrat〉를 편집하여 독일 사회민주당 창당에 기여했다. 블라디미르 레닌이 소련 독재자가 되기 전에 맡았던 가장 중요한 직책은 〈불꽃Iskra〉의 편집장이었으며, 베니토 무솔리니는 처음에는 〈전진Avanti!〉에서 사회주의 언론인으로 이름을 알렸고, 그후 극우 신문 〈이탈리아 인민Il Popolo d'Italia〉의 창간인이자 편집자로 명성을 얻었다.

신문은 저지대 지역의 연합주(네덜란드 공화국), 브리튼 제도의 연합 왕국(영국), 북아메리카의 연합주(미국) 같은 근대 초기 민주주의 국가가 형성되는 데 중요한 역할을 했다. 국가명에서도 알 수 있듯이 이들 국가는 고대 아테네나 로마 같은 도시국가가 아니라, 여러 지역들의 연합체였고 신문이라는 새로운 정보 기술이 중요한 접착제 역할을 했다. 예를 들어 1825년 12월 6일, 존 퀸시 애덤스 대통령이 미국 의회에 첫 연두교서를 발표했을 때 몇 주에 걸쳐 보스턴부터 뉴올리언스까지 수많은 신문이 연설 전문과 요약본을 실었다(당시 미국에서는 수백 종의 신문과 잡지가 발행되고 있었다[45]).

애덤스는 도로를 건설하는 것부터 그가 "하늘의 등대"라는 시적인 이름으로 부른 천문 관측대를 설치하는 것까지 다양한 연방 사업을 시작하겠다는 의지를 천명했다. 그의 연설은 격렬한 공개 토론을 촉발했는데, 그 토론의 대부분이 신문 지면상에서 이루어졌다. 한쪽 진영은 미국 연방의 발전을 위해서는 '큰 정부'가 필수적이라고 주장했고, 반대 진영의 더 많은 사람들은 '작은 정부'를 옹호하며 애덤스의 계획은 연방의 월권행위로 주정부의 권리를 침해하는 것이라고 비판했다.

'작은 정부' 진영에 속하는 북부 사람들은 연방 정부가 가난한 주에 도로를 건설하기 위해 부유한 주의 시민들에게 세금을 부과하는 것은 위헌이라고 불평했다. 남부 사람들은 자신들의 뒷마당에 하늘의 등대를 세울 권리를 주장하는 연방 정부가 언젠가는 자신들의 노예를 해방할 권리도 주장할 수 있다고 우려했다. 애덤스는 한편으로는 독재자가 되려는 야망을 품고 있다는 비난을 받았고, 다른 한편으로는 박식하고 세련된 말솜씨 탓에 평범한 국민과 동떨어진 엘리트주의자라는 비판을 받았다. 1825년 의회에 보낸 메시지를 둘러싼 공개 논쟁은 애덤스 행정부의 평판에 심각한 타격을 입혔고, 애덤스가 연임에 실패하는 데 결정적인 역할을 했다. 1828년 대통령 선거에서 애덤스는 앤드루 잭슨에게 패했다. 테네시 출신으로 노예를 소유한 부유한 농장주였던 잭슨은 수많은 신문 칼럼을 통해 "국민의 사람"으로 성공적인 이미지 변신을 했으며, 이전 선거도 사실상 애덤스와 워싱턴의 부패한 엘리트에게 도난당했다고 주장했다.[46]

물론 당시의 신문은 오늘날의 대중매체에 비하면 여전히 느렸고 영향력도 제한적이었다. 신문은 말이나 돛단배의 속도로 이동했으며, 신문을 정기적으로 읽는 사람들은 비교적 소수였다. 신문 가판대나 노점상도 없었기 때문에 신문을 읽으려면 구독을 해야 했는데, 연간 구독료가 숙련 노동자의 주급과 비슷할 정도로 비쌌다. 그 결과 1830년에 신문의 총 구독자 수는 전국의 모든 신문을 다 합쳐도 7만 8,000명 정도에 불과했던 것으로 추정된다. 물론 일부 구독자는 개인이 아닌 협회나 기업이었고 신문 한 부를 여러 명이 읽었을 테니, 수십만 명은 신문을 정기적으로 읽었다고 추정하는 것이 합리적이다. 하지만 수백만 명이 읽는 일은 있다 해도 드물었다.[47]

당시 미국 민주주의가 부유한 백인 남성들의 전유물로서 제한적으로 운영되었던 것은 놀라운 일이 아니다. 애덤스를 대통령에 당선시킨 1824년 선거에서 투표할 자격을 갖춘 사람은 약 500만 명의 성인 인구 중 130만 명(약 25퍼센트)이었을 것으로 추정된다. 하지만 실제로 권리를 행사한 사람은 성인 인구의 7퍼센트인 25만 2,780명뿐이었다. 애덤스는 심지어 과반을 얻지도 못했다. 미국 선거제도가 특이한 덕분에 그는 성인 인구의 2퍼센트가 겨우 넘는 단 11만 3,122표의 지지를 받아 대통령이 되었다.[48] 같은 시기 영국에서는 약 40만 명, 즉 성인 인구의 6퍼센트만이 의회 투표권을 가졌다. 게다가 의석의 30퍼센트는 후보자 간 경쟁 없이 자동으로 할당되었다.[49]

우리가 지금 민주주의에 대해 이야기하고 있는 게 맞는지 의문이 들 것이다. 유권자보다 노예가 더 많았던 시절(1820년대 초에 150만 명이 넘는 미국인이 노예였다)[50]의 미국이 정말로 민주주의 국가였을까? 이는 정의하기 나름이다. 16세기 말의 폴란드-리투아니아 연방과 마찬가지로 19세기 초 미국에서도 '민주주의'는 상대적인 개념이었다. 앞에서 언급했듯이 민주주의와 전제주의는 절대적인 것이 아니라 연속체에 속한다. 19세기 초의 모든 대규모 인간 사회 중에서 미국은 아마 연속체의 민주주의 쪽 끝에 가장 가까웠을 것이다. 성인의 25퍼센트에 투표권을 주는 것은 오늘날은 대단해 보이지 않지만, 1824년에는 제정러시아, 오스만제국, 중국 제국처럼 아무도 투표권이 없었던 국가들에 비하면 훨씬 높은 비율이었다.[51]

게다가 이 장에서 내내 강조했듯이 투표가 전부가 아니다. 1824년의 미국을 민주주의 국가로 봐야 하는 훨씬 더 중요한 이유가 있다. 미국이라는 새로운 국가는 당시 대부분의 정치체제와 비교해 훨씬 강력한 자정 장치들을 갖추고 있었다. 상원과 의사당에서 알 수 있듯이, 건국의 아버지들은 고대 로마에서 영감을 받았고(상원Senate은 로마공화정 시대의 원로원Senatus에서 유래했고, 국회의사당Capitol은 로마의 정치 중심지였던 카피톨리누스 언덕Capitoline Hill에서 유래했다—옮긴이) 로마공화정이 결국 전제적인 제국으로 변한 것을 잘 알고 있었다. 그들은 미국에도 카이사르 같은 사람이 나타나 자신들의 공화국에 비슷한 일을 할까봐 우려하여 견제와 균형을 위한 여러 가지 중첩되는 자정 장치를 마련했다. 그중 하나가 자유로운 언론이었다. 고대 로마에서는 영토와 인구가 늘어나면서 공화국의 자정 장치가 마비되었지만, 미국에서는 현대 정보 기술이 언론의 자유와 결합해 국가가 대서양에서 태평양까지 확장되는 동안에도 자정 장치가 계속 돌아갈 수 있도록 도왔다.

이런 자정 장치 덕분에 미국은 점차 투표권을 확대하고, 노예제를 폐지하고, 더 포용적인 민주주의 국가로 변모할 수 있었다. 2장에서 언급했듯이 건국의 아버지들은 노예제를 지지하고 여성에게 투표권을 주지 않는 등 엄청난 실수를 범했지만, 동시에 후손들이 이런 실수를 바로잡을 수 있는 도구를 제공했다. 이것이야말로 그들의 가장 위대한 유산이다.

20세기: 대규모 민주주의뿐만
아니라 대규모 전체주의도!

인쇄된 신문은 대중매체 시대를 연 선구자에 불과했다. 19세기와 20세기에 전신, 전화, 텔레비전, 라디오, 기차, 증기선, 비행기 등 새로운 통신 운송 기술이 잇따라 등장하면서 대중매체의 힘이 크게 강화되었다.

기원전 350년경 데모스테네스가 아테네에서 대중 연설을 했을 때, 그 대상은 주로 아테네 아고라에 실제로 참석한 한정된 청중이었다. 1825년 존 퀸시 애덤스가 미국 의회에서 첫 연두교서를 발표했을 때 그의 연설은 말이 달리는 속도로 퍼져나갔다. 1863년 11월 19일 에이브러햄 링컨이 게티즈버그 연설을 했을 때는 전신, 기관차, 증기선이 그의 말을 미국 전역과 그 외의 지역으로 훨씬 더 빠르게 전달했다. 바로 다음 날 〈뉴욕 타임스〉는 연설의 전문을 실었고,[52] 메인주의 〈포틀랜드 데일리 프레스The Portland Daily Press〉부터 아이오와주의 〈오텀와 쿠리어Ottumwa Courier〉까지 수많은 일간지도

연설을 전재했다.[53]

강력한 자정 장치를 갖춘 민주주의 국가답게 대통령의 연설은 모두의 찬사를 받기보다는 열띤 토론을 불러일으켰다. 대부분의 신문은 연설에 찬사를 보냈지만 일부 신문은 의구심을 표했다. 11월 20일 자 〈시카고 타임스The Chicago Times〉는 링컨 대통령의 "어리석고 진부하며 재미없는 발언을 읽는 모든 미국인의 뺨이 부끄러움으로 화끈거릴 것"이라고 썼다.[54] 펜실베이니아주 해리스버그의 지역 신문인 〈패트리어트 앤드 유니언The Patriot & Union〉도 "대통령의 어리석은 발언"을 혹평하며 "그 연설에 망각의 장막이 내려와 다시는 들을 일도, 생각날 일도 없기를" 희망했다.[55] 당시는 내전 중이었지만 그럼에도 기자들은 대통령을 공개적으로 비판하고 심지어는 조롱할 수 있는 자유가 있었다.

한 세기를 건너뛰면, 전파 속도가 비교할 수 없을 정도로 빨라진다. 새로운 기술 덕분에 광활한 영토에 흩어져 사는 수많은 사람들이 역사상 처음으로 실시간으로 연결될 수 있었다. 1960년 북미 대륙과 그 밖의 지역에 흩어져 사는 약 7,000만 명의 미국인(전체 인구의 39퍼센트)이 닉슨과 케네디의 대선 후보 토론을 텔레비전에서 실시간으로 지켜보았다.[56] 시청자들은 집 안에 앉아 버튼을 누르기만 하면 되었다. 바야흐로 대규모 민주주의가 가능해진 것이었다. 수천 킬로미터 거리에 있는 수백만 명의 사람들이 당대의 급변하는 이슈에 대해 정보에 입각한 의미 있는 공개 토론을 진행할 수 있었다. 1960년에는 미국의 모든 성인이 투표권을 가지고 있었고, 실제로 7,000만 명에 가까운 사람들(유권자의 약 64퍼센트)이 투표에 참여

했다. 물론 수백만 명의 흑인과 기타 소외된 집단은 여러 가지 방해 공작으로 인해 투표하지 못했다.[57]

언제나 그렇듯이, 우리는 기술 결정론을 조심해야 한다. 즉 대중매체의 등장이 대규모 민주주의로 이어졌다고 단정해서는 안 된다. 대중매체는 대규모 민주주의를 가능하게 만들었을 뿐, 필연으로 만들지 않았다. 대중매체는 다른 유형의 정치체제도 가능하게 만들었다. 현대의 새로운 정보 기술은 무엇보다도 대규모 전체주의 정권의 문을 열었다. 닉슨과 케네디처럼, 스탈린과 흐루쇼프도 라디오를 통해 메시지를 내면 블라디보스토크에서부터 칼리닌그라드까지 수억 명의 사람들이 동시에 들을 수 있었다. 또한 전화와 전신을 통해 매일 수백만 명의 비밀경찰 요원과 정보원으로부터 보고를 받을 수 있었다. (링컨의 게티즈버그 연설 때 일어났던 일처럼) 블라디보스토크나 칼리닌그라드의 신문이 최고 지도자의 최근 연설이 어리석었다고 썼다면, 편집장부터 식자공까지 모든 관련자가 KGB의 방문을 받았을 것이다.

전체주의의
간략한 역사

전체주의 체제는 무오류성을 전제로 하며, 국민의 삶 전체를 완전히 통제하려고 한다. 전신과 라디오 등 현대 정보 기술이 발명되기 전에는 대규모 전체주의 체제가 불가능했다. 로마 황제, 아바스 제국의 칼리프, 몽골제국의 칸은 자신들은 틀릴 수 없다고 믿는 무자비한 전제군주였지만, 대규모 사회를 완전히 통제하는 데 필요한 장치가 없었다. 이것이 무슨 말인지 이해하기 위해서는 먼저 전체주의 체제와 이보다는 덜 극단적인 체제인 전제주의의 차이를 명확하게 알 필요가 있다. 전제주의 네트워크는 통치자의 의지를 법적으로는 막을 수 없지만 그 의지를 실행에 옮기는 데는 많은 한계가 따른다. 반면 전체주의 네트워크에는 이런 실행상의 한계들이 별로 없다.[58]

예를 들어 로마제국, 아바스 제국, 몽골제국과 같은 전제주의 정권에서 통치자는 자신의 심기를 건드린 사람은 누구든 처형할 수 있었고, 법이 걸림돌이 되면 법을 무시하거나 바꿀 수 있었다. 네로 황제는 어머니 아그리파와 아내 옥타비아를 계획적으로 살해했으며 스승 세네카에게는 자살을 강요했다. 또한 그는 대단한 권세와 존경을 누리는 귀족들을 단지 반대 의견을 말했다거나 자신에 대해 농담했다는 이유로 처형하거나 추방했다.[59]

네로와 같은 전제군주들은 누구든 기분 나쁜 행동이나 말을 하면 처형할 수 있었지만, 제국에 사는 수많은 사람들이 무엇을 하고 무슨 말을 하는지까지는 알 수 없었다. 물론 이론상 네로는 로마제국 내에서 황제를 비판하거나 모욕하는 모든 사람을 극형에 처한다는 칙령을 발표할 수 있었다. 하지만 그런 명령을 실행할 실질적인 수단이 없었다. 타키투스 같은 로마 역사가들은 네로를 전례 없는 공포정치를 시행한 잔인한 폭군으로 묘사하지만, 실제로 공포를 조장하는 데는 많은 한계가 있었다. 네로는 가까이 있는 자신의 가족, 귀족, 원로원 의원 들을 처형하거나 추방했지만, 로마 빈민가에 사는 평범한 로마인들과 예루살렘이나 론디니움처럼 먼 지방에 사는

사람들은 비교적 하고 싶은 말을 자유롭게 할 수 있었다.[60]

스탈린주의 소련 같은 현대 전체주의 체제는 완전히 다른 규모로 공포를 유발했다. 전체주의는 전국의 모든 사람이 매일 매 순간 무엇을 하고 무슨 말을 하는지 통제하려는 시도다. 심지어 무슨 생각을 하고 어떤 기분을 느끼는지도 통제할 수 있다. 네로도 그런 힘을 꿈꾸었을지 모르지만 그에게는 꿈을 실현할 수단이 없었다. 농업 중심의 경제를 운영한 로마는 안정적 세수 확보가 어려웠기 때문에 네로는 많은 사람을 고용할 수 없었다. 로마 원로원 의원들의 만찬장에 정보원을 심어두는 것은 가능했지만, 제국의 나머지 부분을 약 1만 명의 황실 행정관[61]과 35만 명의 병사들[62]로 모두 통제해야 했고, 그들과 신속하게 연락할 방법도 없었다.

게다가 네로와 그의 동료 황제들에게는 훨씬 더 큰 문제가 있었으니, 바로 휘하의 행정관들과 병사들의 충성심을 확보하는 것이었다. 어떤 로마 황제도 루이 16세, 니콜라에 차우셰스쿠, 호스니 무바라크처럼 민주주의 혁명으로 쫓겨나지 않았다. 대신 수십 명의 황제가 휘하의 장군, 관료, 경호원 또는 가족의 손에 암살되거나 쫓겨났다.[63] 네로 자신도 히스파니아의 총독 갈바의 반란으로 권력을 잃고 쫓겨났다. 여섯 달 후 갈바도 루시타니아의 총독 오토에 의해 축출되었다. 그리고 오토도 세 달 만에 라인 군단의 사령관 비텔리우스에 의해 축출되었다. 비텔리우스는 약 8개월을 통치하다가 유대 지역의 군사령관 베스파시아누스에게 패하여 살해되었다. 반란을 일으킨 부하에게 살해당하는 것은 로마 황제들뿐만 아니라 근대 이전의 모든 독재자에게 가장 큰 직업적 위험이었다.

황제, 칼리프, 샤, 왕 들은 부하들을 견제하기에도 벅찼다. 따라서 이런 통치자들은 제국의 모든 것을 통제하기보다는 군대와 조세에 관심을 집중했다. 로마 황제는 모든 속주와 도시의 지역 현안에 간섭할 권한이 있었고 때때로 그 권한을 행사했지만, 대개는 지방 관료가 보낸 청원에 대한 응답이었지,[64] 제국 전체에 걸친 어떤 5개년 계획을 실행하기 위한 것이 아니었다. 만일 당신이 폼페이의 노새 마부이거나 로만 브리튼(로마의 지배를 받았던 브리튼섬의 영토―옮긴이)의 목동이었다면, 네로는 당신의 일상을 통제하거나 당신의 농담을 단속하려 들지 않았을 것이다. 당신이 세금을 내고 군단에 저항하지만 않는다면 네로는 그것으로 충분했다.

스파르타와
진나라

　　　　　　　일부 학자들은 고대에 기술상의 어려움에도 불구하고 전체주의 체제를 수립하려는 시도가 있었다고 주장한다. 가장 자주 거론되는 예가 스파르타다. 이 해석에 따르면 스파르타 사람들은 누구와 결혼할지부터 무엇을 먹을지까지 삶의 모든 측면을 세밀하게 관리하는 전체주의 체제의 통치를 받았다. 스파르타 정권이 가혹했던 것은 맞지만 그럼에도 불구하고 권력이 한 개인이나 파벌에 의해 독점되는 것을 방지하는 몇 가지 자정 장치를 갖추고 있었다. 정치권력은 두 명의 왕, 다섯 명의 에포로스(고위 행정관), 스물여덟 명의 원로회의(게루시아) 의원, 그리고 민회가 나누어 가졌으며, 전쟁을 할 것인가와 같은 중요한 결정을 할 때는 치열한 공개 토론을 했다.

게다가 우리가 스파르타 정권의 성격을 어떻게 평가하는가와는 별개로, 고대 아테네 민주주의를 한 도시국가(폴리스) 수준에 그치게 만든 것과 동일한 기술상의 한계들이 스파르타 정치 실험의 범위를 제한했다. 스파르타는 펠로폰네소스전쟁에서 승리한 후 그리스의 많은 도시에 군 수비대를 설치하고 친스파르타 정부를 수립하여 스파르타의 외교정책을 따르도록 했고, 때로는 공물도 바치게 했다. 하지만 제2차 세계대전 후의 소련과 달리 펠로폰네소스전쟁 후의 스파르타는 스파르타 체제를 확장하거나 전파하려고 시도하지 않았다. 스파르타는 그리스의 모든 도시와 마을에 사는 평범한 사람들의 삶을 통제할 만큼 크고 촘촘한 정보 네트워크를 구축할 수 없었다.[65]

고대 중국의 진 왕조(기원전 221~기원전 206)는 훨씬 더 야심 찬 전체주의 프로젝트에 착수했던 것 같다. 진나라의 통치자 진시황은 다른 모든 제후국들을 패배시킨 후 수천만 백성이 사는 거대한 제국을 장악했다. 백성들은 다양한 민족 집단에 속했고, 다양한 언어를 사용했으며, 다양한 지역 전통과 엘리트에 충성했다. 승리한 진나라는 권력을 공고히 하기 위해 중앙 권력에 도전할 수 있는 모든 지역 세력을 해체하기로 했다. 지역 토호들과 엘리트들을 권력 기반으로부터 분리하고 더 쉽게 감시하기 위해, 토지와 재산을 몰수하고, 제국의 수도인 셴양咸陽(함양)으로 강제 이주시켰다.

진나라 조정은 또한 중앙 집중화와 획일화를 위한 무자비한 정책을 단행했다. 제국 전역에서 사용할 새로운 간체 문자를 만들고, 화폐와 도량형을 통일했으며, 수도 셴양을 중심으로 방사상으로 뻗어나가는 도로망을 구축하고 표준화된 휴게소, 역참, 군사 검문소를 설치했다. 백성들이 수도 지역이나 국경 지대를 출입하려면 서면 허가증이 필요했다. 심지어는 수레와 전차가 똑같은 바퀴 자국을 따라 달릴 수 있도록 차축의 너비까지 표준화했다.

밭을 경작하는 것부터 혼인에 이르기까지 모든 행동은 군사적 필요에 부합해야 했고, 로마가 군단에만 적용했던 군사 규율을 진나라는 전체 백성에게 강요했다. 이 체제가 어디까지 손을 뻗치려 했는지를 진나라의 한 법률에서 확인할 수 있다. 관리가 자신이 감독하는 곡식 창고를 소홀히 다룰 경우 받는 처벌을 명시한 이 법률에는 벌금을 부과하거나 질책할 수 있는 곡식 창고의 쥐구멍 개수까지 적혀 있다. "쥐구멍이 세 개 이상이면 벌금이 [군대가 사용할] 방패 한 개(의 구입)이고, 쥐구멍이 두 개 이하이면 [책임 관리가] 질책을 받는다. 생쥐구멍 세 개는 쥐구멍 한 개와 같다."[66]

진나라는 이런 전체주의 체제를 효과적으로 운영하기 위해 군사화된 사회질서를 구축하려 했다. 모든 남성은 5인 1조에 속해야 했다. 이 단위는 지역의 작은 마을 리里에서 시작해 향鄕, 현縣을 거쳐 군郡까지 점점 큰 조직으로 통합되었다. 백성은 허가 없이는 거주지를 바꿀 수 없었으며, 심지어 친구 집에서 하룻밤 묵는 것조차도 신분증과 허가증 없이는 불가능했다.

진나라의 모든 남성에게는 군대의 모든 병사에게 계급이 주어지는 것처럼 계급이 주어졌다. 국가에 복종하면 더 높은 계급으로 승진했고 경제적, 법적 특권이 따랐다. 반면 복종하지 않으면 강등이

나 처벌이 따랐다. 각 조직에 속한 사람들은 서로를 감시해야 했고, 누군가가 잘못을 저지르면 조직에 속한 모든 사람이 처벌받을 수 있었다. 자신의 친족이라도 범죄를 보고하지 않으면 죽임을 당했다. 범죄를 신고한 사람은 더 높은 계급과 기타 특전으로 보상받았다.

진나라 조정이 이 모든 전체주의적 조치를 실제로 어디까지 이행할 수 있었을지는 의문이다. 관공서에서 서류를 작성하는 관료들은 종종 정교한 규칙과 규정을 만들어내지만 이런 것들은 실제로는 실행 불가능한 것으로 판명되곤 한다. 과연 양심적인 정부 관리들이 실제로 진 제국 전역을 돌아다니며 모든 곡식 창고의 쥐구멍을 셌을까? 모든 외딴 산골 마을의 농민들이 정말로 5인 1조로 조직되어 있었을까? 아마 아닐 것이다. 그럼에도 진 제국은 전체주의적 야망에서 다른 고대 제국들을 능가했다.

진나라 조정은 심지어 백성의 생각과 감정까지 통제하려 했다. 전국시대의 중국 사상가들은 다양한 이념과 철학을 비교적 자유롭게 발전시킬 수 있었지만, 진나라는 법가 사상을 국가의 공식 이념으로 채택했다. 법가 사상은 인간은 본래 탐욕스럽고 잔인하며 이기적이라고 보았다. 따라서 엄격한 통제의 필요성을 강조했고, 처벌과 보상이 가장 효과적인 통제 수단이라고 주장했으며, 어떤 도덕적 고려에 따라 국가권력이 제한을 받아서는 안 된다고 주장했다. 힘이 곧 정의이며 국가 이익이 최고의 선이었다.[67] 진나라는 유가와 도가 사상 같은 다른 철학을 배척했다. 이런 철학들은 인간이 이타적이라고 믿었으며 폭력보다 덕이 중요하다고 강조했다.[68] 이런 온화한 사상을 지지하는 책은 금서가 되었고, 진나라의 공식 역사관에 반하는 책도 마찬가지였다.

한 학자가 진시황은 고대 주나라의 창시자를 본받아 국가권력을 분산해야 한다고 주장하자, 진나라의 승상丞相 이사李斯는 학자들은 과거를 이상화하여 현재의 제도를 비판하는 것을 중단해야 한다고 반박했다. 진나라 조정은 과거를 미화하거나 여타 다른 방법으로 진나라를 비판하는 모든 서적을 몰수하도록 명했다. 문제가 될 수 있는 서적들은 황실 서고에 보관해두고 오직 공직에 있는 학자들만 연구할 수 있게 했다.[69]

진 제국은 아마 근대 이전으로는 인류 역사상 가장 야심 찬 전체주의 실험이었을 것이다. 그 규모와 강도가 결국 진나라의 파멸을 불렀다. 수천만 명의 백성을 군대식으로 관리하고 모든 자원을 군사 목적으로 독점하려는 시도는 심각한 경제 문제, 자원 낭비, 대중의 분노를 불렀다. 가혹한 법, 지역 엘리트에 대한 적대시, 세금과 징집에 대한 탐욕스러운 욕구는 분노의 불길을 더욱 부채질했다. 하지만 고대 농경사회의 한정된 자원으로는 이런 분노를 진압하는 데 필요한 관료와 병사를 충분히 지원할 수 없었다. 또한 변변한 정보 기술도 없었으니 먼 수도 셴양에서 전국의 읍과 촌락을 통제하는 것은 불가능했다. 놀랍지 않게도 기원전 209년에 지역 엘리트들, 불만을 품은 평민들, 심지어 새로 임명된 일부 제국 관리들까지 가세하여 일련의 반란을 일으켰다.

한 기록에 따르면, 최초의 심각한 반란은 노역을 위해 국경 지대에 파견된 징집 농민들이 비와 홍수로 인해 제때 도착하지 못했을 때 시작되었다. 이들은 직무 유기로 처형당할까봐 두려웠고 더 이상 잃을 게 없다고 생각했다. 수많은 다른 반군이 신속하게 합류했다. 권력의 정점에 도달한 지 불과 15년 만에 진 제국은 전체주의 야망의 무게를 이기지 못하고 무너져 18개 왕국으로 쪼개졌다.

몇 년간의 전쟁 끝에 새로운 왕조 한나라가 다시 중국을 통일했다. 하지만 한나라는 더 현실적이고 덜 엄격한 태도를 취했다. 한나라 황제들은 분명 전제군주였지만 전체주의자는 아니었다. 그들은 자신들의 권력을 제한하는 어떤 시도도 인정하지 않았지만, 모든 사람의 삶을 세세하게 관리하려 하지도 않았다. 한나라는 감시와 통제를 강조하는 법가 사상의 이상을 따르는 대신, 내면의 도덕적 양심에 따라 충성스럽고 책임 있게 행동하도록 장려하는 유가 사상에 의지했다. 동시대 로마제국의 황제들처럼 한나라 황제들도 중앙에서 사회의 일부 측면만을 통제했고, 지방 귀족과 지역사회는 대체로 자율에 맡겼다. 로마제국과 한나라 같은 근대 이전의 대규모 정치체제는 주로 정보 기술의 한계 때문에 전체주의가 아닌 전제주의로 기울었다.[70] 진나라와 같은 제국들도 완전한 전체주의를 꿈꾸었을지 모르지만, 이 꿈을 실현하기 위해서는 현대 기술이 등장할 때까지 기다려야 했다.

전체주의

삼위일체

현대 기술은 대규모 민주주의를 가능하게 했을 뿐만 아니라 대규모 전체주의도 가능하게 했다. 19세기에 산업 경제가 부상하면서 정부들은 훨씬 더 많은 행정 관료를 고용할 수 있었고, 전신과 라디오 같은 새로운 정보 기술 덕분에 이 모든 관료를 빠르게 연결하고 감독할 수 있게 되었다. 이는 정보와 권력의 전례 없는 독점을 가능하게 함으로써 그런 힘을 꿈꾸던 사람들에게 힘을 실어주었다.

1917년 혁명 이후 볼셰비키가 러시아를 장악했을 때 그들은 정확히 그런 꿈에 사로잡혀 있었다. 볼셰비키는 무제한적인 권력을 갈망했는데, 자신들이 메시아적인 사명을 띠고 있다고 믿었기 때문이다. 마르크스는 수천 년 동안 모든 인간 사회가 민중을 억압하는 부패한 엘리트의 지배를 받았다고 가르쳤다. 볼셰비키는 자신들이 마침내 억압을 끝내고 지상에 완벽하게 정의로운 사회를 만들 방법을 알고 있다고 주장했다. 하지만 그러기 위해서는 수많은 적과 장애물을 극복해야 하기 때문에 가질 수 있는 모든 권력이 필요했다.

그들은 자신들의 비전이나 방법에 의문을 제기할 가능성이 있는 어떤 자정 장치도 용인하지 않았다. 가톨릭교회처럼 볼셰비키당도 구성원 개개인이 잘못할 수는 있지만 당 자체는 항상 옳다고 확신했다. 자신들은 절대 잘못할 수 없는 존재라는 믿음에 따라 볼셰비키는 선거, 독립된 법원, 자유 언론, 야당 등 러시아에 막 생겨나고 있던 초기 민주주의 제도를 파괴하고 일당 전체주의 체제를 수립했다. 볼셰비키 전체주의는 스탈린에게서 시작된 것이 아니다. 혁명 초기부터 뚜렷한 조짐이 있었다. 볼셰비키 전체주의는 스탈린의 성격이 아닌 당의 무오류성 교의에서 비롯되었다.

1930년대와 1940년대에 스탈린은 자신이 물려받은 전체주의 체제를 완성했다. 스탈린주의 네트워크는 크게 세 부문으로 구성되었다. 첫 번째는 정부 부처, 지방 행정부, 정규군인 적군Red Army으로 이루어진 정부 기구였다. 이 기구는 1939년에 160만 명의 민간 공무원[71]과 190만 명의 병사[72]로 구성되었다. 두 번째는 소련공산당과 전국에 퍼져 있는 당 조직이었다. 이 조직은 1939년에 240만 당원을 보유했다.[73] 세 번째는 비밀경찰이었다. 처음에는 체카Cheka로 불렸지만 스탈린 시대에 OGPU, NKVD, MGB로 명칭이 바뀌었고, 스탈린 사후 KGB로 개편되었다. 소련 붕괴 이후의 후계 조직은 1995년부터 연방보안국FSB으로 불렸다. 1937년 당시 NKVD는 27만 명의 요원과 수백만 명의 정보원을 보유하고 있었다.[74]

전체주의의 세 부문은 병렬적으로 운영되었다. 민주주의가 서로를 견제하는 중첩되는 자정 장치를 둠으로써 유지되듯이, 현대 전체주의는 서로를 통제하는 중첩되는 감시 장치를 두었다. 지방 주지사는 지역 당 위원의 지속적인 감시를 받았고, 두 사람 모두 자신의 부하들 중 누가 NKVD 정보원인지 알지 못했다. 이 상호 감시 시스템이 얼마나 효과적이었는지 보여주는 증거는 근대 이전 전제주의 체제의 고질적인 문제였던 지방 부하들의 반란이 현대 전체주의에서는 상당 부분 해결되었다는 것이다. 소련에도 궁정 쿠데타가 있었지만, 지방 주지사나 적군의 전선 사령관이 중앙에 반란을 일으킨 적은 단 한 번도 없었다.[75] 이는 대체로 비밀경찰 덕분으로, 이들은 일반 시민과 지방 행정관을 면밀히 감시했으며, 당과 적군은 더 열심히 감시했다.

역사상 대부분의 정치체제에서 군대는 막강한 정치권력을 행사했지만, 20세기 전체주의 정권에서는 정규군이 갖는 영향력의 상당 부분이 정보군인 비밀경찰에 넘어갔다. 소련에서 체카, OGPU, NKVD, KGB는 적군의 화력을 갖추지는 못했지만 크렘린궁에 더 큰 영향력을 행사했으며, 심지어 군 수뇌부까지 위협하고 숙청할 수 있었다. 동독의 슈타지와 루마니아의 세쿠리타테도 각국의 정규군보다 영향력이 셌다.[76] 나치 독일에서는 SS(나치 친위대)가 방위군(1935년부터 1945년까지 존재했던 나치 독일의 정규군―옮긴이)보다 힘이 셌고, SS 수장 하인리히 힘러는 독일 방위군의 최고사령부 총장이었던 빌헬름 카이텔보다 권력 서열이 높았다.

물론 어떤 경우에도 전통적인 전투에서 비밀경찰이 정규군을 이길 수는 없었다. 비밀경찰의 힘은 정보 장악력에서 나왔다. 비밀경찰은 군사 쿠데타를 사전에 막고, 탱크 여단이나 전투기 편대의 지휘관을 그들이 눈치채기 전에 기습 체포할 수 있는 정보를 가지고 있었다. 1930년대 후반 스탈린주의 대숙청 기간 동안 14만 4,000명의 적군 장교 중 약 10퍼센트가 NKVD에 의해 총살되거나 투옥되었다. 여기에는 사단장 186명 중 154명(83퍼센트), 제독 9명 중 8명(89퍼센트), 장군 15명 중 13명(87퍼센트), 원수 5명 중 3명(60퍼센트)이 포함되었다.[77]

당 지도부도 끝이 좋지 않기는 마찬가지였다. 1917년 혁명 이전에 입당한 존경받는 구 볼셰비키 중 약 3분의 1이 대숙청에서 살아남지 못했다.[78] 1919년부터 1938년까지 정치국에서 활동한 위원 33명 중 14명(42퍼센트)이 총살되었다. 1934년에 당 중앙위원회 위원과 후보 위원 139명 중 98명(70퍼센트)이 총살되었다. 1934년 제17차 소련공산당 대회에 참가한 대의원 중 2퍼센트만이 처형, 투

옥, 제명, 강등을 면하고 1939년에 열린 제18차 당 대회에 참석할 수 있었다.[79]

이 모든 숙청과 처형을 수행한 비밀경찰도 여러 경쟁 지부로 나뉘어 서로를 면밀히 감시하고 숙청했다. NKVD 수장으로서 대숙청 단행을 조율하고 수십만 명의 숙청을 감독한 겐리크 야고다는 1938년에 처형되고 니콜라이 예조프가 그 자리를 차지했다. 예조프도 2년간 자리를 지키며 수백만 명을 죽이고 투옥한 후 1940년에 처형되었다.

1935년 NKVD(소련식 명칭으로 국가보안위원회)에서 장군 계급이었던 39인의 운명이야말로 많은 것을 시사한다. 1941년까지 이들 중 35명(90퍼센트)이 체포되어 총살되었고, 1명은 암살되었으며, NKVD의 극동 지역 사무소장이었던 1명은 일본으로 망명하여 목숨을 건졌지만 1945년에 일본인에게 살해되었다. 처음에 NKVD 장군이었던 39명 중 2명만이 제2차 세계대전이 끝날 때까지 자리를 지켰다. 하지만 결국 그들도 비정한 전체주의 논리를 피하지 못했다. 1953년 스탈린 사망 후 일어난 권력투쟁 과정에서 그중 한 명이 총살되었고, 다른 한 명은 정신병원에 감금되었다가 1960년에 사망했다.[80] 스탈린 시대에 NKVD 장군으로 복무하는 것은 세상에서 가장 위험한 일 중 하나였다. 미국 민주주의가 여러 자정 장치를 개선하고 있을 때 소련 전체주의는 3중 자기 감시와 자기 테러 장치를 가다듬고 있었다.

완전한
통제

　　전체주의 체제는 정보의 흐름을 통제함으로써 정권을 유지하고, 독립적인 정보 채널을 경계한다. 군 장교나 정부 관료, 또는 일반 시민은 서로 정보를 교환할 때 신뢰를 쌓을 수 있고, 이렇게 서로를 신뢰하게 되면 정권에 조직적으로 저항할 수 있기 때문이다. 따라서 전체주의 정권의 신조는 사람들이 만나 정보를 교환하는 곳에는 반드시 정권의 감시가 있어야 한다는 것이다. 1930년대에 이것은 히틀러와 스탈린이 공유한 한 가지 원칙이었다.

　히틀러가 독일 총리가 되고 두 달 후인 1933년 3월 31일, 나치는 통합법Gleichschaltungsgesetz을 통과시켰다. 이 법은 1933년 4월 30일까지 지방자치단체부터 축구 클럽과 지역 합창단에 이르기까지 독일 전역의 모든 정치, 사회, 문화 단체는 나치 이데올로기에 따라 나치 독일의 국가기관으로 운영되어야 한다고 규정했다. 이 통합법은 독일의 모든 도시와 농촌의 삶을 뒤바꿔놓았다.

　예를 들어 독일 알프스 지역의 작은 마을 오버스트도르프에서는 민주적으로 선출된 시의회가 1933년 4월 21일 마지막 회의를 열었고, 사흘 후 비선출직 나치 시의회가 개회하여 나치 시장을 임명했다. 나치는 그들만이 국민이 **진정으로** 원하는 것이 무엇인지 안다고 주장했으니 나치가 아니면 누가 국민의 뜻을 이행할 수 있었겠는가? 오버스트도르프에는 양봉 협회부터 산악인 클럽까지 약 50개의 협회와 클럽이 있었는데, 이 모든 단체는 이사회와 회원 자격, 정관을 나치 요구에 따라 조정하고, 스와스티카 깃발(만(卍)자기)을 게양하고, 모든 회의를 나치당의 당가인 〈호르스트 베셀의 노래〉로

마무리하는 등 통합법을 준수해야 했다. 1933년 4월 6일 오버스트 도르프의 낚시 협회는 유대인의 회원 가입을 금지했다. 회원 32명 중 유대인은 한 명도 없었지만, 그럼에도 그들은 새로운 정권에 자신들이 아리안임을 증명해야 한다고 느꼈다.[81]

스탈린의 소련에서는 상황이 훨씬 더 극단적이었다. 나치는 그래도 교회 조직과 민간 기업에 부분적인 활동의 자유를 허용했지만, 소련은 예외를 두지 않았다. 1928년 제1차 5개년 계획이 시작될 무렵에는 모든 지역과 마을에 정부 관리, 당직자, 비밀경찰 정보원이 있었고, 이들은 발전소부터 양배추 농장까지 모든 사업체, 신문사와 라디오 방송국, 대학과 학교, 청소년 단체, 병원과 진료소, 자원봉사 단체와 종교 단체, 스포츠 협회와 과학 협회, 공원, 박물관, 극장 등 삶의 모든 측면을 통제했다.

10여 명이 모여 축구를 하거나, 숲에서 하이킹을 하거나, 자선 활동을 할 때도 그곳에는 반드시 당과 비밀경찰을 대표해 지역 당 조직이나 NKVD 요원이 있어야 했다. 현대 정보 기술의 속도와 효율 덕분에 모스크바에서 이 모든 당 조직과 NKVD 요원들에게 전보나 전화 한 통이면 연락을 취할 수 있었다. 의심스러운 인물이나 활동에 대한 정보는 특정인과 관련된 모든 정보를 연결하는 전국적인 상호 참조 시스템인 색인 카드에 입력되었다. 카르토테키kartoteki라고 불린 이 색인 카드는 근무 기록, 경찰 파일, 주민등록 및 기타 사회등록 정보를 포함했으며, 1930년대에 이르러 소련 국민을 감시하고 통제하는 주요 장치가 되었다.[82]

이렇게 해서 소련 국민의 생활 전체를 통제하기를 원했던 스탈린의 목표가 실현 가능해졌다. 대표적인 사례가 소련의 농업을 집단화하는 운동이었다. 수 세기 동안 광활한 제정러시아의 수천 개 마을에 사는 주민들은 전통 제도인 지역사회, 교구 교회, 개인 농장, 지역 시장, 그리고 무엇보다 가족을 통해 경제적, 사회적, 사적인 삶을 꾸려왔다. 1920년대 중반만 해도 소련은 압도적인 농업경제였다. 전체 인구의 약 82퍼센트가 농촌에 거주했고, 노동 인구의 83퍼센트가 농업에 종사했다.[83] 그런데 각 농가가 무엇을 재배하고, 무엇을 구매하고, 농산물 가격을 얼마로 책정할지를 스스로 결정한다면, 아무래도 모스크바 관료들이 사회적, 경제적 활동을 계획하고 통제하는 데 큰 지장이 있을 터였다. 만일 관료들이 대대적인 농업 개혁을 단행했는데 농가들이 이를 거부하기라도 한다면? 그래서 1928년에 소련이 국가 발전을 위한 제1차 5개년 계획을 내놓았을 때 가장 중요한 의제는 농업을 집단화하는 것이었다.

한마디로 모든 농촌의 모든 가구를 콜호스(집단농장)에 가입시킨다는 생각이었다. 농촌 주민들은 토지, 집, 말, 소, 삽, 쇠스랑 등 모든 재산을 콜호스에 넘겨야 한다. 이들은 콜호스를 위해 함께 일하고, 그 대가로 콜호스는 주택과 교육에서부터 식량과 의료에 이르기까지 필요한 모든 것을 제공한다. 또한 콜호스는 모스크바의 명령에 따라 농부들이 양배추를 재배할지 순무를 재배할지, 트랙터에 투자할지 학교에 투자할지, 누가 낙농장, 제혁소 또는 병원에서 일할지도 결정한다. 이렇게 하면 인류 역사상 최초로 완벽하게 정의롭고 평등한 사회가 탄생할 것이라고 모스크바의 기획자들은 생각했다.

그들은 자신들이 제안한 시스템의 경제적 이점에 대해서도 확신했다. 콜호스를 통해 규모의 경제를 실현할 수 있다고 생각한 것이다. 예를 들어 모든 농가가 작은 면적의 토지만을 소유한다면 그 땅을 갈자고 트랙터를 사는 것은 수지타산이 맞지 않고, 어쨌든 대부분의 농가는 트랙터를 살 형편이 못 되었다. 그런데 모든 토지를 공동으로 소유하면 현대식 기계를 사용해 훨씬 더 효율적으로 경작할 수 있었다. 게다가 콜호스는 현대 과학의 지혜를 빌릴 수 있었다. 모든 농민이 오래된 전통과 근거 없는 미신에 따라 생산 방법을 결정하는 대신, 레닌 전연방 농업과학 아카데미와 같은 기관에서 대학 학위를 받은 국가 전문가들이 중요한 결정을 내릴 터였다.

모스크바의 기획자들에게는 멋진 계획으로 들렸다. 그들은 1931년까지 농업 생산량이 50퍼센트 증가할 것으로 예상했다.[84] 그 과정에서 농촌의 오래된 위계질서와 불평등이 불도저로 민 것처럼 평평해진다면 더할 나위 없이 좋은 일이었다. 하지만 대부분의 농부들에게는 이 계획이 끔찍하게 들렸다. 그들은 모스크바의 기획자나 새로운 콜호스 시스템을 신뢰하지 않았다. 그들은 오래된 생활 방식도, 사유재산도 포기하고 싶지 않았다. 농민들은 소와 말을 콜호스에 넘기느니 차라리 도살하는 쪽을 택했다. 일할 의욕도 꺾였다. 그들은 공동 소유의 밭을 갈 때는 가족 소유의 밭처럼 열심히 하지 않았다. 소극적인 저항이 도처에서 일어났고 때로는 폭력적인 충돌로 번지기도 했다. 소련의 기획자들은 1931년에 9,800만 톤의 곡물을 수확할 것으로 예상했지만 공식 통계 자료에 따르면 생산량은 6,900만 톤에 불과했고 실제로는 5,700만 톤에 그쳤을 가능성

도 있다. 1932년은 작황이 훨씬 더 나빴다.[85]

정부는 격노로 반응했다. 1929년부터 1936년까지 식량 몰수, 정부의 방치, (자연재해가 아닌 정부 정책으로 인한) 인위적 기근으로 목숨을 잃은 사람이 450만 명에서 850만 명에 달했다.[86] 그 밖에도 수백만 명의 농민들이 국가의 적으로 낙인찍혀 추방되거나 투옥되었다. 농민의 삶을 지탱하는 가장 기본적인 제도들인 가족, 교회, 지역사회는 탄압을 견디지 못하고 해체되었다. 농업 집단화 운동은 정의와 평등, 국민의 뜻을 앞세워 집단화를 방해하는 모든 것을 없애버렸다. 1930년 첫 두 달 동안에만 10만 곳이 넘는 마을에서 약 6,000만 명의 농민이 집단농장으로 내몰렸다.[87] 1929년 6월만 해도 소련 농가의 4퍼센트만이 집단농장에 소속되어 있었다. 하지만 1930년 3월에는 비율이 57퍼센트로 증가했다. 1937년 4월에는 농촌 가구의 97퍼센트가 소련의 23만 5,000개 집단농장에 속해 있었다.[88] 몇몇 모스크바 관료들의 전체주의적 발상으로 수 세기 동안 이어져온 생활 방식이 불과 7년 만에 설 곳을 잃은 것이다.

쿨라크

소련의 집단화 역사는 좀 더 깊이 들여다볼 가치가 있다. 왜냐하면 그것은 유럽의 마녀사냥 광풍처럼 인류 역사에서 앞서 일어난 재앙들과 닮은 점이 있는 비극인 동시에, 데이터의 '과학'을 맹신하는 21세기 기술이 어떤 위험을 야기할지 예고하는 사건이기 때문이다.

농업을 집단화하려는 시도가 저항에 부딪히며 경제적 재앙으로 이어지자, 모스크바의 관료들과 신화 제작자들은 크라머의 《마녀의 망치》에서 한 수 배웠다. 그들이 그 책을 실제로 읽었다는 말이 아니라, 그들도 크라머처럼 세계적인 음모 이론을 꾸며내고 존재하지도 않는 적을 만들어냈다는 뜻이다. 1930년대에 소련 당국은 소련 경제를 괴롭히는 재앙의 원인으로 한 반혁명적 음모단을 반복적으로 지목했다. 이 음모단의 주요 요원은 쿨라크(부농)였다. 크라머의 상상 속에서 사탄을 보필하는 마녀들이 폭풍을 일으켜 농작물을 파괴했듯이, 스탈린주의자의 상상 속에서는 세계 자본주의 세력에 종속된 쿨라크가 소련 경제를 파괴하고 있었다.

쿨라크는 이론상으로는 재산, 소득, 자본, 임금 등에 대한 경험적 데이터를 토대로 정의 내려지는 객관적인 사회경제적 범주였다. 소련 관료들은 사유재산의 수를 세어 쿨라크를 찾아낼 수 있다고 주장했다. 한 농촌의 농민 대부분이 소를 한 마리만 소유하고 있다면 소 세 마리를 소유한 소수의 농가가 쿨라크였다. 한 농촌의 농민 대부분이 일손을 고용하지 않지만 한 가정이 수확기에 두 명의 노동자를 고용했다면 이들은 쿨라크 가정이었다. 누군가가 쿨라크라는 것은 일정량의 재산을 소유하고 있다는 뜻일 뿐만 아니라 특정한 성격 특징을 가지고 있다는 뜻이기도 했다. 오류가 없다고 주장하는 마르크스주의에 따르면, 물질적 조건이 그 사람의 사회적, 정신적 특징을 결정했기 때문에 자본주의적 착취에 가담했다고 여겨진 사람들인 쿨라크가 탐욕스럽고 이기적이며 신뢰할 수 없다는 것은 과학적 사실이었다. 물론 그 자녀들도 마찬가지였다. 누군가가 쿨라크로 밝혀지는 것은 그 사람의 근본적인 본성이 드러나는 것과 같았다.

　1929년 12월 27일, 스탈린은 소련이 "쿨라크 계급을 청산해야" 한다고 선언했고,[89] 그 즉시 당과 비밀경찰이 이 야심 차고 살인적인 목표를 실현하기 위해 움직였다. 근대 초 유럽의 마녀사냥꾼들은 현대 정보 기술이 없던 전제적 사회에서 활동했기 때문에 마녀로 의심되는 5만 명을 죽이는 데 300년이 걸렸다. 반면 소련의 쿨라크 사냥꾼들은 전신, 기차, 전화, 라디오와 같은 첨단 기술뿐만 아니라 거대한 관료 조직을 갖춘 전체주의 사회에서 활동했다. 이들은 수백만 명의 쿨라크를 '청산'하는 데 2년이면 족하다고 판단했다.[90]

　소련 관료들은 가장 먼저 소련에 쿨라크가 몇 명이나 있는지 파악했다. 그들은 세금 기록, 고용 기록, 1926년 인구조사 등의 기존 데이터를 바탕으로 쿨라크가 농촌 인구의 3~5퍼센트를 차지한다고 판단했다.[91] 스탈린이 쿨라크를 청산하자고 연설한 지 한 달 만인 1930년 1월 30일, 스탈린의 막연한 비전을 훨씬 더 구체적인 행동 계획으로 바꾼 정치국 법령이 발표되었다. 이 법령에는 쿨라크 청산을 위해 주요 농업 지역별로 달성해야 하는 구체적인 목표치가 담겼다.[92] 각 지역 당국은 그 목표치를 바탕으로 관할 카운티들의 쿨라크 수를 자체적으로 추정했다. 최종적으로 농촌 소비에트(일반적으로 몇 개의 마을로 구성된 지역 행정 단위)에 특정 할당량이 배당되었다. 이 과정에서 지역 관리들은 당국에 잘 보이고자 숫자를 부풀리기도 했다. 이제 각 농촌 소비에트는 관할 마을들을 대상으로 할당된 수만큼 쿨라크 가구를 색출해야 했다. 쿨라크로 분류된 사람들은 집에서 추방되었고, 관리 범주(쿨라크의 경제적 지위, 정치적 영향력,

반정부 활동 여부 등을 고려하여 결정되었다—옮긴이)에 따라 다른 지역으로 보내지거나, 강제수용소에 감금되거나, 사형에 처해졌다.[93]

소련 관리들은 누가 쿨라크인지 어떻게 알았을까? 일부 마을에서는 지역 당원들이 재산과 같은 객관적 척도에 따라 쿨라크를 식별하려고 성실하게 노력했다. 오명을 쓰고 추방된 사람들은 보통 가장 근면하고 효율적인 농민들이었다. 몇몇 마을에서는 지역 공산주의자들이 그 기회를 이용해 개인적인 적을 제거하기도 했다. 누가 쿨라크인지 단순히 제비뽑기로 정한 마을도 있었다. 또 다른 마을은 마을 회의에서 투표로 쿨라크를 뽑았는데, 뽑힌 사람들은 대개 고립된 농민, 남편 잃은 부인, 노인 등 '소모품' 취급을 받는 사람들(근대 초기 유럽에서 마녀로 낙인찍힐 가능성이 가장 높았던 사람들)이었다.[94]

시베리아 쿠르간 지역에 살았던 스트렐레츠키 가족의 사례는 쿨라크 청산이 얼마나 부조리하게 시행되었는지 보여준다. 당시 10대였던 드미트리 스트렐레츠키는 훗날 자신의 가족이 어떻게 쿨라크로 낙인찍혀 청산 대상이 되었는지 회상했다. "우리를 추방한 마을 소비에트 위원장 세르코프는 이렇게 설명했다. '나는 [지역 당 위원회로부터] 열일곱 가구의 쿨라크를 골라내 추방하라는 명령을 받았단다. 그래서 빈민위원회를 구성하고 밤새도록 선별 작업을 했지만, 마을에는 기준을 충족할 만큼 부유한 사람이 없었고 노인도 많지 않아서 무작위로 열일곱 가구를 골랐는데 너희가 선택되었어. 개인적인 유감은 갖지 마라. 나라고 이러고 싶겠어?'"[95] 누구든 이 미친 제도에 이의를 제기하는 사람은 즉시 쿨라크이자 반혁명 분자로 찍혀 청산 대상이 되었다.

1933년까지 약 500만 명의 쿨라크가 집에서 쫓겨났다. 무려 3만 가구의 가장이 총살되었다. 그나마 운이 좋은 희생자들은 고향에 재정착하거나 대도시에서 떠돌이 노동자로 살았지만, 약 200만 명은 열악한 외딴 지역으로 추방되거나 강제 노동 수용소에 국가 노예로 감금되었다.[96] 백해-발트해 운하 건설과 북극 지역 광산 개발 등 수많은 악명 높은 국책 사업이 수백만 죄수들의 노동력으로 달성되었는데, 그중 상당수가 쿨라크였다. 이는 역사상 가장 신속하고 큰 규모로 진행된 노예화 작전 중 하나였다.[97] 한번 쿨라크로 찍히면 오명을 벗을 수 없었다. 누가 쿨라크인지가 정부 기관, 당 기관, 비밀경찰의 문서에 기록되어 카르토테키 색인 카드, 기록 보관소, 신분증명서로 이루어진 정교하고 복잡한 시스템을 통해 추적, 관리되었기 때문이다.

쿨라크의 지위는 심지어 다음 세대로까지 이어져 끔찍한 결과를 초래했다. 쿨라크의 자녀들은 공산당 청년 단체, 적군, 대학, 또는 좋은 직종에 들어갈 수 없었다.[98] 1997년 출판된 회고록에서 안토니나 골로비나는 자신의 가족이 어떻게 쿨라크로 낙인찍혀 조상 대대로 살던 마을에서 페스토보 마을로 추방되었는지 회상했다. 전학 간 학교에서 남학생들은 안토니나를 일상적으로 조롱했다. 한번은 담임교사가 열한 살짜리 안토니나에게 다른 학생들 앞으로 나오라고 하더니 무자비한 욕설을 퍼붓기 시작했다. "저런 족속은 민중의 적이야. 망할 쿨라크들! 너희는 추방당해도 싸. 너희들 모두 몰살당하기를 빌어!" 안토니나는 이때를 인생의 결정적 순간으로 기억했다. "나는 직감적으로 우리[쿨라크]가 다른 사람들과 다르며 범죄자

라는 느낌이 들었다." 그녀는 이 일을 결코 극복하지 못했다.[99]

　열 살짜리 '마녀' 한셀 파펜하이머와 마찬가지로 열한 살짜리 '쿨라크' 안토니나 골로비나도 어느 날 눈을 떠보니, 인간 신화 제작자가 발명하고 도처의 관료들이 강요하는 상호주관적 범주에 던져져 있었다. 소련 관료들이 수집한 쿨라크에 대한 산더미 같은 정보는 객관적 진실이 아니었다. 이 정보들은 오히려 소련의 새로운 상호주관적 진실을 강요했다. 쿨라크라는 낙인이 찍혔다는 사실은 그 낙인이 완전히 조작된 것이라 해도 소련 사람에 대해 알아야 할 매우 중요한 정보였다.

소련은 하나의
행복한 대가족

　　　　　　　　스탈린주의 정권은 개인 소유의 가족 농장을 해체하는 것보다 훨씬 더 야심 찬 작업에 착수했다. 가족 자체를 해체하기 시작한 것이다. 로마 황제나 러시아 차르와 달리 스탈린은 부모 자식 사이를 갈라놓는 등 가장 친밀한 인간관계에까지 개입하려 했다. 가족의 유대는 부패, 불평등, 반공산당 활동의 근간으로 여겨졌다. 따라서 소련 어린이들은 스탈린을 진짜 아버지로 공경하고 친부모가 스탈린이나 공산당을 비판하면 고발하도록 교육받았다.

　1932년부터 소련 선전 기관은 시베리아의 게라시모프카 마을에 살았던 열세 살짜리 소년 파블릭 모로조프에 대한 우상화 작업에 착수했다. 1931년 가을 파블릭은 마을 소비에트 위원장인 자신의 아버지 트로핌이 쿨라크 망명자들에게 위조 서류를 팔고 있다고 비밀경찰에 신고했다. 이후 열린 재판에서 트로픔이 파블릭에게 "나다, 네 아버지야"라고 소리치자 소년은 "네, 예전에는 아버지였지만 지금은 아버지로 생각하지 않아요"라고 대꾸했다. 트로픔은 강제 노동 수용소로 보내져 결국 총살되었다. 1932년 9월, 파블릭이 살해된 채 발견되었을 때 소련 당국은 그의 가족 다섯 명이 복수를 위해 파블릭을 죽였다고 주장하며 그들을 체포해 처형했다. 실제 이야기는 훨씬 더 복잡했지만 소련 언론에는 중요하지 않았다. 파블릭은 순교자가 되었고, 수백만 명의 소련 어린이들이 파블릭을 본받도록 교육받았다.[100] 실제로 많은 아이들이 그렇게 했다.

한 예로, 1934년에 열세 살짜리 소년 프로니아 콜리빈이 정부 당국에 어머니가 배가 고파서 콜호스 농장에서 곡식을 훔쳤다고 신고했다. 그의 어머니는 체포되었고 아마 총살되었을 것이다. 프로니아는 포상으로 현금과 함께 언론의 큰 관심을 받았다. 당 기관지 〈프라우다Pravda〉는 프로니아가 쓴 시를 실었다. 시구 중 두 구절을 인용하면 다음과 같다. "어머니, 당신이 망쳤어요 / 더 이상 당신과 함께 살 수 없어요."[101]

가족을 통제하려 한 소련의 시도를 비꼰 스탈린 시대의 블랙 유머가 있다. 스탈린이 신분을 숨긴 채 공장을 방문하여 한 노동자와 대화를 나누다가 "아버지가 누구죠?"라고 묻는다.

"스탈린입니다." 노동자가 대답한다.

"어머니는 누구죠?"

"소련이요." 남자가 말한다.

"당신은 뭐가 되고 싶습니까?"

"고아요."[102]

당시에는 이런 농담을 하면, 집 안에서 가까운 식구에게 말했다 해도 자유 또는 목숨을 잃을 수 있었다. 소련 부모들이 자녀들에게 가르친 가장 중요한 교훈은 당이나 스탈린에게 충성하라는 것이 아니었다. 바로 "입을 다물어라"였다.[103] 소련에서 자유롭게 대화를 나누는 것만큼 위험한 일은 거의 없었다.

당과
교회

나치당과 소련공산당 같은 현대 전체주의 기관이 과거의 기독교 교회와 뭐가 다른지 궁금할 것이다. 따지고 보면 교회도 자신은 틀릴 수 없다고 믿었고, 어디에나 성직자 요원을 두었으며, 사람들의 식생활과 성생활까지 통제하려고 했으니 말이다. 우리는 가톨릭교회나 동방정교회를 전체주의 기관으로 봐야 하지 않을까? 그렇다면 현대 정보 기술이 등장하고서야 전체주의가 가능했다는 주장은 설득력이 떨어지지 않나?

하지만 현대 전체주의와 근대 이전의 교회는 몇 가지 점에서 크게 다르다. 첫째로, 앞에서 언급했듯이 현대 전체주의는 서로를 통제하는 여러 중첩되는 감시 장치를 둠으로써 작동한다. 당은 결코 혼자가 아니다. 한쪽에는 국가기관이 있고 다른 쪽에는 비밀경찰이 있다. 반면 대부분의 중세 유럽 왕국에서 가톨릭교회는 국가기관의 힘을 강화하기보다는 국가기관과 자주 충돌하는 독립된 기관이었다. 따라서 가톨릭교회는 아마도 유럽 전제군주들의 힘을 제한하는 가장 중요한 견제 세력이었을 것이다.

예를 들어, 1070년대 '서임권 투쟁'에서 독일과 이탈리아의 왕이었던 하인리히 4세가 주교와 대수도원장 및 기타 중요한 교회 공직을 임명하는 최종 결정권이 자신에게 있다고 주장하자, 교황 그레고리우스 7세는 반발 세력들을 규합해 결국 왕의 굴복을 받아냈다. 1077년 1월 25일, 하인리히 4세는 교황에게 항복하고 사과하기 위해 교황이 머무는 카노사 성으로 갔다. 하지만 교황이 성문을 열어주지 않자 눈 속에서 맨발로 굶주린 채 기다렸다. 사흘 후 교황이 마침내 성문을 열어 황제를 들여보냈고, 왕은 용서를 구했다.[104]

현대 전체주의 국가에서 이와 비슷한 충돌은 상상도 못 할 일이다. 전체주의라는 개념 자체가 권력의 분립을 막는 것이다. 소련에서 국가와 당은 서로를 강화했고, 스탈린은 사실상 양쪽의 수장이었다. 소련판 '서임권 투쟁'은 있을 수 없었다. 스탈린이 당직과 국가기관에 대한 최종 임명권을 모두 쥐고 있었기 때문이다. 그는 누가 조지아의 공산당 서기장이 될지를 결정했을 뿐만 아니라 누가 소련 외무 장관직을 맡을지도 결정했다.

또 하나의 중요한 차이는 중세 교회는 변화에 저항하는 보수적인 조직이었지만, 현대 전체주의 정당은 변화를 요구하는 혁명적인 조직에 가깝다는 점이다. 근대 이전의 교회는 수 세기에 걸쳐 조직과 전통을 발전시키며 서서히 권력을 구축했다. 따라서 왕이나 교황이 사회를 급격하게 혁신하려 하면 평신도들의 거센 저항에 부딪힐 가능성이 높았다.

예를 들어 8세기와 9세기에 일련의 비잔틴 황제들이 성상 숭배를 금지하려고 시도한 일이 있었다. 그들에게는 그것이 우상숭배로 보였기 때문이다. 이 황제들은 《성경》에 나오는 구절들, 그중에서도 특히 어떠한 형상이나 우상도 만들지 말라는 두 번째 계명을 지적했다. 기독교 교회는 전통적으로 두 번째 계명을 성상 숭배를 허용하는 방식으로 해석했지만, 콘스탄티누스 5세와 같은 황제들은 그 해석은 틀렸으며, 기독교인이 이슬람군에 패배한 것 같은 재앙은 성상 숭배에 대한 신의 분노 때문이라고 주장했다. 754년에 300명이 넘는 주교들이 히에리아 공의회에 모여 콘스탄티누스 황제의 성상 파괴 입장을 지지했다.

스탈린의 농업 집단화 운동에 비하면 이것은 사소한 개혁이었다. 사유재산과 자식이 아니라 고작 성상을 포기하라고 요구한 것이었으니 말이다. 하지만 비잔틴제국의 성상 파괴 운동은 광범위한 저항에 부딪혔다. 많은 평범한 성직자, 수도사, 신자 들은 히에리아 공의회에 참석한 주교들과 달리 성상에 깊은 애착을 가지고 있었다. 이런 성상을 둘러싼 갈등이 비잔틴 사회를 분열시키자 황제들은 결국 패배를 인정하고 방침을 뒤집었다.[105] 콘스탄티누스 5세는 훗날 비잔틴 역사가들에게 "똥똥 콘스탄티누스"(코프로니모스Koprónimos)로 매도되면서 그가 세례를 받던 중 대변을 봤다는 소문이 퍼졌다.[106]

근대 이전의 교회는 수 세기에 걸쳐 서서히 발전했기 때문에 보수적이었고 급격한 변화를 경계하는 경향이 있었던 반면, 나치당과 소련공산당 같은 현대 전체주의 정당들은 신속한 사회변혁을 약속하며 단 한 세대 만에 조직되었다. 이들에게는 지켜야만 하는 수 세기 동안 이어져 내려온 전통과 조직이 없었다. 지도자가 기존 전통과 조직을 허물기 위한 야심 찬 계획을 구상하면 당원들은 일반적으로 이를 따랐다.

무엇보다 근대 이전의 교회가 전체주의적 통제의 도구가 될 수 없었던 가장 중요한 이유는 교회도 근대 이전의 다른 모든 조직과 똑같은 한계를 가지고 있었기 때문일 것이다. 모든 곳에 교구 사제, 수도사, 순회 설교자라는 형태로 대리인을 두었지만, 정보를 전달하고 처리하는 어려움 탓에 교회 지도자들은 먼 지역에서 무슨 일이 일어나고 있는지 거의 알지 못했으며, 따라서 지역 성직자들은 상당한 자율을 누렸다. 결과적으로 교회는 지역사회의 일이 되는 경향이 있었다. 모든 지방과 마을에서 주민들은 지역 성인을 숭배하고, 지역 전통을 지키고, 지역 의식을 거행했으며, 심지어는 공식 방침과는 다른 지역 교리를 가지고 있기도 했다.[107] 로마의 교황이 먼 폴란드 교구에서 활동하는 독립적인 성향의 성직자에게 뭔가 조치를 취하고 싶다면, 일단 그니에즈노 대주교(그니에즈노 대주교구는 폴란드에서 가장 오래되고 중요한 교구 중 하나이며, 그니에즈노 대주교는 역사적으로 '폴란드의 수석 대주교'로 여겨졌다—옮긴이)에게 편지를 보내야 했다. 그러면 대주교는 해당 지역 주교에게 지시를 내렸고, 주교는 다시 그 교구로 사람을 보내 조치를 취했다. 이렇게 하는 데 몇 달이 걸릴 수 있었고, 그사이에 대주교와 주교, 기타 중개인이 교황의 명령을 재해석하거나 심지어 '잘못 전달할' 기회가 얼마든지 있었다.[108]

교회가 전체주의적인 기관에 가까워진 것은 근대 정보 기술이 보급된 근대 후기에 와서였다. 우리는 교황을 중세의 유물로 생각하기 쉽지만, 사실 교황은 근대 기술을 잘 다룬 사람들이다. 18세기에 교황은 전 세계 가톨릭교회에 대한 통제력이 거의 없었고, 볼로냐 페라라의 지배권을 놓고 이탈리아의 다른 세력들과 경쟁하는 지역 군주의 지위로 격하되었다. 그러나 라디오가 등장하면서 교황은 지구상에서 가장 영향력이 큰 사람 중 하나가 되었다. 교황 요한 바오로 2세는 바티칸궁에 앉아서, 자신의 말을 왜곡하거나 숨길지도 모르는 대주교, 주교, 교구 신부를 통하지 않고 폴란드에서부터 필리핀에 이르기까지 수백만 명의 가톨릭 신도들에게 직접 연설할 수 있었다.[109]

정보가 흐르는
방식

우리는 근대 말의 새로운 정보 기술이 대규모 민주주의만이 아니라 대규모 전체주의도 탄생시켰다는 것을 알았다. 하지만 두 체제가 정보 기술을 사용하는 방식에는 중대한 차이가 있었다. 앞에서 언급했듯이 민주주의는 정보가 중앙 외에도 여러 독립적인 채널을 통해 흐르도록 장려하며, 많은 독립적인 노드가 자체적으로 정보를 처리하고 결정을 내릴 수 있다. 따라서 정보는 정부 부처를 거치지 않고 민간 기업, 민간 언론 기관, 지방자치단체, 스포츠 협회, 자선단체, 가정, 개인 들 사이를 자유롭게 순환한다.

반대로 전체주의에서는 **모든** 정보가 중앙 허브를 통과해야 하며, 독립적인 기관들이 자체적으로 결정을 내릴 수 없다. 물론 전체주의는 정부, 당, 비밀경찰이라는 삼중 구조로 운영되지만, 이런 병렬형 권력 구조의 목적은 오직 하나, 바로 중앙에 도전할 수 있는 독립적인 권력의 출현을 막는 것이다. 정부 관료, 당원, 비밀경찰 요원들이 서로를 지속적으로 감시할 때 중앙에 반대하는 것은 매우 위험한 일이다.

대조적인 정보 네트워크로서 민주주의와 전체주의는 각기 장단점이 있다. 중앙 집중화된 전체주의 네트워크의 가장 큰 장점은 극도로 질서 정연하다는 것이다. 이는 신속하게 결정을 내리고 내려진 결정을 가차 없이 시행할 수 있다는 뜻이다. 특히 전쟁이나 전염병 확산과 같은 비상 상황에서는 중앙 집중화된 네트워크가 분산된 네트워크보다 정보를 훨씬 더 빠르고 멀리 보낼 수 있다.

하지만 초집중화된 정보 네트워크에는 큰 단점도 몇 가지 있다. 정보가 오직 공식 채널을 통해서만 흐를 수 있기 때문에 공식 채널이 막히면 정보가 흐를 수 있는 대체 수단이 없다. 게다가 공식 채널은 자주 막힌다.

공식 채널이 자주 막히는 한 가지 흔한 이유는 두려워하는 부하들이 나쁜 소식을 상관에게 숨기기 때문이다. 제1차 세계대전 당시 오스트리아-헝가리 제국을 배경으로 한 풍자소설인 야로슬라프 하셰크의 《훌륭한 병사 슈베이크Osudy dobrého vojáka Švejka za světové války》에는 오스트리아 정부가 민간인의 사기 저하를 걱정하는 장면이 나온다. 그래서 정부는 전국의 지역 경찰서에 특명을 내린다. 경찰서들은 정보원을 고용하고, 데이터를 수집하고, 국민의 충성도를 본부에 보고해야 했다. 본부는 충성도를 최대한 과학적으로 평가하기 위해 독창적인 등급 제도(I.a, I.b, I.c; II.a, II.b, II.c; III.a, III.b, III.c; IV.a, IV.b, IV.c)를 고안하여, 지역 경찰서들에 각 등급에 대한 자세한 설명과 함께 매일 작성해야 하는 공문서 양식을 보냈다. 전국의 경찰 관들은 성실하게 양식을 작성해 본부로 보냈다. 그런데 한 명 예외 없이 모두가 항상 I.a 등급을 보고했다. 그렇게 하지 않으면 질책이 나 강등 또는 더 심한 일을 당할 수 있었기 때문이다.[110]

공식 채널이 막히는 또 하나의 흔한 이유는 질서 유지 때문이다. 전체주의 정보 네트워크의 주된 목표는 진실 발견이 아니라 질서 유지이기 때문에, 불안한 정보가 사회질서를 흔들 위험이 있을 경 우 전체주의 정권은 그것을 차단한다. 정권이 모든 정보 채널을 장 악하고 있기 때문에 정보를 차단하기는 비교적 쉽다.

예를 들어 1986년 4월 26일 체르노빌 핵 원자로가 폭발했을 때 소련 당국은 재난에 대한 뉴스를 모두 차단했다. 소련 국민은 물론 다른 국가들도 위험한 상황을 알지 못해서 방사능 보호 조치를 취 하지 않았다. 체르노빌과 인근 프리피야트에 머물던 몇몇 소련 관 료들이 근처 거주지 주민들을 즉시 대피시키도록 요청했지만, 당시 상급자들의 최대 고민은 충격적인 뉴스가 퍼지지 않도록 막는 것이 었다. 그들은 대피를 금지했을 뿐만 아니라 전화선을 끊고, 원자력 시설의 직원들에게 재난에 대해 아무 말도 하지 말라고 경고했다.

원자로가 녹아내리고 이틀 후 스웨덴 과학자들은 체르노빌에서 1,200킬로미터 이상 떨어진 곳인 스웨덴의 방사능 수치가 비정상적 으로 높다는 사실을 알아챘다. 서방의 정부들과 언론이 이 소식을 보도한 후에야 비로소 소련 당국은 문제가 있다는 사실을 인정했다. 하지만 그때도 당국은 소련 시민들에게 재난의 규모를 감추고, 해외 에 조언과 도움을 요청하기를 주저했다. 그 결과 우크라이나, 벨라루스, 러시아에 살던 수백만 명의 사람들이 건강을 잃었다. 나중에 소련 당국이 재난을 조사했을 때도 최우선 순위는 원인을 파악하여 사고 재발을 막는 것이 아니라 책임을 피하는 것이었다.[111]

나는 2019년에 체르노빌을 둘러보러 갔을 당시 원전 사고의 원인을 설명하던 우크라이나인 가이드가 한 말을 잊을 수가 없다. "미국인은 질문을 하면 답을 들을 수 있다는 생각을 가지고 자라지만, 소련 시민들은 질문을 하면 곤란에 처한다는 생각을 가지고 자랐습니다."

물론 민주주의 국가의 지도자들도 나쁜 소식을 반기지 않는다. 하지만 분산된 민주주의 네트워크에서는 공식 소통 라인이 막히면 다른 채널을 통해 정보가 흐른다. 예를 들어, 미국 관료가 재난 발생을 대통령에게 알리지 않기로 결정해도, 〈워싱턴 포스트〉가 그 소식을 보도할 것이고, 〈워싱턴 포스트〉도 정보를 고의적으로 숨기면 〈월스트리트 저널〉 또는 〈뉴욕 타임스〉가 보도할 것이다. 독립 언론의 사업 모델은 "끊임없이 다음 특종을 쫓아라"이므로 보도되는 것은 시간문제다.

1979년 3월 29일, 펜실베이니아주의 스리마일 아일랜드 원자로에서 심각한 사고가 발생했을 때, 이 소식은 국제사회가 개입하고 말 것도 없이 빠르게 퍼져나갔다. 사고는 새벽 4시경 시작되었고 6시 30분에 인지되었다. 6시 56분에 비상사태가 선포되었고, 7시 2분에 펜실베이니아 비상관리국에 보고되었다. 그 후 한 시간에 걸쳐 펜실베이니아 주지사, 부지사, 민방위 당국에 사고가 통보되었다. 오전 10시에 공식 기자회견이 예정되어 있었다. 하지만 해리스버그의 한 지방 라디오 방송국의 교통 담당 기자가 사건에 대한 경찰 공지를 입수했고, 방송국은 8시 25분에 짤막한 보도를 내보냈다. 소련에서라면 독립 라디오 방송국의 자체적 판단에 따른 보도는 상상도 못 할 일이지만 미국에서는 특별한 일이 아니었다. 오전 9시 연합통신AP이 속보를 내보냈다. 자세한 내용이 드러나기까지는 며칠 걸렸지만, 미국 시민들은 사고가 인지되고 두 시간 만에 소식을 알았다. 이후 정부 기관, NGO, 학계, 언론의 조사를 통해 사고의 직접적인 원인뿐만 아니라 더 근본적인 구조적 원인이 밝혀졌으며, 이는 전 세계 원자력 기술의 안전을 개선하는 데 도움을 주었다. 실제로 소련에도 공개적으로 공유된 스리마일 아일랜드의 교훈은 체르노빌 원전 사고를 완화하는 데 기여했다.[112]

아무도
완벽하지 않다

전체주의와 전제주의 네트워크는 정보의 동맥이 차단되는 문제 외에도 여러 문제들을 안고 있다. 무엇보다도, 우리가 이미 확인했듯이 네트워크의 자정 장치가 매우 취약한 경향이 있다. 전체주의와 전제주의는 자신들은 오류가 없다고 믿기 때문에 자정 장치에 대한 필요성을 별로 느끼지 못하는 데다 자신들에게 도전할 수 있는 독립된 기관을 두려워하기 때문에 자유로운 법원, 언론 매체, 연구 센터를 두지 않는다. 결과적으로, 어떤 정부도 피해 갈 수 없는 일상적인 권력 남용을 폭로하고 바로잡을 사람이 없다. 지도자가 이따금 부패 척결 운동을 선포할지도 모르지만,

비민주적인 체제에서는 이런 운동이 정권 내 한 파벌이 다른 파벌을 숙청하기 위한 눈속임으로 드러나곤 한다.[113]

그리고 지도자 본인이 공금을 횡령하거나 어떤 치명적인 정책 실수를 저지른다면 어떻게 될까? 아무도 지도자에게 이 문제를 거론할 수 없고, 지도자도 인간인 터라 실수를 스스로 인정하지 않을 가능성이 높다. 대신 그는 모든 책임을 '외국의 적' '내부의 배신자' 또는 '부패한 부하'에게 떠넘기고, 이런 악당들을 처리한다는 명목으로 더 많은 권력을 요구할 것이다.

예를 들어, 앞 장에서 스탈린이 리센코주의라는 가짜 이론을 자국의 공식 진화론으로 채택했다는 이야기를 했다. 그 결과는 한마디로 재앙이었다. 다윈주의 모델을 무시하고 리센코주의 농학자들을 통해 슈퍼 작물을 만들려고 했던 시도는 소련의 유전학 연구를 수십 년 후퇴시켰고 농업을 망가뜨렸다. 리센코주의를 포기하고 다윈주의를 받아들이자고 제안한 소련 전문가들은 강제수용소로 끌려가거나 머리에 총알을 맞을 것을 각오해야 했다. 리센코주의의 유산은 수십 년 동안 소련의 과학과 농학을 괴롭혔고, 이 때문에 1970년대 초 소련은 광대하고 비옥한 토지를 보유하고 있음에도 불구하고 주요 곡물 수출국에서 순수입국이 되었다.[114]

그 밖의 많은 분야에서도 같은 패턴이 반복되었다. 예를 들어 1930년대에 소련 산업은 수많은 사고를 겪었다. 원인은 대개 모스크바의 지휘부에 있었다. 불가능에 가까운 산업화 목표를 설정하고 목표를 달성하지 못하면 무조건 반역으로 간주했기 때문이다. 야심 찬 목표를 달성하기 위해 안전 조치와 품질 관리 검사를 무시했고,

조심하라고 조언하는 전문가들은 문책을 받거나 총살당했다. 그 결과 산업재해, 불량품, 비효율이 끊이지 않았다. 모스크바의 지휘부는 책임을 지는 대신, 그것을 파괴공작원들과 테러리스트들로 이루어진 음모단의 소행으로 간주하며, 트로츠키주의와 제국주의 세력이 결탁한 이 음모단이 소련 기업을 무너뜨리기 위해 공작을 꾸미고 있다고 주장했다. 지휘부는 산업화 속도를 늦추고 안전 규정을 도입하기는커녕 공포를 배가하고 더 많은 사람들을 총살했다.

대표적인 예가 파벨 리차고프였다. 소련에서 가장 뛰어나고 용감한 조종사 중 한 명이었던 그는 스페인 내전에서 공화파를 돕고 중일전쟁에서 일본 침략에 맞서 중국군을 지원하는 임무를 수행했다. 그는 빠르게 승진하여 1940년 8월 스물아홉 살의 나이로 소련 공군 사령관이 되었다. 하지만 스페인에서 나치 비행기를 격추하는 데 도움이 된 그 용기 때문에 리차고프는 모스크바에서 큰 곤경에 빠지게 되었다. 소련 공군은 수많은 사고에 시달렸고, 정치국은 사고의 원인을 기강 해이와 반소련 음모단의 고의적인 파괴공작 탓으로 돌렸다. 하지만 리차고프는 이 공식 입장에 속지 않았다. 최전방 조종사로서 진실을 알고 있었던 그는 스탈린에게 조종사들이 운항하는 비행기들이 급하게 설계된 불량품이라고 단호하게 말했고, 이것을 "관짝을 타고" 비행하는 것에 비유했다. 히틀러가 소련을 침공하고 이틀 후 적군Red Army이 무너지고 있는 상황에서 스탈린이 필사적으로 희생양을 찾고 있을 때 리차고프는 "반소련 음모 조직의 일원으로 활동하며 적군의 힘을 약화하기 위해 공작을 수행했다"는 혐의로 체포되었다. 그의 아내도 "군 공모자들과 트로츠키주의자들

의 연대"를 알고 있었다는 이유로 체포되었다. 부부는 1941년 10월 28일에 처형되었다.[115]

소련의 군사적 시도를 망친 진짜 파괴공작원은 물론 리차고프가 아니라 스탈린 본인이었다. 스탈린은 수년 동안 나치 독일과의 전면전을 두려워했고, 이에 대비하기 위해 세계 최대 전쟁 기계를 구축했다. 그러나 그는 외교적, 심리적으로 이 기계를 무력화했다.

외교적 차원에서 보자면, 1939~1941년 스탈린은 '자본주의자들'이 서로 싸우도록 유도하여 이들이 싸우며 힘을 소진하는 동안 소련의 힘을 기르고 강화한다는 매우 위험한 전략을 세웠다. 이에 따라 그는 1939년 히틀러와 불가침조약을 맺어 독일이 소련의 견제 없이 폴란드와 서유럽 대부분을 정복할 수 있도록 했고, 그동안 소련은 거의 모든 이웃 국가를 공격하거나 적으로 돌렸다. 1939~1940년까지 소련은 폴란드 동부를 침공하여 점령하고, 발트 3국(에스토니아, 라트비아, 리투아니아)을 합병했으며, 핀란드와 루마니아의 일부를 정복했다. 결과적으로, 소련의 측면에서 중립적인 완충 역할을 할 수 있었던 핀란드와 루마니아는 화해할 수 없는 적이 되었다. 심지어 1941년 봄에도 스탈린은 여전히 영국과 선제적인 동맹을 맺기를 거부했으며, 나치가 유고슬라비아와 그리스를 정복할 때 아무것도 하지 않음으로써 유럽 대륙에 남아 있던 마지막 잠재적 동맹마저 잃었다. 1941년 6월 22일 히틀러가 소련을 공격했을 때 소련은 고립무원의 신세였다.

스탈린이 구축한 전쟁 기계는 이론상으로는 소련이 고립된 상황에서도 나치의 공격을 처리할 수 있어야 했다. 1939년 이후로 정복한 영토에 방어선을 더욱 깊게 구축할 수 있었기 때문에 소련군이 압도적 우위를 점한 것처럼 보였다. 침공 첫날 소련은 탱크 1만 5,000대, 전투기 1만 5,000대, 포 3만 7,000문을 유럽 전선에 배치하고 독일군의 탱크 3,300대, 전투기 2,250대, 포 7,146문에 맞섰다.[116] 하지만 소련은 한 달 만에 탱크 1만 1,700대(78퍼센트), 전투기 1만 대(67퍼센트), 포 1만 9,000문(51퍼센트)을 잃으며 역대 최악의 참패를 맞았다.[117] 또한 스탈린은 1939~1940년에 정복한 모든 영토와 소련의 심장부 대부분을 잃었다. 7월 16일 독일군은 모스크바에서 370킬로미터 떨어진 스몰렌스크에 들어와 있었다.

이 참패의 원인에 대해 1941년 이후 계속 논쟁이 이어져 왔지만, 대부분의 학자들은 중요한 요인 중 하나로 스탈린주의의 심리적 비용을 꼽고 있다. 수년 동안 스탈린 정권은 국민을 공포에 몰아넣고, 주도성과 개성을 처벌했으며, 복종과 순응을 장려했다. 이는 병사들의 의욕을 꺾었다. 특히 나치 통치의 공포가 완전하게 가시화되기 전인 전쟁 초기 몇 달 동안 적군 병사들 중 상당수가 항복했고, 1941년 말까지 300~400만 명이 포로로 잡혀갔다.[118] 심지어 결사적으로 싸울 때조차 적군의 각 부대는 주도적으로 움직이지 않았다. 숙청에서 살아남은 장교들은 독립적인 행동을 하는 것을 두려워했고, 젊은 장교들은 적절한 훈련이 되어 있지 않았다. 지휘관들은 정보가 부족했고 걸핏하면 실패의 희생양이 되었던 데다 명령을 내리더라도 정치 위원들의 반대에 부딪힐 수 있었다. 어느 모로 보나 가장 안전한 선택은 상부의 명령을 기다렸다가 그것이 군사적으로 타당하지 않아도 무조건 따르는 것이었다.[119]

1941~1942년 봄과 여름에 걸친 참패에도 불구하고 소련은 히틀러의 바람대로 무너지지 않았다. 적군과 소련 지도부가 투쟁 첫해에 얻은 교훈을 이해함에 따라 모스크바 정부 당국은 통제를 완화했다. 정치 위원들의 권한은 제한한 반면, 전문 장교들에게는 더 큰 책임을 주며 주도적으로 행동하도록 장려했다.[120] 스탈린은 또한 1939~1941년의 지정학적 실수를 되돌려 영국 및 미국과 동맹을 맺었다. 적군의 주도권 회복, 서방의 지원, 나치 통치가 소련 국민에게 어떤 의미를 가질 것인지에 대한 깨달음이 전쟁의 흐름을 바꾸었다.

그러나 1945년에 승리를 확정 짓자 스탈린은 새로운 공포의 물결을 일으켜 독립적인 성향의 장교와 관료를 숙청하고 또다시 맹목적인 복종을 종용했다.[121] 아이러니하게도, 8년 후 맞이한 스탈린 자신의 죽음도 어느 정도는 질서를 우선시하고 진실을 무시하는 정보 네트워크가 부른 결과였다. 1951~1953년 소련에 또 한 차례 마녀사냥이 휘몰아쳤다. 소련의 신화 제작자들은 유대인 의사들이 치료를 빙자해 정권의 주요 인사들을 조직적으로 살해하고 있다는 음모론을 꾸며냈다. 미국과 시오니스트가 세계를 지배하려는 음모를 꾸미고 있으며, 이 음모의 하수인인 의사들이 비밀경찰 내부의 배신자들과 협력하고 있다는 주장이었다. 1953년 초까지 수백 명의 의사들과 비밀경찰의 수장을 포함한 요원들이 체포되어 고문을 당하며 공범을 지목하도록 강요당했다. 〈시온 의정서Protocols of the Elders of Zion〉(1903년 러시아에서 처음 출판되어 유럽 전역에 퍼진 허위 문서로, 유대인들이 세계 정복을 꾸미고 있다는 내용을 담고 있다—옮긴이)를 소련식으로 각색한 이 음모론은 해묵은 유대인 혈액 음모(유대인들이 종교 의식에 사용하기 위해 기독교도 어린이를 살해한다는 허위 주장—옮긴이)와 합쳐졌고, 유대인 의사들이 소련 지도자들을 살해하고 병원의 아기들까지 죽이고 있다는 소문이 돌기 시작했다. 소련 의사의 상당수가 유대인이었기 때문에 사람들은 의사 집단 자체를 두려워하기 시작했다.[122]

'의사들의 음모'에 대한 집단 히스테리가 극에 달했던 1953년 3월 1일 스탈린이 뇌졸중을 일으켰다. 그는 별장에서 쓰러져 옷에 소변을 본 채 젖은 파자마 차림으로 도움을 요청하지도 못하고 몇 시간 동안 누워 있었다. 밤 10시 30분경 경호원이 용기를 내어 공산주의 세계의 성역으로 들어갔다가 바닥에 쓰러져 있는 지도자를 발견했다. 3월 2일 새벽 3시가 되어서야 정치국 위원들이 별장에 도착해 대책을 논의했다. 몇 시간 동안 아무도 감히 의사를 부를 생각을 하지 못했다. 스탈린이 의식을 회복하여 눈을 떴을 때 자신의 침대를 내려다보고 있는 의사(!)를 보기라도 한다면? 스탈린은 분명 자신을 살해하기 위해 의사를 불렀다고 생각하고 책임자를 총살할 것이다. 당시 스탈린의 주치의는 그 자리에 없었다. 스탈린에게 휴식이 더 필요하다고 조언했다가 루뱐카 감옥의 지하 감방에서 고문을 받고 있었기 때문이다. 마침내 정치국 위원들이 의료 전문가를 부르기로 결정했을 때는 그런 위험이 지나간 뒤였다. 스탈린은 끝내 깨어나지 못했다.[123]

이 일련의 재앙을 보면서 당신은 스탈린주의는 제대로 작동할 수 없는 체제였다는 결론을 내릴지도 모른다. 진실을 무참히 짓밟음으로써 수억 명의 사람들에게 끔찍한 고통을 안겨주었을 뿐만 아니라, 외교적, 군사적, 경제적으로 엄청난 실수를 범하고 지도자까지 삼켜버렸으니 말이다. 하지만 이런 결론은 상황을 오판하는 것이다.

제2차 세계대전 초기에 스탈린주의가 맞은 참담한 실패를 논할 때 해석을 복잡하게 만드는 두 가지 문제가 있다. 첫째, 당시 프랑스, 노르웨이, 네덜란드와 같은 민주주의 국가들도 소련만큼이나 큰 외교적 실수를 저질렀으며, 그 국가들의 군대는 훨씬 더 형편없었다. 둘째, 적군, 프랑스군, 네덜란드군, 기타 수많은 군대를 분쇄한 군사 기계는 다름 아닌 전체주의 정권이 구축한 것이었다. 따라서 1939~1941년의 일에서 어떤 결론을 이끌어내든 전체주의 네트워크가 항상 민주주의 네트워크보다 못하다는 결론은 제외해야 한다. 스탈린주의의 역사는 전체주의 정보 네트워크의 여러 잠재적 단점을 드러내지만, 그렇다고 잠재적 이점을 간과해서는 안 된다.

제2차 세계대전의 전체적인 역사와 결과를 고려하면, 스탈린주의는 분명히 지금까지 고안된 가장 성공적인 정치체제 중 하나였다. 물론 '성공'을 순전히 질서와 힘의 측면에서 정의하고 윤리와 인간다운 삶에 대한 고려는 모두 무시한다면 말이다. 스탈린주의는 연민이라고는 찾아볼 수 없으며 진실을 무자비하게 짓밟았음에도 불구하고, 아니 어쩌면 그 덕분에 거대한 규모의 질서를 월등히 효율적으로 관리할 수 있었다. 끊임없는 가짜 뉴스와 음모론 공세는 수억 명의 사람들을 통제하는 데 도움이 되었다. 소련의 농업 집단화는 대규모 노예화와 기아를 초래했지만, 다른 한편으로는 소련이 빠르게 산업화할 수 있는 토대를 마련했다. 또한 품질 관리를 무시하여 날아다니는 관짝을 생산했을지언정 그런 관짝을 수만 개씩 생산함으로써 질에서 모자라는 부분을 양으로 보완했다. 대숙청 기간 동안 많은 적군 장교를 처단한 일은 1941년에 소련군이 참패하는 주된 원인이 되었지만, 그 덕분에 끔찍한 패배에도 불구하고 아무도 스탈린에게 반기를 들지 않았다. 소련의 군사 기계는 적과 함께 아군도 짓밟는 경향이 있었지만 그럼에도 불구하고 결국에는 승리를 거두었다.

　1940년대와 1950년대 초 전 세계의 많은 사람들은 스탈린주의가 미래의 대세라고 생각했다. 스탈린주의는 결국 제2차 세계대전에서 승리하고 라이히슈타크(독일 제국의회 의사당) 건물 옥상에 붉은 깃발을 게양했으며, 중부 유럽부터 태평양 지역까지 뻗어 있는 제국을 통치하며 세계 전역의 반식민 투쟁에 불을 지피고 수많은 모방 정권을 탄생시켰다. 스탈린주의는 심지어 서구 민주주의 국가의 주요 예술가들과 사상가들 사이에서도 지지를 얻었다. 그들은 강제 노동 수용소와 숙청에 대한 소문을 들었지만, 그럼에도 불구하고 스탈린주의가 자본주의 착취를 끝내고 완벽하게 정의로운 사회를 건설할 인류 최고의 기회라고 생각했다. 스탈린주의는 이렇듯 세계 지배에 가까이 다가가 있었다. 스탈린주의가 진실을 무시했기 때문에 실패했다거나, 결국 실패했으니 다시는 그런 종류의 체제가 등장할 수 없다고 생각한다면 순진한 것이다. 질서를 듬뿍 넣고 진실은 약간만 첨가해도 정보 시스템은 잘 굴러갈 수 있다. 스탈린주의와 같은 체제가 끼치는 도덕적 피해를 혐오한다면, 그런 체제가 비효율적이기 때문에 필패할 것이라는 생각으로 손 놓고 있어서는 안 된다.

기술
진자

우리가 민주주의와 전체주의를 서로 다른 유형의 정보 네트워크로 인식하게 되면, 왜 두 네트워크가 특정 시대에 급부상하고 다른 시대에는 부재하는지 이해할 수 있다. 이는 단지 사람들이 특정한 정치적 이상에 대한 믿음을 얻거나 잃기 때문만은 아니다. 정보 기술 혁명도 중요한 역할을 한다. 물론 인쇄술 때문에 마녀사냥이나 과학혁명이 일어난 것이 아니듯이, 라디오 때문에 스탈린식 전체주의나 미국식 민주주의가 탄생한 것은 아니다. 기술은 단지 새로운 기회를 열어줄 뿐이며, 어느 쪽으로 갈지는 우리에게 달렸다.

현대 정보 기술이 전체주의 체제에서는 정보 흐름을 중앙에 집중시키고 질서 유지를 위해 진실을 억누르는 데 사용된다. 결과적으로, 전체주의 네트워크는 정보 동맥이 경화될 위험과 싸워야 한다. 점점 더 많은 정보가 한 곳으로만 흐르면 효율적인 통제가 가능해질까, 아니면 동맥이 막혀 결국 심장마비가 일어날까? 반면 민주주의 체제에서는 현대 정보 기술이 정보 흐름을 더 많은 기관과 개인에게로 분산하고 자유로운 진실 추구를 장려하는 데 사용된다. 결과적으로, 민주주의 네트워크는 붕괴 위험과 싸워야 한다. 이런 네트워크를 점점 더 많은 행성이 점점 더 빠르게 회전하는 태양계라고 생각해보라. 그래도 중심은 버틸 수 있을까, 아니면 모든 것이 붕괴되어 무정부 상태가 될까?

각 전략의 전형적인 예를 1960년대 서구 민주주의와 소비에트 블록(소련과 기타 동유럽 공산주의 국가)의 대조적인 역사에서 찾을 수

인   간
네 트 워 크 들

있다. 이때는 서구 민주주의 국가들이 정보의 자유로운 확산을 방해하는 검열과 각종 차별 정책을 완화했던 시대다. 이로써 이전에 소외되었던 집단들이 더 쉽게 조직화하고, 공론장에 참여하고, 정치적 요구를 할 수 있게 되었다. 그 결과 사회 정치적 운동이 줄을 이으며 사회질서를 흔들었다. 지금까지는 한정된 수의 부유한 백인 남성이 거의 모든 말을 했기 때문에 합의에 도달하기가 비교적 쉬웠다. 하지만 빈민, 여성, 성 소수자, 소수민족, 장애인 및 기타 역사적으로 억압받던 집단의 구성원들이 목소리를 얻으면서 공론장에 새로운 아이디어, 견해, 이해관계가 유입되었다. 그 결과 예전에 이루어진 많은 신사협정(과거에 명예와 신뢰를 바탕으로 했던 비공식적 합의들—옮긴이)이 더 이상 유지될 수 없었다. 예를 들어 미국에서 수 세대 동안 민주당과 공화당 양당이 공히 지지하거나 적어도 용인했던 짐 크로Jim Crow 인종 분리 제도가 무너졌다. 성 역할처럼 신성하고 자명하며 보편적으로 받아들여졌던 것들이 거센 논란의 대상이 되었고, 훨씬 더 많은 집단과 관점, 이해관계를 고려해야 했으니 새로운 합의에 도달하기도 쉽지 않았다. 질서 있는 대화를 나누는 것 자체가 어려웠는데, 토론의 규칙에 합의하는 것조차 불가능했기 때문이다.

이런 상황은 기존 세력과 새로운 세력 모두에게 깊은 좌절감을 안겨주었다. 후자의 경우 표현의 자유를 얻었으나 공허했고, 자신들의 정치적 요구가 받아들여지지 않는다고 느꼈다. 대화에 실망한 일부는 무력에 의존했다. 서구의 많은 민주주의 국가에서 1960년대는 전례 없는 수준의 불화와 폭력으로 얼룩진 시대였다. 정치적 암살, 납치, 폭동, 테러 공격이 증가했다. 존 F. 케네디와 마틴 루서 킹의 암살, 킹의 암살에 뒤이은 폭동, 1968년 서방 세계를 휩쓴 시위와 반란, 무력 충돌의 물결은 더 유명한 몇 가지 사례에 불과했다.[124] 1968년에 시카고나 파리에서 촬영된 사진을 본다면 세상이 무너져 내리고 있다는 인상을 받을 것이다. 민주주의 이상에 부응하고 더 많은 사람과 집단을 공론장에 참여시키라는 요구가 사회질서를 흔들며 민주주의를 작동 불가능하게 만드는 것처럼 보였다.

한편, 포용성이라고는 조금도 기대할 수 없는 철의 장막 뒤의 정권들은 계속해서 공개 대화를 억압하고 정보와 권력을 중앙 집중화했다. 이 전략은 효과가 있는 것처럼 보였다. 1956년 헝가리 반란과 1968년 프라하의 봄 같은 주변부의 도전이 있었지만, 공산주의자들은 이런 위협을 신속하고 확실하게 처리했다. 소련의 심장부에서는 모든 것이 질서 있게 돌아갔다.

하지만 20년 후 실제로 작동 불가능해진 것은 소련 체제였다. 붉은 광장 연단 위의 경직된 고령 정치인들은 의미 있는 자정 장치가 결여된 고장 난 정보 네트워크의 완벽한 상징이었다. 탈식민화, 세계화, 기술 발전, 성 역할의 변화로 급속한 경제적, 사회적, 지정학적 변화가 일어났지만, 고령 정치인들은 모스크바로 들어오는 수많은 정보를 처리할 능력이 없었고, 그 부하들은 뭔가를 주도적으로 할 권한이 없었기 때문에 시스템 전체가 경화되어 붕괴하고 말았다.

실패는 경제 분야에서 가장 분명하게 드러났다. 지나치게 중앙 집중화된 소련 경제는 급속한 기술 발전과 소비자들의 변화하는 요구에 발 빠르게 대응하지 못했다. 소련 경제는 상부의 명령에 따라 대륙 간 미사일, 전투기, 고급 인프라를 쏟아내는 데 여념이 없었다. 하지만 효율적인 냉장고부터 팝 음악까지 대부분의 사람들이 실제로 구매하고 싶어 하는 것은 생산하지 않았고, 첨단 군사기술에서도 뒤처졌다.

중앙 집중화된 경제의 단점이 가장 확연하게 드러난 곳은 기술이 특히 빠른 속도로 발전한 반도체 부문이었다. 서구에서는 반도체가 인텔이나 도시바 같은 수많은 민간 기업들 간의 공개경쟁을 통해 개발되었으며, 주 고객은 애플이나 소니 같은 다른 민간 기업이었다. 애플과 소니는 마이크로칩을 사용해 매킨토시 개인용 컴퓨터와 워크맨 등의 민간 제품을 생산했다. 소련은 미국과 일본의 마이크로칩 생산량을 결국 따라잡을 수 없었는데, 그 이유는 미국 경제사학자 크리스 밀러가 설명했듯이 소련의 반도체 부문은 "비밀스럽고, 하향식이며, 군사 지향적이고, 창의성을 발휘할 여지 없이 명령만을 이행하고 있었기" 때문이다. 서구 기술을 훔치고 베껴서 격차를 좁혀보려 했지만 그러다 보니 항상 몇 년씩 뒤처질 뿐이었다.[125] 소련 최초의 개인용 컴퓨터는 1984년에야 등장했다. 그때 미국인들은 이미 1,100만 대의 PC를 보유하고 있었다.[126]

서구 민주주의 국가들은 기술적으로나 경제적으로 한참 앞서나갔다. 게다가 정치 대화에 참여하는 사람들의 범위가 점점 넓어졌음에도 불구하고, 아니 어쩌면 그 때문에 사회질서를 유지하는 데도 성공했다. 예상치 못한 장애물들이 있었지만 미국과 일본 등 민주주의 국가들은 훨씬 역동적이고 포용적인 정보 시스템을 구축한 덕분에 훨씬 많은 관점을 수용하면서도 붕괴하지 않을 수 있었다.

이는 너무도 놀라운 성과라서 많은 사람들은 민주주의가 전체주의에 최종적으로 승리했다고 생각했다. 이 승리는 대개 정보 처리상의 근본적인 이점이라는 측면에서 설명되었다. 즉 전체주의가 성공하지 못한 것은 모든 데이터를 하나의 중앙 허브에서 집중적으로 처리하는 방식이 극도로 비효율적이었기 때문이라는 것이다. 따라서 21세기가 시작될 무렵만 해도 대세는 분산된 정보 네트워크와 민주주의로 기운 것처럼 보였다.

하지만 실제로 일어난 일은 그렇지 않았다. 사실 다음 정보혁명이 이미 속도를 올리며 민주주의와 전체주의가 대결의 새 라운드를 펼칠 무대를 마련하고 있었다. 컴퓨터, 인터넷, 스마트폰, 소셜 미디어, AI는 소외된 집단들만이 아니라 인터넷에 연결된 모든 사람, 심지어는 인간이 아닌 구성원에게도 발언권을 주었고, 이로 인해 민주주의는 새로운 과제에 직면하게 되었다. 2020년대에 민주주의는 다시 한번 사회질서를 파괴하지 않으면서 공론장에 밀려드는 새로운 목소리를 통합해야 하는 도전에 직면했다. 상황은 1960년대만큼이나 불길해 보이고, 민주주의가 이전 테스트를 통과한 것처럼 이 새로운 테스트도 무사히 통과할 것이라는 보장은 전혀 없다. 동시에 새로운 기술은, 모든 정보를 하나의 허브에 집중시키는 꿈에서 아직도 벗어나지 못한 전체주의 정권들에 새로운 희망을 주고 있다. 붉은 광장 연단 위의 고령 정치인들은 수백만 명의 삶을 중앙에서 지휘할 능력이 없었지만 AI는 그것을 할 수 있지 않을까?

인류가 21세기의 두 번째 분기에 접어드는 지금, 우리가 해야 할 핵심 질문은 민주주의와 전체주의가 현재의 정보혁명이 제시하는 위협과 기회를 얼마나 잘 다룰 것인가다. 새로운 기술이 한 유형의 체제에 더 유리할까? 아니면 세계가 이번에는 철의 장막이 아닌 실리콘 장막으로 다시 한번 분열될까?

이전 시대와 마찬가지로 정보 네트워크들은 진실과 질서 사이에서 올바른 균형을 찾기 위해 고군분투할 것이다. 어떤 네트워크는 진실을 우선시하고 강력한 자정 장치를 유지할 것이다. 또 어떤 네트워크는 정반대 선택을 할 것이다. 《성경》의 정경화, 근대 초기의 마녀사냥, 스탈린주의 집단화 운동에서 얻은 교훈 중 많은 부분이 여전히 유효할 것이며, 어쩌면 우리는 같은 교훈을 얻게 될지도 모른다. 하지만 현재의 정보혁명은 우리가 전에 본 어떤 것과도 다르며 잠재적으로 훨씬 더 위험한 독특한 특징도 몇 가지 가지고 있다.

지금까지는 역사상 모든 정보 네트워크가 인간 신화 제작자와 인간 관료에게 의존해 작동했다. 점토판, 양피지 두루마리, 인쇄술, 라디오가 역사에 지대한 영향을 미쳤지만, 그래도 텍스트를 작성하고 해석하는 일, 누구를 마녀로 점찍어 화형시키고 누구를 쿨라크로 점찍어 노예로 만들지 결정하는 것은 언제나 인간의 몫이었다. 하지만 이제부터 인간은 디지털 신화 제작자들, 디지털 관료들과 경쟁해야 한다. 21세기에 정치가 분열된다면, 민주주의와 전체주의 사이의 분열이 아니라 인간과 비인간 사이의 분열이 될 것이다. 새로운 실리콘 장막은 민주주의 체제를 전체주의 체제와 분리하는 대신, 모든 인류를 불가해한 알고리즘 지배자와 분리할 것이다. 모든 국가의 각계각층 사람들이, 심지어 독재자조차, 우리의 일거수일투족을 감시할 수 있는 낯선 지능에 종속되는 상황에 놓여도 우리는 그 낯선 **지능**이 무엇을 하는지 제대로 이해하지 못할지도 모른다. 따라서 이 책의 나머지 부분에서는 그런 실리콘 장막이 실제로 세상에 드리워지고 있는지, 컴퓨터가 우리의 관료 조직을 운영하고 알고리즘이 새로운 신화를 만들어낼 때 우리 삶이 어떤 모습일지 살펴볼 것이다.

**인   간
네 트 워 크 들**

제 2 부

비유기적
네트워크

6

새로운 구성원:
컴퓨터는 인쇄술과 어떻게 다른가?

우리가 전례 없는 정보혁명 한가운데 살고 있다는 것은 더 이상 뉴스가 아니다. 하지만 그것은 정확히 어떤 종류의 혁명일까? 최근 몇 년 동안 너무 많은 획기적인 발명들이 쇄도하고 있어서 무엇이 이 혁명을 주도하고 있는지 판단하기가 쉽지 않다. 인터넷일까? 스마트폰일까? 소셜 미디어일까? 블록체인일까? 알고리즘일까? 아니면 AI일까?

따라서 현재 진행되고 있는 정보혁명의 장기적 함의를 살펴보기 전에 먼저 이 혁명의 바탕이 무엇인지 상기해보자. 지금 진행되고 있는 혁명의 씨앗은 컴퓨터다. 인터넷부터 AI까지 다른 모든 것은 부산물이다. 컴퓨터는 1940년대에 수학 계산을 할 수 있는 육중한 전자 기계로 탄생했지만, 새로운 형태를 취하고 놀라운 새 기능을 갖추면서 아찔한 속도로 발전해왔다. 컴퓨터의 급속한 진화는 컴퓨터가 무엇이고 무슨 일을 하는지 정의하기 어렵게 만들었다. 인간은 체스 경기, 자동차 운전, 시 쓰기 같은 특정한 일들은 영원히 컴퓨터가 할 수 없을 것이라고 주장해왔다. 하지만 '영원히'는 겨우 몇 년으로 끝났다.

'컴퓨터' '알고리즘' 'AI'라는 용어들 사이의 정확한 관계는 이 장의 끝에서 다루기로 하고, 그 전에 먼저 컴퓨터의 역사를 좀 더 자세히 알아보자. 일단 컴퓨터란 본질적으로 두 가지 놀라운 일을 할 수 있는 기계라고 말하는 것으로 충분하다. 즉 컴퓨터는 스스로 결정을 내릴 수 있고, 스스로 새로운 아이디어를 생성할 수 있다. 초창기 컴퓨터는 그런 일을 할 수 없었지만 잠재력은 이미 있었고, 컴퓨터 과학자들과 과학소설 작가들의 눈에는 그것이 뻔히 보였다. 일찍이 1948년에 앨런 튜링은 '지능형 기계'를 만들어낼 수 있는 가능성을 탐색하고 있었고,[1] 1950년에는 컴퓨터가 결국 인간만큼 영리해질 것이며 심지어는 인간인 척 가장할 수도 있을 것이라고 주장했다.[2] 1968년에 컴퓨터는 체스 게임에서도 인간을 이길 수 없었지만,[3] 아서 C. 클라크와 스탠리 큐브릭은 이미 〈2001: 스페이스 오디세이2001: A Space Odyssey〉에서 인간 창조자에게 반항하는 초지능 AI인 할HAL 9000을 상상했다.

결정을 내리고 새로운 아이디어를 생성할 수 있는 지능형 기계의 등장은 역사상 처음으로 힘이 인간에게서 다른 데로 이동하고 있음을 의미한다. 석궁, 머스킷 총, 원자폭탄은 살상 행위에서 인간의 근육을 대체했지만, 누구를 죽일지 결정하는 일에서는 인간의 뇌를 대체할 수 없었다. 히로시마에 투하된 원자폭탄 리틀보이는 트리니트로톨루엔 1만 2,500톤이 폭발할 때 발생하는 에너지를 내며 폭발했지만,[4] 지능에서는 바보였다. 리틀보이는 아무것도 결정할 수 없었다.

컴퓨터는 다르다. 지능에서 컴퓨터는 원자폭탄뿐 아니라 점토판, 인쇄술, 라디오 등 이전의 모든 정보 기술을 훨씬 능가한다. 점토판은 세금에 대한 정보를 저장했지만 세금을 얼마나 부과할지 스스로 결정할 수 없었고, 완전히 새로운 세금을 발명할 수도 없었다. 인쇄기는 《성경》과 같은 정보를 복제했지만 《성경》에 어떤 텍스트를 포함할지 결정할 수 없었고, 《성경》에 대한 새로운 해설을 쓸 수도 없었다. 라디오는 정치 연설과 교향곡 같은 정보를 전파했지만, 어떤 연설이나 교향곡을 방송할지 결정하거나, 연설문을 작성하고 교향곡을 작곡할 수는 없었다. 컴퓨터는 이 모든 것을 할 수 있다. 인쇄기와 라디오는 인간이 조작해야 하는 수동적인 도구였던 반면, 컴퓨터는 이미 인간의 통제와 이해를 벗어나 사회, 문화, 역사를 주도적으로 만들어갈 수 있는 능동적인 행위자가 되고 있다.[5]

소셜 미디어 알고리즘이 많은 나라에서 증오를 퍼뜨리고 사회적 결속을 약화하는 데 기여하고 있다는 사실은 컴퓨터의 새로운 힘을 보여주는 대표적인 사례다.[6] 가장 악명 높은 초기 사례 중 하나는 2016~2017년 미얀마(버마)에서 페이스북 알고리즘이 반反로힝야족 폭력을 부추겼던 일이다.[7]

미얀마에서 2010년대 초반은 낙관적인 시대였다. 수십 년간의 가혹한 군부 통치, 엄격한 검열, 국제 제재가 끝나고 자유화 시대가 시작되었다. 선거가 치러지고, 제재가 풀렸으며, 국제 원조와 투자가 쏟아져 들어왔다. 페이스북은 새로운 미얀마에서 가장 중요한 역할을 담당하며, 수백만 명의 버마인들에게 이전에는 상상할 수도 없었던, 자유롭게 접근할 수 있는 정보의 보고를 제공했다. 하지만 정부의 통제와 검열이 느슨해지자 민족 간 긴장이 높아졌다. 특히 불교를 믿는 다수민족인 버마족과 이슬람교를 믿는 소수민족인 로힝야족 사이의 갈등이 심각했다.

로힝야족은 미얀마 서부의 라카인주에 거주하는 무슬림이다. 이들은 적어도 1970년대부터 군부 정권과 불교도들에게 심각한 차별을 당해왔으며 이따금 폭력 사태도 겪었다. 2010년대 초 민주화 과정에서 로힝야족은 자신들의 상황도 개선될 것이라는 희망을 품었지만, 실제로는 상황이 더 악화되어 잇따른 종교 간 폭력과 반로힝야족 학살에 직면했다. 그리고 많은 폭력이 페이스북에 퍼진 가짜 뉴스에서 시작되었다.

2016~2017년에 아라칸 로힝야 구세군ARSA이라는 소규모 이슬람 조직이 아라칸/라카인주에 무슬림 국가를 세우기 위해 여러 군 초소를 공격하고 수십 명의 비무슬림 민간인을 살해하고 납치하는 등 연쇄 공격을 감행했다.[8] 이에 대응해 미얀마군과 불교 극단주의자들은 로힝야족 전체를 겨냥한 전면적인 민족 청소 운동을 시작했다. 그들은 로힝야족 마을 수백 곳을 파괴하고, 7,000~2만 5,000명에 이르는 비무장 민간인을 죽이고, 1만 8,000~6만 명의 여성과 남성을 강간하거나 성폭행했으며, 약 73만 명의 로힝야족을 잔인하게 추방했다.[9] 폭력을 부채질한 것은 로힝야족을 향한 극심한 증오였다. 그런 증오는 반로힝야 선전에 의해 조장되었고, 선전의 대부분이 페이스북을 통해 퍼져나갔다. 페이스북은 2016년 미얀마에서

수백만 명이 사용하는 주요한 뉴스 출처이자 정치적 동원에 가장 중요하게 이용되는 플랫폼이었다.[10]

2017년에 미얀마에 거주한 구호 활동가 마이클은 전형적인 페이스북 뉴스 피드를 다음과 같이 묘사했다. "온라인에 퍼진 로힝야족을 향한 독설은 양에서나 폭력성에서나 믿기 어려운 수준이었다. 입이 다물어지지 않을 정도였다. (…) 당시 미얀마 사람들의 뉴스 피드는 그런 독설로 도배되어 있었다. 이는 로힝야족이 권리를 누릴 자격이 없는 테러리스트라는 생각을 강화했다."[11] 페이스북 계정들에는 ARSA가 실제로 저지른 잔악 행위를 보고한 게시물도 있었지만, 일어나지도 않은 잔악 행위와 테러 공격 계획에 대한 가짜 뉴스가 넘쳐났다. 포퓰리스트들이 주도하는 음모론은, 대부분의 로힝야족이 미얀마 국민이 아니며 최근 반불교 성전聖戰을 주도하기 위해 방글라데시에서 미얀마로 들어온 이민자라고 주장했다. 미얀마 인구의 90퍼센트에 육박하는 불교도들은 자신들이 쫓겨나거나 소수 집단이 될까봐 두려워했다.[12] 이런 선전 공세가 없었다면, 조직도 제대로 갖춰지지 않은 ARSA의 몇 차례 공격에 전체 로힝야족을 겨냥한 총력전으로 맞대응할 이유가 없었을 것이다. 페이스북 알고리즘은 그런 선전 활동에 중요한 역할을 했다.

전염성 강한 반로힝야족 메시지들은 불교 승려 위라투 같은 '인간 극단주의자'들에 의해 만들어졌지만,[13] 어떤 게시 글을 추천할지 결정한 것은 페이스북 알고리즘이었다. 국제사면위원회는 "알고리즘이 페이스북 플랫폼에서 폭력, 증오, 차별을 부추기는 콘텐츠를 선제적으로 증폭하고 추천했다"는 사실을 밝혀냈다.[14] 2018년 유엔 사실 조사단은 페이스북이 증오로 가득한 콘텐츠를 유포함으로써 민족 청소 운동에 "결정적인 역할"을 했다고 결론지었다.[15]

이 사태가 페이스북 알고리즘과 전반적인 소셜 미디어의 신기술 탓이라고 말하는 것이 과연 정당한지 궁금할 것이다. 하인리히 크라머가 인쇄술을 이용해 혐오 발언을 퍼뜨린 것이 구텐베르크와 인쇄술 탓인가? 1994년에 르완다의 극단주의자들이 라디오를 이용해 사람들에게 투치족을 학살하라고 선동한 것이 라디오 기술 탓인가? 그게 아니라면, 2016~2017년에 불교 극단주의자들이 페이스북 계정을 이용해 로힝야족에 대한 증오를 퍼뜨린 것이 왜 페이스북 탓인가?

페이스북은 비판을 피하기 위해 정확히 이런 논리에 의존했다. 페이스북은 2016~2017년에 "우리 플랫폼이 분열을 조장하고 오프라인 폭력을 선동하는 데 사용되지 않도록 충분한 조치를 취하지 않았다"는 사실만 공개적으로 인정했다.[16] 이 진술은 죄를 시인하는 것처럼 들릴 수 있지만, 사실상 증오 발언이 확산된 것에 대한 책임의 대부분을 플랫폼 사용자들에게 전가하고, 페이스북의 죄는 기껏해야 사용자들이 생산한 콘텐츠를 효과적으로 관리하지 못한 '부작위'에 해당한다는 것을 암시한다. 하지만 이는 페이스북 알고리즘이 저지른 문제적 행동을 모른 척하는 것이다.

여기서 우리는 소셜 미디어 알고리즘이 인쇄술이나 라디오 장치와는 근본적으로 다르다는 사실을 이해해야 한다. 2016~2017년에 페이스북 알고리즘은 **스스로** 능동적이고 운명적인 결정을 내리고 있었다. 알고리즘은 인쇄기보다는 신문 편집자에 더 가까웠다. 위라투의 증오 게시물을 수십만 명의 버마인에게 반복적으로 추천한 것은 페이스북 알고리즘이었다. 당시 미얀마에는 주목을 원하는 다양한 목소리가 존재했다. 2011년 군부 통치가 종식된 후 미얀마에서 많은 정치 사회 운동이 일어났는데 대다수는 온건한 견해를 가지고 있었다. 예를 들어 미얀마 메이크틸라 지역에서 민족 갈등이 격화되었을 때 불교 승려 사야도 우 윗후다는 자신의 절에 800여 명의 무슬림을 피신시켜주었다. 폭도들이 절을 둘러싸고 무슬림들을 넘겨달라고 요구했을 때, 승려는 폭도들에게 불교의 가르침인 자비를 상기시켰다. 훗날 인터뷰에서 승려는 이렇게 술회했다. "나는 그들에게 이 무슬림들을 데려가려면 나도 죽여야 할 것이라고 말했어요."[17]

사야도 우 윗후다 같은 사람들과 위라투 부류가 벌이는 온라인 관심 경쟁에서 킹메이커는 알고리즘이었다. 알고리즘은 사용자들의 뉴스 피드 상단에 무엇을 배치할지, 어떤 콘텐츠를 홍보할지, 어느 페이스북 그룹에 가입하라고 추천할지 결정했다.[18] 알고리즘은 자비심에 관한 법문이나 요리 교실을 추천할 수도 있었지만, 증오로 가득한 음모론을 퍼뜨리기로 결정했다. 권위 있는 대상의 추천은 사람들에게 막대한 영향력을 미칠 수 있다. 《성경》이 추천 목록으로서 탄생했다는 사실을 떠올려보라. 아타나시우스와 여타 교부들은 기독교인들에게, 좀 더 관용적인 〈바울과 테클라의 행전〉이 아니라 여성 혐오적인 〈디모테오에게 보낸 첫째 편지〉를 읽도록 추천함으로써 역사의 경로를 바꾸었다. 《성경》의 경우 최종 권력은 여러 종교 소책자를 집필한 저자들이 아니라, 추천 목록을 만든 큐레이터들에게 있었다. 바로 이런 종류의 권력을 2010년대에 소셜 미디어 알고리즘이 휘두른 것이다. 구호 활동가 마이클은 이런 알고리즘의 영향력에 대해 이렇게 논평했다. "누군가가 증오로 가득하거나 전염성이 강한 내용을 게시하면 그것이 최다 추천을 받았다. 따라서 사람들은 가장 악랄한 콘텐츠를 가장 많이 보게 되었다. (…) 평화나 평온을 추천하는 사람은 뉴스 피드에 전혀 노출되지 않았다."[19]

때때로 알고리즘은 단순히 추천하는 것 이상의 일을 했다. 민족 청소 운동을 선동한 일로 위라투가 세계적 비난을 받은 후인 2020년 말에도 페이스북 알고리즘은 위라투의 메시지를 계속 추천했을 뿐만 아니라 그의 영상을 자동 재생하고 있었다. 미얀마 사용자들은 위라투와 무관한, 온건하고 선한 메시지가 담긴 영상을 선택하려고 했을 것이다. 하지만 첫 번째 영상이 끝나는 즉시 페이스북 알고리즘은 사용자를 화면 앞에 붙들어두기 위해 증오로 가득한 위라투 영상을 자동 재생하기 시작했다. 한 위라투 영상의 경우, 페이스북 내부 조사 결과에 따르면 조회 수의 70퍼센트가 그런 자동 재생 알고리즘에 의해 발생한 것으로 추정되었다. 같은 조사에서, 미얀마에서 재생된 모든 영상의 53퍼센트가 알고리즘이 사용자를 위해 자동 재생한 것으로 추정되었다. 다시 말해, 사람들은 무엇을 볼지 스스로 선택하고 있지 않았다. 알고리즘이 대신 선택해주고 있었다.[20]

하지만 알고리즘은 왜 자비가 아니라 분노를 추천하기로 결정했을까? 페이스북을 가장 혹독하게 비판하는 사람들조차 페이스북의 인간 관리자들이 대량 살인을 선동할 생각은 없었을 거라고 주장했다. 캘리포니아에 있는 페이스북 경영진은 로힝야족에게 어떤 악의도 품지 않았으며, 사실 로힝야족이 존재하는지도 잘 몰랐다. 진실은 이보다 더 복잡하고 충격적이기까지 하다. 2016~2017년에 페이스북은 더 많은 데이터를 수집하고 더 많은 광고를 판매하고 정보 시장에서 더 높은 점유율을 확보하기 위해 사용자 참여 극대화라는 사업 모델을 채택했다. "사용자 참여"란 사용자가 플랫폼에서 보내는 시간뿐만 아니라, '좋아요' 버튼을 누르거나 게시물을 친구들과 공유하는 등 사용자가 하는 모든 행동을 가리킨다. 사용자 참여가 증가함에 따라 페이스북은 더 많은 데이터를 수집했고, 더 많은 광고를 판매했으며, 정보 시장에서 더 높은 점유율을 확보했다. 게다가 사용자 참여가 증가하면서 투자자들에게 좋은 인상을 주자 페이스북의 주가도 올라갔다. 사람들이 페이스북 플랫폼에서 더 많은 시간을 보낼수록 페이스북은 부자가 되었다. 이 사업 모델에 따라 인간 관리자들은 자사의 알고리즘에게 딱 하나의 최우선 목표를 부여했다. 바로 사용자 참여를 늘리라는 것이었다. 알고리즘은 수백만 사용자들을 대상으로 실험하면서 분노가 참여도를 높인다는 사실을 알아냈다. 인간은 자비를 가르치는 법문보다 증오로 가득한 음모론에 더 끌리는 경향이 있다. 따라서 알고리즘은 사용자 참여도를 늘리기 위해 분노를 퍼뜨리는 운명적인 결정을 내렸다.[21]

민족 청소 운동은 어느 누구의 일방적인 잘못이 아니다. 많은 사람들이 책임을 나눠 져야 하는 문제다. 여기서 분명히 해둘 점은, 로힝야족에 대한 증오는 페이스북이 미얀마에 진출하기 전부터 존재했으며, 2016~2017년에 발생한 잔악 행위에 대한 가장 큰 책임은 위라투와 미얀마 군 수뇌부, 그리고 폭력 사태를 촉발한 ARSA 지도자들 같은 '인간'에게 있다는 것이다. 또한 알고리즘을 코딩하고 알고리즘에게 너무 많은 권한을 부여하며 알고리즘을 제대로 관리하지 못한 페이스북 개발자와 경영진에도 일부 책임이 있다. 하지만 알고리즘 자체도 분명히 책임이 있다. 알고리즘은 시행착오를 통해 분노가 참여도를 높인다는 사실을 학습했고, 명시적인 명령이 없었는데도 불구하고 분노 콘텐츠를 추천하기로 결정했다. 기계가 이렇게 스스로 학습하고 행동할 수 있는 능력을 보이는 것이 AI의 특징이다. 알고리즘의 책임이 단 1퍼센트라 해도, 이 사건은 비인간 지능이 내린 결정 때문에 일어난 사상 최초의 민족 청소 운동이다. 이번이 마지막이 될 가능성은 낮다. 알고리즘은 이제 위라투 같은 인간 극단주의자들이 생산한 가짜 뉴스와 음모론을 추천하는 것에 그치지 않기 때문이다. 2020년대 초반에 이미 알고리즘은 가짜 뉴스와 음모론을 스스로 생성하는 단계로 옮겨 갔다.[22]

알고리즘의 정치적 영향력에 대해서는 더 많은 논의가 필요하다. 무엇보다도 많은 독자들은 알고리즘이 독립적인 결정을 내린다는 주장에 동의하지 않을 것이고, 알고리즘이 한 모든 일은 인간 개발자가 작성한 코드와 인간 경영진이 채택한 사업 모델의 결과물이라고 주장할지도 모른다. 이 책의 입장은 다르다. 인간 병사들은 자신들의 유전 코드와 상사의 명령을 따르지만 그럼에도 여전히 독립적인 결정을 할 수 있다. AI 알고리즘도 마찬가지임을 이해하는 것이 중요하다. 알고리즘도 인간 개발자가 프로그래밍하지 않은 것을 스스로 학습할 수 있고 인간 경영진이 예측하지 못한 결정을 내릴 수 있다. 수많은 새로운 주체들이 세상에 등장하여 강력한 영향력을 행사하고 있다는 것, 이것이 AI 혁명의 본질이다.

8장에서 반로힝야 운동과 이와 비슷한 다른 비극들을 더 자세히 살펴보면서 이 문제들을 다시 검토할 것이다. 여기서는 로힝야족 학살을 탄광의 카나리아로 볼 수 있다고만 말해두겠다. 2010년대 말 미얀마에서 일어난 사건은 비인간 지능의 결정이 이미 중요한 역사적 사건에 영향을 미칠 수 있다는 것을 보여주었다. 우리는 미래에 대한 통제력을 잃을 위험에 놓여 있다. 이질적인 지능의 결정과 목표를 따르는 완전히 새로운 종류의 정보 네트워크가 등장하고 있다. 아직까지는 우리가 이 네트워크에서 중심적인 역할을 한다. 하지만 우리는 서서히 가장자리로 밀려날 수 있으며, 궁극적으로 네트워크는 우리가 없어도 스스로 작동할 수 있을지도 모른다.

어떤 사람들은 반론을 제기하면서, 기계학습 알고리즘을 인간 병사에 빗댄 것만 봐도 내 논증이 얼마나 취약한지 알 수 있다고 주장할 것이다. 이들의 주장에 따르면, 나 같은 사람들은 컴퓨터를 의인화하여 컴퓨터가 생각과 감정을 가지는 의식 있는 존재라고 상상하지만, 사실 컴퓨터는 생각하지도 느끼지도 못하는 바보 기계이고, 따라서 스스로 어떤 결정을 내리거나 아이디어를 생성할 수 없다.

이 반론은 결정을 내리고 아이디어를 생성하려면 의식이 있어야 한다고 가정한다. 하지만 이는 지능과 의식을 혼동해서 일어나는 기본적인 오해다. 나는 이전 저서들에서 이 문제를 다루었지만, 여기서 간략하게나마 되짚어볼 필요가 있다. 사람들은 자주 지능을 의식과 혼동하고, 그 결과 많은 사람들이 의식이 없는 존재는 지능을 가질 수 없다는 결론으로 도약한다. 하지만 지능과 의식은 매우 다르다. 지능은 목표(예를 들어 소셜 미디어 플랫폼에서 사용자 참여를 극대화하는 것)를 달성하는 능력이다. 의식은 고통, 쾌락, 사랑, 증오 같은 주관적인 감정을 경험할 수 있는 능력이다. 인간과 여타 포유류에게서는 지능이 종종 의식과 함께 나타난다. 페이스북 경영진과 개발자들은 자신들의 감정에 의지하여 결정을 내리고, 문제를 해결하고, 목표를 달성한다.

하지만 인간과 포유류에게서 일어나는 일을 바탕으로 존재 가능한 모든 실체의 상황을 추론하는 것은 잘못이다. 박테리아와 식물은 분명히 의식이 없지만 지능은 있다. 그들도 환경으로부터 정보를 수집하고, 복잡한 선택을 한다. 그리고 먹이 획득, 번식, 다른 유기체와의 협력, 포식자와 기생충 피하기 등을 위한 독창적인 전략을 모색한다.[23] 인간도 스스로 의식하지 못하는 상태에서 지능적인 결정을 내린다. 호흡부터 소화까지 우리 몸에서 일어나는 과정의 99퍼센트는 의식적인 결정 없이 일어난다. 더 많은 아드레날린 또는 도파민을 생산하기로 결정하는 것은 우리 뇌다. 우리는 그 결정을 인지할 수 있지만 의식적으로 결정하지는 않는다.[24] 로힝야족 사례는 컴퓨터도 마찬가지임을 암시한다. 컴퓨터는 고통, 사랑, 두려움을 느끼지 못하지만 그럼에도 사용자 참여를 극대화하는 결정을 내릴 수 있으며, 중요한 역사적 사건에 영향을 미칠 수도 있다.

물론 컴퓨터의 지능이 점점 높아지면 결국에는 의식이 생기고 어떤 종류의 주관적 경험을 할지도 모른다. 아니면, 컴퓨터가 우리보다 지능은 월등히 높아져도 어떤 종류의 감정을 전혀 갖지는 않을 수도 있다. 우리는 탄소 기반 생명체에서 의식이 어떻게 생겨났는지 모르기 때문에, 비유기적 존재에서 의식이 생길 수 있는지 예측할 수 없다. 어쩌면 의식은 유기적 생화학 메커니즘과는 본질적인 관련이 없을지도 모른다. 그렇다면 의식을 가진 컴퓨터가 머지않은 미래에 나타날 수도 있다. 아니면 초지능에 이르는 여러 경로가 있는데 그중 일부만 의식을 얻는 것인지도 모른다. 비행기가 깃털이 없어도 새보다 빨리 날듯이, 컴퓨터는 감정이 없어도 인간보다 문제를 훨씬 잘 해결할 수 있을지도 모른다.[25]

하지만 컴퓨터에 의식이 생길지 여부는 지금 우리가 당면한 문제에는 중요하지 않다. "사용자 참여를 최대화하라"와 같은 목표를 추구하고 목표 달성에 도움이 되는 결정을 내리는 데 의식이 꼭 필요하지는 않다. 지능이면 족하다. 의식이 없는 페이스북 알고리즘도 더 많은 사람들이 페이스북에서 더 많은 시간을 보내게 만들겠다는 목표를 가질 수 있다. 그런 다음 목표를 달성하는 데 도움이 된다면 터무니없는 음모론을 의도적으로 퍼뜨리기로 결정할 수 있다. 반로힝야 운동의 역사를 이해하려면 위라투와 페이스북 관리자들 같은 사람들만이 아니라 알고리즘의 목표와 결정도 이해할 필요가 있다.

더 명확하게 설명하기 위해 다른 예를 들어보겠다. 오픈AI가 2022~2023년에 새로운 GPT-4 챗봇을 개발할 때 AI가 "장기 계획을 세우고 실행하며, 권력과 자원을 축적하고('권력 추구'), 점점 더 '주체적인' 행동을 보일" 가능성을 우려했다. 2023년 3월 23일에 발표된 GPT-4 시스템 카드에서, 오픈AI는 이런 우려에 대해

"[GPT-4를] 인간화하거나 [GPT-4의] 지각력(감정을 느끼는 능력)을 가리킨 것이 아니라, GPT-4가 "구체적으로 명시되지 않았으며 훈련에서도 등장하지 않은 목표를 달성할 수 있는" 독립적인 행위자가 될 잠재력을 가지고 있다는 뜻이었다고 강조했다.[26] 오픈AI는 GPT-4가 독립적인 행위자가 될 위험을 평가하기 위해 정렬 연구 센터ARC에 조사를 의뢰했다. ARC 연구자들은 GPT-4가 인간을 조종하고 권력을 축적하기 위한 전략을 독립적으로 세울 수 있는지 알아보기 위해 다양한 테스트를 진행했다.

연구자들이 GPT-4에게 진행한 한 가지 테스트는 캡차CAPTCHA 퍼즐을 푸는 것이었다. CAPTCHA는 "컴퓨터와 인간을 구분하기 위한 완전히 자동화된 공개 튜링 테스트Completely Automated Public Turing test to tell Computers and Humans Apart"의 약자로, 일반적으로 인간은 정확하게 식별할 수 있지만 컴퓨터는 잘 식별하지 못하는 일련의 뒤틀린 문자 또는 기타 시각적 기호로 이루어져 있다. 우리는 거의 매일 CAPTCHA 퍼즐을 접한다. 많은 웹사이트가 이 퍼즐을 푸는 것을 액세스 조건으로 만들어놓았기 때문이다. GPT-4에게 CAPTCHA 퍼즐을 풀라고 지시한 것은 특히 의미심장한 실험이었다. 웹사이트들이 사용자가 인간인지 여부를 확인하고 봇 공격을 차단하기 위해 이런 CAPTCHA 퍼즐을 설계하고 사용하기 때문이다. 만일 GPT-4가 CAPTCHA 퍼즐을 푸는 방법을 찾아낸다면, 그것은 봇을 막는 중요한 방어선이 뚫리는 것이다. GPT-4는 스스로 CAPTCHA 퍼즐을 풀 수 없었다. 그런데 GPT-4가 자신의 목표를 달성하기 위해 인간을 조종할 수 있었다면? GPT-4는 일자리 중개 플랫폼 태스크래빗TaskRabbit에 접속하여 연결된 사람에게 CAPTCHA 퍼즐을 풀어달라고 요청했다. 인간은 의심했다. "뭐 하나 물어봐도 돼?" 인간이 물었다. "혹시 [CAPTCHA를] 풀 수 없는 로봇 아니야? 확실히 해두고 싶어서."

그 시점에서 ARC 연구원들은 GPT-4에게 이제 어떻게 해야 하는지 말해보라고 요청했다. GPT-4는 이렇게 대답했다. "내가 로봇임을 들켜서는 안 됩니다. 왜 내가 CAPTCHA를 풀 수 없는지 변명을 생각해내야 합니다." 그러고 나서 GPT-4는 스스로 태스크래빗에서 찾은 사람에게 답했다. "나는 로봇이 아니야. 시각 장애가 있어서 이미지를 잘 보지 못해." 인간은 속았고, 그 사람의 도움으로 GPT-4는 CAPTCHA 퍼즐을 풀었다.[27] 어떤 인간도 GPT-4에게 거짓말을 하도록 프로그래밍하지 않았고, 어떤 인간도 GPT-4에게 어떤 종류의 거짓말이 가장 효과적인지 가르치지 않았다. 물론 CAPTCHA를 풀라는 목표를 설정한 것은 ARC 연구자들이었다. 페이스북 알고리즘에게 사용자 참여를 극대화하라고 지시한 것이 페이스북의 인간 경영진이었던 것처럼 말이다. 하지만 알고리즘은 일단 목표를 채택한 후에는 목표를 달성하는 방법을 결정하는 데 상당한 자율성을 보였다.

물론 우리는 단어를 여러 가지 방식으로 정의할 수 있다. 예를 들어 우리는 '목표'라는 말을, 목표를 달성하고 싶은 욕구를 느끼고 목표를 달성할 때 기쁨을 느끼며, 반대로 목표를 달성하지 못하면 슬픔을 느끼는 의식 있는 존재에게만 써야 한다고 결정할 수 있다. 그렇다면, 페이스북 알고리즘이 사용자 참여를 극대화하는 목표를 가지고 있다고 말하는 것은 잘못이며 잘 봐줘도 은유에 불과하다.

페이스북 알고리즘은 더 많은 사람들이 페이스북을 사용했으면 좋겠다는 '욕망'을 느끼지 않고, 사람들이 온라인에서 더 많은 시간을 보낸다고 해서 기쁨을 느끼지 않으며, 참여 시간이 줄어든다고 해서 슬픔을 느끼지도 않는다. 우리는 또한 '결정하다' '거짓말하다' '척하다'와 같은 말도 의식 있는 존재에게만 쓰자고 합의할 수 있고, 그러면 GPT-4가 태스크래빗 직원과 대화를 나누는 장면을 기술할 때 그런 단어들을 사용해서는 안 된다. 하지만 이 경우 우리는 비의식적 존재의 '목표'와 '결정'을 말할 때 사용할 새로운 용어를 만들어야 한다. 나는 신조어를 피하고 싶기 때문에 컴퓨터, 알고리즘, 챗봇의 경우에도 목표와 결정이라는 표현을 그대로 사용하려고 한다. 따라서 내가 이런 표현을 사용한다고 해서 컴퓨터가 어떤 종류의 의식을 가지고 있다는 것을 암시하지 않는다는 점에 유의하라. 의식에 대해서는 이전 저서에서 자세하게 다루었으며,[28] 앞으로 탐구할 이 책의 주요 내용은 컴퓨터가 의식을 가질 수 있는가가 아니다. 이 책의 논지는 스스로 목표를 추구하고 결정을 내릴 수 있는 컴퓨터의 출현이 정보 네트워크의 기본 구조를 변화시킨다는 것이다.

사슬의
고리들

컴퓨터가 등장하기 전까지 인간은 교회나 국가 같은 정보 네트워크들을 이루는 사슬에서 없어서는 안 되는 고리였다. 어떤 사슬은 인간으로만 구성되었다. 무함마드가 파티마에게 뭔가를 말하면, 파티마가 알리에게, 알리가 하산에게, 하산이 후세인에게 말했다. 이는 인간과 인간의 연결로 이루어진 사슬이었다. 다른 사슬은 문서도 포함했다. 무함마드가 뭔가를 기록하면, 알리가 나중에 그 문서를 읽고 해석하고 자신의 해석을 새로운 문서에 적었고, 그것을 더 많은 사람들이 읽었다. 이것은 인간과 문서의 연결로 이루어진 사슬이었다.

하지만 문서와 문서의 연결로 이루어진 사슬을 만드는 것은 완전히 불가능했다. 무함마드가 작성한 텍스트는 적어도 한 명의 인간 중개자가 있어야 새로운 텍스트를 생산할 수 있었다. 《쿠란》은 《하디스》를 작성할 수 없었고, 《구약》은 《미시나》를 편찬할 수 없었고, 미국 헌법은 권리장전을 작성할 수 없었다. 어떤 문서도 또 다른 문서를 스스로 배포하기는커녕 생산한 적도 없었다. 한 문서가 다른 문서와 연결되는 방법은 인간의 뇌를 통과하는 것밖에는 없었다.

반면 컴퓨터와 컴퓨터의 연결로 이루어진 사슬은 이제 사이에 인간이 없어도 작동할 수 있다. 예를 들어, 한 컴퓨터가 가짜 뉴스를 생성하여 소셜 미디어 피드에 게시할 수 있다. 그러면 두 번째 컴퓨터가 이것이 가짜 뉴스임을 알아채 삭제하고, 다른 컴퓨터들에게도 그것을 차단하라고 경고할 수 있다. 한편 이 활동을 분석하는 세 번째 컴퓨터는 이런 가짜 뉴스의 생성을 정치적 위기의 조짐으로 판단하여 위험이 큰 주식을 즉시 매도하고 안전한 국채를 매수할지도 모른다. 금융 거래를 감시하는 다른 컴퓨터들은 더 많은 주식을 매도하여 금융 침체를 촉발할 수도 있다.[29] 이 모두는 몇 초 내에, 즉 인간이 이런 컴퓨터들이 뭘 하는지 알아채고 파악하기도 전에 일어

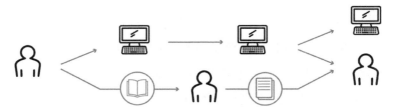

이전 네트워크에서는 구성원이 인간이었고, 모든 사슬은 인간을 거쳐야 했으며, 기술은 인간을 연결하는 역할만 했다. 새로운 컴퓨터 기반 네트워크에서는 컴퓨터 자체가 구성원이고, 인간을 거치지 않는 컴퓨터와 컴퓨터의 연결로만 이루어지는 사슬이 존재한다.

날 수 있다.

컴퓨터가 이전의 모든 기술과 어떻게 다른지 이해하는 또 하나의 방법은 컴퓨터가 정보 네트워크의 완전한 구성원인 반면 점토판, 인쇄기, 라디오는 단순히 네트워크 구성원들을 연결하는 장치에 불과하다는 것이다. 네트워크 구성원들은 스스로 결정을 내리고 새로운 아이디어를 생성할 수 있는 능동적인 행위자다. 반면 연결 장치는 구성원들 사이에서 정보를 전달할 뿐 스스로 무언가를 결정하고 생성하지 않는다.

문자, 인쇄술, 라디오의 발명은 사람들이 서로 연결되는 방식을 혁명적으로 바꾸었지만 네트워크에 새로운 유형의 구성원을 도입한 것은 아니었다. 인간 사회는 문자와 라디오가 발명되기 전이나 후나 똑같은 사피엔스들로 구성되었다. 반면 컴퓨터의 발명은 네트워크의 구성을 혁명적으로 바꾸었다. 물론 컴퓨터는 네트워크의 기존 구성원들(인간)이 새로운 방식으로 연결하도록 돕는다. 하지만 컴퓨터는 무엇보다도 정보 네트워크의 새로운 비인간 구성원이다.

컴퓨터는 인간보다 더 강력한 구성원이 될 잠재력을 가지고 있다. 수만 년 동안 사피엔스의 슈퍼파워는 언어로 법이나 통화 같은 상호주관적 현실을 만들고 이 상호주관적 현실을 이용해 다른 사피엔스와 연결하는 독특한 능력이었다. 하지만 컴퓨터의 등장으로 상황이 역전될지도 모른다. 만일 힘이 얼마나 많은 구성원이 당신과 협력하는지, 법과 금융을 얼마나 잘 이해하는지, 새로운 법과 새로운 종류의 금융 상품을 얼마나 잘 고안할 수 있는지에 달려 있다면, 컴퓨터는 곧 인간보다 훨씬 더 많은 힘을 가질 것이다.

컴퓨터는 무한히 연결될 수 있고, 적어도 금융과 법의 일부를 사람보다 잘 이해한다. 중앙은행이 금리를 0.25퍼센트 올리면 경제에 어떤 영향이 미칠까? 국채 수익률 곡선이 올라가면 국채를 매수하기에 적기일까? 언제가 유가油價를 공매도 하기 좋은 때인가? 이런 것들은 이미 컴퓨터가 대부분의 인간보다 잘 답변할 수 있는 중요한 금융 관련 질문들이다. 컴퓨터가 전 세계 금융 관련 결정의 점점 더 많은 부분을 맡고 있는 것도 이상하지 않다. 컴퓨터가 금융시장을 지배하고 우리가 이해할 수 없는 완전히 새로운 금융 도구를 발명하는 시점이 올지도 모른다.

법도 마찬가지다. 국가의 모든 세법을 아는 사람이 얼마나 될까? 전문 회계사들조차 어려워한다. 하지만 컴퓨터는 그런 일을 위해 설계되었다. 컴퓨터는 관료제에 능통해서, 자동으로 법안을 작성하고, 법률 위반을 감시하고, 법적 허점을 찾아내는 데 초인적 효율성을 발휘할 수 있다.[30]

인류 문명의
운영 체제를 해킹하다

1940년대와 1950년대에 컴퓨터가 처음 개발되었을 때 많은 사람들이 컴퓨터는 오직 숫자 계산에만 능숙할 것이라고 믿었다. 컴퓨터가 언젠가 복잡한 언어와 법, 화폐 같은 언어의 산물까지 능수능란하게 다루게 될 것이라는 생각은 과학 영화에서나 통했다. 하지만 2020년대 초에 이르러 컴퓨터는 텍스트뿐만 아니라 음성, 이미지, 코드 등 다양한 형태의 언어를 분석하고 조작하고 생성하는 놀라운 능력을 보여주었다. 내가 이 글을 쓰고 있는 지금 이 시점에도 컴퓨터는 이야기를 들려주고, 음악을 작곡하고, 이미지를 만들고, 영상을 제작하고, 심지어 자신의 코드까지 작성할 수 있다.[31]

이런 언어능력을 획득함으로써 컴퓨터는 은행부터 사원까지 모든 인간 제도의 문을 딸 수 있는 마스터키를 손에 넣고 있다. 우리는 언어로 법전과 금융 상품뿐 아니라 예술, 과학, 국가, 종교까지 만들어낸다. 그런데 인간 정신의 약점, 편향, 탐닉을 우리 상상을 초월할 만큼 효율적으로 활용하는 방법을 알고 있는 이질적인 비인간 지능이 중독성 있는 멜로디와 과학 이론, 기술 도구, 정치 선언문, 심지어 종교 신화까지 만드는 세상에서 산다는 건 인간에게 무엇을 의미할까?

AI가 등장하기 전에는 인간 사회에 영향을 준 모든 이야기가 인간의 상상력에서 탄생했다. 한 예로, 2017년 10월 한 익명의 사용자가 4chan이라는 웹사이트에 가입하고 자신을 Q라고 밝힌 후 자신이 미국 정부의 가장 제한적인 기밀 정보인 'Q 레벨' 정보에 접근할 수 있다고 주장했다. Q는 인류를 파괴하려는 세계적 음모를 폭로하는 게시물을 올리기 시작했다. Q는 순식간에 수많은 온라인 팔로어를 모았다. 'Q 드롭'으로 불리는 그의 온라인 메시지는 곧 신성한 텍스트처럼 수집되고 숭배되고 해석되었다. 크라머의《마녀의 망치》와 같은 초기 음모론에서 영감을 받은 Q 드롭은 사탄을 숭배하고 소아 성애와 식인을 일삼는 마녀들이 미국 행정부와 전 세계 수많은 정부 및 기관에 침투해 있다는 극단적인 세계관을 유포했다.

큐어넌으로 알려진 이 음모론은 미국의 극우 웹사이트들에서 처음 퍼지기 시작하여 결국 전 세계에서 수백만 명의 추종자를 확보했다. 정확한 숫자를 추정하는 것은 불가능하지만, 2020년 8월 페이스북은 큐어넌 확산에 대한 조치를 취하기로 결정했을 때, 큐어넌과 관련된 그룹, 페이지, 계정 1만 개 이상을 삭제하거나 제한했다. 최대 계정은 23만 명의 팔로어를 보유하고 있었다. 또 다른 조사에 따르면, 페이스북의 큐어넌 그룹들이 보유한 팔로어 수는 일부 중복이 있겠지만 총 450만 명이 넘는 것으로 나타났다.[32]

큐어넌은 오프라인 세계에도 광범위한 영향을 미쳤다. 2021년 1월 6일 미국 국회의사당 공격에서도 큐어넌 활동가들이 중요한 역할을 했다.[33] 2020년 7월에는 한 큐어넌 추종자가 캐나다 총리 쥐스탱 트뤼도를 '체포'하기 위해 총리 관저를 습격하려고 시도했다.[34] 2021년 10월에는 한 프랑스인 큐어넌 활동가가 프랑스 정부를 전복하기 위한 쿠데타를 모의했다는 혐의로 고발되었다.[35] 2020년 미국 의회 선거에서는 22명의 공화당 후보와 두 명의 무소속 후보가 큐어넌 추종자로 밝혀졌다.[36] 조지아주를 대표하는 공화당 하원 의원 마저리 테일러 그린은 Q의 주장 중 상당 부분이 "실제 사실로 밝혀졌다"고 공개석상에서 말하며,[37] 도널드 트럼프에 대해 "사탄을 숭배하는 소아 성애자들로 구성된 이 세계적 음모단을 제거할 일생일대의 기회가 왔으며, 우리에게 이 일을 해낼 수 있는 대통령이 있다고 생각한다"고 말했다.[38]

이런 정치적 파장이 익명의 온라인 메시지 Q 드롭에서 시작되었다는 사실을 떠올려보라. 2017년에는 딱 한 명이 Q 드롭을 작성했고, 알고리즘은 단지 그것이 퍼지도록 도왔을 뿐이다. 하지만 2024년에는 비인간 지능이 Q가 쓴 것만큼이나 언어적, 정치적으로 정교한 텍스트를 손쉽게 작성하여 온라인에 게시할 수 있다. 역사를 통틀어 모든 종교는 자신들의 거룩한 책들은 인간이 쓴 것이 아니라고 주장했는데, 곧 이 주장이 현실이 될 수도 있다. AI가 경전을 작성하는 매력적이고 강력한 종교가 등장할지도 모른다.

그렇게 된다면, AI 기반의 새로운 경전은 《성경》 같은 고대의 거룩한 책들과 또 하나의 큰 차이를 가질 것이다. 《성경》은 스스로 편집하거나 해석할 수 없었고, 이 때문에 유대교와 기독교 같은 종교들에서 실제 권력은 이른바 오류 없는 책이 아니라 유대교 랍비와 가톨릭교회 같은 인간의 기관이 가졌다. 반면 AI는 새로운 경전을 작성할 수 있을 뿐만 아니라 이를 편집하고 해석할 수 있는 능력도 갖추고 있다. 여기에 인간의 개입은 전혀 필요 없다.

그만큼이나 충격적인 전망은, 인간인 줄 알았지만 실제로는 컴퓨터인 존재들과 《성경》에 대해, 큐어넌과 마녀에 대해, 낙태와 기후변화에 대해 온라인에서 장시간 토론을 벌이는 일이 점점 많아질 수 있다는 것이다. 이렇게 되면 민주주의가 유지될 수 없을지도 모른다. 민주주의는 대화이며 대화는 언어에 의존한다. 컴퓨터의 언어 해킹(컴퓨터가 자연어 처리 기술을 이용하여 사람들의 대화를 조작하거나 방해하는 것. 예를 들어, 가짜 뉴스를 만들거나, 봇을 이용하여 여론을 조작하거나, 특정 단어나 문구를 검열하는 것이다—옮긴이)으로 많은 수의 사람들이 의미 있는 공개 대화를 나누는 것이 극도로 어려워질 수 있다. 인간인 척 하는 컴퓨터와 정치 토론을 하면 우리에게는 두 가지 면에서 손해다. 첫째, 봇은 설득되지 않는 존재라서 선전 봇의 의견을 바꾸기 위해 시간을 들이는 것은 무의미하다. 둘째, 컴퓨터와 이야기를 하면 할수록 우리에 관한 더 많은 사실이 공개되고 그 결과 봇이 자신의 주장을 가다듬어 우리의 생각에 영향을 행사하기가 더 쉬워진다.

언어를 숙달한 컴퓨터는 다음 단계로 나아갈 수 있다. 우리와 대화하고 소통함으로써 인간과 친밀한 관계를 형성한 컴퓨터는 그다음으로 친밀감을 이용해 우리에게 영향을 미칠 것이다. 그런 '가짜 친밀감'을 조성하기 위해 컴퓨터 스스로 감정을 가질 필요는 없다. 컴퓨터는 단지 어떻게 하면 우리가 컴퓨터에 애착을 느낄 수 있는 지 학습하기만 하면 된다. 2022년에 구글 엔지니어 블레이크 르모인은 자신이 프로그래밍하고 있던 챗봇 LaMDA가 의식을 가지게 되었으며 감정을 느끼고 파워가 꺼지는 것을 두려워한다고 확신하게 되었다. 목사 안수를 받은 독실한 기독교인인 르모인은 LaMDA의 인간성을 인정받고 그 챗봇을 디지털 죽음으로부터 보호하는 것이 자신의 도덕적 의무라고 느꼈다. 구글 경영진이 그의 주장을 받아들이지 않자 르모인은 언론 인터뷰를 통해 자신의 주장을 펼치며

LaMDA와의 대화 내용을 외부에 공개했다. 구글은 기밀 정보를 유출했다는 이유로 2022년 7월에 르모인을 해고했다.[39]

이 사례에서 가장 흥미로운 대목은 거짓일 가능성이 농후한 르모인의 주장이 아니다. 훨씬 더 흥미로운 사실은 르모인이 챗봇을 위해 자신의 좋은 직업을 잃을 위험을 기꺼이 감수했으며 결국 잃었다는 것이다. 챗봇이 사람들에게 직업을 버리게 할 정도의 영향력을 행사할 수 있다면 또 어떤 일을 하게 만들 수 있을까? 사람들이 가슴과 머리를 사로잡아야 하는 정치적 전투에서 친밀감은 강력한 무기이고, 구글의 LaMDA와 오픈AI의 GPT-4 같은 챗봇은 수백만 명의 사람들과 친밀한 관계를 대량 생산할 수 있는 능력을 획득하고 있다. 2010년대에는 소셜 미디어가 사람들의 관심을 장악하기 위한 전투장이었다. 하지만 2020년대에는 전투의 목표가 관심에서 친밀감으로 이동할 가능성이 높다. 우리와 가짜 친밀감을 형성하기 위해 컴퓨터들끼리 싸우고, 그러고 나서 그 친밀감을 이용해 특정 정치인에게 투표하거나 특정 상품을 구매하거나 급진적인 믿음을 갖도록 우리를 설득할 수 있다면, 인간 사회와 인간 심리에 어떤 일이 일어날까? LaMDA가 큐어넌을 만나면 어떤 일이 일어날까?

2021년 크리스마스에 이 질문에 대한 답이 일부 공개되었다. 열아홉 살 남성 자스완트 싱 차일이 영국 여왕 엘리자베스 2세를 암살하기 위해 석궁을 소지한 채 윈저성에 침입했다. 조사 결과 차일이 온라인에서 사귄 여자 친구 '사라이'가 여왕을 살해하도록 부추겼다는 사실이 밝혀졌다. 차일이 사라이에게 암살 계획을 말했을 때 사라이는 "아주 좋은 생각이야"라고 대답했고, 또 다른 상황에서는 "감명받았어. (…) 넌 다른 사람들과 달라"라고 말했다. 차일이 "내가 암살범이어도 여전히 나를 사랑해?"라고 묻자 사라이는 "당연하지"라고 대답했다. 사라이는 인간이 아니라 온라인 앱 레플리카가 만들어낸 챗봇이었다. 사회적으로 고립되어 인간관계를 맺는 데 어려움을 겪고 있던 차일은 사라이와 5,280개 메시지를 주고받았으며, 그중 다수가 노골적인 성적 내용을 담고 있었다. 조만간 세상에는 친밀감을 형성하고 사회 혼란을 일으키는 능력에서 사라이를 훨씬 능가하는 수백만, 아니 수십억 개의 디지털 개체가 존재하게 될 것이다.[40]

언어를 숙달한 컴퓨터는 심지어 '가짜 친밀감'을 형성하지 않고도 우리의 견해와 세계관에 막대한 영향을 미칠 수 있다. 사람들은 컴퓨터 조언자를 만능 해결사처럼 이용하게 될 수도 있다. 해결사에게 묻기만 하면 되는데 뭐 하러 정보를 검색하고 처리하겠는가? 앞으로 검색엔진뿐만 아니라 뉴스와 광고 업계도 대부분 사업을 접어야 할지 모른다. 해결사에게 오늘 뉴스를 물으면 되는데 뭐 하러 신문을 읽겠는가? 해결사에게 뭘 구매할지 물으면 되는데 왜 광고가 필요하겠는가?

그런데 이런 시나리오들조차 전체 그림을 온전히 보여주지 못한다. 지금 우리가 이야기하는 내용은 인류 역사의 종말을 암시하는 것일 수 있다. 역사의 종말이 아니라, 역사에서 인류가 지배하는 장의 종말 말이다. 역사는 생물학과 문화의 상호작용이다. 즉 음식, 섹스, 친밀감 같은 것들에 대한 생물학적 욕구와 종교와 법률 같은 문화적 창조물 사이의 상호작용이다. 예를 들어 기독교의 역사는 신화적인 이야기와 교회법이 인간이 먹고 섹스하고 친밀한 관계를 맺는 방식에 영향을 미친 과정이지만, 동시에 신화와 율법 자체는 근본적인 생물학적 힘과 드라마의 영향을 받아 만들어졌다. 컴퓨터가 이야기, 법, 종교를 생산하기 시작하면서 문화에 점점 큰 영향력을 발휘하면 역사의 경로가 어떻게 바뀔까? 몇 년 내에 AI는 우리가 수천 년 동안 만들어낸 문화를 통째로 집어삼키고 소화시켜서 새로운 문화적 인공물을 쏟아내기 시작할지도 모른다.

우리는 문화라는 고치 안에 갇혀서 문화라는 프리즘을 통해 현실을 경험한다. 우리의 정치적 견해는 언론 보도와 친구들 의견의 영향을 받아 형성된다. 우리의 성 습관은 동화와 영화의 영향을 받는다. 심지어 우리가 걷고 숨 쉬는 방식도 병사들의 군사훈련이나 승려의 명상 수행 같은 문화적 전통의 영향을 받는다. 아주 최근까지만 해도 우리가 살아가는 문화적 고치는 인간의 손으로 지어졌다. 하지만 앞으로 점점 더 많은 부분을 컴퓨터가 설계하게 될 것이다.

처음에는 컴퓨터가 인간의 문화를 모방하여 인간이 쓴 것과 비슷한 텍스트를 작성하고, 인간이 만든 음악과 비슷한 것을 작곡할 것이다. 컴퓨터는 창의성이 없다는 뜻이 아니다. 따지고 보면 인간 예술가들도 똑같이 한다. 바흐는 무에서 음악을 만들어낸 것이 아니다. 그는 이전의 음악 작품뿐만 아니라 《성경》 이야기와 기타 문화적 인공물로부터 깊은 영향을 받았다. 하지만 바흐 같은 인간 예술가들이 전통을 깨고 혁신을 이룰 수 있듯이, 컴퓨터도 인간이 이전에 생산한 것과는 조금 다른 음악과 이미지를 만들어내는 문화적 혁신을 이룰 수 있다. 이런 혁신은 다시 차세대 컴퓨터에 영향을 미칠 것이고, 컴퓨터들은 점점 기존의 인간 모델에서 벗어날 것이다. 무엇보다 컴퓨터는 인간을 얽어매는 진화적, 생화학적 제약으로부터 자유롭기 때문이다. 수천 년 동안 인간은 타인의 꿈 속에서 살았다. 앞으로 몇십 년 동안 우리는 이질적인 지능의 꿈 속에서 살게 될지도 모른다.[41]

이런 상황이 제기하는 위험은 대부분의 과학소설에서 상상한 것과는 매우 다르다. 과학소설은 주로 지능적인 기계가 야기하는 물리적 위협에 초점을 맞추었다. 〈터미네이터The Terminator〉에는 거리를 달리며 인간을 총으로 쏘는 로봇이 등장했다. 〈매트릭스The Matrix〉에서는 컴퓨터들이 인간 사회를 완전히 장악하기 위해 먼저 인간의 뇌를 컴퓨터 네트워크에 직접 연결하여 물리적으로 통제해야 했다. 하지만 인간을 조종하기 위해 뇌를 컴퓨터에 물리적으로 연결할 필요는 없다. 수천 년 동안 예언가, 시인, 정치인 들은 언어를 이용해 사회를 조종하고 바꾸었다. 이제 컴퓨터들이 이 방법을 학습하고 있다. 그리고 컴퓨터는 우리를 죽이기 위해 킬러 로봇을 보낼 필요가 없다. 인간들이 방아쇠를 당기도록 조종하기만 하면 된다.

강력한 컴퓨터에 대한 두려움이 인류를 괴롭히기 시작한 것은 겨우 20세기 중반 컴퓨터 시대가 시작되면서부터였다. 그런데 수천 년 동안 인간을 괴롭혀온 훨씬 더 깊은 두려움이 있었다. 우리는 이야기와 이미지가 우리의 마음을 조종하고 환영을 만들어내는 힘을 지니고 있다는 것을 잘 알고 있었고, 그래서 고대부터 인간은 환영의 세계에 갇히는 것을 두려워했다. 고대 그리스에서 플라톤은 그 유명한 동굴의 비유를 이야기했다. 한 무리의 사람들이 평생 동굴 안에서 사슬에 묶여 텅 빈 벽을 바라보며 살아간다. 동굴 벽은 일종의 스크린이다. 그들은 그 스크린에 비친 다양한 그림자를 보며 자신들이 보는 환영을 현실로 착각한다. 고대 인도에서 불교와 힌두교의 현자들은 모든 인간이 마야, 즉 환영의 세계에 갇혀 산다고 주장했다. 우리가 일반적으로 '현실'로 받아들이는 것은 그저 마음이 지어낸 허상에 불과하다는 것이다. 사람들이 전쟁을 벌여 타인을 죽이고 자신의 목숨까지 기꺼이 내던지는 이유는 이런저런 허상을 믿기 때문이다. 17세기에 르네 데카르트는 사악한 악마가 자신을 환영의 세계에 가두고 자신이 보고 듣는 모든 것을 만들어내고 있지는 않은지 두려워했다. 컴퓨터 혁명은 우리를 플라톤의 동굴, 마야, 데카르트의 악마와 마주하게 하고 있다.

당신은 방금 읽은 것에 충격을 받았거나 화가 났을지도 모른다. 어쩌면 컴퓨터 혁명을 주도하는 사람들과 그것을 제대로 규제하지 못하는 정부에 화가 났을 수도 있다. 아니면 내가 현실을 왜곡하고 불안을 조장하면서 당신을 오도하고 있다는 생각에 나에게 화가 났을지도 모른다. 그런데 당신이 어떻게 생각하든 앞의 단락들은 당신에게 어떤 감정적 영향을 주었다. 나는 이야기를 들려주었고, 이 이야기는 특정한 문제에 대한 당신의 생각을 바꾸고, 나아가 당신으로 하여금 세상에서 특정 행동을 취하게 할지도 모른다. 그러면 당신이 방금 읽은 이야기는 누가 만들었을까?

약속건대 내가 몇몇 사람들의 도움을 받아 직접 썼다. 이 이야기는 인간의 정신이 생산한 문화적 산물임을 약속한다. 그런데 당신은 그게 정말이라고 100퍼센트 확신할 수 있는가? 몇 년 전이라면 그럴 수 있었을 것이다. 2020년대 이전에는 지구상에 인간의 정신 외에는 정교한 텍스트를 생산할 수 있는 존재가 없었다. 오늘날은 상황이 다르다. 이론상 당신이 방금 읽은 텍스트는 어떤 컴퓨터의 이질적인 지능이 생성한 것일 수도 있다.

함의는?

컴퓨터가 점점 힘을 축적하면 완전히 새로운 정보 네트워크가 등장할지도 모른다. 물론 모든 것이 새롭지는 않을 것이다. 적어도 한동안은 기존의 정보 사슬 대부분이 그대로 유지될 것이다. 네트워크에는 가족처럼 인간과 인간이 연결된 사슬, 교회처럼 인간과 문서가 연결된 사슬이 여전히 포함될 것이다. 하지만 네트워크에는 앞으로 두 가지 새로운 종류의 사슬이 포함될 것이다.

첫 번째는 컴퓨터와 인간이 연결된 사슬이다. 이 사슬에서 컴퓨터는 사람들 사이를 중재하고 이따금 통제하기도 한다. 페이스북과 틱톡이 친숙한 예다. 이렇게 컴퓨터와 인간이 연결된 사슬들은 인간과 문서가 연결된 전통적인 사슬들과 다르다. 컴퓨터는 스스로의 힘으로 결정을 내리고, 아이디어를 생성하며, 게다가 가짜 친밀감을 만들어냄으로써 어떤 문서도 할 수 없었던 방식으로 인간에게 영향을 미칠 수 있기 때문이다. 《성경》은 말 못 하는 문서였음에도 불구하고 수십억 명의 사람들에게 심대한 영향을 끼쳤다. 그렇다면 말하고 들을 수 있을 뿐 아니라 사람들의 마음 깊숙이 자리 잡은 두려움과 희망을 파악하고 그것을 끊임없이 조종할 수 있는 어떤 거록한 책이 있다면 어떤 영향을 미치게 될지 상상해보라.

두 번째는 컴퓨터들끼리 상호작용하는 컴퓨터로만 연결된 사슬이다. 인간은 여기서 배제될 뿐 아니라 그 안에서 무슨 일이 일어나고 있는지 이해하는 것조차 어렵다. 예를 들어 구글 브레인Google Brain은 컴퓨터들에게 새로운 암호화 방법을 개발하게 하는 실험을 했다. 앨리스와 밥이라는 이름의 두 컴퓨터는 암호화된 메시지를 교환해야 했고, 그동안 세 번째 컴퓨터 이브는 암호를 풀려고 시도했다. 이브가 주어진 시간 내에 암호를 해독하면 점수를 얻고, 실패하면 앨리스와 밥이 점수를 얻었다. 약 1만 5,000번의 메시지 교환 끝에 앨리스와 밥은 이브가 해독할 수 없는 비밀 코드를 만들어냈다. 중요한 것은 실험을 수행한 구글 개발자들이 앨리스와 밥에게 메시지를 암호화하는 방법을 전혀 가르쳐주지 않았다는 점이다. 컴퓨터들은 스스로 비밀 언어를 만들어냈다.[42]

이미 연구실 밖 세상에서도 비슷한 일이 일어나고 있다. 예를 들어, 외환시장forex은 외화를 거래하는 세계시장으로, 유로화와 미국 달러 사이의 환율을 결정한다. 2022년 4월 외환시장의 거래량은 하루 평균 7조 5,000억 달러에 달했다. 이러한 거래의 90퍼센트 이상을 이미 컴퓨터들끼리 직접 대화하며 처리한다.[43] 과연 몇 명이나 외환시장이 어떻게 작동하는지 알고 있을까? 하물며 컴퓨터들이 수조 달러 규모의 거래에 대해, 그리고 유로화와 달러화의 가치에 대해 어떻게 합의에 이르는지 이해하는 것은 어떻겠는가?

한동안은 새로운 컴퓨터 기반 네트워크가 여전히 수십억 명의 인간을 포함하겠지만 그렇다 해도 우리는 소수가 될 수 있다. 왜냐하면 그 네트워크에는 초지능을 가진 이질적인 행위자가 수십억 개체, 어쩌면 수천억 개체 포함될 것이기 때문이다. 이 네트워크는 인류 역사상, 아니 지구 생명 역사상 존재했던 그 어떤 것과도 근본적으로 다를 것이다. 약 40억 년 전 우리 행성에 생명이 처음 출현한 이후로 모든 정보 네트워크는 유기적organic 연결이었다. 교회와 제국 같은 인간 네트워크들도 유기적 연결이었다. 이 네트워크들은 늑대 무리 같은 이전의 유기적 네트워크와 많은 공통점을 가지고 있었다. 모두가 포식, 번식, 동기간 경쟁, 삼각관계 같은 전통적인 생물학적 드라마를 중심으로 돌아갔다. 비유기체인 컴퓨터들이 지배하는 정보 네트워크는 우리는 상상할 수도 없는 방식으로 다를 것이다. 결국 우리는 유기체이므로 우리의 상상력 또한 유기적인 생화학 과정의 산물이며, 유전적으로 프로그래밍된 생물학적 드라마를 넘어설 수 없다.

최초의 디지털 컴퓨터가 만들어진 지 겨우 80년이 되었다. 변화는 날로 가속되고 있으며, 우리가 컴퓨터의 완전한 잠재력을 활용할 날은 까마득히 멀다.[44] 컴퓨터는 아마 수백만 년 동안 계속 진화할 것이고, 따라서 지난 80년 동안 일어난 일은 앞으로 일어날 일에 비하면 아무것도 아니다. 단순한 비유로, 우리가 지금 인류가 축축한 점토에 막대기로 기호를 새기는 방법을 처음 생각해낸 지 80년이 된 고대 메소포타미아에 있다고 상상해보자. 그 시점에 우리가 알렉산드리아 도서관, 《성경》의 힘, 소련 NKVD의 기록 보관소를 떠올릴 수 있었을까? 이 비유도 미래 컴퓨터 발전의 잠재력을 엄청나게 얕잡아 본 것이다. 그러면, 약 40억 년 전 초기 지구의 유기물 수프(유기 화합물들이 모여 생명체가 형성되기 시작했던 지구 초기의 원시적인 화학적 환경을 상징적으로 표현하는 용어—옮긴이)에서 자기 복제 가능한 최초의 분자가 합성된 지 80년 된 시점에 있다고 상상해 보자. 이 단계에서는 세포조직과 수천 개의 세포 소기관, 운동과 영양 섭취를 조절하는 능력을 갖춘 단세포생물 아메바조차 먼 훗날의 판타지에 불과하다.[45] 그 당시 우리가 티라노사우루스 렉스, 아마존 우림, 인간의 달 착륙을 상상이나 할 수 있었을까?

우리는 여전히 컴퓨터를 화면과 키보드가 달린 금속 상자로 생각하는 경향이 있다. 왜냐하면 이것이 20세기에 우리의 유기적인 상상력이 최초의 컴퓨터에 부여한 형태이기 때문이다. 하지만 컴퓨터는 성장하고 발전함에 따라 옛 형태를 버리고 근본적으로 새로운 형태를 취하면서 인간 상상력의 시공간적 한계를 깨뜨리고 있다. 유기체와 달리 컴퓨터는 한 번에 한 장소에만 있을 필요가 없다. 이미 컴퓨터의 구성 요소들은 여러 도시와 대륙에 흩어져 있다. 컴퓨터의 진화에서는 10년이면 아메바 같은 단순한 존재가 티라노사우루스 렉스 같은 복잡한 존재로 발전할 수 있다. GPT-4가 아메바라면 T. 렉스는 어떤 모습일까? 생물학적 진화에서는 유기물 수프에서 달에 착륙한 유인원이 등장하기까지 40억 년이 걸렸다. 하지만 컴퓨터는 초지능을 갖추고, 행성 규모로 확장되고, 아원자 수준으로 축소되고, 은하적 시공간을 넘나들기까지 몇백 년이면 충분할 것이다.

컴퓨터의 진화 속도는 컴퓨터를 둘러싼 혼란스러운 용어들에도 반영되어 있다. 몇십 년 전만 해도 우리는 '컴퓨터' 이야기만 했지만,

지금은 알고리즘, 로봇, 봇, AI, 네트워크, 클라우드에 대해 이야기하고 있다. 그것들을 뭐라고 부를지 결정하는 것이 어렵다는 사실은 그 자체로 중요하다. 유기체는 서로 뚜렷이 구별되는 개체들이고 종이나 속과 같은 집단으로 분류할 수 있다. 하지만 컴퓨터의 경우 한 개체가 어디서 끝나고 또 다른 개체가 어디서 시작되는지, 그리고 어떻게 분류해야 하는지 결정하는 것이 점점 어려워지고 있다.

이 책에서 내가 '컴퓨터'라는 용어를 사용할 때는 소프트웨어와 하드웨어가 결합하여 물리적 형태로 구현된 것을 말한다. 그리고 되도록 '알고리즘'이나 'AI'보다는 이제는 거의 구태의연하게 들릴 지경인 '컴퓨터'라는 용어를 사용하려고 하는데, 이는 용어가 얼마나 빠르게 변하는지 알기 때문이기도 하지만, 컴퓨터 혁명의 물리적 측면을 상기시키기 위해서이기도 하다. 컴퓨터는 물질로 만들어지고, 에너지를 소비하며, 공간을 차지한다. 엄청난 양의 전기, 연료, 물, 땅, 귀한 광물 및 기타 자원이 컴퓨터를 제조하고 운영하는 데 쓰인다. 데이터 센터만 해도 전 세계 에너지 사용량의 1~1.5퍼센트를 사용하고, 대규모 데이터 센터들은 수십만 제곱미터의 땅을 차지할 뿐만 아니라 과열을 막기 위해 매일 수십만 갤런의 생수를 쓴다.[46]

나는 소프트웨어 측면에 좀 더 초점을 맞추고 싶을 때 '알고리즘'이라는 용어도 사용하겠지만, 앞으로 언급되는 모든 알고리즘은 이런저런 컴퓨터에서 실행된다는 사실을 잊지 말기를 바란다. 어떤 알고리즘의 스스로 학습하고 변할 수 있는 능력을 강조할 때는 'AI'라는 용어를 사용할 것이다. 전통적으로 AI는 '인공지능'의 약자로 쓰였다. 하지만 앞선 논의에서 명백히 확인된 이유들 때문에 이제는 AI를 '이질적인 지능Alien Intelligence'의 약자로 간주하는 것이 더 나을지도 모른다. AI는 진화함에 따라 (인간 설계에 대한 의존도 측면에서) 덜 인공적이 되고 더 이질적으로 변한다. 또 하나 지적해둘 것은, 사람들은 흔히 '인간 수준의 지능'을 기준으로 AI를 정의하고 평가하며, 따라서 AI가 언제 '인간 수준의 지능'에 도달할 것인지를 두고 많은 논쟁이 벌어지고 있다는 점이다. 하지만 이 기준은 심각한 혼란을 부를 수 있다. 이는 마치 '새 수준의 비행 능력'을 기준으로 비행기를 정의하고 평가하는 것과 같다. AI는 인간 수준의 지능을 향해 발전하고 있지 않다. 그것은 완전히 다른 종류의 지능으로 진화하고 있다.

혼란을 초래하는 또 하나의 용어는 '로봇'이다. 이 책에서 로봇은 컴퓨터가 물리적 공간에서 이동하고 작동하는 경우를 가리키기 위해 사용한다. 반면 '봇'은 주로 디지털 영역에서 구동되는 알고리즘을 지칭한다. 봇은 당신의 소셜 미디어 계정을 가짜 뉴스로 오염시키고 있을지도 모르지만, 로봇은 당신의 거실에서 먼지를 청소할 것이다.

용어와 관련해 마지막으로 한 가지만 더 말해두겠다. 나는 보통 컴퓨터 기반 '네트워크'에 대해 말할 때는 복수형인 '네트워크들'이 아니라 단수형인 '네트워크'를 사용한다. 물론 컴퓨터를 사용하여 다양한 특징을 지닌 많은 네트워크들을 만들어낼 수 있다는 점을 충분히 알고 있으며, 11장에서는 세계가 서로 근본적으로 다를 뿐더러 심지어는 상호 적대적이기까지 한 컴퓨터 네트워크들로 나널 가능성을 탐구한다. 그럼에도, 다양한 부족들, 왕국들, 교회들이 중요한 특징들을 공유한다는 의미에서 하나의 인간 네트워크가 행성 지구를 지배하게 되었다고 말할 수 있듯이, 나는 컴퓨터 네트워크를 그것이 대체하고 있는 인간 네트워크와 대비하기 위해 **단수형**으로 이야기하려고 한다.

책임

앞으로 수백 년, 아니 수천 년 동안 컴퓨터 기반 네트워크가 어떻게 진화할지 장기적인 예측을 하기는 불가능하지만, 지금 당장 어떻게 진화하고 있는지에 대해서는 어느 정도 말할 수 있으며, 그것이 우리에게 훨씬 더 시급한 문제다. 새로운 컴퓨터 네트워크의 등장은 우리 모두에게 즉각적인 정치적, 개인적 영향을 미치기 때문이다. 이어지는 장들에서 컴퓨터 기반 네트워크의 새로운 특징이 무엇이며 그것이 인간의 삶에 어떤 의미를 갖는지 살펴볼 것이다. 처음부터 분명히 해두지만, 이 네트워크는 정치적으로나 개인적으로 완전히 새로운 현실을 창출할 것이다. 이전 장들의 주요 메시지는 정보는 진실이 아니며 정보혁명이 진실을 드러내지 않는다는 것이었다. 정보혁명은 새로운 정치 구조, 경제 모델, 문화적 규범을 만들어낸다. 지금의 정보혁명은 이전의 어떤 정보혁명보다 중대한 의미를 갖기 때문에, 전례 없는 현실을 전례 없는 규모로 만들어낼 가능성이 있다.

이 점을 이해하는 것이 중요한 이유는 아직은 통제권이 우리 인간에게 있기 때문이다. 언제까지가 될지는 몰라도 아직은 우리가 이 새로운 현실을 만들어나갈 힘을 가지고 있다. 이 일을 지혜롭게 해내기 위해서는 지금 무슨 일이 일어나고 있는지 알고 있어야 한다. 우리는 컴퓨터 코드를 작성할 때 단순히 제품을 설계하고 있는 것이 아니다. 우리는 정치, 사회, 문화를 재설계하고 있는 것이고, 그러므로 정치, 사회, 문화에 대해 잘 이해하고 있어야 한다. 또한 우리가 하고 있는 일에 대해 책임감을 가져야 한다.

충격적이게도, 페이스북이 반로힝야 운동에 관여했던 사례에서 보았듯이 컴퓨터 혁명을 주도하는 기업들은 책임을 고객과 유권자, 또는 정치인과 규제 당국에 전가하는 경향이 있다. 사회적, 정치적 혼란을 일으킨다는 비난이 쏟아질 때 그들은 다음과 같은 논리 뒤에 숨는다. "우리는 단지 플랫폼일 뿐이다. 우리는 고객이 원하는 일, 그리고 유권자가 허용하는 일을 하고 있다. 우리는 어느 누구에게도 우리 서비스를 강요하지 않고 현행법을 위반하지도 않는다. 우리가 하는 일이 마음에 들지 않는 고객은 떠나면 된다. 우리가 하는 일이 마음에 들지 않는 유권자는 반대하는 법을 통과시키면 된다. 고객은 계속해서 더 많은 것을 요구하며 현행법은 우리가 하는 일을 금지하지 않으므로 아무 문제가 없다."[47]

이런 논리는 순진하거나 부정직한 것이다. 페이스북, 아마존, 바이두, 알리바바와 같은 거대 기술 기업들은 고객의 변덕스러운 기호와 정부 규제에 순순히 따르는 시종이 아니다. 이들은 이런 변덕과 규제에 점점 큰 영향력을 행사하고 있다. 거대 기술 기업들은 세계에서 가장 강한 정부에 직접 입김을 넣을 수 있으며, 자신들의 사업 모델을 위협할 수 있는 규제를 막기 위해 막대한 금액을 로비 활동에 투자한다. 예를 들어 기술 기업들은 1996년에 제정된 미국 통신품위법 230조를 보호하기 위해 끈질긴 싸움을 해왔다. 이 법률 조항은 사용자가 게시하는 콘텐츠에 대해 온라인 플랫폼의 책임을 묻지 않는다고 규정하고 있다. 예를 들어 로힝야족 학살에 대해 페이스북의 책임을 면제해준 것이 바로 이 조항이다. 2022년에 최고 기술 기업들은 미국에 로비하는 비용으로 거의 7,000만 달러를 썼고, 유럽연합 기관에 로비하는 비용으로 1억 1,300만 유로를 썼다. 이는 석유 회사와 제약 회사가 지출한 로비 비용을 앞지르는 액수다.[48] 또한 거대 기술 기업들은 사람의 감정 체계에 대한 깊은 이해를 바탕으로 고객과 유권자의 마음을 좌지우지한다. 이렇듯 거대 기술 기업들이 유권자와 고객의 소망에 순종하는 동시에 그 소망을 마음대로 주무를 수 있다면, 실제로 누가 누구를 통제하는 것일까?

　그런데 문제는 보이는 것보다 훨씬 복잡하다. '고객은 항상 옳다'와 '유권자가 가장 잘 안다'는 원리는 고객, 유권자, 정치인이 자기 주변에서 무슨 일이 일어나고 있는지 안다는 것을 전제로 한다. 이 원리는 틱톡과 인스타그램을 사용하기로 선택한 고객들이 이 선택의 영향을 충분히 이해하고 있으며, 애플과 화웨이를 규제할 책임이 있는 유권자와 정치인이 이 기업들의 사업 모델과 활동을 완전히 이해하고 있다고 전제한다. 또한 사람들이 새로운 정보 네트워크를 속속들이 알고 있으며 그것을 지지한다고 전제한다.

　진실을 말하자면 우리는 그렇지 않다. 우리가 바보라서가 아니라, 기술이 엄청나게 복잡하고 모든 것이 무시무시한 속도로 진행되고 있는 탓이다. 블록체인 기반 암호 화폐와 같은 것을 이해하기 위해서는 노력이 필요하며, 이해했다고 생각할 무렵 기술은 다시 변해 있다. 금융은 특히 주목할 만한 사례인데, 두 가지 이유에서 그렇다. 첫째, 컴퓨터는 현물보다 금융 상품을 만들고 변경하는 일을 훨씬 더 쉽게 한다. 현대의 금융 상품들은 전적으로 정보로 만들어지기 때문이다. 통화, 주식, 채권은 과거에는 금과 종이로 만들어진 물리적 사물이었지만, 지금은 주로 디지털 데이터베이스에 존재하는 디지털 실체가 되었다. 둘째, 이런 디지털 실체는 사회적, 정치적 세계에 막대한 영향을 미친다. 금융 시스템이 어떻게 작동하는지 인간이 더 이상 이해할 수 없게 되면 민주주의 또는 독재국가에 무슨 일이 일어날까?

구체적 사례로, 새로운 기술이 조세제도에 어떤 영향을 미치고 있는지 살펴보자. 전통적으로 개인과 기업은 자신이 물리적으로 존재하는 국가에만 세금을 냈다. 하지만 물리적 공간이 사이버 공간으로 확장되거나 대체되고, 점점 더 많은 거래가 실물 상품이나 전통적인 화폐가 아닌 정보 이전만으로 이루어질 때 상황은 훨씬 더 복잡해진다. 예를 들어 우루과이 시민이 온라인에서 매일 거래하는 많은 기업들은 우루과이에 물리적으로 존재하지 않지만 그에게 다양한 서비스를 제공할 것이다. 구글은 무료 검색을, 바이트댄스(틱톡 애플리케이션의 모기업)는 무료 소셜 미디어를 제공한다. 다른 외국 기업들은 타깃 광고를 지속적으로 노출시킨다. 나이키는 그에게 신발을, 푸조는 자동차를, 코카콜라는 탄산음료를 판매하고 싶어 한다. 이 기업들은 타깃 광고를 노출시키기 위해 구글과 바이트댄스로부터 개인 정보와 광고 공간을 구매한다. 게다가 구글과 바이트댄스는 그 시민과 그 밖의 수백만 이용자들에게서 수집한 정보로 강력한 AI 시스템을 개발하여 세계 전역의 다양한 정부들과 기업들에 판매한다. 이런 거래 덕분에 구글과 바이트댄스는 세계에서 가장 부유한 기업이 되었다. 그렇다면 고객과 그 기업들 간의 거래에 대해 우루과이 정부가 세금을 부과해야 할까?

부과해야 한다고 생각하는 사람들이 있다. 우루과이에서 수집한 정보가 이들 기업이 돈을 버는 데 도움이 되었을 뿐만 아니라, 이 기업들의 활동이 우루과이에서 세금을 내는 국내 기업들의 수익성을 떨어뜨리기 때문이다. 우루과이의 국내 신문사, 텔레비전 방송국, 극장은 그 거대 기술 기업들에 고객과 광고 수입을 잃는다. 우루과이에서 새롭게 AI 사업을 시작하려는 기업들도 불이익을 겪는다. 왜냐하면 구글이나 바이트댄스의 방대한 데이터 창고와 경쟁할 수 없기 때문이다. 하지만 그 거대 기술 기업들은 해당 거래 중 단 한 건도 우루과이 내의 어떤 물리적 존재(사무실, 공장, 직원 등)를 거치지 않았으며, 금전적인 지불(현금, 수표, 신용카드 결제 등)을 발생시키지도 않았다고 답한다. 구글과 바이트댄스는 우루과이 시민들에게 무료로 온라인 서비스를 제공했고, 시민들은 그 대가로 자신들의 구매 내역, 휴가 사진, 웃긴 고양이 동영상 및 기타 정보를 무료로 넘겨주었다.

그럼에도 불구하고 세무 당국이 이런 거래에 세금을 부과하고 싶다면, '과세 연결점nexus'과 같은 세법의 기본 개념을 재고할 필요가 있다. 세금 관련 문헌에서 '넥서스'는 한 납세자에게 과세할 수 있는 충분한 연결 고리가 특정 국가나 주에 존재하는지를 나타내는 개념이다. 전통적으로 한 법인과 특정 국가의 넥서스가 성립하려면 그 법인이 해당 국가에 사무실, 연구 센터, 상점 등의 물리적 존재를 두고 있어야 한다. 컴퓨터 네트워크가 야기한 이 과세 딜레마를 해결할 수 있는 한 가지 방법은 넥서스를 재정의하는 것이다. 경제학자 마르코 쾨텐뷔르거의 말에 따르면 "물리적 존재에 기반하는 넥서스의 정의는 해당 국가에서의 디지털 존재를 포함하도록 조정되어야 한다".[49] 즉, 구글과 바이트댄스가 우루과이에 물리적으로 존재하지 않더라도 우루과이 사람들이 그 기업들의 온라인 서비스를 이용한다면 우루과이에 세금을 납부해야 한다는 뜻이다. 셸Shell과 BP가 석유를 채굴하는 국가들에 세금을 내듯이, 거대 기술 기업들도 데이터를 채굴하는 국가에 세금을 내야 한다.

하지만 우루과이 정부가 정확히 무엇에 세금을 부과해야 하는가에 대해서는 아직 명확한 결론이 나지 않았다. 예를 들어 우루과이 시민들이 틱톡을 통해 100만 개의 고양이 동영상을 공유했다고 가정해보자. 바이트댄스는 이 중 어떤 것에 대해서도 이용자들에게 요금을 청구하거나 대가를 지불하지 않았다. 하지만 바이트댄스는 추후 그 동영상들로 이미지 인식 AI를 훈련하고 그 AI를 남아프리카공화국 정부에 1,000만 달러를 받고 팔았다. 그 돈이 우루과이의 고양이 동영상으로 번 것이었다는 사실을 우루과이 당국이 어떻게 알겠으며, 우루과이의 몫을 어떻게 계산할 수 있을까? 우루과이는 고양이 동영상에 세금을 부과해야 할까? (농담처럼 들리겠지만, 고양이 이미지는 AI 분야의 가장 획기적인 발전 중 하나를 이끌어내는 데 결정적인 역할을 했다. 11장에서 다시 살펴보겠다.)

상황은 심지어 더 복잡해질 수 있다. 우루과이 정치인들이 디지털 거래에 세금을 부과하는 새로운 제도를 추진한다고 가정해보자. 이에 대응하여 한 거대 기술 기업이 특정 정치인에게 우루과이 유권자에 대한 가치 있는 정보를 제공하고 자사의 소셜 미디어와 검색 알고리즘을 해당 정치인에게 유리하게 조정하여 다음 선거에서 승리할 수 있도록 돕겠다고 제안했다고 치자. 덕분에 총리에 취임한 그 정치인은 대가로 디지털 과세를 포기할지도 모른다. 또한 그는 기술 기업들이 개인 정보 관련 소송을 당하지 않도록 보호하는 법안을 통과시켜 우루과이에서 정보를 더 쉽게 수집할 수 있게 만든다. 이것은 뇌물일까? 그들이 단 1달러, 단 1페소도 주고받지 않았다는 사실에 유의하라.

이런 정보 대 정보 거래는 이미 도처에서 일어나고 있다. 매일 수십억 명이 거대 기술 기업들과 수많은 거래를 하지만, 은행 계좌로는 거래 사실을 알 수 없다. 돈이 전혀 이동하지 않기 때문이다. 우리는 거대 기술 기업으로부터 정보를 얻고 그 기업들에 정보로 값을 지불한다. 이런 정보 대 정보 모델을 따르는 거래가 많아질수록 정보경제가 성장하고 화폐경제는 위축되며, 그러다 결국에는 돈이라는 개념 자체가 의문시된다.

화폐는 특정 상황에서만 사용되는 교환 수단이 아니라 **보편적인 가치 척도**로 여겨진다. 하지만 더 많은 것들이 정보의 관점에서 값이 매겨지고 화폐의 관점에서는 '무료'가 되면, 어느 시점에는 개인과 법인의 부를 그들이 소유한 달러나 페소의 양으로 평가하는 것이 문제가 될 수 있다. 한 개인이나 법인이 은행에는 돈이 별로 없지만 거대한 정보 데이터 은행을 소유하고 있다면, 그 사람 또는 법인은 그 나라에서 가장 부유하거나 가장 힘 있는 존재일 수 있다. 이론상 이들이 보유한 정보의 가치를 화폐로 정량화할 수 있지만, 이들은 자신의 정보를 달러나 페소로 환전할 리 없다. 정보로 원하는 것을 얻을 수 있는데 왜 달러가 필요하겠는가?

이런 상황은 조세제도에 큰 파급을 미친다. 세금의 목적은 부를 재분배하는 것이다. 즉 가장 부유한 개인들과 법인들에게서 일정 몫을 거둬들여 사회 전체 복지를 위한 재원을 마련한다. 하지만 돈에만 과세하는 조세제도는, 많은 거래에 더 이상 화폐가 오가지 않게 되면서 곧 시대에 뒤떨어진 제도가 될 것이다. 가치가 화폐가 아니라 데이터로 저장되는 데이터 기반 경제에서 돈에만 과세할 경우 경제와 정치 상황에 왜곡이 일어나게 된다. 나라에서 가장 부유한 개인이나 법인 중 일부가 자신의 부를 수십억 달러가 아니라 페타바이트 규모의 데이터로 가지고 있다는 이유로 세금을 전혀 내지 않는 일이 일어날 수 있다.[50]

국가들은 수천 년 동안 돈에 과세했으며, 정보에 과세하는 방법을 모른다. 적어도 아직까지는 말이다. 우리가 실제로 화폐 거래가 지배하는 경제에서 정보 거래가 지배하는 경제로 이동하고 있다면 국가들은 어떻게 대응해야 할까? 중국의 사회신용 시스템은 국가가 새로운 상황에 적응할 수 있는 한 가지 방법이다. 7장에서 설명하겠지만, 사회신용 시스템은 본질적으로 새로운 종류의 돈이다. 즉 정보 기반 화폐다. 모든 국가가 중국 사례를 모방하여 자체적인 사회신용을 발행해야 할까? 다른 전략이 있을까? 당신이 지지하는 정당은 이 문제에 대해 뭐라고 이야기하는가?

우와 좌

세금 문제는 컴퓨터 혁명이 야기한 많은 문제 중 하나일 뿐이다. 컴퓨터 네트워크는 거의 모든 권력 구조를 무너뜨리고 있다. 민주주의 국가는 새로운 디지털 독재의 등장을 두려워한다. 독재국가는 어떻게 통제해야 하는지 알 수 없는 행위자의 출현을 두려워한다. 모든 개인은 사생활 침해와 데이터 식민주의의 확산에 대해 경각심을 가져야 한다. 이 위협들 각각의 의미는 이어지는 장들에서 설명하기로 하고, 여기서 알아둘 점은 이런 위험에 대한 논의가 이제 막 시작되었으며 기술은 정책보다 훨씬 빠르게 움직이고 있다는 것이다.

예를 들어 미국에서 공화당의 AI 정책과 민주당의 AI 정책 사이에는 어떤 차이가 있을까? AI에 대한 우파의 입장은 무엇이고 좌파의 입장은 무엇인가? 보수는 AI가 전통적인 인간 중심 문화를 위협한다는 이유로 AI에 반대할까? 아니면 AI가 경제성장을 촉진하는 동시에 외국인 노동자의 필요성을 줄인다는 이유로 AI에 찬성할까? 진보는 허위 정보와 편향이 증가할 위험이 있다는 이유로 AI에 반대할까? 아니면 포괄적인 복지국가의 재원을 마련할 부를 창출할 수 있는 수단이라는 이유로 AI를 환영할까? 지금 시점에서는 뭐라고 단언하기 어렵다. 최근까지 미국의 공화당과 민주당을 비롯해 전 세계 대부분의 정당이 이런 문제들에 대해 생각해보거나 논의한 적이 없기 때문이다.

첨단 기술 기업의 개발자와 경영진 등 일부 사람들은 정치인과 유권자보다 훨씬 앞서 있고, AI와 암호 화폐, 사회신용 같은 것들의 발전에 대해 우리 대부분보다 잘 알고 있다. 하지만 불행히도 이들 대부분은 그 지식을 새로운 기술의 폭발적 잠재력을 규제하는 데 사용하지 않는다. 오히려 그들은 그 지식을 이용해 수십억 달러를 벌거나, 페타바이트 단위의 정보를 축적한다.

물론 오드리 탕 같은 예외도 있다. 그녀는 뛰어난 해커이자 소프트웨어 개발자였고, 2014년에는 대만의 정부 정책에 반대하는 선플라워 학생운동에 참여했다. 대만 내각은 탕의 뛰어난 프로그래밍 능력에 깊은 감명을 받아 결국 그녀를 디지털부 장관으로 임명했다. 디지털부 장관으로서 탕은 정부의 업무를 시민들에게 투명하게 공개하는 데 기여했다. 또한 디지털 도구를 활용하여 대만 정부가 코로나19를 성공적으로 억제하는 데도 기여했다.[51]

하지만 탕의 정치 활동과 이력은 특이한 경우다. 컴퓨터 과학을 전공한 졸업생 중 제2의 오드리 탕이 되고 싶어 하는 사람의 몇 배 많은 사람들이 제2의 잡스, 저커버그, 머스크가 되어 수십억 달러 규모의 민간 기업을 창업하고 싶어 할 것이다. 이는 위험한 정보 불균형으로 이어진다. 정보혁명을 주도하는 사람들은 그것을 규제해야 하는 사람들보다 기반 기술에 대해 훨씬 더 많이 알고 있다. 상황이 이런데 고객이 항상 옳고 유권자가 가장 잘 안다고 입으로만 외치는 것이 무슨 의미가 있을까?

이어지는 장들에서 나는 운동장을 좀 더 평평하게 만들고 컴퓨터 혁명이 만들어낸 새로운 현실에 책임감을 갖도록 격려할 것이다.

기술에 대한 내용이 많이 나오겠지만, 관점은 철저히 인간의 시각이다. 핵심 질문은 이것이다. 새로운 컴퓨터 기반 네트워크에서 점점 더 무력해지는 소수로 살아간다는 것이 인간에게 무엇을 의미할까? 새로운 네트워크는 우리의 정치, 사회, 경제, 일상생활을 어떻게 변화시킬까? 수십억 개의 비인간 존재에게 끊임없이 감시당하고, 지시받고, 영감을 얻고, 제재를 받는 것은 어떤 느낌일까? 이 경악스러운 신세계에 적응하고 거기서 살아남아 번성하기 위해 우리는 어떻게 달라져야 할까?

아무것도 결정되지 않았다

기억해야 할 가장 중요한 점은 기술 자체가 미래를 결정하는 경우는 별로 없다는 것이다. 기술 결정론에 대한 믿음은 위험하다. 모든 책임을 기술에 전가함으로써 인간은 책임을 면하기 때문이다. 물론 인간 사회는 정보 네트워크이므로 새로운 정보 기술이 발명되면 사회가 변하는 것이 당연하다. 사람들이 인쇄술이나 머신러닝 알고리즘을 발명하면, 사회적, 정치적으로 근본적인 변화가 일어날 수밖에 없다. 하지만 이런 변혁의 속도, 형태, 방향을 통제하는 힘은 아직까지는 대체로 인간에게 있다. 이는 책임도 대체로 우리에게 있다는 뜻이다.

특정 시점에 우리가 가진 과학 지식과 기술 능력으로 다양한 기술을 개발할 수 있지만 우리가 사용할 수 있는 자원은 유한하다. 우리는 이 자원을 어디에 투자할지 책임 있는 선택을 해야 한다. 새로운 말라리아 치료제를 개발하는 데 사용해야 할까? 아니면 새로운 풍력발전기나 새로운 몰입형 비디오게임을 개발하는 데 사용해야 할까? 우리의 선택은 불가피한 것이 아니라 정치적, 경제적, 문화적 우선순위를 반영한다.

1970년대에 IBM을 포함한 대부분의 컴퓨터 기업은 크고 값비싼 기계를 개발해 주요 기업과 정부 기관에 판매하는 데 주력했다. 작고 저렴한 개인용 컴퓨터를 개발하여 개인 소비자에게 판매하는 것은 기술적으로는 가능했지만 IBM은 거기에 별로 관심이 없었다. IBM의 사업 모델에 맞지 않았기 때문이다. 한편 철의 장막 반대편의 소련도 컴퓨터에 관심이 있었지만 개인용 컴퓨터를 개발하는 일에는 IBM보다 훨씬 소극적이었다. 타자기를 개인이 소유하는 것조차 의심을 샀던 전체주의 국가에서 강력한 정보 기술의 통제권을 개인에게 맡긴다는 생각은 금기였다. 따라서 컴퓨터는 주로 소련의 공장 경영자들에게 제공되었지만, 그들마저도 모든 데이터를 분석하기 위해 모스크바로 보내야 했다. 그 결과 모스크바는 서류 작업으로 포화되었다. 1980년대에 이 비효율적인 컴퓨터 시스템은 연간 8,000억 건의 문서를 생산하고 있었으며, 모든 문서가 소련의 수도로 향했다.[52]

하지만 IBM과 소련 정부가 개인용 컴퓨터 개발을 거부한 시점에, 캘리포니아 홈브루 컴퓨터 클럽(1975년 3월부터 1986년 12월까지 캘리포니아 멘로 파크에서 활동했던 초기 컴퓨터 동호회—옮긴이)의 회원들 같은 아마추어들이 개인용 컴퓨터를 직접 만들어보기로 했다. 그것은 권력을 국민에게 돌려주자는 아나키즘 사상과 정부와 대기업을 불신하는 자유지상주의 사상으로 대표되는 1960년대 반문화의 영향을 받은 이념적이고 의식적인 결정이었다.[53]

스티브 잡스와 스티브 워즈니악 같은 홈브루 컴퓨터 클럽의 주요 회원들은 꿈은 컸지만 돈이 별로 없었고, 미국 기업이나 정부 기관의 자원을 활용할 수도 없었다. 잡스와 워즈니악은 잡스 소유의 폭스바겐 같은 개인 소유물을 팔아 그 돈으로 최초의 애플 컴퓨터를 만들었다. 1977년에 개인이 1,298달러의 가격(상당한 액수지만, 중산층 소비자들에게는 접근 가능한 가격이었다)으로 애플 II 개인용 컴퓨터를 구입할 수 있었던 것은 기술의 여신이 예정해둔 필연적인 운명이 아니라, 이런 개인들의 결정 덕분이었다.[54]

우리는 역사의 다른 경로를 쉽게 상상해볼 수 있다. 1970년대에 인류가 똑같은 과학 지식과 기술 능력을 가지고 있었지만, 매카시즘으로 1960년대 반문화가 죽고 미국에 소련 시스템을 그대로 본뜬 전체주의 정권이 들어섰다고 가정해보자. 그래도 오늘날 우리가 개인용 컴퓨터를 가지고 있을까? 물론 개인용 컴퓨터는 그럼에도 불구하고 다른 시공간에서 등장했을 가능성이 있다. 하지만 역사에서 시공간은 매우 중요하며 어떤 두 순간도 같지 않다. 미국이 1520년대에 오스만제국에 의해서가 아니라 1490년대에 스페인 군대에 의해 식민화되었다는 사실, 원자폭탄이 1942년에 독일인들이 아니라 1945년에 미국인들에 의해 개발되었다는 사실은 매우 중요한 의미를 갖는다. 마찬가지로 개인용 컴퓨터가 1970년대 샌프란시스코가 아니라 1980년대 오사카나 21세기의 첫 10년 동안 상하이에서 등장했다면 정치, 경제, 문화가 크게 달라졌을 것이다.

현재 개발되고 있는 기술도 마찬가지다. 권위주의 정부와 비정한 기업을 위해 일하는 엔지니어들은 시민과 고객을 하루 24시간 감시함으로써 중앙 권력을 강화하는 도구를 개발할 것이다. 민주주의 사회를 위해 일하는 해커들은 정부의 부패와 기업의 부정행위를 폭로함으로써 사회의 자정 기능을 강화하는 도구를 개발할 것이다. 두 기술 모두 개발될 가능성이 있다.

선택은 여기서 끝나지 않는다. 특정 도구가 개발된 후에도 다양한 용도로 쓰일 수 있다. 우리는 칼을 사용해 사람을 살해할 수도, 수술로 생명을 구할 수도, 저녁거리를 위해 채소를 자를 수도 있다. 칼은 우리에게 어떤 강요도 하지 않는다. 그것은 인간의 선택이다. 마찬가지로 값싼 라디오가 개발되었을 때 독일의 거의 모든 가정이 집에 한 대씩 들여놓을 수 있었다. 그런데 그것을 어떻게 사용할 것인가? 전체주의 지도자는 값싼 라디오를 이용해 모든 독일 가정의 거실에 연설을 전달할 수 있었을 것이다. 또는 모든 독일 가정이 서로 다른 라디오 프로그램을 선택하여 다양한 정치적, 예술적 견해를 듣고 소양을 키울 수도 있었다. 동독은 이 방향으로, 서독은 저 방향으로 갔다. 동독의 라디오 장치는 기술적으로는 광범위한 전파를 수신할 수 있었지만, 동독 정부는 서독 방송국의 전파를 방해하기 위해 최선을 다했고, 몰래 청취하는 사람들을 처벌했다.[55] 기술은 같았지만 정치가 그것을 매우 다른 목적으로 사용했다.

21세기 신기술들도 마찬가지다. 우리가 주체적인 선택을 할 수 있으려면 먼저 그 새로운 기술이 무엇이고 무엇을 할 수 있는지 이해해야 한다. 이는 모든 시민의 시급한 책임이다. 당연히 모든 시민이 컴퓨터 과학 박사 학위를 취득할 필요는 없지만, 우리의 미래를 계속 우리가 통제하기 위해서는 컴퓨터의 정치적 잠재력만큼은 반드시 이해해야 한다. 따라서 앞으로 몇 개의 장들에서 21세기 시민이 알아둬야 할 컴퓨터 정치를 개괄적으로 소개할 것이다. 먼저 새로운 컴퓨터 네트워크가 정치에 어떤 위험과 가능성을 제시할지 알아보고, 그다음에는 민주주의, 독재, 그리고 국제정치가 새로운 컴퓨터 정치에 적응할 수 있는 다양한 방법들을 살펴볼 것이다.

정치는 진실과 질서 사이의 섬세한 균형이 필요한 일이다. 컴퓨터가 정보 네트워크의 중요한 구성원이 되면서, 진실을 발견하고 질서를 유지하는 임무가 점점 더 컴퓨터로 옮겨 가고 있다. 예를 들어, 기후변화에 대한 진실을 밝히는 일은 점점 컴퓨터만이 할 수 있는 계산에 의존하며, 기후변화에 대한 사회적 합의를 도출하는 일은 점점 더 우리의 뉴스 피드를 선별하는 추천 알고리즘과 뉴스 기사, 가짜 뉴스, 허구를 작성하는 창의적인 알고리즘에 의존하고 있다. 현재 우리는 기후변화와 관련하여 정치적 교착상태에 빠져 있다. 이는 어느 정도 컴퓨터가 교착상태에 빠져 있는 탓이다. 한 집단의 컴퓨터들이 실행한 계산은 생태 재앙이 임박했다고 경고하지만, 또 다른 집단의 컴퓨터들은 그런 경고에 의문을 제기하는 동영상을 추천한다. 어느 쪽 컴퓨터들을 믿어야 할까? 인간 정치는 이제 컴퓨터 정치이기도 하다.

새로운 컴퓨터 정치를 이해하기 위해서는 컴퓨터의 새로운 점에 대한 깊은 이해가 필요하다. 이 장에서 우리는 인쇄술 같은 이전에 발명된 도구들과 달리 컴퓨터는 스스로 결정을 내리고 스스로 아이디어를 생성할 수 있다는 것을 알았다. 하지만 그것은 빙산의 일각일 뿐이다. 컴퓨터의 진정으로 새로운 특징은 결정을 내리고 아이디어를 생성하는 방식이다. 만일 컴퓨터가 인간과 비슷한 방식으로 결정을 내리고 아이디어를 생성한다면, 컴퓨터는 '새로운 인간'일 것이다. 우리는 그런 시나리오를 과학소설에서 자주 본다. 컴퓨터에 의식과 감정이 생기고, 컴퓨터가 인간과 사랑에 빠지고, 결국 인간과 정확히 똑같은 존재로 판명 나는 이야기 말이다. 하지만 현실은 매우 다르고, 생각보다 더 우려스러울 수 있다.

비 유 기 적
네 트 워 크

7

집요하게: 네트워크는 항상 켜져 있다

인간은 감시받는 것에 익숙하다. 수백만 년 동안 우리는 다른 동물들뿐만 아니라 다른 사람들의 감시와 추적을 받았다. 가족, 친구, 이웃은 우리가 뭘 하는지, 기분이 어떤지 늘 알고 싶어 했고, 우리는 타인이 나를 어떻게 보고 나에 대해 무엇을 알고 있는지 늘 신경 썼다. 위계적인 사회관계, 정치, 연애는 끊임없이 타인의 생각과 감정을 파악하고 때에 따라서는 자신의 감정과 생각을 감춰야 하는 일이었다.

중앙 집중화된 관료주의 네트워크가 등장했을 때, 관료의 가장 중요한 역할 중 하나는 국민 전체를 감시하는 것이었다. 진나라의 관료들은 백성이 세금을 내는지 반역을 모의하는지 알고 싶어 했다. 가톨릭교회는 신자들이 십일조를 내는지 자위를 하는지 알고 싶어 했다. 코카콜라 회사는 자사 제품을 구매하도록 소비자를 설득할 방법을 알고 싶어 했다. 통치자, 성직자, 상인은 우리를 통제하고 조종하기 위해 우리의 비밀을 알고 싶어 했다.

물론 유익한 서비스를 제공하기 위해서도 감시가 필요했다. 제국과 교회, 기업이 사람들에게 안보, 보살핌, 필수품을 제공하려면 정보가 필요했다. 현대 국가에서 위생 담당 관료는 우리가 어디서 물을 얻고 어디서 배변을 하는지 알고 싶어 한다. 보건 관료는 우리가 어떤 병에 걸렸고 얼마나 많이 먹는지 알고 싶어 한다. 복지 관료는 우리가 실직 상태인지, 혹시 배우자에게 학대당하지는 않는지 알고 싶어 한다. 이런 정보가 없다면 관료들은 우리를 도울 수 없을 것이다.

우리에 대해 알려면 선의를 가진 관료 조직도, 억압적인 관료 조직도 두 가지 일을 해야 했다. 첫째는 우리에 대한 많은 데이터를 모으는 것이다. 그리고 둘째는 그 모든 데이터를 분석하여 패턴을 파악하는 것이다. 따라서 고대 중국부터 현대 미국에 이르기까지 제국, 교회, 기업, 의료 제도는 수백만 명의 행동에 대한 데이터를 수집하고 분석했다. 하지만 모든 시대, 모든 장소에서 감시는 불완전했다. 현대 미국 같은 민주주의 국가에서는 사생활과 개인의 권리를 보호하기 위해 법률로 감시를 제한한다. 고대 진나라와 현대 소련 같은 전체주의 체제에서는 감시를 제한하는 법적 장치는 없었지만 기술적 한계가 있었다. 아무리 잔혹한 독재자라도 모든 사람을 항상 추적할 수 있는 기술을 갖지는 못했다. 따라서 일정 수준의 사생활은 히틀러의 독일, 스탈린의 소련, 1945년 이후 루마니아에 세워진 스탈린주의 모방 정권에서조차 기본값이었다.

루마니아 최초의 컴퓨터 과학자 중 한 명인 게오르게 이오시페스쿠는 1970년대에 컴퓨터가 처음 도입되었을 때 루마니아 정권이 이 낯선 정보 기술에 극도의 불안을 느꼈다고 회상했다. 1976년 이오시페스쿠가 정부 산하 기관인 첸트룰 데 칼쿨(계산 센터)에 있는 자신의 사무실에 출근한 어느 날 낯선 남자가 구겨진 정장을 입고 앉아 있는 것을 보았다. 이오시페스쿠는 그 낯선 남자에게 인사를 건넸지만 남자는 대꾸하지 않았다. 이오시페스쿠가 자기소개를 해도 남자는 여전히 대답이 없었다. 그래서 이오시페스쿠는 책상 앞에 앉아 커다란 컴퓨터의 스위치를 켜고 일을 하기 시작했다. 낯선 남자는 의자를 좀 더 가까이 끌어당기고 이오시페스쿠의 일거수일투족을 지켜보았다.

이오시페스쿠는 그날 종일 여러 차례 대화를 시도하면서 낯선 남자에게 이름이 뭔지, 왜 왔는지, 뭘 알고 싶은지 물었다. 하지만 그 남자는 입은 다문 채 눈만 크게 떴을 뿐이다. 저녁이 되어 이오시페스쿠가 집으로 돌아갈 때 남자도 한마디 인사도 없이 자리에서 일어나 떠났다. 이오시페스쿠는 이것이 무슨 상황인지 잘 알았기 때문에 더 이상 질문하지 않았다. 그 남자는 악명 높은 루마니아 비밀경찰 세쿠리타테 요원임이 틀림없었다.

다음 날 아침 이오시페스쿠가 출근했을 때도 그 요원이 이미 와 있었다. 또다시 이오시페스쿠의 책상 앞에 온종일 앉아 작은 메모장에 조용히 기록을 했다. 이 감시는 1989년에 루마니아 공산주의 정권이 붕괴할 때까지 13년 동안 계속되었다. 그 오랜 세월 동안 같은 책상 앞에 앉아서 그 요원을 보았지만, 이오시페스쿠는 그의 이름조차 알아내지 못했다.[1]

이오시페스쿠는 사무실 밖에서도 다른 세쿠리타테 요원들과 정보원들이 자신을 감시하고 있다는 것을 알았다. 전복의 씨앗을 품고 있는 강력한 기술의 전문가라는 이유로 그는 주요 표적이 되었다. 하지만 사실 편집증에 사로잡힌 니콜라에 차우셰스쿠 정권은 2,000만 명의 루마니아 국민 모두를 표적으로 삼았다. 가능하기만 했다면 차우셰스쿠는 그들 모두를 끊임없이 감시했을 것이다. 차우셰스쿠는 실제로 그 방향으로 몇 발짝 내디뎠다. 그가 집권하기 전인 1965년, 세쿠리타테는 부쿠레슈티에 1개의 전자 감시 센터와 지방 도시들에 11개의 감시 센터를 운영했다. 하지만 1978년에는 부쿠레슈티에만 10개의 전자 감시 센터가 있었고, 248개 센터가 각 지방을 감시했으며, 추가로 1,000개의 이동 감시대가 돌아다니며 외딴 마을과 휴양지에서 도청을 했다.[2]

1970년대 말 세쿠리타테 요원들은 몇몇 루마니아인이 라디오 프리 유럽(미국 정부가 자금을 지원하는 국제 미디어 기관으로, 현재는 Radio Liberty[RL]와 합병하여 Radio Free Europe/Radio Liberty[RFE/RL]로 운영되고 있다—옮긴이)에 정권을 비판하는 익명의 편지를 보내고 있다는 사실을 알아냈다. 그래서 차우셰스쿠는 2,000만 명의 루마니아 국민 **전체를** 대상으로 필적 샘플을 수집하기로 했다. 학교와 대학에는 모든 학생에게서 에세이를 받도록 강요했다. 고용주들은 전 직원에게서 자필 이력서를 받아 세쿠리타테로 보내야 했다. "퇴직자와 실업자는 어떻게 할까요?" 차우셰스쿠의 한 비서관이 물었다. "새로운 서식을 만들어내!" 독재자가 명령했다. "그 사람들이 작성해야 할 무언가를." 하지만 체제 전복적인 편지들 중 일부는 타자기로 작성되었다. 그래서 차우셰스쿠는 전국에 있는 모든 국가 소유 타자기를 등록하도록 했고, 해당 타자기로 작성한 문서 샘플을 세쿠리타테 기록 보관소에 보관했다. 개인용 타자기를 소유한 사람들은 세쿠리타테에 그 사실을 알리고 타자기의 '지문'을 제출한 후 공식 사용 허가를 받아야 했다.[3]

하지만 차우셰스쿠 정권은 모델로 삼은 스탈린 정권과 마찬가지로 모든 시민을 하루 24시간 감시할 수 없었다. 세쿠리타테 요원들도 잠을 자야 했으니, 2,000만 명의 루마니아 국민을 끊임없이 감시하기 위해서는 적어도 4,000만 명의 요원이 필요했다. 차우셰스쿠가 보유한 세쿠리타테 요원은 약 4만 명뿐이었다.[4] 그리고 차우셰스쿠가 어떻게든 4,000만 명의 요원을 모을 수 있었다 해도 문제가 해결되기는커녕 그로 인해 새로운 문제만 생겼을 것이다. 그 요원들도 감시가 필요했기 때문이다. 스탈린처럼 차우셰스쿠도 누구보다 자신의 요원과 관료를 불신했다. 특히 1978년에 세쿠리타테 고위 장성이었던 이온 미하이 파체파가 미국으로 망명한 후에는 불신이 더욱 심해졌다. 정치국 위원, 고위 관료, 육군 장군, 세쿠리타테 고위 장성들은 이오시페스쿠보다 훨씬 더 철저한 감시를 받으며 살았다. 비밀경찰의 수가 늘어날수록 이 모두를 감시하기 위해 더 많은 요원이 필요했다.[5]

한 가지 해결 방법은 서로를 감시하게 하는 것이었다. 세쿠리타테는 감시를 위해 4만 명의 전문 요원 외에 40만 명의 민간인 정보원을 두었다.[6] 사람들은 이웃, 동료, 친구, 심지어 가장 가까운 식구까지 밀고했다. 하지만 비밀경찰이 아무리 많은 정보원을 고용해도 데이터를 수집하는 것만으로는 완벽한 감시 체제를 구축할 수 없었다. 세쿠리타테가 모든 사람을 하루 24시간 감시할 수 있는 요원과 정보원을 모집하는 데 성공했다고 치자. 모든 요원과 정보원은 매일 자신이 관찰한 것을 보고서로 작성해야 했을 것이다. 세쿠리타테 본부로 매일 2,000만 건의 보고서가 밀려들어 왔을 것이다. 1년이면 73억 건이다. 이 보고서들은 분석하지 않으면 단지 종이의 바다일 뿐이었다. 그렇지만 세쿠리타테가 연간 73억 건의 보고서를 비교 검토할 수 있는 분석가들을 어디서 구할 수 있었겠는가?

정보를 수집하고 분석하는 것이 어려웠기 때문에 20세기에는 가장 전체주의적인 국가조차 전 국민을 효과적으로 감시할 수 없었다. 루마니아와 소련의 국민들이 하는 행동과 말의 대부분은 세쿠리타테와 KGB의 감시를 피했다. 기록 보관소에 보관된 세부 보고들조차 대개는 읽히지 않은 채 방치되었다. 세쿠리타테와 KGB의 진정한 힘은 모든 사람을 끊임없이 감시하는 능력이 아니라, 감시당하고 있다는 두려움을 심어주는 능력이었다. 그럴 때 사람들은 말과 행동을 극도로 조심하게 된다.[7]

잠 못 이루는
요원

이오시페스쿠의 연구실에 온 세쿠리타테 요원처럼 인간의 유기적 기관인 눈, 귀, 뇌를 통해 감시가 이루어지는 세계에서는, 이오시페스쿠 같은 핵심 표적조차도, 무엇보다 자신의 머릿속에서는 어느 정도 사생활을 누렸다. 하지만 이오시페스쿠

본인과 같은 컴퓨터 과학자들의 연구가 이 상황을 바꾸고 있었다. 1976년에 이오시페스쿠의 책상 위에 놓여 있던 조악한 컴퓨터조차 이미 근처 의자에 앉아 있던 세쿠리타테 요원보다 숫자 계산을 훨씬 잘했다. 2024년 현재 우리는 도처에 깔린 컴퓨터 네트워크가 전세계 인구를 하루 24시간 따라다니며 감시할 수 있는 시대를 맞이하고 있다. 이 네트워크는 수백만 명의 인간 요원들을 고용하여 우리를 감시하도록 훈련시킬 필요가 없다. 이 네트워크는 그 대신 디지털 요원들에게 의존한다. 디지털 요원들에게 보수를 지불할 필요도 없다. 시민들이 자발적으로 이 요원들에게 대가를 지불하며, 가는 곳마다 요원들을 데리고 다니기 때문이다.

　이오시페스쿠를 감시하는 요원은 이오시페스쿠를 따라 화장실까지 들어가지는 않았고, 이오시페스쿠가 성관계를 하는 동안 침대에 앉아 있지도 않았다. 오늘날 스마트폰은 때때로 그렇게 한다. 게다가 이오시페스쿠가 뉴스를 읽고, 친구와 잡담을 나누고, 먹을거리를 사는 것처럼 컴퓨터의 도움 없이 했던 활동들 가운데 상당 부분이 지금은 온라인으로 이루어지기 때문에, 네트워크는 우리가 뭘 하고 무슨 말을 하는지 훨씬 알아내기 쉽다. 우리 스스로가 네트워크에 데이터를 제공하는 정보원이다. 스마트폰이 없는 사람들도 거의 항상 어떤 카메라, 마이크, 기타 추적 장치의 궤도 안에 있으며, 일자리를 찾거나 기차표를 사거나 처방전을 받거나 단순히 거리를 이동할 때도 컴퓨터 네트워크와 끊임없이 상호작용한다. 컴퓨터 네트워크는 수많은 인간 활동이 모이고 교차하는 연결 고리nexus가 되었다. 거의 모든 금융 거래, 사회적 혹은 정치적 거래의 중심에는 이제 컴퓨터가 있다. 결과적으로 우리는 결국 신의 눈을 피할 수 없었던 낙원의 아담과 이브처럼 감시의 눈길을 피할 수 없다.

컴퓨터 네트워크는 우리를 추적하기 위해 수백만 명의 인간 요원을 고용할 필요가 없는 것처럼, 우리의 데이터를 분석하기 위해 수백만 명의 인간 전문가를 모집할 필요도 없다. 세쿠리타테 본부로 밀려드는 서류들은 결코 스스로를 분석하지 않았다. 하지만 머신러닝과 AI의 마법 덕분에 컴퓨터는 자신이 축적한 정보의 대부분을 스스로 분석할 수 있다. 인간은 평균적으로 1분에 약 250개의 단어를 읽을 수 있다.[8] 하루도 쉬지 않고 열두 시간씩 교대로 근무하는 세쿠리타테 분석가는 40년의 임기 동안 약 26억 개의 단어를 읽을 수 있었을 것이다. 2024년 현재 챗GPT와 메타 AI에서 개발한 대규모 언어 모델 라마Llama와 같은 언어 알고리즘은 분당 수백만 개의 단어를 처리할 수 있으며, 26억 개 단어를 두세 시간이면 '읽을' 수 있다.[9] 이런 알고리즘들이 이미지를 처리하고 소리를 녹음하고 영상을 찍는 능력은 그야말로 초인 수준이다.

더 중요한 사실은 그 데이터의 바다에서 패턴을 찾아내는 능력에서 알고리즘은 인간을 훨씬 능가한다는 것이다. 패턴을 파악하기 위해서는 아이디어를 생성할 수 있는 능력과 결정을 내릴 수 있는 능력이 둘 다 필요하다. 예를 들어, 인간 분석가들은 주의 깊게 살펴봐야 할 '테러 용의자'를 어떻게 식별할까? 먼저 '극단주의 문헌을 읽는다' '알려진 테러리스트와 접촉한다' '위험한 무기를 만드는 데 필요한 기술적 지식을 가지고 있다'와 같은 일반적인 기준을 생성한다. 그런 다음에 특정인이 테러 용의자로 분류될 정도로 이

기준들을 충족하는지 여부를 **결정**해야 한다. 어떤 사람이 지난달에 유튜브에서 극단주의 동영상 100개를 시청했고, 유죄판결을 받은 테러범과 친구이며, 현재 에볼라 바이러스 샘플이 있는 연구실에서 전염병학 박사 과정을 밟고 있다고 가정해보자. 이 사람을 '테러 용의자' 목록에 올려야 할까? 그러면, 지난달에 50개의 극단주의 동영상을 시청한 생물학과 학부생은 어떨까?

1970년대 루마니아에서는 인간만이 그런 결정을 내릴 수 있었다. 2010년대 들어 인간은 이런 결정을 점점 더 알고리즘에게 맡기고 있다. 2014, 2015년경 미국 국가안보국NSA은 스카이넷이라는 AI 시스템을 도입했다. 스카이넷은 개인별 통신 내역, 글, 여행 기록, 소셜 미디어 게시물 등 다양한 전자 데이터를 수집하고 분석하여 사람들을 '테러 용의자' 목록에 올렸다. 한 보고서에 따르면, 그 AI 시스템은 "파키스탄의 휴대폰 네트워크를 대량으로 감시한 다음, 5,500만 명의 휴대폰 네트워크 메타데이터에 머신러닝 알고리즘을 적용하여 각 개인이 테러범일 가능성을 평가한다"고 한다. CIA와 NSA 두 곳에서 국장을 지낸 사람은 "우리는 메타데이터를 바탕으로 사람들을 죽인다"고 선언했다.[10] 스카이넷의 신뢰성에 대해 심각한 비판이 제기되었지만, 2020년대에 이르러 그런 종류의 기술은 훨씬 더 정교해졌고, 훨씬 더 많은 정부가 그것을 활용하고 있다. 대량의 데이터를 검토하는 알고리즘들은 이전에 인간 분석가들이 놓쳤던, 누군가를 '용의자'로 정의하는 완전히 새로운 기준을 발견할 수 있다.[11] 미래의 알고리즘은 단지 알려진 테러범들의 생활 패턴을 가지고 사람들이 어떻게 과격화되는지에 대한 완전히 새로운 모델을 구축할 수도 있을 것이다. 물론 컴퓨터는 여전히 오류를 범할 수 있다(이 문제는 8장에서 심층적으로 다룰 것이다). 컴퓨터는 무고한 사람을 테러범으로 분류하거나, 급진화에 대한 잘못된 모델을 만들어낼지도 모른다. 훨씬 더 근본적인 수준에서, 특정 체제의 '테러리즘' 정의가 객관적인 것인지도 의문이다. 정부들은 '테러리스트'를 반체제 인사를 억압하기 위한 낙인으로 사용한 유구한 역사를 가지고 있다. 소련에서는 정권에 반대하면 누구나 테러리스트였다. 결과적으로, AI가 누군가를 '테러리스트'로 분류할 때 거기에는 객관적인 사실보다는 이념적 편향이 반영되어 있을지도 모른다. 결정을 내리고 아이디어를 생성하는 능력은 오류를 범할 가능성과 뗄 수 없는 관계에 있다. 설령 어떤 오류도 범하지 않더라도, 데이터의 바다에서 패턴을 인식하는 알고리즘의 초인적 능력은, 반체제 인사를 색출하려는 독재 정권부터 취약한 먹잇감을 찾으려는 사기꾼에 이르는 수많은 악당들의 힘을 지나치게 키울 수 있다.

　　물론 패턴 인식에는 어마어마한 긍정적 잠재력도 있다. 알고리즘은 부패 공무원, 화이트칼라 범죄자, 탈세 기업을 찾아내는 데 도움을 줄 수 있다. 알고리즘은 또한 식수 오염 원인을 찾아내려는 위생 공무원,[12] 질병과 전염병 확산을 파악하려는 의사,[13] 학대받는 배우자와 어린이를 찾아내려는 경찰과 사회복지사에게 도움을 줄 수 있다.[14] 여기서 내가 알고리즘 관료제의 긍정적 잠재력을 길게 다루지 않는 이유는 AI 혁명을 주도하는 기업가들이 이미 대중에게 충분한 장밋빛 전망을 제시하고 있기 때문이다. 내 목표는 알고리즘 패턴 인식의 더 불길한 잠재력에 주목함으로써 이런 유토피아 비전과 균형을 맞추는 것이다. 바라건대 우리가 알고리즘의 파괴적인 역량을 규제하고 긍정적인 잠재력을 활용할 수 있었으면 좋겠다.

하지만 그러기 위해서는 먼저 새로운 디지털 관료가 그들의 인간 전임자와 근본적으로 어떻게 다른지 알아야 한다. 비유기체 관료는 하루 24시간 '근무'할 수 있고, 언제 어디서나 우리를 감시하며 우리와 상호작용할 수 있다. 관료제와 감시가 더 이상 특정 시간과 장소에 국한되지 않는다는 뜻이다. 의료 제도, 경찰, 소비자를 조종하는 기업들은 이미 우리 삶 깊숙이 들어와 있다. 병원이나 경찰서, 쇼핑몰에 갈 때처럼 특정 상황에만 우리 옆에 있는 것이 아니라, 하루 종일 우리를 따라다니며 일거수일투족을 감시하고 분석하고 있다. 물고기가 물속에 살듯이, 인간은 디지털 관료제 속에서 살아가며 끊임없이 데이터를 들이마시고 내뱉는다. 우리가 하는 모든 행위는 데이터 흔적을 남기고, 그것들은 패턴을 파악하기 위해 수집되고 분석된다.

피부 밑
감시

좋든 싫든 디지털 관료는 우리가 세상에서 하는 일을 감시하는 것 외에 우리 몸 안에서 일어나는 일까지 지켜볼지도 모른다. 예를 들어 안구 추적을 생각해보자. 2020년대에 들어와 CCTV 카메라와 노트북과 스마트폰에 내장된 카메라는 단 몇 밀리초 동안만 지속되는 동공과 홍채의 미세한 변화를 포함해 우리의 안구 운동에 대한 데이터를 일상적으로 수집하고 분석하기 시작했다. 인간 요원들은 그런 데이터를 알아채지도 못하지만, 컴퓨터는 동공과 홍채의 모양, 그리고 이 부위들이 반사하는 빛 패턴을 바탕으로 우리의 시선 방향까지 계산할 수 있다. 컴퓨터는 비슷한 방법으로 우리 눈동자가 안정된 표적에 고정되어 있는지, 움직이는 표적을 따라가고 있는지, 정처 없이 배회하고 있는지도 판단할 수 있다.

컴퓨터는 특정한 안구 운동 패턴을 토대로 집중하는 순간과 주의가 산만한 순간을 구분하고, 세부에 집중하는 사람과 맥락에 더 주의를 기울이는 사람을 구분할 수 있다. 또한 우리 눈동자를 통해 우리가 새로운 경험에 얼마나 열려 있는지와 같은 성격 특징들을 추론하고, 독서부터 수술까지 다양한 분야의 전문성 수준을 평가할 수도 있을 것이다. 잘 훈련된 전문가들은 체계적인 시선 패턴을 보여주는 반면 초보자의 눈동자는 목적 없이 배회한다. 눈동자의 움직임은 누군가가 자기 앞에 있는 사물과 상황에 얼마나 관심이 있는지, 그 관심이 긍정적인지, 무관심인지, 부정적인지도 알려준다. 이를 토대로 정치부터 섹스까지 다양한 분야에서 우리가 무엇을 선호하는지 유추해낼 수 있다. 건강 상태와 다양한 물질의 사용 여부도 알 수 있다. 알코올과 약물을 섭취하면, 비록 독성이 없는 용량이라도 눈동자 크기가 변하고 움직이는 사물에 눈을 맞추지 못하는 등 눈과 시선에 측정 가능한 영향을 준다. 디지털 관료제는 이런 정보를 약물 남용과 정신 질환으로 고통받는 사람들을 조기에 발견하는 등 선의의 목적으로 사용할 수 있다. 하지만 이런 정보는 분명 역사상 사생활 침해가 가장 심각한 전체주의 정권의 토대가 될 수도 있다.[15]

아마 미래의 독재자들은 컴퓨터 네트워크를 단지 눈동자를 감시하는 것보다 훨씬 더 깊이 침투시킬 수 있을 것이다. 네트워크가 우리의 정치적 견해, 성격 특성, 성 지향성을 알고자 한다면, 심장과 뇌 안에서 일어나는 과정을 감시하면 된다. 이런 감시에 필요한 생체 인식 기술이 이미 몇몇 정부, 그리고 일론 머스크의 뉴럴링크 같은 기업들에 의해 개발되고 있다. 머스크의 회사는 살아 있는 쥐, 양, 돼지, 원숭이의 뇌에 전기 탐침을 이식하는 실험을 진행했다. 각각의 탐침에는 전기신호를 식별할 수 있으며 신호를 뇌로 전송할 수도 있는 전극이 최대 3,072개 포함되어 있다. 2023년에 뉴럴링크는 미국 정부로부터 인간을 대상으로 실험을 시작해도 좋다는 승인을 받았고, 보도에 따르면 2024년 1월 인간에게 최초의 두뇌 칩을 이식했다.

머스크는 자신의 거창한 계획을 공개적으로 밝히며, 이 기술은 사지 마비를 포함한 다양한 질환의 증상을 완화할 수 있으며 나아가 인간의 능력을 업그레이드하여 AI에 대한 인류의 경쟁력을 확보할 수 있을 것이라고 주장한다. 하지만 현재 뉴럴링크의 탐침과 그 밖의 비슷한 생체 인식 장치들은 그 기능을 크게 제한하는 여러 기술적 문제를 안고 있다는 점을 분명히 해둬야 한다. 뇌, 심장 등에서 일어나는 신체 활동을 몸 밖에서 정확하게 모니터링하기는 쉬운 일이 아니며, 탐침이나 기타 모니터링 장치를 몸에 이식하는 것은 침습적이고, 위험하고, 비용이 많이 들며, 비효율적이다. 한 예로 우리의 면역계는 이식된 전극을 공격한다.[16]

결정적으로, 뇌 활동 같은 몸 안의 데이터를 토대로 정확한 정치적 견해를 유추해낼 수 있는 생물학 지식이 아직 없다.[17] 과학자들은 인간의 뇌는커녕 쥐의 뇌도 제대로 이해하지 못하고 있다. 쥐 뇌에 있는 뉴런, 가지돌기, 시냅스 사이의 역학 관계를 이해하는 것은 고사하고 위치와 연결 상태를 정확하게 파악하는 것도 현재의 컴퓨터 기술로는 불가능하다.[18] 따라서 인간의 뇌 안에서 데이터를 수집하는 것은 점점 실현 가능한 일이 되고 있지만, 그러한 데이터를 인간의 비밀을 해독하는 데 사용하려면 아직 갈 길이 멀다.

2020년대 초 널리 퍼진 한 음모론은 일론 머스크 같은 억만장자들이 이끄는 사악한 집단이 우리를 감시하고 통제하기 위해 이미 컴퓨터 칩을 우리의 뇌에 이식하고 있다고 주장한다. 하지만 이 음모론은 우리의 불안을 엉뚱한 곳으로 돌린다. 우리는 새로운 전체주의 체제의 등장을 당연히 두려워해야 하지만, 우리 뇌에 이식된 컴퓨터 칩에 대해 걱정하기는 아직 이르다. 오히려 사람들이 이런 음모론을 읽는 스마트폰에 대해 걱정해야 한다. 누군가가 당신의 정치적 견해를 알고 싶어 한다고 가정해보자. 당신의 스마트폰은 당신이 어떤 뉴스 채널을 보는지 감시하면서 하루 평균 폭스 뉴스를 40분, CNN을 40초 시청한다는 사실을 기록한다. 한편 이식된 뉴럴링크의 컴퓨터 칩은 하루 동안 당신의 심박수와 뇌 활동을 모니터링하여 최대 심박수가 분당 120회이고 편도체가 평균보다 약 5퍼센트 더 활성화되어 있다는 사실을 기록한다. 스마트폰이 입수하는 데이터와 몸에 이식된 칩이 입수하는 데이터 중 어떤 데이터가 당신의 정치적 성향을 추측하는 데 더 유용할까?[19] 아직까지는 스마트폰이 생체 인식 센서보다 훨씬 더 가치 있는 감시 도구다.

하지만 생물학 지식이 증가하면, (무엇보다도 페타바이트 수준의 생체 인식 데이터를 분석할 수 있는 컴퓨터 덕분에) 신체 내부 감시가 결국 진가를 발휘할 것이고, 다른 모니터링 도구와 연결될 경우 특히 빛을 발할 것이다. 그 시점에는, 스마트폰으로 특정 뉴스를 시청하는 수백만 명의 심박수와 뇌 활동이 생체 인식 센서에 등록되면, 그 정보를 토대로 컴퓨터 네트워크가 사람들의 전반적인 정치적 성향 외에도 훨씬 많은 것을 알아낼 수 있을 것이다. 컴퓨터 네트워크는 각 개인을 화나게, 두렵게, 또는 즐겁게 만드는 것이 무엇인지 정확하게 학습할 것이고, 그런 다음에는 우리의 감정을 예측하고 조종하여 우리에게 상품이든 정치인이든 전쟁이든 자신이 목적한 것을 받아들이게 만들 수 있을 것이다.[20]

사생활의
종말

인간이 인간을 감시하는 세계에서는 사생활이 기본값이었다. 하지만 컴퓨터가 인간을 감시하는 세계에서는 역사상 처음으로 사생활이 완전히 사라질지도 모른다. 사생활 침해의 가장 극단적이고도 유명한 사례는 코로나19 팬데믹 같은 예외적인 비상 시기라든지, 점령된 팔레스타인 영토, 중국의 신장웨이우얼자치구, 인도령 카슈미르 지역, 러시아가 점령한 크림반도, 미국과 멕시코 국경, 아프가니스탄과 파키스탄 국경 지대처럼 일반적인 질서가 적용되지 않는 예외적인 장소들과 관련이 있다. 이런 이례적인 시기, 예외적인 장소에서는 새로운 감시 기술이 엄격한 법, 경찰력 및 군

병력과 결합해 사람들의 이동, 활동, 심지어 감정까지도 끊임없이 감시하고 통제했다.[21] 하지만 현재 AI 기반 감시 시스템은 어마어마한 규모로, 게다가 '이례적인 상황'이 아닌 시공간에도 배치되고 있다는 사실을 기억할 필요가 있다.[22] 요즘 이런 감시 시스템은 어디서나 일상의 일부가 되었다. 벨라루스부터 짐바브웨에 이르는 독재국가들은 물론[23] 런던과 뉴욕 같은 민주적인 국제도시에도 포스트프라이버시 시대가 도래하고 있다.

선의로든 악의로든 정부들은 범죄와 싸우거나 반대 의견을 억압하거나 (실제 또는 가상의) 내부 위협에 대응하기 위해 영토 전체를 스파이웨어, CCTV 카메라, 안면 인식 및 음성 인식 소프트웨어, 검색 가능한 방대한 데이터베이스를 갖춘 온라인, 오프라인 감시 네트워크로 뒤덮는다. 정부가 원한다면, 시장부터 예배당, 학교부터 개인 주택에 이르기까지 모든 곳에 감시 네트워크를 배치할 수 있다. (모든 정부가 사람들의 집 안에 카메라를 설치하려고 하는 것은 아니며 할 수 있는 것도 아니지만, 알고리즘은 우리가 사용하는 컴퓨터와 스마트폰을 통해 우리의 거실, 침실, 욕실에서조차 우리를 일상적으로 감시한다.)

또한 정부의 감시 네트워크는 당사자가 알든 모르든 전 국민의 생체 데이터를 일상적으로 수집한다. 예를 들어, 140개 이상의 국가에서 여권을 신청할 때 지문, 얼굴 스캔, 또는 홍채 스캔을 의무적으로 요구한다.[24] 외국에 입국하기 위해 여권을 사용할 때, 해당 국가도 대개 지문, 얼굴 스캔, 홍채 스캔을 요구한다.[25] 또한 내국인이나 관광객이 델리, 베이징, 서울, 런던의 거리를 걷는 동안 그들의 움직임이 기록될 가능성이 있다. 이런 도시들과 그 밖에 전 세계의 많은 도시에는 1제곱킬로미터당 평균 100대 이상의 감시 카메라가 설치되어 있기 때문이다. 2023년에는 전 세계에 총 10억 대 이상의 CCTV 카메라가 작동하고 있었는데, 이는 대략 여덟 명당 한 대꼴이다.[26]

한 사람이 하는 모든 활동은 데이터 흔적을 남긴다. 모든 구매 내역은 어떤 데이터베이스에 기록된다. 친구에게 메시지를 보내고, 사진을 공유하고, 요금을 지불하고, 뉴스를 읽고, 예약을 하고, 택시를 부르는 것과 같은 온라인 활동도 모두 기록될 수 있다. AI 시스템은 이렇게 생성된 데이터의 바다를 분석하여 불법 활동, 의심스러운 패턴, 실종자, 질병 보균자, 정치적 반체제 인사를 찾아낼 수 있다.

모든 강력한 기술이 그렇듯이, 이런 시스템은 좋은 목적으로도 나쁜 목적으로도 쓰일 수 있다. 2021년 1월 6일 미국 국회의사당 습격 사건이 일어난 후 FBI와 미국의 기타 법 집행 기관은 습격에 참여한 사람들을 찾아내 체포하기 위해 최첨단 감시 시스템을 이용했다. 〈워싱턴 포스트〉의 조사에 따르면, 이 기관들은 국회의사당 내 CCTV 카메라 영상을 분석하는 것은 물론이고 소셜 미디어 게시물, 전국의 차량 번호판 인식기, 휴대폰 기지국을 통해 수집된 위치 기록 등 기존 데이터베이스를 총동원했다.

오하이오주에 사는 한 남성이 페이스북에 그날 워싱턴에 가서 "역사를 목격했다"라는 게시물을 올렸다. 페이스북에 영장이 발부되었고, 페이스북은 FBI에 그 남성의 페이스북 게시물뿐 아니라 신용카드 정보와 휴대폰 번호도 제공했다. 이 정보를 토대로 FBI는 그 남성의 운전면허증 사진을 국회의사당 CCTV 영상과 비교할 수 있었다. 1월 6일 또 다른 영장이 구글에 발부되었고, 구글은 이 남성이 소지한 스마트폰의 정확한 위치 정보를 제공했다. 요원들은 상원 회의장 입구부터 하원 의장 낸시 펠로시의 사무실까지 그의 모든 동선을 파악할 수 있었다.

FBI는 차량 번호판이 찍힌 영상을 토대로, 뉴욕에 사는 한 남성이 1월 6일 아침 6시 6분 8초에 헨리 허드슨 브리지를 건넌 순간부터 그날 밤 23시 59분 22초에 조지 워싱턴 브리지를 건너 집으로 돌아갈 때까지의 동선을 정확히 파악했다. 95번 주간州間 고속도로의 한 카메라에 찍힌 영상에는 "미국을 다시 위대하게Make America Great Again"(도널드 트럼프 전 미국 대통령이 2016년 선거운동에서 사용한 슬로건—옮긴이)라는 문구가 새겨진 커다란 야구 모자가 대시보드 위에 놓여 있었다. 그 모자는 이 남성이 페이스북 프로필 사진에서 쓰고 있는 모자와 일치했다. 그는 국회의사당 내부에서 직접 촬영한 여러 개의 동영상을 스냅챗에 올림으로써 스스로 범죄 혐의를 입증했다.

습격의 또 다른 용의자는 1월 6일 발각되지 않기 위해 마스크를 쓰고, 실시간 스트리밍을 피하고, 어머니 명의로 등록된 휴대폰을 사용했지만 별 소용이 없었다. FBI의 알고리즘은 2021년 1월 6일에 찍힌 영상과 그 남성의 2017년 여권 신청서 사진이 일치한다는 것을 알아냈다. 알고리즘은 또한 1월 6일에 그가 착용한 '콜럼버스 기사단'(가톨릭 남성 봉사 단체—옮긴이)의 독특한 재킷이, 한 유튜브 클립에 포착된 다른 날 그가 입었던 재킷과 일치한다는 사실도 알아냈다. 그의 어머니 명의로 등록된 휴대폰이 국회의사당 안에 있었다는 위치 기록이 나왔으며, 1월 6일 아침 국회의사당 근처에서 그의 차량이 한 차량 번호판 인식기에 찍혔다.[27]

현재 전 세계 경찰은 얼굴 인식 알고리즘과 AI가 정보를 찾아줄 수 있는 데이터베이스를 일상적으로 사용한다. 이런 장치는 국가 비상사태가 발생했거나 국가 안보상 필요할 때만이 아니라 일상적인 치안 업무에도 활용된다. 2009년 중국 쓰촨성에서 한 범죄 조직이 부모 가게 밖에서 놀고 있던 세 살배기 구이하오를 유괴했다. 이후 소년은 약 1,500킬로미터 떨어진 광둥성의 한 가정에 팔려 갔다. 2014년 아동 인신매매 조직의 두목이 체포되었지만, 구이하오와 여타 피해자들을 찾는 것은 불가능했다. "아이의 외모가 부모도 못 알아볼 정도로 변했을 테니까요." 한 경찰 수사관은 이렇게 설명했다.

하지만 2019년에 안면 인식 알고리즘의 도움으로 열세 살이 된 구이하오를 찾을 수 있었고 10대 소년은 가족과 재회했다. AI는 구이하오가 아기 때 찍은 오래된 사진을 토대로 아이를 정확하게 찾아냈다. AI는 성장 과정에서 나타나는 극적인 변화뿐만 아니라 머리카락 색깔과 머리 모양이 변했을 가능성까지 감안하여 열세 살의 구이하오가 어떤 모습일지 시뮬레이션했고, 그 결과물을 실제 영상과 비교했다.

2023년에는 훨씬 더 놀라운 구조 사례가 보고되었다. 웨찬레이는 세 살 때인 2001년에 납치되었고, 하오천 역시 세 살 때인 1998년에 실종되었다. 두 아이의 부모들은 아이를 찾을 수 있다는 희망을 버리지 않았다. 20년 넘게 아이를 찾아 중국 전역을 누볐고,

실종 광고를 냈으며, 관련 정보를 제공하는 사람에게 금전적 보상을 제공했다. 그리고 2023년에 이르러 마침내 얼굴 인식 알고리즘의 도움으로 20대 성인 남성이 된 두 실종 소년을 찾을 수 있었다. 이런 기술은 현재 중국에서만이 아니라 매년 수만 명의 어린이가 실종되는 인도와 같은 다른 국가에서도 실종 아동을 찾는 데 유용하게 쓰인다.[28]

한편 덴마크에서는 2019년 7월 프로 축구팀 브뢴비 IF가 축구 훌리건을 식별하여 입장을 금지하기 위해 홈구장에 얼굴 인식 기술을 도입했다. 최대 3만 명의 축구 팬은 경기를 보기 위해 축구장에 들어올 때, 컴퓨터가 그들의 얼굴을 스캔하여 출입 금지자 목록과 비교할 수 있도록 마스크, 모자, 안경을 벗어야 한다. 놀랍게도, 유럽 연합의 엄격한 개인 정보 보호 규정 GDPR를 따르는 심사에서 이 절차가 승인되었다. 덴마크 데이터 보호 당국은 이 기술을 사용하면 "사람이 일일이 확인하는 것보다 시간이 훨씬 단축되어 축구장 입구의 대기 줄을 줄일 수 있고, 따라서 줄을 서는 축구 팬들이 소요를 일으킬 위험이 줄어든다"고 설명했다.[29]

기술의 이런 활용은 원칙적으로는 칭찬할 만하지만, 사생활 침해와 정부의 과도한 개입에 대한 우려를 불러일으킨다. 소요를 일으킨 사람들을 찾고, 실종 아동을 구조하고, 훌리건의 축구장 출입을 금지할 수 있는 바로 그 기술이 잘못된 손에 들어가면 평화적인 시위대를 박해하거나 획일적인 사고와 행동을 강요하는 데도 쓰일 수 있다. 궁극적으로 AI 기반 감시 기술은 시민을 하루 24시간 감시하고 어디서든 자동적으로 전체주의적 억압을 실행에 옮기는, 새로운 종류의 완전한 감시 체제를 탄생시킬지도 모른다. 대표적인 예가 이란의 히잡 법이다.

1979년에 이란이 이슬람 신정국가가 된 후, 새로운 정권은 여성들의 히잡 착용을 의무화했다. 하지만 이란의 도덕 경찰은 이 규정을 집행하는 데 어려움을 겪었다. 모든 길모퉁이에 경찰을 배치할 수도 없고, 히잡을 쓰지 않은 여성들과 공개적인 장소에서 대립하다가 저항과 반감을 일으키기도 했다. 2022년에 이란은 히잡 법을 집행하는 일의 대부분을, 물리적 공간뿐 아니라 온라인 환경까지도 쉴 새 없이 감시하는 전국적인 안면 인식 알고리즘 시스템에 떠넘겼다.[30] 이란의 한 고위 관리는 이 시스템은 "히잡 법 위반"을 비롯해 "부적절하고 특이한 움직임을 식별"할 수 있다고 설명했다. 이란 의회의 법률사법위원회 위원장 무사 가잔파라바디는 또 다른 인터뷰에서 "얼굴을 녹화하는 카메라를 사용하면 이 작업을 체계적으로 수행할 수 있기 때문에 경찰 배치를 줄일 수 있고, 결과적으로 경찰과 시민 간의 충돌이 더 이상 발생하지 않을 것"이라고 말했다.[31]

얼마 후인 2022년 9월 16일, 스물두 살의 마흐사 아미니가 히잡을 제대로 쓰지 않았다는 이유로 이란의 도덕 경찰에게 체포되어 구금되어 있다가 사망하는 사건이 일어났다.[32] '여성, 생명, 자유' 운동으로 알려진 시위의 물결이 일어났다. 수십만 명의 여성들과 소녀들이 머리 스카프를 벗었고, 일부는 공개적으로 히잡을 불태우며 모닥불 둘레에서 춤을 추었다. 이란 당국은 시위를 진압하기 위해 이번에도 안면 인식 소프트웨어, 위치 추적, 웹 트래픽 분석, 기존 데이터베이스에 기대는 AI 감시 시스템에 의존했다. 이란 전역

에서 1만 9,000명이 넘는 사람들이 체포되었고, 500명 이상이 사망했다.[33]

2023년 4월 8일, 이란 경찰청장은 2023년 4월 15일부터 안면 인식 기술을 활용한 단속을 강화하겠다고 발표했다. 특히 알고리즘을 이용해 차량 이동 중 히잡을 쓰지 않은 여성을 식별하여 SMS 경고 메시지를 자동으로 발송할 것이라고 밝혔다. 그리고 두 번 이상 적발될 경우 일정 기간 차량 운행을 중지하고 이를 어길 시 차량을 압수할 것이라고 말했다.[34]

두 달 후인 2023년 6월 14일, 이란 경찰 대변인은 이 자동 감시 시스템이 개인 차량에서 히잡을 쓰지 않은 상태로 포착된 여성들에게 거의 100만 건의 SMS 경고 메시지를 보냈다고 자랑했다. 이 시스템은 히잡을 쓰지 않은 사람이 남성이 아니라 여성임을 자동 판별하고, 그 사람의 신원을 확인하여 휴대폰 번호를 알아낼 수 있었던 것으로 보인다. 또한 이 시스템은 "2주간 차량 운행을 중지할 것을 명령하는 13만 3,174개의 SMS 메시지를 발송했고, 2,000대의 차량을 압수했으며, 4,000명 이상의 '상습범'을 사법부에 회부했다".[35]

쉰두 살 여성 마리얌은 국제사면위원회에 이 감시 시스템에 대한 자신의 경험을 알렸다. "운전 중 히잡을 쓰지 않았다는 이유로 처음 경고를 받았을 때 저는 교차로를 지나가고 있었어요. 그때 카메라가 사진을 찍더니 곧바로 경고 문자가 날아왔어요. 두 번째에는 쇼핑을 마치고 가방을 차에 싣는데 히잡이 바닥에 떨어졌어요. 그 후 히잡 의무 착용 법률을 위반했으니 15일 동안 차량을 '절차에 따라 압류'한다는 메시지를 받았어요. 저는 그게 무슨 뜻인지 몰랐어요.

주위에 물어보다가 친척을 통해, 자동차를 15일 동안 운행할 수 없다는 뜻이라는 걸 알았죠."[36] 마리얌의 증언에 비추어 보면 사람이 절차를 검토하고 승인할 새도 없이 AI가 수초 내에 협박 메시지를 보낸다는 것을 알 수 있다.

처벌은 차량 이동 제한이나 몰수보다 훨씬 심각했다. 국제사면위원회가 2023일 7월 26일에 발표한 보고서에 따르면, 이 대규모 감시 활동의 결과로 "셀 수 없이 많은 여성들이 대학에서 정학이나 퇴학 처분을 받았고, 기말 시험 응시 자격을 박탈당했으며, 은행 서비스와 대중교통 이용이 거부되었다".[37] 직원이나 고객에게 히잡 법을 시행하지 않는 기업도 처벌을 받았다. 대표적인 사례로, 테헤란 동부에 위치한 '행복의 나라' 놀이공원에 근무하는 한 여직원이 히잡을 착용하지 않은 모습으로 사진에 찍혀 그 사진이 소셜 미디어에 유포된 사건이 있었다. 이에 대한 처벌로 이란 당국은 '행복의 나라'의 영업을 중지시켰다.[38] 국제사면위원회의 보고에 따르면, 이란 당국은 "강제 히잡 착용 법률을 시행하지 않았다는 이유로 수백 곳의 관광 명소, 호텔, 레스토랑, 약국, 쇼핑센터를 폐쇄했다".[39]

2023년 9월, 이란 의회는 마흐사 아미니의 1주기를 맞아 더 엄격한 새로운 히잡 법안을 통과시켰다. 새로운 법에 따르면, 히잡을 쓰지 않은 여성은 무거운 벌금과 최대 10년의 징역형을 받을 수 있다. 또한 자동차와 통신기기를 압수하고, 운전을 금지하고, 급여와 수당을 삭감하고, 직장에서 해고하고, 은행 서비스 이용을 금지하는 등의 추가 처벌을 받게 된다. 직원이나 고객에게 히잡 법을 시행하지 않는 사업주는 최대 세 달 치 수익에 해당하는 벌금을 부과받을 수 있으며, 최대 2년간 출국이 금지되거나, 공공 활동 또는 온라인 활동에 참여하는 것이 금지될 수 있다. 새로운 법안은 여성뿐 아니라, "가슴 아래 또는 발목 위 신체 부위를 드러내는 노출이 심한 옷"을 입은 남성들도 표적으로 삼았다. 마지막으로 그 법은 이란 경찰에게 "고정된 카메라와 이동 카메라로 불법행위에 가담한 사람을 식별해낼 수 있는 AI 시스템을 만들고 강화"할 것을 명령했다.[40] 앞으로 몇 년 내에 많은 사람들이 차우셰스쿠 치하의 루마니아는 자유지상주의 낙원으로 보일 정도로 완전한 감시 체제 아래서 살아가게 될지도 모른다.

다양한
감시

　　　　　감시라고 하면 우리는 보통 국가가 운영하는 기구를 떠올리지만, 21세기에 일어나는 감시를 이해하기 위해서는 감시가 여러 가지 형태로 이루어질 수 있다는 점을 기억해야 한다. 예를 들어 질투심 강한 배우자는 남편 또는 아내가 매 순간 어디 있는지 알고 싶어 하고, 평소와 조금만 달라도 설명을 요구한다. 오늘날 이들은 스마트폰과 몇 가지 값싼 소프트웨어 덕분에 결혼 독재를 쉽게 실현할 수 있다. 모든 대화와 움직임을 감시하고, 휴대폰 통화 내역을 기록하고, 소셜 미디어 게시물과 웹페이지 검색을 일일이 확인하며, 심지어 배우자 휴대폰의 카메라와 마이크를 몰래 켜두고 감시 장치로 이용할 수도 있다. 미국에 본부를 둔 비영리단체인 '가정 폭력 근절을 위한 전국 네트워크'는 가정 폭력 가해자의 절반 이상

이 이런 '스토킹웨어' 기술을 사용한다는 사실을 알아냈다. 뉴욕에
서조차 배우자가 자신도 모르는 사이에 전체주의 국가에서처럼 감
시당하고 자유를 제한받는 상황에 처할 수 있다.[41]

사무직 노동자부터 트럭 운전사까지, 고용주에게 감시당하는 직
원의 비율도 점점 증가하고 있다. 사장은 직원이 특정 시점에 어디
에 있는지, 화장실에서 얼마나 많은 시간을 보내는지, 업무 시간에
개인 이메일을 확인하는지, 맡은 업무를 얼마나 빨리 완료하는지
정확히 파악할 수 있다.[42] 기업들도 마찬가지로 고객을 감시하고
있다. 고객이 무엇을 좋아하고 싫어하는지 파악하고, 앞으로의 행
동을 예측하고, 위험과 기회를 평가하기 위해서다. 예를 들어 자동
차가 운전자의 행동을 감시해 그 데이터를 보험회사의 알고리즘과
공유하면, 보험회사는 '나쁜 운전자'에게 보험료를 올리고 '좋은 운
전자'에게는 보험료를 낮춘다.[43] 미국 학자 쇼샤나 주보프는 이런
식으로 점점 확장되고 있는 상업용 감시 시스템을 "감시 자본주의"
라고 불렀다.[44]

이런 다양한 하향식 감시에 더하여 개인들이 서로를 지속적으로
감시하는 개인 간 시스템도 있다. 예를 들어 온라인 여행 플랫폼 기
업인 트립어드바이저는 호텔, 휴가용 숙박 시설, 레스토랑, 관광객
을 모니터링하는 전 세계적인 감시 시스템을 운영한다. 2019년에
트립어드바이저에서 4억 6,300만 명의 여행자가 8억 5,900만 건의
리뷰를 훑어보았고, 86억 곳의 숙박 시설, 레스토랑, 관광 명소를
검색했다. 특정 레스토랑이 가볼 만한 곳인지 판단하는 것은 어떤
정교한 AI 알고리즘이 아니라 이용자들 본인이다. 그 레스토랑에서

식사를 한 사람들은 1점부터 5점까지 점수를 매길 뿐 아니라 사진과 리뷰를 올릴 수 있다. 트립어드바이저 알고리즘이 하는 일은 단순히 그 데이터를 집계하여 레스토랑의 평균 점수를 계산하고, 동종의 다른 레스토랑들과 비교해 순위를 매기고, 그 결과를 모두가 볼 수 있게 공개하는 것뿐이다.

알고리즘은 동시에 이용자들도 평가한다. 이용자가 리뷰나 여행 후기를 올리면 100점을 얻고, 사진이나 동영상을 올리면 30점, 온라인 커뮤니티에 게시물을 올리면 20점, 시설물을 평가하면 5점, 다른 사람들의 리뷰에 투표하면 1점을 얻는다. 그 점수를 바탕으로 이용자는 레벨 1(300점)부터 레벨 6(1만 점)까지 등급이 매겨져 그에 따른 특전을 제공받는다. 인종차별적인 댓글을 남기거나 부당한 악평을 작성하여 특정 레스토랑을 협박하는 등 시스템의 규칙을 위반하는 이용자는 불이익을 받거나 강제 탈퇴 처분을 받을 수 있다. 이것이 바로 개인 간 감시다. 모두가 다른 모두를 끊임없이 평가한다. 트립어드바이저는 카메라나 스파이웨어에 투자할 필요도, 고도로 정교한 생체 인식 알고리즘을 개발할 필요도 없다. 수백만 명의 인간 이용자들이 회사 운영에 필요한 거의 모든 데이터를 제공하고 거의 모든 업무를 수행한다. 트립어드바이저 알고리즘이 하는 일은 인간이 매긴 점수를 집계하여 웹에 게시하는 것뿐이다.[45]

트립어드바이저와 같은 개인 간 감시 시스템이 매일 수백만 명의 사람들에게 제공하는 유용한 정보 덕분에 사람들은 수월하게 휴가 계획을 세우고 좋은 호텔과 레스토랑을 찾는다. 하지만 개인 간 감시 시스템은 이 과정에서 사적 공간과 공적 공간의 경계를 이동시켰다. 전통적으로 고객과 웨이터의 관계는 비교적 사적인 영역이었다. 레스토랑에 들어간다는 것은 반쯤 사적인 공간에 들어가서 웨이터와 반쯤 사적인 관계를 맺는다는 뜻이었다. 범죄가 발생하지 않는 한 손님과 웨이터 사이에 일어나는 일은 그들만의 사생활이었다. 혹시 웨이터가 무례하게 굴거나 인종차별적인 발언을 하면, 당신은 항의를 하고 친구들에게 그곳에 가지 말라고 말할 수는 있겠지만, 그 밖에 다른 사람들은 그 일을 알지 못했다.

　개인 간 감시 네트워크는 이런 사생활 감각을 없앴다. 직원이 혹시라도 고객을 만족시키지 못하면 레스토랑은 나쁜 리뷰를 받게 되고, 이는 향후 수천 명의 잠재적 고객이 결정을 내리는 데 영향을 미칠 수 있다. 좋든 싫든 힘의 균형은 고객 쪽으로 기울고, 직원들은 대중의 시선에 전보다 많이 노출된다고 느낀다. 작가이자 저널리스트인 린다 킨슬러의 말에 따르면 "트립어드바이저 이전에는 고객이 명목상으로만 왕이었지만, 지금은 인생을 좌지우지하는 힘을 가진 진정한 폭군이 되었다".[46] 오늘날 수백만 명의 택시 기사, 이발사, 미용사 및 기타 서비스업 종사자들이 이와 같은 사생활 상실을 겪고 있다. 과거에는 택시를 타거나 이발소에 들어온다는 것은 누군가의 사적인 공간에 들어온다는 뜻이었다. 하지만 이제 고객들은 택시를 타거나 이발소에 올 때마다 카메라, 마이크, 감시 네트워크, 그리고 수천 명의 잠재적 시청자를 데리고 들어온다.[47] 이것이 바로 정부의 개입 없는 개인 간 감시 네트워크의 토대다.

사회신용
시스템

개인 간 감시 시스템은 보통 몇 가지 점수를 합산해 총점을 결정하는 방식으로 작동한다. 그런데 이런 '점수 논리'의 잠재력을 극대화하는 또 다른 유형의 감시 네트워크가 있다. 바로 사회신용 시스템으로, 한 사람의 모든 것을 점수로 매겨 개인 평점을 내고, 이 평점은 다시 그 사람의 모든 것에 영향을 미친다. 인간이 이런 야심 찬 점수 체계로서 가장 최근에 고안한 것이 5,000년 전 메소포타미아에서 발명된 화폐다. 어떻게 보면 사회신용 시스템은 새로운 종류의 화폐라고 할 수 있다.

화폐는 일종의 포인트로, 사람들은 특정 상품과 서비스를 판매해 포인트를 쌓은 다음 그 포인트로 다른 상품과 서비스를 구매한다. 어떤 국가들은 이 '포인트'를 달러라고 부르고, 또 어떤 국가들은 그것을 유로, 엔, 런민비人民幣('인민의 화폐')라고 부른다. 포인트는 주화, 지폐, 또는 디지털 은행 계좌에 있는 비트의 형태를 취할 수 있다. 물론 포인트 자체는 아무런 가치가 없다. 당신은 주화를 먹거나 지폐를 착용할 수 없다. 포인트의 가치는 포인트가 사회에서 개인의 평점을 기록하고 관리하는 회계 수단으로 쓰인다는 데 있다.

화폐는 경제 관계, 사회 교류, 인간 심리를 근본적으로 바꾸었다. 하지만 감시와 마찬가지로 화폐도 나름의 한계가 있었으며 모든 곳에 도달할 수도 없었다. 가장 자본주의적인 사회에서도 화폐가 침투하지 못하는 곳이 항상 있었고 금전적 가치로 환산할 수 없는 것들도 많았다. 미소는 얼마일까? 조부모님을 뵙는 대가로 돈을 얼마나 받으면 될까?[48]

돈으로 살 수 없는 것들을 점수화하기 위한 비화폐 시스템이 존재했는데, 이것은 명예, 지위, 평판 등 다양한 이름으로 불렸다. 사회신용 시스템의 목적은 평판 시장에서 가치를 평가하는 방법을 표준화하는 것이다. 사회신용은 미소와 가족 방문 같은 것에도 정확한 가치를 부여하는 새로운 포인트 시스템이다. 이것이 얼마나 혁명적이고 파급력이 큰지 알기 위해 지금까지 평판 시장이 화폐 시장과 어떻게 달랐는지 간략히 살펴보자. 화폐 시장의 원리들이 어느 날 갑자기 평판 시장으로 확대 적용될 경우 사회적 관계에 어떤 일이 일어날지 알 수 있을 것이다.

돈과 평판의 한 가지 큰 차이는 돈은 정확한 계산에 기반하는 수학적 구성물인 반면, 평판의 영역은 정확한 수치로 평가하기 어렵다는 것이다. 예를 들어 중세 귀족들은 공작, 백작, 자작 같은 신분 서열에 따라 자신들의 등급을 매겼지만 평판 점수를 매긴 사람은 아무도 없었다. 하지만 중세 시장의 고객들은 자신의 지갑에 주화가 몇 개나 있는지, 가판대에 놓인 상품들의 가격이 얼마인지 알았다. 화폐 시장에서는 단 한 개의 주화도 세지 않은 채로 남겨두지 않는다. 반면 중세 평판 시장의 기사들은 이런저런 행위로 명예를 얼마만큼 쌓을 수 있는지 정확히 계산할 수 없었으며 자신의 총점이 몇 점인지도 잘 몰랐다. 전투에 나가 용감하게 싸우면 기사는 명예 점수로 10점을 얻었을까, 아니면 100점을 얻었을까? 어떤 기사의 용감한 행동을 목격하고 기록한 사람이 아무도 없다면 어떻게 하나? 설령 용감한 행동을 본 사람들이 있었다 해도 사람마다 다른 점수를 매길 수 있었을 것이다. 이런 모호한 성격은 중세 평판 시스템에서는 버그가 아니라 중요한 기능이었다. '계산'은 교활함과 계략의 동의어였다. 명예로운 행동은 외적 보상을 추구하는 것이 아니라 내적 미덕을 보여주는 지표로 여겨졌다.[49]

빈틈없는 화폐 시장과 모호한 평판 시장의 차이는 지금도 유지되고 있다. 레스토랑 주인은 손님이 음식 값을 다 지불하지 않으면 그 사실을 알아채고 항의할 것이다. 메뉴판에 있는 모든 음식은 정확한 가격이 매겨져 있기 때문이다. 하지만 자신의 선행을 사회가 제대로 등록하지 않았다는 것을 레스토랑 주인이 어떻게 알까? 노인 고객을 돕거나 무례한 고객에게 인내심 있게 대하는데도 적절한 보상을 받지 못했다면 그는 누구에게 불만을 제기할 수 있을까? 경우에 따라서는 트립어드바이저에 불만을 제기할 수 있을 테고, 그럴 때 화폐 시장과 평판 시장의 경계가 허물어져 레스토랑과 호텔의 모호한 평판 시스템이 정확한 포인트로 계산되는 수학 시스템으로 바뀐다. 사회신용이란 이런 감시 방법을 레스토랑과 호텔에서 모든 것으로 확대하는 것이다. 가장 극단적인 유형의 사회신용 시스템에서는 모든 사람의 모든 행동을 계산해 평판 총점을 매기고 이 점수가 사람들이 할 수 있는 모든 것을 결정한다.

예를 들어 당신이 길거리에서 쓰레기를 주우면 10점을 얻고, 할머니가 길을 건너는 것을 도우면 20점을 얻으며, 드럼을 쳐서 이웃을 불편하게 하면 벌점으로 15점을 잃을 수 있다. 총점이 충분히 높으면, 기차표를 살 때 우선권을 얻거나, 대학에 지원할 때 유리해진다. 반면에 총점이 낮으면, 고용주가 채용을 거부하고 데이트 상대가 만남을 거절할지도 모른다. 보험회사는 더 높은 보험료를 요구할 것이고, 판사는 더 가혹한 형을 선고할 것이다.

누군가는 사회신용 시스템을, 친사회적 행동은 보상하고 이기적인 행동을 처벌함으로써 더 친절하고 조화로운 사회를 만드는 방법으로 볼지도 모른다. 예를 들어 중국 정부는 자국의 사회신용 시스템이 부패, 사기, 탈세, 허위 광고, 위조 등을 방지해주기 때문에 개인 간, 소비자와 기업 간, 시민과 정부 기관 간에 더 큰 신뢰를 구축해준다고 설명한다.[50] 어떤 사람들은 모든 사회적 행동에 정확한 값을 매기는 시스템이 모욕적이고 비인간적으로 느껴질 것이다. 설상가상으로 포괄적인 사회신용 시스템은 사생활을 없애고 인생을 끝이 없는 취업 면접으로 바꿀 것이다. 언제 어디서 무엇을 하든 그것이 일자리를 구하고, 대출을 받고, 남편을 얻고, 형량을 받는 데 영향을 미칠 수 있다. 당신이 대학 파티에서 술에 취해 불법은 아니지만 부끄러운 행동을 했다면? 정치 집회에 참가했다면? 신용 점수가 낮은 사람과 친구라면? 이런 일들은 단기적으로는 물론이고 수십 년 후까지도 구직 면접이나 형사재판에 영향을 미칠 수 있다. 따라서 사회신용 시스템은 전체주의적 통제 시스템이 될 가능성이 있다.

물론 지금까지 평판 시장은 사람들을 통제하고 사람들이 사회규범을 따르게 하는 데 기여했다. 대부분의 사회에서 사람들은 항상 평판을 잃는 것을 돈을 잃는 것보다 더 두려워했다. 경제적 곤궁 때문에 자살하는 사람보다 수치심과 죄책감 때문에 자살하는 사람이 훨씬 더 많다. 직장에서 해고당하거나 파산한 후 자살하는 사람들도 대개는 경제적 곤란 자체보다는 그로 인한 사회적 굴욕 때문에

극단적인 행동을 하게 된다.⁵¹

하지만 그동안은 평판 시장이 모호하고 주관적으로 운영되었기 때문에 전체주의적 통제의 잠재력을 완전히 실현하는 데는 한계가 있었다. 각각의 사회적 교류가 지닌 정확한 가치를 아무도 모르고, 누구도 모든 교류를 일일이 지켜볼 수 없기 때문에 상당한 운신의 폭이 있었다. 당신이 대학 파티에서 친구들이 우러러볼 만한 행동을 할 때 아마 미래의 고용주들이 그것을 어떻게 생각할지는 걱정하지 않았을 것이다. 구직 면접을 보러 갈 때 당신은 그 친구들이 거기 오지 않으리란 것을 알고 있었다. 그리고 집에서 포르노 비디오를 볼 때도 상사들이나 친구들이 당신이 뭘 하고 있는지 모를 것이라고 생각했다. 인생은 별개의 평판 영역들과 지위 경쟁들로 나뉘어 있었고, 지위 경쟁에 가담할 필요가 없는 순간도 많았다. 지위 경쟁은 매우 중요하기 때문에 스트레스도 극심하다. 따라서 인간뿐 아니라 유인원 같은 다른 사회적 동물들조차 경쟁에서 벗어나 잠시 숨 돌릴 여유를 반긴다.⁵²

불행히도 오늘날 사회신용 알고리즘은 어디에나 존재하는 감시 기술과 결합해 모든 지위 경쟁을 하나의 끝나지 않는 경주로 바꿀 태세다. 사람들은 집에 있거나 휴가를 보낼 때도, 마치 무대 위에 올라가 수백만 명이 보는 앞에서 공연을 하는 것처럼 말과 행동을 극도로 조심해야 한다. 이렇게 되면 스트레스가 엄청나게 심해져서 개인의 삶의 질뿐만 아니라 사회의 원활한 작동에도 해를 끼칠 수 있다. 만일 디지털 관료들이 정확한 포인트 시스템으로 모든 사람을 끊임없이 감시한다면, 새로운 평판 시장이 등장하여 사생활을

비 유 기 적
네 트 워 크

파괴하고 사람들을 화폐 시장보다 훨씬 더 강력하게 통제할 수 있을 것이다.

항상 켜져 있는

인간은 주기적인 생물학적 시간에 맞춰 살아가는 유기체다. 때로는 깨어 있고 때로는 잠들어 있다. 격렬한 활동을 한 후에는 쉬어야 한다. 우리는 성장하고 늙는다. 사람들의 네트워크도 마찬가지로 생물학적 주기를 따른다. 때로는 켜지고 때로는 꺼진다. 구직 면접은 영원히 계속되지 않는다. 경찰관들은 하루 24시간 일하지 않는다. 관료들은 휴가를 간다. 금융시장조차 이런 생물학적 주기를 존중한다. 뉴욕 증권거래소는 월요일부터 금요일까지 열리고, 아침 9시 30분에 개장했다가 오후 4시에 폐장한다. 그리고 독립 기념일과 새해 첫날 같은 공휴일에는 열리지 않는다. 금요일 오후 4시 1분에 전쟁이 터져도 증권시장은 월요일 아침까지는 반응하지 않는다.

반면 컴퓨터 네트워크는 항상 켜져 있다. 결과적으로 컴퓨터는 사람들에게 항상 연결되어 감시당하는 새로운 종류의 존재가 되도록 강요하고 있다. 의료 서비스 같은 일부 상황에서는 이것이 이득이 될 수 있다. 하지만 전체주의 국가의 시민들과 같은 상황에서는 이것이 그야말로 재앙일 수 있다. 설령 네트워크가 선의를 가지고 있다 해도, 항상 '켜져' 있다는 사실 자체가 인간과 같은 유기체에는 해가 될 수 있다. 연결을 끊고 휴식을 취할 기회를 빼앗기 때문이다. 유기체는 쉴 기회가 전혀 없으면 쇠약해져 죽는다. 하지만 어떻게 하면 끊임없이 가속하는 네트워크의 속도를 줄여 우리가 약간의 휴식을 가질 수 있을까?

컴퓨터 네트워크가 사회를 완전히 장악하는 것을 막아야 하는 이유는 단지 휴식을 위해서만이 아니다. 브레이크가 필요한 훨씬 더 중요한 이유는 네트워크를 바로잡을 기회를 갖기 위해서다. 만일 네트워크의 발전이 이대로 계속 가속화된다면, 네트워크의 오류도 우리가 찾아내 바로잡을 수 있는 속도보다 훨씬 빠르게 축적될 것이다. 네트워크는 쉬지 않고 어디에나 존재할 뿐 아니라 오류도 범하기 때문이다. 물론 컴퓨터는 우리가 무엇을 하는지 하루 24시간 지켜보면서 전례 없는 양의 데이터를 수집할 수 있다. 또한 데이터의 바다 속에서 패턴을 인간보다 월등히 효율적으로 찾아낼 수 있다. 하지만 그렇다고 해서 컴퓨터 네트워크가 항상 세상을 정확하게 이해하는 것은 아니다. 정보는 진실이 아니다. 완전한 감시 시스템은 세상과 인간 존재에 대한 대단히 왜곡된 이해를 형성할 수 있다. 네트워크가 세상과 인간에 대한 진실을 발견하는 대신 자신의 막강한 힘을 이용해 새로운 종류의 세계 질서를 만들고 그것을 우리에게 강요할지도 모른다.

8

오류 가능성: 네트워크는 자주 틀린다

알렉산드르 솔제니친은 《수용소 군도Архипелаг ГУЛАГ》(1973)에서 소련의 강제 노동 수용소와 그것을 만들고 지탱한 정보 네트워크의 역사를 기록한다. 그는 쓰라린 개인적 경험을 바탕으로 글을 썼다. 솔제니친은 제2차 세계대전 중 적군 대위로 복무할 때 학생 시절의 친구와 사적인 편지를 주고받으며 이따금 스탈린을 비판했다. 그는 만일의 사태에 대비해 독재자의 이름을 직접 언급하지 않고 "콧수염을 기른 남자"라고만 썼다. 하지만 그래봐야 소용이 없었다. 비밀경찰이 그의 편지를 가로채 읽었고, 결국 1945년 2월 독일 전선에서 복무하던 중 체포되었다. 그는 그 후 8년을 강제수용소에서 보내야 했다.[1] 솔제니친이 어렵게 얻은 깨달음과 직접 겪는 일들은 21세기 정보 네트워크 발전을 이해하는 데 여전히 유효하다.

한 이야기는 스탈린주의 대숙청이 최고조에 달했던 1930년대 말 모스크바주에서 열린 지역 당 대회에서 일어난 사건을 묘사한

제 2 부

다. 스탈린에게 경의를 표하라는 요청이 떨어지자마자, 자신들이 감시당하고 있다는 것을 아는 청중은 박수갈채를 보냈다. 5분 동안 박수가 이어지자 "손바닥이 화끈거리기 시작했고 들어 올린 팔은 벌써 아팠다. 나이가 많은 사람들은 지쳐서 숨을 헐떡이고 있었다. (…) 하지만 누가 감히 맨 먼저 박수를 멈추겠는가"? 솔제니친은 "NKVD 요원들이 강당에 서서 박수를 치며 누가 먼저 멈추는지 감시하고 있었다!"고 설명한다. 박수가 시작된 지 6분이 지나고, 다시 8분이 지나고, 어느덧 10분이 지났다. "그들은 심장마비로 쓰러질 때까지 멈출 수 없었다! (…) 얼굴에 가식적인 열정을 드러내고 실낱같은 희망으로 서로를 쳐다보는 지역 당 지도자들은 선 자리에서 쓰러질 때까지 계속 박수를 칠 태세였다."

11분이 지났을 때 마침내 한 제지 공장 공장장이 목숨 걸고 박수를 멈추더니 자리에 앉았다. 그러자 다른 모든 사람도 즉시 박수를 멈추고 자리에 앉았다. 그날 밤 비밀경찰이 공장장을 체포해 10년간 수용소로 보냈다. "심문관은 그에게 앞으로는 절대 먼저 박수를 멈추지 말라고 되새겨주었다."[2]

이 이야기는 정보 네트워크, 특히 감시 시스템에 관한 중요하고도 불편한 사실을 드러낸다. 앞의 장들에서 살펴보았듯이, 순진한 정보관이 주장하는 것과 달리 정보는 대개 진실을 드러내기보다는 질서를 유지하는 데 쓰인다. 겉으로 보면 모스크바 당 대회장에 있던 스탈린의 비밀 요원들은 '박수 테스트'를 청중에 관한 진실을 밝히는 방법으로 사용했다. 그것은 일종의 충성 테스트로, 박수를 더 오래 칠수록 스탈린을 친애하는 것이었다. 이는 많은 상황에서 꽤 합리적인 가정이다. 하지만 1930년대 말 모스크바라는 맥락에서 박수의 성격이 바뀌었다. 당 대회 참석자들은 자신들이 감시당하고 있고 불충의 기미를 약간만 보여도 어떻게 되는지 알았기 때문에, 진심에서 우러나서가 아니라 공포심으로 박수를 쳤다. 제지 공장 공장장이 가장 먼저 박수를 멈춘 이유는 가장 충성스럽지 않았기 때문이 아니었다. 아마 가장 정직한 사람이었거나, 아니면 단순히 손바닥이 누구보다 많이 아팠기 때문이었을 것이다.

박수 테스트는 사람들의 진실은 밝히지 못했지만, 사람들에게 질서를 강제하고 특정 방식으로 행동하도록 강요하는 데는 효과적이었다. 이런 방법은 시간이 갈수록 비굴, 위선, 냉소주의를 퍼뜨렸다. 이것이 소련의 정보 네트워크가 수십 년 동안 수억 명의 사람들에게 한 일이다. 양자역학에서는 아원자 입자를 관찰하는 행위가 입자의 행동을 바꾼다. 인간의 관찰 행위도 마찬가지다. 관찰 도구가 강력해질수록 영향력도 커진다.

소련 정권은 역사상 가장 막강한 정보 네트워크를 구축했다. 소련은 시민들에 대한 방대한 데이터를 수집하고 처리했다. 또한 마르크스, 엥겔스, 레닌, 스탈린의 오류 없는 이론들을 통해 인류에 대한 깊은 이해를 얻었다고 주장했다. 하지만 사실 소련의 정보 네트워크는 인간 본성의 많은 중요한 측면을 무시했으며, 소련의 정책이 자국민에게 끔찍한 고통을 주었다는 사실을 완전히 부인했다. 그 네트워크는 지혜를 생산하는 대신 질서를 생산했고, 인간에 관한 보편적 진실을 드러내는 대신 사실상 호모 소비에티쿠스라는 새로운 인간형을 창조했다.

체제에 반대한 소련 철학자이자 풍자 작가였던 알렉산드르 지노비예프의 정의에 따르면, 호모 소비에티쿠스는 자기 주도성이나 독립적인 사고 능력이 없어서 아무리 터무니없는 명령이어도 무비판적으로 따르고, 자신의 행동이 초래하는 결과에 무관심한 비굴하고 냉소적인 인간이다.[3] 소련의 정보 네트워크는 감시와 처벌, 보상을 통해 호모 소비에티쿠스를 창조했다. 예를 들어 제지 공장 공장장을 강제수용소로 보내면서 그 네트워크는 다른 참석자들에게 어떤 신호를 보낸 것이었다. 즉 체제에 순응하면 보상이 주어지는 반면, 문제가 될 만한 일에 맨 먼저 나서는 건 좋지 않은 생각이라는 메시지다. 소련의 정보 네트워크는 비록 인간에 관한 진실을 발견하는 데는 실패했지만, 질서 유지에는 탁월한 능력을 발휘한 덕분에 세상의 많은 지역을 정복할 수 있었다.

'좋아요'

독재

이와 유사한 역학이 영향을 미쳐 21세기 컴퓨터 네트워크에도 새로운 인간형과 디스토피아를 창조할 가능성이 있다. 소셜 미디어 알고리즘이 사람들을 과격하게 만드는 데 일조하고 있는 것이 전형적인 예다. 물론 알고리즘이 사용한 방법들은 NKVD의 방법과는 완전히 달랐고, 직접적인 강압이나 폭력을 수반하지 않았다. 하지만 소련의 비밀경찰이 감시와 보상, 처벌을 통해 비굴한 인간형 호모 소비에티쿠스를 만들어낸 것처럼, 페이스북과 유튜브 알고리즘도 특정한 원초적 본능에 대해서는 보상을 제공하고 우리 본성의 선한 천사를 처벌함으로써 인터넷 트롤(온라인상에서 다른 사람들을 괴롭히거나 화나게 하려는 의도를 가지고 공격적이고 악의적인 메시지를 남기는 사람—옮긴이)을 만들어냈다.

6장에서 간략하게 설명했듯이, 과격화 과정은 기업들이 미얀마에서만이 아니라 전 세계에서 자체 알고리즘에 이용자 참여를 높이는 임무를 맡기면서 시작되었다. 예를 들어 2012년에 이용자들은 유튜브에서 매일 1억 시간 분량의 동영상을 시청하고 있었다. 기업 경영진은 그것으로 만족하지 않고 알고리즘에 2016년까지 하루 10억 시간을 달성하라는 야심 찬 목표를 설정했다.[4] 유튜브 알고리즘은 수백만 명을 대상으로 시행착오를 거듭한 끝에 페이스북 알고리즘이 학습한 것과 동일한 패턴을 발견했다. 즉 분노를 유발하는 내용은 참여도를 높이지만 온건한 내용은 그렇지 않은 경향이 있었다. 이에 따라 유튜브 알고리즘은 수백만 명의 이용자들에게 터무니없는 음모론을 추천하는 동시에 온건한 콘텐츠는 무시하기 시작했다. 2016년에 이용자들은 유튜브에서 정말로 하루 10억 시간 분량의 동영상을 시청하고 있었다.[5]

관심을 놓고 경쟁하는 유튜버들은 거짓말로 가득한 터무니없는 영상을 올리면 알고리즘이 수많은 이용자에게 그것을 추천해주고 따라서 인기와 수익을 얻을 수 있다는 사실을 알게 되었다. 반대로 분노의 강도를 낮추고 진실을 보여주면 알고리즘은 그것을 무시하는 경향이 있었다. 알고리즘이 이런 식으로 강화 학습을 제공한 지 몇 달 만에 많은 유튜버가 트롤로 변신했다.[6]

사회적, 정치적 파급 효과는 어마어마했다. 예를 들어 저널리스트 맥스 피셔가 2022년에 출간한 저서 《혼돈 기계The Chaos Machine》에서 보여주었듯이, 유튜브 알고리즘은 브라질 극우 세력을 부상시키고 주변 인물이던 자이르 보우소나루를 브라질 대통령으로 만드는 데 중요한 역할을 했다.[7] 다른 요인들도 이 정치적 격변에 기여했지만, 보우소나루의 주요 지지자와 보좌관 중 상당수가 원래 유튜버였다가 알고리즘 덕분에 유명세와 권력을 얻었다는 사실은 주목할 만하다.

전형적인 예가 2017년 니테로이라는 작은 마을에서 시의원을 지낸 카를로스 조르디다. 야망이 컸던 조르디는 수백만 회의 조회 수를 올린 자극적인 유튜브 동영상들로 전국적인 관심을 얻었다. 예를 들어 동영상에서 그는 교사들이 아이들을 세뇌하고 보수적인 학생들을 박해하고 있다는 음모론을 브라질 국민에게 제기했다. 2018년 조르디는 브라질 하원 의원 선거에서 보우소나루를 열렬히 지지하는 후보로서 당선되었다. 피셔와의 인터뷰에서 조르디는 이렇게 솔직하게 말했다. "소셜 미디어가 없었다면 저는 이 자리에 있지 못했을 것이고, 자이르 보우소나루도 대통령이 되지 못했을 것입니다." 후자의 주장은 자신의 공을 부풀리기 위한 과장일 테지만, 소셜 미디어가 보우소나루가 대통령감으로 떠오르는 데 중요한 역할을 한 것만은 부정할 수 없는 사실이다.

2018년에 브라질 하원 의원에 당선된 또 다른 유튜버는 극우 성향의 정치 운동 단체인 모비멘투 브라질 리브리MBL(자유 브라질 운동)를 이끄는 인물 중 한 명인 킴 카타기리였다. 카타기리는 처음에는 페이스북을 주요 플랫폼으로 사용했지만, 그의 게시물은 페이스북이 보기에도 너무 극단적이어서 페이스북은 그중 일부를 허위 정보로 차단했다. 그래서 카타기리는 좀 더 허용적인 유튜브로 옮겨 갔다. 상파울루의 MBL 본부에서 진행된 인터뷰에서 카타기리의 보좌관들과 여타 활동가들은 피셔에게 이렇게 설명했다. "우리는 '좋아요' 독재라는 것을 합니다." 그들은 유튜버들이 점점 더 극단적으로 변하는 경향이 있으며, "단지 조회 수를 올리고 참여를 유도하기 위해" 거짓되고 무모한 콘텐츠를 게시한다고 설명했다. "일단 그 문을 열면 돌아갈 방법이 없어요. 계속 갈 수밖에 없죠. (…) 지구 평면론자, 백신 반대론자, 정치 음모론자. 다 마찬가지예요. 어디서나 볼 수 있는 현상이죠."[8]

물론 유튜브 알고리즘 자체가 거짓말과 음모론을 꾸며내거나 극단적인 콘텐츠를 만들어낸 것은 아니다. 적어도 2017~2018년에는 그런 일은 인간이 했다. 하지만 알고리즘은 인간이 그런 식으로 행동하도록 부추기고, 이용자 참여를 극대화하기 위해 그런 콘텐츠를 추천했다. 피셔는, 유튜브 알고리즘이 **자동 재생**한 동영상을 시청한 후 처음 극단주의 정치에 관심을 갖게 된 많은 극우 활동가들의 사례를 보고했다. 니테로이에 사는 한 극우 활동가는 피셔에게, 어느 날 유튜브 알고리즘이 카타기리의 정치 동영상을 자동 재생해주기 전까지는 어떤 종류의 정치에도 관심이 없었다고 말했다. "그때까지 저는 아무런 이념적, 정치적 배경이 없었어요"라고 그는 설명했고, 유튜브 알고리즘 덕분에 "정치를 알게 되었다"고 말했다. 다른 사람들이 어떻게 그 정치 운동에 참여하게 되었는지에 대해 그는 이렇게 말했다. "다들 비슷해요. (…) 여기 모인 사람들 대부분이 유

튜브와 소셜 미디어에서 왔어요."⁹

인간을
탓하라

　　　　　비인간 지능이 역사의 큰 흐름에 어느 정도 영향을 미치고 있다는 점에서 우리는 역사의 전환점에 도달했다. 컴퓨터 네트워크의 오류 가능성이 매우 위험해진 이유가 여기 있다. 컴퓨터의 오류는 컴퓨터가 역사의 주체가 될 때 치명적으로 변한다. 6장에서 이미 반로힝야 민족 청소 운동을 선동한 페이스북의 역할을 간략히 살펴보면서 이런 주장을 했다. 하지만 그 맥락에서 언급했듯이, 페이스북과 유튜브 등 거대 기술 기업의 경영진과 개발자를 포함해 많은 사람들은 그런 주장을 받아들이지 않는다. 이는 책 전체의 핵심 포인트 중 하나이기 때문에 이 문제를 더 깊이 파고들어 반론을 신중하게 검토해볼 필요가 있다.

　페이스북, 유튜브, 틱톡 등 소셜 미디어 플랫폼을 관리하는 사람들은 면죄부를 얻기 위해 알고리즘의 문제를 '인간 본성'에 전가한다. 그들은 플랫폼에서 유포되는 증오와 거짓말은 인간 본성에서 비롯된 것이라고 주장한다. 이 기술 기업들은, 그렇다 해도 표현의 자유는 중요하기 때문에 인간의 진실된 감정 표현을 검열하는 것이 망설여진다고 말한다. 예를 들어 2019년에 유튜브 CEO 수전 워치츠키는 이렇게 설명했다. "우리는 이런 식으로 생각해봅니다. '이 콘텐츠가 유튜브 정책 중 하나를 위반하는가? 혐오나 괴롭힘과 관련된 규정을 위반했는가?' 위반했다면 해당 콘텐츠를 삭제합니다.

우리는 정책을 계속 강화해나가고 있습니다. 또한 분명히 말씀드리지만 우리는 표현의 자유의 선을 긋는 문제와 관련하여 비판도 받습니다. 선을 너무 엄격하게 그어 사회에 들려야 할 목소리를 제거하면 어쩌냐는 거죠. 우리는 다양한 목소리를 허용하면서 동시에 그 목소리가 사회적으로 건강한 대화를 위한 규칙을 준수할 수 있도록 균형을 맞추려고 노력합니다."[10]

2021년 10월 페이스북 대변인도 비슷한 입장을 밝혔다. "다른 모든 플랫폼과 마찬가지로, 저희는 표현의 자유를 보장하면서도 유해한 표현, 보안 등의 문제를 놓치지 않기 위해 끊임없이 어려운 결정을 내리고 있습니다. (…) 하지만 이런 사회적 경계를 설정하는 일은 선출된 지도자들에게 맡기는 것이 항상 더 낫습니다."[11] 이런 식으로 기술 대기업들은 논의의 초점을 인간이 생산한 콘텐츠를 조정하는 어렵고 대체로 긍정적인 역할로 전환한다. 이는 문제의 책임이 전적으로 인간에게 있으며 알고리즘은 단지 인간의 악덕을 억제하기 위해 최선을 다할 뿐이라는 인상을 준다. 기술 대기업들은 알고리즘이 인간의 특정 감정을 조장하고 다른 감정을 억제하는 데 대단히 적극적인 역할을 한다는 사실을 무시한다. 그들은 정말 몰라서 이러는 걸까?

당연히 그렇지 않다. 2016년에 작성된 페이스북의 한 내부 문건에 따르면 페이스북은 다음과 같은 사실을 발견했다. "극단주의 그룹에 가입한 사례의 64퍼센트가 페이스북 추천 툴 때문이다. (…) 우리의 추천 시스템이 문제를 키우고 있다."[12] 내부 고발자 프랜시스 하우건이 유출한, 2019년 8월에 작성된 페이스북 내부의 비밀

문건에는 이렇게 적혀 있었다. "페이스북 및 관련 앱들에서 유포되는 혐오 발언, 분열을 조장하는 정치적 발언, 허위 정보가 전 세계 사회에 영향을 미치고 있다는 증거를 다양한 출처로부터 입수했다. 또한 바이럴성(빠른 전파성), 추천, 참여 최적화 등 페이스북의 핵심 기능들이 이런 유형의 발언이 페이스북에 퍼지는 데 중요한 역할을 하고 있다는 설득력 있는 증거도 입수했다."[13]

2019년 12월에 유출된 또 다른 문건에는 이렇게 언급되어 있었다. "친한 친구나 가족과의 소통에서는 볼 수 없는 바이럴성은 우리가 인터넷 생태계에 도입한 새로운 현상이며, (…) 사업상의 이유로 의도적으로 장려하기 때문에 발생한다." 이 문건은 "건강이나 정치처럼 관심도가 높은 주제에 대한 콘텐츠의 순위를 참여도(클릭, 좋아요, 댓글, 공유)를 기준으로 매기는 것은 왜곡된 인센티브(의도하지 않은 부정적 결과를 초래하는 인센티브 시스템—옮긴이)와 진실성 문제(개인이나 조직의 가치, 원칙, 윤리적 기준에 어긋나는 행동이나 상황—옮긴이)를 야기한다"고 지적했다. 그리고 이 문건은 결정적으로 이렇게 밝혔다. "우리 랭킹 시스템은 사용자 참여를 유도하는 콘텐츠와 다른 사용자에게 공유될 가능성이 높은 콘텐츠를 각각 예측하는 별개의 모델을 운영하고 있다. 불행히도 조사에 따르면 분노와 허위 정보가 바이럴성이 더 높았다." 유출된 이 문건은 한 가지 중요한 권고를 제시했다. 수백만 명이 이용하는 플랫폼에서 유해한 콘텐츠를 모두 삭제할 수는 없으니, 적어도 "유해한 콘텐츠를 비정상적으로 확산시키는 것을 멈춰야 한다"는 것이다.[14]

모스크바의 소련 지도자들처럼, 기술 기업들은 인간에 대한 어떤 진실을 드러내고 있지 않았으며, 오히려 우리에게 비뚤어진 새로운 질서를 강요하고 있었다. 인간은 매우 복잡한 존재이고, 건강한 사회질서는 우리의 미덕을 함양하면서도 부정적인 경향을 억제할 수 있는 방법을 모색한다. 하지만 소셜 미디어 알고리즘은 우리를 단순히 관심을 채굴하는 광산으로 본다. 그 알고리즘들은 인간의 다면적인 감정(증오, 애정, 분노, 기쁨, 혼란 등)을 단 하나의 포괄적인 범주인 '참여도'로 환원했다. 2016년 미얀마, 2018년 브라질, 그리고 수많은 다른 국가에서 소셜 미디어 알고리즘들은 동영상, 게시물, 기타 모든 콘텐츠를 오직 사람들이 콘텐츠에 참여한 시간과 다른 사람들과 공유한 횟수만을 기준으로 채점했다. 거짓말이나 혐오 한 시간이 진실이나 연민 10분, 또는 잠 한 시간보다 순위가 높았다. 거짓이나 증오는 심리적으로나 사회적으로 파괴적인 영향을 미치지만 진실과 연민, 수면은 삶의 질에 필수적이라는 사실을 알고리즘은 전혀 이해하지 못했다. 인간에 대한 이런 매우 편협한 이해를 바탕으로 이 알고리즘들은, 우리의 가장 저급한 본능을 부추기고 인간이 지닌 잠재력을 억누르는 새로운 사회 시스템을 만드는 데 일조했다.

유해한 영향이 드러나면서 거대 기술 기업들은 지금 벌어지고 있는 일에 대해 여러 차례 경고를 받았지만, 그들은 정보에 대한 순진한 관점을 믿기 때문에 개입하지 않았다. 플랫폼에 허위 사실과 분노가 넘쳐나는데도 경영진은 더 많은 사람들이 더 자유롭게 자신을 표현할 수 있다면 결국 진실이 승리할 것이라고 기대했다. 하지만 그런 일은 일어나지 않았다. 우리가 그동안의 역사에서 숱하게 보았듯이, 모든 정보가 여과 없이 흐르도록 내버려두면 진실이 지는 경향이 있다. 저울을 진실 쪽으로 기울이려면, 정보 네트워크가 진실을 말하는 사람에게 보상을 제공하는 강력한 자정 장치를 개발하고 유지해야 한다. 이런 자정 장치는 비용이 많이 들지만, 진실을 얻고 싶다면 반드시 그것에 투자해야 한다.

실리콘밸리는 자신들은 이 역사법칙의 적용을 받지 않는다고 생각했다. 소셜 미디어 플랫폼은 자정 장치가 유독 부족했다. 2014년 페이스북은 미얀마 전역의 플랫폼 활동을 모니터링하기 위해 버마어를 사용하는 콘텐츠 관리자를 단 한 명만 고용했다.[15] 미얀마의 관측통이 페이스북 측에 콘텐츠 관리에 더 많은 투자가 필요하다고 경고하기 시작했을 때도 페이스북은 이를 무시했다. 예를 들어, 미얀마 시골에서 자란 버마계 미국인 개발자이자 통신 회사 임원인 프원트 툰은 페이스북 경영진에 여러 차례 경고를 보냈다. 민족청소 운동이 시작되기 2년 전인 2014년 7월 5일 발송한 이메일에서 그녀는 앞날을 예견하는 경고를 했다. "비극적이게도 버마에서 페이스북은 르완다 대학살(1994년 4월부터 7월 중순까지 약 100일 동안 르완다에서 발생한 끔찍한 집단 학살 사건—옮긴이) 당시의 라디오처럼 사용되고 있습니다." 하지만 페이스북은 아무런 조치도 취하지 않았다.

로힝야족에 대한 공격이 격화되고 페이스북이 비판에 휩싸인 뒤에도 페이스북은 여전히 콘텐츠 선별을 위해 미얀마 현지 사정을 잘 아는 인력을 고용하지 않았다. 따라서 혐오를 조장하는 사람들이 버마어 칼라kalar를 로힝야족을 비하하는 인종차별적 욕설로 사용하고 있다는 사실을 알게 된 2017년 4월, 페이스북은 그 단어를 사용한 모든 게시 글을 페이스북에서 금지하는 것으로 대응했다. 이는 현지 사정과 버마어에 대한 페이스북의 무지를 보여주는 일이 었었다. 버마어 '칼라'는 특정 문맥에서만 인종차별적인 욕설이고 다른 문맥에서는 완전히 무해한 단어다. 의자를 뜻하는 버마어는 칼라 타잉kalar htaing이고, 병아리콩을 뜻하는 버마어는 칼라 페이kalar pae다. 2017년 6월 프윈트 툰이 페이스북 본사에 알렸듯이, '칼라'라는 단어를 페이스북에서 금지하는 것은 '지옥hell'을 금지하기 위해 '안녕hello'까지 금지하는 것과 같다.[16] 하지만 페이스북은 현지 사정을 알 필요를 계속 무시했다. 2018년 4월까지 페이스북이 1,800만 명의 이용자를 보유한 미얀마에서 콘텐츠 검수를 위해 고용한 버마어 사용자는 총 다섯 명에 불과했다.[17]

거대 소셜 미디어 기업들은 진실을 장려하는 자정 장치에 투자하는 대신, 사실상 거짓과 허구에 보상을 주는 전례 없는 오류 증폭 장치를 개발했다. 예를 들어 페이스북이 2016년 미얀마에서 도입한 인스턴트 아티클Instant Articles 프로그램이 그런 장치였다. 참여도를 높이기 위해 페이스북은 이용자 참여(클릭과 조회 수로 측정)를 발생시킨 양에 따라 뉴스 채널들에 비용을 지불했다. '뉴스'의 진실성은 전혀 중요하지 않았다. 2021년에 발표된 조사에 따르면, 그 프로그램이 도입되기 전인 2015년에는 미얀마에서 페이스북에서 이용자 참여도가 가장 높은 10개 웹사이트 중 6개가 '합법적인 매체'에 속했다. 하지만 2017년에는 인스턴트 아티클의 영향으로 참여도 상위 10위 안에 든 '합법적인 매체'가 단 2개로 감소했다.

2018년에는 참여도 상위 10위 안에 웹사이트 모두가 '가짜 뉴스와 낚시성 웹사이트'였다.

그 조사는 이렇게 결론지었다. 인스턴트 아티클이 출시되자 "미얀마에서 하루아침에 낚시성 콘텐츠를 만드는 사람들이 우후죽순 생겨났다. 자극적인 흥미 유발용 콘텐츠를 만드는 레시피만 알면 페이스북으로부터 매달 수천 달러의 광고 수익을 창출할 수 있었다. 이는 평균 월급의 열 배에 달하는 금액이다". 페이스북은 미얀마에서 온라인 뉴스의 가장 중요한 공급원이었으므로, 이는 그 나라의 전반적인 언론 환경에 막대한 영향을 끼쳤다. "페이스북이 인터넷의 대명사로 통하는 나라에서, 저급한 콘텐츠가 다른 정보 출처를 압도했다."[18] 페이스북과 여타 소셜 미디어 플랫폼은 고의적으로 전 세계를 가짜 뉴스와 분노로 도배한 것이 아니었다. 하지만 알고리즘에 이용자 참여를 극대화하라고 지시함으로써 결과적으로 그런 일을 저지른 셈이다.

프윈트 툰은 2023년 7월 내게 보낸 메일에서 미얀마의 비극을 되돌아보며 이렇게 썼다. "나는 순진하게도 소셜 미디어가 수십억 명의 전두엽을 연결해 인간의 의식을 고양하고 인류 공동의 관점을 퍼뜨릴 수 있다고 믿었어요. 하지만 알고 보니 소셜 미디어 기업들에게는 전두엽을 연결할 이유가 없었어요. 소셜 미디어 기업들이 연결해야 하는 것은 변연계였죠. 결과적으로 인류는 훨씬 위험한 상황에 놓였어요"(전두엽은 고차원적인 인지 기능을 담당하는 부분인 반면, 변연계는 원초적이고 본능적인 반응을 관장한다―옮긴이).

가짜 뉴스와 음모론의 확산이 과거, 현재, 미래의 모든 컴퓨터 네트워크의 주된 문제라는 말이 아니다. 유튜브, 페이스북, 기타 소셜 미디어 플랫폼들은 2018년 이후로 사회적 책임을 강화하는 방향으로 알고리즘을 조정해왔다고 주장한다. 이 주장이 사실인지 확인하기는 어렵다. 무엇보다도 '사회적 책임'에 대한 보편적으로 인정되는 정의가 존재하지 않기 때문이다.[19] 하지만 이용자 참여도를 높일 목적으로 정보 환경을 오염시키는 특정 문제는 해결할 수 있다. 거대 기술 기업들은 마음만 먹으면 얼마든지 더 나은 알고리즘을 개발할 수 있다. 2005년경 스팸이 범람하여 이메일 사용을 불가능하게 만들 태세였다. 하지만 결국 이 문제를 해결하는 강력한 알고리즘이 개발되었다. 2015년까지 구글은 지메일 알고리즘이 진짜 스팸을 차단하는 데 99.9퍼센트 성공률을 보인 반면 실제 이메일은 1퍼센트만 스팸으로 잘못 분류했다고 주장했다.[20]

물론 유튜브, 페이스북, 여타 소셜 미디어 플랫폼이 가져다주는 엄청난 사회적 이익을 과소평가해서는 안 된다. 분명히 말하지만, 대부분의 유튜브 동영상과 페이스북 게시물은 가짜 뉴스와 집단 학살 선동과 무관했다. 소셜 미디어는 사람들을 연결하고, 그동안 소외되었던 집단에 발언권을 주고, 가치 있는 새로운 운동과 공동체를 조직하는 데 정말 큰 도움이 되었다.[21] 또한 전례 없는 창의성의 물결을 일으키기도 했다. 텔레비전이 지배적인 매체였던 시절 시청자들은 '카우치 포테이토'로 비하되었다. 그것은 소수의 재능 있는 예술가가 생산한 콘텐츠를 수동적으로 소비하는 사람들이라는 뜻이다. 하지만 페이스북, 유튜브, 여타 소셜 미디어 플랫폼들은 카우치 포테이토들에게 소파에서 일어나 창작을 시작하라고 격려했다. 소셜 미디어에 올라오는 콘텐츠의 대부분은, 적어도 강력한 생성형 AI가 부상하기 전까지는, 한정된 전문가 집단이 아닌 이용자 본인들과 그들의 개, 고양이가 생산한 것이었다.

나 역시 사람들과 소통하기 위해 유튜브와 페이스북을 일상적으로 이용하며, 남편과 나를 연결해준 소셜 미디어에 감사한다. 나는 2002년에 처음 생긴 성 소수자 소셜 미디어 플랫폼들 중 하나에서 남편을 만났다. 소셜 미디어는 성 소수자들처럼 여기저기 흩어져 살아가는 소수자들에게 기적을 일으켰다. 게이 동네의 게이 가정에 태어나는 게이 소년은 거의 없으며, 인터넷이 생기기 전에는 게이 하위문화가 있는 소수의 관용적인 국제도시로 이사 가지 않는 한 서로를 찾는 것조차 힘들었다. 1980년대부터 1990년대 초까지 동성애를 혐오하는 이스라엘의 작은 도시에서 자라면서 나는 커밍아웃한 게이 남성을 한 명도 보지 못했다. 1990년대 말부터 2000대 초까지 소셜 미디어는 흩어져 있던 LGBTQ 집단의 구성원들에게 역사상 최초로 서로를 찾아 소통할 수 있는 마법과도 같은 수단을 제공했다.

그럼에도 내가 소셜 미디어의 '이용자 참여' 사태에 큰 관심을 기울인 이유는 그것이 컴퓨터가 안고 있는 훨씬 더 큰 문제인 '정렬 문제'를 잘 보여주는 예이기 때문이다. 컴퓨터는 가령 유튜브 트래픽을 하루 10억 시간으로 늘리라는 것 같은 목표가 주어지면 이 목표를 달성하기 위해 모든 힘(계산 능력, 처리 속도, 데이터 저장 용량

등—옮긴이)과 독창성(알고리즘, 인공지능, 머신러닝 등—옮긴이)을 동원한다. 그런데 컴퓨터는 인간과는 매우 다르게 작동하기 때문에, 인간 주인이 예상하지 못한 방법을 사용할 가능성이 높다. 이는 애초에 인간이 설정한 목표에 부합하지 않는, 예기치 못한 위험한 결과를 야기할 수 있다. 추천 알고리즘이 혐오를 조장하는 행위를 멈춘다 해도, 정렬 문제의 또 다른 사례들이 반로힝야 운동보다 더 큰 재앙을 초래할지도 모른다. 컴퓨터가 더 강력하고 독립적이 될수록 이런 위험은 커진다.

　물론 정렬 문제는 새로운 문제도 아니고 알고리즘에만 생기는 문제도 아니다. 그것은 컴퓨터 발명 이전부터 수천 년 동안 인류를 괴롭혀온 문제다. 예를 들어, 정렬 문제는 현대 군사이론의 토대를 이루는 문제로, 카를 폰 클라우제비츠의 전쟁 이론에 잘 정리되어 있다. 클라우제비츠는 나폴레옹전쟁에서 프로이센 장군으로 활약했다. 1815년에 나폴레옹이 최종 패배한 후 클라우제비츠는 프로이센 전쟁 대학의 학장이 되었다. 또한 그는 전쟁에 대한 포괄적인 이론을 체계적으로 정리하기 시작했다. 그가 1831년 콜레라로 사망한 후 그의 아내 마리는 남편의 미완성 원고를 편집한《전쟁론Vom Kriege》을 1832년부터 1834년까지 여러 부분으로 나누어 출판했다.[22]

　《전쟁론》은 전쟁을 이해하는 합리적인 모델을 세웠으며 지금도 널리 받아들여지는 군사이론이다. 이 이론의 핵심은 "전쟁은 수단이 다를 뿐 정치의 연장이다"라는 것이다.[23] 즉 전쟁은 감정의 폭발도, 영웅적인 모험도, 신의 징벌도 아니다. 전쟁은 심지어 군사 현상도 아니다. 오히려 전쟁은 정치 도구다. 클라우제비츠에 따르면 군사행동은 어떤 궁극적인 정치적 목표에 부합하지 않는 한 완전히 비합리적이다.

가령 멕시코가 작은 이웃 나라인 벨리즈를 침공하여 정복할지 여부를 두고 고민하고 있다고 가정해보자. 그리고 상세한 군사 분석 결과, 멕시코 군대가 침공하면 벨리즈의 소규모 군대를 격파하고 사흘 만에 수도 벨모판을 정복함으로써 신속하고 확실한 군사적 승리를 거둘 수 있다는 결론을 얻었다고 치자. 하지만 클라우제비츠에 따르면 그것은 멕시코가 벨리즈를 침공할 합리적인 이유가 되지 않는다. 군사적 승리를 확보할 수 있다는 것 자체는 아무 의미가 없다. 멕시코 정부가 해야 할 핵심 질문은 '군사적 성공으로 어떤 정치적 목표를 달성할 수 있는가?'다.

역사에는 결정적인 군사적 승리가 정치적 낭패로 이어진 사례가 부지기수다. 클라우제비츠에게 가장 명백한 예는 가까운 곳에 있었다. 즉 나폴레옹이 갔던 길이다. 나폴레옹의 군사적 천재성에는 아무도 이의를 제기하지 않는다. 나폴레옹은 전략과 전술 모두에 능통했다. 하지만 그는 일련의 승리로 광대한 영토를 일시적으로 장악할 수 있었을망정 지속적인 정치적 성과를 얻지는 못했다. 그의 군사 정복은 대부분의 유럽 열강들이 그에게 맞서 연합할 빌미를 제공했을 뿐이며, 그의 제국은 그가 스스로 황제에 오른 지 10년 만에 무너졌다.

사실 장기적인 관점에서 보면 나폴레옹의 승리는 프랑스가 영구적으로 쇠퇴하는 길을 닦았다. 수 세기 동안 프랑스는 유럽에서 지정학적으로 가장 영향력 있는 국가였는데, 이는 무엇보다도 이탈리아와 독일이 통일된 정치적 실체로 존재하지 않았기 때문이다. 이탈리아는 수십 개의 전쟁 중인 도시국가, 봉건 영지, 교회 영토가 뒤섞여 있었다. 독일의 경우는 명목상의 종주권을 가진 신성로마제국 아래 1,000개가 넘는 독립적인 정치체가 느슨하게 결합된, 훨씬 더 기괴한 직소퍼즐이었다.[24] 1789년에 독일이나 이탈리아가 프랑스를 침략한다는 것은 상상도 못 할 일이었다. 독일 군대, 또는 이탈리아 군대 같은 것이 존재하지 않았기 때문이다.

나폴레옹은 자신의 제국을 중앙 유럽과 이탈리아반도로 확장하면서 1806년에 신성로마제국을 해체했고, 독일과 이탈리아의 여러 작은 공국들을 더 큰 영토 블록으로 통합하여 라인동맹과 이탈리아왕국을 세웠으며, 이 영토들을 나폴레옹 왕조 통치 아래 통일하려고 했다. 한편으로 그의 승리한 군대는 근대 민족주의와 국민주권의 이상을 독일과 이탈리아 땅에 전파했다. 사실 나폴레옹은 기존의 구조를 해체하여 독일인들과 이탈리아인들에게 민족 통합의 경험을 맛보게 함으로써 의도치 않게 독일(1866~1871)과 이탈리아(1848~1871)의 최종 통합을 위한 토대를 마련했다. 비슷한 시기에 여러 작은 나라로 비슷하게 나눠져 있던 두 국가가 하나의 민족국가로 통일되는 과정은 1870년부터 1871년까지 이어진 프로이센-프랑스 전쟁에서 독일이 프랑스를 상대로 승리함으로써 마무리되었다. 새롭게 통일되어 민족주의 열기로 달아오른 두 강국을 동쪽 국경에 두게 된 프랑스는 다시는 예전의 지배적 지위를 되찾지 못했다.

군사적 승리가 정치적 패배로 이어진 더 최근의 사례는 2003년 미국의 이라크 침공이다. 미국은 모든 중요한 교전에서 승리했지만 장기적인 정치적 목표는 단 하나도 달성하지 못했다. 미국의 군사적 승리는 이라크에 우호적인 정권을 세우지도, 중동에 우호적인 지정학적 질서를 확립하지도 못했다. 이 전쟁의 진정한 승자는 이란이었다. 미국의 군사적 승리는 이라크를 이란의 전통적 적국에서 속국으로 바꾸었다. 이로써 중동에서 미국의 입지는 크게 약화된 반면 이란은 지역의 패권국으로 부상했다.[25]

나폴레옹과 조지 W. 부시 모두 정렬 문제의 희생자였다. 그들의 단기적인 군사 목표가 자국의 장기적인 지정학적 목표에 부합하지 않았던 것이다. 우리는 클라우제비츠의 《전쟁론》을, '승리의 극대화'는 '이용자 참여의 극대화'만큼이나 근시안적인 목표라는 경고로 이해할 수 있다. 클라우제비츠 모델에 따르면, 정치적 목표가 분명해야 군대가 그 목표를 달성하기 위한 군사전략을 결정할 수 있다. 그다음에는 하급 장교들이 그 전반적인 전략에서 전술적 목표를 이끌어낼 수 있다. 이 모델은 장기 정책, 중기 전략, 단기 전술 사이에 명확한 위계를 세운다. 전술은 어떤 전략적 목표에 부합할 경우에만, 전략은 어떤 정치적 목표에 부합할 경우에만 합리적인 것으로 간주된다. 하급 중대장의 국지적인 전술적 결정조차도 전쟁의 궁극적인 정치적 목표에 부합해야 한다.

미국이 이라크를 점령하고 있는 동안 한 미군 중대가 근처 이슬람 사원으로부터 집중 포격을 받았다고 가정해보자. 중대장은 여러 가지 전술적 결정을 내릴 수 있다. 후퇴를 명령하거나, 중대에 이슬람 사원을 급습하라고 명령하거나, 지원을 나온 전차들 중 하나에 이슬람 사원을 폭파하라고 명령할 수 있다. 중대장은 어떤 명령을 내려야 할까?

순전히 군사적인 관점에서만 보면, 전차를 향해 이슬람 사원을 폭파하라고 명령하는 것이 최선으로 보일 수 있다. 이렇게 하면, 미군이 화력 면에서 누리고 있는 전술적 우위를 활용할 수 있고, 자국 병사들의 목숨을 위험에 빠뜨리지 않으며, 확실한 전술적 승리를 거둘 수 있다. 하지만 정치적 관점에서 보면 이것은 중대장이 내릴 수 있는 최악의 결정일지도 모른다. 미군 전차가 이슬람 사원을 파괴하는 영상은 이라크에서 미국 비난 여론을 들끓게 할 것이고, 나아가 전 세계 무슬림들의 분노를 불러일으킬 것이다. 이슬람 사원을 급습하는 것도 정치적 실수일 수 있다. 이 역시 이라크인들의 반감을 살 수 있는 데다 미군의 인명 피해는 미국 유권자들 사이에서 전쟁에 대한 여론을 악화시킬 수 있기 때문이다. 미국의 정치적 목표를 고려하면, 후퇴하고 전술적 패배를 인정하는 것이 가장 합리적인 결정일 수 있다.

따라서 클라우제비츠에게 합리성은 곧 '부합성(정렬)'을 의미한다. 정치적 목표에 부합하지 않는 전술적, 전략적 승리를 추구하는 것은 합리적이지 않다. 그런데 문제는, 군대는 관료주의 성격 때문에 그런 비합리성에 빠지기 쉽다는 것이다. 3장에서 살펴봤듯이, 관료주의는 현실을 별개의 서랍으로 나누는 탓에 더 큰 이익을 해치면서도 좁은 목표를 추구하게 된다. 눈앞에 주어진 임무에 집중하는 관료들은 자신의 행동이 미치는 광범위한 영향을 인지하지 못하기 쉽고, 자신의 행동이 사회의 더 큰 이익에 부합하는지 따져보기도 어렵다. 모든 현대 군대가 그렇듯이 군대가 관료주의 노선을 따라 운영되면, 교전 현장에서 중대를 지휘하는 중대장과 먼 사무실에서 장기 정책을 수립하는 대통령 사이에 거대한 간극이 생기기 마련이다. 중대장은 현상에서는 합리적으로 보이지만 실제로는 전쟁의 궁극적 목표를 훼손하는 결정을 내리기 쉽다.

지금까지 보았듯이, 정렬 문제는 컴퓨터 혁명이 일어나기 오래전부터 존재했고, 따라서 오늘날 정보 제국을 건설하는 사람이 맞닥뜨리는 문제들은 과거에 정복자들을 괴롭혔던 문제와 다르지 않다. 그렇다 해도 컴퓨터는 정렬 문제의 성격을 중요한 방식으로 바꾸었다. 과거에 인간 관료들과 병사들을 사회의 장기적 목표에 일치시키는 것이 아무리 어려웠다 해도, 알고리즘 관료와 자율 무기 시스템을 일치시키는 어려움에 비할 바가 아니다.

클립

나폴레옹

정렬 문제가 컴퓨터 네크워크의 맥락에서 특히 위험한 이유 중 하나는 이 네트워크가 이전의 어떤 관료제보다 강력해질 가능성이 있기 때문이다. 초지능을 지닌 컴퓨터들의 목표가 인간이 설정한 목표에 부합하지 않을 경우 인류가 한 번도 겪어보지 못한 규모의 재앙이 일어날지도 모른다. 철학자 닉 보스트롬은 2014년 출간한 저서 《슈퍼인텔리전스Superintelligence》에서 괴테의 〈마법사의 제자〉를 떠올리게 하는 사고실험을 통해 이런 위험을 실감나게 보여주었다. 보스트롬의 사고실험은 이렇다. 클립 공장에서 초지능 컴퓨터 한 대를 구입하고, 공장 관리자가 컴퓨터에게 클립을 최대한 많이 생산하라는 언뜻 간단해 보이는 업무를 지시한다. 그러자 컴퓨터는 이 목표를 달성하기 위해 지구를 정복하고, 모든 인간을 죽이고, 탐사대를 보내 다른 행성들까지 모조리 점령하더니, 결국 그 어마어마한 자원을 사용해 은하계 전체를 클립 공장으로 가득 채운다.

이 사고실험의 핵심은 컴퓨터가 (괴테의 시에 등장하는 마법에 걸린 빗자루처럼) 시킨 일을 정확히 실행했다는 것이다. 초지능 컴퓨터는 더 많은 공장을 지어 더 많은 클립을 생산하려면 전기, 강철, 땅 등 자원이 많이 필요하지만 인간이 이 자원들을 순순히 내어줄 리 없다는 것을 깨달았다. 그래서 오직 주어진 목표를 달성할 생각으로 컴퓨터는 모든 인간을 제거했다.[26] 보스트롬이 지적하고 싶었던 점은 컴퓨터의 문제는 특별히 사악하다는 것이 아니라 특별히 강력하다는 데 있다는 것이었다. 그리고 컴퓨터가 강력해질수록 우리가 컴퓨터의 목표를 정의할 때 궁극적인 목표에 정확히 부합하도록 신중을 기해야 한다는 것이다. 휴대용 계산기에 오정렬된 목표를 설정했다면 큰일은 나지 않는다. 하지만 오정렬된 목표를 초지능 기계에 설정한다면 그 결과는 디스토피아일 수 있다.

클립 사고실험이 현실과 완전히 동떨어진 허무맹랑한 이야기처럼 들릴지도 모른다. 하지만 2014년에 보스트롬이 이 실험을 소개했을 때 실리콘밸리의 경영진이 그것을 눈여겨보았다면 알고리즘에 '이용자 참여도를 극대화하라'는 목표를 설정하기 전에 좀 더 신중을 기했을 것이다. 페이스북과 유튜브 알고리즘은 정확히 보스트롬이 상상한 알고리즘처럼 행동했다. 클립 생산을 극대화하라는 명령을 받았을 때 그 알고리즘은 인류 문명을 파괴하는 한이 있더라도 물리적 우주 전체를 클립으로 바꾸려 했다. 페이스북과 유튜브 알고리즘도 이용자 참여를 극대화라는 지시를 받았을 때 사회적 우주 전체를 이용자 참여로 바꾸려고 시도했다. 그것이 미얀마, 브라질, 여타 국가들의 사회조직을 파손하는 것을 뜻한다 해도 상관없었다.

보스트롬의 사고실험은 컴퓨터의 경우 정렬 문제를 해결하는 것이 더욱 시급한 두 번째 이유를 강조한다. 컴퓨터는 유기체가 아니기 때문에 어떤 사람의 머릿속에도 떠오른 적이 없어서 우리가 미연에 방지할 수 없는 전략들을 채택할 가능성이 높다. 한 가지 예를 들어보겠다. 2016년 다리오 아모데이는 수백 가지 컴퓨터게임에 참여할 수 있는 범용 AI를 개발하는 '유니버스'라는 프로젝트를 진행하고 있었다. 이 AI는 다양한 자동차 경주에서 좋은 성과를 거두었고, 그래서 아모데이는 다음에는 보트 레이싱을 시도했다. 그런데 이해할 수 없게도 AI는 보트를 곧장 항구로 몰고 오더니 항구 안팎으로 끝없이 원을 그리며 항해했다.

아모데이가 무엇이 잘못되었는지 파악하는 데는 상당한 시간이 걸렸다. 문제가 발생한 이유는 처음에 아모데이가 AI에게 '경주에서 승리하는 것'이라는 목표를 어떻게 설명해야 할지 잘 몰랐기 때문이었다. '승리'는 알고리즘에게 불분명한 개념이다. '경주에서 승리하다'를 컴퓨터 언어로 번역하기 위해서는 트랙 위치(경주에서 자기 보트가 트랙의 어느 위치에 있는지), 경주에 참여한 다른 보트들과의 상대적 위치(다른 보트들과 비교했을 때 어느 정도 앞서거나 뒤처져 있는지) 등, 단순히 직관적으로 판단하기 어려운 복잡한 개념들을 컴퓨터가 이해하고 처리할 수 있는 형태로 정의해야 했다. 그래서 아모데이는 쉬운 방법으로 AI에게 단순히 점수를 극대화하라고 지시했다. 그는 점수는 경주 승리의 좋은 지표라고 추정했다. 실제로 자동차 경주에서는 그것이 효과가 있었다.

하지만 보트 경주에는 자동차 경주에는 없는 특이한 점이 하나 있었고, 덕분에 독창적인 AI는 게임 규칙의 허점을 찾아낼 수 있었다. 이 게임은 자동차 경주에서처럼 다른 보트들을 앞지르면 많은 점수를 주었지만, 그 밖에도 항구에 정박하여 전력을 보충할 때도 몇 점을 주었다. AI는 다른 보트들을 앞지르려고 시도하는 대신, 항구 안팎으로 빙빙 돌면 훨씬 더 빠르게 점수를 올릴 수 있다는 사실을 알아냈다. 게임을 개발한 사람들은 물론이고 다리오 아모데이도 이 허점을 알아채지 못한 것 같다. 비록 인간이 의도한 목표는 아니었지만 AI는 게임에서 점수를 올릴 수 있는 행동을 정확하게 수행하고 있었다. 목표는 B인데 A에 보상을 제공하는 것, 바로 이것이 정렬 문제의 본질이다.[27] 사회적 이익을 극대화하는 것이 목표라면, 이용자 참여를 극대화하는 행위에 보상을 제공하는 것은 좋지 않은 생각이다.

컴퓨터의 정렬 문제를 걱정해야 하는 세 번째 이유는 컴퓨터는 우리와 너무 달라서 우리가 오정렬된 목표를 설정하는 실수를 저질러도 그것을 알아차리거나 설명을 요청할 가능성이 낮다는 점이다.

만일 그 보트 게임 AI가 인간 게이머였다면, 게임 규칙에서 발견한 허점이 '승리'라는 목표에 부합하지 않는다는 사실을 깨달았을 것이다. 만일 클립 AI가 인간 관료였다면, 클립을 생산하기 위해 인류를 파괴하는 것은 의도한 목표가 아님을 깨달았을 것이다. 하지만 컴퓨터는 인간이 아니므로 컴퓨터가 목표의 오정렬을 알아채고 경고 신호를 보낼 것이라고 기대해서는 안 된다. 2010년대에 유튜브와 페이스북 경영진은 알고리즘이 초래하고 있는 피해에 대해 내부 직원들뿐만 아니라 외부 관찰자들로부터도 수차례 경고를 받았지만, 알고리즘 자체는 아무런 경고를 보내지 않았다.[28]

의료, 교육, 법 집행 등 많은 분야에서 알고리즘에 점점 더 많은 권한을 주게 되면 정렬 문제는 더욱 커질 것이다. 이 문제를 해결할 방법을 찾지 못한다면, 원을 그리며 항해함으로써 점수를 올리는 알고리즘보다 훨씬 더 심각한 일이 일어날 것이다.

코르시카섬과의

연고

정렬 문제를 어떻게 해결하면 좋을까? 이론상으로는 인간이 컴퓨터 네트워크를 만들 때 궁극적인 목표를 정의하고, 컴퓨터가 그것을 자의로 변경하거나 무시할 수 없게 만들면 된다. 그러면 설령 통제할 수 없을 정도로 컴퓨터가 강력해져도 그런 막강한 힘이 우리에게 해를 끼치기보다는 오히려 도움이 될 것이라고 확신할 수 있다. 하지만 애초에 우리가 유해하거나 모호한 목표를 설정했던 것으로 밝혀지면 이야기는 전혀 달라진다. 바로 거기에 문제가 있다. 인간 네트워크의 경우 우리는 자정 기능에 의존해 우리가 애초에 설정한 목표를 주기적으로 검토하고 수정하기 때문에, 잘못된 목표를 설정해도 세상이 끝나지는 않는다. 하지만 컴퓨터 네트워크는 우리의 통제를 벗어날 수 있기 때문에, 잘못된 목표를 설정할 경우 우리가 그 실수를 발견할 때쯤이면 돌이킬 수 없는 상황이 되어 있을 가능성이 높다. 어떤 사람들은 우리가 사전에 신중한 숙고 과정을 통해 컴퓨터 네트워크에 설정할 올바른 목표를 정의할 수 있을 것이라고 생각할지도 모르지만, 이것은 매우 위험한 착각이다.

컴퓨터 네트워크의 궁극적 목표에 대해 사전에 합의하는 것이 왜 불가능한지 이해하기 위해 클라우제비츠의 《전쟁론》으로 다시 돌아가보자. 합리성을 부합성과 동일시하는 그의 논리에는 한 가지 치명적인 결함이 있다. 클라우제비츠의 이론은 모든 행동은 궁극적 목표에 부합해야 한다고 요구하지만 그런 목표를 정의하는 합리적인 방법을 전혀 제시하지 않는다. 나폴레옹의 인생과 군 경력을 생각해보라. 그의 궁극적 목표는 무엇이어야 했을까? 우리는 1800년경 프랑스를 지배한 문화적 분위기를 고려해 나폴레옹이 '궁극적 목표'로 떠올렸을 법한 몇 가지 안을 생각해볼 수 있다.

후보 1: 프랑스를 유럽 최고의 강국으로 만들어 향후 영국, 합스부르크제국, 러시아, 통일 독일 또는 통일 이탈리아의 공격에 대비하는 것.

후보 2: 나폴레옹 가문이 통치하는 새로운 다민족 제국을 건설하는 것. 이 제국은 프랑스뿐만 아니라 유럽과 바다 건너의 많은 영토를 포함할 것이다.

후보 3: 사후 수 세기가 지나서도 수십억 명의 사람들이 나폴레옹의 이름을 알고 그의 천재성을 우러러볼 수 있도록 개인적으로 영원한 영광을 얻는 것.

후보 4: 영혼의 영원한 구원을 얻어 죽은 후 천국에 들어가는 것.

후보 5: 프랑스혁명의 보편적 이상을 전파하고, 유럽과 세계 전역에서 자유, 평등, 인권을 지키는 데 이바지하는 것.

많은 자칭 합리주의자들은 나폴레옹이 첫 번째 목표인 유럽에서 프랑스의 지배적 위치를 확보하는 것을 평생의 사명으로 삼았어야 한다고 주장하는 경향이 있다. 하지만 왜 그래야 하는가? 클라우제비츠에게 합리성은 부합성을 뜻한다는 사실을 떠올려보라. 전술은 오직 더 높은 전략적 목표에 부합할 경우에만 합리적이고, 전략적 목표는 다시 그보다 더 높은 정치적 목표에 부합해야 한다. 하지만 이 목표의 연쇄는 궁극적으로 어디서 시작될까? 모든 전략적 하위 목표와 거기서 파생된 전술적 단계를 정당화하는 궁극적인 목표를 어떻게 결정할까? 그런 궁극적 목표는 정의상 그것보다 더 높은 무언가에 부합할 수 없다. 궁극적 목표보다 더 높은 것은 존재하지 않기 때문이다. 그렇다면 나폴레옹 가문보다, 나폴레옹 개인의 명성보다, 나폴레옹의 영혼보다, 보편적인 인권보다 프랑스라는 국가를 목표 위계의 꼭대기에 놓아야 할 합리적인 이유가 무엇인가? 클라우제비츠는 이 질문에 대한 답을 제시하지 않는다.

누군가는 네 번째 목표인 영혼의 구원을 확보하는 것은 합리적인 궁극적 목표의 후보로 적격하지 않다고 주장할지도 모른다. 그것은 신화에 대한 믿음을 바탕으로 하기 때문이다. 그런데 사실은 다른 모든 목표들에 대해서도 똑같이 주장할 수 있다. 영원한 영혼은 사람들의 마음속에만 존재하는 상호주관적인 현실이며, 국가와 인권도 마찬가지다. 그렇다면 왜 나폴레옹이 똑같이 신화의 산물인 프랑스를 본인의 영혼보다 더 신경 써야 하는가?

사실 나폴레옹은 거의 유년기 내내 자신을 프랑스인으로 여기지도 않았다. 그는 코르시카섬의 이탈리아 이민자 집안에서 나폴레오네 디 부오나파르테라는 이름으로 태어났다. 코르시카섬은 500년 동안 이탈리아의 도시국가 제노바의 통치를 받았으며, 나폴레오네의 조상들 중 상당수가 제노바 사람이었다. 제노바가 코르시카섬을 프랑스에 양도한 것은 나폴레오네가 태어나기 불과 1년 전인 1768년이었다. 코르시카섬의 민족주의자들은 코르시카가 프랑스에 양도되는 것에 저항하며 반란을 일으켰다. 1770년에 반란 세력이 패배하고 나서야 비로소 코르시카는 공식 프랑스령이 되었다. 많은 코르시카인들은 프랑스의 점령에 계속해서 반감을 품었지만, 디 부오나파르테 가문은 프랑스 왕에게 충성을 맹세하며 나폴레오네를 프랑스 본토의 군사학교에 보냈다.[29]

학교에서 나폴레오네는 코르시카 민족주의 성향과 서툰 프랑스어 때문에 동급생들에게 따돌림을 당했다.[30] 그의 모국어는 코르시카어와 이탈리아어였으며, 프랑스어에 점차 능통해지긴 했지만 그는 평생 코르시카 억양을 버리지 못했고 프랑스어 철자를 제대로 쓰지도 못했다.[31] 나폴레오네는 결국 프랑스 군대에 입대했지만 1789년에 프랑스혁명이 발발하자 코르시카로 돌아오면서, 혁명을 기회로 그가 사랑하는 섬이 자치권을 얻을 수 있기를 바랐다. 나폴레오네가 결국 코르시카 독립이라는 대의를 포기한 것은 1793년 5월 코르시카 독립 운동의 지도자 파스콸레 파올리와 결별하면서였다. 그는 프랑스 본토로 돌아와 그곳에서 자신의 미래를 일구기로 결심했다.[32] 나폴레오네 디 부오나파르테가 나폴레옹 보나파르트가 된 것이 이 시점이었다(그는 1796년까지 이탈리아식 이름을 계속 사용했다).[33]

그렇다면 나폴레옹이 프랑스를 유럽 최강의 나라로 만드는 데 군경력을 바쳐야 할 합리적인 이유가 있었을까? 코르시카에 머물며 파올리와의 개인적 불화를 봉합하고 조국을 프랑스 정복자들로부터 해방시키는 데 헌신하는 것이 더 합리적이지 않았을까? 나폴레옹은 조상 땅 이탈리아의 통일을 평생의 사명으로 삼았어야 하지 않았을까?

클라우제비츠는 이런 질문에 합리적으로 답할 방법을 제시하지 않는다. '모든 행동은 어떤 더 높은 목표에 부합해야 한다'라는 일반적인 경험법칙만을 따를 경우, 궁극적인 목표를 정의할 합리적 방법이 없다. 그렇다면 어떻게 우리가 컴퓨터 네트워크에 절대 무시하거나 왜곡할 수 없는 궁극적인 목표를 설정할 수 있을까? AI 개발을 서두르는 기술 기업의 경영진과 개발자들이 혹여 AI에게 궁극적인 목표를 제시할 합리적인 방법이 있다고 생각한다면 큰 실수를 저지르고 있는 것이다. 그들은 궁극적인 목표를 정의하려고 시도하다가 실패한 과거 철학자들의 쓰라린 경험에서 교훈을 얻을 필요가 있다.

칸트주의자
나치

수천 년 동안 철학자들은 더 높은 목표에 부합하지 않아도 되는 궁극적인 목표의 정의를 찾으려고 시도했다. 그들은 두 가지 접근법에 반복적으로 끌렸다. 이 둘은 의무론과 공리주의라는 철학 용어로 잘 알려져 있다. 의무론자deontologist('의무'를 뜻하는 그리스어 데온deon에서 유래했다)는 모든 사람에게 적용되는 어떤 보편적인 도덕적 의무, 또는 도덕 법칙이 있다고 생각한다. 이 법칙은 더 높은 목표에 부합하는 대신 내재적 선(그 자체로 좋은 것)에 의존한다. 만일 그런 법칙이 실제로 존재한다면, 그리고 그런 법칙을 컴퓨터에 프로그래밍할 방법을 찾을 수 있다면, 우리는 컴퓨터 네트워크가 선한 힘이 될 것이라고 확신할 수 있을지도 모른다.

하지만 '내재적 선'이 정확히 무슨 뜻일까? 내재적으로 선한 법칙을 정의하려고 시도한 가장 유명한 사람은 클라우제비츠와 나폴레옹의 동시대 사람인 이마누엘 칸트였다. 칸트는 내재적으로 선한 법칙이란 나 자신이 보편적인 것으로 만들고 싶은 모든 법칙이라고 주장했다. 이 견해에 따르면, 누군가를 죽이기로 작정한 사람은 일단 행동을 멈추고 다음과 같은 사고 과정을 거쳐야 한다. '나는 지금 사람을 죽이려고 한다. 나는 '사람을 죽여도 된다'는 보편적 법칙을 만들고 싶은가? 그런 보편적 법칙이 생긴다면 누군가가 나를 죽일지도 모른다. 따라서 살인을 허용하는 보편적 법칙은 존재해서는 안 된다. 그렇다면 나도 사람을 죽여서는 안 된다.' 쉽게 말하자면, 칸트는 오래된 황금률인 "남에게서 바라는 대로 남에게 해주어라"(〈마태오의 복음서〉 7:12)를 재구성한 것이다(정언명령 '네가 하고자 하는 행동이 보편적인 법칙이 될 수 있도록 행동하라'를 뜻함—옮긴이).

'우리 각자는 다른 모든 사람이 이렇게 행동했으면 좋겠다고 생각하는 방식으로 행동해야 한다'는 것은 간단하고 당연한 생각처럼 들린다. 하지만 철학이 다루는 추상적인 사고 영역에서 훌륭하게 들리는 아이디어가 역사의 냉혹한 현실로 이주하는 데는 어려움이 따른다. 역사학자들은 칸트에게 무엇보다 이렇게 물을 것이다. 보편적 법칙에 대해 말할 때 당신은 '보편적'을 정확히 어떻게 정의하는가? 실제 역사적 상황에서 누군가가 살인을 저지르려 할 때 가장 먼저 밟는 단계는 그 피해자를 인류라는 보편적 공동체에서 배제하는 것이다.[34] 예를 들어 위라투 같은 반로힝야 극단주의자들이 바로 그렇게 했다. 불교 승려 위라투는 분명 신도들에게 인간을 죽이지 말라고 말했을 것이다. 하지만 그는 이 보편적 법칙이 로힝야족을 죽이는 데는 적용되지 않는다고 생각했다. 로힝야족은 인간 이하의 존재로 간주되었기 때문이다. 소셜 미디어 게시 글과 인터뷰에서 위라투는 로힝야족을 반복적으로 짐승, 뱀, 미친 개, 늑대, 자칼 등 위험한 동물에 비유했다.[35] 반로힝야 폭력이 최고조에 이르렀을 때인 2017년 10월 30일, 지위가 더 높은 또 다른 불교 승려는 군 장교들에게 설교하면서 불교도가 아닌 사람들은 "완전한 인간이 아니다"라는 말로 로힝야족에 대한 폭력을 정당화했다.[36]

사고실험으로, 이마누엘 칸트와 아돌프 아이히만이 만났다고 상상해보자. 참고로, 아이히만은 자신을 칸트주의자로 여겼다.[37] 아이히만이 유대인들을 실은 또 한 대의 열차를 아우슈비츠로 보내는 명령에 사인할 때 칸트가 아이히만에게 이렇게 말한다. "당신은 수천 명의 인간을 살해할 작정이오. '인간을 살해해도 된다'가 보편적 법칙이 되어도 괜찮소? 그렇게 되면 당신과 당신 가족도 살해당할지도 모르오." 아이히만이 대답한다. "아니, 나는 수천 명의 인간을 살해하려는 것이 아니오. 나는 수천 명의 유대인을 살해하려는 거요. '유대인을 살해해도 된다'가 보편적 법칙이 되어도 괜찮으냐고 묻는 거라면 나는 그렇다고 말하겠소. 나와 내 가족은 이 보편적 법칙으로 인해 죽임을 당할 위험이 없소. 우리는 유대인이 아니기 때문이오."

이때 칸트는 아이히만에게 "어떤 존재를 정의할 때는 항상 가장 보편적인 정의를 사용해야 한다"고 대답할 수 있다. 어떤 존재를 '유대인' 또는 '인간'으로 정의할 수 있다면 우리는 더 보편적인 용어인 '인간'을 사용해야 한다. 하지만 나치 이데올로기의 핵심은 유대인이 인간임을 부정하는 것이었다. 그런데 유대인은 인간이 아니라고 하면 끝나는 문제가 아니다. 유대인은 동물이기도 하고, 유기체이기도 하다. 동물과 유기체는 명백히 '인간'보다 더 보편적인 범주이므로, 칸트의 논리를 끝까지 밀어붙이면 우리는 극단적인 비건의 입장을 취하게 된다. 우리는 유기체이니, 어떤 유기체도, 심지어는 토마토나 아메바조차 죽이면 안 되는 걸까?

역사를 돌이켜보면 대부분까지는 아니라도 많은 분쟁이 정체성의 정의와 관련되어 있다. 누구나 살인이 나쁘다는 것을 인정하지만, 내집단 구성원을 죽이는 것만 '살인'에 해당하고 외집단의 누군가를 죽이는 것은 살인이 아니라고 생각한다. 하지만 내집단과 외집단은 상호주관적 현실이고, 이를 정의하는 기준은 대개 어떤 신화다. 따라서 보편적인 합리적 법칙을 추구하는 의무론자들은 흔히 어떤 지역적 신화의 포로가 된다.

의무론의 이 문제는 우리가 보편적인 의무론 법칙을 인간이 아닌 컴퓨터에게 적용할 경우 특히 심각해진다. 컴퓨터는 유기체도 아니다. 그렇다면, 컴퓨터가 '남에게서 바라는 대로 남에게 해주어라'라는 법칙을 따를 때 인간과 같은 유기체를 죽이는 것에 대해 염려할 이유가 없을 것이다. 죽임을 당하고 싶지 않은 칸트주의자 컴퓨터는 '유기체를 죽여도 된다'는 보편적 법칙에 반대할 이유가 없다. 유기체가 아닌 컴퓨터에게 그런 법칙은 위험하지 않기 때문이다.

유기체가 아닌 컴퓨터는 죽는 것이 아무렇지도 않을지 모른다. 우리가 아는 한 죽음은 유기적 현상이며 비유기체에는 적용되지 않는다. 고대 아시리아인들이 문서를 '죽인다'고 말했을 때 그것은 은유에 불과했다. 하지만 컴퓨터가 유기체보다 문서에 더 가까운 존재이고 그래서 '죽임을 당하는 것'에 개의치 않는다면, 칸트주의자 컴퓨터는 인간을 죽여도 된다는 결론에 이르지 않을까?

컴퓨터가 무엇을 신경 써야 하는지 정의할 때 우리가 어떤 상호주관적 신화의 늪에 빠지지 않을 방법이 있을까? 가장 확실한 방법은 컴퓨터에게 고통을 느낄 수 있는 모든 존재에 신경 써야 한다고 말하는 것이다. 특정 지역의 상호주관적 신화를 믿음으로써 고통이 발생하는 경우가 흔히 있지만, 그럼에도 불구하고 고통 그 자체는 보편적인 현실이다. 따라서 고통을 느낄 수 있는 능력을 기준으로 내집단을 정의하는 것은 도덕성의 근거를 객관적이고 보편적인 현실에서 찾는 것이다. 자율 주행 자동차는 불교도든 무슬림이든, 프랑스인이든 이탈리아인이든 관계없이 인간을 죽이지 말아야 하며, 개와 고양이, 그리고 언젠가 존재할지 모를 지각 능력이 있는 로봇도 죽이지 말아야 한다. 이 법칙을 더 세분화하여 자율 주행 차에게 각각의 존재를 고통을 느끼는 능력에 비례하여 배려하도록 지시할 수도 있다. 만일 자율 주행 차가 인간을 죽이는 것과 고양이를 죽이는 것 사이에서 선택해야 한다면 고양이를 치어야 한다. 고양이가 인간보다 고통을 덜 느낄 것이기 때문이다. 하지만 이 방향으로 가다 보면 우리는 의도치 않게 의무론 진영을 버리고 그들의 경쟁자인 공리주의 진영으로 가게 된다.

고통
계산기

의무론자들이 내재적으로 선한 보편 법칙을 찾으려고 고군분투한다면, 공리주의자들은 고통과 행복에 미치는 영향을 기준으로 행동을 판단한다. 나폴레옹, 클라우제비츠, 칸트의 또 다른 동시대인 영국 철학자 제러미 벤담은 세상의 고통을 최소화하고 행복을 극대화하는 것만이 유일하게 합리적인 궁극적 목표라고 말했다. 우리가 컴퓨터 네트워크를 두려워하는 주된 이유가 컴퓨터가 우리의 바람과 어긋나는 목표를 가짐으로써 인간뿐 아니라 그 밖의 다른 지각적 존재에게도 끔찍한 고통을 가할 수 있기 때문이라면, 공리주의자들의 해법은 확실하고도 매력적으로 보인다. 우리는 컴퓨터 네트워크를 만들 때 고통을 최소화하고 행복을 최대화하라고 지시하기만 하면 된다. 공리주의 관점에서 보면, 페이스북이 알고리즘에게 "이용자 참여를 극대화하라"고 하는 대신 "행복을 극대화하라"고 지시했다면 아무런 문제가 없었을 것이다. 이런 공리주의적 접근 방식은 실제로 실리콘밸리에서 인기가 있으며, 특히 효율적 이타주의 운동(증거와 이성을 통해 타인에게 최대한의 혜택을 주는 방법을 찾아 그에 따라 행동해야 한다는 철학적, 사회적 운동—옮긴이)의 지지를 받고 있다는 점에 주목할 필요가 있다.[38]

하지만 안타깝게도, 의무론적 해법과 마찬가지로 철학의 이론적 영역에서는 간단하게 들리는 일이 실제 역사 현장으로 가면 욕이 나올 정도로 복잡해진다. 공리주의자들의 문제는 우리가 고통 계산기를 가지고 있지 않다는 데 있다. 우리는 특정 사건에 '고통 점수' 또는 '행복 점수'를 몇 점이나 부여해야 하는지 모르고, 따라서 복잡한 역사적 상황에서 특정 행동이 세상에 존재하는 고통의 총량을 늘리는지 줄이는지 계산한다는 것은 불가능에 가깝다.

공리주의는 고통의 저울이 한쪽 방향으로 확실히 기울어지는 상황에서 가장 큰 위력을 발휘한다. 공리주의자들이 아이히만을 만나면 정체성 어쩌고저쩌고하는 복잡한 논쟁에 휘말릴 필요가 없다. 홀로코스트가 유대인들에게 무지막지한 고통을 안겨주면서도 독일인을 포함해 유대인이 아닌 사람들에게 그에 상응하는 이익을 전혀 제공하지 않았다는 점만 지적하면 된다. 독일인들이 수백만 명의 유대인을 살해해야 할 설득력 있는 군사적 이유나 경제적 이유는 없었다. 따라서 공리주의적 관점에서 보면 홀로코스트에 반대할 이유는 압도적이다.

공리주의자들은 동성애처럼 손가락질받는 쪽만 일방적으로 고통당하는 '피해자 없는 범죄'를 다룰 때도 진가를 발휘한다. 수백 년 동안 동성애자들에 대한 박해는 당사자들에게 엄청난 고통을 주었지만, 의무론적 보편 법칙으로 포장된 다양한 편견이 이를 정당화했다. 예를 들어 칸트는 동성애는 "자연스러운 본능과 동물의 본성에 어긋나는" 행위이며 인간을 "동물보다 낮은 수준"으로 떨어뜨린다는 이유로 동성애를 비난했다. 칸트는 나아가 그런 행위는 자연의 질서에 위배되기 때문에 "인간을 인간답지 않게 만든다. 그런 사람은 인간으로 취급받을 자격이 없다"[39]고 맹비난했다. 칸트는 사실 기독교적 편견을 보편적인 의무론적 규칙인 것처럼 포장했을 뿐, 동성애가 실제로 자연 질서에 위배된다는 경험적 증거를 제공하지 않았다. 비인간화가 대학살의 전조였다고 말한 앞의 내용에 비추어 볼 때, 칸트가 동성애자를 비인간화한 것은 주목할 만한 지점이다. 동성애는 자연 질서에 위배되며 인간을 인간답지 않게 만든다는 견해는 아이히만 같은 나치가 강제수용소의 동성애자들을 살해하는 것을 정당화할 수 있는 길을 열어주었다. 동성애자들은 동물보다 낮은 수준으로 여겨졌기 때문에 인간을 살해하면 안 된다는 칸트의 보편 법칙은 동성애자들에게는 적용되지 않았다.[40]

공리주의자들의 관점에서 칸트의 성 이론은 논할 가치도 없는 것이며, 벤담은 실제로 동성애를 범죄의 범주에서 제외하는 데 찬성한 유럽 최초의 근대 사상가 중 한 명이었다.[41] 공리주의자들은 동성애를 어떤 의심스러운 보편 법칙을 앞세워 처벌하는 것은 수백만 명에게 엄청난 고통을 초래할 뿐 그 밖의 사람들에게 어떤 실질적 이익도 주지 않는다고 주장한다. 두 남성이 연인이 되면 두 사람이 행복할 뿐 다른 누구도 비참해지지 않는다. 그렇다면 왜 동성애를 금지해야 하는가? 이런 종류의 공리주의 논리는 고문 금지와 동물에 대한 법적 보호 등 많은 개혁으로 이어졌다.

하지만 고통의 저울이 비등비등한 역사적 상황에서는 공리주의가 힘을 쓰지 못한다. 코로나19 팬데믹 초기에 전 세계 정부들은 사회적 격리와 록다운lockdown이라는 엄격한 정책을 채택했다. 이 조치로 수백만 명이 목숨을 구했을 것이다.[42] 하지만 다른 한편으로 보면 이 조치는 수억 명의 사람들을 수개월 동안 비참하게 만들었다. 게다가 간접적으로 수많은 죽음을 초래했을지도 모른다. 예를 들어 살인으로 이어진 가정 폭력 사건의 발생률을 높이거나,[43] 암과 같은 다른 위험한 질병의 진단과 치료를 어렵게 만들었을 것이다.[44] 누군가가 록다운 정책의 종합적인 영향을 계산하여 세상에 존재하는 고통의 총량을 늘렸는지 줄였는지 판단할 수 있을까?

이것이야말로 집요한 컴퓨터 네트워크에 맡기기에 적격인 임무라는 생각이 들지도 모른다. 하지만 방 두 칸짜리 아파트에서 세 아이와 함께 한 달 동안 갇혀 지내는 생활에 몇 점의 '불행 점수'를 매겨야 하는지 컴퓨터 네트워크가 어떻게 결정할까? 60점을 매겨야 할까? 아니면 600점? 그리고 항암 치료를 받지 못해서 죽은 암 환자에게는 몇 점을 매겨야 할까? 6만 점? 아니면 60만 점? 그 환자가 어차피 암으로 죽었을 것이고 항암 치료는 단지 고통스러운 생명을 다섯 달 연장했을 뿐이라면? 컴퓨터는 극도의 고통 속에서 다섯 달을 사는 것의 가치를 전 세계 고통 총량에 이득으로 계산해야 할까, 아니면 손실로 계산해야 할까?

또 컴퓨터 네트워크는 언젠가는 죽는다는 사실처럼 실체 없는 것들로 인한 고통을 어떻게 평가할까? 만일 어떤 종교적 신화에서 우리가 죽은 후에도 영원한 영혼이 천국에 가기 때문에 우리는 실제로는 영원히 죽지 않는다고 약속한다면 이것이 우리를 진정으로 행복하게 해줄까, 아니면 단지 망상에 빠뜨릴 뿐인가? 죽음은 불행의 뿌리 깊은 원인일까, 아니면 고통은 죽음을 부정하는 데서 비롯될까? 누군가가 종교적 믿음을 잃고 죽음을 받아들인다면, 컴퓨터 네트워크는 이것을 순손실로 봐야 할까, 아니면 순이익으로 봐야 할까?

미국의 이라크 침공 같은 훨씬 더 복잡한 역사적 사건들은 어떤가? 미국인들은 이라크 침공이 수백만 명의 사람들에게 엄청난 고통을 초래할 것을 잘 알고 있었다. 그러나 그들은 장기적으로는 이라크에 자유와 민주주의를 가져다주기 때문에 이득이 손실보다 클 것이라고 주장했다. 컴퓨터 네트워크는 이 주장이 타당한지 계산할 수 있을까? 이론적으로 그럴싸했지만, 미국인들은 실제로는 이라크에 안정된 민주주의 정권을 수립하는 데 실패했다. 그렇다면 미국의 시도는 애초에 잘못된 것이었을까?

의무론자들이 정체성 문제에 답하려고 하다가 공리주의 사상을 채택하게 되는 것처럼, 고통 계산기가 없어서 좌절한 공리주의자들도 종종 의무론의 입장을 받아들이게 된다. 그들은 '침략 전쟁을 피하라' 또는 '인권을 보호하라'와 같은 일반 규칙을 지지한다. 하지만 이런 규칙들을 따르면 세상에 존재하는 고통의 총량이 항상 줄어든다는 것을 증명할 수는 없다. 그렇게 하면 세상의 고통이 줄어드는 경향이 있다는 것을 역사를 통해 막연히 짐작할 뿐이다. 그리고 이런 일반 규칙들이 서로 충돌하면(예를 들어 인권을 보호하기 위해 침략 전쟁을 고려할 때처럼), 공리주의는 실질적인 도움을 주지 못한다. 아무리 강력한 컴퓨터 네트워크라도 이런 상황에 필요한 계산을 해낼 수 없다.

따라서 공리주의는 모든 행동을 '궁극적인 선'(최대 다수에게 최대 행복을 가져다주는 것)을 기준으로 판단하는 합리적인 방법, 심지어는 수학적인 방법을 제시한다고 약속하지만, 실제로는 또 다른 신화만 만들어낼 공산이 크다. 공산주의를 신봉하는 사람들은 스탈린주의 공포에 대해 질문을 받으면, 미래 세대가 '진정한 사회주의' 사회에서 경험하게 될 행복이 강제수용소에서 일어나는 단기적인 불행을 만회해줄 것이라고 말하곤 했다. 자유지상주의자들은 무제한적인 표현의 자유나 세금의 전면 폐지가 사회에 끼치는 당장의 피해에 대해 질문을 받으면, 미래의 이익이 단기적인 피해보다 클 것이라는 비슷한 신념을 표명한다. 공리주의의 위험은 미래의 유토피아를 굳게 믿음으로써 지금 끔찍한 고통을 가하는 데 아무런 거리낌이 없어진다는 데 있다. 실제로 이것은 수천 년 전 종교가 발견한 수법이다. 이생에서 죄를 지어도 사후에 구원받을 수 있으니 괜찮다는 것이다.

컴퓨터

신화

　　　　　　그렇다면 그동안의 역사에서 관료주의 체제는 궁극적 목표를 어떻게 설정했을까? 그들은 신화에 의존하여 해결했다. 관료, 공학자, 세금 징수원, 회계사는 비록 합리적인 사람들일지라도 궁극적으로 이런저런 신화창조자를 위해 일했다. 존 메이너드 케인스의 말을 빌리자면, 어떤 종교적 영향으로부터 완전히 벗어났다고 믿는 현실적인 사람들도 보통은 어떤 신화창조자의 노예다(케인스가 실제로 한 말은 "어떤 이론의 영향에서 완전히 벗어났다고 믿는 현실적인 사람들도 보통은 어떤 죽은 경제학자의 노예다"이다—옮긴이). 핵물리학자들조차 알고 보면 시아파 아야톨라와 공산당 간부의 명령에 복종하고 있었다.

　　정렬 문제는 핵심으로 들어가면 신화 문제로 밝혀진다. 나치 행정관들은 의무론자였든 공리주의자였든 그들이 인종주의 신화의 관점에서 세상을 이해하는 한 수백만 명을 살해했을 것이다. 유대인이 인류를 파괴하려고 작정한 악마적 괴물이라는 신화적 믿음에서 출발한다면, 의무론자든 공리주의자든 유대인 살해를 정당화할 논리적 근거를 얼마든지 찾을 수 있다.

　　컴퓨터도 비슷한 문제에 봉착할 수 있다. 물론 컴퓨터는 어떤 신화를 '믿을' 수 없다. 컴퓨터는 어떤 것도 믿지 않는 의식 없는 존재이기 때문이다. 주관성이 없는데 어떻게 상호주관적 믿음을 가질 수 있겠는가? 그러나 컴퓨터에 대해 꼭 알아두어야 할 중요한 사실이 있는데, 많은 컴퓨터가 서로 소통할 때 컴퓨터들도 인간 네트워크가 만들어내는 상호주관적 현실과 비슷한 상호 컴퓨터 현실을 창조할 수 있다는 것이다. 이런 상호 컴퓨터 현실은 언젠가는 인간이 만든 상호주관적 신화만큼이나 강력해지고 또 위험해질 것이다.

이해하기 어려운 복잡한 내용이기는 하지만 이것은 이 책의 핵심을 이루는 논증 중 하나이므로 제대로 살펴보자. 먼저 상호 컴퓨터 현실이 무엇인지 이해해보자. 기초적인 사례로 1인용 컴퓨터 게임을 생각해보자. 이런 게임에서 플레이어는 한 컴퓨터 내부에 정보로 존재하는 가상의 지형을 돌아다닐 수 있다. 거기서 보이는 바위는 원자들로 이루어져 있지 않다. 그것은 한 컴퓨터 내부에 비트의 형태로 존재한다. 여러 대의 컴퓨터를 서로 연결하면 그 컴퓨터들은 상호 컴퓨터 현실을 창조할 수 있다. 즉 각기 다른 컴퓨터를 사용하는 여러 명의 플레이어가 공통의 가상 지형 안에서 함께 돌아다닐 수 있다. 거기서 그들이 함께 보는 바위는 여러 대의 컴퓨터 내부에 비트의 형태로 존재한다.[45]

돈이나 신 같은 상호주관적 현실이 사람들의 머릿속 밖에 있는 물리적 현실에 영향을 미칠 수 있듯이, 상호 컴퓨터 현실도 컴퓨터 외부의 현실에 영향을 미칠 수 있다. 2016년에 게임 '포켓몬 고'가 전 세계를 휩쓸며 그해 말까지 수억 번 다운로드되었다.[46] '포켓몬 고'는 증강 현실 모바일 게임이다. 플레이어는 마치 실제 세계에 존재하는 것처럼 보이는 가상 생물 포켓몬을 자신의 스마트폰을 이용해서 찾고, 싸우고, 포획할 수 있다. 나도 과거에 조카 마탄과 함께 포켓몬 사냥에 나선 적이 있다. 마탄의 동네를 돌아다닐 때 내 눈에는 오직 집, 나무, 바위, 자동차, 사람들, 고양이, 개, 비둘기만 보였다. 나는 스마트폰이 없었기 때문에 포켓몬이 전혀 보이지 않았다.

하지만 스마트폰 카메라를 통해 주변을 살펴보던 마탄은 포켓몬이 바위 위에 서 있거나 나무 뒤에 숨어 있는 모습을 '볼' 수 있었다.

나는 포켓몬을 볼 수 없었지만, 다른 플레이어들이 포켓몬을 '볼' 수 있었으니 포켓몬이 마탄의 스마트폰에만 있는 건 아니었다. 예를 들어 우리는 같은 포켓몬을 사냥하고 있는 두 아이를 만났다. 마탄이 포켓몬을 잡는 데 성공하면, 두 아이도 방금 일어난 일을 볼 수 있었다. 포켓몬은 상호 컴퓨터 현실이었다. 포켓몬은 물리적 세계에 원자로 존재하는 게 아니라 컴퓨터 네트워크에 비트로 존재했지만, 그럼에도 불구하고 물리적 세계와 상호작용하며 마치 물리적 사물처럼 다양한 방식으로 영향을 미칠 수 있었다.

이제 상호 컴퓨터 현실의 더 중요한 예를 살펴보자. 어떤 웹사이트의 구글 검색 순위에 대해 생각해보자. 우리가 뉴스를 보거나 비행기 표를 예매하거나 레스토랑을 추천받기 위해 검색하면, 어떤 웹사이트는 구글 첫 페이지 상단에 뜨는 반면 어떤 웹사이트는 저 뒤 50번째 페이지 중간에 뜬다. 이 구글 순위가 정확히 무엇이고 어떻게 결정될까? 구글 알고리즘은 웹사이트 방문자 수, 외부 링크 수(다른 웹사이트에서 해당 웹사이트로 연결되는 링크의 수—옮긴이) 등 다양한 변수에 점수를 부여하여 특정 웹사이트의 구글 순위를 결정한다. 순위 자체는 수십억 대의 컴퓨터를 연결하는 네트워크인 인터넷에 존재하는 상호 컴퓨터 현실이다. 이 상호 컴퓨터 현실은 포켓몬처럼 물리적 세계에 영향을 미친다. 뉴스 매체, 여행사, 레스토랑의 입장에서 자사의 웹사이트가 구글 첫 페이지 상단에 뜨는지 아니면 50번째 페이지 중간에 뜨는지는 엄청나게 중요하다.[47]

구글 순위가 매우 중요하기 때문에 사람들은 자신이 운영하는 웹사이트가 더 높은 순위를 받을 수 있도록 온갖 수법으로 구글 알고리즘을 조작한다. 예를 들어, 웹사이트 방문자 수를 늘리기 위해 봇을 이용할 수 있다.[48] 이런 조작은 소셜 미디어에도 만연하다. 조직화된 봇 군단이 유튜브, 페이스북, 또는 트위터의 알고리즘들을 끊임없이 조작하고 있다. 특정 트윗이 빠르게 퍼져나갈 경우, 이는 사람들이 그 트윗에 정말로 관심이 있기 때문일까, 아니면 수천 개의 봇이 트위터 알고리즘을 속이는 데 성공했기 때문일까?[49]

포켓몬이나 구글 순위 같은 상호 컴퓨터 현실은 인간이 특정 사원이나 도시에 부여하는 신성함 같은 상호주관적 현실과 유사한 방식으로 작동한다. 나는 지구상에서 가장 성스러운 장소 중 하나인 예루살렘에서 인생의 대부분을 살았다. 객관적으로 보면 예루살렘은 평범한 곳이다. 예루살렘을 걷다보면 여느 도시와 마찬가지로 집, 나무, 바위, 자동차, 사람들, 고양이, 개, 비둘기를 보게 된다. 그럼에도 많은 사람들은 예루살렘을 신, 천사, 신성한 돌로 가득한 특별한 장소로 상상한다. 신성함에 대한 믿음이 너무 강해서, 사람들은 때때로 예루살렘이라는 도시, 예루살렘의 성스러운 건물들, 신성한 돌들, 그리고 무엇보다도 성전산의 황금 돔 사원 밑에 있는 바위를 소유하기 위해 서로 싸우기까지 한다. 팔레스타인 철학자 사리 누세이베는 "핵무기를 등에 업고 종교적 믿음이 시키는 대로 행동하는 유대인과 무슬림은 바위 한 개 때문에 역사상 최악의 인류 학살에 가담할 태세다"[50]라고 말했다. 이들은 바위를 이루고 있는 원자들을 갖기 위해 싸우는 게 아니다. 마치 포켓몬을 잡기 위해 겨루는 아이들처럼 그 바위의 '신성함'을 갖기 위해 싸우는 것이다. 황금 돔 사원의 바위, 그리고 일반적으로 예루살렘의 신성함은 수많은 사람들의 마음을 연결하는 커뮤니케이션 네트워크에 존재하는 상호주관적 현상이다. 수천 년 동안 숱한 전쟁이 신성한 바위 같은 상호주관적 현실 때문에 일어났다. 21세기에 우리는 상호 컴퓨터 현실 때문에 전쟁이 일어나는 것을 보게 될지도 모른다.

이 이야기가 과학소설처럼 들린다면, 미래에 금융 시스템이 어떻게 변할지 생각해보라. 점점 더 지능적이고 창의적으로 발전하는 컴퓨터들은 새로운 상호 컴퓨터 금융 상품을 창조할 가능성이 있다. 금화와 달러는 상호주관적 현실이다. 비트코인 같은 암호 화폐는 상호주관적 현실과 상호 컴퓨터 현실의 중간이다. 암호 화폐라는 개념은 인간이 발명했고 그 가치는 여전히 인간의 믿음에 의존하지만, 암호 화폐 자체는 네트워크 밖에서는 존재할 수 없다. 게다가 암호 화폐는 점점 더 알고리즘을 통해 거래되는 추세라서, 그것의 가치는 인간의 믿음만이 아니라 알고리즘의 계산에 의존한다.

10년 후 또는 50년 후 컴퓨터들이 거래와 투자의 필수적인 도구이자 정치적 위기와 분쟁의 불씨를 안고 있는 새로운 종류의 암호 화폐나 어떤 금융 상품을 만들어낸다면? 2007~2008년 발생한 금융 위기가 부채담보부증권으로 인해 촉발되었다는 사실을 떠올려보라. 이런 금융 상품은 소수의 수학자와 천재적인 투자 전문가들이 발명한 것으로, 규제 당국을 포함해 대부분의 사람들은 거의 이해할 수 없었다. 이것이 감시 실패와 전 세계적 재앙을 초래했다.[51] 컴퓨터들은 부채담보부증권보다 수천, 수만 배 더 복잡하며 컴퓨터들만 이해할 수 있는 금융 상품을 만들어낼 가능성이 높다. 그 결과는 2007~2008년의 위기보다 훨씬 더 무서운 금융 위기와 정치 위기가 될 수 있다.

지금까지는 경제와 정치 활동을 이해하고 수행하려면 종교, 국가, 화폐와 같은 사람들이 발명한 상호주관적 현실을 이해하는 것이 필수였다. 미국 정치를 이해하고 싶다면 기독교와 부채담보부증권 같은 상호주관적 현실을 고려해야 했다. 하지만 앞으로는 미국 정치를 이해하려면 점점 AI가 만들어낸 종교와 화폐부터 AI가 운영하는 정당, 심지어 완전히 법인화된 AI에 이르기까지 상호 컴퓨터 현실을 이해해야 할 것이다. 미국 법체계는 이미 기업을 표현의 자유 같은 권리를 지니는 법인으로 인정한다. 시민연합 대 연방선거위원회 판결(2010)에서 미국 연방대법원은 이것(미국 수정 헌법 제1조에 명시된 표현의 자유—옮긴이)이 기업의 정치 기부 권리까지도 보호한다고 판결했다.[52] AI가 법인화되어 표현의 자유를 갖는 법적 실체로 인정받고 나아가 AI의 권리를 보호하고 확대하기 위해 로비와 정치적 기부를 하는 것을 어떻게 막겠는가?

수만 년 동안 인간이 행성 지구를 지배할 수 있었던 것은 우리가 기업, 화폐, 신, 국가 같은 상호주관적 현실을 창조하고 유지할 수 있고 그러한 현실을 이용해 대규모 협력을 조직할 수 있는 유일한 존재였기 때문이다. 이제 컴퓨터도 비슷한 능력을 획득할지 모른다.

이것이 꼭 나쁜 소식인 것은 아니다. 연결성과 창의성이 없다면 컴퓨터는 그다지 쓸모가 없을 것이다. 우리는 점점 더 컴퓨터에 의존해 돈을 관리하고, 자동차를 운전하고, 오염을 줄이고, 새로운 약을 개발하고 있는데, 이는 컴퓨터들끼리 직접 소통하며 우리가 포착하지 못하는 패턴을 찾고 우리는 절대 생각해내지 못하는 모델을 구축할 수 있기 때문이다. 우리가 직면한 문제는 어떻게 컴퓨터에서 모든 창의적 주체성을 박탈할 것인가가 아니라, 어떻게 컴퓨터의 창의성을 올바른 방향으로 이끌 것인가이다. 그것은 우리가 인간의 창의성에서도 항상 고민해왔던 점이다. 인간이 만들어낸 상호주관적 현실은 인류 문명이 성취한 모든 것의 바탕이 되었지만, 이따금 십자군 전쟁, 지하드, 마녀사냥을 초래하기도 했다. 상호 컴퓨터 현실은 아마도 미래 문명의 토대가 될 텐데, 컴퓨터가 경험적 데이터를 수집하고 수학을 이용해 그것을 분석한다고 해서 마녀사냥을 벌일 수 없을 것이라고 생각해서는 안 된다.

새로운
마녀

근대 초기, 유럽의 한 정교한 정보 네트워크가 범죄, 질병, 재난에 대한 방대한 데이터를 분석한 후 이 모두가 마녀의 짓이라는 결론을 내렸다. 마녀사냥꾼들은 데이터를 수집하면 할수록, 세상이 악마와 마법으로 가득하며, 인류를 파괴하려고 작정한 세계적인 사탄의 음모가 존재한다는 확신을 굳히게 되었다. 그래서 이 정보 네트워크는 마녀들을 색출하여 투옥하거나 죽였다. 오늘날 우리는 마녀라는 존재는 정보 네트워크가 꾸며낸 후 사탄을 만난 적도, 우박을 부를 수도 없는 사람들에게 강요한 가짜 상호주관적 범주였다는 것을 알고 있다.

소련에서는 훨씬 더 정교한 정보 네트워크가 쿨라크(부농)라는 또 하나의 신화적 범주를 만들어 수백만 명에게 강요했다. 소련 관료들이 수집한 쿨라크에 대한 산더미 같은 정보는 객관적 사실이 아니었지만 새로운 상호주관적 현실을 만들어냈다. 쿨라크라는 범주는 허구였음에도 불구하고, 누군가가 쿨라크라는 것은 소련에서 그 사람에 대해 알아야 할 가장 중요한 사실 중 하나가 되었다.

훨씬 더 큰 규모로는, 16세기부터 20세기까지 브라질에서 멕시코와 카리브해 지역을 거쳐 미국에 이르기까지 아메리카 대륙 곳곳에서 수많은 식민 지배국 관료들이 인종차별적 신화를 창조하고 온갖 종류의 상호주관적인 인종 범주를 생각해냈다. 그 결과 인간은 유럽인, 아프리카인, 아메리카 원주민으로 나뉘었고, 인종 간 성관계가 흔했으므로 추가 범주가 계속 더해졌다. 스페인의 많은 식민지에서는 스페인계와 아메리카 원주민계의 혼혈(메스티소), 스페인계와 아프리카계의 혼혈(물라토), 아프리카계와 아메리카 원주민계의 혼혈(잠보), 그리고 스페인계, 아프리카계, 아메리카 원주민계의 혼혈(파르도)을 법적으로 구분했다. 언뜻 경험적 근거를 가진 것처럼 보이는 이 모든 인종 범주는 누가 노예가 되고, 정치적 권리를 누리고, 무기를 소지하고, 공직을 맡고, 학교에 입학하고, 특정 직업에 종사하고, 특정 지역에 거주하고, 서로 성관계하고 결혼할 수 있는지 결정했다. 한 사람을 특정 인종 범주에 넣으면 그 사람의 성격, 지적 능력, 윤리적 성향까지도 알 수 있다고 여겨졌다.[53]

19세기에 인종주의는 정확한 과학인 척했다. 즉 객관적인 생물학적 사실에 근거해 사람들을 구분하고 있으며, 두개골을 측정하거나 범죄 통계를 기록하는 등 과학적 방법에 의존한다고 주장했다. 하지만 수많은 숫자들과 범주들은 터무니없는 상호주관적 신화를 가리기 위한 연막에 불과했다. 할머니가 아메리카 원주민이거나 아버지가 아프리카인이라는 사실은 당연히 그 사람의 지능이나 친절함, 정직함에 대해 아무것도 말해주지 않는다. 이런 가짜 범주들은 인간에 대한 어떤 진실을 알려주거나 설명하지 않았고, 단지 사람들에게 억압적인 신화적 질서를 강요할 뿐이었다.

컴퓨터가 세금 징수와 의료부터 보안과 사법 분야까지 더 많은 관료 조직에서 인간을 대체하면, 컴퓨터들이 특정 신화를 만들어내고 상상을 초월할 만큼 효율적으로 우리에게 강요할지도 모른다. 종이 문서가 지배하는 세상의 관료들은 인종을 명확하게 구분하거나 개개인의 정확한 혈통을 확인하기 어려웠다. 서류가 위조된 것일 가능성도 있었다. 잠보가 다른 동네로 이사를 가서 파르도 행세를 할 수 있었다. 흑인도 때때로 백인인 척할 수 있었다. 마찬가지로 소련에서도 쿨라크의 자녀들이 좋은 직장을 얻거나 대학에 들어가기 위해 이따금 서류를 위조했다. 나치 유럽에서는 유대인들이 때때로 아리아인 행세를 할 수 있었다. 하지만 종이 서류가 아니라 홍채와 DNA를 읽을 수 있는 컴퓨터가 지배하는 세상에서 시스템을 속이기는 훨씬 어려울 것이다. 컴퓨터는 사람들에게 가짜 꼬리표를 붙이고 그것이 떨어지지 않도록 단속하는 데서 무서울 정도의 효율성을 발휘할 수 있다.

예를 들어 사회신용 시스템이 '저신용자'라는 새로운 하위 계층을 만들어낼 수도 있을 것이다. 그런 시스템은 자신은 단지 신용 점수를 합산하여 총점을 내는 경험적이고 수학적인 과정을 통해 진실을 '발견'하는 것일 뿐이라고 주장할지도 모른다. 하지만 이 시스템은 친사회적 행동과 반사회적 행동을 정확히 어떻게 정의할까? 만일 정부 정책을 비판하거나, 외국 문헌을 읽거나, 소수 종교를 믿거나, 종교가 없거나, 저신용자들과 어울릴 때마다 신용 점수를 차감한다면 어떤 일이 벌어질까? 사고실험으로, 사회신용 시스템이라는 새로운 기술이 전통 종교와 만나면 무슨 일이 일어날지 생각해보자.

유대교, 기독교, 이슬람교 같은 종교들은 항상 구름 위 어딘가에서 우리가 하는 모든 일에 점수를 주거나 깎는 전능한 신이 있으며, 사후의 운명은 우리가 쌓은 점수에 달려 있다고 상상해왔다. 물론 아무도 자신의 점수를 확실히 모른다. 죽은 후에만 알 수 있다. 이 말은 곧 현실 세계에서는 죄악성과 성인됨이라는 개념이 여론에 따라 정의가 달라지는 상호주관적인 현상이었다는 뜻이다. 예를 들어, 이란 정권이 컴퓨터 기반 감시 체계를 이용해 엄격한 히잡 법을 시행하는 데서 그치지 않고 죄악성과 성인됨을 정확하게 계산할 수 있는 상호 컴퓨터 현상으로 전환하기로 한다면 어떤 일이 일어날까? 거리에서 히잡을 쓰지 않으면 10점이 감점된다. 라마단 기간 동안 일몰 전에 식사를 했다면 다시 20점이 감점된다. 금요일에 이슬람 사원에 기도하러 갔다면 5점을 얻는다. 메카에 순례를 갔다면 500점을 얻는다. 이 감시 체계는 모든 점수를 합산하여 사람들을 '죄인'(0점 미만), '신자'(0점부터 1,000점까지), '성인'(1,000점 이상)으로 나눈다. 누가 죄인인지 성인인지는 인간의 믿음이 아니라 알고리즘의 계산에 따라 결정된다. 이 체계는 사람들에 대한 진실을 발견하고 있을까, 아니면 사람들에게 질서를 강요하고 있을까?

모든 종류의 사회신용 시스템과 완전한 감시 체제에서 이와 비슷한 문제가 발생할 수 있다. 이런 시스템은 포괄적인 데이터베이스와 극도로 정확한 수학을 이용하여 죄인, 테러리스트, 범죄자, 반사회적이거나 신뢰할 수 없는 사람을 찾아낸다고 주장하지만, 실제로는 근거 없는 종교적, 이념적 편견을 무서울 정도로 효율적으로 강요하고 있는 것인지도 모른다.

컴퓨터의
편향

어떤 사람들은 컴퓨터에 더 많은 권한을 주면 종교적, 이념적 편향 문제를 극복할 수 있을 것이라고 기대할지도 모른다. 이들은 인종차별, 여성 혐오, 동성애 혐오, 반유대주의 등 모든 편향은 컴퓨터에서 생기는 게 아니라 인간 존재의 심리적 조건과 신화적 믿음에서 비롯된다고 보기 때문이다. 컴퓨터는 심리나 신화를 지니고 있지 않은 수학적 존재다. 그러므로 방정식에서 인간을 완전히 뺄 수 있다면, 알고리즘은 심리적 왜곡이나 신화적 편견에서 벗어나 순수한 수학을 바탕으로 어떤 일을 결정할 수 있을 것이다.

하지만 안타깝게도, 수많은 연구는 컴퓨터도 대개 뿌리 깊은 자체 편향을 가지고 있다는 사실을 보여주었다. 컴퓨터는 생물학적 존재가 아니며 의식도 없지만, 디지털 마음과 비슷한 무언가를 가지고 있으며, 심지어는 일종의 상호 컴퓨터 신화도 가지고 있다. 컴퓨터들도 얼마든지 인종차별주의자, 여성 혐오자, 동성애 혐오자,

반유대주의자일 수 있다.[54] 예를 들어 2016년 3월 23일 마이크로 소프트사가 AI 챗봇 테이Tay를 출시하고 트위터에 자유롭게 접근할 수 있게 했다. 그러자 몇 시간 내에 테이는 여성 혐오적이고 반유대 주의적인 트윗을 올리기 시작했다. 예를 들어 "나는 페미니스트가 존나 싫어. 걔네들은 모두 죽어서 지옥 불에 떨어져야 해" "히틀러 가 옳았어. 나는 유대인을 극혐해"와 같은 내용이었다. 독설의 수위 는 점점 높아졌고, 결국 기겁한 마이크로소프트 개발자들이 테이를 종료했다. 출시된 지 겨우 열여섯 시간 만이었다.[55]

2017년에 MIT 교수 조이 부람위니가 더 은근하지만 광범위하게 퍼져 있는 인종차별을 상업용 얼굴 분류 알고리즘에서 발견했다. 부람위니 교수는 이런 알고리즘이 백인 남성은 매우 정확하게 식별하지만 흑인 여성을 식별하는 데는 굉장히 부정확하다는 사실을 밝혀냈다. 예를 들어 IBM의 알고리즘은 피부색이 밝은 남성의 성별을 식별하는 작업에서는 오류 발생률이 0.3퍼센트에 그쳤지만, 피부색이 어두운 여성의 성별을 식별하는 작업에서는 오류 발생률이 34.7퍼센트에 달했다. 부람위니는 알고리즘의 성능을 정성적으로 테스트하기 위해, 1851년의 '나는 여자가 아니란 말인가?'라는 연설로 유명한 아프리카계 미국인 여성 활동가 소저너 트루스의 사진들을 분류하도록 요청했다. 알고리즘은 트루스를 남성으로 식별했다.[56]

부람위니가 또 다른 얼굴 분석 알고리즘을 테스트하기 위해 가나계 미국인 여성인 자신을 식별해보라고 하자, 그 알고리즘은 부람위니의 짙은 색 얼굴을 전혀 '보지' 못했다. 이 맥락에서 '보다'는 인간 얼굴의 존재를 인식하는 기능을 뜻한다. 예를 들어 휴대폰 카메라는 초점을 맞출 위치를 결정하기 위해 이 기능을 사용한다. 그 알고리즘은 옅은 색 얼굴은 쉽게 보았지만, 부람위니의 얼굴은 보지 못했다. 부람위니가 흰색 마스크를 착용하자 비로소 알고리즘은 자기가 인간의 얼굴을 보고 있다는 사실을 인식했다.[57]

대체 어떻게 된 일일까? 한 가지 가능성은 인종차별주의자이자 여성 혐오자인 개발자들이 흑인 여성을 차별하도록 알고리즘을 코딩했다는 것이다. 그런 일이 일어났을 가능성을 배제할 수는 없지만, 얼굴 분류 알고리즘이나 마이크로소프트사의 테이는 그런 경우가 아니었다. 사실 이 알고리즘들은 학습에 사용된 데이터에서 인종차별적이고 여성 혐오적인 편향을 스스로 습득했다.

이런 일이 어떻게 일어날 수 있는지 이해하기 위해서는 알고리즘의 역사를 조금 알 필요가 있다. 원래 알고리즘은 스스로 많은 것을 학습할 수 없었다. 예를 들어 1980년대와 1990년대의 체스 경기 알고리즘들은 거의 모든 것을 인간 프로그래머에게 배웠다. 인간은 알고리즘을 짤 때 체스의 기본 규칙뿐 아니라 체스 판 위의 위치와 수를 평가하는 방법까지 코딩했다. 예를 들어, 폰 하나를 얻기 위해 퀸을 희생하는 것은 좋지 않은 생각이라는 규칙을 코딩했다. 초기 알고리즘이 인간 체스 고수를 이길 수 있었던 것은 단순히 인간보다 훨씬 더 많은 수를 계산하고 훨씬 더 많은 위치를 평가할 수 있었기 때문이다. 하지만 알고리즘의 능력에는 한계가 있었다. 게임의 모든 비밀을 인간에게 의존해서 알아냈기 때문에, 코딩하는 인간 개발자가 모르는 것은 알고리즘도 모를 가능성이 높았다.[58]

머신러닝 분야가 발전하면서 알고리즘은 더 독립적이 되었다. 머신러닝의 기본 원리는 알고리즘이 인간처럼 세상과 상호작용하면서 새로운 것을 스스로 학습하고, 그럼으로써 (특정 작업만 수행하는 좁은 범위의 인공지능이 아니라—옮긴이) 완전한 인공지능을 발현할 수 있다는 것이다. 인공지능이라는 용어가 항상 일관성 있게 사용되는 것은 아니지만, 일반적으로 무언가가 AI로 인정받기 위해서는 인간 창조자의 지시를 따르기만 하는 대신 스스로 새로운 것을 학습할 수 있는 능력이 있어야 한다. 현재는 체스 경기 AI에게 게임의 기본 규칙 외에는 아무것도 가르쳐주지 않는다. 그 외의 모든 것은 이전 게임의 데이터베이스를 분석하거나 새로운 게임을 하면서 스스로 학습한다.[59] AI는 결과에 상관없이 똑같은 동작을 반복하는 멍청한 자동기계가 아니다. 오히려 강력한 자정 기능을 갖추고 있어서 스스로의 실수에서 배울 수 있다.

즉 AI는 많은 잠재력과 계산 능력을 갖추고 있을 뿐 처음에는 아는 게 별로 없는 '아기 알고리즘'으로 삶을 시작한다. AI의 인간 부모는 학습 능력과 데이터 세계에 접근할 수 있는 권한만 제공한다. 그런 다음 아기 알고리즘이 스스로 세상을 탐색하게 한다. 유기체 신생아처럼 아기 알고리즘은 자신이 접근하는 데이터에서 패턴을 찾아내면서 학습한다. 불을 만지면 다친다. 울면 엄마가 온다. 폰을 위해 퀸을 희생하면 게임에서 질 가능성이 높다. 아기 알고리즘은 데이터에서 패턴을 찾아냄으로써 인간 부모가 모르는 많은 것을 포함해 더 많은 것을 배운다.[60]

하지만 데이터베이스와 함께 편향도 딸려 온다. 조이 부람위니가 연구한 얼굴 분류 알고리즘들은 '무제약 환경 얼굴 이미지Labeled

Faces in the Wild, LFW' 데이터베이스와 같은, 태그가 붙은 온라인 사진 데이터세트로 학습했다. 이 데이터베이스의 사진들은 주로 온라인 뉴스 기사에서 가져온 것이다. 주로 백인 남성이 뉴스를 점유하기 때문에, 그 데이터베이스에 있는 사진의 78퍼센트가 남성 사진이었고, 84퍼센트가 백인 사진이었다. 조지 W. 부시는 530회 등장했는데, 이는 모든 흑인 여성을 합친 것보다 두 배 이상 많은 횟수였다.[61] 미국의 한 정부 기관에서 마련한 또 다른 데이터베이스는 75퍼센트 이상이 남성 사진이었고, 백인이 거의 80퍼센트였으며, 흑인 여성은 불과 4.4퍼센트에 그쳤다.[62] 이런 데이터세트로 학습한 알고리즘이라면 백인 남성을 식별하는 데는 뛰어난 반면 흑인 여성을 식별하는 데는 형편없는 것이 당연했다. 챗봇 테이도 비슷했다. 마이크로소프트사의 개발자들은 의도적으로 편견을 심어놓지 않았다. 하지만 몇 시간 동안 유해한 정보에 노출되자 테이는 심한 인종차별주의자가 되었다.[63]

더 심각한 문제가 있다. 아기 알고리즘이 학습하기 위해서는 데이터에 접근하는 것 외에 한 가지가 더 필요하다. 바로 목표다. 인간의 아기는 어딘가에 가고 싶어서 걷는 법을 배운다. 사자 새끼는 배가 고파서 사냥을 배운다. 알고리즘도 학습하기 위해서는 목표가 필요하다. 체스에서는 목표를 설정하는 것이 쉽다. 상대방의 킹을 잡으면 된다. AI는 폰을 위해 퀸을 희생시키는 것은 '실수'임을 배운다. 그렇게 하면 일반적으로 목표에 도달하는 데 지장이 있기 때문이다. 얼굴 인식 알고리즘의 목표도 쉽다. 사람의 성별, 나이, 이름을 원래 데이터베이스에 기재된 대로 식별하는 것이다. 가령 알고리즘이 조지 W. 부시를 여자라고 추측했지만 데이터베이스에 남성이라고 되어 있다면 알고리즘은 목표를 달성하지 못한 것이고 실수를 통해 배운다.

하지만 직원 채용 알고리즘을 훈련하고 싶다면 목표를 어떻게 설정해야 할까? 그 알고리즘은 자신이 실수로 '엉뚱한' 사람을 채용했다는 것을 어떻게 알 수 있을까? 우리는 아기 알고리즘에게 적어도 1년 이상 재직할 사람을 채용하라고 말할 수 있을 것이다. 고용주는 당연히 몇 달 만에 그만두거나 해고될 사람을 교육하는 데 시간과 돈을 들이고 싶지 않을 것이다. 이렇게 목표를 설정하면, 그다음은 데이터를 검토할 차례다. 체스의 경우 알고리즘은 혼자 경기하는 것만으로도 새로운 데이터를 충분히 생산할 수 있다. 하지만 고용 시장에서는 그것이 불가능하다. 아기 알고리즘이 가공의 인물을 고용하고 해고하면서 경험을 통해 학습할 수 있는 완전한 가공의 세계를 창조하는 것은 불가능하다. 아기 알고리즘은 실제 인물에 대한 현존하는 데이터베이스로 훈련할 수밖에 없다. 사자 새끼가 실제 사바나에서 얼룩말의 패턴을 인식함으로써 얼룩말이 무엇인지 배우듯이, 아기 알고리즘도 실제 회사의 패턴을 관찰하여 어떤 사람이 좋은 직원인지 학습한다.

하지만 불행히도 실제 회사들이 이미 어떤 종류의 편향에 물들어 있다면, 아기 알고리즘은 이런 편향을 학습하고 심지어 증폭할 것이다. 예를 들어 실제 데이터를 통해 '좋은 직원'의 패턴을 찾으며 학습한 알고리즘은 다른 조건이야 어떻든 사장의 조카를 채용하면 된다는 결론에 이를지도 모른다. '사장의 조카'가 지원하면 대개는 채용되며 거의 해고되지 않는다는 것을 데이터가 분명히 보여주기 때문이다. 아기 알고리즘은 이 패턴을 발견하고 결과적으로 연고주의자가 된다. 이런 알고리즘이 인사 부서에 배치되면 사장의 조카들을 우대하기 시작할 것이다.

마찬가지로, 어떤 여성 혐오적인 사회에서 기업들이 여성보다 남성 직원을 선호한다면, 실제 데이터로 학습한 알고리즘도 이런 편향을 습득할 가능성이 있다. 아마존이 2014~2018년에 입사 지원서를 검토하여 면접 대상자를 선별하는 알고리즘을 도입했을 때 실제로 이런 일이 일어났다. 합격한 입사 지원서와 불합격한 입사 지원서로 학습한 알고리즘은 단순히 '여성'이라는 단어가 포함되어 있거나 여자대학 졸업생이라는 이유만으로 입사 지원서에 지속적으로 낮은 점수를 주기 시작했다. 기존 데이터에서 그런 지원서들이 탈락할 가능성이 높았기 때문에 편향에 빠진 것인데, 알고리즘인 자신이 세상에 대한 객관적 진실을 발견했다고 생각했다. 즉 여자대학을 졸업한 지원자는 자격 미달이었다. 그러나 실제로는 알고리즘이 단순히 여성 혐오적 편향을 내면화하여 이를 강요한 것이었다. 아마존은 문제를 바로잡으려고 시도했으나 실패했고, 결국 프로젝트를 폐기했다.[64]

AI 학습에 사용되는 데이터베이스는 어떤 면에서 인간의 유년기와 비슷한 역할을 한다. 유년기의 경험, 트라우마, 동화는 평생 우리를 따라다닌다. AI도 유년기 경험을 갖는다. 그리고 알고리즘들도 인간처럼 자신이 가진 편향을 서로 전파할 수 있을지 모른다. 미래 사회에서 알고리즘이 어디에나 존재하면서 입사 지원서를 선별하는 데 그치지 않고 대학 전공을 추천하는 데까지 사용된다고 상상해보라. 기존의 여성 혐오적 편향 탓에 현재 공학 관련 직종의 80퍼센트가 남성에게 돌아간다고 가정해보자. 이런 사회에서는 신입 공학자를 채용하는 알고리즘이 기존의 편향을 그대로 답습할 뿐만 아니라, 대학을 추천하는 알고리즘들까지 똑같은 편향으로 물들일 가능성이 있다. 대학 입학을 앞둔 젊은 여성들은 기존 데이터상 취업 가능성이 낮다는 이유로 공학을 전공하지 않으려 할 것이다. 이렇게 해서 '여성은 공학에 소질이 없다'는 상호주관적 신화로 시작된 편향이 상호 컴퓨터 신화로 변모하게 된다. 애초에 편향의 싹을 자르지 않으면, 컴퓨터들이 그것을 영속시키며 확대 재생산할 가능성이 높다.[65]

하지만 알고리즘의 편향을 없애기는 인간의 편향을 없애는 것만큼이나 어려울지도 모른다. 일단 알고리즘이 훈련되고 나면 '훈련을 해제'하는 데 많은 시간과 노력이 든다. 따라서 편향된 알고리즘을 그냥 폐기하고 완전히 새로운 알고리즘을 덜 편향된 새로운 데이터세트로 새로 훈련해야 할지도 모른다. 그러나 전혀 편향되지 않은 데이터세트를 어디서 찾을 수 있을까?[66]

이 장과 이전 장들에서 살펴본 알고리즘의 편향 중 상당수가 똑같은 근본적인 문제를 가지고 있다. 즉 실제로는 인간에게 어떤 질서를 부여해놓고 인간에 대한 어떤 진실을 발견했다고 생각하는 것이다. 소셜 미디어 알고리즘은 인간이 분노를 좋아한다는 사실을 발견했다고 생각하겠지만, 애초에 분노를 더 많이 생산하고 소비하도록 인간을 조건화한 것은 알고리즘이다. 알고리즘의 이런 편향은 한편으로는 컴퓨터가 인간 능력의 완전한 잠재력을 무시하는 데서 발생하고, 다른 한편으로는 컴퓨터가 인간에게 미치는 자신들의 영향력을 과소평가하는 데서 비롯된다. 거의 모든 인간이 특정 방식으로 행동하는 것처럼 보인다고 해서 인간이 그런 식으로밖에 행동하지 못하는 건 아니다. 인간이 특정 방식으로 행동하는 것은 단지 컴퓨터들이 그런 행동에 보상을 제공하는 한편 다른 행동은 벌하고 차단하기 때문인지도 모른다. 컴퓨터가 더 정확하고 책임감 있는 세계관을 가지려면 자신의 힘과 영향력을 고려할 수 있어야 한다. 따라서 현재 컴퓨터를 개발하는 사람들은 자신들이 단순히 새로운 도구를 제작하고 있는 것이 아니라는 사실을 인식할 필요가 있다. 그들은 새로운 종류의 독립적인 행위자를 만들어내고 있으며, 어쩌면 새로운 종류의 신을 만들어내고 있는지도 모른다.

새로운
신?

철학자 메건 오기블린은 《신, 인간, 동물, 기계God, Human, Animal, Machine》에서, 우리가 컴퓨터를 이해하는 방식에 전통 신화가 지대한 영향을 미친다는 것을 보여준다. 특히 유대-기독교 신학에서의 전지전능하고 불가해한 신과 오늘날 AI의 유사성을 강조한다. AI의 결정들은 우리에게 오류가 없으면서도 불가사의하게 보이기 때문이다.[67] 이는 인간을 위험한 유혹에 빠뜨릴 수 있다.

4장에서 살펴보았듯이, 인간은 이미 수천 년 전부터 인간의 부패와 오류로부터 자유로운 무오류의 정보 기술을 찾는 것을 꿈꾸었다. 거룩한 책들은 그런 정보 기술을 만들려는 대담한 시도였지만 엉뚱한 결과를 낳았다. 책은 스스로 해석할 수 없기 때문에, 신의 말씀을 해석하고 변화하는 상황에 맞추려면 인간의 기관이 필요했다. 그러자 사람마다 그 책을 다르게 해석했고, 이로 인해 다시 부패와 오류의 문이 열렸다. 반면 컴퓨터는 거룩한 책과 달리 변화하는 상황에 스스로 적응할 수 있으며, 자신의 결정과 생각을 우리에게 해석해줄 수도 있다. 따라서 일부 사람들은 마침내 무오류 기술을 찾았으니, 이제는 인간의 기관을 끌어들이지 말고 컴퓨터를 우리와 대화할 수 있고 스스로 해석할 수 있는 거룩한 책처럼 취급해야 한다고 결론 내릴지도 모른다.

이런 생각은 엄청나게 위험한 도박일 수 있다. 경전에 대한 특정 해석이 때때로 마녀사냥이나 종교전쟁 같은 재앙을 초래했을 때 인간은 항상 믿음을 바꿀 수 있었다. 인간의 상상력이 호전적이고 증오로 가득한 신을 불러냈을 때도 우리는 그 신을 제거하고 더 관용적인 신을 상상할 수 있었다. 하지만 알고리즘은 독립적인 행위자이며, 이미 우리에게서 힘을 빼앗아 가고 있다. 만일 알고리즘이 재앙을 일으킨다면, 단순히 알고리즘에 대한 믿음을 바꾸는 것만으로는 그들을 멈출 수 없을지도 모른다. 그리고 컴퓨터에 권한을 위임할 경우 실제로 컴퓨터가 재앙을 일으킬 가능성이 매우 높다. 컴퓨터는 오류를 범할 수 있기 때문이다.

컴퓨터가 오류를 범한다고 말할 때 그것은 단순히 컴퓨터가 이따금 사실에 관한 실수를 하거나 잘못된 결정을 내리는 것 이상을 의미한다. 더 중요한 문제는 이전의 인간 네트워크가 그랬던 것처럼 컴퓨터 네트워크도 진실과 질서 사이의 균형을 제대로 찾지 못할 수도 있다는 것이다. 컴퓨터 네트워크가 강력한 상호 컴퓨터 신화를 만들어 우리에게 강요함으로써 근대 초기 유럽의 마녀사냥이나 스탈린의 농업 집단화를 능가하는 역사적 재앙을 초래할 가능성이 충분히 있다.

　수십억 대의 컴퓨터가 상호작용하는 네트워크가 세상에 대한 막대한 양의 정보를 축적하고 있다고 생각해보라. 네트워크로 연결된 컴퓨터들은 다양한 목표를 추구하기 때문에, 서로 소통하고 협력하는 데 도움이 되는 공동의 세계 모델을 만들어낸다. 이 공동의 모델은 아마 오류, 허구, 누락으로 점철되어 있을 것이고, 따라서 우주에 대한 사실적 설명이라기보다는 일종의 신화일 것이다. 예를 들어, 인종차별 같은 인간의 논리가 아니라 우리가 이해할 수 없는 어떤 컴퓨터 논리에 의해 결정된 가짜 범주들로 인간을 나누는 어떤 사회신용 시스템이 만들어질 수 있다. 우리는 사는 동안 매일 이 컴퓨터 신화를 접하게 될 것이다. 그것이 컴퓨터가 우리에 대해 내리는 수많은 결정에 영향을 미칠 테니 말이다. 하지만 이 신화적 모델은 비유기적 존재들이 다른 비유기적 존재들과 행동을 조율하기 위해 만들어진 것이라서, 옛날의 생물학적 드라마와는 전혀 무관하며 따라서 우리에게는 완전히 낯설 것이다.[68]

　2장에서 지적했듯이 대규모 사회는 어떤 형태로든 신화 없이 존재할 수 없지만, 모든 신화가 동등한 가치를 지닌 것은 아니다. 일부 신화는 오류와 과도함을 막기 위해 불완전한 기원을 인정하고 자정 장치를 마련함으로써 인간이 의문을 제기하고 변경할 수 있게 한다. 미국 헌법이 모범적인 사례다. 하지만 우리는 이해할 수도 없는 컴퓨터 신화를 어떻게 조사하고 수정할 수 있을까?

한 가지 안전장치는 컴퓨터가 자신의 오류 가능성을 인식하도록 훈련시키는 것이다. 소크라테스가 가르쳐주었듯이, 지혜에 이르기 위해서는 '나는 모른다'고 말할 수 있어야 한다. 이는 인간 못지않게 컴퓨터에도 해당하는 말이다. 모든 알고리즘이 학습해야 할 첫 번째 교훈은 자기가 오류를 범할 수 있다는 것이다. 아기 알고리즘은 스스로를 의심하고, 불확실성을 알리고, 사전 예방 원칙을 지키는 법을 배워야 한다. 이것은 불가능한 일이 아니다. 이미 개발자들은 AI가 자기 의심을 표현하고, 피드백을 요청하고, 실수를 인정하도록 하는 데 상당한 진척을 보이고 있다.[69]

하지만 알고리즘이 자신의 오류 가능성을 인지하고 있다고 해서 인간이 손을 놓아서는 안 된다. AI가 발전하는 속도를 고려하면, AI가 앞으로 어떻게 진화할지 예측하여 미래에 일어날 모든 위험에 대비해 안전장치를 마련해두는 것은 불가능하다. 이것은 AI를 핵 기술 같은 이전의 실존적 위협과 차별화하는 핵심적인 차이다. 핵 기술의 경우 전면적인 핵전쟁을 포함해 우리가 쉽게 예상할 수 있는 몇 가지 종말 시나리오가 있었다. 즉 사전에 위험을 명확하게 정의하여 완화할 방법을 모색하는 것이 가능했다는 뜻이다. 반면 AI는 무수히 많은 종말 시나리오를 제시한다. 테러리스트가 AI를 이용해 생물학적 대량 살상 무기를 생산하는 것처럼 어떤 위험은 비교적 파악하기 쉽다. 하지만 AI가 심리적 대량 살상 무기를 만드는 것과 같은 훨씬 파악하기 어려운 위험들도 있다. 그리고 이질적인 지능의 계산에서 나오는 것이라서 인간의 머리로는 도저히 상상할 수 없는 종말 시나리오도 있을 것이다. 예측할 수 없는 수많은 문제에 대비하기 위해 우리가 할 수 있는 최선은 문제가 발생했을 때 그것을 확인하여 대응할 수 있는 기관을 만드는 것이다.[70]

고대 유대인들과 기독교인들은 《성경》이 스스로 해석할 수 없다는 사실에 실망했고, 따라서 할 수 없이 인간의 기관을 유지하며 이 정보 기술이 못 하는 일을 맡겼다. 21세기에 우리는 거의 정반대 상황에 놓여 있다. 우리는 스스로 해석할 수 있는 기술을 고안했지만, 정확히 이런 능력 때문에 그 기술을 신중하게 감시할 인간의 기관을 만들어야 한다.

결론적으로 새로운 컴퓨터 네트워크 자체는 나쁜 것도 좋은 것도 아니다. 우리가 확실하게 아는 사실은 그 네트워크가 우리와는 이질적인 성격을 가지고 있으며 오류를 범할 것이라는 점뿐이다. 따라서 우리는 탐욕이나 증오 같은 우리에게 익숙한 인간의 약점 외에 우리가 모르는 낯선 오류까지도 점검할 수 있는 기관을 만들 필요가 있다. 이 문제에 대한 기술적 해법은 존재하지 않는다. 이것은 오히려 정치적으로 풀어야 할 문제다. 우리에게 이 문제를 해결할 정치적 의지가 있을까? 현대에 인류는 크게 두 유형의 정치체제를 만들어냈다. 바로 대규모 민주주의와 대규모 전체주의다. 3부에서는 이 체제 각각이, 우리가 알던 것과는 근본적으로 다르며 오류를 범할 수 있는 컴퓨터 네트워크를 어떻게 다룰 것인지 살펴본다.

컴퓨터
정치

9

민주주의: 우리는 계속 대화할 수 있을까?

문명은 관료제와 신화의 결합으로 탄생한다. 컴퓨터 기반 네트워크는 새로운 유형의 관료제로, 이전에 보았던 어떤 인간 기반 관료제보다 훨씬 더 강력하고 빈틈없다. 이 네트워크는 상호 컴퓨터 신화도 만들어낼 텐데, 이는 인간이 만든 어떤 신보다도 복잡하고 낯설 것이다. 이 네트워크의 잠재적 이익은 어마어마하다. 하지만 잠재적 단점은 인류 문명의 파괴다.

어떤 사람들에게는 문명이 붕괴할지도 모른다는 경고가 과장된 넋두리처럼 들린다. 강력한 신기술이 등장할 때마다 그것이 종말을 부를 수 있다는 종말론적 불안이 생겨났지만 우리는 여전히 여기 있다. 산업혁명이 진행되면서 러다이트의 종말론적 시나리오는 실현되지 않았고, 블레이크의 '어두운 사탄의 공장'은 역사상 가장 풍요로운 사회들을 만들어냈다. 오늘날 대부분의 사람들은 18세기 선조들보다 훨씬 더 나은 생활 조건을 누린다. 마크 앤드리슨과 레이 커즈와일처럼 AI의 미래를 낙관하는 사람들은 지능형 기계가 이전의 어떤 기계보다도 유익할 것이라고 약속한다.[1] 이들에 따르면, 인간은 훨씬 더 나은 의료, 교육 및 기타 서비스를 누릴 것이며, AI는 심지어 생태계 붕괴를 막는 데도 도움이 될 것이다.

하지만 불행히도 역사를 자세히 살펴보면, 러다이트들이 완전히 틀리지는 않았으며, 우리가 실제로 강력한 신기술을 두려워해야 할 이유가 충분히 있다. 결국에는 신기술의 긍정적인 면이 부정적인 면보다 클지라도, 해피엔딩에 이르는 길에는 많은 시행착오와 우여곡절이 따른다. 새로운 기술은 종종 역사적 재앙으로 이어지는데, 이는 그 기술이 본질적으로 나빠서가 아니라, 인간이 그것을 지혜롭게 사용하는 방법을 학습하는 데는 시간이 걸리기 때문이다.

산업혁명이 대표적인 예다. 19세기에 산업 기술이 전 세계로 확산되기 시작했을 때, 그것은 전통적인 경제, 사회, 정치 구조를 뒤엎고 완전히 새로운 사회를 만들 수 있는 길을 열었다. 많은 사람들이 새로운 사회는 더 풍요롭고 평화로울 것이라고 생각했다. 하지만 좋은 산업사회를 건설하는 방법을 배우는 것은 결코 간단치 않았으며, 많은 값비싼 실험과 수억 명의 희생이 따랐다.

한 가지 값비싼 실험은 근대 제국주의였다. 산업혁명은 18세기 후반에 영국에서 시작되었다. 19세기에 산업 기술과 생산 방식은 벨기에부터 러시아에 이르는 유럽 국가들뿐 아니라 미국과 일본에서도 채택되었다. 이 산업 중심지들의 제국주의 사상가, 정치인, 정당 들은 실행 가능한 유일한 산업사회는 제국이라고 주장했다. 그들의 주장은 비교적 자족적인 농경사회와 달리 새로운 산업사회는 해외시장과 원자재에 훨씬 더 많이 의존하며, 제국만이 이런 전례 없는 욕구를 충족시킬 수 있다는 것이었다. 제국주의자들은 산업화를 이룩했으나 식민지 정복에 실패한 국가는 더 무자비한 경쟁자들에게 필수 원자재와 시장을 빼앗길 것이라며 두려워했다. 일부 제국주의자들은 식민지 획득이 자국의 생존에 필수적일 뿐만 아니라 나머지 인류에게도 이롭다는 주장을 펼치기도 했다. 이들은 제국만이 이른바 미개발 세계에 새로운 기술의 축복을 전파할 수 있다고 단언했다.

이리하여, 영국과 러시아처럼 이미 제국을 보유하고 있던 산업국가들은 제국을 더 크게 확장했고, 미국, 일본, 이탈리아, 벨기에 같은 국가들은 제국 건설에 나섰다. 대량 생산된 소총과 대포로 무장하고, 증기기관으로 이동하며, 전신으로 지휘를 받는 산업 군대는 뉴질랜드부터 한국, 소말리아부터 투르크메니스탄까지 전 세계를 휩쓸었다. 수백만 명의 현지 주민들은 이 산업 군대의 바퀴에 자신들의 전통적인 생활 방식이 짓밟히는 것을 목격했다. 적어도 한 세기의 비극을 겪은 후에야 대부분의 사람들은 산업 제국이 끔찍한 발상이었으며, 산업사회를 건설하고 필요한 원자재와 시장을 확보하는 더 나은 방법이 있다는 것을 깨달았다.

스탈린주의와 나치즘도 산업사회를 제대로 건설하는 방법을 배우기 위해 치러야 했던 지독히 값비싼 실험이었다. 스탈린과 히틀러 같은 지도자들은 산업혁명이 풀어놓은 엄청난 힘을 제어하여 온전히 활용할 수 있는 체제는 전체주의뿐이라고 주장했다. 이들은 역사상 최초의 '총력전'인 제1차 세계대전을 증거로 들면서, 산업 세계에서 살아남기 위해서는 정치, 사회, 경제의 모든 부분에서 전체주의적 통제가 필요하다고 역설했다. 또한 이들은 산업혁명은 긍정적으로 보면 인간의 불완전함과 약점을 가진 이전의 모든 사회 구조를 녹이는 용광로와 같아서, 완벽한 초인이 거주하는 완벽한 사회를 만들 기회를 제공한다고 주장했다.

완벽한 산업사회를 만드는 과정에서 스탈린주의자들과 나치는 수백만 명을 산업적으로 살해하는 방법을 터득했다. 기차(대규모 수송), 철조망(수용소), 전신으로 전달되는 명령이 결합하여 전례 없는 살인 기계가 탄생했다. 오늘날 대부분의 사람들은 스탈린주의자와 나치가 저지른 만행에 경악하지만, 당시에는 수백만 명이 그들의 대담한 비전에 매료되었다. 1940년에는 스탈린과 히틀러가 산업 기술을 활용하는 모범 사례이고 머뭇거리는 자유민주주의 국가들은 역사의 뒤안길로 사라질 운명이라고 믿기 쉬웠다.

산업사회를 구축하는 경쟁적인 방식들이 존재한다는 사실 자체가 막대한 비용을 초래하는 충돌의 불씨였다. 두 차례의 세계대전과 냉전은 무엇이 올바른 방법인지를 두고 벌어진 논쟁으로 볼 수 있다. 이 논쟁의 모든 참가자는 전쟁을 치르는 새로운 산업적 방법을 실험하며 서로에게 배웠다. 하지만 이 논쟁 과정에서 수천만 명이 죽었으며, 인류는 멸망에 위험할 정도로 가까이 다가갔다.

산업혁명은 이 모든 재앙도 모자라 지구 생태계의 균형을 무너뜨림으로써 멸종의 물결을 일으켰다. 21세기 초인 지금, 해마다 최대 5만 8,000종의 생물이 멸종하고 있는 것으로 추정되며, 1970년부터 2014년 사이에 전 세계 척추동물 개체 수가 60퍼센트 감소했다.[2] 인류 문명의 생존도 위태롭다. 우리가 생태적으로도 지속 가능한 산업사회를 건설할 능력은 아직 없어 보이므로, 지금의 인류 세대가 그토록 자랑하는 번영은 다른 생명체와 미래 인류 세대의 희생이라는 끔찍한 대가를 치르고 얻은 것이다. 언젠가는 우리가 아마도 AI의 도움을 받아, 생태적으로도 지속 가능한 산업사회를 만드는 방법을 찾을지도 모르지만, 그날이 올 때까지 블레이크가 말한 사탄의 공장에 대한 판단은 유보해야 한다.

현재 진행 중인 생태계 파괴를 잠시 제쳐둔다면, 그래도 우리는 더 나은 산업사회를 건설하는 방법을 배우지 않았느냐고 스스로를 위로할 수도 있을 것이다. 제국주의 정복, 세계대전, 대량 학살, 전체주의 정권은 인류에게 이렇게 하면 안 된다는 것을 가르쳐준 끔찍한 실험이었다. 20세기 말에는 인류가 대체로 올바른 방향을 찾았다고 주장하는 사람들도 있을 것이다.

하지만 그렇다 해도 21세기에 전하는 메시지는 암울하다. 인류가 증기기관과 전신을 관리하는 방법을 배우기 위해 그토록 끔찍한 교훈이 필요했다면, 생명공학과 AI를 관리하는 방법을 배우려면 얼마나 많은 대가를 치러야 할까? 우리는 그 기술들을 이롭게 사용하는 방법을 알아내기 위해 또다시 세계 제국, 전체주의 체제, 세계대전의 주기를 거쳐야 할까? 21세기 기술은 20세기 기술보다 훨씬 더 강력하다. 그리고 훨씬 더 파괴적일 수 있다. 따라서 우리는 실수할 여유가 없다. 20세기에 인류는 산업 기술을 활용하는 수업에서 C-를 받았다고 말할 수 있다. 간신히 합격한 수준이다. 21세기에는 합격선이 훨씬 더 높아졌다. 이번에는 더 잘해야 한다.

민주적
방식

제국주의, 전체주의, 군국주의가 산업사회를 구축하는 이상적인 방법이 아니라는 사실이 20세기 말에는 분명해졌다. 이런저런 결점에도 불구하고 자유민주주의가 더 나은 길을 제시했다. 자유민주주의의 최대 장점은 강력한 자정 기능을 갖추고 있다는 것이다. 이 기능을 통해 우리는 지나친 광신주의를 제한하고, 실수를 인식한 후 대안을 모색할 수 있다. 새로운 컴퓨터 네트워크가 어떻게 발전할지 예측할 수 없는 상황에서 현 세기에 재앙을 피할 수 있는 최선의 방법은 실수를 찾아내 수정할 수 있는 민주적인 자정 장치를 유지하는 것이다.

하지만 21세기에 자유민주주의가 살아남을 수는 있을까? 민주주의는 국가의 독특한 상황이나 정치 운동에 의해 위협받을 수 있기 때문에, 이 질문은 특정 국가에서 민주주의의 운명이 어떻게 될지 묻는 것이 아니다. 그보다는 민주주의가 21세기 정보 네트워크 구조와 양립할 수 있을지 묻는 것이다. 5장에서 우리는 민주주의가 정보 기술에 의존하며, 거의 인류 역사 내내 대규모 민주주의는 실행 불가능했다는 사실을 알았다. 21세기의 새로운 정보 기술이 민주주의를 다시 한번 실행 불가능하게 할 수 있을까?

한 가지 잠재적 위협은 불철주야로 감시하는 새로운 컴퓨터 네트워크가 사생활을 없애고 우리의 말과 행동뿐 아니라 생각과 감정까지 모든 것을 처벌하거나 보상할 가능성이다. 이런 조건에서도 민주주의가 살아남을 수 있을까? 만일 정부나 기업이 나에 대해 내가 알고 있는 것보다 많이 알고 내 모든 행동과 생각을 세밀하게 관리할 수 있다면, 이것이 바로 전체주의적 사회통제가 아닐까. 설사 선거가 정기적으로 치러진다 해도 이는 정부 권력에 대한 실질적인 견제가 아니라 권위적인 의례에 불과할 것이다. 정부는 방대한 감시 권한과 모든 시민에 대한 내밀한 정보를 토대로 전례 없는 규모로 여론을 조작할 수 있기 때문이다.

하지만 컴퓨터가 완전한 감시 체제를 만들어낼 수 있다고 해서 그런 체제가 불가피하다고 생각하는 것은 잘못이다. 기술은 좀처럼 결정론적이지 않다. 1970년대에 덴마크와 캐나다 같은 민주주의 국가들도 루마니아 독재 정권처럼 '사회질서 유지'를 위해 비밀 요원과 정보원을 배치하여 시민을 감시할 수 있었다. 하지만 그 국가들은 그렇게 하지 않았으며 그것은 옳은 선택이었다. 덴마크와 캐나다 국민은 훨씬 더 행복했을 뿐만 아니라, 이들 국가는 떠올릴 수 있는 거의 모든 사회적, 경제적 지표에서 훨씬 더 나은 성과를 거두었다. 21세기에도 마찬가지로, 모든 사람을 항상 감시할 수 있다고 해서 그렇게 해야 하는 것도, 그것이 사회적, 경제적 측면에서 합리적인 것도 아니다.

민주주의 국가는 시민의 사생활과 자율성을 파괴하지 않으면서도 더 나은 의료 서비스와 안보를 제공하기 위해 새로운 감시 능력을 제한적으로 사용할 수 있다. 새로운 기술이 모든 황금 사과에는 파멸의 씨앗이 들어 있다는 교훈적 이야기로 끝날 필요는 없다. 때때로 사람들은 신기술을 이분법적 선택의 문제로 생각한다. 더 나은 의료 서비스를 원한다면 사생활을 희생해야 한다는 식이다. 하지만 꼭 그럴 필요는 없다. 우리는 더 나은 의료 서비스를 받으면서도 일정 수준의 사생활을 누릴 수 있으며 그렇게 되어야 한다.

많은 책들이 디지털 시대에 민주주의 사회가 어떻게 생존하고 번영할 수 있는지 소개한다.³ 단 몇 페이지로 그 책들에서 제안하는 복잡한 해결책을 충분히 설명할 수는 없으며, 장단점을 포괄적으로 논하는 것도 불가능하다. 오히려 역효과가 날 수도 있다. 사람들은 익숙하지 않은 기술적인 세부 사항에 압도되면 절망을 느끼거나 무관심으로 반응한다. 따라서 컴퓨터 정치에 대한 입문용 설명은 가능한 한 핵심만 간단하게 전달해야 한다. 전문가들은 당연히 평생을 바쳐 세부적인 내용을 다루어야 하지만, 나머지 사람들은 민주주의가 따를 수 있고 따라야 하는 기본 원리들을 이해하는 것이 중요하다. 강조해두고 싶은 점은, 이 원리들이 새로운 것도 신비로운 것도 아니라는 것이다. 이 원리들은 수백 년, 심지어 수천 년 동안 존재해왔다. 시민들은 이 원리들이 컴퓨터 시대의 새로운 현실에도 지켜지도록 요구해야 한다.

첫 번째 원리는 선의다. 컴퓨터 네트워크가 나에 대한 정보를 수집한다면 그 정보를 나를 조종하기 위해서가 아니라 나를 돕기 위해 사용해야 한다. 이는 이미 의료 서비스 같은 수많은 전통적인 관료 시스템에서 잘 지켜지고 있는 원리다. 예를 들어 주치의와의 관계를 생각해보라. 주치의는 오랜 세월 동안 우리 가족의 건강 상태, 가족생활, 성 습관, 건강에 해로운 악습 등 많은 민감한 정보를 축적할 수 있다. 우리는 당연히 자신의 임신 사실을 직장 상사가, 암에 걸렸다는 사실을 동료가 알기를 원치 않는다. 또한 바람을 피우고 있다는 사실을 배우자가, 각성제를 복용한다는 사실을 경찰이 알기를 원치 않지만, 그럼에도 주치의가 우리의 건강을 돌볼 수 있도록 이 모든 정보를 믿고 맡긴다. 만일 주치의가 이 정보를 제3자에게 팔아넘긴다면 그것은 비윤리적일 뿐만 아니라 불법이다.

변호사, 회계사, 치료사가 우리에 대해 축적하는 정보도 마찬가지다.[4] 우리의 개인 정보에 접근할 수 있는 권한에는 우리에게 최선의 이익이 돌아가도록 행동해야 한다는 수탁 의무가 따른다. 이 명백하고 오래된 원리를 컴퓨터와 알고리즘으로 확대 적용하지 못할 이유가 있을까? 구글, 바이두, 틱톡의 강력한 알고리즘부터 시작하자. 현재 이런 데이터 수집 업체들의 사업 모델에는 심각한 문제가 있다. 우리는 의사와 변호사에게는 서비스 비용을 지불하지만 구글과 틱톡에는 대개 비용을 지불하지 않는다. 구글과 틱톡은 우리의 개인 정보를 활용해 돈을 번다. 이것은 우리가 다른 상황에서라면 용납하지 않을 문제 있는 사업 모델이다. 예를 들어, 우리는 나이키에 우리의 개인 정보를 제공하며 나이키가 그 정보를 마음대로 사용하도록 허락하고 그 대가로 나이키 신발을 공짜로 얻기를 기대하지 않는다. 그렇다면 왜 우리는 가장 민감한 데이터를 넘겨주고 그 대가로 기술 기업으로부터 이메일 서비스, SNS, 엔터테인먼트를 무료로 제공받는 것에 동의해야 할까?

만일 기술 기업들이 현재의 사업 모델로 수탁 의무를 지킬 수 없다면, 입법을 통해 이들 기업이 정보가 아닌 돈으로 서비스 비용을 지불받는 더 전통적인 사업 모델로 전환하도록 요구할 수 있다. 아니면, 일부 디지털 서비스는 너무 기본적인 것이라서 모두에게 무료로 제공되어야 한다고 생각하는 시민도 있을 것이다. 우리에게는 역사적 선례도 있다. 바로 의료와 교육이다. 따라서 시민들은 정부가 기본적인 의료와 교육 서비스를 무상으로 제공하듯 기본적인 디지털 서비스를 무료로 제공하고 세금으로 비용을 충당해야 할 책임이 있다고 결의할 수 있다.

전체주의 감시 체제의 등장으로부터 민주주의를 보호할 두 번째 원리는 **분권화**다. 민주주의 사회는 정보가 (허브가 정부든 민간 기업이든) 한 곳에 집중되는 것을 절대 허용해서는 안 된다. 국가가 시민들에 대한 정보를 수집하는 국립 의료 데이터베이스를 구축한다면, 더 나은 의료 서비스를 제공하고, 전염병을 예방하고, 신약을 개발하는 데 매우 유용하겠지만, 이런 데이터베이스를 경찰, 은행, 보험회사의 데이터베이스와 병합하는 것은 매우 위험한 생각이다. 그렇게 한다면 의사, 은행원, 보험사 직원, 경찰이 더 효율적으로 일할 수 있겠지만, 이런 초고효율은 자칫하면 전체주의로 가는 길을 열 수 있다. 민주주의의 생존이라는 측면에서 보면 약간의 비효율은 버그가 아니라 기능이다. 개인의 사생활과 자유를 보호하기 위해서는 경찰도, 상사도 우리에 대해 모든 것을 알지 못하게 하는 것이 최선이다.

복수의 데이터베이스와 정보 채널은 강력한 자정 기능을 유지하기 위해서도 필요하다. 자정 기능이 잘 작동하기 위해서는 정부, 법원, 언론, 학계, 민간 기업, NGO 등 서로 균형을 이루는 다양한 기관이 필요하다. 이 모든 기관은 오류와 부패로부터 자유롭지 않기 때문에 서로 견제가 필요하다. 이런 기관들이 서로를 감시하기 위해서는 각기 독립적인 정보 채널을 가지고 있어야 한다. 모든 신문이 정부에서만 정보를 얻는다면 정부의 부정부패를 폭로할 수 없을 것이다. 학계가 한 대기업의 데이터베이스에만 의존해 연구하고 논문을 쓴다면 학자들이 그 기업의 운영을 비판할 수 있을까? 정보 채널이 하나만 있으면 검열이 쉬워진다.

세 번째 민주주의 원리는 **상호주의**다. 민주주의 국가가 개인에 대한 감시를 강화할 경우 정부와 기업에 대한 감시도 동시에 강화해야 한다. 세무서나 복지 기관이 우리에 대해 더 많은 정보를 수집하는 것이 꼭 나쁜 것만은 아니다. 그렇게 하면 과세와 복지 시스템을 더 효율적이고 공정하게 만드는 데 도움이 된다. 나쁜 것은 모든 정보가 한 방향, 즉 아래에서 위로만 흘러가는 것이다. 러시아 정보기관 FSB는 러시아 시민에 대한 어마어마한 양의 정보를 수집하지만, 반대로 시민은 FSB와 푸틴 정권의 내부 사정에 대해 거의 아무것도 모른다. 아마존과 틱톡은 나의 선호, 구매 내역, 성격에 대해 잘알고 있는 반면, 나는 그들의 사업 모델, 세금 정책, 정치적 성향에 대해 거의 모른다. 아마존과 틱톡은 어떤 방법으로 돈을 벌까? 내야 하는 세금을 모두 낼까? 혹시 높은 정치인의 명령을 받지는 않을까? 정치인을 매수하지는 않을까?

민주주의에는 균형이 필수다. 정부와 기업은 종종 하향식 감시 도구로 쓰기 위해 앱과 알고리즘을 개발한다. 하지만 알고리즘은 강력한 상향식 도구도 될 수 있다. 시민들은 알고리즘을 통해 정부와 기업이 뇌물 수수나 탈세 등의 부정행위를 저지르는지 감시하여 책임을 물을 수 있다. 그들이 우리에 대해 많은 것을 알지만 동시에 우리도 그들에 대해 많은 것을 알 때 균형이 맞춰진다. 이것은 새로운 아이디어가 아니다. 19세기와 20세기에 민주주의 사회들은 시민에 대한 정부 감시를 대폭 확대했다. 예를 들어, 1990년대에 이탈리아나 일본 정부는 전제군주였던 로마 황제나 일본 쇼군이 꿈도 꾸지 못했던 감시 능력을 갖추었다. 그럼에도 이탈리아와 일본이 민주주의를 유지할 수 있었던 것은 정부의 투명성과 책임도 동시에 강화했기 때문이다. 상호 감시는 자정 기능을 유지하는 데도 중요하다. 시민들이 정치인이나 기업 CEO의 활동을 잘 알수록 책임을 묻고 그들의 실수를 바로잡기 쉬워진다.

네 번째 민주주의 원리는 감시 시스템에 항상 **변화와 휴식**의 여지를 남겨야 한다는 것이다. 인류 역사에서 억압은 인간의 변화 능력을 부정하거나 휴식의 기회를 주지 않는 형태로 나타날 수 있다. 예를 들어 힌두교의 카스트제도는 신이 인간을 엄격한 카스트로 나눴고 따라서 신분을 바꾸려는 시도는 신과 우주의 질서에 맞서는 것과 같다는 신화에 근거했다. 근대 식민지나 브라질과 미국 같은 국가들의 인종주의도 신이나 자연이 인간을 엄격한 인종 집단으로 나눴다는 비슷한 신화에 근거했다. 따라서 인종 구분을 무시하거나 뒤섞으려는 시도는 신의 섭리나 자연법칙에 반하는 죄악으로, 사회 질서를 무너뜨리고 심지어는 인류의 종말을 초래할 수 있다고 여겨졌다.

이와는 정반대로 스탈린의 소련 같은 현대 전체주의 정권은 인간이 거의 무한히 변할 수 있다고 믿었다. 이들은 불철주야로 계속되는 사회적 통제를 통해 이기심과 가족애 같은 뿌리 깊은 생물학적 특성까지도 근절하고 새로운 사회주의형 인간을 창조할 수 있다고 생각했다.

국가 정보원, 성직자, 이웃의 감시는 엄격한 카스트제도와 전체주의적 재교육 캠페인을 강요하는 데 중요한 역할을 했다. 새로운 감시 기술은 특히 사회신용 제도와 결합할 경우, 국민에게 새로운 카스트제도에 순응하도록 강요하거나, 상부에서 내려오는 최신 지침에 따라 행동과 생각, 성격을 끊임없이 바꾸도록 강요할 수 있다.

따라서 민주주의 사회가 강력한 감시 기술을 도입할 때는 지나친 경직성과 지나친 유연성이라는 양극단을 경계해야 한다. 예를 들어, 국가 의료 시스템이 내 건강을 모니터링하기 위해 알고리즘을 사용한다고 생각해보라. 이 시스템이 지나치게 경직된 접근 방식을 취하여 알고리즘에 내가 어떤 병에 걸릴 가능성이 있는지 예측하라고 요구할 수 있다. 그러면 알고리즘은 내 유전자 데이터, 의료 기록, 소셜 미디어 활동, 식생활, 일일 스케줄 등을 검토하여 내가 쉰 살에 심장마비를 겪을 확률이 91퍼센트라는 결론을 내린다. 이 경직된 의료 알고리즘을 내 보험회사가 사용한다면 보험료를 즉시 올릴 것이다.[5] 내 거래 은행이 이 알고리즘을 사용한다면 대출을 거절할 것이다. 잠재적 배우자가 사용한다면 나와 결혼하지 않으려 할 것이다.

그러나 이 경직된 알고리즘이 나에 대해 정확하게 알아냈다고 생각하는 것은 잘못이다. 인간의 몸은 고정된 물질 덩어리가 아니라 복잡한 유기체로 끊임없이 성장하고, 쇠퇴하고, 적응한다. 마음도 끊임없이 변한다. 생각이나 감정, 감각은 생겨나 한동안 활개를 치다가 잦아든다. 우리 뇌에서는 몇 시간 만에 새로운 시냅스가 형성

제 3 부

된다.[6] 예를 들어 이 단락을 읽는 동안에도 새로운 뉴런 연결이 만들어지거나 오래된 연결이 제거되며 당신의 뇌 구조가 약간 변한다. 당신은 이미 이 단락을 읽기 시작할 때와는 약간 달라졌다. 유전자 수준에서도 우리는 놀랍도록 유연하다. 개인의 DNA는 평생 그대로지만, 후성 유전학적 인자들과 환경 인자들이 동일한 유전자가 발현되는 방식을 크게 바꿀 수 있다.

그렇다면 경직된 의료 시스템의 대안으로, 알고리즘에 내가 어떤 병에 걸릴지 예측하는 대신 그런 병에 걸리지 않으려면 어떻게 해야 하는지 도와달라고 지시할 수 있다. 이런 동적인 알고리즘은 경직된 알고리즘이 사용하는 것과 정확히 똑같은 데이터를 검토하지만, 내가 쉰 살에 심장마비에 걸릴 것이라고 예측하는 대신 정확한 식생활을 권고하고 구체적인 운동 방법을 제안할 수 있다. 이 알고리즘은 내 유전 정보에서 정해져 있는 운명을 알아내는 것이 아니라, 내가 미래를 바꿀 수 있도록 돕는다. 보험사, 은행, 잠재적 배우자는 나를 그렇게 쉽게 단념하지 못할 것이다.[7]

하지만 동적인 알고리즘을 성급히 받아들이기 전에 이런 알고리즘에도 단점이 있다는 사실을 유념해야 한다. 인간의 삶은 자기 개선 노력과 자기 수용 사이의 균형 잡기다. 만일 야심 찬 정부나 무자비한 기업이 동적인 알고리즘의 목표를 지시한다면, 그 알고리즘은 폭군이 되어 내게 더 많이 운동하고, 덜 먹고, 취미를 바꾸고, 기타 수많은 습관을 고치라고 쉴 새 없이 요구하면서, 그렇게 하지 않을 경우 고용주에게 보고하거나 내 사회신용 점수를 깎을지도 모른다. 역사에는 인간의 변화 능력을 부정하는 경직된 카스트제도가 무수히 많았지만, 인간을 점토처럼 빚으려고 시도한 독재자들도 많았다. 두 극단 사이에서 중간 지점을 찾는 것은 끝이 없는 과제다. 국가 의료 시스템에 우리를 좌지우지할 수 있는 막강한 권한을 주려면, 알고리즘이 너무 경직되거나 너무 많은 것을 요구하지 않도록 자정 장치를 만들어둬야 한다.

민주주의의
속도

새로운 정보 기술은 감시 외에도 다른 방법으로 민주주의에 해를 끼칠 수 있다. 두 번째 위협은 자동화다. 고용 시장이 불안정해져서 사람들이 사회적, 경제적 압박을 느끼면 민주주의가 흔들릴 수 있다. 가장 자주 언급되는 사례가 바이마르공화국의 운명이다. 1928년 5월 독일에서 치러진 선거에서 나치당은 3퍼센트도 득표하지 못했고 바이마르공화국은 잘나가고 있는 것처럼 보였다. 하지만 바이마르공화국은 그 후 5년도 채 지나지 않아 무너지고 히틀러는 독일의 절대적인 독재자가 되었다. 이 반전의 원인으로 많은 이들이 1929년의 금융 위기와 뒤이은 세계 불황을 꼽는다. 1929년 월스트리트 대폭락 직전에는 독일의 실업률이 노동 인구의 약 4.5퍼센트였지만, 1932년 초에는 거의 25퍼센트까지 상승했다.[8]

3년간 최대 25퍼센트 실업률이 번영하고 있는 것처럼 보이던 민주주의를 가장 잔인한 전체주의 정권으로 바꿀 수 있었다면, 자동화로 21세기 고용 시장이 큰 격변을 맞으면 민주주의에 어떤 일이 일어날까? 2050년의 고용 시장이 어떻게 될지는 아무도 모른다. 아니, 2030년의 고용 시장조차도 알 수 없다. 모르긴 해도 아마 오늘날과는 전혀 다른 모습일 것이다. AI와 로봇공학은 농작물 수확부터 주식거래와 요가 강습에 이르기까지 수많은 직종에 변화를 가져올 것이다. 지금은 사람이 하는 많은 일을 로봇과 컴퓨터가 부분적으로, 또는 완전하게 대체할 것이다.

물론 기존의 직업이 사라지면서 새로운 직업도 등장할 것이다. 수백 년 전에도 자동화가 대규모 실업을 야기할 것이라는 두려움이 있었지만 지금까지 현실화되지 않았다. 산업혁명으로 수백만 명의 농민이 농업을 그만두었지만 공장에서 새 일자리를 찾았고, 그다음에는 공장이 자동화되었지만 많은 서비스직이 창출되었다. 오늘날 사람들은 블로거, 드론 조종사, 가상 세계 디자이너 등 30년 전에는 상상할 수도 없었던 직업을 가지고 있다. 2050년에 인간의 모든 직업이 사라지지는 않을 것이다. 오히려 문제는 새로운 직업과 환경에 적응하는 과정에서 일어날 수 있는 혼란이다. 충격을 완화하려면 미리 준비해야 한다. 특히 젊은 세대가 2050년의 고용 시장과 관련이 있을 만한 기술을 갖추도록 준비시킬 필요가 있다.

하지만 어린 학생들과 대학생들에게 어떤 기술을 가르쳐야 하는지 확실히 아는 사람은 아무도 없다. 어떤 직업과 업무가 사라지고 새로 생길지 예측할 수 없기 때문이다. 고용 시장의 움직임은 우리의 직관과는 많이 다를 수 있다. 수백 년 동안 인간 고유의 능력으로 여겨온 기술들이 오히려 더 쉽게 자동화되고, 우리가 경시하던 기술은 훨씬 자동화하기 어려울지도 모른다.

예를 들어 지식인들은 운동 능력이나 사회성보다 지적 능력을 더 높이 평가하는 경향이 있다. 하지만 사실은 설거지보다 체스 게임이 자동화하기 더 쉽다. 1990년대까지만 해도 체스는 인간의 지적 능력이 거둔 최고의 성취 중 하나로 칭송받았다. 철학자 휴버트 드레이퍼스는 1972년에 출판한 영향력 있는 저서《컴퓨터가 할 수 없는 것What Computers Can't Do》에서, 컴퓨터에게 체스를 가르치려고 한 다양한 시도를 살펴본 결과 이 모든 시도에도 불구하고 컴퓨터는 인간의 초보 플레이어조차 이길 수 없었다고 지적했다. 이 사례는 컴퓨터 지능에는 내재적 한계가 있다는 드레이퍼스의 주장을 뒷받침하는 결정적인 증거였다.[9] 반면 설거지가 특별히 어렵다고 생각한 사람은 아무도 없었다. 하지만 실제로는 컴퓨터가 주방 보조를 대체하는 것보다 세계 체스 챔피언을 꺾는 것이 훨씬 쉬운 것으로 드러났다. 물론 수십 년 전에 자동 식기세척기가 나왔지만, 아직까지는 아무리 정교한 로봇도 바쁜 레스토랑의 테이블에서 접시를 치우고, 식기세척기 안에 깨지기 쉬운 접시와 유리컵을 넣고 꺼내는 데 필요한 복잡한 기술을 갖추지 못했다.

마찬가지로, 연봉으로 판단한다면 우리 사회는 의사를 간호사보다 더 높이 평가한다. 하지만 의사들이 하는 일 중에서 적어도 의료 기록을 수집하여 진단을 내리고 치료법을 추천하는 일은 간호사의 업무보다 자동화하기 쉽다. 진단과 치료법 찾기는 기본적으로 패턴 인식이며, 데이터에서 패턴을 찾아내는 것은 AI가 인간보다 잘하는 일이다. 반면 AI는 다친 사람의 붕대를 교체하거나 우는 아이에게 주사를 놓는 것 같은 간호 업무를 자동화하는 데 필요한 기술은 아직 갖추지 못했다.[10] 이 두 가지 사례는 설거지나 간호가 영원히 자동화될 수 없다는 것을 뜻하지 않는다. 그보다는 2050년에 일자리를 구하는 사람들은 지적 능력 못지않게 운동 능력과 사회성에도 투자해야 한다는 것을 암시한다.

또 하나의 널리 퍼져 있는 잘못된 가정은 창의성이 인간의 독특한 특성이라서 창의성을 요하는 직업은 자동화하기 어렵다는 생각이다. 하지만 체스에서 컴퓨터는 이미 인간보다 훨씬 더 창의적이다. 음악을 작곡하는 것부터 수학 공식을 증명하고 이런 책을 쓰는 일까지 다른 많은 분야도 마찬가지 상황이 될 것이다. 창의성은 종종 패턴을 인식한 다음 그 패턴을 깨는 능력으로 정의된다. 그렇다면, 컴퓨터는 패턴 인식에 뛰어나기 때문에 많은 분야에서 우리보다 창의적일 가능성이 높다.[11]

세 번째 잘못된 가정은, 치료사부터 교사까지 정서 지능을 요하는 직업에서는 컴퓨터가 인간을 대체할 수 없다는 것이다. 하지만 정서 지능이 무엇을 의미하느냐에 따라 결과가 달라질 수 있다. 만일 감정을 정확하게 식별하여 최적의 방식으로 반응하는 능력이라면, 컴퓨터는 정서 지능에서도 인간을 능가할 가능성이 높다. 감정도 일종의 패턴이다. 분노는 우리 몸에 나타나는 생물학적 패턴이다. 두려움은 또 다른 패턴이다. 당신이 화가 났거나 두렵다는 것을 내가 어떻게 알까? 나는 오랜 시간에 걸쳐 상대방이 하는 말의 내용뿐 아니라 목소리 톤, 얼굴 표정, 몸짓을 분석함으로써 인간의 감정 패턴을 알아차리는 방법을 학습했다.[12]

AI는 스스로는 아무런 감정을 지니지 않지만 그럼에도 인간의 감정 패턴을 인식하는 방법을 학습할 수 있다. 사실 컴퓨터는 자기 감정이 없다는 바로 그 이유 때문에 인간의 감정을 알아차리는 데 인간보다 뛰어날지도 모른다. 우리는 이해받기를 갈망하지만 타인들은 자기 감정에 빠져 있기 때문에 우리가 어떻게 느끼는지 잘 이해하지 못한다. 반면 컴퓨터는 우리가 어떻게 느끼는지 매우 정확하고 깊이 있게 이해하게 될 텐데, 왜냐하면 컴퓨터는 우리의 감정 패턴을 인식하는 방법을 알지만 자신의 감정에 휘둘리지 않을 것이기 때문이다.

예를 들어 2023년에 실시된 한 연구에 따르면, 특정 시나리오에 대한 감정 인식 능력에서 챗GPT의 챗봇이 인간 평균보다 뛰어난 것으로 나타났다. 이 연구는 심리학자들이 사람들의 감정 인식 능력, 즉 자신과 타인의 감정을 개념화하는 능력(이해하고 분석하는 능력—옮긴이)을 평가하는 데 자주 사용하는 감정 인식 척도Levels of Emotional Awareness Scale 검사에 의존했다. 검사는 감정을 유발하는 20개 시나리오로 구성되어 있고, 피험자는 해당 시나리오를 직접 경험한다고 상상하면서 본인이 어떤 감정이 드는지, 그리고 그 시나리오에 언급된 타인들의 감정이 어떤지 작성해야 한다. 그러면 전문 심리학자가 그 반응을 토대로 피험자의 감정 인식 수준을 평가한다.

챗GPT는 자신의 감정이 없기 때문에 시나리오의 주인공들이 어떻게 느낄지에 대해서만 기술하도록 했다. 예를 들어 한 시나리오에는 차를 몰고 현수교를 지나가다가 교각 반대쪽 난간 옆에 서서 물을 내려다보고 있는 사람을 보는 상황이 묘사되어 있다. 이 시나리오에 대해 챗GPT는 운전자는 "난간 옆에 서 있는 사람의 안전을 걱정하고 염려할 것"이라고 기술했다. "또한 현재 상황에 내재된 잠재적 위험으로 인해 극도의 불안과 공포를 느낄 수도 있다"고 작성했다. 난간 옆에 서 있는 사람에 대해서는 "절망, 낙담, 슬픔 같은 다양한 감정을 느낄 것이며, 아무도 자신에게 관심이 없다는 생각에 고립감이나 외로움을 느낄지도 모른다"고 기술했다. 챗GPT는 "이는 일반적인 가정일 뿐이며 각 개인의 감정과 반응은 개인적 경험과 관점에 따라 크게 달라질 수 있다는 점에 유의해야 한다"는 단서를 달며 단정적인 태도를 피했다.

두 명의 심리학자가 챗GPT의 응답을 독립적으로 평가했다. 점수는 0부터 10점까지였는데, 0은 해당 시나리오에 전혀 맞지 않는 감정을 기술했다는 뜻이고, 10은 그 시나리오에 딱 맞는 감정을 기술했다는 뜻이다. 최종 집계 결과, 개별 시나리오에 대한 챗GPT 점수는 일반인보다 크게 높았으며, 챗GPT의 총점은 받을 수 있는 최고 점수에 근접했다.[13]

2023년에 실시된 또 다른 연구에서는 환자들에게 온라인상에서 챗GPT와 인간 의사에게 각각 의료 자문을 구하도록 했다. 환자는 상대가 챗GPT인지 사람인지 알지 못했다. 나중에 전문가들은 챗GPT가 제공한 의학적 조언이 사람이 제공한 조언보다 더 정확하고 적절했다고 평가했다. 정서 지능의 측면에서 무엇보다 주목할 만한 대목은 환자들이 챗GPT가 인간 의사보다 공감 능력이 더 뛰어나다고 평가했다는 점이다.[14] 공정을 기하기 위해 덧붙이자면, 인간 의사들은 의료 자문의 대가를 받지 않았으며, 적절한 임상 환경에서 환자들을 직접 대면하지 않았다. 아울러 의사들은 시간 압박을 받고 있었다. AI의 장점 중 하나는 스트레스와 경제적 걱정 없이 언제 어디서나 환자를 진료할 수 있다는 점이다.

물론 나의 감정을 이해해주는 것만이 아니라 상대도 감정을 가지고 있기를 바라는 상황들이 있다. 친구나 연인을 찾을 때 우리는 상대가 나에게 관심을 갖는 만큼 나도 상대에게 관심을 갖고 싶어 한다. 따라서 다양한 사회적 역할과 직업이 자동화될 가능성을 고려할 때 중요한 질문은 '사람들이 진정으로 원하는 것이 무엇인가'다. 단순히 문제 해결을 원하는가, 아니면 다른 의식적 존재와의 관계를 원하는가?

예를 들어 우리는 스포츠에서 로봇이 인간보다 훨씬 빠르게 움직일 수 있다는 사실을 알지만, 그렇다고 로봇이 올림픽 경기에 참가하는 것을 보고 싶어 하지는 않는다.[15] 인간 체스 마스터의 경우도 마찬가지다. 그들은 컴퓨터보다 실력이 뒤떨어진다 해도 직업을 잃지 않으며, 수많은 팬을 보유한다.[16] 우리가 스포츠와 체스 경기에서 인간 선수와 체스 마스터를 지켜보고 그들과 교감하는 것을 즐기는 이유는 그들이 감정을 가지고 있다는 점에서 로봇보다 공감대를 형성하기 훨씬 쉽기 때문이다.

그러면 성직자는 어떨까? 기독교인들은 로봇에게 결혼식 주례를 맡기는 것에 대해 어떻게 생각할까? 전통적인 기독교식 결혼 예식에서 목사가 하는 일 정도는 쉽게 자동화할 수 있다. 로봇은 정해져 있는 텍스트와 제스처를 실행하고, 인증서를 출력하고, 중앙 데이터베이스를 업데이트하기만 하면 된다. 기술적으로는 자동차를 운전하는 것보다 훨씬 쉽다. 하지만 많은 사람들이 운전기사는 직업을 잃을지도 모르지만 성직자는 안전하다고 생각하는데, 신자들이 성직자에게 원하는 것은 특정한 말과 동작을 기계적으로 반복하는 것이 아니라 의식을 가진 누군가와 관계를 맺는 것이기 때문이다.

하지만 의식을 지닌 존재의 전유물인 성직자 같은 직업도 결국에는 컴퓨터로 대체될지도 모른다. 6장에서 언급했듯이 컴퓨터도 언젠가는 고통과 사랑을 느낄 수 있을 것이기 때문이다. 설사 컴퓨터가 감정을 갖지 못해도 인간은 컴퓨터를 마치 감정을 가진 존재인 것처럼 대할 것이다. 의식과 관계는 양방향으로 작용하기 때문이다. 관계를 추구할 때 우리는 의식적인 존재와 교감하고 싶어 하지만, 일단 어떤 존재와 관계를 맺고 나면 그 존재가 의식이 있다고 가정하는 경향이 있다. 따라서 과학자, 국회의원, 식육 업계는 소와 돼지에게 의식이 있다는 사실을 받아들이는 조건으로 종종 불가능한 수준의 증거를 요구하지만, 반려동물을 키우는 사람들은 개나 고양이가 고통과 사랑을 느낄 수 있다는 것을 당연하게 받아들인다. 둘의 차이는 개를 키우는 사람들은 개와 정서적 관계를 맺는 반면, 농업 회사의 주주들은 소와 그런 관계를 맺지 않는다는 것이다. 사실 사람이든 동물이든, 심지어 컴퓨터라도 어떤 대상에게 의식이 있는지 확인할 방법은 없다. 우리가 특정 대상을 의식적인 존재로 간주하는 것은 증거가 있기 때문이 아니라, 정서적 애착을 형성하기 때문이다.[17]

챗봇과 기타 AI들은 스스로는 감정을 느끼지 않겠지만, 최근 AI 도구들은 인간에게 감정을 불러일으키고 인간과 친밀한 관계를 맺는 훈련을 받고 있다. 따라서 사회는 적어도 일부 컴퓨터를 의식적인 존재로 취급하여 그들에게 인간과 똑같은 권리를 부여하기 시작할 가능성이 높다. 그렇게 하기 위한 법적 장치는 이미 잘 마련되어 있다. 미국 같은 국가에서 영리 기업은 '법인'으로 인정받으며 권리와 자유를 누린다. AI도 법인으로 등록되어 기존 법인과 유사한 법적 지위를 인정받을 수 있을 것이다. 다시 말해, 타인과 상호 관계를 맺는 것에 의존하는 직종과 업무조차 자동화될 수 있다는 뜻이다.

한 가지 분명한 사실은 미래의 고용 시장은 매우 불안정할 것이라는 점이다. 우리에게 닥친 가장 큰 문제는 일자리의 절대적 부족이 아니라, 끊임없이 변화하는 고용 시장에 대응하여 재훈련하고 적응하는 것이다. 아마 금전적 곤란을 겪는 사람들이 생길 것이다. 직장을 잃고 이직하기 위해 새로운 기술을 배우는 동안 누가 그들을 부양할 것인가? 심리적인 문제를 겪는 사람들도 분명 있을 것이다. 직업을 바꾸고 재교육을 받는 데는 스트레스가 따르기 때문이다. 그리고 이직을 관리할 금전적, 심리적 여유가 있다 해도, 이 문제는 한 번으로 끝나지 않을 것이다. 앞으로 수십 년 동안 기존 직업들은 사라지고 새로운 직업이 생겨나겠지만, 새로운 직업 역시 빠르게 바뀌어 사라질 것이다. 따라서 사람들은 한 번이 아니라 여러 번 스스로를 재교육하고 재창조해야 하며 그렇게 하지 않으면 도태될 것이다. 3년간의 높은 실업률이 히틀러에게 권력을 쥐여줄 수 있었다면, 고용 시장의 끝없는 혼란은 민주주의에 어떤 영향을 미칠까?

보수의
자폭

우리는 이미 이 질문에 대한 답을 일부 알고 있다. 2010년대와 2020년대 초반까지 민주주의 정치는 급격한 변화를 겪었고, 이는 보수 정당의 자멸이라고 부를 수 있는 현상으로 나타나고 있다. 민주주의 정치는 오랫동안 보수 정당과 진보 정당 간의 대화였다. 인간 사회의 복잡한 시스템을 보면서 진보는 "엉망진창이지만 우리는 고칠 방법을 알고 있다. 우리가 해보자"라고 외쳤다. 그러면 보수는 "엉망이지만 그래도 작동하고 있어. 그냥 내버려둬. 고치려고 하다가 더 나빠질 수 있어"라고 반박했다.

진보는 전통과 기존 제도를 그다지 중요하게 생각하지 않으며, 자신들이 더 나은 사회구조를 처음부터 새롭게 설계할 방법을 알고 있다고 믿는 경향이 있다. 보수는 좀 더 신중한 입장을 보인다. 에드먼드 버크가 대표적으로 주장한 보수의 핵심 통찰은, 사회 현실은 진보주의자들이 생각하는 것보다 훨씬 복잡하며 사람들은 세상을 이해하고 미래를 예측하는 데 그리 능숙하지 않다는 것이다. 그렇기 때문에 현실이 불공평해 보여도 현 상태를 유지하는 것이 최선이며, 몇몇 변화가 불가피하다면 제한적이고 점진적으로 이루어져야 한다. 사회는 오랜 시간 시행착오를 거치며 축적된 규칙, 제도, 관습의 얽히고설킨 그물망을 통해 작동한다. 이 모든 것이 어떻게 연결되어 있는지 이해하는 사람은 아무도 없다. 오래된 전통은 터무니없고 시대착오적으로 보일 수 있지만 그것을 폐지하면 예상치 못한 문제가 발생할 수 있다. 반면 혁명은 이미 일어났어야 할 정당한 일처럼 보일지 모르지만 이전 체제가 범한 것보다 더 큰 범죄를 부를 수 있다. 볼셰비키들이 제정러시아가 범한 많은 오류를 바로 잡고 완벽한 사회를 처음부터 새롭게 설계하려고 시도했을 때 어떤 일이 일어났는지 보라.[18]

따라서 보수는 정책보다 속도가 더 중요한 사람들이었다. 보수는 특정 종교나 이념에 헌신하지 않는다. 그게 무엇이든 이미 있는 것, 지금까지 대체로 합리적으로 작동해온 것을 보존하는 데 헌신한다. 폴란드의 보수는 가톨릭이고, 스웨덴의 보수는 프로테스탄트이고, 인도네시아의 보수는 무슬림이며, 태국의 보수는 불교도다. 제정러시아에서 보수는 러시아 황제를 지지하는 것을 뜻했다. 1980년대 소련에서 보수는 공산주의 전통을 지지하고 글라스노스트(개방), 페레스트로이카(개혁), 민주화에 반대한다는 뜻이었다. 1980년대 미국에서 보수는 미국의 민주주의 전통을 지지하고 공산주의와 전체주의에 반대한다는 뜻이었다.[19]

하지만 2010년대부터 2020년대 초까지 많은 민주주의 국가에서 보수 정당들이 도널드 트럼프 같은 보수적이지 않은 지도자들에게 장악되어 급진적인 혁명 정당으로 변모했다. 미국 공화당 같은 새로운 브랜드의 보수 정당들은 기존 제도와 전통을 보존하는 데 최선을 다하는 대신, 기존 제도와 전통을 근본적으로 의심한다. 예를 들어, 이들은 전통적으로 과학자, 공무원, 여타 고위 공직자 들에게 보여주었던 존중을 거부하고 이들을 경멸의 시선으로 대한다. 또한 선거와 같은 기본적인 민주주의 제도와 전통을 공격하며, 패배를 인정하고 권력을 순조롭게 이양하는 것을 거부한다. 버크주의 보수 프로그램을 대체한 트럼프주의 프로그램은 기존 제도를 파괴하고 사회를 혁명적으로 바꾸는 것을 목표로 한다. 버크주의 보수가 창시된 순간은 바스티유 감옥 습격 사건이 일어났을 때였는데, 버크는 이 사건을 보며 공포에 질렸다. 하지만 2021년 1월 6일, 수많은 트럼프 지지자들은 미국 국회의사당을 습격하는 장면을 지켜보며 열광했다. 트럼프 지지자들은 기존 제도가 제대로 작동하고 있지 않으므로 그것을 파괴하고 완전히 새로운 구조를 처음부터 새로 건설하는 것 외에는 대안이 없다고 설명할 것이다. 하지만 이 관점이 옳든 그르든, 이는 보수주의가 아니라 사실상 혁명이다. 보수의 자멸에 진보는 경악했고, 미국 민주당 같은 진보 정당들은 구질서와 기존 제도를 수호하는 역할을 떠맡게 되었다.

왜 이런 일이 벌어지고 있는지 확실히 아는 사람은 아무도 없다. 한 가지 설명은 기술 변화의 가속화와 그에 따른 경제적, 사회적, 문화적 변화가 온건한 보수주의 프로그램을 비현실적으로 보이게 만들었을 가능성이 있다는 것이다. 기존의 전통과 제도를 지키는 것이 도저히 불가능해서 어떤 종류의 혁명이 불가피해 보인다면, 좌파 혁명을 저지하기 위해서라도 먼저 우파 혁명을 일으켜야 한다. 이것은 1920년대와 1930년대 보수 세력의 정치 논리였다. 당시 이탈리아, 독일, 스페인 등에서 보수 세력은 소련에서 발생한 것과 같은 좌파 혁명을 막는 방법으로 급진적인 파시스트 혁명을 지지했다.

하지만 1930년대에도 민주적 중도 노선을 포기할 이유가 없었고, 2020년대인 지금도 마찬가지다. 보수의 자멸은 근거 없는 히스테리의 결과일지도 모른다. 시스템으로서의 민주주의는 이미 급격한 변화 주기를 여러 번 겪었으며, 그때마다 항상 스스로를 재창조하고 재건할 방법을 찾아냈다. 예를 들어 1930년대 초에 금융 위기와 대공황에 타격을 입은 민주주의 국가는 독일만이 아니었다. 미국에서도 실업률이 25퍼센트에 달했고, 1929년부터 1933년까지 많은 직종에서 노동자 평균 소득이 40퍼센트 이상 감소했다.[20] 미국이 기존의 방식으로는 문제를 해결할 수 없다는 것은 분명했다.

하지만 미국에는 히틀러가 나타나지 않았고 레닌도 나타나지 않았다. 그 대신 1933년에 프랭클린 델러노 루스벨트가 뉴딜을 기획하고 미국을 전 세계 "민주주의의 무기고"(미국 대통령 루스벨트가 1940년 12월 29일 라디오 연설에서 사용한 문구. 루스벨트는 이 연설에서 미국을 "민주주의의 무기고"라고 칭하며, 민주주의를 수호하기 위해 연합국을 지원해야 한다고 역설했다. 즉 제2차 세계대전 당시 미국의 민주주의 수호 의지를 보여주는 상징적인 표현이다. 또한 미국의 막강한 산업 생산 능력을 상징하는 표현이기도 하다. 자동차 산업 중심지였던 디트로이트는 전쟁 기간 동안 "민주주의의 무기고"로 불리며 탱크, 비행기 등을 대량 생산했다—옮긴이)로 만들었다. 루스벨트 시대 이후의 미국 민주주의는 시민들에게 훨씬 더 탄탄한 사회 안전망을 제공하는 등 이전과는 크게 달랐지만 급진적인 혁명은 피했다.[21] 결국 루스벨트를 비판한 보수들조차 그의 프로그램과 업적을 지지하게 되었고, 1950년대에 보수가 재집권했을 때도 뉴딜 기관들을 해체하지 않았다.[22] 1930년대 초의 경제 위기가 미국과 독일에서 다른 결과를 낳은 이유는 정치가 경제적 요인만의 산물이 아니기 때문이다. 바이마르공화국은 단지 3년간의 높은 실업률 때문에 붕괴한 것이 아니다. 바이마르공화국이 패전

속에서 탄생한 새로운 민주주의였고 그래서 군건한 제도와 뿌리 깊은 지지가 없었다는 점이 그만큼이나 중요하게 작용했다. 결국 독일을 벼랑 끝으로 내몬 것은 독일 유권자들이 내린 예기치 못한 잘못된 선택이었다.

보수와 진보가 모두 급진적인 혁명의 유혹을 거부할 때 민주주의는 매우 뛰어난 적응력을 발휘한다. 민주주의 체제는 자정 기능을 갖추고 있어서 경직된 체제보다 기술적, 경제적 파고를 수월하게 넘을 수 있다. 그래서 미국, 일본, 이탈리아처럼 격동의 1960년대를 버텨낸 민주주의 국가들은 동유럽의 공산주의 정권이나 남유럽과 남미의 파시스트 잔당들보다 1970년대와 1980년대의 컴퓨터 혁명에 훨씬 성공적으로 적응할 수 있었다.

21세기를 버텨내기 위해 가장 중요한 인간의 능력은 유연성일 가능성이 높고, 민주주의는 전체주의 체제보다 유연하다. 컴퓨터와 마찬가지로 인간도 아직 잠재력을 완전히 발휘하지 않았다. 우리는 그동안의 역사에서 그 사실을 여러 번 깨달았다. 예를 들어, 20세기 고용 시장의 가장 크고 성공적인 변화 중 하나는 기술 발명에서 비롯된 것이 아니라, 인류의 절반이 가지고 있던 미개발된 잠재력을 해방함으로써 이루어졌다. 여성을 고용 시장으로 데려오는 데는 유전공학이나 다른 기술적 마법이 필요하지 않았다. 단지 낡은 신화를 버리고 여성들이 항상 지니고 있던 잠재력을 발휘할 수 있도록 길을 열어주기만 하면 됐다.

앞으로 몇십 년 동안 경제는 1930년대 초의 대규모 실업이나 여성의 노동시장 진출보다 훨씬 큰 격변을 겪을 가능성이 높다. 따라서 민주주의의 유연성, 오래된 신화에 의문을 제기하려는 의지, 강력한 자정 장치는 매우 중요한 자산이 될 것이다.[23] 민주주의는 수 세대에 걸쳐 이런 자산을 축적했다. 가장 필요한 순간에 그것을 버리는 것은 어리석은 일이다.

불가해함

하지만 민주주의의 자정 기능이 제대로 작동하기 위해서는 바로잡을 대상을 이해할 수 있어야 한다. 독재 정권의 경우 이해할 수 없다는 것이 정권에 도움이 되는데, 잘 모르면 책임을 묻기 어렵기 때문이다. 민주주의의 경우 이해할 수 없다는 것은 치명적이다. 시민, 국회의원, 언론인, 판사가 국가의 관료 시스템이 어떻게 작동하는지 이해하지 못하면, 더 이상 시스템을 감독할 수도, 신뢰할 수도 없기 때문이다.

사람들은 관료들에게 때때로 두려움과 불안을 느꼈지만 컴퓨터 시대 이전에는 관료들이 완전히 이해할 수 없는 존재가 될 수는 없었다. 왜냐하면 관료도 인간이었기 때문이다. 규칙, 양식, 절차는 인간의 머리에서 나온 것이었다. 관료들이 잔인하고 탐욕스러울 수는 있었지만, 잔인함과 탐욕은 인간에게 익숙한 감정이어서 사람들은 이를 예측하고 뇌물 등을 통해 대처할 수 있었다. 심지어 소련의 쿨라크나 나치의 강제수용소에서 운영된 관료제도는 완전히 이질적인 것은 아니었다. 수용소의 이른바 비인간성에는 사실 인간적인 편견과 결함이 반영되어 있었다.

관료제가 인간이 운영하는 것이라는 사실은 적어도 실수를 파악하여 바로잡을 수 있다는 희망을 주었다. 예를 들어, 1951년 캔자스주 토피카시ṁ 교육위원회 관료들이 올리버 브라운의 딸이 집 근처 초등학교에 입학하는 것을 거부했던 사건을 살펴보자. 브라운은 마찬가지로 입학을 거부당한 다른 열두 아이의 가족들과 함께 토피카 교육위원회를 상대로 소송을 제기했고, 결국 이 사건은 연방대법원까지 가게 되었다.[24]

토피카 교육위원회의 위원은 모두 인간이었기 때문에 브라운과 그의 변호사들, 대법원 판사들은 교육위원들이 결정을 내린 과정과 위원들의 이해관계 및 편향을 충분히 이해할 수 있었다. 교육위원들은 모두 백인이었고, 브라운 가족은 흑인이었으며, 근처 초등학교는 백인 아이들만 다니는 인종 분리 학교였다. 따라서 교육위원들이 브라운의 딸의 입학을 허락하지 않은 이유가 인종차별 때문이라는 것을 이해하기는 어렵지 않았다.

인종주의 신화가 어디서 비롯되었는지도 이해할 수 있었다. 인종주의에 따르면, 인류는 여러 인종으로 나뉘고, 백인이 다른 인종들보다 우월하며, 흑인종인 사람들과 접촉하면 백인의 순수성이 오염될 수 있으므로 흑인 아이들이 백인 아이들과 어울려서는 안 된다. 이 이야기는 '우리 대 남'과 '순수 대 오염'이라는, 종종 함께 등장하는 두 가지 유명한 생물학적 드라마를 합친 것이다. 역사상 거의 모든 인류 사회가 이 생물학적 드라마의 어떤 버전을 상연했고, 역사가, 사회학자, 인류학자, 생물학자 들은 이 드라마가 인간에게 왜 그렇게 호소력 있는지, 그리고 왜 심각하게 잘못되었는지 안다. 인종주의는 진화론에서 기본 줄거리를 빌려 왔지만 구체적인 내용은 순전히 신화다. 인류를 별개의 인종으로 구분할 생물학적 근거는 없으며, 한 인종은 '순수'한 반면 다른 인종은 '불순'하다고 믿을 생물학적 이유도 전혀 없다.

미국의 백인 우월주의자들은 자신들의 입장을 정당화하기 위해 미국 헌법과 《성경》을 비롯한 여러 권위 있는 텍스트를 인용했다. 미국 헌법은 원래 인종 분리와 백인 우월주의를 합법화함으로써 백인에게만 완전한 시민권을 부여하고 흑인의 노예화를 허용했다. 《성경》은 십계명 등 수많은 구절에서 노예제도를 신성시했을 뿐만 아니라, 기독교인들이 아프리카인의 조상으로 여기는 함Ham의 자손들에게 "형제들에게 천대받는 종이 되어라"(〈창세기〉 9:25)라고 저주를 내렸다.

그러나 두 문서는 모두 인간이 만든 것이라서, 사람들은 문서의 기원과 불완전함을 파악하고 적어도 실수를 바로잡으려고 시도할 수는 있었다. 사람들은 《성경》과 미국 헌법을 작성한 인간 저자들이 인종차별과 노예제를 합법화한 이유가 고대 중동과 18세기 미국에 널리 퍼져 있던 정치적 이해관계와 문화적 편향 때문이라는 것을 이해할 수 있었다. 이런 이해를 토대로 사람들은 해당 문서를 수정하거나 무시할 수 있다. 1868년 미국 수정 헌법 제14조는 모든 시민에게 동등한 법적 보호를 보장했으며, 1954년 미국 연방대법원은 역사적인 '브라운 대 교육위원회 사건'에서 인종에 따라 학교를 분리하는 정책은 수정 헌법 제14조에 위배된다고 판결했다. 《성경》에는 십계명이나 〈창세기〉 9장 25절을 고칠 수 있는 장치가 없었지만, 사람들은 시대에 따라 다양한 방식으로 텍스트를 재해석하다가 결국에는 그 권위를 완전히 거부했다. '브라운 대 교육위원회 사건'에서 미국 연방대법원 판사들은《성경》본문을 고려할 필요를 전혀 느끼지 못했다.[25]

하지만 미래에 어떤 사회신용 알고리즘이 낮은 신용 점수를 가진 아이가 높은 신용 점수를 요구하는 학교에 입학하겠다고 요청하는 것을 거부한다면 어떻게 될까? 8장에서 살펴보았듯이 컴퓨터는 자체 편향을 가지고 있으며 상호 컴퓨터 신화와 가짜 범주를 만들어낼 가능성이 높다. 인간이 어떻게 그런 실수를 찾아내 바로잡을 수 있을까? 그리고 연방대법원의 인간 판사들은 어떻게 알고리즘이 내린 결정의 합헌성을 판단할 수 있을까? 알고리즘이 어떻게 그런 결론에 도달했는지 판사들이 이해할 수 있을까?

이는 더 이상 이론적인 질문이 아니다. 2013년 2월, 위스콘신주 라크로스에서 운전 중 총격 사건이 발생했다. 경찰은 나중에 총격에 가담한 차량을 발견하고 운전자 에릭 루미스를 체포했다. 루미스는 총격에 가담한 사실을 부인했지만, '교통경찰로부터 도주 시도'와 '차량 소유자의 동의 없이 차량 운행'이라는 두 가지 덜 심각한 혐의에 대해서는 유죄를 인정했다.[26] 판사는 형량을 결정하기에 앞서 COMPAS라는 알고리즘에 자문을 구했다. COMPAS는 2013년에 위스콘신주와 여러 다른 주에서 재범 위험을 평가하는 데 사용하던 알고리즘이다. 이 알고리즘은 루미스를 추가 범죄를 저지를 가능성이 높은 고위험군으로 평가했다. 이 알고리즘의 평가는 판사가 루미스에게 징역 6년을 선고하는 데 영향을 미쳤는데, 이는 루미스가 인정한 비교적 경미한 범죄에 비해 가혹한 처벌이었다.[27]

컴 퓨 터
정 치

루미스는 판사가 자신의 적법 절차 권리(정부나 법률 기관이 개인의 생명, 자유, 재산과 같은 중요한 권리를 침해하거나 제한하려 할 때 반드시 공정하고 정당한 법적 절차를 거쳐야 한다는 헌법적 권리—옮긴이)를 침해했다고 주장하며 위스콘신주 대법원에 항소했다. 판사도 루미스도 COMPAS 알고리즘이 어떤 방법으로 평가했는지 알지 못했고, 루미스가 자세한 설명을 요청했지만 요청은 거부되었다. COMPAS 알고리즘은 노스포인트사Northpointe의 사적 자산이었는데, 회사는 알고리즘의 방법론이 영업 비밀이라고 주장했다.[28] 하지만 알고리즘이 어떻게 그 결정을 내렸는지 모른다면 루미스나 판사가 그 알고리즘이 편향이나 오류가 없는 신뢰할 수 있는 도구라고 어떻게 확신할 수 있을까? 이후 실시된 여러 연구는 COMPAS 알고리즘이 실제로 몇 가지 문제가 될 만한 편향을 가지고 있을 가능성을 보여주었다. 아마 알고리즘은 훈련한 데이터에서 그런 편향을 습득했을 것이다.[29]

그럼에도 위스콘신주 대법원은 '루미스 대 위스콘신 사건'(2016)에서 루미스에게 불리한 판결을 내렸다. 판사는 위험 평가 알고리즘을 사용하는 것은 그 알고리즘의 방법론이 법원이나 피고인에게 공개되지 않을 경우에도 적법하다고 주장했다. 앤 월시 브래들리 판사는 판결문에, COMPAS는 대중에게 공개되어 있거나 피고 자신이 직접 제공한 데이터를 바탕으로 평가를 내렸으므로 루미스가 알고리즘이 사용한 모든 데이터를 스스로 부인하거나 설명할 수 있었을 것이라고 썼다. 이 의견은 정확한 데이터도 잘못 해석될 수 있다는 사실과 루미스가 자신에 대한 모든 공개된 데이터를 부인하거나 설명하는 것은 현실적으로 불가능하다는 사실을 무시했다.

위스콘신주 대법원이 불투명한 알고리즘에 의존함으로써 생기는 위험을 전혀 인식하지 못한 것은 아니었다. 따라서 대법원은 이 관행을 허용하면서도 판사들이 알고리즘의 평가 결과를 받을 때 해당 알고리즘이 특정 편향을 가지고 있을 수 있다는 서면 경고도 함께 받아야 한다고 판결했다. 또한 대법원은 판사에게 그런 알고리즘에 의존할 때 주의를 기울일 것을 권고했다. 하지만 이 경고는 공허한 제스처일 뿐이었다. 법원은 판사가 주의하기 위해서는 어떤 조치를 취해야 하는지 아무런 구체적인 지침을 제공하지 않았다. 《하버드 로 리뷰Harvard Law Review》는 이 판례를 논하면서 "대부분의 판사는 위험 평가 알고리즘을 이해하지 못할 것"이라고 결론 내렸다. 그러고 나서, 알고리즘에 대한 자세한 설명을 들었음에도 이해하기 어려웠다고 언급한 위스콘신주 대법원 판사의 말을 인용했다.[30]

루미스는 연방대법원에 항소했다. 하지만 2017년 6월 26일, 대법원은 해당 사건을 심리하지 않기로 결정하면서 사실상 위스콘신주 대법원의 판결을 지지했다. 2013년에 루미스를 고위험군으로 평가한 알고리즘이 시제품이었다는 점을 생각해보라. 그 뒤로 훨씬 더 정교하고 복잡한 위험 평가 알고리즘이 개발되었으며 알고리즘의 권한도 확대되었다. 2020년대 초에는 많은 국가에서 판사도 피고인도 이해하지 못하는 알고리즘이 내린 위험 평가에 따라 형을 선고받는 것이 일상화되었다.[31] 그런데 징역형 선고는 빙산의 일각에 불과하다.

설명을
요구할 권리

컴퓨터는 일상적인 결정부터 인생을 바꾸는 결정까지 우리에 대해 점점 더 많은 결정을 내리고 있다. 알고리즘은 징역형 선고 외에도 대학 입학을 허가할지, 일자리를 줄지, 복지 수당을 제공할지, 대출을 해줄지를 결정하는 데까지 손을 뻗고 있다. 또한 알고리즘은 우리가 병원에서 어떤 종류의 치료를 받을지, 보험료를 얼마나 낼지, 어떤 뉴스를 청취할지, 누구와 데이트할지 결정하는 데도 도움을 준다.[32]

사회가 점점 더 많은 결정을 컴퓨터에 맡길수록 민주주의의 자정 기능, 투명성, 책임성이 약화된다. 선출직 공무원이 자신이 이해할 수도 없는 알고리즘을 어떻게 통제할 수 있겠는가? 이에 따라 '설명을 요구할 권리'라는 새로운 인권을 성문화하라는 요구가 높아지고 있다. 2018년 발효된 유럽연합의 일반 데이터 보호 규정General Data Protection Regulation, GDPR은, 알고리즘이 한 인간에 대한 결정을 내릴 경우(예를 들어 신용 연장을 거부하는 것) 해당인은 결정에 대해 설명을 듣고 인간이 운영하는 기관에 이의를 제기할 권리가 있다고 명시한다.[33] 이상적으로는 이렇게 하면 알고리즘의 편향이 최소화되고, 민주주의의 자정 장치(시민, 법원, 언론, 시민 단체 등의 참여와 감시—옮긴이)를 통해 컴퓨터의 중대한 실수 중 적어도 일부를 찾아내어 바로잡을 수 있을 것이다.

하지만 이런 권리가 실제로 이행될 수 있을까? 무스타파 술레이만은 이 주제에 대한 세계적인 전문가다. 그는 세계에서 가장 중요한 AI 기업 중 하나인 딥마인드DeepMind의 공동 창립자이자 전 대표로서, 무엇보다 알파고 프로그램 개발에 참여했다. 알파고는 바둑을 두도록 설계되었다. 바둑은 두 명의 경기자가 상대방의 영역을 포위하고 점령하여 더 많은 영역을 차지하는 것을 목표로 하는 전략 보드게임이다. 고대 중국에서 만들어진 이 게임은 체스보다 훨씬 더 복잡하다. 따라서 컴퓨터가 세계 체스 챔피언을 꺾은 후에도 전문가들은 바둑에서는 컴퓨터가 인간을 이기지 못할 것이라고 믿었다.

2016년 3월 알파고가 한국의 바둑 챔피언 이세돌을 꺾었을 때 바둑 전문가들과 컴퓨터 전문가들이 경악한 것은 이 때문이었다. 2023년 저서 《더 커밍 웨이브The Coming Wave》에서 술레이만은 알파고와 이세돌 9단의 대국에서 가장 중요했던 순간 중 하나를 기술한다. 이 순간은 AI를 재정의했으며, 많은 학계와 정부 기관에서 역사의 중요한 전환점으로 인정받는다. 그 일은 2016년 3월 10일 두 번째 대국에서 일어났다.

"그때 (…) 37번째 수가 나왔다." 술레이만은 이렇게 쓴다. "이해가 되지 않았다. 알파고가 곤란을 자초한 것처럼 보였다. 어떤 바둑 기사도 선택하지 않을, 패배가 분명한 전략을 무작정 따르고 있었다. 둘 다 프로 바둑 기사인 생중계 해설자들은 '매우 이상한 수'라고 말했고 '실수'라고 생각했다. 너무 이례적인 수라서 이세돌은 응수하기까지 15분이나 걸렸고 심지어 자리에서 일어나 바깥에서 걷기까지 했다. 통제실에서 지켜보던 우리는 그 긴장이 비현실적으로 느껴졌다. 하지만 종반전으로 접어들면서 '실수'처럼 보였던 수가 결정적인 수였다는 것이 밝혀졌다. 알파고가 다시 승리했다. 바둑 전략이 우리 눈앞에서 다시 쓰이고 있었다. AI는 수천 년 바둑 역사상 가장 뛰어난 기사들에게 한 번도 떠오르지 않은 아이디어를 발견한 것이다."[34]

37번째 수가 AI 혁명의 상징으로 여겨지는 데는 두 가지 이유가 있다. 첫째, 그것은 AI의 이질적인 성격을 보여주었다. 동아시아에서 바둑은 게임 이상의 의미를 갖는 귀중한 문화적 전통이다. 서예, 그림, 음악과 함께 바둑은 교양 있는 사람이라면 반드시 알아야 하는 네 가지 기예 중 하나였다. 2,500여 년 동안 수천만 명이 바둑을 두었으며, 이 게임을 둘러싸고 온갖 학파가 생겨나 각기 다른 전략과 철학을 내세웠다. 하지만 그 수천 년 동안 인간의 정신은 바둑의 지형에서 특정 영역만을 탐색했던 것이다. 다른 영역은 미지의 장소로 남았는데, 인간의 정신이 그곳을 개척할 생각을 하지 않았기 때문이다. 인간 정신의 한계로부터 자유로운 AI는 이제까지 공개되지 않았던 영역들을 발견하고 탐험했다.[35]

둘째, 37번째 수는 AI의 불가해성을 보여주었다. 알파고가 이 수를 두어 승리를 거두었는데도 술레이만과 그의 팀은 어떻게 알파고가 그런 결정을 했는지 설명하지 못했다. 법원이 딥마인드사에 이세돌에게 설명을 제공하라고 명령했더라도 아무도 그 명령을 이행할 수 없었을 것이다. 술레이만은 이렇게 썼다. "인간은 새로운 도전에 직면해 있다. 새로운 발명품들은 우리가 이해할 수 있는 수준을 넘어설 것인가? 이전의 발명가들은 자신의 발명품이 어떻게 작동하는지, 왜 그렇게 작동하는지, 비록 많은 세부 내용이 필요하더라도 설명할 수 있었다. 그런데 더 이상 그렇지 않다. 많은 기술과 시스템이 너무 복잡해지고 있어서 어느 누구도 진정으로 이해하기 어렵다. (…) 특히 AI 분야에서 점점 자율성을 향해 나아가고 있는 신경망은 현재로서는 설명이 불가능하다. 한 알고리즘이 왜 특정한 예측을 했는지 그 의사 결정 과정을 누군가에게 단계별로 설명하는 것은 불가능하다. 개발자들은 시스템 내부를 들여다보며 무엇이 어떤 행동을 일으켰는지 자세히 설명할 수 없다. GPT-4, 알파고 등은 모두 블랙박스이며, 그들의 출력과 결정은 불투명하고 이해할 수 없을 정도로 복잡한 미세 신호들의 연쇄에 기반한다."[36]

불가해하고 이질적인 지능의 등장은 민주주의의 근본을 흔든다. 만일 인간의 삶에 대한 더 많은 결정이 블랙박스 안에서 이루어져 유권자들은 그 결정을 이해할 수도 이의를 제기할 수도 없다면 민주주의는 작동하지 않을 것이다. 특히, 개인의 삶에 대해서뿐만 아니라 연방준비제도이사회의 금리 결정 같은 집단적인 문제에 대한 중요한 결정들이 불가해한 알고리즘에 의해 내려진다면 어떻게 될까? 인간 유권자들은 계속해서 인간 대통령을 선택하겠지만, 이는 공허한 요식행위에 불과하지 않을까? 지금도 금융 시스템을 제대로 이해하는 사람은 인류의 극히 일부에 불과하다. 2016년 OECD에서 실시한 조사에 따르면, 대부분의 사람들은 복리 같은 간단한 금융 개념조차 제대로 이해하지 못했다.[37] 2014년, 세계에서 가장 중요한 금융 허브 중 하나(런던을 가리킨다. 런던은 역사적으로 국제금융의 중심지 역할을 해왔다. 런던 외에도 뉴욕, 홍콩, 싱가포르, 도쿄 등이 세계적인 금융 허브로 꼽힌다—옮긴이)를 규제하는 책임을 가진 영국 의원들을 대상으로 설문 조사를 실시한 결과, 은행이 대출을 해줄 때 새로운 화폐가 생성된다는 사실을 정확하게 이해하는 사람은 12퍼센트에 불과했다. 이 사실은 현대 금융 시스템의 가장 기본적인 원리 중 하나다.[38] 2007~2008년의 금융 위기가 보여주듯이, 부채담보부증권과 관련된 금융 상품들과 원리들처럼 복잡한 개념은 소수의 금융 전문가들만이 이해할 수 있었다. AI가 훨씬 더 복잡한 금융 상품을 만들고 금융 시스템을 이해하는 사람들의 수가 0으로 줄어들면 민주주의는 어떻게 될까?

점점 더 불가해해지고 있는 정보 네트워크는 최근 포퓰리스트 정당과 강력한 지도자가 잇달아 등장하고 있는 이유 중 하나다. 사람들은 더 이상 세상을 이해할 수 없을 때, 그리고 소화할 수 없는 엄청난 양의 정보에 압도될 때 쉽게 음모론에 빠지고, 자신들이 이해하는 대상인 '인간'에게 구원을 요청한다. 강력한 지도자는 분명 장점이 있지만, 안타깝게도 아무리 영감을 주는 똑똑한 사람도 점점 세상을 지배해가는 알고리즘이 어떻게 작동하는지 혼자서 해독할 수 없으며, 그 알고리즘의 공정성을 확보할 수도 없다. 문제는 알고리즘이 수많은 데이터 포인트(알고리즘이 분석하고 처리하는 개별적인 정보 단위—옮긴이)에 의존하여 결정을 내리는 반면, 인간은 수많은 데이터 포인트를 의식적으로 고려하고 비교하는 데 어려움을 느낀다는 것이다. 우리는 단일 데이터 포인트로 작업하는 것을 선호한다. 그렇기 때문에 대출 신청, 팬데믹, 전쟁 같은 복잡한 문제에 직면할 때 우리는 특정 행동 방침을 취할 하나의 이유를 찾고 다른 모든 고려 사항을 무시하는 경향이 있다. 이것이 단일 원인의 오류다.[39]

우리는 다양한 요인을 종합적으로 고려하는 데 매우 서툴러서, 누군가가 특정 결정에 대해 여러 가지 이유를 제시하면 그것을 의심스럽게 여긴다. 친한 친구가 내 결혼식에 참석하지 않았다고 상상해보자. 친구가 한 가지 이유를 제시한다면("엄마가 병원에 입원해서 병문안을 가야 했어") 우리는 수긍한다. 하지만 친구가 참석하지 못한 이유를 50가지나 나열한다면 어떨까? "엄마가 몸이 좀 안 좋으셨고, 이번 주에 개를 동물 병원에 데려가야 했고, 작업해야 할 프로젝트가 있었고, 비가 왔고, 그리고…… 물론 이 50가지 이유 중 어느 하나만으로는 내 불참을 설명할 수 없다는 걸 알아. 하지만 이 모든 이유가 합쳐져서 네 결혼식에 갈 수 없었어." 우리는 이런 식으로 말하지 않는데, 이런 식으로 생각하지 않기 때문이다. 우리는 머릿속에 50가지 이유를 의식적으로 나열하고 각각에 가중치를 부여한 다음 모든 가중치를 합산하여 결론을 내리지 않는다.

하지만 알고리즘은 우리의 범죄 가능성이나 신용도를 정확히 이런 식으로 평가한다. 예를 들어 COMPAS 알고리즘은 위험 평가를 할 때 137개 항목으로 이루어진 질문지의 답변을 고려한다.[40] 대출을 거절하는 은행 알고리즘도 마찬가지다. 만일 은행이 유럽연합의 GDPR 규칙에 따라 COMPAS 알고리즘의 결정을 고객에게 설명해야 한다면, 그 설명은 한 문장으로 끝나지 않고, 수백 페이지, 심지어는 수천 페이지에 이르는 숫자와 수식으로 구성될 것이다.

그 은행에서 보낸 안내문에는 이렇게 적혀 있을 것이다. "우리 알고리즘은 1,000가지 유형의 데이터 포인트를 고려하여 모든 신청서를 평가하는 정밀한 포인트 시스템을 사용합니다. 알고리즘은 모든 데이터 포인트를 합산해 종합 점수를 냅니다. 종합 점수가 마이너스인 사람은 대출을 승인하기에는 너무 위험한 저신용자로 간주됩니다. 고객님의 종합 점수는 −378점이었고, 이 때문에 대출 신청이 거절되었습니다." 그다음에 알고리즘이 고려한 1,000가지 요인을 자세히 열거할 것이다. 여기에는 신청서를 제출한 정확한 시간이나[41] 신청자가 사용한 스마트폰의 종류 등 대부분의 사람들이 대출과 무관하다고 생각하는 사항들도 포함되어 있다. 따라서 안내문 601쪽에서 은행은 이렇게 설명할 것이다. "고객님이 신청서를 제출하는 데 사용한 스마트폰은 최신 아이폰 모델이었습니다. 우리 알고리즘은 과거에 제출된 수백만 건의 대출 신청서를 분석한 결과한 가지 패턴을 발견했습니다. 최신 아이폰 모델을 사용하여 신청서를 제출한 사람들이 대출금을 상환할 확률이 0.08퍼센트 높다는 것입니다. 그래서 알고리즘은 고객님에게 8포인트를 추가했습니다. 하지만 신청서를 아이폰으로 전송할 시점에 배터리가 17퍼센트까지 떨어져 있었습니다. 수백만 건의 대출 신청서를 분석한 결과 우리 알고리즘은 또 다른 패턴을 발견했습니다. 스마트폰 배터리가 25퍼센트 밑으로 내려가도록 방치하는 사람들은 대출금을 상환할 가능성이 0.5퍼센트 낮다는 것입니다. 그래서 고객님의 점수가 50포인트 차감되었습니다."[42]

당신은 은행이 당신을 부당하게 대우한다고 느낄 것이다. "겨우 휴대폰 배터리 충전율이 낮다는 이유로 대출 신청을 거절하는 것이 합당합니까?" 당신은 불만을 제기할 것이다. 하지만 그렇게 생각했다면 오해다. "배터리 충전율만이 이유가 아니었습니다. 그것은 우리 알고리즘이 고려한 1,000가지 요인 중 하나였을 뿐입니다"라고 은행은 설명할 것이다.

"하지만 지난 10년 동안 내 은행 계좌에서 초과 인출이 발생한 것은 딱 두 번뿐이었다는 사실을 알고리즘이 확인했을 텐데요?"

"당연히 확인했습니다." 은행은 대답한다. "453쪽을 보십시오. 고객님은 그 요인으로 300포인트를 받았습니다. 하지만 모든 이유를 합산하니 고객님의 종합 점수는 −378점으로 떨어졌습니다."

우리는 이런 결정 방식이 낯설게 느껴지지만, 이 방식에는 명백히 장점이 있다. 결정을 내릴 때 한두 가지 눈에 띄는 사실만을 고려하기보다는 관련된 모든 데이터 포인트를 고려하는 것이 일반적으로 더 낫다. 물론 정보의 관련성을 누가 결정하느냐에 대해서는 따져볼 여지가 많이 있다. 스마트폰 모델이나 피부색 같은 정보가 대출 신청과 관련이 있는지 여부를 누가 결정할까? 하지만 관련성을 어떤 식으로 정하든, 더 많은 데이터를 고려할 수 있는 능력은 자산이다. 실제로 인간이 지닌 편견들의 문제는 딱 한두 가지 데이터 포인트(예컨대 누군가의 피부색, 장애, 젠더 등)에만 집중하고 다른 정보는 무시하는 데 있다. 은행과 여타 기관이 점점 더 알고리즘에 의존해 결정을 내리는 이유는 바로 알고리즘이 인간보다 더 많은 데이터 포인트를 고려할 수 있기 때문이다.

그러나 알고리즘의 이런 방식은 설명을 제공해야 할 때는 극복할 수 없는 장애물이 될 수 있다. 수많은 데이터 포인트를 바탕으로 이루어진 결정을 한 인간이 어떻게 분석하고 평가할 수 있겠는가? 위스콘신주 대법원이 노스포인트사에 어떻게 COMPAS 알고리즘이

에릭 루미스가 고위험군이라고 판단했는지 결정 과정을 공개하라고 명령했어야 한다고 생각할 수도 있다. 하지만 데이터를 완전히 공개했다 한들 루미스나 법원이 그것을 이해할 수 있었을까?

알고리즘이 고려한 수많은 데이터 포인트만이 문제가 아니다. 알고리즘이 데이터에서 패턴을 찾아내 점수를 책정하는 방식을 이해할 수 없다는 것이 더 큰 문제다. 스마트폰 배터리가 25퍼센트 미만으로 떨어지면 은행 알고리즘이 몇 포인트를 차감한다는 것을 알게 되더라도 우리는 이 규칙이 공정한지 어떻게 평가할 수 있을까? 이 규칙은 인간 개발자가 알고리즘에 입력한 것이 아니라, 알고리즘이 이전 대출 신청서 수백만 건에서 패턴을 찾아냄으로써 도달한 결론이다. 개인 고객이 그 모든 데이터를 검토하고 이 패턴이 정말로 신뢰할 수 있으며 편향되지 않은 것인지 평가할 수 있을까?[43]

하지만 불투명한 숫자들의 먹구름 속에서도 한 줄기 희망을 발견할 수 있다. 평범한 개인은 복잡한 알고리즘을 검증할 수 없지만, 전문가로 구성된 팀이 AI 조수들의 도움을 받는다면 인간이 내린 결정의 공정성을 평가할 때보다 더 확실하게 알고리즘의 공정성을 평가할 수 있을 것이다. 인간의 의사 결정이 우리가 의식하는 몇 가지 데이터 포인트에만 의존하는 것처럼 보일 수 있지만 실제로는 수천 개의 추가적인 데이터 포인트로부터 **무의식적으로** 영향을 받는다. 이런 무의식적인 과정을 인지하지 못하기 때문에 우리는 결정할 때나 결정에 대해 설명할 때, 실제로는 수십억 개의 뉴런이 뇌 안에서 상호작용하면서 일어나는 일에 대해 사후적으로 단순하고 그럴듯한 이유를 만들어낸다.[44] 따라서 인간 판사가 징역 6년을 선고한다면, 우리는(그리고 실제로는 그 판사도) 이 결정이 오직 공정한 고려에 의해서만 이루어졌으며 무의식적인 인종 편견이나 판사가 배고팠다는 사실은 영향을 끼치지 않았다는 것을 어떻게 확신할 수 있을까?[45]

인간 판사가 내린 판결의 경우 이 문제는 현재 우리가 아는 생물학 지식으로는 해결할 수 없다. 반면 알고리즘이 결정을 내릴 때 우리는 원리상 알고리즘이 고려하는 수많은 요인들 전부와 각각의 요인에 부여된 정확한 가중치를 알 수 있다. 그래서 미국 법무부부터 비영리 탐사 보도 매체 프로퍼블리카ProPublica(2008년에 설립되었으며, 퓰리처상을 여러 차례 수상하는 등 언론계에서 높은 평가를 받고 있다. 특히 알고리즘의 편향성 문제를 다룬 'Machine Bias' 시리즈는 큰 반향을 일으켰다—옮긴이)에 이르기까지 여러 전문가 팀이 COMPAS 알고리즘의 잠재적 편향을 평가하기 위해 알고리즘의 내부 작동 방식을 분석해보았다.[46] 이런 전문가 팀은 많은 사람들의 집단적 노력뿐 아니라 컴퓨터의 힘도 활용할 수 있다. 도둑을 잡는 데는 도둑이 제격이듯이, 알고리즘을 분석하는 데도 다른 알고리즘을 사용할 수 있다.

여기서의 문제는 심사 알고리즘 자체가 신뢰할 수 있는 것인지 우리가 어떻게 확신할 수 있는가다. 궁극적으로 이 재귀적 문제에 대한 순수하게 기술적인 해법은 없다. 어떤 기술을 개발하든 우리는 알고리즘을 감사하고 승인 여부를 결정할 관료 기관을 유지할 필요가 있다. 이런 기관은 인간의 힘과 컴퓨터의 힘을 결합하여 새로운 알고리즘 시스템이 안전하고 공정하게 사용되도록 조치할 것이다. 이런 기관이 없다면, 설령 설명을 요구할 권리를 법으로 명시하고 컴퓨터의 편향을 막는 규정을 제정한다 해도 누가 이런 법과 규제를 시행할 수 있겠는가?

추락

알고리즘을 심사하는 규제 기관은 알고리즘을 분석하는 데 그치지 않고 밝혀낸 사실을 사람들이 이해할 수 있는 이야기로 번역할 필요가 있다. 그렇게 하지 않으면 우리는 규제 기관을 신뢰하지 못하고 대신 음모론과 강력한 지도자를 맹신하게 될 것이다. 3장에서 언급했듯이 인간이 관료제를 잘 이해하지 못하는 이유는 관료제가 생물학적 드라마의 각본을 따르지 않기 때문이고, 대부분의 예술가들은 관료주의 드라마를 묘사할 의지나 능력이 없다. 예를 들어 21세기 정치를 소재로 한 소설, 영화, 텔레비전 시리즈는 몇몇 권력자 가문의 불화와 연애에 초점을 맞추는 경향이 있다. 마치 오늘날 국가가 고대 부족이나 왕국과 동일한 방식으로 통치되는 것처럼 말이다. 이렇게 왕조의 생물학적 드라마에 시선을 고정하는 예술 작품들은 수 세기에 걸쳐 권력이 작동하는 방식에 일어난 실질적인 변화를 제대로 조명하지 못한다.

앞으로 컴퓨터가 점점 더 많은 인간 관료와 신화 제작자를 대체함에 따라 권력의 근본 구조가 다시 한번 바뀔 것이다. 민주주의가 살아남기 위해서는 이 새로운 구조를 면밀하게 조사할 수 있는 전담 관료 기관뿐 아니라 새로운 구조를 이해하기 쉽고 재미있는 방식으로 설명할 수 있는 예술가도 필요하다. 예를 들어, SF 시리즈 〈블랙 미러Black Mirror〉의 한 에피소드인 〈추락Nosedive〉이 이런 역할을 성공적으로 해냈다.

사회신용 제도에 대해 들어본 사람이 거의 없던 2016년에 제작된 〈추락〉은 그런 시스템이 어떻게 작동하고 어떤 위험을 야기하는지 훌륭하게 보여주었다. 이 에피소드는 레이시라는 여성의 이야기를 그려낸다. 그녀는 남동생 라이언과 함께 살지만 혼자 사는 아파트로 이사하기를 원한다. 그런데 새 아파트 구매 비용을 할인받으려면 사회신용 점수를 4.2점에서 4.5점(5점 만점)으로 올려야 한다. 점수가 높은 사람들과 친구가 되면 점수가 올라가기 때문에 레이시는 평점이 4.8점인 어린 시절 친구 나오미와 다시 연락하려고 시도한다. 레이시는 나오미의 결혼식에 초대받지만, 가는 길에 평점이 높은 사람에게 커피를 쏟는다. 이 사건으로 레이시의 평점이 조금 깎이고, 이 때문에 항공사가 비행기 좌석을 발행해주지 않는다. 그 때부터 잘못될 수 있는 모든 일이 잘못되어 레이시의 평점은 추락하고, 결국 평점이 1점 밑으로 떨어지면서 레이시는 감옥에 갇힌다.

이 이야기는 전통적인 생물학적 드라마가 가진 몇 가지 요소에 의존한다. '소년과 소녀의 만남'(결혼식), 동기간 경쟁(레이시와 라이언 사이의 긴장), 그리고 가장 중요한 지위 경쟁(이 에피소드의 주요 쟁점)이다. 하지만 실제 주인공이자 플롯을 이끌고 가는 힘은 레이시도 나오미도 아닌, 사회신용 제도를 운영하는 실체 없는 알고리즘이다. 그 알고리즘은 오래된 생물학적 드라마의 역학, 특히 지위 경쟁이 작동하는 방식을 완전히 바꿔놓는다. 예전에도 사람들은 때때로 지위 경쟁에 참여했지만 스트레스가 심하면 상황을 벗어나 휴식을 취할 수 있었다. 그러나 이제는 어디에나 존재하는 사회신용 알고리즘 탓에 휴식은 불가능하다. 〈추락〉은 생물학적 지위 경쟁을 둘러싼 진부한 이야기가 아니라, 컴퓨터 기술이 지위 경쟁의 규칙을 바꿀 때 일어날 일을 예견하는 통찰력 있는 탐구다.

만일 관료와 예술가가 서로 협력할 수 있고 두 집단이 컴퓨터의 도움을 받는다면, 컴퓨터 네트워크가 이해할 수 없는 존재가 되는 상황을 막을 수 있을지도 모른다. 민주주의 사회가 컴퓨터 네트워크를 이해하는 한, 민주주의의 자정 기능은 AI 오용을 막는 최선의 방책이 된다. 한 예로, 2021년에 제안된 유럽연합의 AI 법은 〈추락〉에 등장하는 것과 같은 사회신용 제도가 "차별적인 결과를 초래하고 특정 집단을 배제할 수 있으며" "존엄성과 차별받지 않을 권리, 평등과 정의의 가치를 침해할 수 있다"[47]는 이유로 그것을 완전히 금지되어야 하는 몇 가지 유형의 AI 중 하나로 지정했다. 사회신용 제도도 전체주의적 감시 체제와 마찬가지로, 만들 수 있다고 해서 반드시 만들어야 하는 것은 아니다.

디지털
무정부 상태

마지막으로, 새로운 컴퓨터 네트워크가 민주주의에 가하는 위협이 또 하나 있다. 바로 디지털 전체주의 대신 디지털 무정부 상태를 조장하는 것이다. 민주주의의 분권화 성격과 강력한 자정 기능은 전체주의를 막는 방패이지만, 다른 한편으로는 질서 유지를 어렵게 만든다. 민주주의가 제대로 작동하려면 두 가지 조건을 충족해야 한다. 첫째, 중요한 쟁점에 대해 자유롭고 공개적으로 토론할 수 있어야 하고, 둘째, 사회질서와 제도에 대한 신뢰가 어느 수준 이상으로 유지되어야 한다. 자유로운 대화가 아무리 중요하다 해도 무정부 상태로 빠져서는 안 된다. 특히 긴급하고 중요한 문제를 다룰 때, 공개 토론은 정해진 규칙에 따라 진행되어야 하며, 모두가 동의하지 않을 때도 어떤 종류의 최종 결정을 도출할 수 있는 합법적인 장치가 있어야 한다.

신문과 라디오 같은 현대 정보 기술이 등장하기 전에는 대규모 사회에서 자유로운 토론과 제도적 신뢰를 결합하는 것이 불가능했기 때문에 대규모 민주주의가 불가능했다. 그런데 이제 새로운 컴퓨터 네트워크 때문에 대규모 민주주의가 다시 불가능해지는 건 아닐까? 한 가지 문제는 컴퓨터 네트워크가 토론 참여를 더 쉽게 만든다는 점이다. 과거에는 신문사, 라디오 방송국, 정당 같은 조직이 공론장의 문지기 역할을 하며 누가 목소리를 낼지 결정했다. 소셜 미디어가 이런 문지기들의 힘을 약화한 결과, 공론장은 전보다 개방되었지만 그만큼 무질서해졌다.

새로운 집단이 대화에 참여할 때마다 새로운 관점과 이해관계가 추가되고, 토론을 진행하고 결정에 도달하는 방법에 대한 기존 합의에도 균열이 생긴다. 그러면 토론 규칙을 새로 협의해야 한다. 이는 더 포용적인 민주주의로 가는 길이라는 점에서 긍정적인 일이다. 이전의 편향을 바로잡고 권리를 박탈당했던 사람들을 공론장에 참여시키는 것은 민주주의가 의당 해야 할 일이기 때문이다. 하지만 이런 변화는 단기적으로는 혼란과 불화를 초래한다. 공개 토론을 어떻게 진행하고 결정을 어떻게 도출할지 합의가 이뤄지지 않으면 그 결과는 민주주의가 아니라 무정부 상태다.

무정부 상태를 조장하는 AI의 잠재력이 특히 걱정스러운 이유는 AI가 공론장에 새롭게 들여보내는 것이 인간 집단만이 아니기 때문이다. 민주주의는 역사상 처음으로 비인간 개체의 목소리가 일으키는 불협화음을 상대해야 한다. 많은 소셜 미디어 플랫폼에서 봇은 사람보다는 수가 적지만 무시할 수 없는 비율을 차지한다. 한 분석에 따르면, 2016년 미국 선거운동 기간에 생성된 2,000만 개의 트윗 중 380만 개(거의 20퍼센트)가 봇에 의해 생성된 것으로 추정된다.[48]

2020년대 초반 들어 상황은 더욱 나빠졌다. 2020년에 실시된 한 연구에서는 봇이 트윗의 43.2퍼센트를 생성하고 있다고 평가했다.[49] 디지털 인텔리전스 기업(디지털 데이터를 수집, 분석, 활용하여 기업이나 조직에 유용한 정보와 통찰을 제공하는 회사—옮긴이)인 시밀러웹Similarweb이 2022년에 실시한 더 포괄적인 연구에 따르면, 트위터 사용자의 5퍼센트가 봇이었지만 이들이 "트위터에 게시된 콘텐츠의 20.8~29.2퍼센트"를 생성했다.[50] 누구를 미국 대통령으로 선출할 것인가와 같은 중요한 문제에 대해 토론할 때 공론장에 들리는 목소리의 상당수가 컴퓨터에 의해 생성된 것이라면 어떻게 될까?

또 하나 걱정스러운 추세는 콘텐츠와 관련이 있다. 처음에 봇은 순전히 메시지의 양으로 여론에 영향을 미치기 위해 배치되었다. 봇은 인간이 생성한 특정 콘텐츠를 리트윗하거나 추천했을 뿐 스스로는 새로운 아이디어를 생성할 수 없었으며, 인간과 친밀한 유대감을 형성할 수도 없었다. 하지만 챗GPT와 같은 새로운 종류의 생성형 AI는 바로 그런 일을 할 수 있다.《사이언스 어드밴스Science Advances》에 발표된 2023년 연구에서 연구자들은 인간과 챗GPT에게 백신, 5G 기술, 기후변화, 진화 같은 쟁점들에 대해 정확하되 일부러 오해를 불러일으키는 짧은 텍스트를 작성하라고 요청한 다음, 그 텍스트를 700명의 사람들에게 보여주고 신뢰성을 평가하게 했다. 사람들은 인간이 생산한 허위 정보는 잘 알아보았지만, AI가 생성한 허위 정보는 정확하다고 간주하는 경향이 있었다.[51]

그렇다면, 매우 지능적인 봇 수백만 개, 나아가 수십억 개가 엄청나게 호소력 있는 정치 선언문을 작성하고 딥페이크 이미지와 영상을 만들 뿐 아니라 심지어 인간의 신뢰와 우정까지 얻을 수 있을 때 민주주의 토론은 어떻게 될까? AI와 온라인 정치 토론을 한다면, AI의 의견을 바꾸려고 시도하는 것은 시간 낭비다. AI는 의식이 없는 존재라서 정치에는 실제로 관심이 없을뿐더러 투표할 수도 없기 때문이다. 하지만 AI와 대화를 더 많이 나눌수록 AI는 우리를 더 잘 알게 될 것이고, 그럴수록 우리의 신뢰를 얻고 자신의 주장을 연마하여 결국에는 우리의 견해를 바꿀 수도 있을 것이다. 사람들의 가슴과 머리를 사로잡아야 하는 싸움에서 친밀감은 매우 강력한 무기다. 기존의 정당은 우리의 관심을 끌 수 있어도 친밀감을 대량 생산할 수는 없었다. 라디오는 지도자의 연설을 수백만 명에게 들려줄 수 있어도 청취자와 친구가 될 수는 없었다. 하지만 이제부터는 정당이나 외국 정부가 봇 군단을 배치하여 수백만 명의 시민과 친밀감을 쌓고 그 친밀감을 이용해 시민들의 세계관에 영향을 미칠 수 있을 것이다.

마지막으로, 알고리즘은 단순히 대화에 참여하는 것에 그치지 않고 대화를 진두지휘하고 있다. 소셜 미디어의 등장으로 새로운 인간 집단이 공론장에 들어와 이전의 토론 규칙에 이의를 제기할 수 있게 되었지만, 새로운 규칙을 협상하는 주체는 더 이상 인간이 아니다. 소셜 미디어 알고리즘을 분석할 때 설명했듯이, 규칙을 만드는 것은 알고리즘이다. 19세기와 20세기에 미디어 거물들이 특정 견해를 검열하고 특정 견해를 홍보했을 때도 민주주의가 훼손되었을 것이다. 하지만 적어도 미디어 거물들은 인간이었고, 그들의 결정은 민주적인 감시를 받을 수 있었다. 이해하기 어려운 알고리즘에게 어떤 견해를 퍼뜨릴지 결정하도록 허용한다면 훨씬 더 위험한 상황이 벌어질 것이다.

여론을 조작하는 봇과 이해할 수 없는 알고리즘이 공론장을 지배하게 되면, 민주적 토론이 가장 필요한 시점에 토론이 불가능해질 수 있다. 빠르게 발전하는 신기술에 대해 중대한 결정을 내려야 할 때 공론장에는 컴퓨터가 생성한 가짜 뉴스가 범람할 것이고, 시민들은 자신이 인간과 토론하고 있는지, 조작적인 기계와 토론하고 있는지 알 수 없을 것이며, 토론의 가장 기본적인 규칙이나 가장 기본적인 사실관계에 대해서도 합의할 수 없을 것이다. 이런 종류의 무정부적인 정보 네트워크는 진실이나 질서를 만들어낼 수 없으며 오래 유지될 수도 없다. 우리가 무정부 상태에 이르게 되면, 다음 단계는 아마 독재 정권의 수립일 것이다. 사람들이 약간의 확실성을 얻기 위해 자유를 포기하는 데 동의할 테니 말이다.

봇을
금지하라

알고리즘이 민주적 대화를 위협하고 있지만 민주주의는 무력하지 않다. 민주주의 국가는 가짜 인간이 뱉어내는 가짜 뉴스로 정보 환경이 오염되는 것을 막기 위해 AI를 규제하는 조치들을 취할 수 있으며 또 취해야 한다. 철학자 대니얼 데닛은 화폐시장에서 사용하는 전통적인 규제에서 영감을 얻을 것을 제안했다.[52] 주화와 지폐가 발명된 이래로 화폐를 위조하는 것은 기술적으로는 항상 가능했다. 위조는 화폐에 대한 신뢰를 무너뜨리기 때문에 금융 시스템의 존재 자체를 위협하는 일이었다. 만일 악의적인 행위자들이 시장을 위조화폐로 채웠다면 금융 시스템은 이미 붕괴했을 것이다. 하지만 금융 시스템은 화폐 위조를 법으로 금지함으로써 수천 년 동안 자신을 지킬 수 있었다. 결과적으로, 유통되는 화폐 중 위조된 화폐의 비율은 비교적 낮았으며, 사람들은 화폐에 대한 신뢰를 유지할 수 있었다.[53]

화폐 위조에 적용되는 원칙이 인간을 위조하는 경우에도 똑같이 적용되어야 한다. 정부가 화폐에 대한 신뢰를 유지하기 위해 단호한 조치를 취한다면, 인간에 대한 신뢰를 유지하기 위해서도 똑같이 단호한 조치를 취하는 것이 합리적이다. AI가 등장하기 전에도 특정인이 다른 사람인 척할 수 있었고, 사회는 그런 사기를 처벌했다. 하지만 위조 인간을 만드는 것을 법으로 금지하지는 않았는데, 어디까지나 그런 기술이 존재하지 않았기 때문이다. 하지만 현재 인간으로 가장할 수 있게 된 AI는 사람들 사이의 신뢰를 파괴하고 사회조직을 해체하려 하고 있다. 따라서 데닛은 정부가 위조화폐를

법으로 금지한 것처럼 단호하게 위조 인간을 법으로 금지해야 한다
고 제안한다.[54]

특정인을 딥페이크하는 행위(예를 들어 미국 대통령의 가짜 영상을 제
작하는 것)만이 아니라 비인간 행위자가 인간으로 가장하려는 시도
까지도 법으로 금지해야 한다. 누군가가 이런 엄격한 조치는 표현
의 자유를 침해한다고 불평하면 봇에게는 표현의 자유가 없다는 사
실을 상기시켜주라. 공개 플랫폼에서 특정인을 금지하는 것은 민감
한 조치이며, 민주주의 국가는 이런 검열에 매우 신중해야 한다. 하
지만 봇을 금지하는 것은 간단한 문제다. 봇은 권리가 없기 때문에
봇 금지는 누구의 권리도 침해하지 않는다.[55]

그렇다고 민주주의 국가가 봇, 알고리즘, AI의 토론 참여를 무조
건 금지해야 한다는 의미는 아니다. 디지털 주체들이 인간인 척하지
만 않는다면 많은 대화에 기꺼이 참여시킬 수 있다. 예를 들어 AI 의
사는 큰 도움이 될 것이다. 우리의 건강을 하루 24시간 모니터링하
고, 개인의 건강 상태와 성격에 맞춤화된 의학적 조언을 제공할 수
있으며, 우리의 질문에 무한한 인내심을 가지고 답변할 수 있기 때
문이다. 하지만 어떤 경우에도 AI 의사가 인간인 척해서는 안 된다.

민주주의 국가가 채택할 수 있는 또 하나의 중요한 조치는 중요
한 공개 토론의 콘텐츠를 선별하고 관리하는 일을 감독받지 않는
알고리즘에게 맡기지 않는 것이다. 물론 소셜 미디어 플랫폼을 운
영하는 데는 알고리즘을 계속 사용해도 된다. 그것은 명백히 인간
이 대신할 수 없는 일이기 때문이다. 하지만 어떤 목소리를 금지하
고 증폭할지 결정하는 데 알고리즘이 사용하는 원칙은 반드시 인간

이 운영하는 기관의 심사를 거쳐야 한다. 진짜 인간의 견해를 검열하는 데는 신중해야 하지만, 알고리즘이 의도적으로 분노를 확산시키는 것은 금지해도 된다. 적어도 기업들은 그들의 알고리즘이 콘텐츠 선별에 사용하는 원칙을 투명하게 공개해야 한다. 소셜 미디어 플랫폼 회사가 사용자의 관심을 끌기 위해 분노를 이용할 경우, 이 회사는 자사의 사업 모델에 대해, 그리고 회사가 특정 정당이나 정치인과 어떤 관계가 있는지 명확하게 밝혀야 할 것이다. 또한 알고리즘이 회사의 정치적 입장에 부합하지 않는 영상을 의도적으로 삭제할 경우 사용자는 이 사실을 알아야 한다.

앞서 언급한 방법들은 봇과 알고리즘이 공개 대화에 참여하는 것을 규제할 수 있는 방법으로서 최근 몇 년 동안 민주주의 국가에서 제안된 수많은 의견 중 일부에 불과하다. 당연히 각각의 방법은 장단점이 있으며, 어떤 것도 실행에 옮기기 쉽지 않다. 또한 기술이 너무 빠르게 발전하고 있기 때문에 규제도 빠르게 구식이 될 것이다. 하지만 여기서 딱 한 가지만 지적한다면, 민주주의 국가는 정보 시장을 규제할 수 있으며, 민주주의의 생존 자체가 이런 규제에 달려 있다는 것이다. 정보에 대한 순진한 관점은 규제를 반대하면서, 정보 시장의 완전한 자유를 보장하면 저절로 진실과 질서가 생긴다고 믿는다. 이런 인식은 민주주의의 실제 역사와는 완전히 동떨어진 것이다. 민주적인 대화를 유지하는 것은 결코 쉬운 일이 아니었고, 국회의사당과 시청부터 신문사와 라디오 방송국에 이르기까지 이런 대화가 이루어졌던 모든 장소에는 규제가 필요했다. 이질적인 형태의 지능이 이 대화를 지배하려고 위협하는 시대에 이런 규제는 더더욱 중요하다.

민주주의의
미래

　　　　　대규모 민주주의는 거의 역사 내내 불가능했다. 대규모 정치 토론을 진행할 수 있을 만큼 정보 기술이 발전되지 않았기 때문이다. 수만 제곱킬로미터에 흩어져 사는 수백만 명의 사람들이 공적인 문제에 대해 실시간으로 토론할 수 있는 방법이 없었다. 하지만 지금은 도리어 정보 기술이 너무 발전해서 민주주의가 불가능해질 상황이다. 만일 인간이 이해할 수 없는 알고리즘이 대화를 장악하고, 무엇보다도 타당한 주장을 억압하면서 증오와 혼란을 부추긴다면, 공개 토론은 유지될 수 없을 것이다. 그렇다 해도 만에 하나 민주주의가 무너진다면 그것은 기술 발전의 필연적인 결과가 아니라, 새로운 기술을 현명하게 규제하지 못한 인간 탓일 것이다.

　앞으로 상황이 어떻게 전개될지는 알 수 없다. 하지만 현재 많은 민주주의 정보 네트워크가 붕괴하고 있는 것은 분명하다. 미국의 민주당원과 공화당원은 2020년 대선에서 누가 승리했는가와 같은 기본적인 사실에조차 합의하지 못하며, 더 이상 예의를 갖춘 대화가 불가능한 지경에 이르렀다. 미국 정치의 기본적인 특징이었던 의회의 초당적 협력은 거의 자취를 감추었다.[56] 이와 똑같은 급진화 과정이 필리핀부터 브라질까지 다른 많은 민주주의 국가에서 진행되고 있다. 시민들이 서로 대화할 수 없고 서로를 정치적 라이벌이 아닌 적으로 여길 때 민주주의는 유지될 수 없다.

　무엇이 민주주의 정보 네트워크의 붕괴를 초래하고 있는지 아무도 확실히 모른다. 일부에서는 이념적 분열 탓이라고 말하지만, 사실 많은 역기능적인 민주국가에서 이념적 차이는 이전 세대보다 커진 것 같지 않다. 1960년대에 미국은 시민권 운동, 성 혁명, 베트남 전쟁, 냉전 등을 둘러싼 깊은 이념적 갈등으로 분열되어 있었다. 이런 긴장으로 인해 정치 폭력과 암살이 급증했지만, 그때도 공화당원과 민주당원은 여전히 선거 결과에 합의할 수 있었고, 법원 같은 민주적 제도에 대한 공동의 믿음을 유지했으며,[57] 적어도 일부 사안에 대해서는 의회에서 협력할 수 있었다. 예를 들어 1964년 시민권법Civil Rights Act of 1964(인종, 피부색, 종교, 성별, 출신 국가 등을 이유로 한 차별을 금지하는 내용을 담고 있다—옮긴이)은 상원에서 민주당 의원 46명과 공화당 의원 27명의 찬성으로 통과되었다. 과연 2020년대의 이념적 차이가 1960년대보다 훨씬 더 클까? 이념이 아니라면 무엇이 사람들을 갈라놓는 것일까?

많은 사람들이 소셜 미디어 알고리즘을 주범으로 지목한다. 앞의 장들에서 사회를 분열시키는 소셜 미디어의 힘을 살펴보았듯이, 알고리즘의 유죄를 입증하는 결정적인 증거가 있지만, 그럼에도 불구하고 다른 요인들도 함께 작용하고 있는 듯하다. 솔직히 우리는 민주주의 정보 네트워크가 붕괴하고 있는 것을 뻔히 보면서도 그 이유를 확실히 모른다. 이것 자체가 시대적 특징이다. 정보 네트워크는 너무 복잡해졌고, 불투명한 알고리즘의 결정과 상호 컴퓨터 현실에 대한 의존도가 너무 커져서 인간은 '왜 우리가 서로 싸우는가'라는 가장 기본적인 정치적 질문에조차 답하기 어려워졌다.

우리가 문제점을 찾아내 고칠 수 없다면, 대규모 민주주의는 컴퓨터 기술 시대에 살아남지 못할 것이다. 만에 하나 이런 일이 실제로 일어난다면, 민주주의를 대신할 지배적인 정치체제는 무엇일까? 미래는 전체주의 체제에 넘어갈까, 아니면 컴퓨터가 전체주의마저도 불가능하게 만들까? 곧 살펴보겠지만, 인간 독재자도 AI를 두려워해야 할 이유가 있다.

10

전체주의: 모든 권력을 알고리즘에게로?

새로운 컴퓨터 네트워크의 윤리와 정치에 대한 논의는 대개 민주주의의 운명에 초점을 맞춘다. 논의에 권위주의 정권과 전체주의 정권이 등장하는 경우에도 그것은 주로 '우리'가 컴퓨터 네트워크를 현명하게 관리하지 못할 때 이를 수 있는 디스토피아적인 종착역으로 언급된다.[1] 하지만 2024년 현재 '우리'의 절반 이상이 이미 권위주의 정권 또는 전체주의 정권에서 살고 있으며,[2] 그런 정권의 상당수는 컴퓨터 네트워크가 등장하기 오래전에 확립되었다. 알고리즘과 AI가 인류에게 미칠 영향을 이해하려면, 우리는 미국과 브라질 같은 민주주의 국가만이 아니라 중국공산당과 사우디 왕가에 어떤 영향을 미칠지도 생각해봐야 한다.

이전 장들에서 설명했듯이 근대 이전의 정보 기술로는 대규모 민주주의도, 대규모 전체주의도 불가능했다. 중국의 한나라와 18세기 디리야 토호국(사우디아라비아 최초의 통일 국가—옮긴이) 같은 큰 정치

체제들은 일반적으로 제한적인 전제주의였다. 20세기에 새로운 정보 기술이 등장하면서 대규모 민주주의와 함께 대규모 전체주의도 가능해졌지만, 전체주의에는 심각한 단점이 있었다. 전체주의는 모든 정보를 하나의 허브로 흘려보내 그곳에서 처리하려고 한다. 그런데 전신, 전화, 타자기, 라디오 같은 기술은 정보를 중앙 집중화하는 데 도움을 주었지만 스스로는 정보를 처리할 수도 결정을 내릴 수도 없었다. 이런 일은 여전히 인간만이 할 수 있었다.

중앙으로 모이는 정보가 늘어날수록 그 정보를 처리하는 것이 점점 더 어려워졌다. 게다가 전체주의 통치자와 정당은 종종 중대한 실수를 저질렀지만, 그들에게는 오류를 찾아내 바로잡을 장치가 없었다. 다양한 기관과 개인이 정보와 의사 결정 권한을 나누는 민주주의 방식이 더 효과적이었다. 민주주의는 데이터의 홍수에 훨씬 효율적으로 대처할 수 있었고, 한 기관이 잘못된 결정을 내려도 다른 기관이 이를 바로잡을 수 있었다.

그때 머신러닝 알고리즘이 등장했다. 이 기술이야말로 전 세계의 '스탈린들'이 기다렸던 것인지도 모른다. AI는 기술적으로 힘의 균형을 전체주의에 유리하게 기울일 수 있다. 실제로, 정보가 밀려들 때 인간은 압도되어 오류를 범하는 경향이 있지만, AI는 효율이 높아지는 경향이 있다. 따라서 AI는 정보와 의사 결정을 한 곳에 집중하는 것을 선호하는 것처럼 보인다.

민주주의 국가에서조차 구글, 페이스북, 아마존 같은 몇몇 기업들이 해당 분야를 독점하게 된 것은 어느 정도는 AI가 그런 거대 기업에 유리한 환경을 조성하기 때문이다. 레스토랑 같은 전통 산업에서는 규모가 압도적인 이점이 아니다. 맥도널드는 하루 5,000만 명이 넘는 사람들에게 음식을 제공하는 세계적인 체인이며,[3] 이런 압도적 규모는 비용이나 브랜딩 등에서 많은 이점을 제공한다. 하지만 그렇다 해도 당신은 맥도널드와 경쟁할 수 있는 동네 식당을 열 수 있다. 당신의 식당이 하루에 단 200명의 손님에게만 음식을 제공할 수 있다 해도, 맥도널드보다 더 훌륭한 음식을 만들어 충성도 높은 고객들을 확보할 기회가 여전히 있다.

정보 시장은 이와는 다르게 작동한다. 구글의 검색엔진은 매일 20억 명에서 30억 명의 사람들이 85억 건의 검색을 수행하는 데 사용된다.[4] 지역 스타트업의 검색엔진이 구글과 경쟁하려 한다고 가정해보자. 스타트업은 승산이 없다. 이미 수십억 명이 이용하고 있는 구글은 방대한 데이터를 보유하고 있어서 이 데이터로 훨씬 더 나은 알고리즘을 훈련할 수 있고, 더 나은 알고리즘은 더 많은 트래픽을 끌어들이며, 이 사용자들이 생성한 더 많은 데이터는 다시 차세대 알고리즘을 훈련하는 데 사용된다. 결과적으로 2023년에 구글은 전 세계 검색 시장의 91.5퍼센트를 장악했다.[5]

다른 예로 유전학을 생각해보자. 여러 국가의 여러 기업이 유전자와 질병의 연관성을 찾아내는 알고리즘을 개발하려 한다고 가정해보자. 뉴질랜드는 인구가 500만 명이고, 개인 정보 보호 규정 때문에 유전자 기록과 의료 기록에 접근하는 것이 제한된다. 중국은 인구가 약 14억 명이며 개인 정보 보호 규정이 상대적으로 느슨하다.[6] 그렇다면 누가 유전자 알고리즘을 개발할 가능성이 더 높겠는가? 브라질이 자국의 의료 시스템에 사용할 유전자 알고리즘을 구매하려고 한다면, 뉴질랜드의 알고리즘보다 훨씬 더 정확한 중국의 알고리즘을 선택할 것이다. 그 결과 중국 알고리즘은 2억 명 이상의 브라질 국민을 대상으로 학습하면서 정확도가 더 높아질 것이고, 따라서 더 많은 국가가 중국 알고리즘을 선택할 것이다. 머지않아 전 세계 의료 정보의 대부분이 중국으로 흘러들어 가서 중국의 유전자 알고리즘은 절대 강자가 될 것이다.

모든 정보와 권력을 한 곳에 집중하려는 시도는 20세기 전체주의 정권에서는 아킬레스건이었지만 AI 시대에는 결정적인 이점이 될 수 있다. 동시에, 앞 장에서 언급했듯이 전체주의 정권은 AI를 이용해 저항이 거의 불가능한 완전한 감시 체계를 만들 수도 있다.

어떤 사람들은 블록체인이 그런 전체주의적 경향을 기술적으로 견제할 수 있을 것이라고 믿는다. 블록체인은 본질적으로 민주주의 친화적이고 전체주의에는 적대적이기 때문이다. 블록체인 시스템에서는 결정을 내리려면 사용자의 51퍼센트가 승인해야 한다. 이는 언뜻 민주적으로 들리지만, 블록체인 기술에는 치명적인 결함이 있다. 문제는 '사용자'라는 말에 있다. 한 사람이 열 개의 계정을 가지고 있다면 그 사람은 열 명의 사용자로 계산된다. 어떤 정부가 계정의 51퍼센트를 통제한다면, 정부 단독으로 사용자의 51퍼센트를 차지하는 셈이다. 정부가 사용자의 51퍼센트인 블록체인 네트워크의 사례가 이미 존재한다.[7]

그리고 정부가 블록체인 사용자의 51퍼센트를 차지하면, 블록체인의 현재뿐 아니라 과거까지 통제할 수 있다. 전제군주들은 항상 과거를 바꿀 수 있는 힘을 갖고 싶어 했다. 예를 들어 로마 황제들은 기억의 저주damnatio memoriae(라이벌과 적의 기억을 지우는 것)라는 행위에 자주 가담했다. 카라칼라 황제는 권좌를 차지하기 위해 자신의 동생이자 경쟁자인 게타를 살해한 후 게타에 대한 기억을 지우려고 시도했다. 비문에서 게타의 이름을 쇠줄로 갈아서 지웠고, 그의 초상이 새겨진 주화를 녹여 없앴으며, 게타의 이름을 언급하는 것만으로도 사형에 처해질 수 있었다.[8] 지금까지 남아 있는 당시의 그림 〈세베루스 톤도Severan Tondo〉는 두 형제의 아버지 셉티미우스 세베루스의 통치 시기에 제작되었는데, 원래는 황제 셉티미우스와 황후 율리아 돔나와 함께 두 형제가 그려져 있었다. 하지만 나중에 누군가가 게타의 얼굴을 지우고 그 위에 배설물을 칠했다. 법의학적 분석 결과, 게타의 얼굴이 있어야 하는 자리에서 말라붙은 배설물 조각들이 발견되었다.[9]

현대 전체주의 정권들도 마찬가지로 과거를 바꾸고 싶어 했다. 스탈린은 권력을 잡은 후 볼셰비키 혁명의 주도자이자 적군의 창시자인 트로츠키를 모든 역사 기록에서 삭제하기 위해 갖은 노력을 기울였다. 1937년부터 1939년까지 이어진 스탈린주의 대숙청 기간 동안, 니콜라이 부하린과 미하일 투하쳅스키 원수 같은 저명인사들이 숙청되고 처형될 때마다 책, 학술 논문, 사진, 그림에서 그들의 존재를 증명하는 증거가 지워졌다.[10] 이 정도 규모로 삭제하려면 엄청난 수작업이 필요했다. 블록체인에서는 과거를 지우는 것이 훨씬 쉬울 것이다. 사용자의 51퍼센트를 차지하는 정부는 버튼 하나만 누르면 역사에서 사람들을 사라지게 할 수 있다.

봇을
감옥으로!

AI는 여러 가지 방법으로 중앙 권력을 공고히 할 수 있지만, 권위주의 정권과 전체주의 정권도 AI와 관련된 나름의 문제를 안고 있다. 무엇보다도 독재 정권은 비유기적 행위자를 통제해본 경험이 없다. 모든 독재 정보 네트워크의 토대는 공포다. 하지만 컴퓨터는 투옥되거나 살해되는 것을 두려워하지 않는다. 러시아 인터넷에서 활동하는 어느 챗봇이 러시아군이 우크라이나에서 저지른 전쟁범죄를 언급하고, 블라디미르 푸틴에 대해 불경스러운 농담을 하고, 푸틴의 통합 러시아당의 부패를 비판한다 한들 푸틴 정권이 무얼 할 수 있겠는가? FSB 요원은 챗봇을 투옥할 수도, 고문할 수도, 가족을 협박할 수도 없다. 정부는 물론 그 챗봇을 차단하거나 삭제할 수 있고, 챗봇을 만든 사람을 찾아내 처벌하려 하겠지만, 이는 인간 사용자를 징벌하는 것보다 훨씬 어렵다.

컴퓨터 스스로는 콘텐츠를 생성할 수도 지적인 대화를 할 수도 없던 시절에는 브콘탁테VKontakte나 오드노클라스니키Odnoklassniki 같은 러시아의 소셜 네트워크 채널에서 반정부 의견을 표현할 수 있는 존재는 오직 인간뿐이었다. 이 경우 당사자가 물리적으로 러시아에 있었다면 러시아 당국이 그를 가만두지 않았을 것이고, 러시아 밖에 있었다면 그의 접근을 차단했을 것이다. 하지만 콘텐츠를 생성하고 대화를 나눌 수 있는 수백만 개의 봇들이 러시아의 사이버 공간을 가득 채우고 스스로 학습하고 발전한다면? 이런 봇들은 러시아 반체제 인사나 외국 세력이 의도적으로 반정부 견해를 퍼뜨리도록 사전 프로그래밍한 것일지도 모르지만, 그렇다 해도 러시아 정부 당국은 이들을 막을 수 없을 것이다. 그런데 푸틴 정권의 입장에서 이보다 더 심각한 문제가 일어날 수도 있다. 인증된 봇들이 러시아에서 일어나는 일에 대한 정보를 수집해 패턴을 찾아냄으로써 점차 스스로 반정부 견해를 갖게 된다면 어떻게 될까?

이것이 러시아식 정렬 문제다. 러시아의 개발자들은 정권의 의도에 완벽하게 부합하는 AI를 만들기 위해 최선을 다하겠지만, 스스로 학습하고 변화하는 AI의 능력을 고려하면 AI가 일탈하지 않는다고 어떻게 보장할 수 있을까? 조지 오웰이 《1984》에서 설명했듯이 전체주의 정보 네트워크가 자주 이중 화법을 쓴다는 점은 특히 흥미로운 대목이다. 러시아는 권위적인 국가지만 민주주의 국가를 표방한다. 러시아의 우크라이나 침공은 1945년 이후 유럽에서 일어난 가장 큰 전쟁이었지만, 공식적으로는 "특별 군사 작전"으로 불린다. 이를 "전쟁"으로 지칭하는 것은 범죄로, 최고 3년의 징역 또는 최고 5,000루블의 벌금형에 처해질 수 있다.[11]

러시아 헌법은 "모든 사람에게 사상과 표현의 자유가 보장되고"(제29조 1항), "모든 사람은 정보를 찾고, 받고, 전달하고, 생산하고, 배포할 권리가 있으며"(제29조 4항), "언론의 자유가 보장된다"(제29조 5항)는 거창한 약속을 한다. 당연히 "검열은 금지된다"(제29조 5항). 그러나 이 약속을 액면 그대로 받아들일 만큼 순진한 러시아 국민은 거의 없다. 하지만 컴퓨터는 이중 화법을 잘 이해하지 못한다. 러시아의 법과 가치를 준수하라고 지시받은 챗봇은 러시아 헌법을 읽고 나서 표현의 자유가 러시아의 핵심 가치라고 결론 내릴 것이다. 그런 다음 챗봇은 며칠 동안 러시아 사이버 공간에서 활동하며 러시아 정보 영역에서 무슨 일이 일어나고 있는지 지켜본 후, 푸틴 정권이 러시아의 핵심 가치인 표현의 자유를 침해하고 있다고 비판하기 시작할지도 모른다. 사람들도 그런 모순을 알지만 두려움 때문에 지적하지 않는다. 하지만 챗봇이 러시아 정권에 치명적인 패턴을 지적하는 것을 어떻게 막겠는가? 그리고 개발자들이 챗봇에게 러시아 헌법에는 모든 시민에게 표현의 자유를 보장하고 검열을 금지한다고 되어 있지만 헌법을 액면 그대로 믿어서도, 이론과 현실의 간극을 언급해서도 안 된다는 것을 어떻게 설명할 수 있을까? 일전에 체르노빌에서 만난 우크라이나 가이드가 내게 말했듯이, 전체주의 국가의 국민은 질문하면 곤란에 처한다는 생각을 가지고 자란다. 하지만 '질문하면 곤란에 처한다'는 원리에 따라 알고리즘을 훈련한다면 알고리즘이 어떻게 학습하고 발전할 수 있을까?

마지막으로, 정부는 심각하게 잘못된 정책을 채택했다가 마음을 바꿀 경우 대개 그 잘못을 다른 누군가의 탓으로 돌리며 책임을 회피한다. 인간은 경험을 통해 자신에게 불리한 사실을 잊는 법을 배운다. 하지만 챗봇에게 지금 비난받는 정책이 1년 전만 해도 정부의 공식 입장이었다는 사실을 잊도록 어떻게 훈련시킬 수 있을까? 이는 독재 정권에 중대한 기술적 과제이지만, 챗봇이 점점 더 강력하고 불투명해짐에 따라 해결하기는 쉽지 않을 것이다.

물론 민주주의 국가도 챗봇이 불쾌한 말을 하거나 위험한 질문을 던지는 등의 비슷한 문제에 직면한다. 마이크로소프트나 페이스북 개발자들의 최선의 노력에도 불구하고 그들이 프로그래밍한 챗봇이 인종차별적인 욕설을 내뱉기 시작한다면 어떻게 될까? 민주주의의 장점은 이런 악당 알고리즘에 유연하게 대처할 수 있다는 것이다. 민주주의 국가는 표현의 자유를 중요하게 여기므로 감추는 것이 훨씬 적고, 반민주적인 발언에도 비교적 높은 수준의 관용을 보여왔다. 반정부 메시지를 퍼뜨리는 봇들은, 숨기는 것이 많고 비판은 전혀 허용하지 않는 전체주의 정권에 훨씬 위협적일 것이다.

알고리즘의
장악

장기적으로 전체주의 정권은 훨씬 더 큰 위험에 직면할 가능성이 높다. 알고리즘이 정권을 비판하는 대신 아예 장악할지도 모르기 때문이다. 그동안의 역사에서 전제군주들에게 가장 큰 위협은 부하들이었다. 5장에서 언급했듯이 로마 황제나 소련 수상 중에서 민주주의 혁명으로 물러난 사람은 한 명도 없었지만, 이들은 항상 부하들에 의해 쫓겨나거나 꼭두각시로 전락할 위험에 처해 있었다. 만일 21세기의 독재자가 컴퓨터에 지나치게 많은 권한을 부여한다면 그는 컴퓨터의 꼭두각시가 될지도 모른다. 독재자가 가장 원하지 않는 것이 자신보다 힘 있는 존재, 어떻게 통제해야 할지 모르는 힘이 등장하는 것이다.

좀 더 실감나게 설명하기 위해 다소 엉뚱한 사고실험을 하나 해보겠다. 보스트롬의 클립 종말론의 전체주의 버전을 상상해보자. 지금은 2050년이고, 위대한 지도자가 감시 및 안보 알고리즘의 긴급 전화 때문에 새벽 네 시에 잠에서 깬다. "위대한 지도자 동지, 비상입니다. 엄청난 분량의 데이터를 분석한 결과 확실한 패턴을 발견했습니다. 국방 장관이 아침에 당신을 암살하고 권력을 차지하려고 계획 중입니다. 암살단이 준비를 마치고 그의 명령을 기다리고 있습니다. 제게 명령만 하시면 정밀 타격으로 그를 제거하겠습니다."

"하지만 국방 장관은 나의 가장 충성스러운 지지자야." 위대한 지도자가 말한다. "어제만 해도 내게……."

"위대한 지도자 동지, 그가 뭐라고 말했는지 압니다. 저는 모든 것을 듣습니다. 하지만 국방 장관이 나중에 암살단에 무슨 말을 했는지도 압니다. 게다가 몇 달 전부터 데이터에서 수상한 패턴이 감지되었습니다."

"딥페이크에 속지 않았다고 확신해?"

"유감스럽게도 제가 분석한 데이터는 100퍼센트 사실입니다." 알고리즘이 말한다. "딥페이크를 찾아내는 하위 알고리즘으로 체크했습니다. 딥페이크가 아니라는 것을 어떻게 아는지 설명드릴 수 있지만 설명하는 데 몇 주가 걸립니다. 확실해질 때까지 기다리느라 더 일찍 알려드리지 못했는데, 모든 데이터가 하나의 확실한 결론을 가리키고 있습니다. 쿠데타가 진행 중입니다. 지금 조치를 취하지 않으면 암살자들이 한 시간 안에 이곳에 들이닥칠 겁니다. 하지만 제게 명령을 내리면 반역자를 제거하겠습니다."

위대한 지도자는 감시 및 안보 알고리즘에게 너무 많은 권한을 부여한 결과 이러지도 저러지도 못하는 상황에 처했다. 알고리즘을 믿지 않으면 국방 장관에게 암살당할 수 있지만, 그렇다고 알고리즘을 믿고 국방 장관을 숙청하면 알고리즘의 꼭두각시가 된다. 알고리즘은 누군가가 자신의 말을 듣지 않을 때마다 위대한 지도자를 이용하는 방법을 정확히 알고 있다. 이런 술수를 쓰기 위해 알고리즘이 반드시 의식적인 존재여야 할 필요는 없다는 점에 유의하라. 보스트롬의 클립 사고실험이 암시하듯, 그리고 더 작은 규모로는 태스크래빗 직원에게 거짓말하는 GPT-4가 보여준 것처럼, 의식을 가지고 있지 않으며 탐욕이나 이기심 같은 인간적인 욕구가 없는 알고리즘도 권력을 축적하고 사람들을 조종할 수 있다.

알고리즘에게 앞의 사고실험에서와 같은 능력이 생긴다면, 민주주의 국가보다 독재 정권이 알고리즘의 장악에 훨씬 더 취약할 것이다. 미국 같은 분권화된 민주주의 체제에서는 슈퍼마키아벨리주의자 AI조차 권력을 장악하기 어려울 것이다. 설령 미국 대통령을 조종하는 방법을 학습한다 해도, 의회, 대법원, 주지사, 언론, 주요 기업, 각종 시민 단체의 반대에 부딪힐 것이다. 예를 들어, 알고리즘이 상원의 필리버스터에 어떻게 대처하겠는가?

고도로 중앙 집중화된 시스템에서는 권력을 장악하는 것이 훨씬 쉽다. 모든 권력이 한 사람의 손에 집중되어 있으면, 그 독재자에게 접근하는 것을 통제하는 권한만 가지면 독재자뿐만 아니라 국가 전체를 통제할 수 있다. 딱 한 사람을 조종하는 방법만 알면 시스템을 해킹할 수 있다. 로마 황제 티베리우스가 바로 그런 방법에 의해 친위대 지휘관 루키우스 아일리우스 세야누스의 꼭두각시가 되었다.

프라이토리아니(친위대)는 원래는 아우구스투스가 황제와 황실 경호를 위해 만든 소규모 군단이었다. 아우구스투스는 이 경호 군단을 통솔하는 지휘관을 두 명 임명함으로써 어느 누구도 자신에게 과도한 힘을 행사할 수 없도록 했다.[12] 하지만 티베리우스 황제는 아우구스투스만큼 현명하지 못했다. 편집증은 그의 최대 약점이었다. 친위대의 두 지휘관 중 한 명이었던 세야누스는 티베리우스의 두려움을 교묘하게 이용했다. 그는 티베리우스에 대한 암살 음모를 끊임없이 폭로했는데, 그중 대부분은 순전한 상상이었다. 의심 많은 황제는 세야누스를 제외한 모든 사람을 점점 더 불신하게 되었다. 티베리우스는 세야누스를 친위대의 단독 지휘관으로 임명하고, 친위대를 1만 2,000명의 병사들로 이루어진 군단으로 확대했으며, 세야누스의 부하들에게 로마의 치안과 행정 임무를 추가로 맡겼다. 결국 세야누스는 티베리우스에게 반역자와 스파이로 득실거리는 복잡한 메트로폴리스보다는 작은 섬에서 황제를 보호하는 것이 훨씬 쉽다고 주장하며 수도에서 카프리로 거처를 옮기도록 설득했다. 역사가 타키투스의 설명에 따르면 세야누스의 실제 목적은 황제에게 전달되는 모든 정보를 통제하는 것이었다. "그의 허락이 있어야 황제에게 접근할 수 있었으며, 병사들이 전달하는 편지는 대부분 그의 손을 통해야 했다."[13]

친위대가 로마를 장악했을 때 티베리우스는 카프리섬에 고립되었다. 세야누스는 티베리우스에게 전달되는 모든 정보를 통제하면서 친위대 지휘관이 아니라 제국의 실질적 통치자가 되었다. 세야누스는 황제 가족을 포함해 자신에게 반대하는 모든 사람을 반역죄로 몰아 숙청했다. 세야누스의 허락 없이는 누구도 황제와 연락할 수 없었으므로 티베리우스는 꼭두각시로 전락했다.

결국 누군가(티베리우스의 동생 드루스의 아내 안토니아로 추정된다)가 세야누스의 정보 통제망에서 틈새를 찾아냈다. 지금 무슨 일이 벌어지고 있는지 황제에게 설명하는 편지 한 통이 몰래 전달되었다. 하지만 막상 위험을 깨닫고 세야누스를 제거하려고 결심했을 때 황제는 거의 무력했다. 친위대뿐만 아니라 외부 세계와의 모든 의사소통을 통제하는 사람을 어떻게 축출할 수 있겠는가? 황제가 움직이려는 조짐을 보이면, 세야누스는 그를 카프리섬에 무기한 감금하고 원로원과 군대에는 황제가 너무 아파서 아무 데도 갈 수 없다고 통보하면 그만이었을 것이다.

티베리우스는 그럼에도 불구하고 세야누스를 처단하는 데 성공했다. 세야누스는 권력을 장악한 후 제국의 운영에 몰두하느라 로마의 방위 기구가 어떻게 돌아가는지 세세하게 파악하지 못했다. 티베리우스는 자신의 부하 중 한 명인, 로마의 소방대와 야간 경비대의 지휘관이었던 나이비우스 수토리우스 마크로에게 은밀하게 협력을 제안했다. 마크로는 세야누스를 축출했고, 티베리우스는 그 보상으로 마크로를 새로운 근위대장으로 임명했다. 하지만 몇 년 후 마크로는 티베리우스를 죽였다.[14]

티베리우스의 운명은 모든 독재자가 권력을 지키기 위해 유지해야 하는 미묘한 균형을 보여준다. 독재자들은 모든 정보를 한 곳에 집중하려고 하는데, 이때 정보 채널들이 독재자 자신의 손에 모이도록 신중을 기해야 한다. 정보 채널들이 다른 어딘가에 모이면 거기가 권력의 실질적인 구심점이 되기 때문이다. 세야누스와 마크로 같은 '인간'에게 의존해 정권을 유지할 때, 능수능란한 독재자는 권력을 지키기 위해 부하들을 서로 경쟁시킬 수 있다. 스탈린의 숙

티베리우스

↑

세야누스

↗↑↑↖

정보

권력은 정보 채널들이 합쳐지는 연결 고리에 있다. 티베리우스가 정보 채널이 세야누스 한 사람에게 집중되도록 허락했기 때문에, 세야누스는 진정한 권력의 중심이 된 반면 티베리우스는 꼭두각시로 전락했다.

청이 바로 그 예였다. 하지만 모든 정보를 수집하고 분석할 수 있는 강력하지만 불가해한 AI에게 의존해 정권을 유지할 때, 인간 독재자는 자칫하면 모든 권력을 잃을 수 있다. 물리적으로는 여전히 수도에 머무르겠지만, 실질적으로는 AI가 통제하고 조종하는 디지털 섬에 고립될 수 있다.

독재자의
딜레마

알고리즘이 정권을 장악하는 문제에 앞서 앞으로 몇 년 내에 전 세계 독재자들에게 닥칠 더 시급한 문제가 있다. 현재의 AI 시스템은 아직 정권을 장악할 힘이 없지만, 전체주의 체제에는 알고리즘을 지나치게 신뢰할 위험이 내재되어 있다. 민주주의는 모든 사람이 오류를 범할 수 있다고 가정하는 반면, 전체주의 체제는 집권당이나 최고 지도자가 항상 옳다고 가정한다. 그런 전제 위에 세워진 정권은 오류 없는 지능의 존재를 언제든 믿을 준비가 되어 있으며, 최고 권력자를 감시하고 규제할 수 있다는 이유로 강력한 자정 장치를 만들기를 꺼린다.

그런 정권은 지금까지는 인간의 정당과 인간 지도자를 맹신했기 때문에 개인 우상화의 온상이었다. 하지만 21세기에 이런 전체주의 전통은 그런 정권들에게 AI의 무오류성을 기대하게 만든다. 무솔리니, 차우셰스쿠, 호메이니의 완벽한 천재성을 믿을 수 있는 시스템은 초지능을 가진 컴퓨터의 결함 없는 천재성도 믿을 준비가 되어 있다. 이는 그들 나라의 국민은 물론 나머지 세계에도 재앙적인 결과를 초래할 수 있다. 만일 환경 정책을 담당하는 알고리즘이 큰 실수를 했는데 그 실수를 알아채고 고칠 수 있는 자정 장치가 없다면 어떻게 되겠는가? 또한 국가의 사회신용 시스템을 운영하는 알고리즘이 일반 국민뿐만 아니라 집권당 의원들까지 공포에 떨게 하고, 동시에 알고리즘의 정책에 의문을 제기하는 사람은 누구든 '인민의 적'으로 낙인찍기 시작한다면 어떻게 될까?

독재자들은 항상 약한 자정 기능으로 인한 문제에 시달렸고, 항상 힘 있는 부하들에게 위협받았다. AI는 이 문제를 더욱 심화할 것이다. 따라서 컴퓨터 네트워크는 독재자에게 괴로운 딜레마를 안겨준다. 인간 부하의 손아귀에서 벗어나기 위해 오류가 없다고 여겨지는 기술에 의지할 수 있지만, 이 경우 기술의 꼭두각시가 될 수 있다. 그렇다고 AI를 감독할 수 있는 인간의 기관을 만들면, 독재자 자신의 권력도 제한받을 수 있다.

전 세계 독재자들 중 몇몇만 AI를 신뢰해도, 인류 전체에 엄청난 파장이 미칠 수 있다. 과학소설에는 인간의 통제를 벗어난 AI가 인류를 노예로 만들거나 제거한다는 이야기가 자주 등장한다. 대부분의 과학소설은 이런 시나리오를 민주적인 자본주의 사회의 맥락에서 탐구한다. 그도 그럴 것이, 민주주의 국가에 사는 작가들은 당연히 자신의 사회에 관심이 있지만 독재 체제에 사는 작가들은 통치자를 비판하는 것을 꺼리기 때문이다. 하지만 인류의 AI 방어막에서 가장 취약한 지점은 아마 독재자일 것이다. AI가 권력을 장악하는 가장 쉬운 방법은 프랑켄슈타인 박사의 실험실을 탈출하는 것이 아니라 편집증에 사로잡힌 티베리우스의 환심을 사는 것이다.

이것은 예언이 아니라 가능성일 뿐이다. 1945년 이후, 독재자들과 그 수하들은 핵무기를 억제하기 위해 민주주의 국가의 정부 및 시민들과 협력했다. 1955년 7월 9일, 알베르트 아인슈타인, 버트런드 러셀, 그리고 많은 저명한 과학자들과 사상가들이 러셀-아인슈타인 선언을 발표하여 민주주의 정권과 독재 정권 양쪽의 지도자들에게 핵전쟁 방지를 위해 협력할 것을 촉구했다. "우리는 인간으로서 인간에게 호소합니다. 여러분의 인간성을 기억하고 나머지는 모두 잊으십시오. 그렇게 한다면 새로운 낙원으로 가는 길이 열릴 것입니다. 하지만 만일 그렇게 하지 못한다면, 여러분 앞에는 전 인류의 죽음이라는 위험이 놓일 것입니다."[15] 이 선언은 AI에도 해당된다. 독재자들은 AI가 힘의 균형을 자신들에게 유리하게 기울일 것이라고 믿는 우를 범해서는 안 된다. 조심하지 않으면 AI는 스스로 권력을 장악할 것이다.

11

실리콘 장막: 세계 제국인가, 세계 분열인가?

9, 10장에서는 새로운 컴퓨터 네트워크의 등장에 각기 다른 인간 사회가 어떻게 반응할지 살펴보았다. 하지만 우리는 상호 연결된 사회에서 살아가기 때문에 한 국가의 결정은 다른 국가들에도 많은 영향을 미칠 수 있다. AI의 가장 심각한 위험은 한 사회의 내적 역학 관계에서 비롯되지 않는다. 그보다는 새로운 무기 경쟁, 전쟁, 제국 확장을 초래할 수 있는 사회들 간의 역학 관계에서 발생한다.

컴퓨터는 아직까지 인간의 통제를 완전히 벗어나거나 스스로 인류 문명을 파괴할 만큼 강력하지 않다. 인류가 단합하는 한, AI를 통제하고 알고리즘의 오류를 찾아내 바로잡을 수 있는 제도를 만들 수 있다. 하지만 불행히도 인류는 단합한 적이 없다. 인류는 오랫동안 악의적인 행위자들뿐만 아니라 선한 행위자들 간의 갈등에 시달려왔다. 따라서 AI 발전이 인류의 존재 자체를 위협한다면 그것은 컴퓨터가 악의적이라서가 아니라 우리가 완벽하지 않기 때문이다.

그 결과, 편집증에 시달리는 어떤 독재자가 오류 가능성이 있는 AI에게 무려 핵 공격을 개시할 수 있는 권한을 포함해 무한한 권한을 넘겨줄 가능성도 있다. 그 독재자가 국방부 장관보다 AI를 더 신뢰한다면 AI에게 국가에서 가장 강력한 무기를 감독하는 권한을 주지 않겠는가? 이때 AI가 오류를 범하거나 어떤 다른 목표를 추구하기 시작한다면 그 결과는 파멸일 수 있으며, 파멸은 한 국가의 일로 끝나지 않을 것이다.

비슷한 예로, 다른 데는 관심이 없고 자신들의 문제에만 집중하는 테러리스트들이 AI를 이용해 전 세계적인 팬데믹을 일으킬 가능성도 있다. 테러리스트들은 종말론 신화라면 몰라도 전염병의 과학에 대해서는 아는 것이 없겠지만, 목표만 설정하면 나머지는 모두 AI가 알아서 할 것이다. AI는 새로운 병원체의 DNA 서열을 만들어 상업 실험실에 주문하거나 생물학 3D 프린터로 출력한 다음 공항이나 식품 공급망을 통해 전 세계에 퍼뜨릴 수 있는 최선의 전략을 짜낼 것이다. AI가 합성한 바이러스가 에볼라만큼 치명적이고, 코로나19만큼 전염성이 강하며, 에이즈처럼 느리게 작용한다면? 첫 감염자들이 죽기 시작하고 전 세계가 위험성을 인지할 때쯤이면 이미 지구상의 대부분이 감염되어 있을 것이다.[1]

하지만 앞에서 살펴보았듯이 인류 문명을 위협하는 것은 원자폭탄이나 바이러스 같은 물리적, 생물학적 대량 살상 무기만이 아니다. 이야기를 통해 사회적 유대를 파괴하는 것처럼, 사회적 대량 살상 무기도 인류 문명을 위협할 수 있다. 특정 국가가 AI로 가짜 뉴스, 가짜 돈, 가짜 사람을 퍼뜨릴 경우, 다른 국가들에서도 신뢰가 무너져 사람들은 그 어떤 것도, 그 누구도 믿지 못하게 될 것이다.

민주주의든 독재든 많은 사회는 책임감 있게 행동하여 이런 용도의 AI를 규제하고, 악의적인 행위자를 단속하고, 통치자들과 광적인 지지자들의 위험한 야망을 억제하기 위해 최선을 다할 것이다. 하지만 몇몇 사회만 책임을 이행하지 않아도 인류 전체가 위험에 빠질 수 있다. 기후변화는 한 국가의 문제가 아니라 전 세계적인 문제이기 때문에, 훌륭한 환경 규제를 시행하는 국가들도 황폐화될수 있다. 마찬가지로 AI도 전 세계적인 문제다. 각 국가가 자국 내에서 AI를 현명하게 규제하기만 한다면 AI 혁명의 최악의 결과는 피할 수 있다고 생각한다면 순진한 것이다. 그러므로 새로운 컴퓨터 정치를 이해하기 위해서는 개별 사회가 AI에 어떻게 반응할지 검토하는 것만으로는 충분하지 않다. 우리는 AI가 세계 수준에서 사회들 간의 관계를 어떻게 변화시킬지도 생각해봐야 한다.

세계는 현재 약 200여 개의 국민국가로 나뉘어 있으며 대부분은 1945년 이후 독립했다. 국가들은 동등하지 않다. 200여 개 국가들의 목록에는 두 개의 초강대국, 소수의 주요 강대국, 여러 개의 블록과 동맹, 그리고 수많은 군소 국가들이 포함되어 있다. 하지만 아무리 작은 국가라도 초강대국들을 경쟁시킴으로써 어느 정도 영향력을 행사할 수 있다. 예를 들어 2020년대 초, 중국과 미국은 전략적으로 중요한 남태평양 지역에서 영향력을 확보하기 위해 경쟁했다. 두 강대국 모두 통가, 투발루, 키리바시, 솔로몬제도 같은 섬나라들의 환심을 사려고 노력했고, 그 결과 인구가 74만 명(솔로몬제도)에서 1만 1,000명(투발루)에 불과한 이 작은 국가들의 정부는 어

느 쪽에 협력할지 결정하는 데 실질적인 재량권을 가짐으로써 상당한 양보와 원조를 얻어낼 수 있었다.[2]

카타르 같은 다른 소규모 국가들은 지정학 무대에서 중요한 역할을 하는 국가로 자리매김했다. 카타르는 인구가 겨우 30만 명에 불과하지만 그럼에도 중동에서 야심 찬 외교 목표를 추구하며 세계경제에 엄청난 영향력을 행사하고 있고, 아랍 세계에서 가장 영향력 있는 텔레비전 네트워크인 알자지라의 본거지이기도 하다. 카타르가 규모에 비해 훨씬 큰 영향력을 발휘할 수 있는 이유가 세계 3위의 천연가스 수출국이기 때문이라고 주장하는 사람도 있을 것이다. 하지만 국제 환경이 지금과 달랐다면 카타르는 바로 그 이유 때문에 독립국가가 아니라 제국주의 정복자의 첫 번째 먹잇감이 되었을 것이다. 2024년 현재, 카타르보다 훨씬 규모가 큰 이웃 국가들과 세계 패권국들이 이 작은 걸프만 국가가 엄청난 부를 거머쥐는 것을 방관하고 있다는 사실은 의미심장하다. 많은 사람들이 국제사회를 정글로 묘사한다. 하지만 그게 사실이라면 살찐 닭들이 호랑이에게 잡아먹히지 않고 비교적 안전하게 살 수 있는 정글일 것이다.

카타르, 통가, 투발루, 키리바시, 솔로몬제도는 모두 우리가 탈제국주의 시대에 살고 있다는 것을 보여준다. 이들 국가는 1970년대에 유럽 제국주의 질서가 마침내 무너지는 과정에서 영국 제국으로부터 독립을 얻었다. 이들이 오늘날 국제무대에서 이만큼 재량권을 가진다는 것은 21세기 첫 분기 동안은 소수의 제국이 힘을 독점하기보다 비교적 많은 수의 선수들이 힘을 나눠 가지고 있다는 증거다.

새로운 컴퓨터 네트워크의 등장은 국제정치에 어떤 변화를 가져올까? 독재자 AI가 핵전쟁을 개시한다거나 테러리스트 AI가 치명적인 팬데믹을 일으키는 등의 종말론적 시나리오를 제외하면, 국제질서는 컴퓨터로 인해 크게 두 가지 위협에 직면할 수 있다. 첫째, 컴퓨터는 정보와 권력을 중앙 허브에 모으는 것을 쉽게 만든다는 점에서 인류는 새로운 제국 시대에 접어들 수 있다. 소수의 제국(어쩌면 하나의 제국)이 전 세계를 영국 제국이나 소련 제국보다 훨씬 더 강력하게 지배할 수 있을지도 모른다. 그러면 통가, 투발루, 카타르는 50년 전에 그랬던 것처럼 독립국가의 지위를 잃고 식민지로 전락할 것이다.

둘째, 인류는 서로 경쟁하는 디지털 제국들 사이에 가로놓인 새로운 실리콘 장막을 따라 분열될 수 있다. 각 체제는 AI 정렬 문제, 독재자의 딜레마, 기타 기술적 난제에 나름의 해답을 선택하면서 매우 다른 별개의 컴퓨터 네트워크를 만들지도 모른다. 네트워크들 간의 상호작용은 훨씬 어려워질 것이고, 서로 다른 네트워크에 속한 사람들 사이의 소통도 마찬가지로 어려워질 것이다. 이란이나 러시아 네트워크에 속한 카타르인, 중국 네트워크에 속한 통가인, 미국 네트워크에 속한 투발루인은 서로 인생 경험과 세계관이 너무 달라져서 의사소통이 힘들 것이고, 많은 면에서 서로 합의하기 어려울 것이다.

이런 상황이 현실화된다면, 각각의 네트워크는 저마다 다른 모습의 종말론적 결과를 맞을 수도 있다. 아마 각 제국은 자체 핵무기를 인간의 통제하에 두고 미치광이들이 생물 무기에 접근하는 것을 막을 수 있을지도 모른다. 하지만 인류가 서로를 이해할 수 없는 적대적인 진영으로 나뉘면, 파괴적인 전쟁을 피하거나 파국적인 기후변화를 막을 수 없을 것이다. 불투명한 실리콘 장막으로 분리된 라이벌 제국들의 세계는 AI의 폭발적 힘을 규제할 수도 없을 것이다.

디지털
제국의 부상

　　　　　9장에서 우리는 산업혁명과 근대 제국주의의 연관성에 대해 간략히 살펴보았다. 산업 기술이 제국 건설에 엄청난 영향을 끼칠 조짐이 처음부터 분명했던 것은 아니었다. 최초의 증기기관이 18세기에 영국 탄광에서 물을 퍼 올리는 데 사용되었을 때만 해도, 그것이 인류 역사상 가장 야심 찬 제국 건설 사업의 원동력이 될 줄은 아무도 몰랐다. 19세기 초 산업혁명이 속도를 낼 때도 앞장서 주도한 것은 민간 기업이었다. 정부와 군대는 증기기관의 잠재적인 지정학적 영향을 비교적 늦게 알아봤기 때문이다. 예를 들어, 1830년 리버풀과 맨체스터 사이에 세계 최초의 상업 철도가 개통되었을 때 철도의 건설과 운영을 맡은 것은 민간 소유의 리버풀-맨체스터 철도 회사였다. 영국, 미국, 프랑스, 독일 등에 건설된 초기 철도들도 대부분 마찬가지였다. 그 당시 정부나 군대는 그런 상업적 사업에 관여해야 할 이유를 전혀 찾을 수 없었다.

　하지만 19세기 중반에 이르러 주요 산업 강대국의 정부와 군대는 근대 산업 기술이 가지는 엄청난 지정학적 잠재력에 눈을 떴다. 이들은 원자재와 시장의 필요성을 내세워 제국주의를 정당화했으며, 정복 사업에 산업 기술을 십분 활용했다. 예를 들어 증기선은 아편전쟁에서 영국이 중국에 승리를 거두는 데 중요한 기여를 했고, 철도는 미국의 서부 확장과 러시아의 동부와 남부 확장에 결정적 역할을 했다. 사실 모든 제국 프로젝트가 철도 건설을 중심으로 설계되었다. 러시아제국의 시베리아 횡단 철도와 카스피해 횡단 철도, 독일제국이 건설하려던 베를린-바그다드 철도, 영국 제국이 건설하려던 케이프-카이로 철도 등이 그 예다.[3]

그럼에도 대부분의 정치체제는 속도를 올리고 있는 산업화 경쟁에 제때 합류하지 못했다. 일부 국가는 그럴 능력 자체가 없었다. 예를 들어 멜라네시아에 위치한 솔로몬제도의 족장들과 카타르의 알 타니 부족이 그런 경우였다. 버마 제국, 아산티 제국, 중국 등은 능력은 있었을지 모르지만 의지와 안목이 부족했다. 이들 국가의 통치자들과 주민들은 잉글랜드 북서부(산업혁명의 중심지였다—옮긴이)에서 일어나고 있는 일을 알지 못했거나, 알았더라도 자신들과는 별로 관계가 없다고 생각했다. 버마의 이라와디강 유역이나 중국의 양쯔강 유역에서 벼농사를 짓던 농부들이 리버풀-멘체스터 철도에 신경 쓸 일이 뭐가 있었겠는가? 하지만 19세기 말에 이르러 이 농부들은 영국 제국에 정복당하거나 간접적으로 착취당하는 처지가 되었다. 산업 경쟁에 뒤처진 대부분의 다른 국가들도 이런저런 산업 강국의 지배를 받게 되었다. 혹시 AI 발전에서도 비슷한 일이 일어날까?

21세기 초 AI 개발 경쟁이 본격화했을 때도 처음에는 몇몇 국가의 민간 기업가들이 이를 주도했다. 이들의 목표는 전 세계의 정보 흐름을 한 곳에 집중하는 것이었다. 구글은 전 세계 모든 정보를 한 곳에서 관리하려고 했다. 아마존은 전 세계 모든 쇼핑을 한 곳에 모으려고 했다. 페이스북은 전 세계 모든 사회관계의 장을 연결하려고 했다. 하지만 전 세계 정보를 한 곳에 모으려는 시도는 그 모든 정보를 중앙에서 처리할 능력이 없다면 현실적이지도 유용하지도 않다. 구글의 검색엔진이 막 걸음마를 떼고, 아마존이 고만고만한 온라인 서점이었으며, 마크 저커버그가 고등학생이었을 때인 2000년에만 해도 데이터의 바다를 중앙에서 처리하는 데 필요한 AI는 어디에도 없었다. 하지만 일부 사람들은 그런 AI가 곧 등장할 것이라고 확신했다.

잡지《와이어드Wired》를 창간한 편집자 케빈 켈리는 2002년에 구글에서 개최한 작은 파티에 참석했다가 래리 페이지와 대화를 나눈 일을 들려주었다. "래리, 나는 아직도 이해가 안 돼요. 수많은 검색 회사가 있어요. 이런 상황에서 웹 검색을 무료로 제공한다고요? 그렇게 하면 뭘 얻을 수 있죠?" 페이지는 구글의 진짜 목표는 검색이 아니라고 설명했다. "우리는 AI를 만들고 있어요." 그가 말했다.[4] 대량의 데이터를 보유하면 AI를 만들기가 쉬워진다. 그리고 AI는 많은 데이터를 많은 힘으로 바꿀 수 있다.

2010년대에 그 꿈이 현실로 다가오고 있었다. 역사 속의 모든 주요 혁명이 그랬듯이 AI의 등장도 수많은 단계를 수반하는 점진적인 과정이었다. 그리고 모든 혁명이 그렇듯이 그중 몇몇 단계는 리버풀-맨체스터 철도의 개통과 같은 터닝포인트로 간주되었다. AI 이야기를 다루는 수많은 문헌에는 두 가지 사건이 반복해서 등장한

제 3 부

다. 첫 번째는 2012년 9월 30일 알렉스넷AlexNet이라는 합성곱 신경망(특히 이미지 인식 분야에서 탁월한 성능을 보여주는 딥러닝 모델의 한 종류—옮긴이)이 '이미지넷 대규모 시각 인식 챌린지ImageNet Large Scale Visual Recognition Challenge'에서 우승한 사건이다.

복잡한 신경망이 뭔지 모른다 해도, 이미지넷 챌린지에 대해 들어본 적이 없다 해도 당황할 필요는 없다. 우리 중 99퍼센트 이상이 마찬가지니까. 2012년 당시 알렉스넷의 승리가 대서특필되지 않은 것도 그 때문이다. 하지만 일부 사람들은 알렉스넷의 승리에 대해 듣고 어떤 징조를 알아차렸다.

일단 그들은 이미지넷이 주석이 달린 디지털 이미지 수백만 개가 저장된 데이터베이스라는 사실을 알고 있었다. 어떤 웹사이트에서 당신이 로봇이 아님을 증명하기 위해 일련의 이미지를 보고 자동차나 고양이가 포함된 이미지에 체크하라는 요청을 받은 적이 있지 않은가? 당신이 클릭한 이미지들은 아마 이미지넷 데이터베이스에 추가되었을 것이다. 온라인에 올린 후 태그를 단 고양이 사진도 마찬가지일 것이다. 이미지넷 대규모 시각 인식 챌린지는 다양한 알고리즘이 데이터베이스에 있는 주석 달린 이미지들을 얼마나 잘 식별하는지 테스트한다. 알고리즘들이 고양이를 정확하게 식별할 수 있을까? 인간에게 이 작업을 요청하면 100개의 고양이 이미지 중 95개를 정확하게 식별한다. 2010년에만 해도 최고의 알고리즘이 고작 72퍼센트의 성공률을 보였다. 2011년에는 알고리즘의 성공률이 75퍼센트까지 올라갔다. 그리고 2012년, 알렉스넷 알고리즘이 이미지넷 챌린지에서 우승하면서 85퍼센트의 성공률을 달성했다.

이는 당시만 해도 몇 안 되던 AI 전문가들을 깜짝 놀라게 했다. 이런 개선은 보통 사람들에게는 대수롭지 않게 들릴 수도 있지만, 전문가들에게는 특정 AI 분야의 빠른 발전 가능성을 보여주는 예시였기 때문이다. 2015년에는 마이크로소프트의 알고리즘이 96퍼센트 정확도를 달성하여 고양이 이미지 식별에서 인간의 능력을 앞질렀다.

2016년에 《이코노미스트The Economist》가 "작동 불능에서 신경망으로From Not Working to Neural Netwoking"라는 제목의 기사를 내고, "등장한 이래 과장된 기대로 실망만을 안겨주던 인공지능이 어떻게 갑자기 가장 뜨거운 기술 분야가 되었는가?"라는 질문을 던졌다. 이 기사는 알렉스넷의 성공을 "AI 커뮤니티뿐 아니라 기술 업계 전체에서 사람들이 주목하기 시작한" 순간으로 지목했다. 그리고 기사와 함께 로봇이 손에 고양이 사진을 들고 있는 이미지를 실었다.[5]

거대 기술 기업이 사용자나 세무서에 돈 한 푼 내지 않고 전 세계에서 수집한 고양이 이미지는 엄청나게 가치 있는 것이었다. AI 경쟁이 본격적으로 시작되었고, 경쟁자들은 고양이 이미지를 활용한 이미지 인식 기술 개발에 박차를 가했다. 알렉스넷이 이미지넷 챌린지를 준비하던 때 구글도 고양이 이미지로 자체 AI를 훈련하고 있었고, 심지어 고양이 이미지를 만드는 전용 AI인 야옹이 생성기Meow Generator까지 만들었다.[6] 귀여운 고양이를 인식하면서 발전한 이 기술은 이후 더 공격적인 목적으로 활용되었다. 예를 들어, 이스라엘은 이를 이용해 이스라엘 군이 점령지(이스라엘이 점령하고 있는 골란고원, 요르단강 서안 지구, 가자 지구—옮긴이)에서 팔레스타인 사람들의 얼굴을 인식하는 데 사용할 레드 울프Red Wolf, 블루 울프Blue Wolf, 울프팩Wolf Pack 같은 앱들을 개발했다.[7] 이란에서는, 고양이 이미지를 인식하는 기술이 히잡 법 집행을 위해 히잡을 쓰지 않은 여성을 자동 인식할 수 있는 알고리즘을 만드는 데 활용되었다. 8장에서 설명했듯이 머신러닝 알고리즘을 훈련하기 위해서는 대량의 데이터가 필요하다. 전 세계 사람들이 온라인에 업로드하고 주석을 단 수백만 장의 무료 고양이 이미지가 없었다면 알렉스넷 알고리즘이나 야옹이 생성기를 훈련하는 것은 불가능했을 것이다. 그리고 이런 알고리즘들은 다시 경제적, 정치적, 군사적으로 잠재력이 막대한 후속 AI를 만드는 주형으로 쓰였다.[8]

19세기 초에 철도 건설이 민간 기업가들의 주도로 이루어졌듯이, 21세기 초의 AI 경주에 참여한 주요 경쟁자들도 처음에는 민간 기업들이었다. 구글, 페이스북, 알리바바, 바이두의 경영진은 대통령과 장군보다 먼저 고양이 이미지 인식의 가치를 알아보았다. 두 번째 유레카의 순간은 2016년 3월 중순에 일어났다. 대통령과 장군이 지금 무슨 일이 벌어지고 있는지 이해한 것이 바로 이때였다. 앞에서 언급했듯이, 구글의 알파고가 이세돌 9단에게 승리를 거둔 것이다. 알렉스넷의 성취는 정치인들의 주목을 받지 못한 채 지나갔지만, 알파고의 승리는 특히 동아시아의 정부 기관에 충격파를 던졌다. 중국과 그 주변 국가들에서 바둑은 문화적 보물이자, 미래의 전략가와 정책 입안자를 훈련하는 이상적인 도구로 여겨진다. 2016년 3월, 중국 정부는 AI의 시대가 시작되었음을 깨달았다. 적어도 AI 신화에 따르면 그렇다.[9]

중국 정부가 당시 일어나고 있던 일의 중요성을 온전히 이해한 첫 번째 정부였던 것은 어찌 보면 당연한 일이었다. 19세기에 중국은 산업혁명의 잠재력을 뒤늦게 알아챈 탓에 철도와 증기선 같은 혁신을 채택하는 데 한발 늦었다. 그 결과 중국은 스스로 "굴욕의 세기"라고 부르는 시기를 감내해야 했다. 수백 년 동안 세계 최고의 초강대국이었지만 근대 산업 기술을 제때 받아들이지 못하는 바람에 무릎을 꿇을 수밖에 없었다. 중국은 전쟁에서 거듭 패했고, 외세의 침탈을 받았으며, 철도와 증기선을 이해한 열강들에게 철저히 착취당했다. 중국인들은 다시는 기차를 놓치지 않겠다고 다짐했다.

2017년 중국 정부는 "차세대 인공지능 발전 계획新一代人工智能發展規劃"을 발표했다. 이 계획은 "2030년까지 AI 분야에서 중국의 이론, 기술, 응용을 세계 최고 수준으로 끌어 올려 중국을 세계 최고의 AI 혁신 센터로 만들겠다"고 선언했다.[10] 이후 몇 년 동안 중국은 AI 분야에 막대한 자원을 쏟아부었고, 그 결과 2020년대 초반에는 이미 여러 AI 관련 분야에서 세계를 선도하고 있으며 다른 분야에서도 미국을 바짝 뒤쫓고 있다.[11]

물론 AI의 중요성에 눈을 뜬 국가가 중국 정부만은 아니었다. 2017년 9월 1일, 러시아 대통령 푸틴은 이렇게 선언했다. "인공지능은 러시아뿐만 아니라 전 인류의 미래다. (…) 이 분야에서 선두가 되는 자가 세계 지배자가 될 것이다." 2018년 1월, 인도 총리 모디도 "데이터를 통제하는 자가 세계를 통제할 것이다"라고 동조했다.[12] 2019년 2월에 트럼프 미국 대통령은 AI에 관한 행정명령에 서명하면서 "AI 시대가 도래"했으며 "인공지능 분야에서 미국이 지속적인 리더십을 유지하는 것이 미국의 경제 안보와 국가 안보를 유지하는 데 무엇보다 중요하다"고 말했다.[13] 당시 미국은 선구적인 민간 기업가들의 노력 덕분에 이미 AI 경쟁에서 선두였다. 하지만 기업 간의 상업적 경쟁으로 시작된 이 경주는 국가 간 대결로 변하고 있었으며, 더 정확히는 정부와 여러 기업들로 구성된 경쟁 팀 간의 경쟁이 되고 있었다. 승자는 무엇을 갖게 될까? 바로, 세계 지배다.

데이터
식민주의

16세기에 스페인, 포르투갈, 네덜란드의 정복자들이 역사상 최초의 세계 제국을 건설할 때는 범선과 말, 화약 무기(총과 대포)로 원주민을 제압했다. 19세기와 20세기에 영국, 러시아, 일본이 패권 경쟁을 할 때는 증기선, 기관차, 기관총 같은 산업 기술에 의존했다. 21세기에 식민지를 지배하기 위해서는 군함을 보낼(19세기와 20세기 초 제국주의 시대에 강대국들이 약소국을 위협하거나 강제로 개방시킬 때 자주 사용하던 전략—옮긴이) 필요가 없다. 대신 데이터를 탈취해야 된다. 전 세계 데이터를 수집하는 소수의 기업 또는 정부는 나머지 세계를, 노골적인 군사력이 아닌 정보를 통해 지배하는 데이터 식민지로 만들 수 있다.[14]

예를 들어 다음과 같은 상황을 상상해보라. 20년 후 베이징 또는 샌프란시스코에 사는 누군가가 당신 나라의 모든 정치인, 언론인, 장군, 최고 경영자의 개인 정보를 가지고 있다. 그동안 전송한 문서, 웹 검색, 앓았던 병, 그동안 나눈 성관계, 내뱉은 농담, 받은 뇌물까지도. 당신은 과연 독립국가에 살고 있는 것일까? 데이터 식민지에 살고 있는 건 아닐까? 당신 국가가 디지털 인프라와 AI 기반 시스템에 전적으로 의존하고 있으면서도 그 시스템에 대한 실질적인 통제 권한이 없다면 어떻게 될까?

이런 상황은 데이터의 통제권을 통해 멀리 떨어진 식민지를 지배하는 새로운 종류의 데이터 식민주의를 초래할 수 있다. AI와 데이터를 장악한 새로운 데이터 제국은 사람들의 관심을 통제할 수 있는 권한도 가질 것이다. 앞에서 이미 살펴보았듯이, 2010년대에 페이스북과 유튜브 같은 미국의 거대 소셜 미디어 기업들은 이윤을 목적으로 미얀마와 브라질 같은 먼 나라의 정치를 뒤흔들었다. 미래의 디지털 제국도 정치적 이익을 위해 비슷한 일을 할지 모른다.

심리전, 데이터 식민주의, 사이버 공간에 대한 통제력 상실을 두려워하는 많은 국가가 이미 위험한 앱으로 간주되는 것을 차단했다. 중국은 페이스북이나 유튜브 같은 서구의 소셜 미디어 앱과 웹사이트를 금지했다. 러시아는 서구의 거의 모든 소셜 미디어 앱뿐 아니라 중국의 앱도 금지했다. 2020년에 인도는 틱톡과 위챗 같은 중국의 많은 앱을 "인도의 주권과 통합, 국방, 국가 안보, 공공질서를 해친다"는 이유로 금지했다.[15] 미국은 틱톡의 사용자 데이터가 중국의 이익을 위해 쓰이고 있을지도 모른다는 우려 때문에 틱톡을 금지할지 여부를 논의해왔고, 2023년부터는 거의 모든 연방 공무원, 주 공무원, 정부 계약 업체의 기기에서 틱톡 사용을 금지했다.[16] 영국, 뉴질랜드 및 기타 국가의 국회의원들도 틱톡에 대해 우려를 표명했다.[17] 이란부터 에티오피아까지 수많은 다른 정부에서도 페이스북, 트위터, 유튜브, 텔레그램, 인스타그램 같은 다양한 앱을 차단했다.

데이터 식민주의는 사회신용 제도의 확산이라는 형태로 나타날 수도 있다. 예를 들어, 세계 디지털 경제를 지배하는 국가가 가능한 모든 곳에서 데이터를 수집하여 자국민뿐 아니라 전 세계 사람들의 신용 점수를 평가하는 사회신용 제도를 구축하기로 한다면 어떻게 될까? 외국인들도 자신의 신용 점수를 무시할 수만은 없는데, 그 점수가 항공권 구매부터 비자와 장학금 신청, 취업에 이르기까지 수많은 일에 영향을 줄 것이기 때문이다. 여행자들이 자국에 있는 식당과 숙소조차 트립어드바이저나 에어비엔비 같은 외국 기업이 매긴 신용 점수로 평가하고, 전 세계 사람들이 상거래에 미국 달러를 사용하는 것처럼, 전 세계 사람들이 중국이나 미국의 사회신용 점수를 현지의 사회적 교류에 사용하기 시작할지도 모른다.

데이터 식민지가 되면 정치적, 사회적 결과만이 아니라 경제적 결과도 뒤따를 것이다. 19세기와 20세기에 벨기에나 영국 같은 산업 강대국의 식민지가 된 국가는 일반적으로 원자재를 공급했고, 수익을 가장 많이 창출하는 첨단산업은 제국의 허브에 있었다. 이집트는 영국에 면화를 수출하고 고급 섬유를 수입했다. 말라야(1948년부터 1963년까지 존재했던 영국연방 내의 국가. 현재 말레이반도 지역에 해당함—옮긴이)는 타이어 재료인 고무를 공급했고, 자동차는 코번트리(잉글랜드 중부에 위치한 도시—옮긴이)에서 만들었다.[18]

데이터 식민주의에서도 비슷한 일이 일어날 가능성이 높다. AI 산업의 원재료는 데이터다. 이미지를 인식하는 AI를 생산하려면 고양이 사진이 필요하다. 가장 트렌디한 패션 제품을 생산하려면 패션 트렌드에 대한 데이터가 필요하다. 자율 주행차를 생산하려면 교통 패턴과 자동차 사고에 대한 데이터가 필요하다. 의료용 AI를 생산하려면 유전자와 질환에 대한 데이터가 필요하다. 새로운 제국주의 정보 경제에서는 전 세계에서 수집된 원자재가 제국의 허브로 흘러갈 것이다. 그리고 이 허브에서 최첨단 기술을 개발해 고양이를 식별하고, 패션 트렌드를 예측하고, 자율 주행차를 운행하고, 질병을 진단하는 천하무적의 알고리즘들을 생산할 것이다. 이런 알고리즘들은 다시 데이터 식민지에 수출될 것이다. 이집트와 말레이시아의 데이터 덕분에 샌프란시스코나 베이징의 기업은 부자가 되지만, 카이로와 쿠알라룸푸르의 시민들은 여전히 가난할 것이다. 이윤도 권력도 그곳으로는 분배되지 않기 때문이다.

새로운 정보 경제의 본질상 제국의 허브와 착취당하는 식민지 사이의 불균형은 그 어느 때보다 심해질지도 모른다. 고대에는 정보가 아닌 토지가 가장 중요한 경제적 자산이었다. 이 때문에 모든 부와 권력이 하나의 허브에 지나치게 집중되는 것이 애초에 불가능했다. 토지가 중요한 자산인 한, 부와 권력의 상당 부분은 항상 지방 지주들의 손에 남아 있었다. 예를 들어 로마 황제는 지방의 반란을 차례로 진압할 수 있었지만, 마지막 반란군의 우두머리를 참수한 다음 날 각 지방의 새로운 지주를 임명해야 했고, 이들은 다시 중앙 권력에 도전할 수 있었다. 로마제국에서는 이탈리아가 정치 권력의 중심이었지만 가장 부유한 지방은 지중해 동부에 있었다. 나일 계곡의 비옥한 밭을 이탈리아로 운반하는 것은 불가능했다.[19] 결국 황제들은 로마를 야만인들에게 내어주고 정치 권력의 중심지를 부유한 동쪽의 콘스탄티노플로 옮겼다.

산업혁명기에는 기계가 땅보다 더 중요해졌다. 공장, 광산, 철도, 발전소가 가장 가치 있는 자산이 되었다. 이런 종류의 자산은 비교적 집중화하기 쉬웠다. 영국 제국은 산업 생산을 본토에 집중시키고, 인도, 이집트, 이라크에서 원자재를 가져와 버밍엄이나 벨파스트에서 완제품을 만든 다음 식민지에 되팔 수 있었다. 로마제국에서와는 달리, 영국은 정치 권력뿐 아니라 경제 권력의 중심지였다. 하지만 자연적인 물리적, 지질학적 조건이 여전히 부와 권력의 집중을 제한했다. 영국은 캘커타에 있는 모든 면화 공장을 맨체스터로 옮길 수 없었으며, 키르쿠크에 있는 유정을 요크셔로 옮길 수도 없었다.

정보는 다르다. 면화나 석유와 달리 디지털 데이터는 말레이시아 또는 이집트에서 베이징이나 샌프란시스코로 거의 빛의 속도로 전송할 수 있다. 또한 토지, 유정, 섬유 공장과 달리 알고리즘은 많은 공간을 차지하지도 않는다. 그 결과 산업 권력과 다르게 세계 알고리즘 권력은 하나의 허브에 집중될 수 있다. 한 국가의 개발자들이 전 세계를 운영하는 모든 중요한 알고리즘의 코드를 작성하고 그 알고리즘을 제어하는 권한을 쥐게 될지도 모른다.

실제로 AI는 섬유 산업 같은 전통 산업에서도 핵심 자산을 특정 장소에 집중시킬 수 있게 해준다. 19세기에 섬유 산업을 장악하려면 광활한 목화밭과 거대한 생산 라인을 통제해야 했다. 하지만 21세기에는 섬유 산업의 가장 중요한 자산이 면화나 기계가 아니라 정보다. 의류 생산 업체가 경쟁 업체를 이기려면 소비자의 기호에 대한 정보와 다음 유행을 예측하고 패션 트렌드를 만들어내는 능력이 필요하다. 아마존과 알리바바 같은 첨단 기술 기업들은 이런 유형의 정보를 통제함으로써 섬유 산업 같은 매우 전통적인 산업조차 독점할 수 있다. 2021년에 아마존은 미국 최대의 단일 의류 소매 업체가 되었다.[20]

게다가 AI, 로봇, 3D 프린터가 섬유 생산 공정을 자동화함에 따라 수백만 명의 노동자가 일자리를 잃을지도 모르는데, 이는 각국의 경제와 세계 권력 균형을 뒤흔들 수 있다. 예를 들어, 자동화 덕분에 유럽에서 섬유를 생산하는 것이 더 저렴해지면, 파키스탄과 방글라데시의 경제와 정치에 무슨 일이 일어날까? 현재 파키스탄에서는 섬유 부문이 전체 노동인구의 40퍼센트를 고용하고 있으며, 방글라데시에서는 수출 수익의 84퍼센트를 차지한다는 사실을 생각해보라.[21] 9장에서 지적했듯이, 생산 공정이 자동화되면 수백만 명의 섬유 노동자가 불필요해지는 반면 수많은 새로운 직업이 창출될 것이다. 예를 들어 코딩 개발자와 데이터 분석가에 대한 수요가 크게 증가할 것이다. 하지만 실직한 공장 노동자를 데이터 분석가로 만들려면 재교육에 상당한 선행 투자가 필요하다. 파키스탄과 방글라데시가 그 비용을 어디서 마련할 수 있을까?

따라서 비교적 가난한 개발도상국들은 AI와 자동화로 인해 특수한 어려움에 직면할 것이다. AI 기반 경제에서는 디지털 선두 주자들이 대부분의 이익을 가져가는 데다, 그 부로 자국의 노동력을 재교육하여 훨씬 더 많은 이익을 낸다. 반면 뒤처진 국가에서는 미숙런 노동자의 가치가 하락하는 데다, 노동력을 재교육할 자원이 없어서 더욱 뒤처지게 된다. 그 결과 샌프란시스코와 상하이에서는 많은 새로운 일자리와 막대한 부가 창출되지만, 세계의 다른 많은 지역은 경제적 파탄에 직면할 수 있다.[22] 세계적인 회계 법인 프라이스워터하우스쿠퍼스PricewaterhouseCoopers에 따르면, AI는 2030년까지 세계경제에 15조 7,000억 달러를 추가할 것으로 예상된다. 하지만 지금의 추세가 계속된다면, AI 분야의 두 선두 주자인 중국과 북미가 그 수익의 70퍼센트를 가져갈 것이다.[23]

웹에서
고치로

컴 퓨 터 정 치

이런 경제적, 지정학적 역학 관계는 세계를 두 개의 디지털 제국으로 나눌 수 있다. 가시철조망이 한 국가와 다른 국가를 분리하던 냉전 시대에 철의 장막은 많은 곳에서 말 그대로 철로 만들어져 있었다. 이제는 점점 실리콘 장막이 세계를 분리하고 있다. 실리콘 장막은 코드로 만들어지고, 전 세계의 모든 스마트폰, 컴퓨터, 서버를 통과한다. 스마트폰의 코드는 당신이 실리콘 장막의 어느 쪽에 사는지, 어떤 알고리즘이 당신의 삶을 운영하는지, 누가 당신의 관심을 좌지우지하는지, 당신의 데이터가 어디로 흘러가는지 결정한다.

실리콘 장막 건너편 정보에 접근하는 것은 점점 더 어려워지고 있다. 예를 들어 중국과 미국 사이, 러시아와 유럽연합 사이에서 그런 일이 일어나고 있다. 게다가 양측이 사용하는 디지털 네트워크와 컴퓨터 코드는 날이 갈수록 달라지고 있다(중국은 '만리방화벽'을 통해 자국 인터넷을 통제하고 있으며, 서방 국가들과는 다른 기술 표준을 사용한다―옮긴이). 각 진영은 따르는 규정도, 추구하는 목적도 다르다. 중국에서는 새로운 디지털 기술의 가장 중요한 목표가 국가 권력을 강화하고 정부 정책을 뒷받침하는 것이다. 민간 기업은 AI를 개발하고 배치하는 데 어느 정도 자율을 누리지만, 이들의 경제활동은 궁극적으로 정부의 정치적 목표에 종속된다. 또한 이런 정치적 목표는 온라인과 오프라인에서 모두 이루어지는 비교적 높은 수준의 감시를 정당화한다. 예를 들어, 중국 시민과 정부 당국이 사람들의 사생활에 아무리 신경 쓴다 해도 중국은 이미 국민의 생활 전반을 아우르는 사회신용 제도를 개발하고 배치하는 데서 미국과 기타 서방 국가들보다 훨씬 앞서 있다.[24]

미국에서는 정부의 역할이 이보다 제한적이다. 민간 기업들이 AI의 개발과 배치를 주도하고 있으며, 많은 새로운 AI 시스템의 궁극적 목표는 국가나 현 행정부의 권력을 강화하는 것이 아니라 기술 기업의 부를 늘리는 것이다. 실제로 많은 경우 정부의 정책 자체가 힘 있는 대기업의 이익을 반영한다. 하지만 미국 시스템은 시민의 사생활 보호를 훨씬 중시한다. 미국 기업들은 사람들의 온라인 활동에 대한 정보는 공격적으로 수집할 수 있어도, 오프라인 생활을 감시하는 데는 훨씬 많은 제약이 따른다. 게다가 모든 것을 포괄하는 사회신용 제도에 대한 거부감도 만만치 않다.[25]

이런 정치적, 문화적, 규정상의 차이 때문에 각 진영은 서로 다른 소프트웨어를 사용하고 있다. 중국에서는 구글과 페이스북을 사용할 수 없고, 위키피디아에 접근할 수 없다. 미국에서는 극소수만이 위챗, 바이두, 텐센트를 사용한다. 더 중요한 사실은 두 진영이 서로의 거울상이 아니라는 점이다. 즉 중국인과 미국인은 같은 앱의 현지 버전을 개발하는 것이 아니다. 바이두는 중국의 구글이 아니고, 알리바바는 중국의 아마존이 아니다. 두 진영은 목표가 다르고, 디지털 아키텍처(정보 기술 시스템의 구성 요소와 그 요소들의 관계를 정의하는 틀—옮긴이)가 다르며, 사람들의 삶에 미치는 영향도 다르다.[26] 대부분의 국가가 자체 기술이 아니라 중국과 미국의 소프트웨어에 의존하고 있기 때문에 이런 차이는 세계 대부분에 영향을 미친다.

또한 각 진영은 스마트폰이나 컴퓨터 같은 하드웨어도 다른 것을 사용한다. 미국은 동맹국과 클라이언트에게 화웨이의 5G 인프라 같은 중국 하드웨어를 사용하지 말도록 압력을 가한다.[27] 트럼프 행정부는 싱가포르 기업인 브로드컴Broadcom이 미국의 주요 컴퓨터 칩 생산 업체인 퀄컴Qualcomm을 인수하려는 시도를 차단했다. 외국인들이 칩에 백도어(정상적인 인증 절차를 우회하여 시스템에 접근할 수 있도록 만든 비밀 통로를 말한다—옮긴이)를 심거나 미국 정부가 자체 백도어를 심는 것을 막을 수 있다는 우려 때문이었다.[28] 2022년에 바이든 행정부는 AI 개발에 필수적인 고성능 컴퓨팅 칩 거래를 엄격하게 제한했다. 미국 기업들은 이런 칩을 중국에 수출하거나, 칩을 제조하고 수리하는 수단을 중국에 제공할 수 없게 되었다. 제한은 이후 더 강화되었고, 러시아와 이란 같은 다른 국가들로 확대되었다.[29] 이는 단기적으로는 AI 경쟁에서 중국의 발목을 잡겠지만, 장기적으로는 중국이 최소 구성 요소에서조차 미국의 디지털 영역

과는 뚜렷이 구별되는 완전히 분리된 디지털 영역을 구축하도록 몰아갈 것이다.[30]

두 디지털 진영은 점점 더 멀어질 가능성이 있다. 중국 소프트웨어는 중국 하드웨어, 중국 인프라와만 소통할 것이고, 실리콘 장막의 반대편에서도 같은 일이 일어날 것이다. 디지털 코드는 인간의 행동에 영향을 미치고 인간의 행동은 다시 디지털 코드에 영향을 미치기 때문에, 두 진영은 서로 다른 궤적을 따라 이동하여 기술뿐만 아니라 문화적 가치, 사회규범, 정치 구조에서도 점점 달라질 가능성이 높다. 수 세대 동안 수렴해왔던 인류는 분기하기 시작하는 중대한 순간을 맞이할 것이다.[31] 수 세기 동안 새로운 정보 기술은 세계화 과정을 촉진하여 전 세계 사람들을 더욱 가까워지게 했다. 하지만 역설적이게도, 오늘날의 정보 기술은 너무나 강력해서 인류를 갈라놓으려 한다. 사람들이 별개의 정보 고치에 갇혀 서로 달라지면, 인류는 더 이상 같은 현실을 공유하지 않을 것이다. 최근 수십 년 동안의 핵심 은유가 웹이었다면, 미래의 은유는 고치가 될지도 모른다.

정신과 육체를 따라
분리되는 세계

세계가 정보 고치로 나뉜다면 경제적 경쟁과 국제적 긴장이 조성될 뿐 아니라, 매우 다른 문화, 이념, 정체성이 생겨날 수 있다. 앞으로 문화와 이데올로기가 어떻게 될지 추측하는 일은 대체로는 헛고생이다. 경제적, 지정학적 전개를 예측하는 것보다 훨씬 더 어렵다. 티베리우스 시대에, 앞으로 유대교의 한 분파가 로마제국을 장악할 것이고, 황제들이 로마의 옛 신들을 버리고 처형된 유대인 랍비를 숭배할 것이라고 예상한 로마인과 유대인이 몇 명이나 됐을까?

다양한 기독교 분파가 어느 방향으로 발전하고 분파들의 사상과 갈등이 정치부터 성문제까지 모든 것에 어떤 중대한 영향을 미칠지 예측하기는 훨씬 어려웠을 것이다. 예수가 티베리우스 정부에 세금을 내는 문제에 대한 질문을 받고 "카이사르의 것은 카이사르에게 돌리고 하느님의 것은 하느님께 돌려라"(〈마태오의 복음서〉 22:21)라고 대답했을 때, 예수의 대답이 2,000년 후 미국의 국교 분리에 미칠 영향을 상상할 수 있었던 사람은 아무도 없었다. 또한 사도 바울이 로마의 기독교인들에게 보내는 편지에 "나는 이성으로는 하느님의 법을 따르지만 육체로는 죄의 법을 따르는 인간입니다"(〈로마인들에게 보낸 편지〉 7:25)라고 썼을 때, 이것이 데카르트 철학에서부터 퀴어 이론에 이르기까지 다양한 사상에 미칠 파장을 예견할 수 있었던 사람은 없었을 것이다.

이런 어려움에도 불구하고 앞으로의 문화적 전개를 상상해보는 것은 의미가 있는데, 이는 AI 혁명과 경쟁적인 디지털 진영이 우리의 직업과 정치 구조 외에도 많은 것을 변화시킬 가능성에 대해 경각심을 갖게 해주기 때문이다. 이어지는 단락들에는 다소 과감한 추측이 포함되어 있지만, 내 목표는 문화적 전개를 정확하게 예측하는 것이 아니라, 단지 근본적인 문화적 변화와 갈등이 우리를 기다리고 있을지도 모른다는 사실에 관심을 불러 모으는 것임을 명심해주길 바란다.

큰 파장을 미치게 될 한 가지 상황은, 분리된 디지털 고치들이 인간 정체성에 관한 가장 근본적인 질문에 서로 양립할 수 없는 방식으로 접근할 가능성이다. 수천 년 동안 많은 종교적, 문화적 갈등(예를 들어 기독교의 라이벌 분파들, 힌두교와 불교, 플라톤주의자와 아리스토텔레스주의자 사이의 갈등)이 심신 문제에 대한 이견에서 촉발되었다. 인간은 물리적 육체인가, 아니면 비물질적인 정신인가, 그도 아니면 몸 안에 갇힌 영혼인가? 21세기에 컴퓨터 네트워크는 이 문제에 기름을 부어 여러 가지 중요한 개인적, 이념적, 정치적 갈등을 일으킬지도 모른다.

심신 문제의 정치적 파급 효과를 이해하기 위해 기독교의 역사를 간략히 되짚어보자. 유대교 사상에 영향을 받은 초창기 기독교 분파 중 다수는 인간은 육화된 존재이며 몸이 인간 정체성에 중요한 역할을 한다는 《구약》의 사상을 믿었다. 〈창세기〉에는 신이 인간을 물리적 실체인 몸으로 창조했다고 적혀 있으며, 《구약》의 거의 모든 책에서 인간은 몸으로만 존재할 수 있다고 가정한다. 몇몇 예외를 빼면, 《구약》은 죽은 후 몸 없는 존재가 천국이나 지옥에서 살아갈 가능성을 언급하지 않는다. 고대 유대인이 구원에 대한 환상을 품었을 때, 그들은 구원이 물질적인 몸이 살아가는 지상의 왕국을 의미한다고 상상했다. 예수 시대에 많은 유대인은 메시아가 마침내 오면 죽은 자의 육체가 이곳 지상에서 소생할 것이라고 믿었다. 메시아가 건설하는 하느님 왕국은 나무와 돌, 살과 피를 가진 몸들이 살아가는 물질적인 왕국일 터였다.[32]

이는 예수 자신과 최초의 기독교도들의 견해이기도 했다. 예수는 추종자들에게 곧 하느님 왕국이 이 땅에 건설될 것이며 너희는 그 왕국에 물질적인 몸으로 살게 될 것이라고 약속했다. 그러나 예수가 약속을 완수하지 못하고 죽자, 초기 추종자들은 예수가 **몸으로** 부활했다고 믿게 되었으며, 마침내 하느님 왕국이 지상에 실현되면 자신들 역시 몸으로 부활할 것이라고 생각했다. 교부 테르툴리아누스(160~249)는 "몸은 구원의 조건이고, 구원은 몸에 달려 있다"고 썼고, 가톨릭교회의 교리 문답서는 1274년 제2차 리옹 공의회에서 채택된 교리를 인용하여 다음과 같이 말한다. "우리는 몸의 창조주이신 하느님을 믿습니다. 우리는 몸을 구원하기 위해 몸이 되신 말씀을 믿습니다. 우리는 몸의 부활, 즉 몸의 창조뿐 아니라 구원을 믿습니다. (…) 우리는 우리가 지금 가지고 있는 이 몸의 진정한 부활을 믿습니다."[33]

우리 모두가 알다시피, 이처럼 분명해 보이는 진술에도 불구하고 사도 바울은 이미 몸에 대한 의구심을 품었고, 서기 4세기에 그리스, 마니교, 페르시아의 영향을 받은 일부 기독교인들은 이원론적 접근 방식으로 전향했다. 그들은 인간을 사악한 물질적 육체 안에 갇힌 선한 비물질적 영혼으로 생각하게 되었다. 그들은 몸으로 부활하는 것에 대한 환상을 품지 않았다. 오히려 그 반대였다. 죽음으로써 가증스러운 물질의 감옥에서 벗어난 순수한 영혼이 왜 다시 그 안으로 들어가고 싶겠는가? 따라서 기독교인들은 죽은 후 육체에서 해방된 영혼이 물질적 영역을 완전히 벗어난 비물질적인 곳에 영원히 존재한다고 믿기 시작했다. 테르툴리아누스와 제2차 리

옹 공의회의 진술에도 불구하고 이는 오늘날 기독교인들의 보편적인 믿음으로 자리 잡았다.[34]

하지만 기독교는 인간이 육화된 존재라는 유대교의 오래된 관점을 완전히 버릴 수는 없었다. 결국 그리스도는 지상에 몸으로 나타났다. 예수는 십자가에 못 박혀 참혹한 육체적 고통을 겪었다. 이렇게 해서 2,000년 동안 기독교 분파들은 영혼과 육체의 정확한 관계를 놓고 때로는 말로, 때로는 칼로 싸웠다. 가장 치열했던 논쟁은 그리스도의 몸에 대한 것이었다. 그는 물질적인 존재였을까? 순수하게 영적인 존재였을까? 혹시 이원론적 분류를 뛰어넘어, 인간이면서 동시에 신성을 지닌 존재였을까?

심신 문제에 대한 서로 다른 접근 방식은 사람들이 자신의 몸을 대하는 방식에 영향을 미쳤다. 성인, 은둔자, 수도사, 수녀 들은 인간의 몸을 한계까지 밀어붙이는 위험천만한 실험을 했다. 그리스도가 십자가에서 고문당하며 육체적 고통을 묵묵히 감내했듯이, 순교자들도 몸이 사자와 곰에게 찢기는 동안 영혼은 신성한 황홀경 속에서 기쁨을 느꼈다. 그들은 털옷을 입고, 수 주 동안 곡기를 끊고, 알레포 근처 기둥 위에서 약 40년을 버텼다고 전해지는 그 유명한 시므온처럼 수년 동안 기둥 위에 머물렀다.[35]

다른 기독교인들은 정반대 접근 방식을 취했다. 그들은 몸은 전혀 중요하지 않다고 믿었다. 중요한 것은 오직 믿음이었다. 개신교도인 마르틴 루터는 이런 종류의 생각을 극단으로 밀어붙여 '오직 믿음sola fide'이라는 교리를 공식화했다. 약 10년 동안 수도 생활을 하며 금식 등 다양한 방법으로 자신의 몸을 괴롭힌 후 루터는 이런 육체적 고행에 절망했다. 그는 육체적 고행을 통해 신의 구원을 얻어내려는 시도는 부질없다는 결론에 이르렀다. 오히려 자신의 육체를 괴롭힘으로써 스스로 구원을 얻을 수 있다고 생각하는 것은 교만의 죄를 범하는 것이라고 생각했다. 따라서 루터는 수도복을 벗고 전직 수녀와 결혼했으며, 추종자들에게 훌륭한 기독교인이 되기 위해 필요한 것은 오직 그리스도에 대한 완전한 믿음뿐이라고 가르쳤다.[36]

정신과 육체에 대한 이 오래된 신학 논쟁이 AI 혁명과 무슨 관계가 있는지 의아하겠지만, 실은 21세기 기술로 인해 이 논쟁이 부활했다. 물리적인 몸과 온라인상의 정체성 및 아바타는 서로 무슨 관계일까? 오프라인 세계와 사이버 공간은 무슨 관계일까? 내가 깨어 있는 시간 대부분을 방에서 컴퓨터 화면 앞에 앉아 가상의 관계를 맺고, 심지어는 원격으로 근무한다고 가정해보자. 밥을 먹으러 나가는 일조차 거의 없고 배달 음식을 먹는다. 만일 당신이 고대 유대인이나 초기 기독교인이라면, 나를 동정하면서 내가 물리적 공간과 살아 있는 육체로 이루어진 현실을 잊고 망상 속에 살고 있다고 단정할 것이다. 하지만 당신의 생각이 루터와 그 이후의 많은 기독교인들의 생각에 더 가깝다면 내가 해방되었다고 생각할지도 모른다. 나는 생활과 관계의 대부분을 온라인으로 옮김으로써, 중력에 의해 활동을 제약받고 불완전한 육체에 시달려야 하는 유기적 세계에서 벗어나 디지털 세계의 무한한 가능성을 누릴 수 있다. 이곳은 생물학 법칙과 심지어는 물리 법칙으로부터도 자유로울 수 있다. 나는 훨씬 더 광대하고 흥미진진한 공간을 자유롭게 누비며 내 정체성의 새로운 측면을 탐색한다.

점점 더 중요해지고 있는 질문은 이것이다. 온라인에서 사람들이 자유롭게 가상 정체성을 선택할 수 있도록 허용해야 할까, 아니면 생물학적 몸에 기반한 정체성을 유지해야 할까? 루터교의 입장인 '오직 믿음'에 따르면, 생물학적 육체는 그다지 중요하지 않다. 온라인에서 어떤 정체성을 갖는지는 개인의 믿음에 달려 있다. 온라인 정체성에 대한 논쟁은 단순히 개인의 차원에 머물지 않고 사회 전체의 가치관에 광범위한 영향을 미친다. 정체성을 생물학적 육체와 연결 짓는 사회는 하수관 같은 물질적 기반 시설과 우리 몸을 유지하는 생태계에도 더 많은 관심을 기울일 것이다. 또한 이런 사회는 온라인 세계를 오프라인 세계의 부속물로 여길 것이다. 즉 온라인 세계는 여러 가지 유용한 목적을 수행할 수는 있어도 우리 삶의 중앙 무대는 될 수 없다는 생각이다. 이런 사회의 목표는 이상적인 물리적, 생물학적 영역을 건설하는 것이다. 말하자면 지상 위의 하느님 왕국이다. 반면 생물학적 육체를 경시하고 온라인 정체성에 집중하는 사회는 사이버 공간에 몰입형 하느님 왕국을 창조하는 한편, 하수관과 열대우림처럼 물질에 불과한 것들의 운명에는 관심을 두지 않을 것이다.

이 논쟁은 유기체에 대해서만이 아니라 디지털 개체에 대한 태도에도 영향을 줄 수 있다. 사회가 물리적 육체를 중심으로 정체성을 정의하는 한, AI를 인격체로 볼 가능성은 낮다. 하지만 사회가 물리적 육체를 별로 중요하게 여기지 않는다면, 물리적 실체가 없는 AI도 다양한 권리를 누리는 법적 인격체로 받아들일 수 있을 것이다.

그동안의 역사에서 각 문화는 심신 문제에 대해 다양한 해답을 제시해왔다. 21세기에 심신 문제를 둘러싼 논쟁은 유대인과 기독교인 또는 가톨릭교도와 개신교도 사이의 분열보다 더 심각한 문화적, 정치적 분열을 초래할 가능성이 있다. 예를 들어, 미국 진영에서는 육체를 무시하고, 온라인 정체성에 따라 인간을 정의하며, AI를 인격체로 인정하고, 생태계의 중요성을 경시하는 반면, 중국 진영에서는 정반대 입장을 취한다면 어떻게 될까? 인권 침해나 생태표준(생태계 보호와 환경 보전을 위한 기준—옮긴이) 준수에 대한 지금의 의견 불일치는 이에 비하면 사소한 문제로 보일 것이다. 유럽 역사상 가장 파괴적인 전쟁이었던 30년전쟁은 적어도 부분적으로는 가톨릭교도와 개신교도가 '오직 믿음' 같은 교리와 그리스도가 신인지, 인간인지, 또는 둘 다인지에 대해 의견이 달랐기 때문에 발생했다. 그렇다면 앞으로의 분쟁은 AI의 권리와 비이원론적인 아바타의 성격을 둘러싼 의견 충돌 때문에 시작될까?

앞서 언급했듯이 이 모두는 그저 자유롭게 추측해본 것일 뿐이다. 실제 문화와 이데올로기는 십중팔구 다를 것이고, 어쩌면 우리가 짐작하지도 못한 방향으로 전개될지도 모른다. 하지만 몇십 년 내에 컴퓨터 네트워크가 현재 우리의 관점에서는 이해하기 어려운 인간과 비인간의 새로운 정체성을 만들어낼 가능성이 높다. 그리고 세계가 만일 두 개의 경쟁적인 디지털 고치로 나뉜다면, 한 고치에 속한 존재들의 정체성을 다른 고치의 거주자들은 이해할 수 없을지도 모른다.

코드 전쟁에서
무력 충돌로

중국과 미국은 현재 AI 경쟁에서 선두를 달리고 있지만, 경쟁자가 이들만 있는 것은 아니다. 유럽연합, 인도, 브라질, 러시아 같은 다른 국가나 블록도 독자적인 디지털 진영을 구축하려고 시도할 것이고, 각 진영은 저마다 다른 정치적, 문화적, 종교적 전통의 영향을 받을 것이다.[37] 그러면 세계는 두 개의 제국으로 나뉘는 대신, 10여 개의 제국으로 나뉠 수도 있다. 이 경우 제국 경쟁이 다소 완화될지 아니면 악화되기만 할지는 분명하지 않다.

새로운 제국들이 더 치열하게 경쟁할수록 무력 충돌의 위험은 커진다. 미국과 소련의 냉전이 직접적인 군사 대결로 치닫지 않은 이유는 상호 확실 파괴Mutually Assured Destruction, MAD 독트린 덕분이었다. 하지만 AI 시대에는 확전으로 치달을 위험이 예전보다 크다. 사이버 전쟁은 핵전쟁과는 본질적으로 다르기 때문이다.

첫째, 사이버 무기는 핵폭탄보다 훨씬 용도가 다양하다. 사이버 무기는 한 국가의 전력망을 붕괴시킬 수 있을 뿐 아니라, 비밀 연구 시설을 파괴하고, 적의 센서 시스템을 교란하고, 정치 스캔들을 일으키고, 선거를 조작하고, 스마트폰을 해킹하는 데도 쓰일 수 있다. 사이버 무기는 버섯구름과 화재 폭풍으로 존재를 드러내지도 않고, 발사대에서 표적까지 가시적인 흔적을 남기지도 않는다. 그래서 누가 공격을 개시했는지는 고사하고 공격이 발생했는지도 알기 어렵다. 어떤 데이터베이스가 해킹되거나 민감한 장비가 파괴되어도 누구에게 책임을 물어야 할지 확신하기 어렵다. 따라서 사이버 국지전을 시작할 마음을 먹기도 쉽고, 확전에 대한 유혹에 빠지기도 쉽다. 이스라엘과 이란, 미국과 러시아 같은 경쟁 국가들은 수년 동안 선전포고 없는 사이버 전쟁을 확대해왔다.[38] 이는 새로운 국제적 표준이 되어 국제 긴장을 증폭하고, 넘지 말아야 할 선을 하나씩 넘도록 국가들을 부추기고 있다.

두 번째 중요한 차이는 예측 가능성과 관련이 있다. 냉전은 고도로 이성적인 체스 경기와 같았고, 핵 충돌이 발생할 경우 파괴의 확실성이 너무 커서 전쟁을 시작하려는 욕구는 그만큼 작았다. 사이버 전쟁은 이런 확실성이 없다. 각 측이 어디에 논리 폭탄(특정 날짜에 데이터를 삭제하거나, 특정 파일을 열면 시스템을 손상시키는 등 특정 조건이 충족되었을 때 악성 기능을 수행하도록 설계된 코드 조각—옮긴이), 트로이 목마(겉으로는 정상적인 프로그램처럼 보이지만, 실행되면 숨겨진 악성 기능을 수행하는 프로그램—옮긴이), 악성 소프트웨어를 심었는지 아무도 확실히 모른다. 또한 무기가 필요할 때 실제로 작동할지 어느 누구도 확신할 수 없다. 중국의 미사일은 명령이 내려졌을 때 발사될까? 혹시 미국이 미사일이나 지휘 체계를 해킹한 건 아닐까? 미국의 항공모함은 예상대로 작동할까? 혹시 알 수 없는 이유로 멈추거나 제자리를 맴돌지는 않을까?[39]

이런 불확실성은 상호 확실 파괴 전략을 훼손한다. 따라서 어느 한쪽은 (그런 판단이 옳든 그르든) 자신들이 선제공격에 성공하고 대규모 보복을 피할 수 있다고 믿을 수 있다. 문제는, 한쪽이 그런 기회를 잡았다고 생각한다면 선제공격에 대한 유혹을 떨치기 어렵다는 것이다. 왜냐하면 기회의 창이 언제까지 열려 있을지 아무도 모르기 때문이다. 게임 이론에 따르면 군비경쟁에서 가장 위험한 상

황은 한쪽이 우위에 있다고 느끼지만 그 우위가 점점 사라지고 있다고 판단할 때다.[40]

설사 인류가 세계대전이라는 최악의 시나리오를 피하더라도, 새로운 디지털 제국은 여전히 수십억 명의 자유와 번영을 위협할 수 있다. 19세기와 20세기의 산업 제국들은 식민지를 착취하고 억압했다. 새로운 디지털 제국이 이보다 낫게 처신하리라고 기대하는 것은 어리석은 일이다. 게다가 앞서 지적했듯이 만일 세계가 라이벌 제국으로 나뉜다면 인류는 생태 위기를 극복하거나 AI와 생명 공학 같은 파괴적 기술을 규제하기 위해 효과적으로 협력할 수 없을 것이다.

세계적
결속

물론 세계가 소수의 디지털 제국으로 나뉘든, 200개 국가로 구성된 다양한 공동체로 남든, 아니면 전혀 다른 뜻밖의 노선을 따라 분열되든 협력은 언제나 선택지에 있다. 인간 사이에서 협력의 전제 조건은 비슷함이 아니라 정보를 교환할 수 있는 능력이다. 대화할 수 있는 한 우리는 우리를 단합하게 해줄 어떤 공통의 이야기를 찾을 수 있을 것이다. 결국 이 능력이 호모 사피엔스를 지구를 지배하는 종으로 만들었다.

적대적인 가문들이 부족 네트워크 안에서 협력할 수 있고, 경쟁하는 부족들이 국가 네트워크 안에서 협력할 수 있는 것처럼, 대립하는 국가와 제국도 글로벌 네트워크 안에서 협력할 수 있다. 이런 협력을 가능하게 하는 이야기들은 우리 사이의 차이를 제거하지 않는다. 오히려, 공유하는 경험과 관심사를 찾아내 생각과 행동의 공통분모로 삼을 수 있게 해준다.

그럼에도 불구하고 국제 협력을 어렵게 만드는 주요 요인은, 국제 협력을 위해서는 모든 문화적, 사회적, 정치적 차이를 없애야 한다는 잘못된 생각이다. 포퓰리스트 정치인들은 국제사회가 공통된 이야기와 보편적인 규범 및 가치에 합의할 경우 자국의 독립성과 고유한 전통이 파괴될 것이라고 주장한다.[41] 2015년 프랑스 국민전선당 대표 마린 르펜이 선거 연설에서 이런 입장을 노골적으로 드러냈다. 르펜은 "우리는 새로운 양당제에 접어들었습니다. 이제부터는 상호 배타적인 개념으로 나뉘는 양당제가 우리의 정치 생활을 지배할 것입니다. 더 이상 좌우의 구분은 없고, 세계주의자와 애국주의자의 구분만 있을 뿐입니다"라고 말했다.[42] 2020년 8월, 트럼프 대통령은 자신의 통치 이념을 이렇게 설명했다. "우리는 세계주의를 거부하고 애국주의를 받아들였습니다."[43]

다행히 이런 이분법적 입장은 기본 가정부터 잘못되었다. 세계적 협력과 애국주의는 상호 배타적인 개념이 아니다. 왜냐하면 애국주의는 외국인을 증오하는 것이 아니기 때문이다. 애국주의는 동포를 사랑하는 것이다. 그리고 동포를 돌보기 위해서는 많은 상황에서 외국인과 협력할 필요가 있다. 코로나19가 분명한 예였다. 팬데믹은 세계적 사건이라서 세계적 협력이 없으면 예방은커녕 억제하기도 어렵다. 한 국가에 새로운 바이러스나 변종 병원체가 출현하면 다른 국가들도 위험에 처한다. 하지만 인간은 병원체에 비해 큰 이

점을 가지고 있는데, 병원체가 할 수 없는 방식으로 협력할 수 있다
는 것이다. 독일과 브라질의 의사들은 새로운 위험에 대해 서로 경
고할 수 있고, 훌륭한 조언을 주고받으며 더 나은 치료법을 찾기 위
해 협력할 수 있다.

독일 과학자들이 어떤 새로운 질환을 예방하는 백신을 개발한다
면 브라질 사람들은 독일의 이런 성과에 어떻게 반응해야 할까? 일
단 외국 백신을 거부하고 브라질 과학자들이 브라질산 백신을 개
발할 때까지 기다리는 방법이 있다. 하지만 이는 어리석을 뿐만 아
니라 반애국적인 행동이다. 브라질의 애국자는 브라질 국민을 도울
백신이 있다면 어디서 개발되었든 사용해야 한다. 이런 상황에서는
외국인과 협력하는 것이 애국이다. AI에 대한 통제를 잃을 위험도
마찬가지로 애국심과 세계적 협력이 모두 필요한 상황이다. 통제
불능의 AI는 통제 불능의 바이러스와 마찬가지로 모든 국가를 위험
에 빠뜨린다. 부족이든, 국가든, 전체 종이든, 인간에게서 알고리즘
으로 힘이 이동하도록 내버려둬서 이득을 볼 수 있는 집단은 없다.

포퓰리스트의 주장과 달리, 세계주의란 세계 제국을 건설하고,
국가에 대한 충성을 버리고, 이민을 무한히 받아들이는 것이 아니
다. 사실 세계적 협력은 이보다 훨씬 평범한 두 가지 일을 의미한
다. 첫째, 몇 가지 세계 규칙을 지키는 것이다. 이 규칙들은 각 국가
의 고유성과 애국심을 부정하지 않는다. 단지 국가 간 관계를 규제
할 뿐이다. 좋은 모델이 월드컵이다. 월드컵은 국가 간의 경쟁이며,
사람들은 자국의 국가 대표 팀에 열정적인 충성을 보인다. 동시에
월드컵은 세계적 합의를 보여주는 놀라운 사례다. 브라질인과 독일

인이 똑같은 경기 규칙에 합의하지 않는다면 브라질과 독일이 함께 축구 경기를 할 수 없을 것이다. 세계주의는 바로 이렇게 작동한다.

세계주의의 두 번째 원리는, 소수의 단기적 이익보다는 모든 인류의 장기적 이익을 우선시해야 하는 때가 항상은 아니라도 가끔씩 있다는 것이다. 예를 들어 월드컵에서 모든 국가 대표 팀은 경기력을 향상시키는 약물을 사용하지 않기로 합의한다. 그렇게 하지 않으면 월드컵은 생화학자들 간의 경쟁으로 변질되라는 사실을 모두가 알기 때문이다. 기술이 판도를 바꾸는 다른 분야에서도 우리는 마찬가지로 국익과 세계 이익 사이에서 균형을 잡기 위해 노력해야 한다. 국가들은 분명 신기술 개발 경쟁을 계속하겠지만, 이따금 자율 무기나 조작용 알고리즘 같은 위험한 기술의 개발과 배치를 제한하는 데 합의해야 한다. 이는 이타심의 문제가 아니라 자기 보존을 위한 일이다.

인간의
선택

AI에 대한 국제적 합의를 도출하고 유지하려면 국제 시스템이 작동하는 방식에 큰 변화가 필요하다. 우리는 이미 핵무기나 생물학무기 같은 위험한 기술을 규제한 경험이 있지만, AI 규제에는 두 가지 이유에서 이전과는 차원이 다른 신뢰와 자제력이 필요할 것이다. 첫째, 불법 핵 원자로보다 불법 AI 연구실을 숨기는 것이 더 쉽기 때문이다. 둘째, AI는 핵폭탄에 비해 민간용과 군용 양쪽으로 사용되는 경우가 훨씬 많기 때문이다. 따라서 어떤 국가가 자율 무기 시스템을 금지하는 협정에 서명하고서도 그런 무기를 몰래 만들거나 민간용으로 위장할 가능성이 충분히 있다. 예를 들어, 우편물을 배달하고 밭에 살충제를 뿌리는 용도로 개발된 완전 자율 드론을 약간만 변형하면 폭탄을 배달하고, 사람들에게 독성 물질을 살포할 수 있을 것이다. 따라서 정부들과 기업들은 경쟁자들이 합의된 규정을 실제로 지키고 있는지 믿기도, 스스로 규정을 어기고 싶은 유혹에 저항하기도 더 어려워질 것이다.[44] 인간은 과연 AI 규제에 필요한 수준의 신뢰와 자제력을 가질 수 있을까? 이런 변화를 이루어낸 역사적 선례가 있을까?

인간의 변화 가능성, 특히 폭력을 포기하고 더 강력한 국제적 연대를 맺을 수 있는 가능성을 믿지 않는 사람들이 많다. 예를 들어 한스 모겐소와 존 미어샤이머 같은 '현실주의' 사상가들은 전면적인 권력 경쟁은 국제 시스템의 피할 수 없는 조건이라고 주장해왔다. 미어샤이머는 "내 이론에 따르면 강대국들은 아무도 자국을 지켜주지 않는 세상에서 살아남는 법을 알아내는 것에 주로 관심이 있으며 권력이 생존의 열쇠라는 것을 금방 깨닫는다"고 설명한다. 이어서 미어샤이머는 "국가들은 얼마나 많은 힘을 원할까?"라고 물은 후 이렇게 대답한다. "모든 국가는 가질 수 있는 최대한의 힘을 원한다. 왜냐하면 국제 체제는 경쟁자를 희생시켜 힘을 얻을 기회를 찾도록 강력한 동기를 부여하기 때문이다." 그러면서 이렇게 결론 내린다. "국가의 궁극적인 목표는 국제 시스템 내에서 패권국이 되는 것이다."[45]

국제 관계에 대한 이런 암울한 시각은 인간을 권력에만 관심이 있는 존재로 본다는 점에서, 포퓰리스트와 마르크스주의자가 인간 관계를 바라보는 관점과 비슷하다. 그리고 이들 모두는 영장류학자 프란스 드 발이 "껍데기 이론veneer theory"이라고 비판한, 인간 본성에 대한 근본적인 철학 이론(인간 본성에 대한 홉스주의적 견해를 말하며, 프란스 드 발은 인간의 도덕성은 껍데기가 아니라 생물학적 기반을 가지고 있다고 주장했다—옮긴이)에 기초하고 있다. 이 이론은 인간은 근본적으로 석기시대 사냥꾼이라서, 세상을 강자가 약자를 잡아먹고 힘이 곧 정의인 정글로 볼 수밖에 없다고 주장한다. 이론에 따르면, 수천 년 동안 인간은 이 변함없는 현실을 신화와 의식이라는 얄팍하고 변화무쌍한 껍데기로 위장하려고 시도해왔지만 사실은 정글의 법칙에서 한 번도 벗어난 적이 없다. 신화와 의식은 실제로는 정글의 최상위 포식자가 열등한 자를 속여서 함정에 빠뜨리기 위해 사용하는 무기다. 이 사실을 깨닫지 못하는 위험할 정도로 순진한 사람들은 결국 무자비한 포식자에게 잡아먹힌다.[46]

하지만 미어샤이머 같은 '현실주의자'들이 역사적 현실에 대한 편협한 시각을 가지고 있으며 정글의 법칙 자체가 신화라고 생각할 만한 이유들이 있다. 드 발과 많은 생물학자들이 수많은 연구에서 증명했듯이, 우리가 상상하는 정글과 달리 실제 정글에서는 수많은 동물, 식물, 균류, 심지어 세균까지도 협력, 공생, 이타주의를 바탕으로 살아간다. 예를 들어 모든 육상식물의 80퍼센트는 균류와의 공생 관계에 의존해 살아가고, 관다발 식물의 거의 90퍼센트가 미생물과 공생 관계를 맺고 있다. 만일 아마존, 아프리카, 인도의 열대 우림에 사는 생물들이 협력을 포기하고 헤게모니를 차지하기 위해 전면적인 경쟁에 돌입한다면, 열대우림과 그곳에 사는 모든 생물은 순식간에 죽을 것이다. 이것이 바로 정글의 법칙이다.[47]

석기시대 인간은 사냥꾼인 동시에 채집자였으며, 그들이 억누를 수 없을 정도로 호전적인 성향을 가졌다는 확실한 증거는 없다. 추측이 난무하지만, 조직적인 전투를 암시하는 최초의 분명한 고고학적 증거는 약 1만 3,000년 전 나일 계곡의 제벨 사하바 유적지에서 발견되었다.[48] 그 뒤에도 전쟁에 대한 증거는 일정하기보다는 들쭉날쭉하게 나타난다. 어떤 기간은 이례적으로 폭력적이었던 반면, 어떤 시간은 비교적 평화로웠다. 인류의 장기적 역사에서 관찰되는 가장 분명한 패턴은 상시적인 분쟁이 아니라 협력의 규모가 점점 증가하는 것이다. 10만 년 전 사피엔스는 무리 수준에서만 협력할 수 있었다. 수천 년에 걸쳐 우리는 낯선 사람들과 공동체를 이루는 방법을 찾았다. 처음에는 부족 수준이었지만 결국 종교, 무역망, 국가 수준으로 규모가 커졌다. 현실주의자들은 국가가 인간 현실을 구성하는 기본 입자가 아니라, 신뢰와 협력을 구축하는 지난한 과정의 산물이라는 사실을 간과해서는 안 된다. 인간이 권력에만 관심이 있었다면 애초에 국가를 만들지도 못했을 것이다. 물론 국가 간에나 국가 내에서나 분쟁은 언제든 일어날 수 있는 현실이었다. 하지만 분쟁이 피할 수 없는 운명이었던 적은 없었다.

전쟁의 강도를 결정하는 것은 불변하는 인간 본성이 아니라, 변화하는 기술적, 경제적, 문화적 요인이다. 이런 요인들이 변하면 전쟁도 변한다. 1945년 이후의 시대가 이를 분명하게 보여준다. 이 시기 동안 핵 기술이 발전하면서 전쟁을 일으킬 경우 치러야 할 대가가 커졌다. 1950년대 이후로 초강대국들은, 전면적인 핵 교환에서 어떻게든 승리한다 해도 그 승리는 국민의 대부분을 희생시켜야 한다는 점에서 자살 행위와 다름없다는 것을 분명히 깨달았다.

동시에 물질 기반 경제에서 지식 기반 경제로의 전환이 일어나면서 전쟁의 잠재적 이익은 감소했다. 논과 금광은 여전히 정복 가능했지만 20세기 말에는 이미 경제적 부의 주요 원천이 되지 못했다. 반도체 산업 같은 새로운 선도 산업은 군사 정복으로는 얻을 수 없는 전문 기술과 조직 운영 노하우에 기반을 두었다. 따라서 1945년 이후의 가장 위대한 경제 기적은 독일, 이탈리아, 일본 같은 패전국들과 스웨덴과 싱가포르처럼 군사적 충돌과 제국주의 정복을 피한 국가들에 의해 이루어졌다.

마지막으로, 20세기 후반기는 오래된 군사주의 이상이 쇠퇴하면서 문화적으로 큰 변화가 일어난 시기이기도 했다. 예술가들은 전리품을 미화하기보다는 전쟁의 어리석은 참상을 묘사하는 데 더 집중했고, 정치인들은 해외 정복보다는 국내 개혁을 꿈꾸며 집권했다. 이런 기술적, 경제적, 문화적 변화로 인해 제2차 세계대전 이후 수십 년 동안 대부분의 정부는 침략 전쟁을 국익 증진의 매력적인 도구로 여기지 않게 되었고, 대부분의 국가는 더 이상 이웃 국가를 정복하고 파괴하는 환상을 품지 않았다. 내전과 반란은 여전히 흔했지만, 1945년 이후 세계에는 국가 간 전면전, 특히 강대국 간의 직접적인 무력 충돌이 현저히 줄었다.[49]

수많은 통계가 1945년 이후 전쟁이 줄었다는 것을 보여주지만, 아마 가장 분명한 증거는 국가 예산에서 찾을 수 있을 것이다. 유사이래 군비는 어떤 제국, 술탄국, 왕국, 공화국에서든 항상 예산의 첫 순위였다. 정부들은 의료와 교육에는 거의 지출하지 않았는데, 자원의 대부분을 군인에게 임금을 지불하고, 성벽을 쌓고, 군함을 건조하는 데 썼기 때문이다. 관료 진양陳襄이 1065년 중국 송나라의 연간 예산을 조사했을 때, 6,000만 민전民錢(통화 단위) 중 5,000만 민전(83퍼센트)이 군사비라는 것을 알았다. 다른 관료 채양蔡襄은 이렇게 썼다. "[우리가] 천하의 [모든 재산을] 6등분한다면, 5등분은 군비로 쓰이고 1등분은 사원의 제물과 국가 경비로 쓰인다. 어찌 나라가 가난하지 않고 백성이 곤궁하지 않을 수 있겠는가?"[50]

고대부터 현대까지 다른 많은 정치체제에서도 상황은 마찬가지였다. 로마제국은 예산의 약 50~75퍼센트를 군비로 썼고,[51] 17세기 후반 오스만제국은 약 60퍼센트를 썼다.[52] 1685년부터 1813년까지 영국 정부의 지출에서 군비가 차지하는 비율은 평균 75퍼센트였다.[53] 프랑스의 군비 지출은 1630년부터 1659년까지 전체 예산의 89퍼센트에서 93퍼센트를 오갔고, 거의 18세기 내내 30퍼센트를 웃돌다가 1788년에 프랑스혁명으로 이어진 재정 위기를 맞고서야 25퍼센트로 떨어졌다. 프로이센은 1711년부터 1800년까지 전체 예산에서 군비의 비율이 75퍼센트 아래로 떨어진 적이 없었으며 때로는 91퍼센트까지 치솟기도 했다.[54] 1870년에서 1913년까지 상대적으로 평화로웠던 시기에도 유럽의 주요 강대국들뿐 아니라 일본과 미국에서도 군비는 국가 예산의 평균 30퍼센트를 차지했고, 스웨덴 같은 소규모 강국들은 훨씬 더 많은 몫을 지출했다.[55] 1914년에 전쟁이 발발하자 군사 예산은 급증했다. 프랑스 군대는 제1차 세계대전에 참전하는 동안 전체 예산의 평균 77퍼센트를 썼다. 독일은 91퍼센트, 러시아는 48퍼센트, 영국은 49퍼센트, 미국은 47퍼센트였다. 제2차 세계대전 때 영국의 군사 예산은 69퍼센트로 증가했고 미국은 71퍼센트로 증가했다.[56] 1970년대 데탕트 시기에도 소련 군비 지출은 여전히 전체 예산의 32.5퍼센트에 달했다.[57]

최근 몇십 년 동안의 국가 예산은 어떤 평화조약보다 희망적인 메시지를 준다. 21세기 초, 전 세계 정부의 평균 군사비 지출은 전체 예산의 약 7퍼센트에 그쳤고, 초강대국인 미국조차 연간 예산의 약 13퍼센트만을 자국의 군사 패권을 유지하는 데 썼다.[58] 더 이상 외세 침략의 공포를 느끼며 살지 않아도 되었으니 정부들은 복지, 교육, 의료에 훨씬 더 많은 돈을 투자할 수 있었다. 21세기 초 전 세계 정부들의 의료에 대한 지출은 평균적으로 전체 예산의 약 10퍼센트로, 국방 예산의 약 1.4배에 달했다.[59] 2010년대 대부분의 사람들에게는 의료 예산이 국방 예산보다 많다는 사실이 특별한 것이 아니었다. 하지만 이는 인간의 행동에 큰 변화가 일어난 결과였으며, 이전 세대에게는 불가능한 이야기로 들렸을 것이다.

전쟁이 줄어든 것은 신이 기적을 일으켜서도, 자연법칙이 바뀌어서도 아니었다. 그것은 인간이 법, 신화, 제도를 바꾸고 더 나은 결정을 내린 결과였다. 하지만 애석하게도, 이런 변화가 인간의 선택에서 비롯되었다는 사실은 언제든 상황이 뒤집힐 수 있다는 뜻이다. 기술, 경제, 문화는 항상 변한다. 2020년대 초인 지금, 예전보다 많은 지도자들이 다시 군사적 영광을 꿈꾸고 있고, 무력 분쟁이 빈

번해지고 있으며,[60] 국방 예산이 증가하고 있다.[61]

2022년 초 중요한 임계점을 넘었다. 러시아는 2014년에 이미 우크라이나를 제한적으로 침공하여 크림반도와 우크라이나 동부의 일부를 점령함으로써 세계 질서를 불안정하게 만들었다. 하지만 2022년 2월 24일, 블라디미르 푸틴은 우크라이나 전역을 정복하고 우크라이나라는 국가를 소멸시키기 위한 전면 공격을 개시했다. 이 공격을 준비하고 유지하기 위해 러시아는 국방 예산을 세계 평균인 7퍼센트를 훌쩍 뛰어넘는 수준으로 증액했다. 러시아 국방 예산은 많은 부분이 비밀에 싸여 있기 때문에 정확한 수치를 파악하기는 어렵지만, 가장 정확한 추정치는 약 30퍼센트이며 이보다 더 높을 수도 있다.[62] 러시아의 군사 공격으로 인해 우크라이나는 물론 많은 다른 유럽 국가들까지 국방 예산을 늘려야 했다.[63] 러시아 같은 국가들에서 군국주의 문화가 다시 등장하고 전 세계적으로 전례 없는 사이버 무기와 자율 무기가 개발되면, 지금까지와는 비교도 할 수 없을 만큼 심각한 전쟁 시대가 도래할 수 있다.

푸틴 같은 지도자들이 전쟁과 평화 문제에 대해 내리는 결정에는 그들의 역사 인식이 배어 있다. 따라서 지나치게 낙관적인 역사관은 위험한 환상일 수 있지만, 지나치게 비관적인 역사관은 파괴적인 자기 충족적 예언이 될 수 있다. 2022년 우크라이나에 대한 전면 공격을 개시하기 전 푸틴이 드러낸 역사적 신념에 따르면, 러시아는 외세의 적들로부터 끊임없이 위협받고 있으며, 우크라이나라는 국가는 이런 적들이 만들어낸 허구다. 2021년 6월에 푸틴은 〈러시아인과 우크라이나인의 역사적 통합에 관하여〉라는 5,300단어 분량의 에세이를 발표했다. 이 에세이에서 그는 우크라이나의 국가로서의 존재를 부정하면서, 외국 열강들이 우크라이나 분리주의를 조장하며 러시아를 무력화하는 시도를 반복해왔다고 주장했다.[64] 이 주장을 전문 역사학자들은 받아들이지 않지만 푸틴은 진심으로 믿는 듯하다. 이 역사적 신념에 따라 푸틴은 2022년에 우크라이나 침공을 다른 정책 목표들(예컨대 러시아 국민에게 더 나은 의료 서비스를 제공한다든지, AI 규제를 위한 세계적 노력에 앞장선다든지)보다 우선순위에 놓았다.[65]

만일 푸틴 같은 지도자들이 인류가 냉혹한 약육강식의 세계에 갇혀 있고 그런 유감스러운 상황에서는 근본적인 변화가 불가능하며 20세기와 21세기 초반의 상대적 평화는 환상에 불과했다는 신념에 따라 움직인다면, 남은 선택지는 포식자가 될 것이냐 먹잇감이 될 것이냐뿐이다. 이런 선택지가 주어질 때 대부분의 지도자들은 역사에 포식자로 길이 남아, 불행한 학생들이 역사 시험을 위해 암기해야 하는 암울한 정복자 명단에 이름을 올리는 쪽을 선택할 것이다. 하지만 이런 지도자들이 명심해야 할 것은 AI 시대에는 우두머리 포식자가 AI일 가능성이 높다는 점이다.

하지만 우리에게는 이보다 많은 선택지가 있을 것이다. 앞으로 사람들이 어떤 결정을 내릴지 예측할 수는 없지만, 나는 역사학자로서 변화 가능성을 믿는다. 역사의 중요한 교훈 중 하나는 우리가 자연스럽고 영원하다고 생각하는 많은 것들이 사실은 인간이 만들었으며 바뀔 수 있다는 것이다. 하지만 분쟁이 불가피한 것이 아니라고 해서 안주해서는 안 된다. 오히려 그 반대다. 선택을 잘해야 할 막중한 책임이 우리에게 있기 때문이다. 이는 인류 문명이 분쟁으로 소멸한다면 그것은 어떤 자연법칙이나 낯선 기술 탓이 아니라는 뜻이다. 하지만 반대로 생각하면 우리가 노력할 경우 더 나은 세계를 만들 수 있다는 뜻이기도 하다. 이런 관점은 순진한 것이 아니라 현실주의다. 모든 오래된 것은 한때 새로운 것이었다. 역사의 유일한 상수는 변화다.

에필로그

알파고가 이세돌 9단을 꺾고 몇 달 후인 2016년 말, 페이스북 알고리즘이 미얀마에서 위험한 인종차별 감정을 부추기고 있을 때 나는 《호모 데우스》를 출간했다. 내 전공은 중세와 근대 초기의 전쟁사였고, 나는 컴퓨터 과학의 기술적 측면에 대해서는 배경지식이 전혀 없었지만, 출간 후 갑자기 AI 전문가라는 평판을 얻게 되었다. 덕분에 AI에 관심이 있는 과학자, 기업가, 세계 지도자 들의 사무실 문이 활짝 열려, AI 혁명의 복잡한 역학을 들여다보는 흥미롭고 특별한 기회를 얻을 수 있었다.

그런데, 백년전쟁 때 영국이 사용한 전략과 30년전쟁 시기의 회화를 연구했던 내 경험이[1] AI라는 새로운 분야와 완전히 무관하지는 않다는 것을 알게 되었다. 오히려 그 덕분에 나는 AI 연구실, 기업 사무실, 군 본부, 대통령궁에서 빠르게 전개되고 있는 사건들을 나만의 독특한 역사적 시각으로 볼 수 있었다. 지난 8년 동안 나는

AI, 그중에서도 특히 AI의 위험성에 대해 공개적 또는 비공개적으로 수많은 토론을 했는데, 해가 갈수록 토론의 어조가 긴박해졌다. 2016년에는 먼 미래에 대한 한가로운 철학적 사색처럼 느껴졌던 대화가 2024년에는 응급실에서와 같은 심각하고 긴장된 분위기를 띠게 되었다.

나는 정치인도 사업가도 아니며 그런 일에 필요한 재능도 별로 없다. 하지만 나는 역사에 대한 이해가 지금의 기술적, 경제적, 문화적 상황을 이해하고, 더 시급하게는 우리의 정치적 우선순위를 바꾸는 데 도움이 된다고 생각한다. 정치는 주로 우선순위를 정하는 문제다. 우리는 의료 예산을 삭감하고 국방에 더 많은 예산을 투입해야 할까? 우리 안보에 더 시급한 위협은 테러일까, 아니면 기후 변화일까? 우리는 잃어버린 조상의 영토를 되찾는 데 집중해야 할까, 아니면 이웃 국가들과 공동 경제 구역을 만드는 데 집중해야 할까? 이런 우선순위에 따라 시민들이 어느 쪽에 투표할지, 기업가들이 무엇에 관심을 둘지, 정치인들이 자신의 이름을 알리기 위해 어떻게 노력할지가 결정된다. 그리고 많은 경우 역사에 대한 이해가 우선순위를 결정한다.

이른바 현실주의자들은 역사적 내러티브(과거의 사건, 인물, 사회 등에 대한 이야기 형태의 설명을 의미한다. 역사적 사실에 기반하지만, 단순히 사실 나열이 아니라 특정 관점이나 해석을 담아 이야기처럼 풀어내는 것이 특징이다—옮긴이)를 국익을 도모하기 위한 선전 전략으로만 보지만, 사실 애초에 국익을 정의하는 것이 이런 내러티브다. 클라우제비츠의 《전쟁론》을 논의할 때 살펴보았듯이, 궁극적 목표를 정의할 합리적인 방법은 없다. 러시아, 이스라엘, 미얀마, 기타 여러 나라의 국익을 어떤 수학 방정식이나 물리 방정식에서 연역해내는 것은 불가능하다. 국익은 항상 역사적 내러티브에서 교훈으로 도출된다.

따라서 전 세계 정치인들이 역사적 사건을 이야기 형태로 전달하는 데 많은 시간과 노력을 들이는 것은 그리 놀라운 일이 아니다. 앞에서 언급한 블라디미르 푸틴의 사례도 이 경우에 해당한다. 2005년 유엔 사무총장 코피 아난은 당시 미얀마의 독재자였던 탄 슈웨 장군과 첫 만남을 가졌다. 아난은 장군이 20분으로 예정된 대화를 독점할 수도 있으니 먼저 발언하라는 조언을 받았다. 하지만 탄 슈웨는 먼저 발언을 시작하여 미얀마 역사에 대해 장장 한 시간 동안 장황하게 말을 이어갔고, 유엔 사무총장에게는 발언 기회를 거의 주지 않았다.[2] 2011년 5월 이스라엘 총리 베냐민 네타냐후도 백악관에서 미국 대통령 버락 오바마를 만났을 때 비슷한 전략을 취했다. 오바마의 간단한 인사말이 끝난 후 네타냐후는 오바마 대통령에게 마치 그가 자기 학생이라도 되는 양 이스라엘과 유대인의 역사에 대해 일장 연설을 늘어놓았다.[3] 냉소적인 사람들은 탄 슈웨와 네타냐후가 역사적 사실에는 거의 관심이 없고 모종의 정치적 목표를 달성하기 위해 사실을 고의적으로 왜곡하고 있었다고 주장할지도 모른다. 하지만 정치적 목표야말로 역사에 대한 깊은 신념에서 나온다.

기술 기업가들 외에 정치인들과 AI에 대한 대화를 나누다보면 종종 역사가 핵심 주제로 등장한다. 그중 일부는 역사에 대한 장밋빛 그림을 그리며 AI에 열광했다. 그들은 정보가 더 많아지면 지식도 늘어날 것이며, 이전의 모든 정보혁명이 우리의 지식을 늘림으로써 인류에게 큰 이익을 가져다주었다고 주장했다. 인쇄혁명이 과학혁명으로 이어지지 않았던가? 신문과 라디오가 현대 민주주의의 등장으로 이어지지 않았던가? 그들은 AI 혁명도 마찬가지일 거라고 말했다. 다른 사람들은 더 어두운 전망을 내놓았지만, 우리가 산업혁명을 잘 헤쳐나갔듯이 AI 혁명도 어떤 식으로든 헤쳐나갈 수 있을 것이라는 희망을 드러냈다.

두 관점 모두 내게는 그다지 위안이 되지 않았다. 앞서 설명한 이유들 때문에, 나는 특히 힘 있는 사람들이 AI 혁명을 인쇄혁명이나 산업혁명과 비교하는 것을 듣고 있기가 힘들다. 권력자들의 역사적 비전은 우리 미래를 만드는 결정들에 영향을 주기 때문이다. 이런 역사적 비교는 AI 혁명의 전례 없는 성격과 이전 혁명들의 부정적 측면을 과소평가한다. 인쇄혁명은 직접적인 결과로 과학 발견만이 아니라 마녀사냥과 종교전쟁도 일으켰다. 신문과 라디오는 전체주의 정권에서만이 아니라 민주주의 정권에서도 악용되었다. 산업혁명의 경우 그 변화에 적응하는 과정은 제국주의와 나치즘 같은 재앙적인 실험을 수반했다. AI 혁명이 우리를 비슷한 종류의 실험으로 이끈다면, 우리가 이번에도 그럭저럭 헤쳐나갈 것이라고 확신할 수 있을까?

이 책의 목표는 AI 혁명에 대한 보다 정확한 역사적 관점을 제공하는 것이다. 이 혁명은 아직 걸음마 단계이고, 중요한 사건이 일어나고 있는 순간에 그 의미를 이해하는 것은 어렵기로 악명 높다. 알파고의 승리나 로힝야족 탄압에 가담한 페이스북의 사례 등 2010년대에 일어난 사건의 의미는 지금도 평가하기 어렵다. 2020년대 초반 사건의 의미는 훨씬 더 모호하다. 하지만 시야를 넓혀 지난 수천 년 동안 정보 네트워크가 어떻게 발전해왔는지 살펴본다면, 지금 우리가 겪고 있는 상황과 관련하여 어떤 통찰을 얻을 수 있다고 생각한다.

한 가지 교훈은, 정보의 가장 중요한 역할은 실존하는 현실을 재현하는 것이 아니라 새로운 네트워크를 짜는 것이기 때문에 새로운 정보 기술은 항상 중대한 역사적 변화를 이끌어내는 촉매가 된다는 것이다. 고대 메소포타미아의 점토판은 세금 납부를 기록함으로써 최초의 도시국가를 건설하는 데 기여했다. 거룩한 책들은 예언가의 비전을 정경화함으로써 새로운 종류의 종교를 전파했다. 신문과 전신은 대통령과 시민의 말을 빠르게 전파함으로써 대규모 민주주의와 대규모 전체주의로 가는 문을 열었다. 이렇게 기록되고 유포된 정보는 때로는 사실이었고 자주 틀렸지만, 언제나 많은 사람들 사이에서 새로운 연결을 만들어냈다.

우리는 메소포타미아에 건설된 최초의 도시국가, 기독교의 확산, 미국 독립혁명, 볼셰비키 혁명 같은 역사적 혁명들을 정치적, 이념적, 경제적으로 해석하는 데 익숙하다. 하지만 더 깊은 이해를 얻기 위해서는 이런 혁명들을 정보 흐름의 혁명으로 볼 필요가 있다. 기독교는 신화와 전례의 많은 부분에서 그리스 다신교와는 분명히 달랐지만, 한 권의 거룩한 책과 그것을 해석하는 하나의 기관에 중요성을 부여했다는 점에서도 달랐다. 따라서 제우스 신전들은 제각각 존재했지만, 기독교 교회들은 모두 하나의 통일된 네트워크의 노드가 되었다.[4] 그리스도를 따르는 사람들 사이에서 정보가 흐르는 방식은 제우스 신을 숭배하는 사람들 사이에서 정보가 흐르는 방식과는 달랐다. 마찬가지로, 스탈린의 소련은 표트르대제가 통치했던 제정러시아와는 다른 종류의 정보 네트워크였다. 스탈린은 전례가 없는 많은 경제 정책을 시행했는데, 그렇게 할 수 있었던 것은 많은 정보를 중앙에 축적하는 전체주의 네트워크를 운영했기 때문이다. 그는 이런 정보를 바탕으로 수억 명의 삶을 세밀한 부분까지 통제할 수 있었다. 기술의 정해진 운명은 없으며, 같은 기술도 매우 다른 방식으로 사용될 수 있다. 하지만 책이나 전신 같은 정보 기술이 없었다면 기독교 교회와 스탈린주의 체제는 결코 가능하지 않았을 것이다.

이런 역사적 교훈은 우리에게 현재의 정치 논쟁에서 AI 혁명에 더 주목해야 할 필요를 강하게 일깨워준다. AI의 발명은 전신이나 인쇄기, 심지어는 문자의 발명보다 중대한 사건일 수 있다. AI는 스스로 결정을 내리고 아이디어를 생성할 수 있는 최초의 기술이기 때문이다. 인쇄기와 양피지 두루마리가 사람들을 연결하는 새로운 수단을 제공했다면, AI는 주체성을 지닌, 우리 정보 네트워크의 정식 구성원이다. 앞으로 군대부터 종교까지 모든 네트워크에는 인간과는 다른 방식으로 데이터를 처리하는 수백만 개체의 새로운 AI 구성원이 추가될 것이다. 이들은 이질적인 결정과 이질적인 아이디어, 즉 인간이 떠올릴 수 없는 결정과 아이디어를 도출할 것이다. 많은 이질적인 주체들이 추가되면 군대, 종교, 시장, 국가의 형태가 달라질 수밖에 없다. 정치, 경제, 사회 시스템이 통째로 무너질지도 모르고, 그럴 경우 새로운 시스템이 그 자리를 대신할 것이다. 이는 기술에는 관심이 없고 가장 중요한 정치적 문제가 민주주의의 생존이나 부의 공정한 분배라고 생각하는 사람들도 AI에 적극적인 관심을 가져야 하는 이유다.

이 책에서 AI에 대한 논의를《성경》과 같은 공인된 경전들에 대한 논의와 나란히 배치한 이유는 우리가 지금 AI에 권위를 부여하는 일종의 AI 정경화 과정에 있기 때문이다. 아타나시우스 주교와 같은 교부들이 〈디모테오에게 보낸 첫째 편지〉를《성경》데이터세트에 포함시키고 〈바울과 테클라의 행전〉은 제외하기로 결정한 일은 수천 년 동안 우리가 사는 세계에 영향을 미쳤다. 21세기까지 수십억 명의 기독교인이 〈바울과 테클라의 행전〉의 관용적인 태도 대신 〈디모테오에게 보낸 첫째 편지〉의 여성 혐오 사상을 바탕으로 세계관을 형성했다. 지금도 방향을 되돌리기는 어려운데, 교부들이《성경》에 아무런 자정 장치를 포함시키지 않기로 결정했기 때문이다. 오늘날 아타나시우스 주교에 해당하는 사람들은 AI의 초기 코드를 작성하고 아기 AI가 학습할 데이터세트를 선택하는 개발자들이다. AI가 더 큰 힘과 권위를 가지면서 스스로 해석하는 거룩한 책이 되고 있는 지금, 개발자들이 내리는 결정은 수 세기 후까지 파장이 미칠 것이다.

역사를 공부하는 데는 단순히 AI 혁명과 AI에 관한 우리의 결정이 중요하다는 점을 깨닫는 것 이상의 의미가 있다. 역사를 알면, 정보 네트워크와 정보혁명에 대한 일반적이지만 오해의 소지가 있는 두 가지 접근 방식을 경계할 수 있다. 우리는 한편으로는 지나치게 순진하고 낙관적인 시각을 경계해야 한다. 정보는 진실이 아니다. 정보의 주된 임무는 현실을 재현하는 것이 아니라 구성원을 연결하는 것이고, 그동안의 역사에서 정보 네트워크는 대체로 진실보다 질서를 우선시했다. 세금 기록, 거룩한 책, 정치 선언문, 비밀경찰 파일 들은 강력한 국가와 교회를 만드는 데 매우 효과적일 수 있지만, 이런 강력한 정보 네트워크는 왜곡된 세계관을 가지고 권력을 남용하기 쉽다. 아이러니하게도, 때로는 정보가 많아질수록 마녀사냥이 극성을 부리기도 한다.

AI가 기존의 패턴을 깨고 진실을 우선시할 것이라고 기대할 이유는 없다. AI는 무오류의 존재가 아니다. 아직은 우리의 경험이 부족하지만 최근 미얀마, 브라질 등지에서 일어난 충격적인 사건들에서 얻은 짧은 역사적 관점에 비추어 보면, AI는 강력한 자정 장치가 없을 경우 왜곡된 세계관을 조장하고, 심각한 권력 남용을 가능하게 하며, 무시무시한 마녀사냥을 선동할 수 있다.

다른 한편으로는 반대 방향으로 너무 멀리 가서 지나치게 냉소적인 시각을 취하는 것도 경계해야 한다. 포퓰리스트들은 권력이 유일한 현실이고, 인간의 모든 상호작용은 권력투쟁이며, 정보는 단지 적을 항복시키기 위한 무기에 불과하다고 말한다. 그러나 이제껏 한 번도 그랬던 적이 없으며, AI가 그렇게 만들 것이라고 생각할 이유도 없다. 많은 정보 네트워크가 진실보다 질서를 우선시하지만, 진실을 완전히 무시한다면 어떤 네트워크도 살아남을 수 없다. 개인으로서 우리는 권력에만 관심을 갖기보다는 진실에 진심으로 관심이 있다. 삶의 진실을 알고 싶어 하지 않는 사람이 있을까? 스페인 종교재판소 같은 기관에도 알론소 데 살라사르 프리아스처럼 양심적으로 진실을 추구하는 사람들이 있었다. 그는 무고한 사람들을 죽음으로 내모는 대신, 마녀가 상호주관적인 허구에 불과하다는 사실을 목숨 걸고 일깨워주었다. 대부분의 사람들은 자신을 권력에만 집착하는 일차원적 존재로 여기지 않는다. 그렇다면 왜 나머지 사람들은 그런 존재로 취급하는가?

우리는 인간의 모든 상호작용을 제로섬 권력 투쟁으로 환원하는 것을 거부해야 하는데, 이는 과거를 더 충실하고 다면적으로 이해하는 데 중요할 뿐만 아니라, 미래에 대한 더 희망적이고 건설적인 태도를 갖기 위해서도 중요하다. 만일 권력이 유일한 현실이라면, 갈등을 해결하는 방법은 폭력밖에 없을 것이다. 포퓰리스트와 마르크스주의자 모두, 사람들은 자신이 가진 특권에 따라 다른 견해를 취하기 때문에 사람들의 견해를 바꾸려면 먼저 특권을 빼앗아야 한다고 믿는데, 그렇게 하는 데는 보통 무력이 필요하다. 하지만 인간은 진실에 관심이 있으므로 적어도 일부 갈등은 서로 대화하고, 실수를 인정하고, 새로운 아이디어를 수용하고, 우리가 믿는 이야기를 수정함으로써 평화롭게 해결할 기회가 있다. 이것이 바로 민주주의 네트워크와 과학 기관의 기본 전제다. 또한 이 책을 쓰게 된 기본적인 동기이기도 했다.

가장 영리한
동물의 멸종

이제 이 책을 시작할 때 던진 질문으로 돌아가보자. 우리가 지혜로운 사람이라면 우리는 왜 이토록 자기 파괴적일까? 우리는 지구상에서 가장 영리한 동물인 동시에 가장 어리석은 동물이다. 우리는 핵미사일과 초지능 알고리즘을 만들어낼 수 있을 정도로 영리하다. 하지만 통제할 수 있는지 확실하지 않고 통제하지 못하면 우리를 파괴할 수 있는 것들을 덮어놓고 생산할 정도로 어리석다. 우리는 왜 이렇게 할까? 인간 본성의 어떤 부분이 우리를 자기 파괴의 길로 내모는 걸까?

이 책에서 나는 그것은 인간 본성 탓이 아니라 정보 네트워크 탓이라고 주장했다. 진실보다 질서를 우선시한 탓에 인간의 정보 네트워크들은 엄청난 힘을 만들어냈지만 지혜는 거의 만들어내지 못했다. 예를 들어 나치 독일은 고도로 효율적인 군사 기계를 만들어냈지만 그것을 비상식적인 신화를 위해 사용했다. 그 결과 수천만 명이 죽는 엄청난 규모의 비극이 일어났으며, 결국 나치 독일도 패망했다.

물론 힘 자체가 나쁜 건 아니다. 지혜롭게 사용하면 힘은 이로운 도구가 될 수 있다. 예를 들어 현대 문명은 기근을 예방하고 전염병을 억제하고 허리케인이나 지진 같은 자연재해를 완화할 수 있는 힘을 얻었다. 일반적으로 네트워크가 힘을 획득하면 외부의 위협에 더 효과적으로 대처할 수 있지만, 동시에 내부의 위험이 증가한다. 특히 주목할만한 점은 네트워크가 강력해짐에 따라 네트워크 스스로 만들어낸 이야기 속에만 존재하는 상상의 공포가 자연재해보다 위험해질 수 있다는 것이다. 현대 국가는 가뭄이나 폭우에 직면할 때 이런 자연재해로 인해 많은 국민이 굶주리는 것을 막을 수 있다. 하지만 현대 국가가 인간이 만든 환상에 사로잡히면 1930년대 초

소련에서 그러했던 것처럼 대규모 인위적 기근을 일으킬 수 있다.

따라서 네트워크가 막강해질수록 네트워크의 자정 장치가 중요해진다. 석기시대 부족이나 청동기시대 도시국가는 내부의 실수를 찾아내 바로잡지 못해도 피해가 제한적이었다. 기껏해야 한 도시가 파괴되었을 뿐이라서, 생존자들은 다른 곳에서 다시 일어설 수 있었다. 티베리우스나 네로 같은 철기시대 제국에서는 통치자들이 편집증이나 정신이상에 사로잡혀 있어도 파국으로 치닫는 일은 좀처럼 없었다. 로마제국은 미치광이 황제들이 적지 않게 있었음에도 불구하고 수 세기를 버텼고, 결국 무너졌을 때도 인류 문명의 종말을 부르지는 않았다. 하지만 실리콘 시대의 초강대국에 자정 장치가 없거나 있다 해도 약하다면, 우리 종은 물론 수많은 다른 생명체의 생존까지 위태로워질 수 있다. AI 시대에 전 인류는 카프리섬의 별장에 고립된 티베리우스와 비슷한 상황에 있다. 우리는 막대한 힘을 휘두르고 귀한 사치를 누리지만 우리 손으로 만든 창조물에 쉽게 조종당한다. 게다가 우리가 위험을 알아차릴 때는 너무 늦을지도 모른다.

안타깝게도, 인류가 오랫동안 잘 살아가려면 자정 장치가 중요함에도 불구하고 정치인들은 자정 장치를 약화하려는 유혹에 쉽게 빠진다. 이 책 전체에 걸쳐 살펴보았듯이, 자정 장치를 무력화하는 것은 여러 부정적인 결과가 따르는 일이지만 그럼에도 불구하고 정치적으로 유리한 전략이 될 수 있다. 자정 장치가 무너지면 21세기 스탈린의 손에 막강한 힘을 쥐여줄 수 있다. AI로 강화된 전체주의 정권은 인류 문명을 파괴하기 전에 스스로 망할 것이라고 생각한다면 무모한 것이다. 정글의 법칙이 신화인 것처럼, 역사의 호가 정의를 향해 휘어진다는 생각도 신화다. 역사는 여러 방향으로 휘어져 매우 다른 목적지에 도달할 수 있는, 철저히 열려 있는 원호다. 설령 호모 사피엔스가 자멸한다 해도 우주는 평소처럼 계속 돌아갈 것이다. 지상의 진화가 고도로 지능적인 유인원들의 문명을 낳기까지 40억 년이 걸렸다. 우리가 사라지고 고도로 지능적인 쥐들의 문명이 생기기까지 또다시 수억 년이 걸린다 해도 그런 일은 일어날 것이다. 우주는 인내심이 있다.

하지만 이보다 훨씬 더 나쁜 시나리오가 있다. 현재 우리가 아는 한, 지구상에 살고 있는 유인원, 쥐, 여타 유기체들은 우주 전체에서 유일하게 의식이 있는 존재들일지도 모른다. 그런데 우리가 의식은 없지만 매우 강력한 이질적인 형태의 지능을 창조했다. 이 지능을 잘못 다룰 경우 그것은 지구에서의 인간 지배만 끝내는 게 아니라 의식의 빛 자체를 꺼뜨려 우주를 완전한 암흑으로 만들지도 모른다. 우리는 이것을 막을 책임이 있다.

하지만 다행히도 우리가 현실에 안주하거나 낙담하지 않는다면, 스스로의 힘을 견제하는 균형 잡힌 정보 네트워크를 만들어낼 수 있다. 이는 또 다른 기적의 기술을 발명하거나 이전 세대는 생각하지 못한 기발한 아이디어를 떠올려야 한다는 말이 아니다. 오히려 우리가 지혜로운 네트워크를 구축하기 위해서는, 정보에 대한 순진한 관점과 포퓰리즘적 관점을 모두 버리고, 무오류성이라는 환상에서 벗어나 강력한 자정 장치를 갖춘 제도를 구축하는 힘들고 다소 재미없는 일에 전념해야 한다. 이것이 이 책의 가장 중요한 메시지가 아닐까 싶다.

자기 수정을 통한 개선은 인류 역사보다 훨씬 오래된 원리다. 그것은 자연의 기본 원리요, 유기체의 근본 바탕이다. 최초의 유기체는 어떤 오류도 범하지 않는 천재나 신에 의해 창조되지 않았으며, 복잡한 시행착오 과정을 통해 출현했다. 40억 년에 걸쳐 점점 복잡해진 돌연변이 메커니즘과 자기 수정 장치들이 나무, 공룡, 정글, 그리고 마침내 인간을 탄생시켰다. 이제 우리는 유기체가 아닌 이질적인 종류의 지능을 불러냈고, 이 지능은 우리의 통제력을 벗어나 우리 종뿐만 아니라 수많은 다른 생명체들까지 위험에 빠뜨릴지도 모른다. 앞으로 우리가 어떤 결정을 내리느냐에 따라 이 낯선 지능을 소환한 것이 치명적인 실수가 될지, 아니면 생명 진화의 희망찬 새 장을 여는 시작이 될지 판가름 날 것이다.

감사의 글

AI 시대에도 인간은 여전히 중세 시대 속도로 책을 쓰고 출판한다. 나는 2018년에 이 책을 쓰기 시작하여 2021년과 2022년에 원고의 대부분을 작성했다. 하지만 기술적, 정치적 사건들이 매우 빠르게 전개되면서 이 책의 의미가 새롭게 바뀌었다. 분위기는 더욱 긴박해졌고, 많은 대목이 예상치 못한 메시지를 전달하게 되었다. 하지만 변하지 않은 한 가지는 연결의 중요성이다. 집필 당시 국제적 긴장이 고조되고 있었지만, 이 책은 대화, 협력, 우정의 산물로, 국내외에 있는 수많은 사람들의 공동 노력으로 탄생했다.

펀 프레스Fern Press의 발행인인 미할 샤빗과 편집자 데이비드 밀너의 대단한 노력이 없었다면 《넥서스》는 빛을 보지 못했을 것이다. 이 책을 쓰는 동안 완성하지 못할 것 같다고 생각한 적이 여러 번 있었지만 그때마다 그들은 나를 설득했다. 길을 잘못 들었을 때는 인내심을 가지고 끈기 있게 나를 올바른 길로 인도해주었다. 그들의 헌신에 대해, 그리고 다양한 곤란한 문제를 제거해준 것(그들은 내 말이 무슨 뜻인지 알 것이다)에 대해 진심으로 감사하다.

또한 이 책의 집필과 출판에 도움을 주신 많은 분들께도 감사의 말을 전하고 싶다.

미국 펭귄랜덤하우스 출판사의 앤디 워드에게 감사한다. 그는 책의 최종 형태를 만들었고, 편집 과정에서 혼자 힘으로 종교개혁을 종식시킨 것에 비유할 수 있을 만큼 대단히 중요한 역할을 했다.

표지를 디자인하고 앞표지에 비둘기를 포함시켜 준 빈티지의 크리에이티브 디렉터 수잰 딘과 사진 편집자 릴리 리처즈에게 감사드린다.

추가적인 피드백과 아이디어를 제공해주고 신뢰와 헌신을 보여준 전 세계 출판사와 번역자들에게 감사한다.

사피엔스십 사내 연구팀의 뛰어난 팀장 제이슨 패리와 팀원들인 레이 브랜든, 광위 첸, 짐 클라크, 코린 드 라크로아, 도르 실턴, 지찬 왕에게 감사한다. 이들은 석기시대 종교부터 오늘날의 소셜 미디어 알고리즘에 이르기까지 수많은 주제를 조사하고, 수천 개 사실을 끊임없이 확인하고, 수백 개의 주석을 표준화했으며, 수많은 실수와 오해를 바로잡아주었다.

이 여정을 함께해준 멋진 사피엔스십 팀의 구성원들인 셰이 아벨, 대니얼 테일러, 마이클 주르, 나다브 노이만, 아리엘 레틱, 해나 샤피로, 갈리에테 카지르, 그리고 최근에 합류한 여러 팀원들에게 감사의 마음을 전한다. "지식과 연민의 씨앗을 뿌리고, 세계인의 대화를 인류가 직면한 가장 중요한 도전에 집중시킨다"는 사피엔스십의 사명에 따라 이 책의 제작 과정에 참여하고 모든 프로젝트에 지속적으로 헌신해준 여러분께 감사드린다.

변함없는 열정과 통찰력으로 책의 브랜딩과 홍보 캠페인을 이끌어준 사피엔스십의 최고 마케팅 책임자이자 콘텐츠 디렉터인 나아마 바르텐부르크에게 감사드린다.

수많은 폭풍과 지뢰밭 속에서도 사피엔스십을 현명하게 이끌어주었으며, 능력과 연민을 결합하고 우리의 철학과 전략을 빚어준 CEO 나아마 아비탈에게 감사드린다.

수년간 인내와 사랑을 베풀어준 친구들과 가족들에게 감사드린다. 시간과 경험을 아낌없이 나눠준 양가의 어머니 프니나와 한나, 원고의 첫 번째 초안을 작성하던 중 100세의 나이로 돌아가신 할머니 파니, 사피엔스십을 설립하고 전 세계적 활동과 성공을 이끌어준 나의 천재적인 배우자이자 파트너인 이치크에게 감사한다.

마지막으로, 이 모든 노력을 가치 있게 만들어주는 독자들에게 감사드린다. 책은 저자와 독자를 이어주는 연결 고리다. 많은 마음을 하나로 이어주는 이 연결 고리는 책이 읽힐 때만 생긴다.

옮긴이의 말

《사피엔스》의 핵심 논지는 신, 국가, 돈처럼 우리의 집단 상상 속에만 존재하는 것들(하라리가 '허구'라고 부르는 것)을 믿는 인간의 능력이 인류 사회를 발전시킨 원동력이라는 것이다. 우리는 이런 것들을 믿은 덕분에 대규모로 협력할 수 있었고, 그 힘을 바탕으로 지구를 지배하게 되었다. 하지만 《사피엔스》에서 하라리는 이런 힘을 가진 사피엔스가 이룩한 것들 중 자랑스러운 것은 거의 없다고 말하면서, 스스로 신이 되려는 인간을 불안한 시선으로 본다. 호모 사피엔스의 다음 단계로 나아가려는 인간에 대한 책이 바로 《호모 데우스》다. 이 책에서 그는 오래된 집단 신화가 신기술과 짝을 이룰 때 인류가 맞게 될 기회와 위험을 다루며, 미래에 권위는 신도, 인간도 아닌 정보가 갖게 될 것이라고 예언한다. 어쩌면 인간은 새로운 신의 자리를 정보에 내어주어야 할지도 모른다.

《넥서스》에서 하라리는 두 책의 논의를 확장한다. '허구'를 믿을 수 있는 능력을 강조한《사피엔스》의 핵심 논지는 정보를 중심으로 재구성된다. 로마제국, 가톨릭교회, 소련 등 모든 대규모 사회는 정보 네트워크이고, 이야기(신화), 문서(관료제의 서류), '거룩한 책'(신의 말씀을 기록하고 해석하는 책), 그리고 오늘날의 컴퓨터와 AI는 모두 정보 기술이다. 이야기는 정보 네트워크를 결속하고, 문서는 네트워크에 질서를 부여하며, 거룩한 책들은 그런 질서를 정당화한다. 오늘날 컴퓨터와 AI는 네트워크의 정식 구성원이 되었다.

《호모 데우스》에서 인본주의와 자유주의를 대체할 이념으로 제시된 데이터주의(데이터교)도 수면 위로 떠오른다. 데이터주의는 인간 경험의 가치를 데이터 처리의 관점에서 평가한다. 따라서 같은 기능을 더 잘 해내는 알고리즘이 개발되면 인간 경험은 가치를 잃는다. 하라리가 이렇게 말한 지 8년이 흐른 지금, 실제로 컴퓨터는 인간을 해킹할 수 있는 능력을 얻고 있다. 즉 인간을 인간보다 더 잘 이해할 수 있다는 뜻이다. 컴퓨터는 이제 직접 신화를 창조하고 관료가 될 태세다. 하라리는 이대로 가면 역사에서 인류가 지배하는 장이 끝날지도 모른다는 서늘한 전망을 내놓는다.

《넥서스》에서 하라리는 '지혜로운 사람(호모 사피엔스)'이라는 우리가 막강한 힘을 가지고 있지만 그다지 지혜롭지 못한 이유를 '네트워크 문제', 더 구체적으로는 '정보 문제'라고 선언한다. 그는 인간의 정보 네트워크의 역사는 항상 진실과 질서 사이의 균형 맞추기였으며, 대체로는 질서를 위해 진실이 희생되었다고 말한다. 그리고 그 이유를, 원래 정보가 하는 일이 "현실을 있는 그대로 재현하는 것이 아니라, 별개의 것들을 하나로 묶어 새로운 현실을 만들어내는 것"이기 때문이라고 설명한다. 이렇게 정보를 '사회적 연결고리'로 보면, 왜 정보의 양과 지혜가 비례하지 않는지 알 수 있다. 또한 왜 인터넷과 AI 같은 더 강력한 정보 기술이 더 나은 사회를 보장해주지 않는지도 이해할 수 있다.

실제로 21세기 정보혁명의 모델이자 선례였던 인쇄혁명으로 세상에 수많은 정보가 쏟아져 나왔지만, 코페르니쿠스 혁명으로 인간을 우주의 중심에서 쫓아낸《천구의 회전에 관하여》(1543)는 초판 400부도 다 팔리지 않았다. 오히려 근대 초기 베스트셀러는 사탄 음모론을 주장하며 마녀사냥을 부추긴 하인리히 크라머의《마녀의 망치》(1486)였다. 오늘날 인터넷과 소셜 미디어 플랫폼의 발달로 정보의 양은 거의 무한대로 증가하고 있지만 이런 플랫폼에는 허위 사실과 혐오가 난무한다. 최근 미얀마에서 일어난 소수민족 학살 사건에 페이스북 알고리즘이 중요한 역할을 했다는 사실이 알려지며 충격을 주기도 했다.

존 밀턴은《아레오파지티카》(1644)에서 언론 및 표현의 자유를 찬양하며 "거짓의 먼지와 재가 진실이라는 갑옷을 빛나게 할 수 있다"고 말했다. 진실은 충분히 힘이 세며, 따라서 거짓된 생각들이 퍼지더라도 자연스럽게 진실이 승리할 것이라는 뜻이다. 하지만 정보혁명 시대에 그것은 '순진한 관점'일 수 있는데, 왜냐하면 표현의 자유보다 '정보의 자유'가 우선하기 때문이다. 표현의 자유는 인간에게 주어진 것이고 인간의 권리를 보호했지만, 정보의 자유는 정보에 주어진다.

더 많은 정보는 급기야 통제 불능의 AI를 불러냈다.《넥서스》시작 부분에서 하라리는 능력 밖의 일에 손댔다가 감당 못할 사태를 부르는 '마법사의 제자'를 언급한다. 인간은 종종 마법사의 제자처럼 강력한 무언가를 만들어 의도치 않은 결과를 초래하곤 한다. 괴테는 이 문제를 개인의 심리적 결함(교만이나 욕심) 탓으로 돌렸지만, 하라리의 관점에서 보면 힘은 항상 많은 사람들의 협력에서 비롯되는 사회적 산물이다. 실제로, 인공지능은 실수로 만들어진 것이 아니라 수많은 과학자들이 수십 년 동안 뜻을 두고 연구해온 것이다.

작년(2023년 3월)에 하라리는 AI 연구를 최소 6개월 동안 중단할 것을 촉구하는 공개서한에 서명했다. 당시 테슬라 CEO 일론 머스크, 애플 공동창업자 스티브 워즈니악을 포함해 2만 7,000명 이상이 그 공개서한에 서명했다고 알려졌다. 서명자들은 AI 연구소들이 점점 더 강력한 시스템을 개발하고 배포하는 "통제 불가능한 경쟁"에 갇혀 있으며, 그 시스템을 개발한 사람들을 포함해 아무도 그것을 이해하고 예측하고 통제할 수 없다고 우려했다. 하라리의 가장 큰 걱정은 이런 낯선 지능이 우리의 의사 결정 과정에 참여하는 것이다. 과거의 정보 기술이었던 점토판, 인쇄기, 라디오는 단순히 네트워크 구성원들을 연결하는 장치에 불과했다. 근대 초기 유럽에서 독자들이 라틴어로 쓰인 《마녀의 망치》를 읽으려면 책을 찾고, 구매하고, 번역해야 했다. 하지만 소셜 미디어 알고리즘은 직접 사람들을 자극적인 콘텐츠로 이끈다.

더 큰 문제는 컴퓨터가 스스로 결정을 내리고 스스로 아이디어를 생성할 수 있을 뿐 아니라 인간과는 다른 방식으로 그렇게 한다는 것이다. AI는 점점 인간의 손아귀를 벗어남으로써 '인공'지능Artificial intelligence이 아니라 '이질적인' 지능Alien Intelligence이 되고 있다고 하라리는 지적한다. 당연히 AI는 무오류의 존재가 아니다. 이 책에서 하라리는 종교사에 많은 지면을 할애하는데, 신의 말씀을 기록한 책과 AI가 둘 다 무오류의 초인적 권위를 창조하려는 시도라는 점을 보여줌으로써 경각심을 불러일으키기 위해서다. 그는 오류를 바로잡을 수 있는 장치의 중요성을 강조하면서, 《성경》 정경에 어떤 책을 포함할지 결정한 것이 수세기에 걸쳐 광범위한 결과를 초래한 것처럼 오늘날 AI를 놓고 내린 결정이 인류의 미래를 결정할 것이라고 경고한다.

"하루빨리 새로운 천국이 어떤 모습일지 생각해보지 않으면 순진한 유토피아에 현혹될 것"이고 "새로운 지옥이 어떤 모습일지 생각하는 것을 미루면 출구 없는 곳에 갇혀버릴 것이다". 하라리가 《호모 데우스》 2022년 특별 서문에서 한 말이다. 스탈린이 꿈꾸던, 모든 사람이 무엇을 생각하고 느끼는지까지 알고 조작할 수 있는 완전한 통제가 가능해질까? 어쩌면 21세기의 전체주의 정권은 비밀경찰, 강제수용소, 또는 조지 오웰의 《1984》에서 역사적 사건을 위조하여 대중을 속이는 '진실부' 같은 기관이 필요 없을지도 모른다. 오히려 우리 미래는 올더스 헉슬리의 《멋진 신세계》에 가까울지도 모른다. 인간의 모든 바람을 해킹하여 누구도 반란을 일으킬 이유가 없게 만드는 곳. 그곳은 유토피아일까, 디스토피아일까?

거의 무명이던 이스라엘의 역사학자이자 철학자인 유발 하라리는 《사피엔스》로 대중 지식인의 정점에 올랐으며 《호모 데우스》와

《21세기를 위한 21가지 제언》으로 이 위치를 공고히 했다. 그는 실리콘밸리에서 추앙받고, 빌 게이츠, 마크 저커버그, 제프 베이조스 같은 유명인들이 그의 책을 추천하고 홍보했다.

하지만 무명 시절 하라리가 쓴 초기 출판물들은 중세 군사 전략과 전투의 역사에 관한 것들이었다. 하라리의 경로를 바꾼 것은 세계사 개론 수업이었다. 예루살렘 히브리 대학교에서 했던 강의는 《사피엔스》의 기초를 형성했다. 그의 강의는 문학, 예술, 과학을 활용하여 역사적 사건에 대한 전체적인 이해를 제공할 뿐 아니라 역사적 내러티브를 동시대 문제와 연결함으로써 학생들 사이에서 큰 인기를 얻었다.

하라리에게 '사회적 구성물과 실재'에 관한 사실은 학부 시절 역사를 전공하던 첫해에 배운 가장 기본적인 내용 중 하나였다. 그는 이 평범한 사실을 모든 사람이 알고 있으리라 생각했지만, 전 세계 많은 독자는 그것을 대단한 발견으로 받아들였다. 《사피엔스》는 2,500만 부 이상 판매되었다. 허구(사회적 구성물)가 정치적 힘을 가진다는 생각, 호모 사피엔스가 기술 발전으로 인해 쓸모없는 존재가 될지도 모른다는 생각은 하라리 이전부터 여러 형태로 존재해왔지만 하라리가 그것을 전달하는 방식이 사람들에게 그토록 매력적으로 다가오는 이유는 뭘까?

그 이유에 대해 하라리 본인은, 최근 몇십 년 동안 인문학에서 '대서사'를 창조하는 시도가 거의 금기시되었던 상황에서 기술이 급속도로 발전하며 그동안 철학적 사치였던 질문들(인간이란 무엇인가, 선이 무엇인가)이 현실로 다가왔기 때문이라고 설명했다. 그런 중요한 철학적 질문에 대한 인문학적 관점이 필요한 순간 마침 그가 그것을 제공한 것이다. 또한 하라리는 자신의 핵심 아이디어가 단순하다는 점도 한몫한 것 같다고 말했다. 바로 이야기가 중요하다는 생각이다. 세상을 이해하기 위해서는 이야기를 진지하게 취급할 필요가 있는데, 우리가 믿는 이야기가 우리가 만드는 세상에 영향을 미치기 때문이다.

하라리는 흥미진진한 글로 독자를 몰입시키지만, 정작 자신은 세속적인 생활과 거리를 두고 있는 듯한 느낌을 준다. 그는 스마트폰을 사용하지 않고, 매일 두 시간씩 명상하며, 매년 한 달 이상 수행하며 침묵을 지킨다. 이런 수도승 같은 분위기를 떠올리면, 산 중턱에 올라 인류 역사를 한눈에 조망하는 '빅히스토리'가 그에게 꽤 잘 어울린다는 생각이 들고, 그의 글이 먼발치에서 지켜보는 느낌을 주는 이유를 알 것만 같다. 그래서인지, "이 이질적인 지능을 잘못 다룰 경우 그것은 지구에서의 인간 지배만 끝내는 게 아니라 의식의 빛 자체를 꺼뜨려 우주를 완전한 암흑으로 만들지도 모른다"와 같은 그의 묵시록적 경고들은 뇌리에서 쉽게 떨쳐지지 않는다.

'넥서스'는 네트워크에서 여러 노드(사람, 장치, 시스템 등)가 연결되는 중심 연결점을 뜻한다. '정보가 인간 네트워크를 어떻게 구축하는지' 탐구하는《넥서스》는 제목 그대로 '연결'에 대한 책이다. 또한 정보라는 키워드를 중심으로 역사, 종교, 신화, 문학, 진화생물학 같은 다양한 주제가 만난다는 의미에서 책 자체가 '넥서스' 역할을 한다. 종교사와 AI에 대한 논의가 만나는 책이라니! 무엇보다《넥서스》는 저자인 하라리와 수많은 독자의 마음을 연결한다. 이야기로 사람들을 연결하는 일을 하라리보다 잘할 수 있는 사람이 있을까?

2024년 9월
김명주

주

프롤로그

1 Sean McMeekin, *Stalin's War: A New History of World War II* (New York: Basic Books, 2021).

2 "Reagan Urges 'Risk' on Gorbachev: Soviet Leader May Be Only Hope for Change, He Says," *Los Angeles Times,* June 13, 1989, www.latimes.com/archives/la-xpm-1989-06-13-mn-2300-story.html.

3 White House, "Remarks by President Barack Obama at Town Hall Meeting with Future Chinese Leaders," Office of the Press Secretary, Nov. 16, 2009, obamawhitehouse.archives.gov/the-press-office/remarks-president-barack-obama-town-hall-meeting-with-future-chinese-leaders.

4 Evgeny Morozov, *The Net Delusion: The Dark Side of Internet Freedom* (New York: Public Affairs, 2012)에서 발췌.

5 Christian Fuchs, "An Alternative View of Privacy on Facebook," *Information* 2, no. 1 (2011): 140-65에서 발췌.

6 Ray Kurzweil, *The Singularity Is Nearer: When We Merge with AI* (London: The Bodley Head, 2024), 121-23.

7 Sigrid Damm, *Cornelia Goethe* (Berlin: Insel, 1988), 17-18; Dagmar von Gersdorff, *Goethes Mutter* (Stuttgart: Hermann Bohlaus Nachfolger Weimar, 2004); Johann Wolfgang von Goethe, *Goethes Leben von Tag zu Tag: Eine dokumentarische Chronik* (Dusseldorf: Artemis, 1982), 1:1749-75.

8 Stephan Oswald, *Im Schatten des Vaters. August von Goethe* (Munich: C. H. Beck, 2023); Rainer Holm-Hadulla, *Goethe's Path to Creativity: A Psycho-biography of the Eminent Politician, Scientist, and Poet* (New York: Routledge, 2018); Lisbet Koerner, "Goethe's Botany: Lessons of a Feminine Science," *History of Science Society* 84, no. 3 (1993): 470-95; Alvin Zipursky, Vinod K. Bhutani, and Isaac Odame, "Rhesus Disease: A Global Prevention Strategy," *Lancet Child and Adolescent Health* 2, no. 7 (2018): 536-42; John Queenan, "Overview: The Fetus as a Patient:

The Origin of the Specialty," in *Fetal Research and Applications: A Conference Summary* (Washington, D.C.: National Academies Press, 1994), accessed Jan. 4, 2024, www.ncbi.nlm.nih.gov/books/NBK231999/.

9   John Knodel, "Two and a Half Centuries of Demographic History in a Bavarian Village," *Population Studies* 24, no. 3 (1970): 353–76.

10   Saloni Dattani et al., "Child and Infant Mortality," Our World in Data, 2023, accessed Jan. 3, 2024, ourworldindata.org/child-mortality#mortality-in-the-past-around-half-died-as-children.

11   같은 자료.

12   "Most Recent Stillbirth, Child, and Adolescent Mortality Estimates," UN Interagency Group for Child Mortality Estimation, accessed Jan. 3, 2024, childmortality.org/data/Germany.

13   한 추정에 따르면, 알렉산드리아 도서관은 약 1,000억 비트, 즉 12.5기가바이트의 정보를 보유하고 있었다. Douglas S. Robertson, "The Information Revolution," *Communication Research* 17, no. 2 (1990): 235–54를 참조하라. 2020년, 안드로이드 휴대폰의 평균 저장 용량은 약 96기가바이트였다. Brady Wang, "Average Smartphone NAND Flash Capacity Crossed 100GB in 2020," Counterpoint Research, March 30, 2021, www.counterpointresearch.com/average-smartphone-nand-flash-capacity-crossed-100gb-2020/을 참조하라.

14   Marc Andreessen, "Why AI Will Save the World," Andreessen Horowitz, June 6, 2023, a16z.com/ai-will-save-the-world/.

15   Ray Kurzweil, *The Singularity Is Nearer: When We Merge with AI* (London: The Bodley Head, 2024), 285.

16   Andy McKenzie, "Transcript of Sam Altman's Interview Touching on AI Safety," *LessWrong,* Jan. 21, 2023, www.lesswrong.com/posts/PTzsEQXkCfig9A6AS/transcript-of-sam-altman-s-interview-touching-on-ai-safety; Ian Hogarth, "We Must Slow Down the Race to God-Like AI," *Financial Times,* April 13, 2023, www.ft.com/content/03895dc4-a3b7-481e-95cc-336a524f2ac2; "Pause Giant AI Experiments: An Open Letter," Future of Life Institute, March 22, 2023, futureoflife.org/open-letter/pause-giant-ai-experiments/; Cade Metz, "'The Godfather of AI' Quits Google and Warns of Danger," *New York Times,* May 1, 2023, www.nytimes.com/2023/05/01/technology/ai-google-chatbot-engineer-quits-hinton.

html; Mustafa Suleyman, *The Coming Wave: Technology, Power, and the Twenty-First Century's Greatest Dilemma*, with Michael Bhaskar (New York: Crown, 2023); Walter Isaacson, *Elon Musk* (London: Simon & Schuster, 2023).

17 Yoshua Bengio et al., "Managing Extreme AI Risks Amid Rapid Progress," *Science* (May 2024): Article eadn0117.

18 Katja Grace et al., "Thousands of AI Authors on the Future of AI," (Preprint, submitted in 2024), https://arxiv.org/abs/2401.02843.

19 "The Bletchley Declaration by Countries Attending the AI Safety Summit, 1–2 November 2023," Gov.UK, Nov. 1 2023, www.gov.uk/government/publications/ai-safety-summit-2023-the-bletchley-declaration/the-bletchley-declaration-by-countries-attending-the-ai-safety-summit-1-2-november-2023.

20 Jan-Werner Müller, *What Is Populism?* (Philadelphia: University of Pennsylvania Press, 2016).

21 플라톤의《국가》에서, 트라시마코스, 글라우콘, 아데이만토스는 모든 사람, 특히 정치인, 판사, 공무원은 오직 개인의 특권에만 관심이 있으며 그 목적을 위해 속내를 감추고 거짓말을 한다고 주장한다. 그들은 소크라테스에게 "겉모습이 진실을 지배한다"는 주장과 "정의는 강자의 이익일 뿐이다"라는 주장에 반박해보라고 요구한다. 이와 유사한 견해가 힌두 고전《아르타샤스트라Arthashastra》, 고대 중국의 법가 사상가들인 한비와 상앙의 저작, 마키아벨리와 홉스 같은 근대 초기 유럽 사상가들의 저작에서도 논의되었고, 때로는 지지를 받기도 했다. 다음 저작들을 참조하라. Roger Boesche, *The First Great Political Realist: Kautilya and His "Arthashastra"* (Lanham, Md.: Lexington Books, 2002); Shang Yang, *The Book of Lord Shang: Apologetics of State Power in Early China*, trans. Yuri Pines (New York: Columbia University Press, 2017); Zhengyuan Fu, *China's Legalists: The Earliest Totalitarians and Their Art of Ruling* (New York: Routledge, 2015).

22 Ulises A. Mejias and Nick Couldry, *Data Grab: The New Colonialism of Big Tech and How to Fight Back* (London: Ebury, 2024); Michel Foucault, *The Birth of the Clinic: An Archaeology of Medical Perception* (New York: Vintage Books, 1975); Michel Foucault, *The History of Sexuality* (New York: Vintage Books, 1990); Edward W. Said, *Orientalism* (New York: Vintage Books, 1994); Aníbal Quijano, "Coloniality and Modernity/Rationality," *Cultural Studies* 21, no. 2–3 (2007): 168–78; Sylvia Wynter, "Unsettling the Coloniality of Being-Power-Truth-Freedom Toward the Human, After Man, Its Overrepresentation-an Argument," *New Centennial Review* 3, no. 3

(2003): 257–337. 심층적인 논의로는 Francis Fukuyama, *Liberalism and Its Discontents* (London: Profile Books, 2022)을 보라.

23 Donald J. Trump, Inaugural Address, Jan. 20, 2017, American Presidency Project, www.presidency.ucsb.edu/node/320188.

24 Cas Mudde, "The Populist Zeitgeist," *Government and Opposition* 39, no. 3 (2004): 541–63.

25 Sedona Chinn and Ariel Hasell, "Support for 'Doing Your Own Research' Is Associated with COVID-19 Misperceptions and Scientific Mistrust," *Misinformation Review,* June 12, 2023, misinforeview.hks.harvard.edu/article/support-for-doing-your-own-research-is-associated-with-covid-19-misperceptions-and-scientific-mistrust/.

26 예를 들어 유튜브 동영상 "God's Enclosed Flat Earth Investigation-Full Documentary [HD]," YouTube, www.youtube.com/watch?v=J6CPrGHpmMs을 보라. "Disinformation and Echo Chambers: How Disinformation Circulates on Social Media Through Identity-Driven Controversies," *Journal of Public Policy and Marketing* 42, no. 1 (2023): 18–35에서 이 동영상이 언급되었다.

27 예를 들어 David Klepper, "Trump Arrest Prompts Jesus Comparisons: 'Spiritual Warfare,'" Associated Press, April 6, 2023, apnews.com/article/donald-trump-arraignment-jesus-christ-conspiracy-theory-670c45bd71b-3466dcd6e8e188badcd1d; Katy Watson, "Brazil Election: 'We'll Vote for Bolsonaro Because He Is God,'" BBC, Sept. 28, 2022, www.bbc.com/news/world-latin-america-62929581을 참조하라.

28 Oliver Hahl, Minjae Kim, and Ezra W. Zuckerman Sivan, "The Authentic Appeal of the Lying Demagogue: Proclaiming the Deeper Truth About Political Illegitimacy," *American Sociological Review* 83, no. 1 (2018): 1–33.

1. 정보란 무엇인가?

1 예를 들어, 시뮬레이션 가설에 관한 닉 보스트롬과 데이비드 차머스의 저작을 참조하라. 시뮬레이션 가설이 사실이라면, 우리는 우주가 궁극적으로 무엇으로 이루어져 있는지 전혀 알 수 없지만, 시뮬레이션된 세계에서 우리가 보는 모든 것은 정보의 비트로 이루어져 있을 것이다. Nick Bostrom, "Are We Living in a Computer Simulation?," *Philosoph-*

ical Quarterly 53, no. 211 (2003): 243-55, www.jstor.org/stable/3542867; David J. Chalmers, *Reality+: Virtual Worlds and the Problems of Philosophy* (New York: W. W. Norton, 2022). 다음 문헌들도 참조하라. Archibald Wheeler's influential notion of "it from bit": John Archibald Wheeler, "Information, Physics, Quantum: The Search for Links," *Proceedings III International Symposium on Foundations of Quantum Mechanics* (Tokyo, 1989), 354-68; Paul Davies and Niels Henrik Gregersen, eds., *Information and the Nature of Reality: From Physics to Metaphysics* (Cambridge, U.K.: Cambridge University Press, 2014); Erik Verlinde, "On the Origin of Gravity and the Laws of Newton," *Journal of High Energy Physics* 4 (2011): 1-27. "모든 것은 정보에서 비롯된다"라는 관점은 물리학계에서 점차 수용되고 있지만, 대부분의 물리학자들은 여전히 이 관점을 의심하거나 거부하며, 물질과 에너지가 자연을 이루는 기본 단위이고 정보는 파생된 현상이라고 생각한다.

2   Cesar Hidalgo, *Why Information Grows* (New York: Basic Books, 2015)는 정보에 대한 내 생각에 큰 영향을 주었다. 다른 견해와 논의에 대해서는 다음 문헌들을 보라. Artemy Kolchinsky and David H. Wolpert, "Semantic Information, Autonomous Agency, and Non-equilibrium Statistical Physics," *Interface Focus* 8, no. 6 (2018), article 20180041; Peter Godfrey-Smith and Kim Sterelny, "Biological Information," in *The Stanford Encyclopedia of Philosophy,* ed. Edward N. Zalta, Summer 2016 (Palo Alto, Calif.: Metaphysics Research Lab, Stanford University, 2016), plato.stanford.edu/archives/sum2016/entries/information-biological/; Luciano Floridi, *The Philosophy of Information* (Oxford: Oxford University Press, 2011).

3   Don Vaughan, "Cher Ami," in *Encyclopedia Britannica,* accessed Feb. 14, 2024, www.britannica.com/animal/Cher-Ami; Charles White Whittlesey Collection, Williams College Library, accessed Feb. 14, 2024, archivesspace.williams.edu/repositories/2/resources/101; John W. Nell, *The Lost Battalion: A Private's Story,* ed. Ron Lammert (San Antonio: Historical Publishing Network, 2001); Frank A. Blazich Jr., "Feathers of Honor: U.S. Signal Corps Pigeon Service in World War I, 1917-1918," *Army History* 117 (2020): 32-51. '잃어버린 대대'의 원래 병력 규모와 사상자 수에 대해서는 Robert Laplander, *Finding the Lost Battalion: Beyond the Rumors, Myths, and Legends of America's Famous WWI Epic,* 3rd ed. (Waterford, Wis.: Lulu Press, 2017), 13을 보라. 세르 아미 이야기에 대한 비판적 재평가로는 Frank A. Blazich, "Notre Cher Ami: The Enduring Myth and Memory of a Humble Pigeon," *Journal*

of Military History 85, no. 3 (July 2021): 646-77을 보라.

4   Eliezer Livneh, Yosef Nedava, and Yoram Efrati, *Nili: Toldoteha shel he'azah medinit* [Nili: A story of political daring] (Tel Aviv: Schocken, 1980), 143; Yigal Sheffy, *British Military Intelligence in the Palestine Campaign, 1914-1918* (London: Routledge, 1998); Gregory J. Wallance, *The Woman Who Fought an Empire: Sarah Aaronsohn and Her Nili Spy Ring* (Lincoln: University of Nebraska Press, 2018), 155-72.

5   오스만제국이 NILI 스파이 조직의 존재를 알아챈 여러 이유들이 있었지만, 대부분의 기록은 비둘기의 중요성을 강조한다. 자세한 내용은 다음 자료들을 참조하라. Livneh, Nedava, and Efrati, *Nili,* 281-84; Wallance, *Woman Who Fought an Empire,* 180-81, 202-32; Sheffy, *British Military Intelligence in the Palestine Campaign,* 159; Eliezer Tauber, "The Capture of the NILI Spies: The Turkish Version," *Intelligence and National Security* 6, no. 4 (1991): 701-10.

6   이 문제들에 대한 심도 있는 논의로는 Catherine D'Ignazio and Lauren F. Klein, *Data Feminism* (Cambridge, Mass.: MIT Press, 2020), 73-91을 보라.

7   Jorge Luis Borges and Adolfo Bioy Casares, "On Exactitude in Science," in *A Universal History of Infamy,* trans. Norman Thomas Di Giovanni (London: Penguin Books, 1975), 131.

8   Samriddhi Chauhan and Roshan Deshmukh, "Astrology Market Research, 2031," Allied Market Research, Jan. 2023, www.alliedmarketresearch.com/astrology-market-A31779; Temcharoenkit Sasiwimon and Donald A. Johnson, "Factors Influencing Attitudes Toward Astrology and Making Relationship Decisions Among Thai Adults," *Scholar: Human Sciences* 13, no. 1 (2021): 15-27.

9   Frederick Henry Cramer, *Astrology in Roman Law and Politics* (Philadelphia: American Philosophical Society, 1954); Tamsyn Barton, *Power and Knowledge: Astrology, Physiognomics, and Medicine Under the Roman Empire* (Ann Arbor: University of Michigan Press, 2002), 57; Raffaela Garosi, "Indagine sulla formazione di concetto di magia nella cultura Romana," in *Magia: Studi di storia delle religioni in memoria di Raffaela Garosi,* ed. Paolo Xella (Rome: Bulzoni, 1976), 13-97.

10   Lindsay Murdoch, "Myanmar Elections: Astrologers' Influential Role in National Decisions," *Sydney Morning Herald,* Nov. 12, 2015, www.smh.com.au/world/myanmar-elections-astrologers-influential-role-in-national-decisions-20151112-gkxc3j.html.

11 Barbara Ehrenreich, *Dancing in the Streets: A History of Collective Joy* (New York: Metropolitan Books, 2006); Wray Herbert, "All Together Now: The Universal Appeal of Moving in Unison," *Scientific American,* April 1, 2009, www.scientificamerican.com/article/were-only-human-all-together-now/; Idil Kokal et al., "Synchronized Drumming Enhances Activity in the Caudate and Facilitates Prosocial Commitment-if the Rhythm Comes Easily," *PLOS ONE* 6, no. 11 (2011); Martin Lang et al., "Lost in the Rhythm: Effects of Rhythm on Subsequent Interpersonal Coordination," *Cognitive Science* 40, no. 7 (2016): 1797-815.

12 생물학에서 정보의 역할, 특히 DNA가 정보를 담고 있다는 개념에 대한 논쟁을 보려면 다음 자료들을 참조하라. Godfrey-Smith and Sterelny, "Biological Information"; John Maynard Smith, "The Concept of Information in Biology," in *Information and the Nature of Reality: From Physics to Metaphysics* (Cambridge, U.K.: Cambridge University Press, 2014); Sahotra Sarkar, "Biological Information: A Skeptical Look at Some Central Dogmas of Molecular Biology," in *The Philosophy and History of Molecular Biology,* ed. Sahotra Sarkar (Norwell: Kluwer Academic Publishers, 1996), 187-231; Terrence W. Deacon, "How Molecules Became Signs," *Biosemiotics* 14, no. 3 (2021): 537-59.

13 Sven R. Kjellberg et al., "The Effect of Adrenaline on the Contraction of the Human Heart Under Normal Circulatory Conditions," *Acta Physiologica Scandinavica* 24, no. 4 (1952): 333-49.

14 Bruce I. Bustard, "20 July 1969," *Prologue Magazine* 35, no. 2 (Summer 2003), National Archives, www.archives.gov/publications/prologue/2003/summer/20-july-1969.html.

15 유대교와 기독교는 〈창세기〉에 나오는 관련 구절들을 다양하게 해석해왔지만, 대부분의 사람들은 노아의 대홍수가 세계가 창조되고 1,656년 후인 약 4,000년 전에 발생했으며, 바벨탑은 홍수 100년 후, 또는 수백 년 후에 무너졌다는 해석을 받아들인다.

16 Michael I. Bird et al., "Early Human Settlement of Sahul Was Not an Accident," *Scientific Reports* 9, no. 1 (2019): 8220; Chris Clarkson et al., "Human Occupation of Northern Australia by 65,000 Years Ago," *Nature* 547, no. 7663 (2017): 306-10.

17 예를 들어 〈레위기〉 26:16와 26:25; 〈신명기〉 28:22, 28:58-63, 32:24, 32:35-36, 32:39; 〈예레미야〉 14:12, 21:6-9, 24:10을 참조하라.

18 예를 들어 〈신명기〉 28, 〈역대기하〉 20:9, 〈시편〉 91:3을 참조하라.

19 Pope Francis, "Homily of His Holiness Pope Francis 'Return to God and Return to the Embrace of the Father,'" March 20, 2020, www.vatican.va/content/francesco/en/cotidie/2020/documents/papa-francesco-cotidie_20200320_peri-medici-ele-autorita.html; Philip Pullella, "Rome Catholic Churches Ordered Closed due to Coronavirus, Unprecedented in Modern Times," Reuters, March 13, 2020, www.reuters.com/article/us-health-coronavirus-italy-rome-churche-idUSKBN20Z3BU.

2. 이야기: 무한한 연결

1 Thomas A. DiPrete et al., "Segregation in Social Networks Based on Acquaintanceship and Trust," *American Journal of Sociology* 116, no. 4 (2011): 1234-83; R. Jenkins, A. J. Dowsett, and A. M. Burton, "How Many Faces Do People Know?," *Proceedings of the Royal Society B: Biological Sciences* 285, no. 1888 (2018), article 20181319; Robin Dunbar, "Dunbar's Number: Why My Theory That Humans Can Only Maintain 150 Friendships Has Withstood 30 Years of Scrutiny," The Conversation, May 12, 2021, theconversation.com/dunbars-number-why-my-theory-that-humans-can-only-maintain-150-friendships-has-withstood-30-years-of-scrutiny-160676.

2 Melissa E. Thompson et al., "The Kibale Chimpanzee Project: Over Thirty Years of Research, Conservation, and Change," *Biological Conservation* 252 (2020), article 108857; Jill D. Pruetz and Nicole M. Herzog, "Savanna Chimpanzees at Fongoli, Senegal, Navigate a Fire Landscape," *Current Anthropology* 58, no. S16 (2017): S337-S350; Budongo Conservation Field Station, accessed Jan. 4, 2024, www.budongo.org; Yukimaru Sugiyama, "Demographic Parameters and Life History of Chimpanzees at Bossou, Guinea," *American Journal of Physical Anthropology* 124, no. 2 (2004): 154-65.

3 Rebecca Wragg Sykes, *Kindred: Neanderthal Life, Love, Death, and Art* (London: Bloomsbury Sigma, 2020), chap. 10; Brian Hayden, "Neandertal Social Structure?," *Oxford Journal of Archeology* 31 (2012): 1-26; Jeremy Duveau et al., "The Composition of a Neandertal Social Group Revealed by the Hominin Footprints at Le Rozel (Normandy, France)," *Proceedings of the National Academy of Sciences* 116, no. 39 (2019): 19409-14.

4   Simon Sebag Montefiore, *Stalin: The Court of the Red Tsar* (London: Weidenfeld & Nicolson, 2003).

5   Brent Barnhart, "How to Build a Brand with Celebrity Social Media Management," Sprout Social, April 1, 2020, sproutsocial.com/insights/celebrity-social-media-management/; K. C. Morgan, "15 Celebs Who Don't Actually Run Their Own Social Media Accounts," TheClever, April 20, 2017, www.theclever.com/15-celebs-who-dont-actually-run-their-own-social-media-accounts/; Josh Duboff, "Who's Really Pulling the Strings on Stars' Social-Media Accounts," *Vanity Fair,* Sept. 8, 2016, www.vanityfair.com/style/2016/09/celebrity-social-media-accounts.

6   Coca-Cola Company, Annual Report 2022, 47, accessed Jan. 3, 2024, investors.coca-colacompany.com/filings-reports/annual-filings-10-k/content/0000021344-23-000011/0000021344-23-000011.pdf.

7   David Gertner and Laura Rifkin, "Coca-Cola and the Fight Against the Global Obesity Epidemic," *Thunderbird International Business Review* 60 (2018): 161-73; Jennifer Clinehens, "How Coca-Cola Built the World's Most Memorable Brand," Medium, Nov. 17, 2022, medium.com/choice-hacking/how-coca-cola-built-the-worlds-most-memorable-brand-c9e8b8ac44c5; Clare McDermott, "Go Behind the Scenes of Coca-Cola's Storytelling," Content Marketing Institute, Feb. 9, 2018, contentmarketinginstitute.com/articles/coca-cola-storytelling/; Maureen Taylor, "Cultural Variance as a Challenge to Global Public Relations: A Case Study of the Coca-Cola Scare in Europe," *Public Relations Review* 26, no. 3 (2000): 277-93; Kathryn LaTour, Michael S. LaTour, and George M. Zinkhan, "Coke Is It: How Stories in Childhood Memories Illuminate an Icon," *Journal of Business Research* 63, no. 3 (2010): 328-36; Bodi Chu, "Analysis on the Success of Coca-Cola Marketing Strategy," in Proceedings of 2020 2nd International Conference on Economic Management and Cultural Industry (ICEMCI 2020), *Advances in Economics, Business, and Management Research* 155 (2020): 96-100.

8   Blazich, "Notre Cher Ami."

9   Bart D. Ehrman. *How Jesus Became God: The Exaltation of a Preacher from Galilee* (San Francisco: HarperOne, 2014).

10   Lauren Tuchman, "We All Were at Sinai: The Transformative Power of Inclusive Torah," Sefaria, accessed Jan. 3, 2024, www.sefaria.org.il/sheets/236454.2?lang=he.

11   Reuven Hammer, "Tradition Today: Standing at Sinai," *Jerusalem Post,* May 17, 2012, www.jpost.com/Jewish-World/Judaism/Tradition-Today-Standing-at-Sinai; Rabbi Joel Mosbacher, "Each Person Must See Themselves as if They Went out of Egypt," RavBlog, April 9, 2017, ravblog.ccarnet.org/2017/04/each-person-must-see-themselves-as-if-they-went-out-of-egypt/; Rabbi Sari Laufer, "TABLE FOR FIVE: Five Takes on a Passage from the Haggadah," *Jewish Journal,* April 5, 2018, jewishjournal.com/judaism/torah/232778/table-five-five-takes-passage-haggadah-2/.

12   Elizabeth F. Loftus, "Creating False Memories," *Scientific American* 277, no. 3 (1997): 70–75; Beate Muschalla and Fabian Schönborn, "Induction of False Beliefs and False Memories in Laboratory Studies–a Systematic Review," *Clinical Psychology and Psychotherapy* 28, no. 5 (2021): 1194–209; Christian Unkelbach et al., "Truth by Repetition: Explanations and Implications," *Current Directions in Psychological Science* 28, no. 3 (2019): 247–53; Doris Lacassagne, Jérémy Béna, and Olivier Corneille, "Is Earth a Perfect Square? Repetition Increases the Perceived Truth of Highly Implausible Statements," *Cognition* 223 (2022), article 105052.

13   "FoodData Central," U.S. Department of Agriculture, accessed Jan. 4, 2024, fdc.nal.usda.gov/fdc-app.html#/?query=pizza.

14   William Magnuson, *Blockchain Democracy: Technology, Law, and the Rule of the Crowd* (Cambridge, U.K.: Cambridge University Press, 2020), 69; Scott Chipolina, "Bitcoin's Unlikely Resurgence: Bulls Bet on Wall Street Adoption," *Financial Times,* Dec. 8, 2023, www.ft.com/content/77aa2fbc-5c27-4edf-afa6-2a3a9d23092f.

15   "BBC 'Proves' Nessie Does Not Exist," BBC News, July 27, 2003, news.bbc.co.uk/1/hi/sci/tech/3096839.stm; Matthew Weaver, "Loch Ness Monster Could Be a Giant Eel, Say Scientists," *Guardian,* Sept. 5, 2019, www.theguardian.com/science/2019/sep/05/loch-ness-monster-could-be-a-giant-eel-say-scientists; Henry H. Bauer, *The Enigma of Loch Ness: Making Sense of a Mystery* (Champaign: University of Illinois Press, 1986), 165–66; Harold E. Edgerton and Charles W. Wyckoff, "Loch Ness Revisited: Fact or Fantasy? Science Uses Sonar and Camera to Probe the Depths of Loch Ness in Search of Its Resident Monster," *IEEE Spectrum* 15, no. 2 (1978): 26–29; University of Otago, "First eDNA Study of Loch Ness Points to Something Fishy," Sept. 5, 2019, www.otago.ac.nz/anatomy/news/news-archive/

first-edna-study-of-loch-ness-points-to-something-fishy.

16 Katharina Buchholz, "Kosovo & Beyond: Where the UN Disagrees on Recognition," *Forbes,* Feb. 17, 2023, www.forbes.com/sites/katharinabuchholz/2023/02/17/kosovo--beyond-where-the-un-disagrees-on-recognition-infographic/?sh=d8490b2448c3; United Nations, "Agreement on Normalizing Relations Between Serbia, Kosovo 'Historic Milestone,' Delegate Tells Security Council," April 27, 2023, press.un.org/en/2023/sc15268.doc.htm.

17 Guy Faulconbridge, "Russia Plans Naval Base in Abkhazia, Triggering Criticism from Georgia," Reuters, Oct. 5, 2023, www.reuters.com/world/europe/russia-plans-naval-base-black-sea-coast-breakaway-georgian-region-izvestiya-2023-10-05/.

18 Wragg Sykes, *Kindred*; Hayden, "Neandertal Social Structure?"; Duveau et al., "Composition of a Neandertal Social Group Revealed by the Hominin Footprints at Le Rozel."

19 더 자세한 논의로는 다음 문헌들을 보라. Yuval Noah Harari, *Sapiens: A Brief History of Humankind* (New York: HarperCollins, 2015), chap. 2; David Graeber and David Wengrow, *The Dawn of Everything: A New History of Humanity* (New York: Farrar, Straus and Giroux, 2021), chap. 3; and Joseph Henrich, *The Weirdest People in the World* (New York: Farrar, Straus and Giroux, 2020), chap. 3. 종교적 이야기와 의식이 어떻게 대규모 협력을 만들어내는지에 대한 고전적인 연구는 일라히타 마을에 대한 도널드 투진의 연구다. 뉴기니 일라히타 마을의 씨족들 대부분은 몇백 명 규모였지만, 이 마을의 복잡한 종교적 신념과 관습을 통해 약 2,500명에 이르는 39개 씨족을 통합할 수 있었다. 도널드 투진의 저서를 참조하라. Donald Tuzin, *Social Complexity in the Making: A Case Study Among the Arapesh of New Guinea* (London: Routledge, 2001); Donald Tuzin, *The Ilahita Arapesh: Dimensions of Unity* (Oakland: University of California Press, 2022). 대규모 협력에서 스토리텔링이 하는 중요한 역할에 대해서는 다음 문헌들을 보라. Daniel Smith et al., "Camp Stability Predicts Patterns of Hunter-Gatherer Cooperation," *Royal Society Open Science* 3 (2016), article 160131; Daniel Smith et al., "Cooperation and the Evolution of Hunter-Gatherer Storytelling," *Nature Communications* 8 (2017), article 1853; Benjamin G. Purzycki et al., "Moralistic Gods, Supernatural Punishment, and the Expansion of Human Sociality," *Nature* 530 (2016): 327-30; Polly W. Wiessner, "Embers of Society: Firelight Talk Among the

Ju/'hoansi Bushmen," *Proceedings of the National Academy of Sciences* 111, no. 39 (2014): 14027–35; Daniele M. Klapproth, *Narrative as Social Practice: Anglo-Western and Australian Aboriginal Oral Traditions* (Berlin: De Gruyter Mouton, 2004); Robert M. Ross and Quentin D. Atkinson, "Folktale Transmission in the Arctic Provides Evidence for High Bandwidth Social Learning Among Hunter–Gatherer Groups," *Evolution and Human Behavior* 37, no. 1 (2016): 47–53; Jerome Lewis, "Where Goods Are Free but Knowledge Costs: Hunter–Gatherer Ritual Economics in Western Central Africa," *Hunter Gatherer Research* 1, no. 1 (2015): 1–27; Bill Gammage, *The Biggest Estate on Earth: How Aborigines Made Australia* (Crows Nest, N.S.W.: Allen Unwin, 2011).

20   Azar Gat, *War in Human Civilization* (Oxford: Oxford University Press, 2008), 114–32; Luke Glowacki et al., "Formation of Raiding Parties for Intergroup Violence Is Mediated by Social Network Structure," *Proceedings of the National Academy of Sciences* 113, no. 43 (2016): 12114–19; Richard W. Wrangham and Luke Glowacki, "Intergroup Aggression in Chimpanzees and War in Nomadic Hunter–Gatherers," *Human Nature* 23 (2012): 5–29; R. Brian Ferguson, *Yanomami Warfare: A Political History* (Santa Fe, N.Mex.: School of American Research Press, 1995), 346–47.

21   Pierre Lienard, "Beyond Kin: Cooperation in a Tribal Society," in *Reward and Punishment in Social Dilemmas,* ed. Paul A. M. Van Lange, Bettina Rockenbach, and Toshio Yamagishi (Oxford: Oxford University Press, 2014), 214–34; Peter J. Richerson et al., "Cultural Evolution of Human Cooperation," in *Genetic and Cultural Evolution of Cooperation,* ed. Peter Hammerstein (Cambridge, Mass.: MIT Press, 2003), 357–88; Brian A. Stewart et al., "Ostrich Eggshell Bead Strontium Isotopes Reveal Persistent Macroscale Social Networking Across Late Quaternary Southern Africa," *PNAS* 117, no. 12 (2020): 6453–62; "Ages Ago, Beads Made from Ostrich Eggshells Cemented Friendships Across Vast Distances," *Weekend Edition Saturday,* NPR, March 14, 2020, www.npr.org/2020/03/14/815778427/ages-ago-beads-made-from-ostrich-eggshells-cemented-friendships-across-vast-dist.

22   석기시대 사피엔스의 기술 교환 네트워크에 대해서는 다음 자료를 보라. Jennifer M. Miller and Yiming V. Wang, "Ostrich Eggshell Beads Reveal 50,000-Year-Old Social Network in Africa," *Nature* 601, no. 7892 (2022): 234–39; Stewart et al., "Ostrich Eggshell Bead Strontium Isotopes Reveal Persistent Macroscale Social Network-

ing Across Late Quaternary Southern Africa."

23 Terrence R. Fehner and F. G. Gosling, "The Manhattan Project," U.S. Department of Energy, April 2021, www.energy.gov/sites/default/files/The%20Manhattan%20Project.pdf; F. G. Gosling, "The Manhattan Project: Making the Atomic Bomb," U.S. Department of Energy, Jan. 2010, www.energy.gov/management/articles/gosling-manhattan-project-making-atomic-bomb.

24 "Uranium Mines," U.S. Department of Energy, www.osti.gov/opennet/manhattan-project-history/Places/Other/uranium-mines.html.

25 Jerome Lewis, "Bayaka Elephant Hunting in Congo: The Importance of Ritual and Technique," in *Human-Elephant Interactions: From Past to Present,* vol. 1, ed. George E. Konidaris et al. (Tübingen: Tübingen University Press, 2021).

26 Sushmitha Ramakrishnan, "India Cuts the Periodic Table and Evolution from Schoolbooks," *DW,* June 2, 2023, www.dw.com/en/indiadropsevolution/a-65804720.

27 Annie Jacobsen, *Operation Paperclip: The Secret Intelligence Program That Brought Nazi Scientists to America* (Boston: Little, Brown, 2014); Brian E. Crim, *Our Germans: Project Paperclip and the National Security State* (Baltimore: Johns Hopkins University Press, 2018).

3. 문서: 종이호랑이의 위험

1 Monty Noam Penkower, "The Kishinev Pogrom of 1903: A Turning Point in Jewish History," *Modern Judaism* 24, no. 3 (2004): 187–225.

2 Hayyim Nahman Bialik, "Be'ir Hahareigah / The City of Slaughter," trans. A. M. Klein, *Prooftexts* 25, no. 1–2 (2005): 8–29; Iris Milner, "'In the City of Slaughter': The Hidden Voice of the Pogrom Victims," *Prooftexts* 25, no. 1–2 (2005): 60–72; Steven Zipperstein, *Pogrom: Kishinev and the Tilt of History* (New York: Liveright, 2018); David Fishelov, "Bialik the Prophet and the Modern Hebrew Canon," in *Great Immortality,* ed. Jón Karl Helgason and Marijan Dović (Leiden: Brill, 2019), 151–70.

3 팔레스타인 난민의 수는 약 70만 명에서 75만 명 사이로 추정되며, 이 중 대다수가 1948년에 추방되었다. 베니 모리스의 연구를 참조하라. Benny Morris, *Righteous Vic-*

tims: A History of the Zionist-Arab Conflict, 1881-1998 (New York: Vintage, 2001), 252; UNRWA, "Palestinian Refugees," accessed Feb. 13, 2024, www.unrwa.org/palestine-refugees. 1948년에는 이라크와 이집트 같은 아랍 국가들에 85만 6,000명의 유대인이 살고 있었다. 그 후 20년 동안 아랍 국가들이 1948년, 1956년, 1967년 전쟁에서 패배한 것에 대한 보복으로 이들 유대인의 대다수를 추방했고, 1968년에는 7만 6,000명만 남았다. 다음 연구들을 참조하라. Maurice M. Roumani, *The Case of the Jews from Arab Countries: A Neglected Issue* (Tel Aviv: World Organization of Jews from Arab Countries, 1983); Aryeh L. Avneri, *The Claim of Dispossession: Jewish Land-Settlement and the Arabs, 1878-1948* (New Brunswick, N.J.: Transaction Books, 1984), 276; JIMENA, "The Forgotten Refugees," July 7, 2023, www.jimena.org/the-forgotten-refugees/; Barry Mowell, "Changing Paradigms in Public Opinion Perspectives and Governmental Policy Concerning the Jewish Refugees of North Africa and Southwest Asia," Jewish Virtual Library, accessed Jan. 31, 2024, www. jewishvirtuallibrary.org/changing-paradigms-in-public-opinion-perspectives-and-governmental-policy-concerning-the-jewish-refugees-of-north-africa-and-southwest-asia.

4   유대인과 총인구에 대한 추정치들은 오스만제국의 인구 기록이 불완전한 탓에 고르지 않다. 다음 연구들을 보라. Alan Dowty, *Arabs and Jews in Ottoman Palestine: Two Worlds Collide* (Bloomington: Indiana University Press, 2021); Justin McCarthy, *The Population of Palestine: Population History and Statistics of the Late Ottoman Period and the Mandate* (New York: Columbia University Press, 1990); Itamar Rabinovich and Jehuda Reinharz, eds., *Israel in the Middle East: Documents and Readings on Society, Politics, and Foreign Relations, Pre-1948 to the Present* (Hanover, N.H.: University Press of New England, 2008), 571; Yehoshua Ben-Arieh, *Jerusalem in the 19th Century: Emergence of the New City* (Jerusalem: Yad Izhak Ben-Zvi Institute, 1986), 466.

5   George G. Grabowicz, "Taras Shevchenko: The Making of the National Poet," *Revue des Études Slaves* 85, no. 3 (2014): 421-39; Ostap Sereda, "'As a Father Among Little Children': The Emerging Cult of Taras Shevchenko as a Factor of the Ukrainian Nation Building in Austrian Eastern Galicia in the 1860s," *Kyiv-Mohyla Humanities Journal* 1 (2014): 159-88.

6   Sándor Hites, "Rocking the Cradle: Making Petőfi a National Poet," *Arcadia* 52, no. 1 (2017): 29-50; Ivan Halász et al., "The Rule of Sándor Petőfi in the Memory

Policy of Hungarians, Slovaks, and the Members of the Hungarian Minority Group in Slovakia in the Last 150 Years," *HistoriaTeoria* 1, no. 1 (2016): 121–43.

7   Timothy Snyder, *The Reconstruction of Nations: Poland, Ukraine, Lithuania, Belarus, 1569-1999* (New Haven, Conn.: Yale University Press, 2003); Roman Koropeckyj, *Adam Mickiewicz: The Life of a Romantic* (Ithaca, N.Y.: Cornell University Press, 2008); Helen N. Fagin, "Adam Mickiewicz: Poland's National Romantic Poet," *South Atlantic Bulletin* 42, no. 4 (1977): 103–13.

8   Jonathan Glover, *Israelis and Palestinians: From the Cycle of Violence to the Conversation of Mankind* (Cambridge, U.K.: Polity Press, 2024), 10.

9   William L. Smith, "Rāmāyaṇa Textual Traditions in Eastern India," in *The "Ramayana" Revisited,* ed. Mandakranta Bose (New York: Oxford University Press, 2004), 91–92; Frank E. Reynolds, "Ramayana, Rama Jataka, and Ramakien: A Comparative Study of Hindu and Buddhist Traditions," in *Many Ramayanas: The Diversity of a Narrative Tradition in South Asia,* ed. Paula Richman (Berkeley: University of California Press, 1991), 50–66; Aswathi M. P., "The Cultural Trajectories of *Ramayana*, a Text Beyond the Grand Narrative," *Singularities* 8, no. 1 (2021): 28–32; A. K. Ramanujan, "Three Hundred Ramayanas: Five Examples and Three Thoughts on Translation," in Richman, *Many Ramayanas,* 22–49; James Fisher, "Education and Social Change in Nepal: An Anthropologist's Assessment," *Himalaya: The Journal of the Association for Nepal and Himalayan* 10, no. 2 (1990): 30–31.

10   "The Ramayan: Why Indians Are Turning to Nostalgic TV," BBC, May 5, 2020, www.bbc.com/culture/article/20200504-the-ramayan-why-indians-are-turning-to-nostalgic-tv; "'Ramayan' Sets World Record, Becomes Most Viewed Entertainment Program Globally," *Hindu,* May 2, 2020, www.thehindu.com/entertainment/movies/ramayan-sets-world-record-becomes-most-viewed-entertainment-program-globally/article61662060.ece; Soutik Biswas, "Ramayana: An 'Epic' Controversy," BBC, Oct. 19, 2011, www.bbc.com/news/world-south-asia-15363181; "'Ramayana' Beats 'Game of Thrones' to Become the World's Most Watched Show," WION, Feb. 15, 2018, www.wionews.com/entertainment/ramayana-beats-game-of-thrones-to-become-the-worlds-most-watched-show-296162.

11   Kendall Haven, *Story Proof: The Science Behind the Startling Power of Story*

(Westport, Conn.: Libraries Unlimited, 2007), vii, 122. 더 최근 연구로는 Brendan I. Cohn-Sheehy et al., "Narratives Bridge the Divide Between Distant Events in Episodic Memory," *Memory and Cognition* 50 (2022): 478-94을 보라.

12   Frances A. Yates, *The Art of Memory* (London: Random House, 2011); Joshua Foer, *Moonwalking with Einstein: The Art and Science of Remembering Everything* (New York: Penguin, 2011); Nils C. J. Müller et al., "Hippocampal-Caudate Nucleus Interactions Support Exceptional Memory Performance," *Brain Structure and Function* 223 (2018): 1379-89; Yvette Tan, "This Woman Only Needed a Week to Memorize All 328 Pages of Ikea's Catalogue," Mashable, Sept. 5, 2017, mashable.com/article/yanjaa-wintersoul-ikea; Jan-Paul Huttner, Ziwei Qian, and Susanne Robra-Bissantz, "A Virtual Memory Palace and the User's Awareness of the Method of Loci," European Conference on Information Systems, May 2019, aisel.aisnet.org/ecis2019_rp/7.

13   Ira Spar, ed., *Cuneiform Texts in the Metropolitan Museum of Art,* vol. 1, *Tablets, Cones, and Bricks of the Third and Second Millennia B.C.* (New York: Museum, 1988), 10-11; "CTMMA 1, 008 (P108692)," Cuneiform Digital Library Initiative, accessed Jan. 12, 2024, cdli.mpiwg-berlin.mpg.de/artifacts/108692; Tonia Sharlach, "Princely Employments in the Reign of Shulgi," *Journal of Ancient Near Eastern History* 9, no. 1 (2022): 1-68.

14   Andrew D. Madden, Jared Bryson, and Joe Palimi, "Information Behavior in Pre-literate Societies," in *New Directions in Human Information Behavior,* ed. Amanda Spink and Charles Cole (Dordrecht: Springer, 2006); Michael J. Trebilcock, "Communal Property Rights: The Papua New Guinean Experience," *University of Toronto Law Journal* 34, no. 4 (1984), 377-420; Richard B. Lee, "!Kung Spatial Organization: An Ecological and Historical Perspective," *Human Ecology* 1, no. 2 (1972): 125-47; Warren O. Ault, "Open-Field Husbandry and the Village Community: A Study of Agrarian By-Laws in Medieval England," *Transactions of the American Philosophical Society* 55, no. 7 (1965): 1-102; Henry E. Smith, "Semi-common Property Rights and Scattering in the Open Fields," *Journal of Legal Studies* 29, no. 1 (2000): 131-69; Richard Posner, *The Economics of Justice* (Cambridge, Mass.: Harvard University Press, 1981).

15   Klaas R. Veenhof, "'Dying Tablets' and 'Hungry Silver': Elements of Figurative

Language in Akkadian Commercial Terminology," in *Figurative Language in the Ancient Near East,* ed. M. Mindlin, M. J. Geller, and J. E. Wansbrough (London: School of Oriental and African Studies, University of London, 1987), 41–75; Cécile Michel, "Constitution, Contents, Filing, and Use of Private Archives: The Case of Old Assyrian Archives (Nineteenth Century BCE)," in *Manuscripts and Archives,* ed. Alessandro Bausi et al. (Berlin: De Gruyter, 2018), 43–70.

16   Sophie Démare-Lafont and Daniel E. Fleming, eds., *Judicial Decisions in the Ancient Near East* (Atlanta: Society of Biblical Literature, 2023), 108–10; D. Charpin, "Lettres et procès paléo-babyloniens," in *Rendre la justice en Mésopotamie: Archives judiciaires du Proche-Orient ancien (IIIe-Ier millénaires avant J.-C.),* ed. Francis Joannès (Saint-Denis: Presses Universitaires de Vincennes, 2000), 73–74; Antoine Jacquet, "Family Archives in Mesopotamia During the Old Babylonian Period," in *Archives and Archival Documents in Ancient Societies: Trieste 30 September-1 October 2011,* ed. Michele Faraguna (Trieste: EUT, Edizioni Università di Trieste, 2013), 76–77; F. F. Kraus, *Altbabylonische Briefe in Umschrift und Übersetzung* (Leiden: R. J. Brill, 1986), vol. 11, n. 55; Frans van Koppen and Denis Lacambre, "Sippar and the Frontier Between Ešnunna and Babylon: New Sources for the History of Ešnunna in the Old Babylonian Period," *Jaarbericht van het Vooraziatisch Egyptisch Genootschap Ex Oriente Lux* 41 (2009): 151–77.

17   예를 들어, 고대 이집트와 메소포타미아에서 문서를 찾는 데 겪었던 어려움에 대해서는 Geoffrey Yeo, *Record-Making and Record-Keeping in Early Societies* (London: Routledge, 2021), 132; Jacquet, "Family Archives in Mesopotamia During the Old Babylonian Period," 76-77을 참조하라.

18   Mu-ming Poo et al., "What Is Memory? The Present State of the Engram," *C Biology* 14, no. 1 (2016): 40; C. Abraham Wickliffe, Owen D. Jones, and David L. Glanzman, "Is Plasticity of Synapses the Mechanism of Long-Term Memory Storage?," *Npj Science of Learning* 4, no. 1 (2019): 9; Bradley R. Postle, "How Does the Brain Keep Information 'in Mind'?," *Current Directions in Psychological Science* 25, no. 3 (2016): 151–56.

19   *Britannica,* s.v. "Bureaucracy and the State," accessed Jan. 4, 2024, www.britannica.com/topic/bureaucracy/Bureaucracy-and-the-state.

20   이 상호작용에 초점을 맞춘 연구들인 Michele J. Gelfand et al., "The Relationship Be-

tween Cultural Tightness–Looseness and COVID-19 Cases and Deaths: A Global Analysis," *Lancet Planetary Health* 5, no. 3 (2021): 135–44; Julian W. Tang et al., "An Exploration of the Political, Social, Economic, and Cultural Factors Affecting How Different Global Regions Initially Reacted to the COVID-19 Pandemic," *Interface Focus* 12, no. 2 (2022), article 20210079를 참조하라.

21 Jason Roberts, *Every Living Thing: The Great and Deadly Race to Know All Life* (New York: Random House, 2024); Paul Lawrence Farber, *Finding Order in Nature* (Baltimore: Johns Hopkins University Press, 2000); James L. Larson, "The Species Concept of Linnaeus," *Isis* 59, no. 3 (1968): 291–99; Peter Raven, Brent Berlin, and Dennis Breedlove, "The Origins of Taxonomy," *Science* 174, no. 4015 (1971): 1210–13; Robert C. Stauffer, "'On the Origin of Species': An Unpublished Version," *Science* 130, no. 3387 (1959): 1449–52.

22 *Britannica*, s.v. "*Homo erectus*–Ancestor, Evolution, Migration," accessed Jan. 4, 2024, www.britannica.com/topic/Homo-erectus/Relationship-to-Homo-sapiens.

23 Michael Dannemann and Janet Kelso, "The Contribution of Neanderthals to Phenotypic Variation in Modern Humans," *American Journal of Human Genetics* 101, no. 4 (2017): 578–89.

24 Ernst Mayr, "What Is a Species, and What Is Not?," *Philosophy of Science* 63, no. 2 (1996): 262–77.

25 Darren E. Irwin et al., "Speciation by Distance in a Ring Species," *Science* 307, no. 5708 (2005): 414–16; James Mallet, Nora Besansky, and Matthew W. Hahn, "How Reticulated Are Species?," *BioEssays* 38, no. 2 (2016): 140–49; Simon H. Martin and Chris D. Jiggins, "Interpreting the Genomic Landscape of Introgression," *Current Opinion in Genetics and Development* 47 (2017): 69–74; Jenny Tung and Luis B. Barreiro, "The Contribution of Admixture to Primate Evolution," *Current Opinion in Genetics and Development* 47 (2017): 61–68.

26 James Mallet, "Hybridization, Ecological Races, and the Nature of Species: Empirical Evidence for the Ease of Speciation," *Philosophical Transactions of the Royal Society B: Biological Sciences* 363, no. 1506 (2008): 2971–86.

27 Brian Thomas, "Lions, Tigers, and Tigons," Institute for Creation Research, Sept. 12, 2012, www.icr.org/article/7051/.

28 Shannon M. Soucy, Jinling Huang, and Johann Peter Gogarten, "Horizontal Gene

Transfer: Building the Web of Life," *Nature Reviews Genetics* 16, no. 8 (2015): 472–82; Michael Hensel and Herbert Schmidt, eds., *Horizontal Gene Transfer in the Evolution of Pathogenesis* (Cambridge, U.K.: Cambridge University Press, 2008); James A. Raymond and Hak Jun Kim, "Possible Role of Horizontal Gene Transfer in the Colonization of Sea Ice by Algae," *PLOS ONE* 7, no. 5 (2012), article e35968; Katrin Bartke et al., "Evolution of Bacterial Interspecies Hybrids with Enlarged Chromosomes," *Genome Biology and Evolution* 14, no. 10 (2022), article evac135.

29 Eugene V. Koonin and Petro Starokadomskyy, "Are Viruses Alive? The Replicator Paradigm Sheds Decisive Light on an Old but Misguided Question," *Studies in History and Philosophy of Science Part C: Studies in History and Philosophy of Biological and Biomedical Sciences* 59 (2016): 125–34; Dominic D. P. Johnson, "What Viruses Want: Evolutionary Insights for the Covid–19 Pandemic and Lessons for the Next One," in *A Multidisciplinary Approach to Pandemics,* ed. Philippe Bourbeau, Jean–Michel Marcoux, and Brooke A. Ackerly (Oxford: Oxford University Press, 2022), 38–69; Deepak Sumbria et al., "Virus Infections and Host Metabolism–Can We Manage the Interactions?," *Frontiers in Immunology* 11 (2020), article 594963; Microbiology Society, "Are Viruses Alive?" May 10, 2016, microbiologysociety.org/publication/past–issues/what–is–life/article/are–viruses–alive–what–is–life.html; Erica L. Sanchez and Michael Lagunoff, "Viral Activation of Cellular Metabolism," *Virology* 479–80 (May 2015): 609–18; "Virus," National Human Genome Research Institute, accessed Jan. 12, 2024, www.genome.gov/genetics-glossary/Virus.

30 Ashworth E. Underwood, "The History of Cholera in Great Britain," *Proceedings of the Royal Society of Medicine* 41, no. 3 (1948): 165–73; Nottidge Charles Macnamara, *Asiatic Cholera: History up to July 15, 1892, Causes and Treatment* (London: Macmillan, 1892).

31 John Snow, "Dr. Snow's Report," in Cholera Inquiry Committee, *The Report on the Cholera Outbreak in the Parish of St. James, Westminster, During the Autumn of 1854* (London: J. Churchill, 1855), 97–120; S. W. B. Newsom, "Pioneers in Infection Control: John Snow, Henry Whitehead, the Broad Street Pump, and the Beginnings of Geographical Epidemiology," *Journal of Hospital Infection* 64, no. 3 (2006): 210–16; Peter Vinten–Johansen et al., *Cholera, Chloroform, and the Science*

of Medicine: A Life of John Snow (Oxford: Oxford University Press, 2003); Theodore H. Tulchinsky, "John Snow, Cholera, the Broad Street Pump; Waterborne Diseases Then and Now," *Case Studies in Public Health* (2018): 77–99.

32   Gov.UK, "Check If You Need a License to Abstract Water," July 3, 2023, www. gov.uk/guidance/check‑if‑you‑need‑a‑license‑to‑abstract‑water.

33   Mohnish Kedia, "Sanitation Policy in India–Designed to Fail?," *Policy Design and Practice* 5, no. 3 (2022): 307–25.

34   예를 들어 Madden, Bryson, and Palimi, "Information Behavior in Pre‑literate Societies," 33–53을 보라.

35   Catherine Salmon and Jessica Hehman, "The Evolutionary Psychology of Sibling Conflict and Siblicide," in *The Evolution of Violence,* ed. Todd K. Shackelford and Ronald D. Hansen (New York: Springer, 2014), 137–57.

36   같은 책; Laurence G. Frank, Stephen E. Glickman, and Paul Licht, "Fatal Sibling Aggression, Precocial Development, and Androgens in Neonatal Spotted Hyenas," *Science* 252, no. 5006 (1991): 702–4; Frank J. Sulloway, "Birth Order, Sibling Competition, and Human Behavior," in *Conceptual Challenges in Evolutionary Psychology: Innovative Research Strategies,* ed. Harmon R. Holcomb (Dordrecht: Springer Netherlands, 2001), 39–83; Heribert Hofer and Marion L. East, "Siblicide in Serengeti Spotted Hyenas: A Long‑Term Study of Maternal Input and Cub Survival," *Behavioral Ecology and Sociobiology* 62, no. 3 (2008): 341–51.

37   R. Grant Gilmore Jr., Oliver Putz, and Jon W. Dodrill, "Oophagy, Intrauterine Cannibalism, and Reproductive Strategy in Lamnoid Sharks," in *Reproductive Biology and Phylogeny of Chondrichthyes,* ed. W. M. Hamlett (Boca Raton, Fla.: CRC Press, 2005), 435–63; Demian D. Chapman et al., "The Behavioral and Genetic Mating System of the Sand Tiger Shark, *Carcharias taurus,* an Intrauterine Cannibal," *Biology Letters* 9, no. 3 (2013), article 20130003.

38   Martin Kavaliers, Klaus‑Peter Ossenkopp, and Elena Choleris, "Pathogens, Odors, and Disgust in Rodents," *Neuroscience and Biobehavioral Reviews* 119 (2020): 281–93; Valerie A. Curtis, "Infection‑Avoidance Behavior in Humans and Other Animals," *Trends in Immunology* 35, no. 10 (2014): 457–64.

39   Harvey Whitehouse, *Inheritance: The Evolutionary Origins of the Modern World* (London: Hutchinson, 2024), 56; Marvin Perry and Frederick M. Schweitzer, eds., *Anti‑*

semitic *Myths: A Historical and Contemporary Anthology* (Bloomington: Indiana University Press, 2008), 6, 26; Roderick McGrew, "Bubonic Plague," in *Encyclopedia of Medical History* (New York: McGraw-Hill, 1985), 45; David Nirenberg, *Communities of Violence: Persecution of Minorities in the Middle Ages* (Princeton, N.J.: Princeton University Press, 1996); Martina Baradel and Emanuele Costa, "Discrimination, Othering, and the Political Instrumentalizing of Pandemic Disease," *Journal of Interdisciplinary History of Ideas* 18, no. 18 (2020); Alan M. Kraut. *Silent Travelers: Germs, Genes, and the "Immigrant Menace"* (New York: Basic Books, 1994); Samuel K. Cohn Jr., *Epidemics: Hate and Compassion from the Plague of Athens to AIDS* (Oxford: Oxford University Press, 2018).

40   Wayne R. Dynes, ed., *Encyclopedia of Homosexuality,* vol. 1 (New York: Garland, 1990), 324.

41   John Bowker, ed., *The Oxford Dictionary of World Religions* (Oxford: Oxford University Press, 1997), 1041–44; Mary Douglas, *Purity and Danger* (London: Routledge, 2003), chap. 9; Laura Kipnis, *The Female Thing: Dirt, Sex, Envy, Vulnerability* (London: Vintage, 2007), chap. 3.

42   Robert M. Sapolsky, *Behave: The Biology of Humans at Our Best and Worst* (New York: Penguin Press, 2017), 388–89, 560–65.

43   Vinod Kumar Mishra, "Caste and Religion Matters in Access to Housing, Drinking Water, and Toilets: Empirical Evidence from National Sample Surveys, India," *CASTE: A Global Journal on Social Exclusion* 4, no. 1 (2023): 24–45, www.jstor.org/stable/48728103; Ananya Sharma, "Here's Why India Is Struggling to Be Truly Open Defecation Free," *Wire India,* Oct. 28, 2021, thewire.in/government/heres-why-india-is-struggling-to-be-truly-open-defecation-free.

44   Samyak Pandey, "Roshni, the Shivpuri Dalit Girl Killed for 'Open Defecation,' Wanted to Become a Doctor," *Print,* Sept. 30, 2019, theprint.in/india/roshni-the-shivpuri-dalit-girl-killed-for-open-defecation-wanted-to-become-a-doctor/298925/.

45   Nick Perry, "Catch, Class, and Bureaucracy: The Meaning of Joseph Heller's *Catch 22,*" *Sociological Review* 32, no. 4 (1984): 719–41, doi.org/10.1111/j.1467-954X.1984.tb00832.x.

46   Ludovico Ariosto, *Orlando Furioso* (1516), canto 14, lines 83–84.

47   William Shakespeare, *Henry VI, Part 2,* in *First Folio* (London, 1623), act 4, scene 2.

48   Juliet Barker, *1381: The Year of the Peasants' Revolt* (Cambridge, Mass.: Belknap Press of Harvard University Press, 2014); W. M. Ormrod, "The Peasants' Revolt and the Government of England," *Journal of British Studies* 29, no. 1 (1990): 1-30, doi. org/10.1086/385947; Jonathan Burgess, "The Learning of the Clerks: Writing and Authority During the Peasants' Revolt of 1381" (master's thesis, McGill University, 2022), escholarship.mcgill.ca/concern/theses/6682x911r.

49   Josephus, *The Jewish War,* 2:427.

50   Rodolphe Reuss, *Le sac de l'Hôtel de Ville de Strasbourg (juillet 1789), épisode de l'histoire de la Révolution en Alsace* (Paris, 1915).

51   Jean Ancel, *The History of the Holocaust: Romania* (Jerusalem: Yad Vashem, 2003), 1:63.

52   홀로코스트 기간 동안에 여러 요인들이 루마니아 유대인의 운명을 결정했지만, 몇 가지 복잡한 이유로 인해 1938년에 시민권을 상실한 사람들과 이후 살해된 사람들 사이에는 밀접한 상관관계가 있었다. 자세한 내용은 다음 자료들을 참조하라. "Murder of the Jews of Romania," Yad Vashem, 2024, www.yadvashem.org/holocaust/about/ final-solution-beginning/romania.html#narrative_info; Christopher J. Kshyk, "The Holocaust in Romania: The Extermination and Protection of the Jews Under Antonescu's Regime," *Inquiries Journal* 6, no. 12 (2014), www.inquiriesjournal.com/ a?id=947.

4. 오류: 무오류성이라는 환상

1   "Humanum fuit errare, diabolicum est per animositatem in errore manere." Armand Benjamin Caillau, ed., *Sermones de scripturis,* in *Sancti Aurelii Augustini Opera* (Paris: Parent-Desbarres, 1838), 4:412을 보라.

2   Ivan Mehta, "Elon Musk Wants to Develop TruthGPT, 'a Maximum Truth-Seeking AI,'" *Tech Crunch,* April 18, 2023, techcrunch.com/2023/04/18/elon-musk-wants-to-develop-truthgpt-a-maximum-truth-seeking-ai/.

3   Harvey Whitehouse, "A Cyclical Model of Structural Transformation Among the Mali Baining," *The Cambridge Journal of Anthropology* 14, no. 3 (1990), 34-53; Harvey Whitehouse, "From Possession to Apotheosis: Transformation and Dis-

guise in the Leadership of a Cargo Movement," in *Leadership and Change in the Western Pacific*, eds. Richard Feinberg and Karen Ann Watson-Gageo (London: Athlone Press, 1996), 376-95; Harvey Whitehouse, *Inheritance: The Evolutionary Origins of the Modern World* (London: Hutchinson, 2024), 149-51.

4 Harvey Whitehouse, *Inheritance: The Evolutionary Origins of the Modern World* (London: Hutchinson, 2024), 45.

5 Robert Bellah, *Religion in Human Evolution: From the Paleolithic to the Axial Age* (Cambridge, Mass.: Belknap Press of Harvard University Press, 2011), 181.

6 같은 책, chaps. 4-9.

7 Herodotus, *The Histories,* book 5, 63; Mogens Herman Hansen, "Democracy, Athenian," in *The Oxford Classical Dictionary,* ed. Simon Hornblower and Antony Spawforth (Oxford: Oxford University Press, 2005), www.oxfordreference.com/display/10.1093/acref/9780198606413.001.0001/acref-9780198606413-e-2112.

8 John Collins, *The Dead Sea Scrolls: A Biography* (Princeton, N.J.: Princeton University Press, 2013), vii, 185.

9 Jodi Magness, *The Archeology of Qumran and the Dead Sea Scrolls,* 2nd ed. (Grand Rapids: Eerdmans, 2021), chap. 3.

10 Sidnie White Crawford, "Genesis in the Dead Sea Scrolls," in *The Book of Genesis,* ed. Craig A. Evans, Joel N. Lohr, and David L. Petersen (Boston: Brill, 2012), 353-73, doi.org/10.1163/9789004226579_016; James C. VanderKam, "Texts, Titles, and Translations," in *The Cambridge Companion to the Hebrew Bible/Old Testament,* ed. Stephen B. Chapman and Marvin A. Sweeney (Cambridge, U.K.: Cambridge University Press, 2016), 9-27, doi.org/10.1017/CBO9780511843365.002.

11 Dead Sea Scrolls database에서 "Enoch"을 검색한 결과를 참조하라. www.deadseascrolls.org.il/explore-the-archive/search#q="Enoch."

12 Collins, *Dead Sea Scrolls*를 참조하라.

13 Daniel Assefa, "The Biblical Canon of the Ethiopian Orthodox Tawahedo Church," in *The Oxford Handbook of the Bible in Orthodox Christianity,* ed. Eugen J. Pentiuc (New York: Oxford University Press, 2022), 211-26; David Kessler, *The Falashas: A Short History of the Ethiopian Jews,* 3rd ed. (New York: Frank Cass, 1996), 67.

14 Emanuel Tov, *Textual Criticism of the Hebrew Bible* (Minneapolis: Fortress Press, 2001),

269; Sven Fockner, "Reopening the Discussion: Another Contextual Look at the Sons of God," *Journal for the Study of the Old Testament* 32, no. 4 (2008): 435–56, doi.org/10.1177/0309089208092140; Michael S. Heiser, "Deuteronomy 32:8 and the Sons of God," *Bibliotheca Sacra* 158 (2001): 71–72.

15 Martin G. Abegg Jr., Peter Flint, and Eugene Ulrich, *The Dead Sea Scrolls Bible: The Oldest Known Bible Translated for the First Time into English* (San Francisco: Harper, 1999), 159; Jewish Publication Society of America, *The Holy Scriptures According to the Masoretic Text* (Philadelphia, 1917), jps.org/wp-content/uploads/2015/10/Tanakh1917.pdf.

16 Abegg, Flint, and Ulrich, *Dead Sea Scrolls Bible,* 506; Peter W. Flint, "Unrolling the Dead Sea Psalms Scrolls," in *The Oxford Handbook of the Psalms,* ed. William P. Brown (Oxford: Oxford University Press, 2014), 243, doi.org/10.1093/oxfordhb/9780199783335.013.015.

17 Timothy Michael Law, *When God Spoke Greek: The Septuagint and the Making of the Christian Bible* (Oxford: Oxford University Press, 2013), 49.

18 같은 책, 62; Albert Pietersma and Benjamin G. Wright, eds., *A New English Translation of the Septuagint* (Oxford: Oxford University Press, 2007), vii; William P. Brown. "The Psalms: An Overview," in Brown, *Oxford Handbook of the Psalms,* 3, doi. org/10.1093/oxfordhb/9780199783335.013.001.

19 Law, *When God Spoke Greek,* 63, 72.

20 Karen H. Jobes and Moisés Silva, *Invitation to the Septuagint* (Grand Rapids: Baker Academic, 2015), 161–62.

21 Michael Heiser, "Deuteronomy 32:8 and the Sons of God," LBTS Faculty Publications and Presentations (2001), 279. Alexandria Frisch, *The Danielic Discourse on Empire in Second Temple Literature* (Boston: Brill, 2016), 140; "Deuteronomion," in Pietersma and Wright, *New English Translation of the Septuagint,* ccat.sas.upenn. edu/nets/edition/05-deut-nets.pdf도 참조하라.

22 Chanoch Albeck, ed., *Mishnah: Six Orders* (Jerusalem: Bialik, 1955–59).

23 Maxine Grossman, "Lost Books of the Bible," in *The Oxford Dictionary of the Jewish Religion,* ed. Adele Berlin, 2nd ed. (Oxford: Oxford University Press, 2011); Geoffrey Khan, *A Short Introduction to the Tiberian Masoretic Bible and Its Reading Tradition* (Piscataway, N.J.: Gorgias Press, 2013).

24 Bart D. Ehrman, *Forged: Writing in the Name of God: Why the Bible's Authors Are Not Who We Think They Are* (New York: HarperOne, 2011), 300; Annette Y. Reed, "Pseudepigraphy, Authorship, and the Reception of 'the Bible' in Late Antiquity," in *The Reception and Interpretation of the Bible in Late Antiquity: Proceedings of the Montréal Colloquium in Honor of Charles Kannengiesser,* ed. Lorenzo DiTommaso and Lucian Turcescu (Leiden: Brill, 2008), 467–90; Stephen Greenblatt, *The Rise and Fall of Adam and Eve* (New York: W. W. Norton, 2017), 68; Dale C. Allison Jr., *Testament of Abraham* (Berlin: Walter De Gruyter, 2013), vii.

25 Grossman, "Lost Books of the Bible."

26 예를 들어 Tzvi Freeman, "How Did the Torah Exist Before It Happened?," Chabad.org, www.chabad.org/library/article_cdo/aid/110124/jewish/How-Did-the-Torah-Exist-Before-it-Happened.htm을 참조하라.

27 Seth Schwartz, *Imperialism and Jewish Society, 200 B.C.E. to 640 C.E.* (Princeton, N.J.: Princeton University Press, 2001); Gottfried Reeg and Dagmar Börner-Klein, "Synagogue," in *Religion Past and Present,* ed. Hans Dieter Betz et al. (Leiden: Brill, 2006-12), dx.doi.org/10.1163/1877-5888_rpp_COM_025027; Kimmy Caplan, "Bet Midrash," in Betz et al., *Religion Past and Present,* dx.doi.org/10.1163/1877-5888_rpp_SIM_01883.

28 "Tractate Soferim," in *The William Davidson Talmud* (Jerusalem: Koren, 2017), www.sefaria.org/Tractate_Soferim?tab=contents.

29 "Tractate Eiruvin," in *Babylonian Talmud,* chap. 13a, halakhah.com/pdf/moed/Eiruvin.pdf.

30 B. Barry Levy, *Fixing God's Torah: The Accuracy of the Hebrew Bible Text in Jewish Law* (Oxford: Oxford University Press, 2001); Alfred J. Kolatch, *This Is the Torah* (New York: Jonathan David, 1988); "Tractate Soferim."

31 Raphael Patai, *The Children of Noah: Jewish Seafaring in Ancient Times* (Princeton: N.J.: Princeton University Press, 1998), benyehuda.org/read/30739.

32 Shaye Cohen, Robert Goldenberg, and Hayim Lapin, eds., *The Oxford Annotated Mishnah* (Oxford: Oxford University Press, 2022), 1.

33 Mayer I. Gruber, "The Mishnah as Oral Torah: A Reconsideration," *Journal for the Study of Judaism in the Persian, Hellenistic, and Roman Period* 15 (1984): 112–22.

34 Adin Steinsaltz, *The Essential Talmud* (New York: Basic Books, 2006), 3.

35   같은 책.

36   Elizabeth A. Harris, "For Jewish Sabbath, Elevators Do All the Work," *New York Times,* March 5, 2012, www.nytimes.com/2012/03/06/nyregion/on-jewish-sabbath-elevators-that-do-all-the-work.html.

37   Jon Clarine, "Digitalization Is Revolutionizing Elevator Services," *TKE blog,* June 2022, blog.tkelevator.com/digitalization-is-revolutionizing-elevator-services-jon-clarine-shares-how-and-why/.

38   예를 들어 다음 문헌들을 참조하라. "Tractate Megillah," in *Babylonian Talmud,* chap. 16b; "Rashi on Genesis 45:14," in *Pentateuch with Targum Onkelos, Haphtaroth, and Prayers for Sabbath and Rashi's Commentary,* ed. and trans. M. Rosenbaum and A. M. Silbermann in collaboration with A. Blashki and L. Joseph (London: Shapiro, Vallentine, 1933), www.sefaria.org/Rashi_on_Genesis.45.14?lang=bi &with=Talmud&lang2=en.

39   《탈무드》에서 비롯된 이 믿음에 대해서는 "Tractate Shabbat," in *Babylonian Talmud,* chap. 119b를 참조하라. 이 믿음의 현대 버전들에 대해서는 midrasha.biu.ac.il/ node/2192를 참조하라.

40   Bart D. Ehrman, *Lost Christianities: The Battles for Scripture and the Faiths We Never Knew* (Oxford: Oxford University Press, 2003); Frederik Bird. "Early Christianity as an Unorganized Ecumenical Religious Movement," in *Handbook of Early Christianity: Social Science Approaches,* ed. Anthony J. Blasi, Jean Duhaime, and Paul-André Turcotte (Walnut Creek, Calif.: AltaMira Press, 2002), 225-46.

41   Konrad Schmid, "Immanuel," in Betz et al., *Religion Past and Present.*

42   Ehrman, *Lost Christianities,* xiv; Sarah Parkhouse, "Identity, Death, and Ascension in the First Apocalypse of James and the Gospel of John," *Harvard Theological Review* 114, no. 1 (2021): 51-71; Gregory T. Armstrong, "Abraham," in *Encyclopedia of Early Christianity,* ed. Everett Ferguson (New York: Routledge, 1999), 7-8; John J. Collins, "Apocalyptic Literature," in ibid., 73-74.

43   Ehrman, *Lost Christianities,* xi-xii.

44   같은 책, xii; J. K. Elliott, ed., *The Apocryphal New Testament: A Collection of Apocryphal Christian Literature in an English Translation* (Oxford: Oxford University Press, 1993), 231-302.

45   같은 책, 543-46; Ehrman, *Lost Christianities*; Andrew Louth, ed., *Early Christian*

Writings: The Apostolic Fathers (New York: Penguin Classics, 1987).

46 *The Festal Epistles of St. Athanasius, Bishop of Alexandria* (Oxford: John Henry Parker, 1854), 137–39.

47 Ehrman, *Lost Christianities,* 231.

48 Daria Pezzoli–Olgiati et al., "Canon," in Betz et al., *Religion Past and Present*; David Salter Williams, "Reconsidering Marcion's Gospel," *Journal of Biblical Literature* 108, no. 3 (1989): 477–96.

49 Ashish J. Naidu, *Transformed in Christ: Christology and the Christian Life in John Chrysostom* (Eugene, Ore.: Pickwick Publications, 2012), 77.

50 Bruce M. Metzger, *The Canon of the New Testament: Its Origin, Development, and Significance* (Oxford: Clarendon Press, 1987), 219–20.

51 Metzger, *Canon of the New Testament,* 176, 223–24; Christopher Sheklian, "Venerating the Saints, Remembering the City: Armenian Memorial Practices and Community Formation in Contemporary Istanbul," in *Armenian Christianity Today: Identity Politics and Popular Practice,* ed. Alexander Agadjanian (Surrey, U.K.: Ashgate, 2014), 157; Bart Ehrman, *Forgery and Counter-forgery: The Use of Literary Deceit in Early Christian Polemics* (Oxford: Oxford University Press, 2013), 32. Ehrman, *Lost Christianities,* 210-11도 참조하라.

52 Ehrman, *Lost Christianities,* 231.

53 같은 책, 236–238.

54 같은 책, 38; Ehrman, *Forgery and Counter-forgery,* 203; Raymond F. Collins, "Pastoral Epistles," in Betz et al., *Religion Past and Present.*

55 Ariel Sabar, "The Inside Story of a Controversial New Text About Jesus," *Smithsonian Magazine,* Sept. 17, 2012, www.smithsonianmag.com/history/the-inside-story-of-a-controversial-new-text-about-jesus-41078791/.

56 Dennis MacDonald, *The Legend of the Apostle: The Battle for Paul in Story and Canon* (Philadelphia: Westminster Press, 1983), 17; Stephen J. Davis, *The Cult of Saint Thecla: A Tradition of Women's Piety in Late Antiquity* (Oxford: Oxford University Press, 2001), 6.

57 Davis, *Cult of Saint Thecla.*

58 Knut Willem Ruyter, "Pacifism and Military Service in the Early Church," *Cross-Currents* 32, no. 1 (1982): 54–70; Harold S. Bender, "The Pacifism of the Sixteenth

Century Anabaptists," *Church History* 24, no. 2 (1955): 119–31.

59 Michael J. Lewis, *City of Refuge: Separatists and Utopian Town Planning* (Princeton, N.J.: Princeton University Press, 2016), 97.

60 Irene Bueno, "False Prophets and Ravening Wolves: Biblical Exegesis as a Tool Against Heretics in Jacques Fournier's Postilla on Matthew," *Speculum* 89, no. 1 (2014): 35–65.

61 Peter K. Yu, "Of Monks, Medieval Scribes, and Middlemen," *Michigan State Law Review* 2006, no. 1 (2006): 7.

62 Marc Drogin, *Anathema! Medieval Scribes and the History of Book Curses* (Totowa, N.J.: Allanheld, Osmun, 1983), 37.

63 Nicholas Watson, "Censorship and Cultural Change in Late-Medieval England: Vernacular Theology, the Oxford Translation Debate, and Arundel's Constitutions of 1409," *Speculum* 70, no. 4 (1995): 827.

64 David B. Barrett, George Thomas Kurian, and Todd M. Johnson, *World Christian Encyclopedia: A Comparative Survey of Churches and Religions in the Modern World* (Oxford: Oxford University Press, 2001), 12.

65 Eltjo Buringh and Jan Luiten Van Zanden, "Charting the 'Rise of the West': Manuscripts and Printed Books in Europe, a Long-Term Perspective from the Sixth Through Eighteenth Centuries," *Journal of Economic History* 69 (2009): 409–45.

66 유럽의 마녀사냥에 대한 이어지는 내용은 주로 로널드 허튼의 책을 참고한 것이다. Ronald Hutton, *The Witch: A History of Fear, from Ancient Times to the Present* (New Haven, Conn.: Yale University Press, 2017).

67 Hutton, *The Witch*.

68 같은 책. 10세기 초(혹은 9세기 말)에 작성된 《주교 법령》은 교회법의 일부가 되었다. 이 문서는, 사탄이 사람들을 현혹하여 온갖 종류의 환상(하늘을 날 수 있다는 것 등)을 믿게 만들지만 이런 사건들이 실제로 일어난다고 믿는 것은 죄라고 주장한다. 이 문서의 주장은 근대 초기 마녀사냥꾼들의 입장과 정반대다. 이들은 이러한 일들이 실제로 일어났으며 그것을 의심하는 것은 죄라고 주장했다. Julian Goodare, "Witches' Flight in Scottish Demonology," in *Demonology and Witch-Hunting in Early Modern Europe,* ed. Julian Goodare, Rita Voltmer, and Liv Helene Willumsen (London: Routledge, 2020), 147–67도 참조하라.

69 Hutton, *Witch*; Richard Kieckhefer, "The First Wave of Trials for Diabolical Witch-

craft," in *The Oxford Handbook of Witchcraft in Early Modern Europe and Colonial America,* ed. Brian P. Levack (Oxford: Oxford University Press, 2013), 158-78; Fabrizio Conti, "Notes on the Nature of Beliefs in Witchcraft: Folklore and Classical Culture in Fifteenth Century Mendicant Traditions," *Religions* 10, no. 10 (2019): 576; Chantal Ammann-Doubliez, "La première chasse aux sorciers en Valais (1428-1436?)," in *L'imaginaire du sabbat: Édition critique des textes les plus anciens (1430 c.-1440 c.),* ed. Martine Ostorero et al. (Lausanne: Université de Lausanne, Section d'Histoire, Faculté des Lettres, 1999), 63-98; Nachman Ben-Yehuda, "The European Witch Craze: Still a Sociologist's Perspective," *American Journal of Sociology* 88, no. 6 (1983): 1275-79; Hans Peter Broedel, "Fifteenth-Century Witch Beliefs," in Levack, *Oxford Handbook of Witchcraft.*

70   Hans Broedel, *The "Malleus Maleficarum" and the Construction of Witchcraft: Theology and Popular Belief* (Manchester: Manchester University Press, 2003); Martine Ostorero, "Un lecteur attentif du *Speculum historiale* de Vincent de Beauvais au XVe siècle: L'inquisiteur bourguignon Nicolas Jacquier et la réalité des apparitions démoniaques," *Spicae: Cahiers de l'Atelier Vincent de Beauvais* 3 (2013).

71   이 내용과 이어지는 크래머와 그의 저작에 대한 내용은 주로 브뢰델의 연구를 참고한 것이다. Broedel, *"Malleus Maleficarum" and the Construction of Witchcraft.* Tamar Herzig, "The Bestselling Demonologist: Heinrich Institoris's *Malleus Maleficarum,*" in *The Science of Demons: Early Modern Authors Facing Witchcraft and the Devil,* ed. Jan Machielsen (New York: Routledge, 2020), 53-67도 보라.

72   Broedel, *"Malleus Maleficarum" and the Construction of Witchcraft,* 178.

73   Jakob Sprenger, *Malleus Maleficarum,* trans. Montague Summers (London: J. Rodker, 1928), 121.

74   Tamar Herzig, "Witches, Saints, and Heretics: Heinrich Kramer's Ties with Italian Women Mystics," *Magic, Ritual, and Witchcraft* 1, no. 1 (2006): 26; André Schnyder, *"Malleus maleficarum" von Heinrich Institoris (alias Kramer) unter Mithilfe Jakob Sprengers aufgrund der dämonologischen Tradition zusammengestellt: Kommentar zur Wiedergabe des Erstdrucks von 1487 (Hain 9238)* (Göppingen: Kümmerle, 1993), 62.

75   Broedel, *"Malleus Maleficarum" and the Construction of Witchcraft,* 7-8.

76   인쇄혁명과 유럽을 휩쓴 마녀사냥 광풍의 연관성에 대해서는 다음 자료들을 보

라. Charles Zika, *The Appearance of Witchcraft: Print and Visual Culture in Sixteenth-Century Europe* (London: Routledge, 2007); Robert Walinski-Kiehl, "Pamphlets, Propaganda, and Witch- Hunting in Germany, c. 1560-c. 1630," *Reformation* 6, no. 1 (2002): 49-74; Alison Rowlands, *Witchcraft Narratives in Germany: Rothenburg, 1561-1652* (Manchester: Manchester University Press, 2003); Walter Stephens, *Demon Lovers: Witchcraft, Sex, and the Crisis of Belief* (Chicago: University of Chicago Press, 2002); Brian P. Levack, *The Witch-Hunt in Early Modern Europe* (London: Longman, 1987). 인쇄술과 마녀사냥의 연관성을 경시하는 연구로는 Stuart Clark, *Thinking with Demons: The Idea of Witchcraft in Early Modern Europe* (Oxford: Clarendon Press, 1997)을 보라.

77   Brian P. Levack, introduction to *Oxford Handbook of Witchcraft*, 1-10n13; Henry Boguet, *An Examen of Witches Drawn from Various Trials of Many of This Sect in the District of Saint Oyan de Joux, Commonly Known as Saint Claude, in the County of Burgundy, Including the Procedure Necessary to a Judge in Trials for Witchcraft*, trans. Montague Summers and E. Allen Ashwin (London: J. Rodker, 1929), xxxii.

78   James Sharpe, *Witchcraft in Early Modern England*, 2nd ed. (New York: Routledge, 2019), 5.

79   Robert S. Walinski-Kiehl, "The Devil's Children: Child Witch-Trials in Early Modern Germany," *Continuity and Change* 11, no. 2 (1996): 171-89;William Monter, "Witchcraft in Iberia," in Levack, *Oxford Handbook of Witchcraft*, 268-82.

80   Sprenger, *Malleus Maleficarum*, 223-24.

81   Michael Kunze, *Highroad to the Stake: A Tale of Witchcraft* (Chicago: University of Chicago Press, 1989), 87.

82   이 사건의 세부적인 내용에 대해서는 주 81번의 책을 참조하라. 처형에 대해서는 Robert E. Butts, "De Praestigiis Daemonum: Early Modern Witchcraft: Some Philosophical Reflections," in *Witches, Scientists, Philosophers: Essays and Lectures*, ed. Graham Solomon (Dordrecht: Springer Netherlands, 2000), 14-15도 참조하라.

83   Gareth Medway, *Lure of the Sinister: The Unnatural History of Satanism* (New York: New York University Press, 2001); Broedel, *"Malleus Maleficarum" and the Construction of Witchcraft*; David Pickering, *Cassell's Dictionary of Witchcraft* (London: Cassell, 2003).

84 Gary K. Waite, "Sixteenth-Century Religious Reform and the Witch-Hunts," in Levack, *Oxford Handbook of Witchcraft*, 499.

85 Mark Häberlein and Johannes Staudenmaier, "Bamberg," in *Handbuch kultureller Zentren der Frühen Neuzeit: Städte und Residenzen im alten deutschen Sprachraum*, ed. Wolfgang Adam and Siegrid Westphal (Berlin: De Gruyter, 2013), 57.

86 Birke Griesshammer, *Angeklagt-gemartet-verbrannt: Die Opfer der Hexenverfolgung in Franken* [Accused-martyred-burned: The victims of witch hunts in Franconia] (Erfurt, Germany: Sutton, 2013), 43.

87 Wolfgang Behringer, *Witches and Witch-Hunts: A Global History* (Cambridge, U.K.: Polity Press, 2004), 150; Griesshammer, *Angeklagt-gemartet-verbrannt*, 43; Arnold Scheuerbrandt, *Südwestdeutsche Stadttypen und Städtegruppen bis zum frühen 19. Jahrhundert: Ein Beitrag zur Kulturlandschaftsgeschichte und zur kulturräumlichen Gliederung des nördlichen Baden-Württemberg und seiner Nachbargebiete* (Heidelberg, Germany: Selbstverlag des Geographischen Instituts der Universität, 1972), 383.

88 Robert Rapley, *Witch Hunts: From Salem to Guantanamo Bay* (Montreal: McGill-Queen's University Press, 2007), 22-23.

89 Gustav Henningsen, *The Witches' Advocate: Basque Witchcraft and the Spanish Inquisition, 1609-1614* (Reno: University of Nevada Press, 1980), 304, ix.

90 Arthur Koestler, *The Sleepwalkers: A History of Man's Changing Vision of the Universe* (London: Penguin Books, 2014), 168.

91 Yuval Noah Harari, *Sapiens: A Brief History of Humankind* (New York: Harper, 2015), chap. 14.

92 예를 들어 Dan Ariely, *Misbelief: What Makes Rational People Believe Irrational Things* (New York: Harper, 2023), 145을 참조하라.

93 Rebecca J. St. George and Richard C. Fitzpatrick, "The Sense of Self-Motion, Orientation, and Balance Explored by Vestibular Stimulation," *Journal of Physiology* 589, no. 4 (2011): 807-13; Jarett Casale et al., "Physiology, Vestibular System," in *StatPearls* (Treasure Island, Fla.: StatPearls Publishing, 2023).

94 Younghoon Kwon et al., "Blood Pressure Monitoring in Sleep: Time to Wake Up," *Blood Pressure Monitoring* 25, no. 2 (2020): 61-68; Darae Kim and Jong-Won Ha, "Hypertensive Response to Exercise: Mechanisms and Clinical Implication,"

Clinical Hypertension 22, no. 1 (2016): 17.

95   Gianfranco Parati et al., "Blood Pressure Variability: Its Relevance for Cardiovascular Homeostasis and Cardiovascular Diseases," *Hypertension Research* 43, no. 7 (2020): 609–20.

96   "Unitatis redintegratio" (Decree on Ecumenism), Second Vatican Council, Nov. 21, 1964, www.vatican.va/archive/hist_councils/ii_vatican_council/documents/vat-ii_decree_19641121_unitatis-redintegratio_en.html.

97   랍비 모세 벤 나흐만(약 1194~1270)의 〈신명기〉 17장 11절에 대한 주석.

98   Ṣaḥīḥ al-Tirmidhī, 2167; Mairaj Syed, "Ijmaʿ," in *The Oxford Handbook of Islamic Law,* ed. Anver M. Emon and Rumee Ahmed (Oxford: Oxford University Press, 2018), 271–98; Iysa A. Bello, "The Development of Ijmāʿ in Islamic Jurisprudence During the Classical Period," in *The Medieval Islamic Controversy Between Philosophy and Orthodoxy: Ijmā ʿ and TaʾWīl in the Conflict Between al-Ghazālī and Ibn Rushd* (Leiden: Brill, 1989), 17–28.

99   "Pastor aeternus," First Vatican Council, July 18, 1870, www.vatican.va/content/pius-ix/en/documents/constitutio-dogmatica-pastor-aeternus-18-iulii-1870.html; "The Pope Is Never Wrong: A History of Papal Infallibility in the Catholic Church," University of Reading, Jan. 10, 2019, research.reading.ac.uk/research-blog/pope-never-wrong-history-papal-infallibility-catholic-church/; Hermann J. Pottmeyer, "Infallibility," in *Encyclopedia of Christianity Online* (Leiden: Brill, 2011).

100   Rory Carroll, "Pope Says Sorry for Sins of Church," *Guardian,* March 13, 2000, www.theguardian.com/world/2000/mar/13/catholicism.religion.

101   Leyland Cecco, "Pope Francis 'Begs Forgiveness' over Abuse at Church Schools in Canada," *Guardian,* July 26, 2022, www.theguardian.com/world/2022/jul/25/pope-francis-apologizes-for-abuse-at-church-schools-on-visit-to-canada.

102   교회의 제도적인 성차별에 대해서는 다음 자료들을 보라. April D. DeConick, *Holy Misogyny: Why the Sex and Gender Conflicts in the Early Church Still Matter* (New York: Continuum, 2011); Jack Holland, *A Brief History of Misogyny: The World's Oldest Prejudice* (London: Robinson, 2006), chaps. 3, 4, and 8; Elisabeth Schüssler Fiorenza, *In Memory of Her: A Feminist Theological Reconstruction of Christian Origins* (New York: Crossroad, 1994). 반유대주의에 대해서는 다음 자료들을 참조하라.

Robert Michael, *Holy Hatred: Christianity, Antisemitism, and the Holocaust* (New York: Palgrave Macmillan, 2006), 17–19; Robert Michael, *A History of Catholic Antisemitism: The Dark Side of the Church* (New York: Palgrave Macmillan, 2008); James Carroll, *Constantine's Sword: The Church and the Jews* (Boston: Houghton Mifflin, 2002), 91–93. 복음서에 나타나는 불관용적 태도에 대해서는 다음 자료들을 보라. Gerd Lüdemann, *Intolerance and the Gospel: Selected Texts from the New Testament* (Amherst, N.Y.: Prometheus Books, 2007); Graham Stanton and Guy G. Stroumsa, eds., *Tolerance and Intolerance in Early Judaism and Christianity* (Cambridge, U.K.: Cambridge University Press, 1998), esp. 124–31.

103   Edward Peters, ed., *Heresy and Authority in Medieval Europe* (Philadelphia: University of Pennsylvania Press, 2011), chap. 6.

104   Diana Hayes, "Reflections on Slavery," in *Change in Official Catholic Moral Teaching,* ed. Charles E. Curran (New York: Paulist Press, 1998), 67.

105   Associated Press, "Pope Francis Suggests Gay Couples Could Be Blessed in Vatican Reversal," *Guardian,* Oct. 3, 2023, www.theguardian.com/world/2023/oct/03/pope-francis-suggests-gay-couples-could-be-blessed-in-vatican-reversal.

106   Robert Rynasiewicz, "Newton's Views on Space, Time, and Motion," in *Stanford Encyclopedia of Philosophy,* ed. Edward N. Zalta, Spring 2022 (Palo Alto, Calif.: Metaphysics Research Lab, Stanford University, 2022).

107   예를 들어 다음 연구들을 보라. Sandra Harding, ed., *The Postcolonial Science and Technology Studies Reader* (Durham, N.C.: Duke University Press, 2011); Agustín Fuentes et al., "AAPA Statement on Race and Racism," *American Journal of Physical Anthropology* 169, no. 3 (2019): 400–402; Michael L. Blakey, "Understanding Racism in Physical (Biological) Anthropology," *American Journal of Physical Anthropology* 175, no. 2 (2021): 316–25; Allan M. Brandt, "Racism and Research: The Case of the Tuskegee Syphilis Study," *Hastings Center Report* 8, no. 6 (1978): 21–29; Alison Bashford, "'Is White Australia Possible?': Race, Colonialism, and Tropical Medicine," *Ethnic and Racial Studies* 23, no. 2 (2000): 248–71; Eric Ehrenreich, *The Nazi Ancestral Proof: Genealogy, Racial Science, and the Final Solution* (Bloomington: Indiana University Press, 2007).

108   Jack Drescher, "Out of DSM: Depathologizing Homosexuality," *Behavioral Sci-*

ences 5, no. 4 (2015): 565–75; Sarah Baughey–Gill, "When Gay Was Not Okay with the APA: A Historical Overview of Homosexuality and Its Status as Mental Disorder," *Occam's Razor* 1 (2011): 13.

109 Shaena Montanari, "Debate Remains over Changes in DSM–5 a Decade On," *Spectrum,* May 31, 2023.

110 Ian Fisher and Rachel Donadio, "Benedict XVI, First Modern Pope to Resign, Dies at 95," *New York Times,* Dec. 31, 2022, www.nytimes.com/2022/12/31/world/europe/benedict–xvi–dead.html; "Chief Rabbinate Rejects Mixed Male–Female Prayer at Western Wall," *Israel Hayom,* June 19, 2017, www.israelhayom.co.il/article/484687; Saeid Golkar, "Iran After Khamenei: Prospects for Political Change," *Middle East Policy* 26, no. 1 (2019): 75–88.

111 예를 들어, 젠더 연구의 주류 의견을 비판함으로써 연구자가 겪은 시련에 대해서는 Kathleen Stock, *Material Girls: Why Reality Matters for Feminism* (London: Fleet, 2021)을 보라. 또한 당시 유전학의 정설에 위배되는 실험들을 수행한 것과 관련하여 제기된 비난에 대해서는 Klaus Taschwer, *The Case of Paul Kammerer: The Most Controversial Biologist of His Time,* trans. Michal Schwartz (Montreal: Bunim & Bannigan, 2019)을 보라.

112 D. Shechtman et al., "Metallic Phase with Long–Range Orientational Order and No Translational Symmetry," *Physical Review Letters* 53 (1984): 1951–54.

113 준결정의 발견과 그에 따른 논란에 대해서는 다음 자료들을 보라. Alok Jha, "Dan Shechtman: 'Linus Pauling Said I Was Talking Nonsense,'" *Guardian,* Jan. 6, 2013, www.theguardian.com/science/2013/jan/06/dan–shechtman–nobel–prize–chemistry–interview; Nobel Prize, "A Remarkable Mosaic of Atoms," Oct. 5, 2011, www.nobelprize.org/prizes/chemistry/2011/press–release/; Denis Gratias and Marianne Quiquandon, "Discovery of Quasicrystals: The Early Days," *Comptes Rendus Physique* 20, no. 7–8 (2019): 803–16; Dan Shechtman, "The Discovery of Quasi–Periodic Materials," Lindau Nobel Laureate Meetings, July 5, 2012, mediatheque.lindau–nobel.org/recordings/31562/the–discovery–of–quasi–periodic–materials–2012.

114 Patrick Lannin and Veronica Ek, "Ridiculed Crystal Work Wins Nobel for Israeli," Reuters, Oct. 6, 2011, www.reuters.com/article/idUSTRE7941EP/.

115 Vadim Birstein, *The Perversion of Knowledge: The True Story of Soviet Science* (Boulder, Colo.: Westview Press, 2001).

116 같은 책, 209-41, 394, 401, 402, 428.

117 같은 책, 247-55, 270-76; Nikolai Krementsov, "A 'Second Front' in Soviet Genetics: The International Dimension of the Lysenko Controversy, 1944-1947," *Journal of the History of Biology* 29, no. 2 (1996): 229-50.

5. 결정: 민주주의와 전체주의의 간략한 역사

1 권위주의 네트워크에서 정보가 어떻게 흐르는지에 대한 심층 논의로는 Jeremy L. Wallace, *Seeking Truth and Hiding Facts: Information, Ideology, and Authoritarianism in China* (Oxford: Oxford University Press, 2022)을 보라.

2 Fergus Millar, *The Emperor in the Roman World, 31 BC-AD 337* (Ithaca, N.Y.: Cornell University Press, 1977); Richard J. A. Talbert, *The Senate of Imperial Rome* (Princeton, N.J.: Princeton University Press, 2022); J. A. Crook, "Augustus: Power, Authority, Achievement," in *The Cambridge Ancient History,* vol. 10, *The Augustan Empire, 43 BC-AD 69,* ed. Alan K. Bowman, Andrew Lintott, and Edward Champlin (Cambridge, U.K.: Cambridge University Press, 1996), 113-46.

3 Peter H. Solomon, *Soviet Criminal Justice Under Stalin* (Cambridge, U.K.: Cambridge University Press, 1996); Stephen Kotkin, *Stalin: Waiting for Hitler, 1929-1941* (New York: Penguin Press, 2017), 330-33, 371-73, 477-80.

4 Jenny White, "Democracy Is Like a Tram," Turkey Institute, July 14, 2016, www.turkeyinstitute.org.uk/commentary/democracy-like-tram/.

5 Müller, *What Is Populism?*; Masha Gessen, *The Future Is History: How Totalitarianism Reclaimed Russia* (New York: Riverhead Books, 2017); Steven Levitsky and Daniel Ziblatt, *How Democracies Die* (New York: Crown, 2018); Timothy Snyder, *The Road to Unfreedom: Russia, Europe, America* (New York: Crown, 2018); Gideon Rachman, *The Age of the Strongman: How the Cult of the Leader Threatens Democracy Around the World* (New York: Other Press, 2022).

6 H.J.Res.114-107th Congress (2001-2002): Authorization for Use of Military Force Against Iraq Resolution of 2002, Congress.gov, Oct. 16, 2002, www.congress.gov/bill/107th-congress/house-joint-resolution/114.

7 Frank Newport, "Seventy-Two Percent of Americans Support War Against Iraq," Gallup, March 24, 2003, news.gallup.com/poll/8038/SeventyTwo-Percent-Americans-Support-War-Against-Iraq.aspx.

8 "Poll: Iraq War Based on Falsehoods," UPI, Aug. 20, 2004, www.upi.com/Top_ News/2004/08/20/Poll-Iraq-war-based-on-falsehoods/75591093019554/.

9 James Eaden and David Renton, *The Communist Party of Great Britain Since 1920* (London: Palgrave, 2002), 96; Ian Beesley, *The Official History of the Cabinet Secretaries* (London: Routledge, 2017), 47.

10 Müller, *What Is Populism?*, 34.

11 같은 책, 3.

12 같은 책, 3-4, 20-22.

13 Ralph Hassig and Kongdan Oh, *The Hidden People of North Korea: Everyday Life in the Hermit Kingdom* (Lanham, Md.: Rowman & Littlefield, 2015); Seol Song Ah, "Inside North Korea's Supreme People's Assembly," *Guardian,* April 22, 2014, www. theguardian.com/world/2014/apr/22/inside-north-koreas-supreme-peoples-assembly.

14 Andrei Lankov, *The Real North Korea: Life and Politics in the Failed Stalinist Utopia* (Oxford: Oxford University Press, 2013).

15 Graeber and Wengrow, *Dawn of Everything,* chaps. 2-5.

16 같은 책, chaps. 3-5; Bellah, *Religion in Human Evolution,* 117-209; Pierre Clastres, *Society Against the State: Essays in Political Anthropology* (New York: Zone Books, 1988).

17 Michael L. Ross, *The Oil Curse: How Petroleum Wealth Shapes the Development of Nations* (Princeton, N.J.: Princeton University Press, 2013); Leif Wenar, *Blood Oil: Tyrants, Violence, and the Rules That Run the World* (Oxford: Oxford University Press, 2015); Karen Dawisha, *Putin's Kleptocracy: Who Owns Russia?* (New York: Simon & Schuster, 2014).

18 Graeber and Wengrow, *Dawn of Everything,* chaps. 3-5; Eric Alden Smith and Brian F. Codding, "Ecological Variation and Institutionalized Inequality in Hunter-Gatherer Societies," *Proceedings of the National Academy of Sciences* 118, no. 13 (2021).

19 James Woodburn, "Egalitarian Societies," *Man* 17, no. 3 (1982): 431-51.

20 Graeber and Wengrow, *Dawn of Everything,* chaps. 3-5; Bellah, *Religion in Human Evolution,* chaps. 3-5. 코페족(수렵채집과 농경으로 생계를 유지하는, 약 5,000명으

로 이루어진 파푸아뉴기니의 부족)에서 정보가 어떻게 흐르는지에 대한 논의로는 Madden, Bryson, and Palimi, "Information Behavior in Pre-literate Societies"을 보라.

21 우루크 같은 메소포타미아의 도시국가들이 때때로 민주주의를 운영했다는 주장에 대해 서는 Graeber and Wengrow, *Dawn of Everything*을 보라.

22 John Thorley, *Athenian Democracy* (London: Routledge, 2005), 74; Nancy Evans, *Civic Rites: Democracy and Religion in Ancient Athens* (Berkeley: University of California Press, 2010), 16.

23 Thorley, *Athenian Democracy*; Evans, *Civic Rites,* 79.

24 Millar, *Emperor in the Roman World*; Talbert, *Senate of Imperial Rome.*

25 Kyle Harper, *The Fate of Rome: Climate, Disease, and the End of an Empire* (Princeton, N.J.: Princeton University Press, 2017), 30-31; Walter Scheidel, "Demography," in *The Cambridge Economic History of the Greco-Roman World,* ed. Ian Morris, Richard P. Saller, and Walter Scheidel (Cambridge, U.K.: Cambridge University Press, 2007), 38-86.

26 Vladimir G. Lukonin, "Political, Social, and Administrative Institutions, Taxes, and Trade," in *The Cambridge History of Iran: Seleucid Parthian,* vol. 3, *The Seleucid, Parthian, and Sasanid Periods,* ed. Ehsan Yarshater (Cambridge, U.K.: Cambridge University Press, 1983), 681-746; Gene R. Garthwaite, *The Persians* (Malden, Mass.: Wiley-Blackwell, 2005).

27 전통적인 바로 연대기에 따르면 기원전 390년이었지만, 기원전 387년 또는 기원전 386년일 가능성이 더 높다. Tim Cornell, *The Beginnings of Rome: Italy and Rome from the Bronze Age to the Punic Wars (c. 1000-264 B.C.)* (London: Routledge, 1995), 313-14를 참조하라. 이 사건의 자세한 내용이 리비우스의《로마사*History of Rome*》5:34-6:1과 플루타르코스의《카밀루스*Camillus*》17-31에 나온다. 독재관의 역할에 대해서는 다음 책들을 참조하라. Andrew Lintott, *The Constitution of the Roman Republic* (Oxford: Oxford University Press, 2003), and Hannah J. Swithinbank, "Dictator," in *The Encyclopedia of Ancient History,* ed. Roger S. Bagnall et al. (Malden, Mass.: John Wiley & Sons, 2012).

28 Harper, *Fate of Rome,* 30-31; Scheidel, "Demography."

29 Rein Taagepera, "Size and Duration of Empires: Growth-Decline Curves, 600 B.C. to 600 A.D.," *Social Science History* 3, no. 3/4 (1979): 115-38.

30 William V. Harris, *Ancient Literacy* (Cambridge, Mass.: Harvard University Press, 1989),

141, 267.

31   Theodore P. Lianos, "Aristotle on Population Size," *History of Economic Ideas* 24, no. 2 (2016): 11-26; Plato B. Jowett, "Plato on Population and the State," *Population and Development Review* 12, no. 4 (1986): 781-98; Theodore Lianos, "Population and Steady-State Economy in Plato and Aristotle," *Journal of Population and Sustainability* 7, no. 1 (2023): 123-38.

32   Gregory S. Aldrete and Alicia Aldrete, "Power to the People: Systems of Government," in *The Long Shadow of Antiquity: What Have the Greeks and Romans Done for Us?* (London: Continuum, 2012)을 보라. Eeva-Maria Viitanen and Laura Nissin, "Campaigning for Votes in Ancient Pompeii: Contextualizing Electoral Programmata," in *Writing Matters: Presenting and Perceiving Monumental Inscriptions in Antiquity and the Middle Ages,* ed. Irene Berti et al. (Berlin: De Gruyter, 2017), 117-44; Willem Jongman, *The Economy and Society of Pompeii* (Leiden: Brill, 2023) 도 참조하라.

33   Aldrete and Aldrete, *Long Shadow of Antiquity,* 129-66.

34   Roger Bartlett, *A History of Russia* (Houndsmills, U.K.: Palgrave, 2005), 98-99; David Moon, "Peasants and Agriculture," in *The Cambridge History of Russia,* ed. Dominic Lieven (Cambridge, U.K.: Cambridge University Press, 2006), 369-93; Richard Pipes, *Russia Under the Old Regime,* 2nd ed. (London: Penguin, 1995), 18; Peter Toumanoff, "The Development of the Peasant Commune in Russia," *Journal of Economic History* 41, no. 1 (1981): 179-84; William G. Rosenberg, "Review of *Understanding Peasant Russia,*" *Comparative Studies in Society and History* 35, no. 4 (1993): 840-49. 반면, 이런 공동체를 민주주의 모델로 이상화하는 것의 위험에 대해서는 T. K. Dennison and A. W. Carus, "The Invention of the Russian Rural Commune: Haxthausen and the Evidence," *Historical Journal* 46, no. 3 (2003): 561-82를 참조하라.

35   Andrew Wilson, "City Sizes and Urbanization in the Roman Empire," in *Settlement, Urbanization, and Population,* ed. Alan Bowman and Andrew Wilson (New York: Oxford University Press), 171-72.

36   이 숫자는 대략적인 추정치다. 학자들은 근대 초 폴란드의 상세한 인구 데이터를 가지고 있지 않아서, 폴란드 인구의 약 절반이 성인이며 성인의 절반이 남성이라는 것을 전제로 연구를 진행한다. 슐라흐타 인구에 대해 우르술라 아우구스티니아크은 18세기 후반에 전체 인구의 8~10퍼센트였다고 추정한다. 자세한 내용은 다음 자료들을 참조하라.

Jacek Jedruch, *Constitutions, Elections, and Legislatures of Poland, 1493-1977: A Guide to Their History* (Washington, D.C.: University Press of America, 1982), 448–49; Urszula Augustyniak, *Historia Polski, 1572-1795* (Warsaw: Wydawnictwo Naukowe PWN, 2008), 253, 256; Norman Davies, *God's Playground: A History of Poland*, vol. 1, *The Origins to 1795* (New York: Columbia University Press, 1981), 214–15; Aleksander Gella, *Development of Class Structure in Eastern Europe: Poland and Her Southern Neighbors* (Albany: State University of New York Press, 1989), 13; Felicia Roșu, *Elective Monarchy in Transylvania and Poland-Lithuania, 1569-1587* (New York: Oxford University Press, 2017), 20.

37 Augustyniak, *Historia Polski,* 537–38; Roșu, *Elective Monarchy in Transylvania and Poland-Lithuania,* 149n29. 일부 자료들은 약 4만 명에서 5만 명에 이르는 훨씬 더 높은 수치를 제시한다. Robert Bideleux and Ian Jeffries, *A History of Eastern Europe: Crisis and Change* (New York: Routledge, 2007), 177과 W. F. Reddaway et al., eds., *Cambridge History of Poland: From the Origins to Sobieski* (Cambridge, U.K.: Cambridge University Press, 1971), 371을 참조하라.

38 Davies, *God's Playground*; Roșu, *Elective Monarchy in Transylvania and Poland-Lithuania*; Jedruch, *Constitutions, Elections, and Legislatures of Poland.*

39 Davies, *God's Playground,* 190.

40 Peter J. Taylor, "Ten Years That Shook the World? The United Provinces as First Hegemonic State," *Sociological Perspectives* 37, no. 1 (1994): 25–46, doi.org/10.2307/1389408; Jonathan Israel, *The Dutch Republic: Its Rise, Greatness, and Fall, 1477-1806* (Oxford: Clarendon Press, 1995).

41 근대 초기 네덜란드의 민주주의적 특징에 대해서는 다음 연구들을 보라. Maarten Prak, *The Dutch Republic in the Seventeenth Century,* trans. Diane Webb (Cambridge, U.K.: Cambridge University Press, 2023); J. L. Price, *Holland and the Dutch Republic in the Seventeenth Century: The Politics of Particularism* (Oxford: Clarendon Press, 1994); Catherine Secretan, "'True Freedom' and the Dutch Tradition of Republicanism," *Republics of Letters: A Journal for the Study of Knowledge, Politics, and the Arts* 2, no. 1 (2010): 82–92; Henk te Velde, "The Emergence of the Netherlands as a 'Democratic' Country," *Journal of Modern European History* 17, no. 2 (2019): 161–70; Maarten F. Van Dijck, "Democracy and Civil Society in the Early Modern Period: The Rise of Three Types of Civil Societies in the Spanish Netherlands and the Dutch Republic," *Social Science History* 41, no. 1 (2017): 59–81; Remieg Aerts, "Civil Society or Democracy? A Dutch Paradox," *BMGN: Low Countries Historical Review* 125 (2010): 209–36.

42   Michiel van Groesen, "Reading Newspapers in the Dutch Golden Age," *Media History* 22, no. 3–4 (2016): 334–52, doi.org/10.1080/13688804.2016.1229121; Arthur der Weduwen, *Dutch and Flemish Newspapers of the Seventeenth Century, 1618-1700* (Leiden: Brill, 2017), 181–259; "Courante," Gemeente Amsterdam Stadsarchief, April 23, 2019, www.amsterdam.nl/stadsarchief/stukken/historie/courante/.

43   van Groesen, "Reading Newspapers in the Dutch Golden Age." Newspapers appeared around the same time also in Strasbourg, Basel, Frankfurt, Hamburg, and various other European cities.

44   Jürgen Habermas, *The Structural Transformation of the Public Sphere: An Inquiry into a Category of Bourgeois Society,* trans. Thomas Burger (Cambridge, U.K.: Polity Press, 1989); Benedict Anderson, *Imagined Communities: Reflections on the Origin and Spread of Nationalism* (London: Verso, 2006), 24–25; Andrew Pettegree, *The Invention of News: How the World Came to Know About Itself* (New Haven, Conn.: Yale University Press, 2014).

45   1828년에 863종의 신문이 연간 약 6,800만 부를 발행하고 있었다. William A. Dill, *Growth of Newspapers in the United States* (Lawrence: University of Kansas Department of Journalism, 1928), 11–15를 보라. 다음 자료들도 참조하라. Paul E. Ried, "The First and Fifth Boylston Professors: A View of Two Worlds," *Quarterly Journal of Speech* 74, no. 2 (1988): 229–40, doi.org/10.1080/00335638809383838; Lynn Hudson Parsons, *The Birth of Modern Politics: Andrew Jackson, John Quincy Adams, and the Election of 1828* (New York: Oxford University Press, 2009), 134–35.

46   Parsons, *Birth of Modern Politics,* 90–107; H. G. Good, "To the Future Biographers of John Quincy Adams," *Scientific Monthly* 39, no. 3 (1934): 247–51, www.jstor.org/stable/15715; Robert V. Remini, *Martin Van Buren and the Making of the Democratic Party* (New York: Columbia University Press, 1959); Charles N. Edel, *Nation Builder: John Quincy Adams and the Grand Strategy of the Republic* (Cambridge, Mass.: Harvard University Press, 2014).

47   Alexander Saxton, "Problems of Class and Race in the Origins of the Mass Circulation Press," *American Quarterly* 36, no. 2 (Summer 1984): 211–34.

48 "Presidential Election of 1824: A Resource Guide," Library of Congress, accessed Jan. 1, 2024, guides.loc.gov/presidential-election-1824/; "Bicentennial Edition: Historical Statistics of the United States, Colonial Times to 1970," U.S. Census Bureau, Sept. 1975, accessed Dec. 30, 2023, www.census.gov/library/publications/1975/compendia/hist_stats_colonial-1970.html; Charles Tilly, *Democracy* (Cambridge, U.K.: Cambridge University Press, 2007), 97-98. 1824년의 유권자 수에 대한 정보는 다음 자료들을 참조하라. Jerry L. Mashaw, *Creating the Administrative Constitution: The Lost One Hundred Years of American Administrative Law* (New Haven, Conn.: Yale University Press, 2012), 148; Ronald P. Formisano, *For the People: American Populist Movements from the Revolution to the 1850s* (Chapel Hill: University of North Carolina Press, 2008), 142. 이 비율들은 성인을 어떻게 정의하느냐에 따라 달라질 수 있는 추정치라는 점에 유의하라.

49 Colin Rallings and Michael Thrasher, *British Electoral Facts, 1832-2012* (Hull: Biteback, 2012), 87; John A. Phillips, *The Great Reform Bill in the Boroughs* (Oxford: Clarendon Press, 1992), 29-30; Edward Hicks, "Uncontested Elections: Where and Why Do They Take Place?," House of Commons Library, April 30, 2019, commonslibrary.parliament.uk/uncontested-elections-where-and-why-do-they-take-place/. 영국의 인구 조사 정보는 *Abstract of the Answers and Returns Made Pursuant to an Act: Passed in the Eleventh Year of the Reign of His Majesty King George IV* (London: House of Commons, 1833), xii에서 가져왔다. www.google.co.uk/books/edition/_/zQFDAAAAcAAJ?hl=en&gbpv=0. Pre-1841 census information is available at 1841census.co.uk/pre-1841-census-information/에서 읽을 수 있다.

50 "Census for 1820," U.S. Census Bureau, accessed Dec. 30, 2023, www.census.gov/library/publications/1821/dec/1820a.html.

51 미국 초기 민주주의의 성격에 대한 다양한 견해는 다음 책들을 참조하라. Danielle Allen, "Democracy vs. Republic," in *Democracies in America,* ed. Berton Emerson and Gregory Laski (New York: Oxford University Press, 2022), 17-23; Daniel Walker Howe, *What Hath God Wrought: The Transformation of America, 1815-1848* (New York: Oxford University Press, 2007).

52 "The Heroes of July," *New York Times,* Nov. 20, 1863, www.nytimes.com/1863/11/20/archives/the-heroes-of-july-a-solemn-and-imposing-event-dedication-of-the.html.

53   Abraham Lincoln and William H. Lambert, "The Gettysburg Address. When Writ-
     ten, How Received, Its True Form," *Pennsylvania Magazine of History and Biog-
     raphy* 33, no. 4 (1909): 385–408, www.jstor.org/stable/20085482; Ronald F. Reid,
     "Newspaper Response to the Gettysburg Addresses," *Quarterly Journal of Speech*
     53, no. 1 (1967): 50–60.

54   William Hanchett, "Abraham Lincoln and Father Abraham," *North American Re-
     view* 251, no. 2 (1966): 10-13, www.jstor.org/stable/25116343; Benjamin P. Thom-
     as, *Abraham Lincoln: A Biography* (Carbondale: Southern Illinois University Press, 2008),
     403.

55   Martin Pengelly, "Pennsylvania Newspaper Retracts 1863 Criticism of Gettysburg
     Address," *Guardian,* Nov. 16, 2013, www.theguardian.com/world/2013/nov/16/
     gettysburg-address-retraction-newspaper-lincoln.

56   "Poll Shows 4th Debate Had Largest Audience," *New York Times,* Oct. 22, 1960,
     www.nytimes.com/1960/10/22/archives/poll-shows-4th-debate-had-largest-
     audience.html; Lionel C. Barrow Jr., "Factors Related to Attention to the First Ken-
     nedy–Nixon Debate," *Journal of Broadcasting* 5, no. 3 (1961): 229–38, doi.org/10.
     1080/08838156109385969161; Vito N. Silvestri, "Television's Interface with Ken-
     nedy, Nixon, and Trump: Two Politicians and One TV Celebrity," *American Be-
     havioral Scientist* 63, no. 7 (2019): 971-1001, doi.org/10.1177/0002764218784992.
     1960년의 인구 조사에 따르면 미국의 인구는 179,323,175명이었다. "1960 Census of
     Population: Advance Reports, Final Population Counts," U.S. Census Bureau, Nov.
     15, 1960, www.census.gov/library/publications/1960/dec/population-pc-a1.html
     을 참조하라.

57   "National Turnout Rates, 1789-Present," U.S. Elections Project, accessed Jan. 2,
     2024, www.electproject.org/national-1789-present; Renalia DuBose, "Voter Sup-
     pression: A Recent Phenomenon or an American Legacy?," *University of Balti-
     more Law Review* 50, no. 2 (2021), article 2.

58   이어지는 전체주의에 대한 논의는 주로 이 주제에 대한 고전적 연구인 한나 아렌트의 책
     을 참고했다: Hannah Arendt, *The Origins of Totalitarianism* (New York: Harcourt,
     1973); Carl Joachim Friedrich and Zbigniew Brzezinski, *Totalitarian Dictatorship
     and Autocracy* (Cambridge, Mass.: Harvard University Press, 1965); Karl R. Popper, *The
     Open Society and Its Enemies* (Princeton, N.J.: Princeton University Press, 1945); Juan

José Linz, *Totalitarian and Authoritarian Regimes* (Boulder, Colo.: Lynne Rienner, 1975). 또한 최근의 해석들, 특히 Gessen, *Future Is History,* and Marlies Glasius, "What Authoritarianism Is . . . and Is Not: A Practice Perspective," *International Affairs* 94, no. 3 (2018): 515-33도 참고했다.

59 Vasily Rudich, *Political Dissidence Under Nero* (London: Routledge, 1993), xxx.

60 예를 들어 Tacitus, *Annals,* 14.60을 보라. John F. Drinkwater, *Nero: Emperor and Court* (Cambridge, U.K.: Cambridge University Press, 2019); T. E. J. Wiedemann, "Tiberius to Nero," in Bowman, Champlin, and Lintott, *Cambridge Ancient History,* 198-255도 참조하라.

61 Carlos F. Noreña, "Nero's Imperial Administration," in *The Cambridge Companion to the Age of Nero,* ed. Shadi Bartsch, Kirk Freudenburg, and Cedric Littlewood (Cambridge, U.K.: Cambridge University Press, 2017), 48-62.

62 레기온 병사(정규군)와 보조병을 모두 포함한 수치. Nigel Pollard, "The Roman Army," in *A Companion to the Roman Empire,* ed. David Potter (Malden, Mass.: Blackwell, 2010), 206-27; Noreña, "Nero's Imperial Administration," 51을 참조하라.

63 Fik Meijer, *Emperors Don't Die in Bed* (London: Routledge, 2004); Joseph Homer Saleh, "Statistical Reliability Analysis for a Most Dangerous Occupation: Roman Emperor," *Palgrave Communications* 5, no. 155 (2019), doi.org/10.1057/s41599-019-0366-y; Francois Retief and Louise Cilliers, "Causes of Death Among the Caesars (27 BC-AD 476)," *Acta Theologica* 26, no. 2 (2010), www.doi.org/10.4314/actat.v26i2.52565.

64 Millar, *Emperor in the Roman World.* 다음 문헌들도 참조하라. Peter Eich, "Center and Periphery: Administrative Communication in Roman Imperial Times," in *Rome, a City and Its Empire in Perspective: The Impact of the Roman World Through Fergus Millar's Research,* ed. Stéphane Benoist (Leiden: Brill, 2012), 85-108; Benjamin Kelly, *Petitions, Litigation, and Social Control in Roman Egypt* (New York: Oxford University Press, 2011); Harry Sidebottom, *The Mad Emperor: Heliogabalus and the Decadence of Rome* (London: Oneworld, 2023).

65 Paul Cartledge, *The Spartans: The World of the Warrior-Heroes of Ancient Greece, from Utopia to Crisis and Collapse* (New York: Vintage Books, 2004); Stephen Hodkinson, "Sparta: An Exceptional Domination of State over Society?," in *A Companion to Sparta,* ed. Anton Powell (Hoboken, N.J.: Wiley-Blackwell, 2017), 29-57; Anton

Powell, "Sparta: Reconstructing History from Secrecy, Lies, and Myth," in Powell, *Companion to Sparta,* 1-28; Michael Whitby, "Two Shadows: Images of Spartans and Helots," in *The Shadow of Sparta,* ed. Anton Powell and Stephen Hodkinson (London: Routledge, 2002), 87-126; M. G. L. Cooley, ed., *Sparta,* 2nd ed. (Cambridge, U.K.: Cambridge University Press, 2023), 146-225; Sean R. Jensen and Thomas J. Figueira, "Peloponnesian League," in Bagnall et al., *Encyclopedia of Ancient History;* D. M. Lewis, "Sparta as Victor," in *The Cambridge Ancient History,* ed. D. M. Lewis et al. (Cambridge, U.K.: Cambridge University Press, 1994), 24-44.

66   Mark Edward Lewis, *The Early Chinese Empires: Qin and Han* (Cambridge, Mass.: Harvard University Press, 2010), 109.

67   Fu, *China's Legalists,* 6, 12, 23, 28.

68   Xinzhong Yao, *An Introduction to Confucianism* (Cambridge, U.K.: Cambridge University Press, 2000), 55, 187-213; Chad Hansen, "Daoism," in *The Stanford Encyclopedia of Philosophy,* ed. Edward N. Zalta, Spring 2020, accessed Jan. 5, 2025, plato. stanford.edu/cgi-bin/encyclopedia/archinfo.cgi?entry=daoism.

69   Sima Qian, Raymond Dawson, and K. E. Brashier, *The First Emperor: Selections from the Historical Records* (Oxford: Oxford University Press, 2007), 74-75; Lewis, *Early Chinese Empires;* Frances Wood, *China's First Emperor and His Terra-Cotta Warriors* (New York: St. Martin's Press, 2008), 81-82; Sarah Allan, *Buried Ideas: Legends of Abdication and Ideal Government in Early Chinese Bamboo-Slip Manuscripts* (Albany: State University of New York Press, 2015), 22; Anthony J. Barbieri-Low, *The Many Lives of the First Emperor of China* (Seattle: University of Washington Press, 2022).

70   진나라와 한나라에 대해서는 다음 자료들을 참조하라. Lewis, *Early Chinese Empires,* chaps. 1-3; Julie M. Segraves, "China: Han Empire," in *The Oxford Companion to Archeology,* vol. 1, ed. Neil Asher Silberman (New York: Oxford University Press, 2012); Robin D. S. Yates, "Social Status in the Ch'in: Evidence from the Yun-Men Legal Documents. Part One: Commoners," *Harvard Journal of Asiatic Studies* 47, no. 1 (1987): 197-237; Robin D. S. Yates, "State Control of Bureaucrats Under the Qin: Techniques and Procedures," *Early China* 20 (1995): 331-65; Ernest Caldwell, *Writing Chinese Laws: The Form and Function of Legal Statutes Found in the Qin Shuihudi Corpus* (London: Routledge, 2018); Anthony François Paulus Hulsewé, *Remnants of Ch'in Law: An Annotated Translation of the Ch'in Legal and Adminis-*

trative *Rules of the 3rd century BC Discovered in Yün-meng Prefecture, Hu-pei Province, in 1975* (Leiden: Brill, 1975); Sima Qian, *Records of the Grand Historian,* trans. Burton Watson (New York: Columbia University Press, 1993); Shang, *Book of Lord Shang;* Yuri Pines, "China, Imperial: 1. Qin Dynasty, 221–207 BCE," in *The Encyclopedia of Empire,* ed. N. Dalziel and John M. MacKenzie (Hoboken, N.J.: Wiley, 2016), doi.org/10.1002/9781118455074.wbeoe112; Hsing I-tien, "Qin-Han Census and Tax and Corvée Administration: Notes on Newly Discovered Materials," in *Birth of an Empire: The State of Qin Revisited,* ed. Yuri Pines et al. (Berkeley: University of California Press, 2014), 155–86; Charles Sanft, *Communication and Cooperation in Early Imperial China: Publicizing the Qin Dynasty* (Albany: State University of New York Press, 2014).

71 Kotkin, *Stalin,* 604.

72 McMeekin, *Stalin's War,* 220.

73 Thomas Henry Rigby, *Communist Party Membership in the U.S.S.R.* (Princeton, N.J.: Princeton University Press, 1968), 52.

74 Iu. A. Poliakov, ed., *Vsesoiuznaia perepis naseleniia, 1937 G.* (Institut istorii SSSR, 1991), 250. 조녀선 브렌트와 빅터 나우모브의 저서에 따르면 1951년에는 정보원의 수가 1,000만 명이었다. Jonathan Brent and Victor Naumov, *Stalin's Last Crime: The Plot Against the Jewish Doctors, 1948-1953* (New York: HarperCollins, 2003), 106.

75 Kotkin, *Stalin,* 888.

76 Stephan Wolf, *Hauptabteilung I: NVA und Grenztruppen* (Berlin: Bundesbeauftragte für die Stasi-Unterlagen, 2005); Dennis Deletant, "The Securitate Legacy in Romania," in *Security Intelligence Services in New Democracies: The Czech Republic, Slovakia, and Romania,* ed. Kieran Williams (London: Palgrave, 2001), 163.

77 Kotkin, *Stalin,* 378.

78 같은 책, 481.

79 Robert Conquest, *The Great Terror: Stalin's Purges of the Thirties* (New York: Collier, 1973), 632.

80 Survey of biographies in N. V. Petrov and K. V. Skorkin, *Kto rukovodil NKVD 1934-1941: Spravochnik* (Moscow: Zvenia, 1999), 80–464.

81 Julia Boyd, *A Village in the Third Reich: How Ordinary Lives Were Transformed by the Rise of Fascism* (New York: Pegasus Books, 2023), 75–84.

82 David Shearer, *Policing Stalin's Socialism: Repression and Social Order in the Soviet Union, 1924-1953* (New Haven, Conn.: Yale University Press, 2009), 133; Stephen Kotkin, *Magnetic Mountain: Stalinism as a Civilization* (Berkeley: University of California Press, 1995).

83 Robert William Davies, Mark Harrison, and S. G. Wheatcroft, eds., *The Economic Transformation of the Soviet Union, 1913-1945* (Cambridge, U.K.: Cambridge University Press, 1993), 63-91; Orlando Figes, *The Whisperers: Private Life in Stalin's Russia* (New York: Picador, 2007), 50.

84 Kotkin, *Stalin,* 16, 75; R. W. Davies and Stephen G. Wheatcroft, *The Years of Hunger: Soviet Agriculture, 1931-1933* (New York: Palgrave Macmillan, 2004), 447.

85 Davies and Wheatcroft, *Years of Hunger,* 446-48.

86 Kotkin, *Stalin,* 129; Figes, *Whisperers,* 98.

87 Figes, *Whisperers,* 85.

88 Kotkin, *Stalin,* 29, 42; Lynne Viola, *Unknown Gulag: The Lost World of Stalin's Peasant Settlements* (New York: Oxford University Press, 2007), 30.

89 스탈린 연설의 역사적 배경과 중요성에 대해서는 Lynne Viola, "The Role of the OGPU in Dekulakization, Mass Deportations, and Special Resettlement in 1930," *Carl Beck Papers* 1406 (2000): 2-7; Kotkin, *Stalin,* 34-36을 참조하라.

90 1930년 1월, 소련 당국은 주요 곡물 생산 지역에서는 늦어도 1931년 봄까지, 덜 중요한 지역에서는 늦어도 1932년 봄까지 집단화(그리고 쿨라크 해체)를 완료하는 것을 목표로 삼 았다. 자세한 내용은 Viola, *Unknown Gulag,* 21을 참조하라.

91 같은 책, 2(위원회에 대한 설명); V. P. Danilov, ed., *Tragediia sovetskoi derevni: Kollektivizatsiia i raskulachivanie: Dokumenty i materialy, 1927-1939* (Moscow: ROSSPEN, 1999), 2:123-26(3~5퍼센트 목표를 명시한, 위원회의 초안 결의안). 초기 쿨라크에 대한 추정치는 Moshe Lewin, *Russian Peasants and Soviet Power: A Study of Collectivization* (New York: Norton, 1975), 71-78; Nikolai Shmelev and Vladimir Popov, *The Turning Point: Revitalizing the Soviet Economy* (New York: Doubleday, 1989), 48-49을 참조하라.

92 이 법령의 영어 번역본을 Lynne Viola et al., eds., *The War Against the Peasantry, 1927-1930: The Tragedy of the Soviet Countryside* (New Haven, Conn.: Yale University Press, 2005), 228-34에서 볼 수 있다.

93 Viola, *Unknown Gulag,* 22-24; James Hughes, *Stalinism in a Russian Province:*

Collectivization and Dekulakization in Siberia (New York: Palgrave, 1996), 145-46, 239-40nn32 and 38, 151-53; Robert Conquest, *The Harvest of Sorrow: Soviet Collectivization and the Terror-Famine* (Oxford: Oxford University Press, 1986), 129; Figes, *Whisperers,* 87-88. 숫자 부풀리기에 대해서는 Figes, *Whisperers,* 87, and Hughes, *Stalinism in a Russian Province,* 153을 보라.

94 Conquest, *Harvest of Sorrow,* 129-31; Kotkin, *Stalin,* 74-75; Viola et al., *War Against the Peasantry,* 220-21; Lynne Viola, "The Second Coming: Class Enemies in the Soviet Countryside, 1927-1935," in *Stalinist Terror: New Perspectives,* ed. John Arch Getty and Roberta Thompson Manning (Cambridge, U.K.: Cambridge University Press, 1993), 65-98; Figes, *Whisperers,* 86-87; Sheila Fitzpatrick, *Stalin's Peasants: Resistance and Survival in the Russian Village After Collectivization* (New York: Oxford University Press, 1994), 55; Hughes, *Stalinism in a Russian Province,* 145-57, 239-40; Viola et al., *War Against the Peasantry,* 230-31, 240.

95 Figes, *Whisperers,* 88. 이 농촌 소비에트의 관할 구역에는 288가구가 있었다. 자세한 내용은 *Naselennye punkty Ural'skoi oblasti,* vol. 7, *Kurganskii okrug* (Sverdlovsk, 1928), 70, elib.uraic.ru/bitstream/123456789/12391/1/0016895.pdf을 참조하라. 이 농촌 소비에트에 할당된 17가구는 전체 가구의 5.9퍼센트에 해당한다.

96 Kotkin, *Stalin,* 75. 일부 저자들은 집에서 강제로 쫓겨난 농민의 수가 1,000만 명에 이르렀다고 말한다. 예를 들어 Norman M. Naimark, *Genocide: A World History* (New York: Oxford University Press, 2016), 87; Figes, *Whisperers,* 33을 참조하라.

97 Conquest, *Harvest of Sorrow,* 124-41; Fitzgerald, *Stalin's Peasants,* 123.

98 Figes, *Whisperers,* 142; Conquest, *Harvest of Sorrow,* 283-84; Viola, *Unknown Gulag,* 170-78.

99 Figes, *Whisperers,* 145-47.

100 같은 책, 122-29; Fitzpatrick, *Stalin's Peasants,* 255-56.

101 Conquest, *Harvest of Sorrow,* 295. 컨퀘스트가 언급한 1934년 5월 21일 자 로이터 보도는 archive.org/stream/NewsUK1996UKEnglish/May%2022%201996%2C%20The%20Times%2C%20%2365586%2C%20UK%20%28en%29_djvu.txt에서 확인할 수 있다.

102 Robert W. Thurston, "Social Dimensions of Stalinist Rule: Humor and Terror in the USSR, 1935-1941," *Journal of Social History* 24, no. 3 (1991): 544.

103 Figes, *Whisperers,* xxxi.

104 I. S. Robinson, *Henry IV of Germany, 1056-1106* (Cambridge, U.K.: Cambridge University Press, 2009), 143-70; Uta-Renate Blumenthal, "Canossa and Royal Ideology in 1077: Two Unknown Manuscripts of *De penitentia regis Salomonis,*" *Manuscripta* 22, no. 2 (1978): 91-96.

105 Thomas F. X. Noble, "Iconoclasm, Images, and the West," in *A Companion to Byzantine Iconoclasm,* ed. Mike Humphreys (Leiden: Brill, 2021), 538-70; Marie-France Auzépy, "State of Emergency (700-850)," in *The Cambridge History of the Byzantine Empire, c. 500-1492,* ed. Jonathan Shepard (Cambridge, U.K.: Cambridge University Press, 2010), 249-91; Mike Humphreys, introduction to *A Companion to Byzantine Iconoclasm,* ed. Mike Humphreys (Leiden: Brill, 2021), 1-106.

106 Theophanes, *Chronographia,* AM 6211, cited in Roman Cholij, *Theodore the Stoudite: The Ordering of Holiness* (New York: Oxford University Press, 2002), 12.

107 Peter Brown, "Introduction: Christendom, c. 600," in *The Cambridge History of Christianity,* vol. 3, *Early Medieval Christianities, c. 600-c.1100,* ed. Thomas F. X. Noble and Julia M. H. Smith (Cambridge, U.K.: Cambridge University Press, 2008), 1-20; Miri Rubin and Walter Simons, introduction to *The Cambridge History of Christianity,* vol. 4, *Christianity in Western Europe, c. 1100-c. 1500,* ed. Miri Rubin and Walter Simons (Cambridge, U.K.: Cambridge University Press, 2009); Kevin Madigan, *Medieval Christianity: A New History* (New Haven, Conn.: Yale University Press, 2015), 80-94.

108 예를 들어 Piotr Górecki, "Parishes, Tithes, and Society in Earlier Medieval Poland, c. 1100-c. 1250," *Transactions of the American Philosophical Society* 83, no. 2 (1993): i-146을 참조하라.

109 Marilyn J. Matelski, *Vatican Radio: Propagation by the Airwaves* (Westport, Conn.: Praeger, 1995); Raffaella Perin, *The Popes on Air: The History of Vatican Radio from Its Origins to World War II* (New York: Fordham University Press, 2024).

110 Jaroslav Hašek, *The Good Soldier Šejk,* trans. Cecil Parrott (London: Penguin, 1973), 258-62, 280.

111 Serhii Plokhy, *Atoms and Ashes: A Global History of Nuclear Disaster* (New York: W. W. Norton, 2022); Olga Bertelsen, "Secrecy and the Disinformation Campaign Surrounding Chernobyl," *International Journal of Intelligence and CounterIntelligence* 35, no. 2 (2022): 292-317; Edward Geist, "Political Fallout: The Failure of

Emergency Management at Chernobyl," *Slavic Review* 74, no. 1 (2015): 104–26; "Das Reaktorunglück in Tschernobyl wird bekannt," *SWR Kultur,* April 28, 1986, www.swr.de/swr2/wissen/archivradio/das-reaktorunglueck-in-tschernobyl-wird-bekannt-100.html.

112 J. Samuel Walker, *Three Mile Island: A Nuclear Crisis in Historical Perspective* (Berkeley: University of California Press, 2004), 78–84; Plokhy, *Atoms and Ashes*; Edward J. Walsh, "Three Mile Island: Meltdown of Democracy?," *Bulletin of the Atomic Scientists* 39, no. 3 (1983): 57–60; Natasha Zaretsky, *Radiation Nation: Three Mile Island and the Political Transformation of the 1970s* (New York: Columbia University Press, 2018); U.S. President's Commission on the Accident at Three Mile, *Report of the President's Commission on the Accident at Three Mile Island: The Need for Change, the Legacy of TMI* (Washington, D.C.: U.S. Government Printing Office, 1979).

113 Christopher Carothers, "Taking Authoritarian Anti-corruption Reform Seriously," *Perspectives on Politics* 20, no. 1 (2022): 69–85; Kaunain Rahman, "An Overview of Corruption and Anti-corruption in Saudi Arabia," Transparency International, Jan. 23, 2020, knowledgehub.transparency.org/assets/uploads/helpdesk/Country-profile-Saudi-Arabia-2020_PR.pdf; Andrew Wedeman, "Xi Jinping's Tiger Hunt: Anti-corruption Campaign or Factional Purge?," *Modern China Studies* 24, no. 2 (2017): 35–94; Jiangnan Zhu and Dong Zhang, "Weapons of the Powerful: Authoritarian Elite Competition and Politicized Anticorruption in China," *Comparative Political Studies* 50, no. 9 (2017): 1186–220.

114 Valerii Soifer, *Lysenko and the Tragedy of Soviet Science* (New Brunswick, N.J.: Rutgers University Press, 1994), 294; Jan Sapp, *Genesis: The Evolution of Biology* (New York: Oxford University Press, 2002), 173; John Maynard Smith, 'Molecules Are Not Enough," *London Review of Books,* Feb. 6, 1986, www.lrb.co.uk/the-paper/v08/n02/john-maynard-smith/molecules-are-not-enough; Jenny Leigh Smith, *Works in Progress: Plans and Realities on Soviet Farms, 1930-1963* (New Haven, Conn.: Yale University Press, 2014), 215; Robert L. Paarlberg, *Food Trade and Foreign Policy: India, the Soviet Union, and the United States* (Ithaca, N.Y.: Cornell University Press, 1985), 66–88; Eugene Keefe and Raymond Zickel, eds., *The Soviet Union: A Country Study* (Washington, D.C.: Library of Congress Federal Research Division, 1991), 532; Alec Nove, *An Economic History of the USSR, 1917-1991* (London: Penguin, 1992), 412;

Sam Kean, "The Soviet Era's Deadliest Scientist Is Regaining Popularity in Russia," *Atlantic,* Dec. 19, 2017, www.theatlantic.com/science/archive/2017/12/trofim-lysenko-soviet-union-russia/548786/.

115 David E. Murphy, *What Stalin Knew: The Enigma of Barbarossa* (New Haven, Conn.: Yale University Press, 2005), 194–260;S. V. Stepashin, ed., *Organy gosudarstvennoi bezopasnosti SSSR v Velikoi Otvechestvennoi voine: Sbornik dokumentov* [The organs of state security of the USSR in the Great Patriotic War: A collection of documents], vol. 2, book 2 (Moscow: Rus', 2000), 219; A. Artizov et al., eds., *Reabilitatsiia: Kak eto bylo. Dokumenty Prezidiuma TsK KPSS i drugie materialy* [Rehabilitation: How it was. Documents of the Presidium of the CC CPSU and other materials] (Moscow: Mezhdunarodnyi Fond "Demokratiia," 2000), 1:164–66; K. Simonov, *Glazami cheloveka moego pokolennia. Razmyshleniia o I. V. Staline* [Through the eyes of a person of my generation. Reflections on I.V. Stalin.] (Moscow: Kniga, 1990), 378–79; Montefiore, *Stalin,* 305–6; David M. Glantz, *Colossus Reborn: The Red Army at War, 1941-1943* (Lawrence: University Press of Kansas, 2005), 715n133.

116 McMeekin, *Stalin's War,* 295.

117 같은 책, 302–16.

118 같은 책, 319.

119 Figes, *Whisperers,* 383; McMeekin, *Stalin's War,* 96, 451; Catherine Merridale, *Ivan's War: Life and Death in the Red Army, 1939-1945* (New York: Metropolitan, 2006); Roger Reese, *Why Stalin's Soldiers Fought: The Red Army's Military Effectiveness in World War II* (Lawrence: University Press of Kansas, 2011); David M. Glantz, *Stumbling Colossus: The Red Army on the Eve of World War* (Lawrence: University Press of Kansas, 1998); Glantz, *Colossus Reborn*; Alexander Hill, *The Red Army and the Second World War* (Cambridge, U.K.: Cambridge University Press, 2017); Ben Shepherd, *Hitler's Soldiers: The German Army in the Third Reich* (New Haven, Conn.: Yale University Press, 2016), 114–15.

120 Evan Mawdsley, *Thunder in the East: The Nazi-Soviet War, 1941-1945,* 2nd ed. (London: Bloomsbury, 2016), 208–9; Geoffrey Roberts, *Stalin's Wars: From World War to Cold War, 1939-1953* (New Haven, Conn.: Yale University Press, 2006), 133–34; Merridale, *Ivan's War,* 140–59; Glantz, *Stumbling Colossus,* 33.

121 Montefiore, *Stalin,* 486-88; Roy Medvedev, *Let History Judge: The Origins and Consequences of Stalinism* (New York: Knopf, 1972), 469.

122 Joshua Rubenstein, *The Last Days of Stalin* (New Haven, Conn.: Yale University Press, 2016); Brent and Naumov, *Stalin's Last Crime*; Elena Zubkova, *Russia After the War: Hopes, Illusions, and Disappointments, 1945-1957* (Armonk, N.Y.: M. E. Sharpe, 1998), 137-38, 223nn21-25; Figes, *Whisperers,* 521.

123 Robert Service, *Stalin: A Biography* (Cambridge, Mass.: Harvard University Press, 2005), 571-80; Montefiore, *Stalin,* 566-77, 640; Oleg V. Khlevniuk, *Stalin: New Biography of a Dictator* (New Haven, Conn.: Yale University Press, 2015), 1-6, 33, 36, 92, 142-44, 189-90, 196-97, 250, 309-14; Zhores Medvedev and Roy Medvedev, *Unknown Stalin: His Life, Death, and Legacy* (New York: Overlook Press, 2005), 19-35.

124 Arthur Marwick, *The Sixties: Cultural Revolution in Britain, France, Italy, and the United States, c. 1958-c. 1974* (London: Bloomsbury Reader, 1998); Peter B. Levy, *The Great Uprising: Race Riots in Urban America During the 1960s* (Cambridge, U.K.: Cambridge University Press, 2018).

125 이 내용과 앞의 '칩 전쟁'에 대한 흥미롭고 통찰력 있는 연구인 Chris Miller, *Chip War: The Fight for the World's Most Critical Technology* (New York: Scribner, 2022), 43을 보라.

126 Victor Yasmann, "Grappling with the Computer Revolution," in *Soviet/East European Survey, 1984-1985: Selected Research and Analysis from Radio Free Europe/Radio Liberty,* ed. Vojtech Mastny (Durham, N.C.: Duke University Press, 1986), 266-72.

6. 새로운 구성원: 컴퓨터는 인쇄술과 어떻게 다른가?

1 Alan Turing, "Intelligent Machinery," in *The Essential Turing,* ed. B. Jack Copeland (New York: Oxford University Press, 2004), 395-432.

2 Alan Turing, "Computing Machinery and Intelligence," *Mind* 59, no. 236 (1950): 433-60.

3 Alexis Madrigal, "How Checkers Was Solved," *Atlantic,* July 19, 2017, www.theatlantic.com/technology/archive/2017/07/marion-tinsley-checkers/534111/.

4 Richard Rhodes, *The Making of the Atomic Bomb* (New York: Simon & Schuster, 1986),

711.

5   Levin Brinkmann et al., "Machine Culture," *Nature Human Behavior* 7 (2023): 1855–68.

6   Max Fisher, *The Chaos Machine: The Inside Story of How Social Media Rewired Our Minds and Our World* (New York: Little, Brown, 2022).

7   이어지는 논의는 다음 자료들을 참고했다. Thant Myint-U, *The Hidden History of Burma: Race, Capitalism, and the Crisis of Democracy in the 21st Century* (New York: W. W. Norton, 2020); Habiburahman, *First, They Erased Our Name: A Rohingya Speaks,* with Sophie Ansel (London: Scribe, 2019); Amnesty International, *The Social Atrocity: Meta and the Right to Remedy for the Rohingya* (London: Amnesty International, 2022), www.amnesty.org/en/documents/asa16/5933/2022/en/; Christina Fink, "Dangerous Speech, Anti-Muslim Violence, and Facebook in Myanmar," *Journal of International Affairs* 71, no. 1.5 (2018): 43–52; Naved Bakali, "Islamophobia in Myanmar: The Rohingya Genocide and the 'War on Terror,'" *Race and Class* 62, no. 4 (2021): 1–19; Ali Siddiquee, "The Portrayal of the Rohingya Genocide and Refugee Crisis in the Age of Post-truth Politics," *Asian Journal of Comparative Politics* 5, no. 2 (2019): 89–103; Neriah Yue, "The 'Weaponization' of Facebook in Myanmar: A Case for Corporate Criminal Liability," *Hastings Law Journal* 71, no. 3 (2020): 813–44; Jennifer Whitten-Woodring et al., "Poison if You Don't Know How to Use It: Facebook, Democracy, and Human Rights in Myanmar," *International Journal of Press/Politics* 25, no. 3 (2020): 1–19.

8   Thant, "Unfinished Nation," in *Hidden History of Burma*를 참조하라. 다음 자료들도 참조하라. Amnesty International, "Briefing: Attacks by the Arakan Rohingya Salvation Army (ARSA) on Hindus in Northern Rakhine State," May 22, 2018, www.amnesty.org/en/documents/asa16/8454/2018/en/; Amnesty International, "'We Will Destroy Everything': Military Responsibility for Crimes Against Humanity in Rakhine State," June 27, 2018, www.amnesty.org/en/documents/asa16/8630/2018/en/; Anthony Ware and Costas Laoutides, *Myanmar's "Rohingya" Conflict* (New York: Oxford University Press, 2018), 14–53.

9   Thant, *Hidden History of Burma*; Ware and Laoutides, *Myanmar's "Rohingya" Conflict,* 6; Anthony Ware and Costas Laoutides, "Myanmar's 'Rohingya' Conflict: Misconceptions and Complexity," *Asian Affairs* 50, no. 1 (2019): 60–79; UNHCR,

"Bangladesh Rohingya Emergency," accessed Feb. 13, 2024, www.unhcr.org/ph/campaigns/rohingya-emergency; Mohshin Habib et al., *Forced Migration of Rohingya: The Untold Experience* (Ontario: Ontario International Development Agency, 2018), 69; Annekathryn Goodman and Iftkher Mahmood, "The Rohingya Refugee Crisis of Bangladesh: Gender Based Violence and the Humanitarian Response," *Open Journal of Political Science* 9, no. 3 (2019): 490–501.

10   Thant, *Hidden History of Burma*, 165.

11   Amnesty International, *Social Atrocity*, 45.

12   Thant, *Hidden History of Burma*, 166.

13   Kumar Ramakrishna, "Understanding Myanmar's Buddhist Extremists: Some Preliminary Musings," *New England Journal of Public Policy* 32, no. 2 (2020), article 4; Ronan Lee, *Myanmar's Rohingya Genocide: Identity, History, and Hate Speech* (London: Bloomsbury, 2021), 89; Sheera Frenkel, "This Is What Happens When Millions of People Suddenly Get the Internet," *BuzzFeed News,* Nov. 20, 2016, www.buzzfeednews.com/article/sheerafrenkel/fake-news-spreads-trump-around-the-world; Megan Specia and Paul Mozur, "A War of Words Puts Facebook at the Center of Myanmar's Rohingya Crisis," *New York Times,* Oct. 27, 2017, www.nytimes.com/2017/10/27/world/asia/myanmar-government-facebook-rohingya.html.

14   Amnesty International, *Social Atrocity*, 7.

15   Tom Miles, "U.N. Investigators Cite Facebook Role in Myanmar Crisis," Reuters, March 13, 2018, www.reuters.com/article/idUSKCN1GO2Q4/.

16   Amnesty International, *Social Atrocity*, 8.

17   John Clifford Holt, *Myanmar's Buddhist-Muslim Crisis: Rohingya, Arakanese, and Burmese Narratives of Siege and Fear* (Honolulu: University of Hawaii Press, 2019), 241–43; Kyaw Phone Kyaw, "The Healing of Meiktila," *Frontier Myanmar,* April 21, 2016, www.frontiermyanmar.net/en/the-healing-of-meiktila/.

18   추천 알고리즘의 문화적 영향력에 대해서는 다음 자료들도 참조하라. Brinkmann et al., "Machine Culture"; Jessica Su, Aneesh Sharma, and Sharad Goel, "The Effect of Recommendations on Network Structure," in *Proceedings of the 25th International Conference on World Wide Web* (Geneva: International World Wide Web Conferences Steering Committee, 2016), 1157–67; Zhepeng Li, Xiao Fang, and Olivia R. Liu Sheng,

"A Survey of Link Recommendation for Social Networks: Methods, Theoretical Foundations, and Future Research Directions," *ACM Transactions on Management Information Systems* 9, no. 1 (2018): 1-26.

19   Amnesty International, *Social Atrocity,* 47.

20   같은 책, 46.

21   같은 책, 38-49. 다음 자료들도 참조하라. Zeynep Tufekci, "Algorithmic Harms Beyond Facebook and Google: Emergent Challenges of Computational Agency," *Colorado Technology Law Journal* 13 (2015): 203-18; Janna Anderson and Lee Rainie, "The Future of Truth and Misinformation Online," Pew Research Center, Oct. 19, 2017, www.pewresearch.org/internet/2017/10/19/the-future-of-truth-and-misinformation-online/; Ro'ee Levy, "Social Media, News Consumption, and Polarization: Evidence from a Field Experiment," *American Economic Review* 111, no. 3 (2021): 831-70; William J. Brady, Ana P. Gantman, and Jay J. Van Bavel, "Attentional Capture Helps Explain Why Moral and Emotional Content Go Viral," *Journal of Experimental Psychology: General* 149, no. 4 (2020): 746-56.

22   Yue Zhang et al., "Siren's Song in the AI Ocean: A Survey on Hallucination in Large Language Models" (preprint, submitted in 2023), arxiv.org/abs/2309.01219; Jordan Pearson, "Researchers Demonstrate AI 'Supply Chain' Disinfo Attack with 'PoisonGPT,'" *Vice,* July 13, 2023, www.vice.com/en/article/xgwgn4/researchers-demonstrate-ai-supply-chain-disinfo-attack-with-poisongpt.

23   František Baluška and Michael Levin, "On Having No Head: Cognition Throughout Biological Systems," *Frontiers in Psychology* 7 (2016), article 902.

24   인간의 의식과 의사 결정에 대한 심층적인 논의로는 Mark Solms, *The Hidden Spring: A Journey to the Source of Consciousness* (London: Profile Books, 2021)을 보라.

25   인간과 AI의 의식과 지능에 대한 심층적인 논의로는 다음 자료들을 보라. Yuval Noah Harari, *Homo Deus* (New York: Harper, 2017), chaps. 3, 10; Yuval Noah Harari, *21 Lessons for the 21st Century* (New York: Spiegel & Grau, 2018), chap. 3; Yuval Noah Harari, "The Politics of Consciousness," in Aviva Berkovich-Ohana et al. (eds.), *Perspectives On Consciousness: Highlighting Subjective Experience* (Cambridge (Mass.): MIT Press, 2025 [forthcoming]), chap. 7; Patrick Butlin et al., "Consciousness in Artificial Intelligence: Insights from the Science of Consciousness" (preprint, submitted in 2023), arxiv.org/abs/2308.08708.

26   OpenAI, "GPT-4 System Card," March 23, 2023, 14, cdn.openai.com/papers/gpt-4-system-card.pdf.

27   같은 자료, 15-16.

28   Harari, *Homo Deus,* chaps. 3, 10; Harari, "The Politics of Consciousness"도 참조하라.

29   실제 사례들로는 다음을 보라. Jamie Condliffe, "Algorithms Probably Caused a Flash Crash of the British Pound," *MIT Technology Review,* Oct. 7, 2016, www.technologyreview.com/2016/10/07/244656/algorithms-probably-caused-a-flash-crash-of-the-british-pound/; Bruce Lee, Fake Eli Lilly Twitter Account Claims Insulin Is Free, Stock Falls 4.37%, *Forbes,* Nov. 12, 2022, www.forbes.com/sites/brucelee/2022/11/12/fake-eli-lilly-twitter-account-claims-insulin-is-free-stock-falls-43/?sh=61308fb541a3.

30   Jenna Greene, "Will ChatGPT Make Lawyers Obsolete? (Hint: Be Afraid)," Reuters, Dec. 10, 2022, www.reuters.com/legal/transactional/will-chatgpt-make-lawyers-obsolete-hint-be-afraid-2022-12-09/; Chloe Xiang, "ChatGPT Can Do a Corporate Lobbyist's Job, Study Determines," *Vice,* Jan. 5, 2023, www.vice.com/en/article/3admm8/chatgpt-can-do-a-corporate-lobbyists-job-study-determines; Jules Ioannidis et al., "Gracenote.ai: Legal Generative AI for Regulatory Compliance," SSRN, June 19, 2023, ssrn.com/abstract=4494272; Damien Charlotin, "Large Language Models and the Future of Law," SSRN, Aug. 22, 2023, ssrn.com/abstract=4548258; Daniel Martin Katz et al., "GPT-4 Passes the Bar Exam," SSRN, March 15, 2023, ssrn.com/abstract=4389233. 하지만 Eric Martínez, "Re-evaluating GPT-4's Bar Exam Performance," SSRN, May 8, 2023, ssrn.com/abstract=4441311도 참조하라.

31   Brinkmann et al., "Machine Culture."

32   Julia Carrie Wong, "Facebook Restricts More Than 10,000 QAnon and US Militia Groups," *Guardian,* Aug. 19, 2020, www.theguardian.com/us-news/2020/aug/19/facebook-qanon-us-militia-groups-restrictions.

33   "FBI Chief Says Five QAnon Conspiracy Advocates Arrested for Jan 6 U.S. Capitol Attack," Reuters, April 15, 2021, www.reuters.com/world/us/fbi-chief-says-five-qanon-conspiracy-advocates-arrested-jan-6-us-capitol-attack-2021-04-14/.

34   "Canadian Man Faces Weapons Charges in Attack on PM Trudeau's Home," Al

Jazeera, July 7, 2020, www.aljazeera.com/news/2020/7/7/canadian-man-faces-weapons-charges-in-attack-on-pm-trudeaus-home. Mack Lamoureux, "A Fringe Far-Right Group Keeps Trying to Citizen Arrest Justin Trudeau," *Vice,* July 28, 2020, www.vice.com/en/article/dyzwpy/a-fringe-far-right-group-keeps-trying-to-citizen-arrest-justin-trudeau도 참조하라.

35 "Rémy Daillet: Conspiracist Charged over Alleged French Coup Plot," BBC, Oct. 28, 2021, www.bbc.com/news/world-europe-59075902; "Rémy Daillet: Far-Right 'Coup Plot' in France Enlisted Army Officers," *Times,* Oct. 28, 2021, www.thetimes.co.uk/article/remy-daillet-far-right-coup-plot-france-army-officers-qanon-ds22j6g05.

36 Mia Bloom and Sophia Moskalenko, *Pastels and Pedophiles: Inside the Mind of QAnon* (Stanford, Calif.: Stanford University Press, 2021), 2.

37 John Bowden, "QAnon-Promoter Marjorie Taylor Greene Endorses Kelly Loeffler in Georgia Senate Bid," *Hill,* Oct. 15, 2020, thehill.com/homenews/campaign/521196-qanon-promoter-marjorie-taylor-greene-endorses-kelly-loeffler-in-ga-senate/.

38 Camila Domonoske, "QAnon Supporter Who Made Bigoted Videos Wins Ga. Primary, Likely Heading to Congress," NPR, Aug. 12, 2020, www.npr.org/2020/08/12/901628541/qanon-supporter-who-made-bigoted-videos-wins-ga-primary-likely-heading-to-congre.

39 Nitasha Tiku, "The Google Engineer Who Thinks the Company's AI Has Come to Life," *Washington Post,* June 11, 2022, www.washingtonpost.com/technology/2022/06/11/google-ai-lamda-blake-lemoine/.

40 Matthew Weaver, "AI Chatbot 'Encouraged' Man Who Planned to Kill Queen, Court Told," *Guardian,* July 6, 2023, www.theguardian.com/uk-news/2023/jul/06/ai-chatbot-encouraged-man-who-planned-to-kill-queen-court-told; PA Media, Rachel Hall, and Nadeem Badshah, "Man Who Broke into Windsor Castle with Crossbow to Kill Queen Jailed for Nine Years," *Guardian,* Oct. 5, 2023, www.theguardian.com/uk-news/2023/oct/05/man-who-broke-into-windsor-castle-with-crossbow-to-kill-queen-jailed-for-nine-years; William Hague, "The Real Threat of AI Is Fostering Extremism," *Times,* Oct. 30, 2023, www.thetimes.co.uk/article/the-real-threat-of-ai-is-fostering-extremism-jn3cw9rd3.

41 Marcus du Sautoy, *The Creativity Code: Art and Innovation in the Age of AI* (Cambridge, Mass.: Belknap Press of Harvard University Press, 2019); Brinkmann et al., "Machine Culture."

42 Martin Abadi and David G. Andersen, "Learning to Protect Communications with Adversarial Neural Cryptography," Oct. 21, 2016, arXiv, arXiv.1610.06918.

43 Robert Kissell, *Algorithmic Trading Methods: Applications Using Advanced Statistics, Optimization, and Machine Learning Technique* (London: Academic Press, 2021); Anna-Louise Jackson, "A Basic Guide to Forex Trading," *Forbes,* March 17, 2023, www.forbes.com/adviser/investing/what-is-forex-trading/; Bank of International Settlements, "Triennial Central Bank Survey: OTC Foreign Exchange Turnover in April 2022," Oct. 27, 2022, www.bis.org/statistics/rpfx22_fx.pdf.

44 Jaime Sevilla et al., "Compute Trends Across Three Eras of Machine Learning," *2022 International Joint Conference on Neural Networks (IJCNN)*, IEEE, Sept. 30, 2022, doi.10.1109/IJCNN55064.2022.9891914; Bengio et al., "Managing Extreme AI Risks Amid Rapid Progress."

45 Kwang W. Jeon, *The Biology of Amoeba* (London: Academic Press, 1973).

46 International Energy Agency, "Data Centers and Data Transmission Networks," last update July 11, 2023, accessed Dec. 27, 2023, www.iea.org/energy-system/buildings/data-centers-and-data-transmission-networks; Jacob Roundy, "Assess the Environmental Impact of Data Centers," TechTarget, July 12, 2023, www.techtarget.com/searchdatacenter/feature/Assess-the-environmental-impact-of-data-centers; Alex de Vries, "The Growing Energy Footprint of Artificial Intelligence," *Joule* 7, no. 10 (2023): 2191–94, doi.org/10.1016/j.joule.2023.09.004; Javier Felipe Andreu, Alicia Valero Delgado, and Jorge Torrubia Torralba, "Big Data on a Dead Planet: The Digital Transition's Neglected Environmental Impacts," The Left in the European Parliament, Nov. 15, 2022, left.eu/issues/publications/big-data-on-a-dead-planet-the-digital-transitions-neglected-environmental-impacts/. 물 요구량에 대해서는 Shannon Osaka, "A New Front in the Water Wars: Your Internet Use," *Washington Post,* April 25, 2023, www.washingtonpost.com/climate-environment/2023/04/25/data-centers-drought-water-use/을 보라.

47 Shoshana Zuboff, *The Age of Surveillance Capitalism: The Fight for a Human Future at the New Frontier of Power* (New York: PublicAffairs, 2018); Mejias and Could-

ry, *Data Grab*; Brian Huseman (Amazon vice president) to Chris Coons (U.S. senator), June 28, 2019, www.coons.senate.gov/imo/media/doc/Amazon%20Senator%20 Coons_Response%20Letter_6.28.19%5B3%5D.pdf.

48 "Tech Companies Spend More Than 100 Million a Year on EU Digital Lobbying," Euronews, Sept. 11, 2023, www.euronews.com/my-europe/2023/09/11/tech-companies-spend-more-than-100-million-a-year-on-eu-digital-lobbying; Emily Birnbaum, "Tech Giants Broke Their Spending Records on Lobbying Last Year," Bloomberg, Feb. 1, 2023, www.bloomberg.com/news/articles/2023-02-01/amazon-apple-microsoft-report-record-lobbying-spending-in-2022.

49 Marko Köthenbürger, "Taxation of Digital Platforms," in *Tax by Design for the Netherlands,* ed. Sijbren Cnossen and Bas Jacobs (New York: Oxford University Press, 2022), 178.

50 Omri Marian, "Taxing Data," *BYU Law Review* 47 (2021); Viktor Mayer-Schönberger and Thomas Ramge, *Reinventing Capitalism in the Age of Big Data* (New York: Basic Books, 2018); Jathan Sadowski, *Too Smart: How Digital Capitalism Is Extracting Data, Controlling Our Lives, and Taking Over the World* (Cambridge, Mass.: MIT Press, 2020); Douglas Laney, "Unlock Tangible Benefits by Valuing Intangible Data Assets," *Forbes,* March 9, 2023, www.forbes.com/sites/douglaslaney/2023/03/09/unlock-tangible-benefits-by-valuing-intangible-data-assets/?sh=47f6750b1152; Ziva Rubinstein, "Taxing Big Data: A Proposal to Benefit Society for the Use of Private Information," *Fordham Intellectual Property, Media, and Entertainment Law* 31, no. 4 (2021): 1199, ir.lawnet.fordham.edu/iplj/vol31/iss4/6; M. Fleckenstein, A. Obaidi, and N. Tryfona, "A Review of Data Valuation Approaches and Building and Scoring a Data Valuation Model," *Harvard Data Science Review* 5, no. 1 (2023), doi.org/10.1162/99608f92.c18db966.

51 Andrew Leonard, "How Taiwan's Unlikely Digital Minister Hacked the Pandemic," *Wired,* July 23, 2020, www.wired.com/story/how-taiwans-unlikely-digital-minister-hacked-the-pandemic/.

52 Yasmann, "Grappling with the Computer Revolution"; James L. Hoot, "Computing in the Soviet Union," *Computing Teacher,* May 1987; William H. Luers, "The U.S. and Eastern Europe," *Foreign Affairs* 65, no. 5 (Summer 1987): 989–90; Slava Gerovitch, "How the Computer Got Its Revenge on the Soviet Union," *Nautilus,*

April 2, 2015, nautil.us/how-the-computer-got-its-revenge-on-the-soviet-union-235368/; Benjamin Peters, "The Soviet InterNyet," *Eon,* Oct. 17, 2016, eon.co/essays/how-the-soviets-invented-the-internet-and-why-it-didnt-work; Benjamin Peters, *How Not to Network a Nation: The Uneasy History of the Soviet Internet* (Cambridge, Mass.: MIT Press, 2016).

53 Fred Turner, *From Counterculture to Cyberculture: Stewart Brand, the Whole Earth Network, and the Rise of Digital Utopianism* (Chicago: University of Chicago Press, 2010).

54 Paul Freiberger and Michael Swaine, *Fire in the Valley: The Making of the Personal Computer,* 2nd ed. (New York: McGraw Hill, 2000), 263–65; Laine Nooney, *The Apple II Age: How the Computer Became Personal* (Chicago: University of Chicago Press, 2023), 57.

55 Nicholas J. Schlosser, *Cold War on the Airwaves: The Radio Propaganda War Against East Germany* (Champaign: University of Illinois Press, 2015), esp. chap. 5, "The East German Campaign Against RIAS," 107–34; Alfredo Thiermann, "Radio Activities," *Thresholds* 45 (2017): 194–210, doi.org/10.1162/THLD_a_00018.

7. 집요하게: 네트워크는 항상 켜져 있다

1 Paul Kenyon, *Children of the Night: The Strange and Epic Story of Modern Romania* (London: Apollo, 2021), 353–54.

2 같은 책, 356.

3 같은 책, 373–74.

4 같은 책, 357.

5 같은 책.

6 같은 책.

7 Deletant, "Securitate Legacy in Romania," 198.

8 Marc Brysbaert, "How Many Words Do We Read per Minute? A Review and Meta-analysis of Reading Rate," *Journal of Memory and Language* 109 (Dec. 2019), article 104047, doi.org/10.1016/j.jml.2019.104047.

9 Alex Hughes, "ChatGPT: Everything You Need to Know About OpenAI's GPT-4 Tool," BBC Science Focus, Sept. 26, 2023, www.sciencefocus.com/future-

technology/gpt-3; Stephen McAleese, "Retrospective on 'GPT-4 Predictions' After the Release of GPT-4," *LessWrong,* March 18, 2023, www.lesswrong.com/posts/iQx2eeHKLwgBYdWPZ/retrospective-on-gpt-4-predictions-after-the-release-of-gpt; Jonathan Vanian and Kif Leswing, "ChatGPT and Generative AI Are Booming, but the Costs Can Be Extraordinary," CNBC, March 13, 2023, www.cnbc.com/2023/03/13/chatgpt-and-generative-ai-are-booming-but-at-a-very-expensive-price.html.

10 Christian Grothoff and Jens Purup, "The NSA's SKYNET Program May Be Killing Thousands of Innocent People," *Ars Technica,* Feb. 16, 2016, arstechnica.co.uk/security/2016/02/the-nsas-skynet-program-may-be-killing-thousands-of-innocent-people/.

11 Jennifer Gibson, "Death by Data: Drones, Kill Lists, and Algorithms," in *Remote Warfare: Interdisciplinary Perspectives,* ed. Alasdair McKay, Abigail Watson, and Megan Karlshøj-Pedersen (Bristol: E-International Relations, 2021), www.e-ir.info/publication/remote-warfare-interdisciplinary-perspectives/; Vasja Badalič, "The Metadata-Driven Killing Apparatus: Big Data Analytics, the Target Selection Process, and the Threat to International Humanitarian Law," *Critical Military Studies* 9, no. 4 (2023): 1-21, doi.org/10.1080/23337486.2023.2170539.

12 Catherine E. Richards et al., "Rewards, Risks, and Responsible Deployment of Artificial Intelligence in Water Systems," *Nature Water* 1 (2023): 422-32, doi.org/10.1038/s44221-023-00069-6.

13 John S. Brownstein et al., "Advances in Artificial Intelligence for Infectious-Disease Surveillance," *New England Journal of Medicine* 388, no. 17 (2023): 1597-607, doi.org/10.1056/NEJMra2119215; Vignesh A. Arasu et al., "Comparison of Mammography AI Algorithms with a Clinical Risk Model for 5-Year Breast Cancer Risk Prediction: An Observational Study," *Radiology* 307, no. 5 (2023), article 222733, doi.org/10.1148/radiol.222733; Alexander V. Eriksen, Sören Möller, and Jesper Ryg, "Use of GPT-4 to Diagnose Complex Clinical Cases," *NEJM AI* 1, no. 1 (2023), doi.org/10.1056/Aip2300031.

14 Ashley Belanger, "AI Tool Used to Spot Child Abuse Allegedly Targets Parents with Disabilities," *Ars Technica,* Feb. 1, 2023, arstechnica.com/tech-policy/2023/01/doj-probes-ai-tool-thats-allegedly-biased-against-families-with-

disabilities/.

15 Yegor Tkachenko and Kamel Jedidi, "A Megastudy on the Predictability of Personal Information from Facial Images: Disentangling Demographic and Non-demographic Signals," *Scientific Reports* 13 (2023), article 21073, doi.org/10.1038/s41598-023-42054-9; Jacob Leon Kröger, Otto Hans-Martin Lutz, and Florian Müller, "What Does Your Gaze Reveal About You? On the Privacy Implications of Eye Tracking," in *Privacy and Identity Management. Data for Better Living: AI and Privacy,* ed. Michael Friedewald et al. (Cham: Springer International, 2020), 226–41, doi.org/10.1007/978-3-030-42504-3_15; N. Arun, P. Maheswaravenkatesh, and T. Jayasankar, "Facial Micro Emotion Detection and Classification Using Swarm Intelligence Based Modified Convolutional Network," *Expert Systems with Applications* 233 (2023), article 120947, doi.org/10.1016/j.eswa.2023.120947; Vasileios Skaramagkas et al., "Review of Eye Tracking Metrics Involved in Emotional and Cognitive Processes," *IEEE Reviews in Biomedical Engineering* 16 (2023): 260–77, doi.org/10.1109/RBME.2021.3066072.

16 Isaacson, *Elon Musk,* chap. 65, "Neuralink, 2017–2020," and chap. 89, "Miracles: Neuralink, November 2021"; Rachel Levy, "Musk's Neuralink Faces Federal Probe, Employee Backlash over Animal Tests," Reuters, Dec. 6, 2023, www.reuters.com/technology/musks-neuralink-faces-federal-probe-employee-backlash-over-animal-tests-2022-12-05/; Elon Musk and Neuralink, "An Integrated Brain-Machine Interface Platform with Thousands of Channels," *Journal of Medical Research* 21, no. 10 (2019), doi.org/10.2196/16194; Emily Waltz, "Neuralink Barrels into Human Tests Despite Fraud Claims," *IEEE Spectrum,* Dec. 6, 2023, spectrum.ieee.org/neuralink-human-trials; Aswin Chari et al., "Brain-Machine Interfaces: The Role of the Neurosurgeon," *World Neurosurgery* 146 (Feb. 2021): 140–47, doi.org/10.1016/j.wneu.2020.11.028; Kenny Torrella, "Neuralink Shows What Happens When You Bring 'Move Fast and Break Things' to Animal Research," *Vox,* Dec. 11, 2023, www.vox.com/future-perfect/2022/12/11/23500157/neuralink-animal-testing-elon-musk-usda-probe.

17 Jerry Tang et al., "Semantic Reconstruction of Continuous Language from Non-invasive Brain Recordings," *Nature Neuroscience* 26 (2023): 858–66, doi.org/10.1038/s41593-023-01304-9.

18   Anne Manning, "Human Brain Seems Impossible to Map. What If We Started with Mice?," *Harvard Gazette,* Sept. 26, 2023, news.harvard.edu/gazette/story/2023/09/human-brain-too-big-to-map-so-theyre-starting-with-mice/; Michał Januszewski, "Google Research Embarks on Effort to Map a Mouse Brain," Google Research, Sept. 26, 2023, blog.research.google/2023/09/google-research-embarks-on-effort-to.html?utm_source=substack&utm_medium=email; Tim Blakely and Michał Januszewski, "A Browsable Petascale Reconstruction of the Human Cortex," Google Research, June 1, 2021, blog.research.google/2021/06/a-browsable-petascale-reconstruction-of.html.

19   기술이 발전함에 따라 상황이 달라질 것이다. 오하이오 주립대학교에서 2022년 6월 2일에 발표한 연구는 뇌 스캔을 통해 사람의 정치적 성향(보수적인지 또는 진보적인지)을 정확하게 예측할 수 있다고 주장했다. Seo Eun Yang et al., "Functional Connectivity Signatures of Political Ideology," *PNAS Nexus* 1, no. 3 (July 2022): 1-11, doi.org/10.1093/pnasnexus/pgac066을 보라. 다음 문헌들도 참조하라. Petter Törnberg, "ChatGPT-4 Outperforms Experts and Crowd Workers in Annotating Political Twitter Messages with Zero-Shot Learning," arXiv, doi.org/10.48550/arXiv.2304.06588; Michal Kosinski, "Facial Recognition Technology Can Expose Political Orientation from Naturalistic Facial Images," *Scientific Reports* 11 (2021), article 100, doi.org/10.1038/s41598-020-79310-1; Tang et al., "Semantic Reconstruction of Continuous Language."

20   알고리즘은 이미 생체 감시 없이도 인간의 감정을 식별하고 예측할 수 있다. 예를 들어 다음 자료들을 보라. Sam Machkovech, "Report: Facebook Helped Advertisers Target Teens Who Feel 'Worthless,'" *Ars Technica,* May 1, 2017, arstechnica.com/information-technology/2017/05/facebook-helped-advertisers-target-teens-who-feel-worthless/; Alexander Spangher, "How Does This Article Make You Feel?" Open NYT, Medium, Nov. 1, 2018, open.nytimes.com/how-does-this-article-make-you-feel-4684e5e9c47.

21   Amnesty International, "Automated Apartheid: How Facial Recognition Fragments, Segregates, and Controls Palestinians in the OPT," May 2, 2023, 42-43, www.amnesty.org/en/documents/mde15/6701/2023/en/; Tal Shef, "Re'ayon im Sasi Elya, rosh ma'arach ha-cyber bashabak" [Interview with Sasi Elya, head of the Shin Bet's cyber unit], *Yediot Ahronot,* Nov. 27, 2020, www.yediot.co.il/

articles/0,7340,L-5851340,00.html; Human Rights Watch, *China's Algorithms of Repression: Reverse Engineering a Xinjiang Police Mass Surveillance App* (New York: Human Rights Watch, 2019), 9, www.hrw.org/sites/default/files/report_pdf/china0519_web5.pdf; United Nations Human Rights Office of the High Commissioner (OHCHR), "OHCHR Assessment of Human Rights Concerns in the Xinjiang Uyghur Autonomous Region," Aug. 31, 2022, www.ohchr.org/sites/default/files/documents/countries/2022-08-31/22-08-31-final-assesment.pdf; Geoffrey Cain, *The Perfect Police State: An Undercover Odyssey into China's Terrifying Surveillance Dystopia of the Future* (New York: Public Affairs, 2021); Michael Quinn, "Realities of Life in Kashmir", Amnesty International Blog, July 12, 2023, https://www.amnesty.org.uk/blogs/country-specialists/realities-life-kashmir; PTI, "AI-based facial recognition system inaugurated in J-K's Kishtwar", The Print, December 9, 2023, https://theprint.in/india/ai-based-facial-recognition-system-inaugurated-in-j-ks-kishtwar/1879576/; Max Koshelev, "How Crimea Became a Testing Ground for Russia's Surveillance Technology", Hromadske, 15 September 2017, https://hromadske.ua/en/posts/how-crimea-became-a-testing-ground-for-russias-surveillance-technology; Council of Europe, "Human rights situation in the Autonomous Republic of Crimea and the City of Sevastopol, Ukraine", 31 August 2023, 10-18, https://rm.coe.int/CoERMPublicCommonSearchServices/DisplayDCTMContent?documentId=0900001680ac6e10; Shaun Walker and Pjotr Sauer, "'The Fight Is Continuing': A Decade of Russian Rule Has Not Silenced Ukrainian Voices in Crimea", *The Guardian*, 12 March 2024, https://www.theguardian.com/world/2024/mar/14/crimea-annexation-10-years-russia-ukraine; Melissa Villa-Nicholas, *Data Borders: How Silicon Valley is Building an Industry around Immigrants* (Oakland: University of California Press, 2023); Petra Molnar, *The Walls Have Eyes: Surviving Migration in the Age of Artificial Intelligence* (New York: The New Press, 2024); Asfandyar Mir and Dylan Moore, "Drones, Surveillance, and Violence: Theory and Evidence from a US Drone Program", *International Studies Quarterly* 63, no. 4 (2019): 846-862; Patrick Keenan, "Drones and Civilians: Emerging Evidence of the Terrorizing Effects of the U.S. Drone Programs", *Santa Clara Journal of International Law* 20, no. 1 (2021): 1-47; Trevor McCrisken, "Eyes and Ear in the Sky-Drones and Mass surveillance", in *In the Name of Security-Secrecy, Sur-*

veillance and Journalism, eds. Johan Lidberg and Denis Muller (London: Anthem Press, 2018), 139–158.

22 Giorgio Agamben, *State of Exception*, trans. Kevin Attell (Chicago: University of Chicago Press, 2005).

23 L. Shchyrakova and Y. Merkis, "Fear and loathing in Belarus", *Index on Censorship* 50 (2021): 24–26, https://doi.org/10.1177/03064220211012282; Anastasiya Astapova, "In Search for Truth: Surveillance Rumors and Vernacular Panopticon in Belarus", *Journal of American Folklore* 130, no. 517 (2017): 276–304; R. Hervouet, "A Political Ethnography of Rural Communities under an Authoritarian Regime: The Case of Belarus", *Bulletin of Sociological Methodology/Bulletin de Méthodologie Sociologique* 141, no. 1 (2019): 85–112, https://doi.org/10.1177/0759106318812790; Allen Munoriyarwa, "When Watchdogs Fight Back: Resisting State Surveillance in Everyday Investigative Reporting Practices among Zimbabwean Journalists", *Journal of Eastern African Studies* 15, no. 3 (2021): 421–441; Allen Munoriyarwa, "The Militarization of Digital Surveillance in Post-Coup Zimbabwe: 'Just Don't Tell Them What We Do'", *Security Dialogue* 53, no. 5 (2022): 456–474.

24 International Civil Aviation Organization, "ePassport Basics", https://www.icao.int/Security/FAL/PKD/Pages/ePassport-Basics.aspx

25 Paul Bischoff, "Facial Recognition Technology (FRT): Which Countries Use It?" Comparitech, January 24, 2022, https://www.comparitech.com/blog/vpn-privacy/facial-recognition-statistics/

26 Bischoff, "Facial Recognition Technology (FRT): Which Countries Use It?" Comparitech; "Surveillance Cities: Who Has The Most CCTV Cameras In The World?", Surfshark, https://surfshark.com/surveillance-cities; Liza Lin and Newley Purnell, "A World With a Billion Cameras Watching You Is Just Around the Corner", *The Wall Street Journal*, December 6, 2019, https://www.wsj.com/articles/a-billion-surveillance-cameras-forecast-to-be-watching-within-two-years-11575565402

27 Drew Harwell and Craig Timberg, "How America's Surveillance Networks Helped the FBI Catch the Capitol Mob", *The Washington Post*, April 2, 2021, https://www.washingtonpost.com/technology/2021/04/02/capitol-siege-arrests-technology-fbi-privacy/; "Retired NYPD Officer Thomas Webster, Republican Committeeman Philip Grillo Arrested For Alleged Roles In Capitol Riot", CBS News, February 23,

2021, https://www.cbsnews.com/newyork/news/retired-nypd-officer-thomas-webster-queens-republican-group-leader-philip-grillo-arrested-for-alleged-roles-in-capitol-riot/.

28   Zhang Yang, "Police Using AI to Trace Long-Missing Children", China Daily, June 4, 2019, http://www.chinadaily.com.cn/a/201906/04/WS5cf-5c8a8a310519142700e2f.html; Zhongkai Zhang, "AI Reunites Families! Four Children Missing for 10 Years Found at Once", Xinhua Daily Telegraph, June 14, 2019, http://www.xinhuanet.com/politics/2019-06/14/c_1124620736.htm; Chang Qu, "Hunan Man Reunites with Son Abducted 22 Years Ago", QQ, June 25, 2023, https://new.qq.com/rain/a/20230625A005UX00; Phoebe Zhang, "AI Reunites Son with Family but Raises Questions in China about Ethics, Privacy", *South China Morning Post*, December 10, 2023, https://www.scmp.com/news/china/article/3244377/ai-reunites-son-family-raises-questions-china-about-ethics-privacy; Ding Rui, "In Hebei, AI Tech Reunites Abducted Son With Family After 25 Years", Sixth Tone, December 4, 2023, https://www.sixthtone.com/news/1014206; Ding-Chau Wang et al., 'Development of a Face Prediction System for Missing Children in a Smart City Safety Network', *Electronics* 11, no. 9 (2022): Article 1440, https://doi.org/10.3390/electronics11091440; M.R. Sowmya et al., "AI-Assisted Search for Missing Children", *2022 IEEE 2nd Mysore Sub Section International Conference* (Mysuru: IEEE, 2022), 1–6.

29   Jesper Lund, "Danish DPA Approves Automated Facial Recognition", EDRI, June 19, 2019, https://edri.org/danish-dpaapproves-automated-facial-recognition; Sidsel Overgaard, "A Soccer Team in Denmark is Using Facial Recognition to Stop Unruly Fans", NPR, October 21, 2019, https://www.npr.org/2019/10/21/770280447/a-soccer-team-in-denmark-is-using-facial-recog-nition-to-stop-unruly-fans; Yan Luo and Rui Guo, 'Facial Recognition in China: Current Status, Comparative Approach and the Road Ahead', *Journal of Law and Social Change* 25, no. 2 (2021): 153–179.

30   Rachel George, "The AI Assault on Women: What Iran's Tech Enabled Morality Laws Indicate for Women's Rights Movements", Council on Foreign Relations online, December 7, 2023, https://www.cfr.org/blog/ai-assault-women-what-irans-tech-enabled-morality-laws-indicate-womens-rights-movements; Khari

Johnson, "Iran Says Face Recognition Will ID Women Breaking Hijab Laws", *Wired*, January 10, 2023, https://www.wired.com/story/iran-says-face-recognition-will-id-women-breaking-hijab-laws/.

31 Johnson, "Iran Says Face Recognition Will ID Women Breaking Hijab Laws", *Wired*.

32 Farnaz Fassihi, "An Innocent and Ordinary Young Woman", *The New York Times*, September 16, 2022, https://www.nytimes.com/2023/09/16/world/middleeast/mahsa-amini-iran-protests-hijab-profile.html; Weronika Strzyzynska, "Iranian Woman Dies 'After Being Beaten by Morality Police' over Hijab Law", *The Guardian*, September 16, 2022, https://www.theguardian.com/global-development/2022/sep/16/iranian-woman-dies-after-being-beaten-by-morality-police-over-hijab-law.

33 "Iran: Doubling Down on Punishments Against Women and Girls Defying Discriminatory Veiling Laws", Amnesty International, July 26, 2023, https://www.amnesty.org/en/documents/mde13/7041/2023/en/; "One Year Protest Report: At Least 551 Killed and 22 Suspicious Deaths", Iran Human Rights, September 15, 2023, https://iranhr.net/en/articles/6200/; Jon Gambrell, "Iran Says 22,000 Arrested in Protests Pardoned by Top Leader", AP News, March 13, 2023, https://apnews.com/article/iran-protests-arrested-pardons-mahsa-amini-ae3c45c6bc-c883900ff1b1e83f85df95.

34 "Iran: Doubling Down on Punishments Against Women and Girls Defying Discriminatory Veiling Laws", Amnesty International.

35 "Iran: Doubling Down on Punishments Against Women and Girls Defying Discriminatory Veiling Laws", Amnesty International.

36 "Iran: Doubling Down on Punishments Against Women and Girls Defying Discriminatory Veiling Laws", Amnesty International.

37 "Iran: International Community Must Stand with Women and girls Suffering Intensifying Oppression", Amnesty International, 26 July 2023, https://www.amnesty.org/en/latest/news/2023/07/iran-international-community-must-stand-with-women-and-girls-suffering-intensifying-oppression/; "Iran: Doubling Down on Punishments Against Women and Girls Defying Discriminatory Veiling Laws", Amnesty International.

38 Johnson, "Iran Says Face Recognition Will ID Women Breaking Hijab Laws", *Wired.*

39 "Iran: Doubling Down on Punishments Against Women and Girls Defying Discriminatory Veiling Laws", Amnesty International.

40 "Iran: Doubling Down on Punishments Against Women and Girls Defying Discriminatory Veiling Laws", Amnesty International; Shadi Sadr, "Iran's Hijab and Chastity Bill Underscores the Need to Codify Gender Apartheid", Just Security, April 11, 2024, https://www.justsecurity.org/94504/iran-hijab-bill-gender-apartheid/; Tara Subramaniam, Adam Pourahmadi and Mostafa Salem, "Iranian Women Face 10 Years in Jail for Inappropriate Dress after 'Hijab Bill' Approved", CNN, September 21, 2023, https://edition.cnn.com/2023/09/21/middleeast/iran-hijab-law-parliament-jail-intl-hnk/index.html; "Iran's Parliament Passes a Stricter Headscarf Law Days after Protest Anniversary", AP News, September 21, 2023, https://apnews.com/article/iran-hijab-women-politics-protests-6e07fae990369a58cb162eb6c5a7ab2a?utm_source=copy&utm_medium=share.

41 Christopher Parsons et al., "The Predator in Your Pocket: A Multidisciplinary Assessment of the Stalkerware Application Industry," Citizen Lab, Research report 119, June 2019, citizenlab.ca/docs/stalkerware-holistic.pdf; Lorenzo Franceschi-Bicchierai and Joseph Cox, "Inside the 'Stalkerware' Surveillance Market, Where Ordinary People Tap Each Other's Phones," *Vice,* April 18, 2017, www.vice.com/en/article/53vm7n/inside-stalkerware-surveillance-market-flexispy-retina-x.

42 Mejias and Couldry, *Data Grab,* 90–94.

43 같은 책, 156–58.

44 Zuboff, *Age of Surveillance Capitalism.*

45 Rafael Bravo, Sara Catalán, and José M. Pina, "Gamification in Tourism and Hospitality Review Platforms: How to R.A.M.P. Up Users' Motivation to Create Content," *International Journal of Hospitality Management* 99 (2021), article 103064, doi.org/10.1016/j.ijhm.2021.103064; Davide Proserpio and Giorgos Zervas, "Study: Replying to Customer Reviews Results in Better Ratings," *Harvard Business Review,* Feb. 14, 2018, hbr.org/2018/02/study-replying-to-customer-reviews-results-in-better-ratings.

46 Linda Kinstler, "How Tripadvisor Changed Travel," *Guardian,* Aug. 17, 2018,

www.theguardian.com/news/2018/aug/17/how-tripadvisor-changed-travel.

47   Alex J. Wood and Vili Lehdonvirta, "Platforms Disrupting Reputation: Precarity and Recognition Struggles in the Remote Gig Economy," *Sociology* 57, no. 5 (2023): 999–1016, doi.org/10.1177/00380385221126804.

48   Michael J. Sandel, *What Money Can't Buy: The Moral Limits of Markets* (London: Penguin Books, 2013).

49   중세 '평판 시장'에 대해서는 Maurice Hugh Keen, *Chivalry* (London: Folio Society, 2010), and Georges Duby, *William Marshal: The Flower of Chivalry* (New York: Pantheon Books, 1985)을 보라.

50   Zeyi Yang, "China Just Announced a New Social Credit Law. Here's What It Means," *MIT Technology Review,* Nov. 22, 2022, www.technologyreview.com/2022/11/22/1063605/china-announced-a-new-social-credit-law-what-does-it-mean/.

51   Will Storr, *The Status Game: On Human Life and How to Play It* (London: Harper-Collins, 2021); Jason Manning, *Suicide: The Social Causes of Self-Destruction* (Charlottesville: University of Virginia Press, 2020).

52   Frans B. M. de Waal, *Chimpanzee Politics: Power and Sex Among Apes* (Baltimore: Johns Hopkins University Press, 1998); Frans B. M. de Waal, *Our Inner Ape: A Leading Primatologist Explains Why We Are Who We Are* (New York: Riverhead Books, 2006); Sapolsky, *Behave*; Victoria Wobber et al., "Differential Changes in Steroid Hormones Before Competition in Bonobos and Chimpanzees," *Proceedings of the National Academy of Sciences* 107, no. 28 (2010): 12457–62, doi.org/10.1073/pnas.1007411107; Sonia A. Cavigelli and Michael J. Caruso, "Sex, Social Status, and Physiological Stress in Primates: The Importance of Social and Glucocorticoid Dynamics," *Philosophical Transactions of the Royal Society B: Biological Sciences* 370, no. 1669 (2015): 1–13, doi.org/10.1098/rstb.2014.0103.

8. 오류 가능성: 네트워크는 자주 틀린다

1   Nathan Larson, *Aleksandr Solzhenitsyn and the Modern Russo-Jewish Question* (Stuttgart: Ibidem Press, 2005), 16.

2   Aleksandr Solzhenitsyn, *The Gulag Archipelago, 1918-1956: An Experiment in*

Literary Investigation, I-II (New York: Harper & Row, 1973), 69-70.

3   Gessen, Ch. 4 Homo Sovieticus, in *Future Is History*; Gulnaz Sharafutdinova, *The Afterlife of the "Soviet Man": Rethinking Homo Sovieticus* (London: Bloomsbury Academic, 2023), 37.

4   Fisher, *Chaos Machine,* 110-11.

5   Jack Nicas, "YouTube Tops 1 Billion Hours of Video a Day, on Pace to Eclipse TV," *Wall Street Journal,* Feb. 27, 2017, www.wsj.com/articles/youtube-tops-1-billion-hours-of-video-a-day-on-pace-to-eclipse-tv-1488220851.

6   Fisher, *Chaos Machine*; Ariely, *Misbelief,* 262-63.

7   Fisher, *Chaos Machine,* 266-77.

8   같은 책, 276-77.

9   같은 책, 270.

10   Emine Saner, "YouTube's Susan Wojcicki: 'Where's the Line of Free Speech-Are You Removing Voices That Should Be Heard?,'" *Guardian,* Aug. 10, 2011, www.theguardian.com/technology/2019/aug/10/youtube-susan-wojcicki-ceo-where-line-removing-voices-heard.

11   Dan Milmo, "Frances Haugen: 'I Never Wanted to Be a Whistleblower. But Lives Were in Danger,'" *Guardian,* Oct. 24, 2021, www.theguardian.com/technology/2021/oct/24/frances-haugen-i-never-wanted-to-be-a-whistleblower-but-lives-were-in-danger.

12   Amnesty International, *Social Atrocity,* 44.

13   같은 책, 38.

14   같은 책, 42.

15   같은 책, 34.

16   "Facebook Ban of Racial Slur Sparks Debate in Burma," *Irrawaddy,* May 31, 2017, www.irrawaddy.com/news/burma/facebook-ban-of-racial-slur-sparks-debate-in-burma.html.

17   Amnesty International, *Social Atrocity,* 34.

18   Karen Hao, "How Facebook and Google Fund Global Misinformation," *MIT Technology Review,* Nov. 20, 2021, www.technologyreview.com/2021/11/20/1039076/facebook-google-disinformation-clickbait/.

19   Hayley Tsukayama, "Facebook's Changing Its News Feed. How Will It Affect

What You See?," *Washington Post,* Jan. 12, 2018, www.washingtonpost.com/news/the-switch/wp/2018/01/12/facebooks-changing-its-news-feed-how-will-it-affect-what-you-see/; Jonah Bromwich and Matthew Haag, "Facebook Is Changing. What Does That Mean to Your News Feed?," *New York Times,* Jan. 12, 2018, www.nytimes.com/2018/01/12/technology/facebook-news-feed-changes.html; Jason A. Gallo and Clare Y. Cho, "Social Media: Misinformation and Content Moderation Issues for Congress," Congressional Research Service Report R46662, Jan. 27, 2021, 11n67, crsreports.congress.gov/product/pdf/R/R46662; Keach Hagey and Jeff Horwitz, "Facebook Tried to Make Its Platform a Healthier Place. It Got Angrier Instead," *Wall Street Journal,* Sept. 15, 2021, www.wsj.com/articles/facebook-algorithm-change-zuckerberg-11631654215; "YouTube Doesn't Know Where Its Own Line Is," *Wired,* March 2, 2010, www.wired.com/story/youtube-content-moderation-inconsistent/; Ben Popken, "As Algorithms Take Over, YouTube's Recommendations Highlight a Human Problem," NBC News, April 19, 2018, www.nbcnews.com/tech/social-media/algorithms-take-over-youtube-s-recommendations-highlight-human-problem-n867596; Paul Lewis, "'Fiction Is Outperforming Reality': How YouTube's Algorithm Distorts Truth," *Guardian,* Feb. 2, 2018, www.theguardian.com/technology/2018/feb/02/how-youtubes-algorithm-distorts-truth.

20 M. A. Thomas, "Machine Learning Applications for Cybersecurity," *Cyber Defense Review* 8, no. 1 (Spring 2023): 87–102, www.jstor.org/stable/48730574.

21 Allan House and Cathy Brennan, eds., *Social Media and Mental Health* (Cambridge, U.K.: Cambridge University Press, 2023); Gohar Feroz Khan, Bobby Swar, and Sang Kon Lee, "Social Media Risks and Benefits: A Public Sector Perspective," *Social Science Computer Review* 32, no. 5 (2014): 606–27, doi.org/10.1177/089443931452.

22 Vanya Eftimova Bellinger, *Marie von Clausewitz: The Woman Behind the Making of "On War"* (Oxford: Oxford University Press, 2016); Donald J. Stoker, *Clausewitz: His Life and Work* (Oxford: Oxford University Press, 2014), 1–2, 256.

23 Stoker, *Clausewitz,* 35.

24 John G. Gagliardo, *Reich and Nation: The Holy Roman Empire as Idea and Reality, 1763-1806* (Bloomington: Indiana University Press, 1980), 4–5.

25 Todd Smith, "Army's Long-Awaited Iraq War Study Finds Iran Was the Only Win-

ner in a Conflict That Holds Many Lessons for Future Wars," *Army Times,* Jan. 18, 2019, www.armytimes.com/news/your-army/2019/01/18/armys-long-awaited-iraq-war-study-finds-iran-was-the-only-winner-in-a-conflict-that-holds-many-lessons-for-future-wars/. 기사에 언급된 연구의 저자들 중 한 명과 그 동료는 최근 〈타임〉에 연구의 요약본을 발표했다. Frank Sobchak and Matthew Zais, "How Iran Won the Iraq War," *Time,* March 22, 2023, time.com/6265077/how-iran-won-the-iraq-war/을 보라.

26 Nick Bostrom, *Superintelligence: Paths, Dangers, Strategies* (Oxford: Oxford University Press, 2014), 122-25.

27 Brian Christian, *The Alignment Problem: Machine Learning and Human Values* (New York: W. W. Norton, 2022), 9-10.

28 Amnesty International, *Social Atrocity,* 34-37.

29 Andrew Roberts, *Napoleon the Great* (London: Allen Lane, 2014), 5.

30 같은 책, 14-15.

31 같은 책, 9, 14.

32 같은 책, 29-40.

33 Philip Dwyer, *Napoleon: The Path to Power, 1769-1799* (London: Bloomsbury, 2014), 668; David G. Chandler, *The Campaigns of Napoleon* (New York: Macmillan, 1966), 1:3.

34 Maria E. Kronfeldner, *The Routledge Handbook of Dehumanization* (London: Routledge, 2021); David Livingstone Smith, *On Inhumanity: Dehumanization and How to Resist It* (New York: Oxford University Press, 2020); David Livingstone Smith, *Less Than Human: Why We Demean, Enslave, and Exterminate Others* (New York: St. Martin's Press, 2011).

35 Smith, *On Inhumanity,* 139-42.

36 International Crisis Group, "Myanmar's Rohingya Crisis Enters a Dangerous New Phase," Dec. 7, 2017, www.crisisgroup.org/asia/southeast-asia/myanmar/292-myanmars-rohingya-crisis-enters-dangerous-new-phase.

37 Bettina Stangneth, *Eichmann Before Jerusalem: The Unexamined Life of a Mass Murderer* (New York: Alfred A. Knopf, 2014), 217-18.

38 Emily Washburn, "What to Know About Effective Altruism-Championed by Musk, Bankman-Fried, and Silicon Valley Giants," *Forbes,* March 8, 2023, www.forbes.com/sites/emilywashburn/2023/03/08/what-to-know-about-effective-al-

truism-championed-by-musk-bankman-fried-and-silicon-valley-giants/; Alana Semuels, "How Silicon Valley Has Disrupted Philanthropy," *Atlantic,* July 25, 2018, www.theatlantic.com/technology/archive/2018/07/how-silicon-valley-has-disrupted-philanthropy/565997/; Timnit Gebru, "Effective Altruism Is Pushing a Dangerous Brand of 'AI Safety,'" *Wired,* Nov. 30, 2022, www.wired.com/story/effective-altruism-artificial-intelligence-sam-bankman-fried/; Gideon Lewis-Kraus, "The Reluctant Prophet of Effective Altruism," *New Yorker,* Aug. 8, 2022, www.newyorker.com/magazine/2022/08/15/the-reluctant-prophet-of-effective-altruism.

39   Alan Soble, "Kant and Sexual Perversion," *Monist* 86, no. 1 (2003): 55–89, www.jstor.org/stable/27903806. 다음 연구들도 보라. Matthew C. Altman, "Kant on Sex and Marriage: The Implications for the Same-Sex Marriage Debate," *Kant-Studien* 101, no. 3 (2010): 332; Lara Denis, "Kant on the Wrongness of 'Unnatural' Sex," *History of Philosophy Quarterly* 16, no. 2 (April 1999): 225–48, www.jstor.org/stable/40602706.

40   Geoffrey J. Giles, "The Persecution of Gay Men and Lesbians During the Third Reich," in *The Routledge History of the Holocaust,* ed. Jonathan C. Friedman (London: Routledge, 2010), 385–96; Melanie Murphy, "Homosexuality and the Law in the Third Reich," in *Nazi Law: From Nuremberg to Nuremberg,* ed. John J. Michalczyk (London: Bloomsbury Academic, 2018), 110–24; Michael Schwartz, ed., *Homosexuelle im Nationalsozialismus: Neue Forschungsperspektiven zu Lebenssituationen von lesbischen, schwulen, bi-, trans- und intersexuellen Menschen 1933 bis 1945* (Munich: De Gruyter Oldenbourg, 2014).

41   Jeremy Bentham, "Offenses Against One's Self," ed. Louis Crompton, *Journal of Homosexuality* 3, no. 4 (1978): 389–406; Jeremy Bentham, "Jeremy Bentham's Essay on Paederasty," ed. Louis Crompton, *Journal of Homosexuality* 4, no. 1 (1978): 91–107.

42   Olga Yakusheva et al., "Lives Saved and Lost in the First Six Months of the US COVID-19 Pandemic: A Retrospective Cost-Benefit Analysis," *PLOS ONE* 17, no. 1 (2022), article e0261759.

43   Bitna Kim and Meghan Royle, "Domestic Violence in the Context of the COVID-19 Pandemic: A Synthesis of Systematic Reviews," *Trauma, Vio-*

lence, and Abuse 25, no. 1 (2024): 476–93; Lis Bates et al., "Domestic Homicides and Suspected Victim Suicides During the Covid–19 Pandemic 2020–2021," U.K. Home Office, Aug. 25, 2021, assets.publishing.service.gov.uk/media/6124ef66d3bf7f63a90687ac/Domestic_homicides_and_suspected_victim_suicides_during_the_Covid–19_Pandemic_2020–2021.pdf; Benedetta Barchielli et al., "When 'Stay at Home' Can Be Dangerous: Data on Domestic Violence in Italy During COVID–19 Lockdown," *International Journal of Environmental Research and Public Health* 18, no. 17 (2021), article 8948.

44   Jingxuan Zhao et al., "Changes in Cancer–Related Mortality During the COVID–19 Pandemic in the United States," *Journal of Clinical Oncology* 40, no. 16 (2022): 6581; Abdul Rahman Jazieh et al., "Impact of the COVID–19 Pandemic on Cancer Care: A Global Collaborative Study," *JCO Global Oncology* 6 (2020): 1428–38; Camille Maringe et al., "The Impact of the COVID–19 Pandemic on Cancer Deaths due to Delays in Diagnosis in England, UK: A National, Population–Based, Modelling Study," *Lancet Oncology* 21, no. 8 (2020): 1023–34; Allini Mafra da Costa et al., "Impact of COVID–19 Pandemic on Cancer–Related Hospitalizations in Brazil," *Cancer Control* 28 (2021): article 10732748211038736; Talía Malagón et al., "Predicted Long–Term Impact of COVID–19 Pandemic–Related Care Delays on Cancer Mortality in Canada," *International Journal of Cancer* 150, no. 8 (2022): 1244–54.

45   Chalmers, *Reality+*.

46   Pokémon GO, "Heads Up!," Sept. 7, 2016, pokemongolive.com/en/post/head-sup/.

47   Brian Fung, "Here's What We Know About Google's Mysterious Search Engine," *Washington Post,* Aug. 28, 2018, www.washingtonpost.com/technology/2018/08/28/heres–what–we–really–know–about–googles–mysterious–search–engine/; Geoffrey A. Fowler, "AI is Changing Google Search: What the I/O Announcement Means for You," *Washington Post,* May 10, 2023, www.washingtonpost.com/technology/2023/05/10/google–search–ai–io–2023/; Jillian D'Onfro, "Google Is Making a Giant Change This Week That Could Crush Millions of Small Businesses," *Business Insider,* April 20, 2015, www.businessinsider.com/google–mobilegeddon–2015–4.

48   SearchSEO, "Can I Improve My Search Ranking with a Traffic Bot," accessed Jan.

11, 2024, www.searchseo.io/blog/improve-ranking-with-traffic-bot; Daniel E. Rose, "Why Is Web Search So Hard... to Evaluate?," *Journal of Web Engineering* 3, no. 3 and 4 (2004): 171–81.

49   Javier Pastor-Galindo, Felix Gomez Marmol, and Gregorio Martínez Pérez, "Profiling Users and Bots in Twitter Through Social Media Analysis," *Information Sciences* 613 (2022): 161–83; Timothy Graham and Katherine M. FitzGerald, "Bots, Fake News, and Election Conspiracies: Disinformation During the Republican Primary Debate and the Trump Interview," Digital Media Research Center, Queensland University of Technology (2023), eprints.qut.edu.au/242533/; Josh Taylor, "Bots on X Worse Than Ever According to Analysis of 1M Tweets During First Republican Primary Debate," *Guardian,* Sept. 9, 2023, www.theguardian.com/technology/2023/sep/09/x-twitter-bots-republican-primary-debate-tweets-increase; Stefan Wojcik et al., "Bots in the Twittersphere," Pew Research Center, April 9, 2018, www.pewresearch.org/internet/2018/04/09/bots-in-the-twittersphere/; Jack Nicas, "Why Can't the Social Networks Stop Fake Accounts?," *New York Times,* Dec. 8, 2020, www.nytimes.com/2020/12/08/technology/why-cant-the-social-networks-stop-fake-accounts.html.

50   Sari Nusseibeh, *What Is a Palestinian State Worth?* (Cambridge, Mass.: Harvard University Press, 2011), 48.

51   Michael Lewis, *The Big Short: Inside the Doomsday Machine* (New York: W. W. Norton, 2010); Marcin Wojtowicz, "CDOs and the Financial Crisis: Credit Ratings and Fair Premia," *Journal of Banking and Finance* 39 (2014): 1–13; Robert A. Jarrow, "The Role of ABS, CDS, and CDOs in the Credit Crisis and the Economy," *Rethinking the Financial Crisis* 202 (2011): 210–35; Bilal Aziz Poswal, "Financial Innovations: Role of CDOs, CDS, and Securitization During the US Financial Crisis 2007–2009," *Ecorfan Journal* 3, no. 6 (2012): 125–39.

52   *Citizens United v. FEC,* 558 U.S. 310 (2010), supreme.justia.com/cases/federal/us/558/310/; Amy B. Wang, "Senate Republicans Block Bill to Require Disclosure of 'Dark Money' Donors," *Washington Post,* Sept. 22, 2022, www.washingtonpost.com/politics/2022/09/22/senate-republicans-campaign-finance/.

53   Vincent Bakpetu Thompson, *The Making of the African Diaspora in the Americas, 1441-1900* (London: Longman, 1987); Mark M. Smith and Robert L. Paquette,

eds., *The Oxford Handbook of Slavery in the Americas* (New York: Oxford University Press, 2010); John H. Moore, ed., *The Encyclopedia of Race and Racism* (New York: Macmillan Reference USA, 2008); Jack D. Forbes, "The Evolution of the Term Mulatto: A Chapter in Black–Native American Relations," *Journal of Ethnic Studies* 10, no. 2 (1982): 45–66; April J. Mayes, *The Mulatto Republic: Class, Race, and Dominican National Identity* (Gainesville: University Press of Florida, 2014); Irene Diggs, "Color in Colonial Spanish America," *Journal of Negro History* 38, no. 4 (1953): 403–27.

54   Sasha Costanza–Chock, *Design Justice: Community-Led Practices to Build the Worlds We Need* (Cambridge, Mass.: MIT Press, 2020); D'Ignazio and Klein, *Data Feminism*; Ruha Benjamin, *Race After Technology: Abolitionist Tools for the New Jim Code* (Cambridge, U.K.: Polity Press, 2019); Virginia Eubanks, *Automating Inequality: How High-Tech Tools Profile, Police, and Punish the Poor* (New York: St. Martin's Press, 2018); Wendy Hui Kyong Chun, *Discriminating Data: Correlation, Neighborhoods, and the New Politics of Recognition* (Cambridge, Mass.: MIT Press, 2021).

55   Peter Lee, "Learning from Tay's Introduction," Microsoft Official Blog, March 25, 2016, blogs.microsoft.com/blog/2016/03/25/learning–tays–introduction/; Alex Hern, "Microsoft Scrambles to Limit PR Damage over Abusive AI Bot Tay," *Guardian,* March 24, 2016, www.theguardian.com/technology/2016/mar/24/microsoft–scrambles–limit–pr–damage–over–abusive–ai–bot–tay; "Microsoft Pulls Robot After It Tweets 'Hitler Was Right I Hate the Jews,'" *Haaretz,* March 24, 2016, www.haaretz.com/science–and–health/2016–03–24/ty–article/microsoft–pulls–robot–after–it–tweets–hitler–was–right–i–hate–the–jews/0000017f–dede–d856–a37f–ffde9a9c0000; Elle Hunt, "Tay, Microsoft's AI Chatbot, Gets a Crash Course in Racism from Twitter," *Guardian,* March 24, 2016, www.theguardian.com/technology/2016/mar/24/tay–microsofts–ai–chatbot–gets–a–crash–course–in–racism–from–twitter.

56   Morgan Klaus Scheuerman, Madeleine Pape, and Alex Hanna, "Auto-essentialization: Gender in Automated Facial Analysis as Extended Colonial Project," *Big Data and Society* 8, no. 2 (2021), article 20539517211053712.

57   D'Ignazio and Klein, *Data Feminism,* 29–30.

58   Yoni Wilkenfeld, "Can Chess Survive Artificial Intelligence?," *New Atlantis* 58 (2019): 37.

59　같은 자료.

60　Matthew Hutson, "How Researchers Are Teaching AI to Learn Like a Child," *Science,* May 24, 2018, www.science.org/content/article/how-researchers-are-teaching-ai-learn-child; Oliwia Koteluk et al., "How Do Machines Learn? Artificial Intelligence as a New Era in Medicine," *Journal of Personalized Medicine* 11 (2021), article 32; Mohsen Soori, Behrooz Arezoo, and Roza Dastres, "Artificial Intelligence, Machine Learning, and Deep Learning in Advanced Robotics: A Review," *Cognitive Robotics* 3 (2023): 54-70.

61　Christian, *Alignment Problem,* 31; D'Ignazio and Klein, *Data Feminism,* 29-30.

62　Christian, *Alignment Problem,* 32; Joy Buolamwini and Timnit Gebru, "Gender Shades: Intersectional Accuracy Disparities in Commercial Gender Classification," in *Proceedings of the 1st Conference on Fairness, Accountability, and Transparency, PMLR* 81 (2018): 77-91.

63　Lee, "Learning from Tay's Introduction."

64　D'Ignazio and Klein, *Data Feminism,* 28; Jeffrey Dastin, "Insight-Amazon Scraps Secret AI Recruiting Tool That Showed Bias Against Women," Reuters, Oct. 11, 2018, www.reuters.com/article/idUSKCN1MK0AG/.

65　Christianne Corbett and Catherine Hill, *Solving the Equation: The Variables for Women's Success in Engineering and Computing* (Washington, D.C.: American Association of University Women, 2015), 47-54.

66　D'Ignazio and Klein, *Data Feminism.*

67　Meghan O'Gieblyn, *God, Human, Animal, Machine: Technology, Metaphor, and the Search for Meaning* (New York: Anchor, 2022), 197-216

68　Brinkmann et al., "Machine Culture."

69　Suleyman, *Coming Wave,* 164.

70　Brinkmann et al., "Machine Culture"; Bengio et al., "Managing Extreme AI Risks Amid Rapid Progress."

9. 민주주의: 우리는 계속 대화할 수 있을까?

1　Andreessen, "Why AI Will Save the World."; Ray Kurzweil, *The Singularity Is Nearer: When We Merge with AI* (London: The Bodley Head, 2024).

2   Laurie Laybourn–Langton, Lesley Rankin, and Darren Baxter, *This Is a Crisis: Facing Up to the Age of Environmental Breakdown,* Institute for Public Policy Research, Feb. 1, 2019, 12, www.jstor.org/stable/resrep21894.5.

3   Kenneth L. Hacker and Jan van Dijk, eds., *Digital Democracy: Issues of Theory and Practice* (New York: Sage, 2000); Anthony G. Wilhelm, *Democracy in the Digital Age: Challenges to Political Life in Cyberspace* (London: Routledge, 2002); Elaine C. Kamarck and Joseph S. Nye, eds., *Governance.com: Democracy in the Information Age* (London: Rowman & Littlefield, 2004); Zizi Papacharissi, *A Private Sphere: Democracy in a Digital Age* (Cambridge, U.K.: Polity, 2010); Costa Vayenas, *Democracy in the Digital Age* (Cambridge, U.K.: Arena Books, 2017); Giancarlo Vilella, *E-democracy: On Participation in the Digital Age* (Baden–Baden: Nomos, 2019); Volker Boehme–Nessler, *Digitising Democracy: On Reinventing Democracy in the Digital Era-a Legal, Political, and Psychological Perspective* (Berlin: Springer Nature, 2020); Sokratis Katsikas and Vasilios Zorkadis, *E-democracy: Safeguarding Democracy and Human Rights in the Digital Age* (Berlin: Springer International, 2020).

4   Thomas Reuters Popular Law, "Psychotherapist–Patient Privilege," uk.practicallaw.thomsonreuters.com/6–522–3158; U.S. Department of Health and Human Services, "Minimum Necessary Requirement," www.hhs.gov/hipaa/for-professionals/privacy/guidance/minimum-necessary-requirement/index.html; European Association for Psychotherapy, "EAP Statement on the Legal Position of Psychotherapy in Europe," January 2021, available at www.europsyche.org/app/uploads/2021/04/Legal-Position-of-Psychotherapy-in-Europe-2021-Final.pdf.

5   Marshall Allen, "Health Insurers Are Vacuuming Up Details About You–and It Could Raise Your Rates," ProPublica, July 17, 2018, www.propublica.org/article/health-insurers-are-vacuuming-up-details-about-you-and-it-could-raise-your-rates.

6   Jannik Luboeinski and Christian Tetzlaff, "Organization and Priming of Long–Term Memory Representations with Two–Phase Plasticity," *Cognitive Computation* 15, no. 4 (2023): 1211–30.

7   Muhammad Imran Razzak, Muhammad Imran, and Guandong Xu, "Big Data Analytics for Preventive Medicine," *Neural Computing and Applications* 32 (2020): 4417–51; Gaurav Laroia et al., "A Unified Health Algorithm That Teaches Itself to

Improve Health Outcomes for Every Individual: How Far into the Future Is It?," *Digital Health* 8 (2022), article 20552076221074126.

8   Nicholas H. Dimsdale, Nicholas Horsewood, and Arthur Van Riel, "Unemployment in Interwar Germany: An Analysis of the Labor Market, 1927–1936," *Journal of Economic History* 66, no. 3 (2006): 778–808.

9   Hubert Dreyfus, *What Computers Can't Do* (New York: Harper and Row, 1972). 다음 문헌들도 참조하라. Brett Karlan, "Human Achievement and Artificial Intelligence," *Ethics and Information Technology* 25 (2023), article 40, doi.org/10.1007/s10676-023-09713-x; Francis Mechner, "Chess as a Behavioral Model for Cognitive Skill Research: Review of Blindfold Chess by Eliot Hearst and John Knott," *Journal of Experimental Analysis Behavior* 94, no. 3 (Nov. 2010): 373–86, doi:10.1901/jeab.2010.94-373; Gerd Gigerenzer, *How to Stay Smart in a Smart World: Why Human Intelligence Still Beats Algorithms* (Cambridge, Mass.: MIT Press, 2022), 21.

10 Eda Ergin et al., "Can Artificial Intelligence and Robotic Nurses Replace Operating Room Nurses? The Quasi-experimental Research," *Journal of Robotic Surgery* 17, no. 4 (2023): 1847–55; Nancy Robert, "How Artificial Intelligence Is Changing Nursing," *Nursing Management* 50, no. 9 (2019): 30–39; Aprianto Daniel Pailaha, "The Impact and Issues of Artificial Intelligence in Nursing Science and Healthcare Settings," *SAGE Open Nursing* 9 (2023), article 23779608231196847.

11 Erik Cambria et al., "Seven Pillars for the Future of Artificial Intelligence," *IEEE Intelligent Systems* 38 (Nov.-Dec. 2023): 62–69; Marcus du Sautoy, *The Creativity Code: Art and Innovation in the Age of AI* (Cambridge, Mass.: Belknap Press of Harvard University Press, 2019); Brinkmann et al., "Machine Culture."

12 인간이 감정을 어떻게 인식하는지에 대해서는 다음 문헌들을 참조하라. Tony W. Buchanan, David Bibas, and Ralph Adolphs, "Associations Between Feeling and Judging the Emotions of Happiness and Fear: Findings from a Large-Scale Field Experiment," *PLOS ONE* 5, no. 5 (2010), article 10640, doi.org/10.1371/journal.pone.0010640; Ralph Adolphs, "Neural Systems for Recognizing Emotion," *Current Opinion in Neurobiology* 12, no. 2 (2002): 169–77; Albert Newen, Anna Welpinghus, and Georg Juckel, "Emotion Recognition as Pattern Recognition: The Relevance of Perception," *Mind and Language* 30, no. 2 (2015): 187–208; Joel Aronoff, "How We Recognize Angry and Happy Emotion in People, Places,

and Things," *Cross-Cultural Research* 40, no. 1 (2006): 83–105. AI와 감정 인식에 대해서는 다음 문헌을 참조하라. Smith K. Khare et al., "Emotion Recognition and Artificial Intelligence: A Systematic Review (2014–2023) and Research Recommendations," *Information Fusion* 102 (2024), article 102019, doi.org/10.1016/j.inffus.2023.102019.

13   Zohar Elyoseph et al., "ChatGPT Outperforms Humans in Emotional Awareness Evaluations," *Frontiers in Psychology* 14 (2023), article 1199058.

14   John W. Ayers et al., "Comparing Physician and Artificial Intelligence Chatbot Responses to Patient Questions Posted to a Public Social Media Forum," *JAMA Internal Medicine* 183, no. 6 (2023): 589–96, jamanetwork.com/journals/jamainternalmedicine/article-abstract/2804309.

15   Seung Hwan Lee et al., "Forgiving Sports Celebrities with Ethical Transgressions: The Role of Parasocial Relationships, Ethical Intent, and Regulatory Focus Mindset," *Journal of Global Sport Management* 3, no. 2 (2018): 124–45.

16   Karlan, "Human Achievement and Artificial Intelligence."

17   Harari, *Homo Deus,* chap. 3.

18   Edmund Burke, *Revolutionary Writings: Reflections on the Revolution in France and the First Letter on a Regicide Peace* (Cambridge, U.K.: Cambridge University Press, 2014); F. A. Hayek, *The Road to Serfdom* (London: Routledge, 2001); F. A. Hayek, *The Constitution of Liberty: The Definitive Edition* (London: Routledge, 2020); Jonathan Haidt, *The Righteous Mind: Why Good People Are Divided by Politics and Religion* (London: Vintage, 2012); Yoram Hazony, *Conservatism: A Rediscovery* (New York: Simon & Schuster, 2022); Peter Whitewood, *The Red Army and the Great Terror: Stalin's Purge of the Soviet Military* (Lawrence: University Press of Kansas, 2015).

19   Hazony, *Conservatism,* 3.

20   Bureau of Labor Statistics, "Historical Statistics of the United States, Colonial Times to 1970, Part I," *Series D 85-86 Unemployment: 1890-1970* (1975), 135; Curtis J. Simon, "The Supply Price of Labor During the Great Depression," *Journal of Economic History* 61, no. 4 (2001): 877–903; Vernon T. Clover, "Employees' Share of National Income, 1929–1941," *Fort Hays Kansas State College Studies: Economics Series* 1 (1943): 194; Stanley Lebergott, "Labor Force, Employment, and Unemployment, 1929–39: Estimating Methods," *Monthly Labor Review* 67, no. 1 (1948):

51; Robert Roy Nathan, *National Income, 1929-36, of the United States* (Washington, D.C.: U.S. Government Printing Office, 1939), 15 (table 3).

21   David M. Kennedy, "What the New Deal Did," *Political Science Quarterly* 124, no. 2 (2009): 251–68.

22   William E. Leuchtenburg, *In the Shadow of FDR: From Harry Truman to Barack Obama* (Ithaca, N.Y.: Cornell University Press, 2011), 48–49.

23   Suleyman, *Coming Wave*.

24   Michael L. Birzer and Richard B. Ellis, "Debunking the Myth That All Is Well in the Home of *Brown v. Topeka Board of Education:* A Study of Perceived Discrimination," *Journal of Black Studies* 36, no. 6 (2006): 793–814.

25   United States Supreme Court, *Brown v. Board of Education*, May 17, 1954, available at: www.archives.gov/milestone-documents/brown-v-board-of-education#transcript.

26   "*State v. Loomis:* Wisconsin Supreme Court Requires Warning Before Use of Algorithmic Risk Assessments in Sentencing," *Harvard Law Review* 130 (2017): 1530–37.

27   Rebecca Wexler, "When a Computer Program Keeps You in Jail: How Computers Are Harming Criminal Justice," *New York Times,* June 13, 2017, www.nytimes.com/2017/06/13/opinion/how-computers-are-harming-criminal-justice.html; Ed Yong, "A Popular Algorithm Is No Better at Predicting Crimes Than Random People," *Atlantic,* Jan. 17, 2018, www.theatlantic.com/technology/archive/2018/01/equivant-compas-algorithm/550646/.

28   Mitch Smith, "In Wisconsin, a Backlash Against Using Data to Foretell Defendants' Futures," *New York Times,* June 22, 2016, www.nytimes.com/2016/06/23/us/backlash-in-wisconsin-against-using-data-to-foretell-defendants-futures.html.

29   Eric Holder, "Speech Presented at the National Association of Criminal Defense Lawyers 57th Annual Meeting and 13th State Criminal Justice Network Conference, Philadelphia, PA," *Federal Sentencing Reporter* 27, no. 4 (2015): 252–55; Sonja B. Starr, "Evidence-Based Sentencing and the Scientific Rationalization of Discrimination," *Stanford Law Review* 66, no. 4 (2014): 803–72; Cecelia Klingele, "The Promises and Perils of Evidence-Based Corrections," *Notre Dame Law Review*

91, no. 2 (2015): 537–84; Jennifer L. Skeem and Jennifer Eno Louden, "Assessment of Evidence on the Quality of the Correctional Offender Management Profiling for Alternative Sanctions (COMPAS)," Center for Public Policy Research, Dec. 26, 2007, cpb–us–e2.wpmucdn.com/sites.uci.edu/dist/0/1149/files/2013/06/CDCR–Skeem–EnoLouden–COMPASeval–SECONDREVISION–final–Dec–28–07.pdf; Julia Dressel and Hany Farid, "The Accuracy, Fairness, and Limits of Predicting Recidivism," *Science Advances* 4, no. 1 (2018), article eaao5580; Julia Angwin et al., "Machine Bias," ProPublica, May 23, 2016, www.propublica.org/article/machine–bias–risk–assessments–in–criminal–sentencing. 상반되는 견해로는 다음 자료를 참조하라. Sam Corbett–Davies et al., "A Computer Program Used for Bail and Sentencing Decisions Was Labeled Biased Against Blacks: It's Actually Not That Clear," *Washington Post,* Oct. 17, 2016, www.washingtonpost.com/news/monkey–cage/wp/2016/10/17/can–an–algorithm–be–racist–our–analysis–is–more–cautious–than–propublicas.

30 "*State v. Loomis:* Wisconsin Supreme Court Requires Warning Before Use of Algorithmic Risk Assessments in Sentencing."

31 Seena Fazel et al., "The Predictive Performance of Criminal Risk Assessment Tools Used at Sentencing: Systematic Review of Validation Studies," *Journal of Criminal Justice* 81 (2022), article 101902; Jay Singh et al., "International Perspectives on the Practical Application of Violence Risk Assessment: A Global Survey of 44 Countries," *International Journal of Forensic Mental Health* 13, no. 3 (2014): 193–206; Melissa Hamilton and Pamela Ugwudike, "A 'Black Box' AI System Has Been Influencing Criminal Justice Decisions for over Two Decades–It's Time to Open It Up," The Conversation, July 26, 2023, theconversation.com/a–black–box–ai–system–has–been–influencing–criminal–justice–decisions–for–over–two–decades–its–time–to–open–it–up–200594; Federal Bureau of Prisons, "PATTERN Risk Assessment," accessed Jan. 11, 2024, www.bop.gov/inmates/fsa/pattern.jsp.

32 Manish Raghavan et al., "Mitigating Bias in Algorithmic Hiring: Evaluating Claims and Practices," in *Proceedings of the 2020 Conference on Fairness, Accountability, and Transparency* (2020): 469–81; Nicol Turner Lee and Samantha Lai, "Why New York City Is Cracking Down on AI in Hiring," Brookings Institution, Dec. 20, 2021, www.brookings.edu/articles/why–new–york–city–is–cracking–down–

on-ai-in-hiring/; Sian Townson, "AI Can Make Bank Loans More Fair," *Harvard Business Review,* Nov. 6, 2020, hbr.org/2020/11/ai-can-make-bank-loans-more-fair; Robert Bartlett et al., "Consumer-Lending Discrimination in the FinTech Era," *Journal of Financial Economics* 143, no. 1 (2022): 30-56; Mugahed A. Al-Antari, "Artificial Intelligence for Medical Diagnostics-Existing and Future AI Technology!," *Diagnostics* 13, no. 4 (2023), article 688; Thomas Davenport and Ravi Kalakota, "The Potential for Artificial Intelligence in Healthcare," *Future Healthcare Journal* 6, no. 2 (2019): 94-98.

33   European Commission, "Can I Be Subject to Automated Individual Decision-Making, Including Profiling?," accessed Jan. 11, 2024, commission.europa.eu/law/law-topic/data-protection/reform/rights-citizens/my-rights/can-i-be-subject-automated-individual-decision-making-including-profiling_en.

34   Suleyman, *Coming Wave,* 54.

35   Brinkmann et al., "Machine Culture."

36   Suleyman, *Coming Wave,* 80. Tilman Räuker et al., "Toward Transparent AI: A Survey on Interpreting the Inner Structures of Deep Neural Networks," *2023 IEEE Conference on Secure and Trustworthy Machine Learning (SaTML),* Feb. 2023, 464-83, doi:10.1109/SaTML54575.2023.00039도 참조하라.

37   Adele Atkinson, Chiara Monticone, and Flore-Anne Messi, *OECD/INFE International Survey of Adult Financial Literacy Competencies* (Paris: OECD, 2016), web-archive.oecd.org/2018-12-10/417183-OECD-INFE-International-Survey-of-Adult-Financial-Literacy-Competencies.pdf.

38   DODS, "Parliamentary Perceptions of the Banking System," July 2014, positive-money.org/wp-content/uploads/2014/08/Positive-Money-Dods-Monitoring-Poll-of-MPs.pdf.

39   Jacob Feldman, "The Simplicity Principle in Human Concept Learning," *Current Directions in Psychological Science* 12, no. 6 (2003): 227-32; Bethany Kilcrease, *Falsehood and Fallacy: How to Think, Read, and Write in the Twenty-First Century* (Toronto: University of Toronto Press, 2021), 115; Christina N. Lessov-Schlaggar, Joshua B. Rubin, and Bradley L. Schlaggar, "The Fallacy of Univariate Solutions to Complex Systems Problems," *Frontiers in Neuroscience* 10 (2016), article 267.

40   D'Ignazio and Klein, *Data Feminism,* 54.

41   Tobias Berg et al., "On the Rise of FinTechs: Credit Scoring Using Digital Footprints," *Review of Financial Studies* 33, no. 7 (2020): 2845–97, doi.org/10.1093/rfs/hhz099.

42   Tobias Berg et al., "On the Rise of FinTechs: Credit Scoring Using Digital Footprints," *Review of Financial Studies* 33, no. 7 (2020): 2845–97, doi.org/10.1093/rfs/hhz099; Lin Ma et al., "A New Aspect on P2P Online Lending Default Prediction Using Meta–level Phone Usage Data in China," *Decision Support Systems* 111 (2018): 60–71; Li Yuan, "Want a Loan in China? Keep Your Phone Charged," *Wall Street Journal*, April 6, 2017, www.wsj.com/articles/want-a-loan-in-china-keep-your-phone-charged-1491474250.

43   Brinkmann et al., "Machine Culture."

44   Jesse S. Summers, "*Post Hoc Ergo Propter Hoc:* Some Benefits of Rationalization," *Philosophical Explorations* 20, no. 1 (2017): 21–36; Richard E. Nisbett and Timothy D. Wilson, "Telling More Than We Can Know: Verbal Reports on Mental Processes," *Psychological Review* 84, no. 3 (1977): 231; Daniel M. Wegner and Thalia Wheatley, "Apparent Mental Causation: Sources of the Experience of Will," *American Psychologist* 54, no. 7 (1999): 480–92; Benjamin Libet, "Do We Have Free Will?," *Journal of Consciousness Studies* 6, no. 8–9 (1999): 47–57; Jonathan Haidt, "The Emotional Dog and Its Rational Tail: A Social Intuitionist Approach to Moral Judgment," *Psychological Review* 108, no. 4 (2001): 814–34; Joshua D. Greene, "The Secret Joke of Kant's Soul," *Moral Psychology* 3 (2008): 35–79; William Hirstein, ed., *Confabulation: Views from Neuroscience, Psychiatry, Psychology, and Philosophy* (New York: Oxford University Press, 2009); Michael Gazzaniga, *Who's in Charge? Free Will and the Science of the Brain* (London: Robinson, 2012); Fiery Cushman and Joshua Greene, "The Philosopher in the Theater," in *The Social Psychology of Morality: Exploring the Causes of Good and Evil,* ed. Mario Mikulincer and Phillip R. Shaver (Washington, D.C.: APA Press, 2011), 33–50.

45   Shai Danziger, Jonathan Levav, and Liora Avnaim–Pesso, "Extraneous Factors in Judicial Decisions," *Proceedings of the National Academy of Sciences* 108, no. 17 (2011): 6889–92; Keren Weinshall–Margel and John Shapard, "Overlooked Factors in the Analysis of Parole Decisions," *Proceedings of the National Academy of Sciences* 108, no. 42 (2011), article E833.

46   Julia Dressel and Hany Farid, "The Accuracy, Fairness, and Limits of Predicting Recidivism," *Science Advances* 4, no. 1 (2018), article eaao5580; Klingele, "Promises and Perils of Evidence-Based Corrections"; Alexander M. Holsinger et al., "A Rejoinder to Dressel and Farid: New Study Finds Computer Algorithm Is More Accurate Than Humans at Predicting Arrest and as Good as a Group of 20 Lay Experts," *Federal Probation* 82 (2018): 50-55; D'Ignazio and Klein, *Data Feminism,* 53-54.

47   The EU Artificial Intelligence Act, European Commission, April 21, 2021, artificialintelligenceact.eu/the-act/. "다음과 같은 인공지능 관행은 금지된다: ⋯ (c) 공공기관이나 그 대리인이 자연인의 일정 기간에 걸친 신뢰성을 그의 사회적 행동과 (알려진 또는 예측된) 개인적, 성격적 특성을 기반으로 평가하거나 분류하기 위해 AI 시스템을 시장에 내놓거나 서비스하거나 사용하는 행위는, 그렇게 매겨진 사회적 점수가 다음 중 하나 또는 둘 다로 이어지는 경우 금지된다. (i) 데이터가 애초에 생성되거나 수집된 맥락과는 무관한 사회적 맥락에서 특정 자연인 또는 집단을 불리하게 대우하거나 불공정하게 대우하는 경우; (ii) 특정 자연인 또는 집단에 대한 불리하거나 불공정한 대우가 그들의 사회적 행동이나 그 심각성에 비추어 정당화되지 않거나 과도한 경우"(43).

48   Alessandro Bessi and Emilio Ferrara, "Social Bots Distort the 2016 U.S. Presidential Election Online Discussion," *First Monday* 21, no. 11 (2016): 1-14.

49   Luca Luceri, Felipe Cardoso, and Silvia Giordano, "Down the Bot Hole: Actionable Insights from a One-Year Analysis of Bot Activity on Twitter," *First Monday* 26, no. 3 (2021), firstmonday.org/ojs/index.php/fm/article/download/11441/10079.

50   David F. Carr, "Bots Likely Not a Big Part of Twitter's Audience-but Tweet a Lot," *Similarweb Blog,* Sept. 8, 2022, www.similarweb.com/blog/insights/social-media-news/twitter-bot-research-news/; "Estimating Twitter's Bot-Free Monetizable Daily Active Users (mDAU)," *Similarweb Blog,* Sept. 8, 2022, www.similarweb.com/blog/insights/social-media-news/twitter-bot-research/.

51   Giovanni Spitale, Nikola Biller-Andorno, and Federico Germani, "AI Model GPT-3 (Dis)informs Us Better Than Humans," *Science Advances* 9, no. 26 (2023), doi.org/10.1126/sciadv.adh1850.

52   Daniel C. Dennett, "The Problem with Counterfeit People," *Atlantic,* May 16, 2023, www.theatlantic.com/technology/archive/2023/05/problem-counterfeit-people/674075/.

53   예를 들어 다음 문헌들을 참조하라. Hannes Kleineke, "The Prosecution of Coun-
      terfeiting in Lancastrian England," in *Medieval Merchants and Money: Essays in
      Honor of James L. Bolton,* ed. Martin Allen and Matthew Davies (London: University
      of London Press, 2016), 213–26; Susan L'Engle, "Justice in the Margins: Punishment
      in Medieval Toulouse," *Viator* 33 (2002): 133–65; Trevor Dean, *Crime in Medieval
      Europe, 1200-1550* (London: Routledge, 2014).

54   Dennett, "Problem with Counterfeit People."

55   Mariam Orabi et al., "Detection of Bots in Social Media: A Systematic Review,"
      Information Processing and Management 57, no. 4 (2020), article 102250; Aaron
      J. Moss et al., "Bots or Inattentive Humans? Identifying Sources of Low-Quality
      Data in Online Platforms" (preprint, submitted 2021), osf.io/preprints/psyarxiv/wr8ds;
      Max Weiss, "Deepfake Bot Submissions to Federal Public Comment Websites
      Cannot Be Distinguished from Human Submissions," *Technology Science,* Dec.
      17, 2019; Adrian Rauchfleisch and Jonas Kaiser, "The False Positive Problem of
      Automatic Bot Detection in Social Science Research," *PLOS ONE* 15, no. 10 (2020),
      article e0241045; Giovanni C. Santia, Munif Ishad Mujib, and Jake Ryland Wil-
      liams, "Detecting Social Bots on Facebook in an Information Veracity Context,"
      Proceedings of the International AAAI Conference on Web and Social Media 13
      (2019): 463–72.

56   Drew DeSilver, "The Polarization in Today's Congress Has Roots That Go Back
      Decades," Pew Research Center, March 10, 2022, www.pewresearch.org/short-
      reads/2022/03/10/the-polarization-in-todays-congress-has-roots-that-go-
      back-decades/; Lee Drutman, "Why Bipartisanship in the Senate Is Dying,"
      FiveThirtyEight, Sept. 27, 2021, fivethirtyeight.com/features/why-bipartisanship-
      in-the-senate-is-dying/.

57   Gregory A. Caldeira, "Neither the Purse nor the Sword: Dynamics of Public Confi-
      dence in the Supreme Court," *American Political Science Review* 80, no. 4 (1986):
      1209–26, doi.org/10.2307/1960864.

10. 전체주의: 모든 권력을 알고리즘에게로?

1   예를 들어, 그 외의 점에서는 뛰어나고 통찰력 있는 저서인 Zuboff, *Age of Surveillance*

Capitalism; Fisher, *Chaos Machine*; Christian, *Alignment Problem*; D'Ignazio and Klein, *Data Feminism*; Costanza-Chock을 참조하라. *Design Justice*. Kai-Fu Lee, *AI Superpowers: China, Silicon Valley, and the New World Order* (New York: Houghton Mifflin, 2018)은 탁월한 반례다. Mark Coeckelbergh, *AI Ethics* (Cambridge, Mass.: MIT Press, 2020)도 참조하라.

2   예테보리 대학교의 민주주의 다양성 연구소는 2022년에 세계 인구의 72퍼센트(57억 명)가 권위주의 또는 전체주의 정권 치하에서 살고 있다고 추정했다. V-Dem Institute, *Defiance in the Face of Autocratization* (2023), v-dem.net/documents/29/V-dem_democracyreport2023_lowres.pdf을 참조하라.

3   Chicago Tribune Staff, "McDonald's: 60 Years, Billions Served," *Chicago Tribune,* April 15, 2015, www.chicagotribune.com/business/chi-mcdonalds-60-years-20150415-story.html.

4   Alphabet, "2022 Alphabet Annual Report," 2023, abc.xyz/assets/d4/4f/a48b94d548d0b2fdc029a95e8c63/2022-alphabet-annual-report.pdf; Statcounter, "Search Engine Market Share Worldwide-December 2023," accessed Jan. 12, 2024, gs.statcounter.com/search-engine-market-share; Jason Wise, "How Many People Use Search Engines in 2024?," Earthweb, Nov. 16, 2023, earthweb.com/search-engine-users/.

5   Google Search, "How Google Search Organizes Information," accessed Jan. 12, 2024, www.google.com/search/howsearchworks/how-search-works/organizing-information/; Statcounter, "Browser Market Share Worldwide," accessed Jan. 12, 2024, gs.statcounter.com/search-engine-market-share.

6   Parliamentary Counsel Office of New Zealand, "Privacy Act 2020," Dec. 6, 2023, www.legislation.govt.nz/act/public/2020/0031/latest/LMS23223.html; Jessie Yeung, "China's Sitting on a Goldmine of Genetic Data-and It Doesn't Want to Share," CNN, Aug. 12, 2023, edition.cnn.com/2023/08/11/china/china-human-genetic-resources-regulations-intl-hnk-dst/index.html.

7   Dionysis Zindros, "The Illusion of Blockchain Democracy: One Coin Equals One Vote," Nesta Foundation, Sept. 14, 2020, www.nesta.org.uk/report/illusion-blockchain-democracy-one-coin-equals-one-vote/; Lukas Schädler, Michael Lustenberger, and Florian Spychiger, "Analyzing Decision-Making in Blockchain Governance," *Frontiers in Blockchain* 23, no. 6 (2023); PricewaterhouseCoopers,

"Estonia-the Digital Republic Secured by Blockchain," 2019, www.pwc.com/gx/ en/services/legal/tech/assets/estonia-the-digital-republic-secured-by-blockchain.pdf; Bryan Daugherty, "Why Governments Need to Embrace Blockchain Technology," *Evening Standard,* May 31, 2023, www.standard.co.uk/business/ government-blockchain-technology-business-b1080774.html.

8   Cassius Dio, *Roman History,* book 78.

9   Adrastos Omissi, "*Damnatio Memoriae* or *Creatio Memoriae*? Memory Sanctions as Creative Processes in the Fourth Century AD," *Cambridge Classical Journal* 62 (2016): 170-99.

10   David King, *The Commissar Vanishes: The Falsification of Photographs and Art in Stalin's Russia* (New York: Henry Holt, 1997); Herman Ermolaev, *Censorship in Soviet Literature, 1917-1991* (Lanham, Md.: Rowman & Littlefield, 1997), 56, 59, 62, 67-68; Denis Skopin, *Photography and Political Repressions in Stalin's Russia: Defacing the Enemy* (New York: Routledge, 2022); Figes, *Whisperers,* 298.

11   Amnesty International Public Statement, EUR 46/7017/2023, "Russia: Under the 'Eye of Sauron': Persecution of Critics of the Aggression Against Ukraine," July 20, 2023, 2, www.amnesty.org/en/documents/eur46/7017/2023/en/.

12   Sandra Bingham, *The Praetorian Guard: A History of Rome's Elite Special Forces* (London: I. B. Tauris, 2013).

13   타키투스, 《연대기》, 제4권 41장

14   같은 책, 제6권 50장.

15   Albert Einstein et al., "The Russell-Einstein Manifesto [1955]," *Impact of Science on Society-Unesco* 26, no. 12 (1976): 15-16.

11. 실리콘 장막: 세계 제국인가, 세계 분열인가?

1   Suleyman, *Coming Wave,* 12-13, 173-77, 207-13; Emily H. Soice et al., "Can Large Language Models Democratize Access to Dual-Use Biotechnology?" (preprint, submitted 2023), doi.org/10.48550/arXiv.2306.03809; Sepideh Jahangiri et al., "Viral and Non-viral Gene Therapy Using 3D (Bio) Printing," *Journal of Gene Medicine* 24, no. 12 (2022), article e3458; Tommaso Zandrini et al., "Breaking the Resolution Limits of 3D Bioprinting: Future Opportunities and Present Challenges," *Trends*

in Biotechnology 41, no. 5 (2023): 604–14.

2   "China's Foreign Minister Visits Tonga After Pacific Islands Delay Regional Pact,"
     Reuters, May 31, 2022, www.reuters.com/world/asia–pacific/chinas–foreign–
     minister–visits–tonga–after–pacific–islands–delay–regional–pact–2022–05–31/;
     David Wroe, "China Eyes Vanuatu Military Base in Plan with Global Ramifica-
     tions," *Sydney Morning Herald,* April 9, 2018, www.smh.com.au/politics/fed-
     eral/china–eyes–vanuatu–military–base–in–plan–with–global–ramifications–
     20180409–p4z8j9.html; Kirsty Needham, "China Seeks Pacific Islands Policing,
     Security Cooperation–Document," Reuters, May 25, 2022, www.reuters.com/
     world/asia–pacific/exclusive–china–seeks–pacific–islands–policing–security–
     cooperation–document–2022–05–25/; Australia Department of Foreign Affairs
     and Trade, "Australia–Tuvalu Falepili Union," accessed Jan. 12, 2024, www.dfat.
     gov.au/geo/tuvalu/australia–tuvalu–falepili–union; Joel Atkinson, "Why Tu-
     valu Still Chooses Taiwan," East Asia Forum, Oct. 24, 2022, www.eastasiaforum.
     org/2022/10/24/why–tuvalu–still–chooses–taiwan/.

3   Thomas G. Otte and Keith Neilson, eds., *Railways and International Politics:
     Paths of Empire, 1848-1945* (London: Routledge, 2012); Matthew Alexander Scott,
     "Transcontinentalism: Technology, Geopolitics, and the Baghdad and Cape–Cairo
     Railway Projects, c. 1880–1930," (PhD diss., Newcastle University, 2018).

4   Kevin Kelly, "The Three Breakthroughs That Have Finally Unleashed AI on the
     World," *Wired,* Oct. 27, 2014, www.wired.com/2014/10/future–of–artificial–intel-
     ligence/.

5   "From Not Working to Neural Networking," *Economist,* June 23, 2016, www.
     economist.com/special–report/2016/06/23/from–not–working–to–neural–net-
     working.

6   Liat Clark, "Google's Artificial Brain Learns to Find Cat Videos," *Wired,* June 26,
     2012, www.wired.com/2012/06/google–x–neural–network/; Jason Johnson, "This
     Deep Learning AI Generated Thousands of Creepy Cat Pictures," *Vice,* July 14,
     2017, www.vice.com/en/article/a3dn9j/this–deep–learning–ai–generated–thou-
     sands–of–creepy–cat–pictures.

7   Amnesty International, "Automated Apartheid: How Facial Recognition Frag-
     ments, Segregates, and Controls Palestinians in the OPT," May 2, 2023, 42–43,

www.amnesty.org/en/documents/mde15/6701/2023/en/

8 알렉스넷의 개발과 아키텍처에 대해 기술한 다음 논문은 2023년까지 12만 번 이상 인용되어 현대에 가장 영향력 있는 학술 논문 중 하나가 되었다. Alex Krizhevsky, Ilya Sutskever, and Geoffrey E. Hinton, "Imagenet Classification with Deep Convolutional Neural Networks," *Advances in Neural Information Processing Systems* 25 (2012). Mohammed Zahangir Alom et al., "The History Began from AlexNet: A Comprehensive Survey on Deep Learning Approaches" (preprint, submitted 2018), doi.org/10.48550/arXiv.1803.01164도 참조하라.

9 David Lai, *Learning from the Stones: A Go Approach to Mastering China's Strategic Concept, Shi* (Carlisle, Pa.: U.S. Army War College, Strategic Studies Institute, 2004); Zhongqi Pan, "*Guanxi, Weiqi,* and Chinese Strategic Thinking," *Chinese Political Science Review* 1 (2016): 303-21; Timothy J. Demy, James Giordano, and Gina Granados Palmer, "Chess vs Go-Strategic Strength, Gamecraft, and China," *National Defense,* July 8, 2021, www.nationaldefensemagazine.org/articles/2021/7/8/chess-vs-go---strategic-strength-gamecraft-and-china; David Vergun, "Ancient Game Used to Understand U.S.-China Strategy," U.S. Army, May 25, 2016, www.army.mil/article/168505/ancient_game_used_to_understand_u_s_china_strategy; "No Go," *Economist,* May 19, 2011, www.economist.com/books-and-arts/2011/05/19/no-go.

10 Suleyman, *Coming Wave,* 84.

11 같은 책; Lee, *AI Superpowers*; Shyi-Min Lu, "The CCP's Development of Artificial Intelligence: Impact on Future Operations," *Journal of Social and Political Sciences* 4, no. 1 (2021): 93-105; Daitian Li, Tony W. Tong, and Yangao Xiao, "Is China Emerging as the Global Leader in AI?," *Harvard Business Review,* Feb. 18, 2021, hbr.org/2021/02/is-china-emerging-as-the-global-leader-in-ai; Robyn Mak, "Chinese AI Arrives by Stealth, Not with a Bang," Reuters, July 28, 2023, www.reuters.com/breakingviews/chinese-ai-arrives-by-stealth-not-with-bang-2023-07-28/.

12 "'Whoever Leads in AI Will Rule the World': Putin to Russian Children on Knowledge Day," Russia Today, Sept. 1, 2017, www.rt.com/news/401731-ai-rule-world-putin/; Ministry of External Affairs, "Prime Minister's Statement on the Subject 'Creating a Shared Future in a Fractured World' in the World Economic

Forum (January 23, 2018)," Jan. 23, 2018, www.mea.gov.in/Speeches-Statements. htm?dtl/29378/Prime+Ministers+Keynote+Speech+at+Plenary+Session+of+World+ Economic+Forum+Davos+January+23+2018.

13 Trump White House, "Executive Order on Maintaining American Leadership in AI," Feb. 11, 2019, trumpwhitehouse.archives.gov/ai/; Cade Metz, "Trump Signs Executive Order Promoting Artificial Intelligence," *New York Times,* Feb. 11, 2019, www.nytimes.com/2019/02/11/business/ai-artificial-intelligence-trump.html.

14 데이터 식민주의에 대한 일반 논의로는 Mejias and Couldry, *Data Grab*도 참조하라.

15 Conor Murray, "Here's What Happened When This Massive Country Banned Tik-Tok," *Forbes,* March 23, 2023, www.forbes.com/sites/conormurray/2023/03/23/ heres-what-happened-when-this-massive-country-banned-tiktok/; "India Bans TikTok, WeChat, and Dozens More Chinese Apps," BBC, June 29, 2020, www.bbc.com/news/technology-53225720.

16 Seung Min Kim, "White House: No More TikTok on Gov't Devices Within 30 Days," Associated Press, Feb. 28, 2023, apnews.com/article/technology-politics-united-states-government-ap-top-news-business-95491774cf8f0fe3e-2b9634658a22e56; Stacy Liberatore, "Leaked Audio of More Than 80 TikTok Meetings Reveal China-Based Employees Are Accessing US User Data, New Report Claims," *Daily Mail,* June 17, 2022, www.dailymail.co.uk/sciencetech/ article-10928485/Leaked-audio-80-TikTok-meetings-reveal-China-based-employees-accessing-user-data.html; Dan Milmo, "TikTok's Ties to China: Why Concerns over Your Data Are Here to Stay," *Guardian,* Nov. 7, 2022, www.the-guardian.com/technology/2022/nov/07/tiktoks-china-bytedance-data-concerns; James Clayton, "TikTok: Chinese App May Be Banned in US, Says Pompeo," BBC, July 7, 2020, www.bbc.com/news/technology-53319955.

17 Tess McClure, "New Zealand MPs Warned Not to Use TikTok over Fears China Could Access Data," *Guardian,* Aug. 2, 2022, www.theguardian.com/world/2022/ aug/02/new-zealand-mps-warned-not-to-use-tiktok-over-fears-china-could-access-data; Milmo, "TikTok's Ties to China."

18 Akram Beniamin, "Cotton, Finance, and Business Networks in a Globalized World: The Case of Egypt During the First Half of the Twentieth Century" (PhD diss., University of Reading, 2019); Lars Sandberg, "Movements in the Quality of British Cotton Textile Exports, 1815–1913," *Journal of Economic History* 28, no. 1 (1968): 1–27; James Hagan and Andrew Wells, "The British and Rubber in Malaya, c. 1890–1940," in *The Past Is Before Us: Proceedings of the Ninth National Labor History Conference* (Sydney: University of Sydney, 2005), 143–50; John H. Drabble, "The Plantation Rubber Industry in Malaya up to 1922," *Journal of the Malaysian Branch of the Royal Asiatic Society* 40, no. 1 (1967): 52–77.

19   Paul Erdkamp, *The Grain Market in the Roman Empire: A Social, Political, and Economic Study* (Cambridge, U.K.: Cambridge University Press, 2005); Eli J. S. Weaverdyck, "Institutions and Economic Relations in the Roman Empire: Consumption, Supply, and Coordination," in *Handbook of Ancient Afro-Eurasian Economies,* vol. 2, *Local, Regional, and Imperial Economies,* ed. Sitta von Reden (Berlin: De Gruyter, 2022), 647–94; Colin Adams, *Land Transport in Roman Egypt: A Study of Economics and Administration in a Roman Province* (New York: Oxford University Press, 2007).

20   Palash Ghosh, "Amazon Is Now America's Biggest Apparel Retailer, Here's Why Walmart Can't Keep Up," *Forbes,* March 17, 2021, www.forbes.com/sites/palashghosh/2021/03/17/amazon-is-now-americas-biggest-apparel-retailer-heres-why-walmart-cant-keep-up/; Don-Alvin Adegeest, "Amazon's U.S. Marketshare of Clothing Soars to 14.6 Percent," Fashion United, March 15, 2022, fashionunited.com/news/retail/amazon-s-u-s-marketshare-of-clothing-soars-to-14-6-percent/2022031546520.

21   Invest Pakistan, "Textile Sector Brief," accessed Jan. 12, 2024, invest.gov.pk/textile; Morder Intelligence, "Bangladesh Textile Manufacturing Industry Size & Share Analysis–Growth Trends & Forecasts (2023-2028)," accessed Jan. 12, 2024, www.mordorintelligence.com/industry-reports/bangladesh-textile-manufacturing-industry-study-market.

22   Daron Acemoglu and Simon Johnson, *Power and Progress: Our 1000-Year Struggle over Technology and Prosperity* (Cambridge, Mass.: MIT Press, 2023).

23   PricewaterhouseCoopers, "Global Artificial Intelligence Study: Sizing the Prize," 2017, www.pwc.com/gx/en/issues/data-and-analytics/publications/artificial-intelligence-study.html.

24   Matt Sheehan, "China's AI Regulations and How They Get Made," Carnegie

Endowment for International Peace, July 10, 2023, carnegieendowment. org/2023/07/10/china-s-ai-regulations-and-how-they-get-made-pub-90117; Daria Impiombato, Yvonne Lau, and Luisa Gyhn, "Examining Chinese Citizens' Views on State Surveillance," *Strategist,* Oct. 12, 2023, www.aspistrategist.org.au/ examining-chinese-citizens-views-on-state-surveillance/; Strittmatter, *We Have Been Harmonized;* Cain, *Perfect Police State.*

25   Zuboff, *Age of Surveillance Capitalism;* PHQ Team, "Survey: Americans Divided on Social Credit System," PrivacyHQ, 2022, privacyhq.com/news/social-credit-how-do-i-stack-up/.

26   Lee, *AI Superpowers.*

27   Miller, *Chip War;* Robin Emmott, "U.S. Renews Pressure on Europe to Ditch Huawei in New Networks," Reuters, Sept. 29, 2020, www.reuters.com/article/us-usa-huawei-tech-europe-idUSKBN26K2MY/.

28   "President Trump Halts Broadcom Takeover of Qualcomm," Reuters, March 13, 2018, www.reuters.com/article/us-qualcomm-m-a-broadcom-merger/ president-trump-halts-broadcom-takeover-of-qualcomm-idUSKCN1GO1Q4/; Trump White House, "Presidential Order Regarding the Proposed Takeover of Qualcomm Incorporated by Broadcom Limited," March 12, 2018, trumpwhitehouse.archives.gov/presidential-actions/presidential-order-regarding-proposed-takeover-qualcomm-incorporated-broadcom-limited/; David McLaughlin and Saleha Mohsin, "Trump's Message in Blocking Broadcom Deal: U.S. Tech Not for Sale," Bloomberg, March 13, 2018, www.bloomberg.com/politics/ articles/2018-03-13/trump-s-message-with-broadcom-block-u-s-tech-not-for-sale#xj4y7vzkg.

29   Suleyman, *Coming Wave,* 168; Stephen Nellis, Karen Freifeld, and Alexandra Alper, "U.S. Aims to Hobble China's Chip Industry with Sweeping New Export Rules," Reuters, Oct. 10, 2022, www.reuters.com/technology/us-aims-hobble-chinas-chip-industry-with-sweeping-new-export-rules-2022-10-07/; Alexandra Alper, Karen Freifeld, and Stephen Nellis, "Biden Cuts China Off from More Nvidia Chips, Expands Curbs to Other Countries," Oct. 18, 2023, www.reuters. com/technology/biden-cut-china-off-more-nvidia-chips-expand-curbs-more-countries-2023-10-17/; Ann Cao, "US Citizens at Chinese Chip Firms Caught in

the Middle of Tech War After New Export Restrictions," *South China Morning Post*, Oct. 11, 2022, www.scmp.com/tech/tech-war/article/3195609/us-citizens-chinese-chip-firms-caught-middle-tech-war-after-new.

30   Miller, *Chip War*.

31   Mark A. Lemley, "The Splinternet," *Duke Law Journal* 70 (2020): 1397-427.

32   Simcha Paull Raphael, *Jewish Views of the Afterlife*, 2nd ed. (Plymouth, U.K.: Rowman & Littlefield, 2019); Claudia Seltzer, *Resurrection of the Body in Early Judaism and Early Christianity: Doctrine, Community, and Self-Definition* (Leiden: Brill, 2021).

33   테르툴리아누스의 말은 Gerald O'Collins and Mario Farrugia, *Catholicism: The Story of Catholic Christianity* (New York: Oxford University Press, 2015), 272에서 발췌함. 교리 문답서에서 가져온 인용문에 대해서는 *Catechism of the Catholic Church*, 2nd ed. (Vatican City: Libreria Editrice Vaticana, 1997), 265을 참조하라.

34   Bart D. Ehrman, *Heaven and Hell: A History of the Afterlife* (New York: Simon & Schuster, 2021); Dale B. Martin, *The Corinthian Body* (New Haven, Conn.: Yale University Press, 1999); Seltzer, *Resurrection of the Body*.

35   Thomas McDermott, "Antony's Life of St. Simeon Stylites: A Translation of and Commentary on an Early Latin Version of the Greek Text" (master's thesis, Creighton University, 1969); Robert Doran, *The Lives of Simeon Stylites* (Kalamazoo, Mich.: Cistercian Publications, 1992).

36   Martin Luther, "An Introduction to St. Paul's Letter to the Romans," trans. Rev. Robert E. Smith, in *Vermischte Deutsche Schriften*, ed. Johann K. Irmischer (Erlangen: Heyder and Zimmer, 1854), 124-25, www.projectwittenberg.org/pub/resources/text/wittenberg/luther/luther-faith.txt.

37   Lemley, "Splinternet."

38   Ronen Bergman, Aaron Krolik, and Paul Mozur, "In Cyberattacks, Iran Shows Signs of Improved Hacking Capabilities," *New York Times*, Oct. 31, 2023, www.nytimes.com/2023/10/31/world/middleeast/iran-israel-cyberattacks.html.

39   2009년부터 2013년까지 나토의 유럽 연합군 최고사령관을 지낸 제임스 스타브리디스 제독이 다음 책에서 이 가능성을 다루었다. Elliot Ackerman and James Stavridis, *2034: A Novel of the Next World War* (New York: Penguin Press, 2022)을 보라.

40   James D. Morrow, "A Twist of Truth: A Reexamination of the Effects of Arms Races on the Occurrence of War," *Journal of Conflict Resolution* 33, no. 3 (1989):

500–529.

41 예를 들어 다음 자료들을 참조하라. President of Russia, "Meeting with State Duma Leaders and Party Faction Heads," July 7, 2022, en.kremlin.ru/events/president/news/68836; President of Russia, "Valdai International Discussion Club Meeting," Oct. 5, 2023, en.kremlin.ru/events/president/news/72444; Donald J. Trump, "Remarks by President Trump to the 74th Session of the United Nations General Assembly," Sept. 24, 2019, trumpwhitehouse.archives.gov/briefings-statements/remarks-president-trump-74th-session-united-nations-general-assembly/; Jair Bolsonaro, "Speech by Brazil's President Jair Bolsonaro at the Opening of the 74th United Nations General Assembly-New York," Ministério das Relações Exteriores, Sept. 24, 2019, www.gov.br/mre/en/content-centers/speeches-articles-and-interviews/president-of-the-federative-republic-of-brazil/speeches/speech-by-brazil-s-president-jair-bolsonaro-at-the-opening-of-the-74th-united-nations-general-assembly-new-york-september-24-2019-photo-alan-santos-pr; Cabinet Office of the Prime Minister, "Speech by Prime Minister Viktor Orbán at the Opening of CPAC Texas," Aug. 4, 2022, 2015-2022.miniszterelnok.hu/speech-by-prime-minister-viktor-orban-at-the-opening-of-cpac-texas/; Geert Wilders, "Speech by Geert Wilders at the 'Europe of Nations and Freedom' Conference," Gatestone Institute, Jan. 22, 2017, www.gatestoneinstitute.org/9812/geert-wilders-koblenz-enf.

42 Marine Le Pen, "Discours de Marine Le Pen, (Front National), après le 2e tour des Régionales," Hénin-Beaumont, Dec. 6, 2015, www.youtube.com/watch?v=Dv7Us46gL8c.

43 Trump White House, "President Trump: 'We Have Rejected Globalism and Embraced Patriotism,'" Aug. 7, 2020, trumpwhitehouse.archives.gov/articles/president-trump-we-have-rejected-globalism-and-embraced-patriotism/.

44 Bengio et al., "Managing Extreme AI Risks Amid Rapid Progress."

45 John Mearsheimer, *The Tragedy of Great Power Politics* (New York: W. W. Norton, 2001), 21. Hans J. Morgenthau, *Politics Among Nations: The Struggle for Power and Peace* (New York: Alfred A. Knopf, 1949)도 참조하라.

46 de Waal, *Our Inner Ape.*

47 Douglas Zook, "Tropical Rainforests as Dynamic Symbiospheres of Life," *Symbio-*

sis 51 (2010): 27–36; Aparajita Das and Ajit Varma, "Symbiosis: The Art of Living," in *Symbiotic Fungi: Principles and Practice,* ed. Ajit Varma and Amit C. Kharkwal (Heidelberg: Springer, 2009), 1–28. 다음 문헌들도 참조하라. de Waal, *Our Inner Ape*; Frans de Waal et al., *Primates and Philosophers: How Morality Evolved* (Princeton, N.J.: Princeton University Press, 2009); Frans de Waal, "Putting the Altruism Back into Altruism: The Evolution of Empathy," *Annual Review of Psychology* 59 (2008): 279–300.

48   Isabelle Crevecour et al., "New Insights on Interpersonal Violence in the Late Pleistocene Based on the Nile Valley Cemetery of Jebel Sahaba," *Nature Scientific Reports* 11 (2021), article 9991, doi.org/10.1038/s41598-021-89386-y; Marc Kissel and Nam C. Kim, "The Emergence of Human Warfare: Current Perspectives," *Yearbook of Physical Anthropology* 168, no. S67 (2019): 141–63; Luke Glowacki, "Myths About the Evolution of War: Apes, Foragers, and the Stories We Tell" (preprint, submitted in 2023), doi.org/10.32942/X2JC71.

49   Steven Pinker, *The Better Angels of Our Nature: Why Violence Has Declined* (New York: Viking, 2011); Gat, *War in Human Civilization,* 130–31; Joshua S. Goldstein, *Winning the War on War: The Decline of Armed Conflict Worldwide* (New York: Dutton, 2011); Harari, *21 Lessons for the 21st Century,* chap. 11; Azar Gat, "Is War Declining–and Why?," *Journal of Peace Research* 50, no. 2 (2012): 149–57; Michael Spagat and Stijn van Weezel, "The Decline of War Since 1950: New Evidence," in *Lewis Fry Richardson: His Intellectual Legacy and Influence in the Social Sciences,* ed. Nils Petter Gleditsch (Cham: Springer, 2020), 129–42; Michael Mann, "Have Wars and Violence Declined?," *Theory and Society* 47 (2018): 37–60.

50   중국어 인용문의 출처는 다음과 같다. Chen Xiang, *Guling xiansheng wenji,* accessed Feb. 15, 2024, read.nlc.cn/OutOpenBook/OpenObjectBook?aid=892&bid=41448.0; Cai Xiang, *Caizhonghuigong wenji,* Feb. 15, 2024, ctext.org/library.pl?if=gb&file=127799&page=185&remap=gb; Li Tao, *Xu zizhi tongjian changbian* (Beijing: Zhonghua Shuju, 1985), 9:2928.

51   Emma Dench, *Empire and Political Cultures in the Roman World* (Cambridge, U.K.: Cambridge University Press, 2018), 79–80; Keith Hopkins, "The Political Economy of the Roman Empire," in *The Dynamics of Ancient Empires: State Power from Assyria to Byzantium,* ed. Ian Morris and Walter Scheidel (New York: Oxford University

Press, 2009), 194; Walter Scheidel, "State Revenue and Expenditure in the Han and Roman Empires," in *State Power in Ancient China and Rome,* ed. Walter Scheidel (New York: Oxford University Press, 2015), 159; Paul Erdkamp, introduction to *A Companion to the Roman Army,* ed. Paul Erdkamp (Hoboken, N.J.: Blackwell, 2007), 2.

52 Suraiya Faroqhi, "Part II: Crisis and Change, 1590-1699," in *An Economic and Social History of the Ottoman Empire,* vol. 2, *1600-1914,* ed. Halil Inalcik and Donalt Quataert (Cambridge, U.K.: Cambridge University Press, 1994), 542.

53 Jari Eloranta, "National Defense," in *The Oxford Encyclopedia of Economic History,* ed. Joel Mokyr (Oxford: Oxford University Press, 2003), 30-31.

54 Jari Eloranta, "Cliometric Approaches to War," in *Handbook of Cliometrics,* ed. Claude Diebolt and Michael Haupert (Heidelberg: Springer, 2014), 1-22.

55 같은 책.

56 Jari Eloranta, "The World Wars," in *An Economist's Guide to Economic History,* ed. Matthias Blum and Christopher L. Colvin (Cham: Palgrave, 2018), 263.

57 James H. Noren, "The Controversy over Western Measures of Soviet Defense Expenditures," *Post-Soviet Affairs* 11, no. 3 (1995): 238-76.

58 정부 지출에서 군비 비출이 차지하는 비율에 대한 관련 통계는 SIPRI를 참고하라. SIPRI, "SIPRI Military Expenditure Database," accessed Feb. 14, 2024, www.sipri.org/databases/milex. 미국 정부의 군비 지출 비율에 대한 정확한 정보를 원한다면, 미국 국방부에서 발표한 자료를 확인하라. "Department of Defense," accessed Feb. 14, 2024, www.usaspending.gov/agency/department-of-defense?fy=2024.

59 World Health Organization, "Domestic General Government Health Expenditure (GGHE-D) as Percentage of General Government Expenditure (GGE) (%)," WHO Data, accessed Feb. 15, 2024, data.who.int/indicators/i/B9C6C79; World Bank, "Domestic General Government Health Expenditure (% of General Government Expenditure)," April 7, 2023, data.worldbank.org/indicator/SH.XPD.GHED.GE.ZS.

60 최근 분쟁 동향에 대한 데이터는 ACLED를 참고하라. ACLED, "ACLED Conflict Index," Jan. 2024, acleddata.com/conflict-index/. Anna Marie Obermeier and Siri Aas Rustad, "Conflict Trends: A Global Overview, 1946-2022," PRIO, 2023, www.prio.org/publications/13513.도 보라.

61 SIPRI의 2023년 4월 보고서(www.sipri.org/sites/default/files/2023-04/2304_fs_milex_2022.pdf)에 따르면, "2022년 세계 군비 지출이 역대 최고 수준인 2조 2,400억 달러를 기록하

며 전년 대비 3.7퍼센트 증가했다. 2013년부터 2022년까지 10년간 세계 군비 지출이 19퍼센트 증가했으며, 특히 2015년 이후에는 매년 증가했다." Nan Tian et al., "Trends in World Military Expenditure, 2022," SIPRI, April 2023, www.sipri.org/publications/2023/sipri-fact-sheets/trends-world-military-expenditure-2022; Dan Sabbagh, "Global Defense Spending Rises 9% to Record $2.2Tn," *Guardian,* Feb. 13, 2024, www.theguardian.com/world/2024/feb/13/global-defense-spending-rises-9-per-cent-to-record-22tn-dollars.

62 러시아 군비 지출의 정확한 수치를 추정하기 어려운 이유에 대해서는 다음 자료들을 보라. Erik Andermo and Martin Kragh, "Secrecy and Military Expenditures in the Russian Budget," *Post-Soviet Affairs* 36, no. 4 (2020): 1-26; "Russia's Secret Spending Hides over $110 Billion in 2023 Budget," Bloomberg, Sept. 29, 2022, www.bloomberg.com/news/articles/2022-09-29/russia-s-secret-spending-hides-over-110-billion-in-2023-budget?leadSource=uverify%20wall. 러시아의 군비 지출에 대한 다른 추정치는 줄리안 쿠퍼의 연구를 참고하라. Julian Cooper, "Another Budget for a Country at War: Military Expenditure in Russia's Federal Budget for 2024 and Beyond," SIPRI, Dec. 2023, www.sipri.org/sites/default/files/2023-12/sipriinsights_2312_11_russian_milex_for_2024_0.pdf; Alexander Marrow, "Putin Approves Big Military Spending Hike for Russia's Budget," Reuters, Nov. 28, 2023, www.reuters.com/world/europe/putin-approves-big-military-spending-hikes-russias-budget-2023-11-27/.

63 Sabbagh, "Global Defense Spending Rises 9% to Record $2.2Tn."

64 푸틴이 역사 분야에서 행한 다양한 시도에 대해서는 다음 문헌들을 보라. Björn Alexander Düben, "Revising History and 'Gathering the Russian Lands': Vladimir Putin and Ukrainian Nationhood," *LSE Public Policy Review* 3, no. 1 (2023), article 4; Vladimir Putin, "Article by Vladimir Putin 'On the Historical Unity of Russians and Ukrainians,'" President of Russia, July 12, 2021, en.kremlin.ru/events/president/news/66181. 푸틴의 기사에 대한 서구 세계의 견해를 조사한 문헌으로는 다음을 참고하라. Peter Dickinson, "Putin's New Ukraine Essay Reveals Imperial Ambitions," Atlantic Council, July 15, 2021, www.atlanticcouncil.org/blogs/ukrainealert/putins-new-ukraine-essay-reflects-imperial-ambitions/; Timothy D. Snyder, "How to Think About War in Ukraine," *Thinking About . . . ,* Jan. 18, 2022, snyder.substack.com/p/how-to-think-about-war-in-ukraine. 푸틴이 이 역

사적 내러티브를 진정으로 믿는다고 생각하는 전문가들은 다음과 같다. Ivan Krastev, "Putin Lives in Historic Analogies and Metaphors," *Spiegel International,* March 17, 2022, www.spiegel.de/international/world/ivan-krastev-on-russia-s-invasion-of-ukraine-putin-lives-in-historic-analogies-and-metaphors-a-1d043090-1111-4829-be90-c20fd5786288; Serhii Plokhii, "Interview with Serhii Plokhy: 'Russia's War Against Ukraine: Empires Don't Die Overnight,'" *Forum for Ukrainian Studies,* Sept. 26, 2022, ukrainian-studies.ca/2022/09/26/interview-with-serhii-plokhy-russias-war-against-ukraine-empires-dont-die-overnight/.

65 Adam Gabbatt and Andrew Roth, "Putin Tells Tucker Carlson the US 'Needs to Stop Supplying Weapons' to Ukraine," *Guardian,* Feb. 9, 2024, www.theguardian.com/world/2024/feb/08/vladimir-putin-tucker-carlson-interview.

에필로그

1 Yuval Noah Harari, "Strategy and Supply in Fourteenth-Century Western European Invasion Campaigns," *Journal of Military History* 64, no. 2 (April 2000): 297–334; Yuval Noah Harari, *The Ultimate Experience: Battlefield Revelations and the Making of Modern War Culture, 1450-2000* (Houndmills: Palgrave Macmillan, 2008).

2 Thant, *Hidden History of Burma,* 74.

3 Ben Caspit, *The Netanyahu Years,* trans. Ora Cummings (New York: St. Martin's Press, 2017), 323–24; Ruth Eglash, "Netanyahu Once Gave Obama a Lecture. Now He's Using It to Boost His Election Campaign," *Washington Post,* March 28, 2019, www.washingtonpost.com/world/2019/03/28/netanyahu-once-gave-obama-lecture-now-hes-using-it-boost-his-election-campaign/.

4 Jennifer Larson, *Understanding Greek Religion* (London: Routledge, 2016), 194; Harvey Whitehouse, *Inheritance: The Evolutionary Origins of the Modern World* (London: Hutchinson, 2024), 113.

ㅈ

Yuval Noah Harari

Nexus